2026년도 5급 PSAT 대비

메가피셋

5급 공채
외교관후보자
지역인재 7급

5개년 기출문제집

헌법 + 언어논리 + 자료해석 + 상황판단

megaPSAT

PSAT 실전 감각을 높이는
5개년 기출문제집

전략적인 풀이 훈련 및
체계적인 기출 분석을 통해
PSAT 실전 감각 향상이 가능합니다.

Preface

PSAT은 지식을 평가하는 시험이 아닌, 공직 수행에 필요한 학습 능력과 문제를 해결하는 잠재력을 평가하는 적성시험입니다. 적성시험의 특성상 PSAT은 제한된 시간 내에 정확하게 답을 찾아내야 하기 때문에, PSAT 문제 풀이에는 전략적인 접근이 요구됩니다. 저희 메가PSAT연구소에서는 과거부터 시행되었던 PSAT 기출문제와 최신의 출제 경향을 분석하여 최적의 풀이 방법을 연구하고 있습니다.

본 교재에는 기출문제와 함께 정답 및 해설이 수록되어 있습니다. 해설에 제시된 정답 도출 과정과 오답 선지의 분석 등을 통해 해당 문제의 풀이 방법을 습득할 수 있습니다. 또한 해설에 문제별 유형이 제시되어 있어, 자신이 풀이한 문제 중 정답률이 높은 유형과 정답률이 낮은 유형을 구분할 수 있습니다. 이를 통해 정답률이 높은 유형의 경우 오답을 하지 않기 위해 실수 방지와 같은 전략을 수립하고, 정답률이 낮은 유형의 경우 효율적인 풀이 전략을 수립할 수 있습니다.

기출문제를 통해 PSAT을 처음 학습하는 수험생은 PSAT 문제의 출제 경향 및 풀이 방법 등을 습득할 수 있을 것이며, 이미 PSAT 학습 경험이 있는 수험생은 PSAT 문제의 풀이 방법을 연습할 수 있을 것입니다. 따라서 기출문제는 PSAT 학습의 시작과 끝이라 할 수 있으며, 효율적인 학습을 위해서는 기출문제의 체계적인 분석이 필요합니다.

연도별로 기출문제를 풀이할 경우에는 각 연도마다 출제 경향 차이를 파악할 수 있습니다. 연도별로 출제된 경향을 참고하여 각 출제 경향에 맞는 풀이 전략을 수립하여 체화하면, 경향이 달라져도 당황하지 않고 합격선 이상의 점수를 얻을 수 있을 것입니다.

5개년 기출문제집에는 2021~2025년도의 5개년 PSAT 기출문제가 수록되어 있습니다. PSAT 기출문제의 출제 경향이 변화하고 있으므로, 연도별 기출문제 풀이를 통해 PSAT 문제의 최근 출제 방향 및 풀이 방법을 학습할 수 있습니다.

본 교재에서 제시하는 문제별 해설이 PSAT 학습을 위한 밑거름이 되리라 자신합니다. 수험생 여러분이 원하는 결과를 내실 수 있도록 함께 하겠습니다.

수험생 여러분의 합격을 기원합니다.

메가PSAT연구소

2026년도 5급 PSAT 대비

메가피셋

5급 공채
외교관후보자
지역인재 7급

5개년 기출문제집

헌법+언어논리+자료해석+상황판단

Contents

Ⅲ. 2023년도

Ⅳ. 2022년도

Ⅴ. 2021년도

시험가이드

5급 공채 | 외교관후보자 | 지역인재 7급

응시자격

- **5급 공개경쟁채용시험 & 외교관후보자 선발시험(일반외교)** | 특별한 학력, 경력 등에 관계없이 응시연령 18세 이상이면 누구나 응시 가능함
  ※ 단, 교정 및 보호직렬은 20세 이상 응시 가능
- **지역인재 7급 수습직원 선발시험** | 20세 이상의 학사 학위를 수여할 수 있는 대학 졸업자 또는 졸업 예정자 중 학교에서 추천한 인원을 대상으로 선발함

시험과목

구분	시험과목			기타	이슈
	1차	2차	3차		
5급 공채 (행정/기술)	헌법 + PSAT	논문형 필기시험	면접 시험	- 한국사능력검정 2급 이상 필수 - 공인영어 시험 성적 필수	2017년 헌법 도입
외교관후보자 (일반외교)	헌법 + PSAT	논문형 필기시험	면접 시험		
지역인재 7급	헌법 + PSAT	서류전형	면접 시험	- 한국사능력검정 2급 이상 필수 - 공인영어 시험 성적 필수 - 학부성적 상위 10% 이내 (학교장 추천)	2018년 헌법 도입

시험 일정

구분	원서 접수	1차 시험			2차 시험			3차 시험		
		시험 공고	시험	합격자 발표	시험 공고	시험	합격자 발표	시험 공고	시험	합격자 발표
5급 공채(행정)						6월			9월	
5급 공채(기술)	1월	2월	3월	4월	4월	7월	9월	9월	9월	10월
외교관후보자						6월			10월	

※ 상기 시험 일정은 2025년도 기준입니다.
※ 2026년도 시험 일정은 인사혁신처 '사이버국가고시센터' 온라인 페이지 '시험안내 > 시험별 상세 일정'을 참고하시기 바랍니다.

제1차시험 정보

5급 공채 | 외교관후보자 | 지역인재 7급

시험영역

헌법
25문항
(25분)

\+

PSAT

- **언어논리영역** 40문항 (90분)
- **자료해석영역** 40문항 (90분)
- **상황판단영역** 40문항 (90분)

※ 헌법 : 객관식 4지선다형 (한 문제당 4점 배점) / PSAT : 객관식 5지선다형 (한 문제당 2.5점 배점)

시간표

구분	시간	내용
수험생 방송 안내	09:20 ~ 10:00 (40분)	09:20까지 시험실 입실, 소지품 검사, 답안지 배부 등
1교시	**10:00 ~ 10:25 (25분)**	**헌법**
	10:25 ~ 11:55 (90분)	**언어논리영역**
중식	11:55 ~ 13:30 (95분)	13:30까지 시험실 입실
2교시 응시자 안내	13:30 ~ 13:45 (15분)	소지품 검사, 답안지 배부 등
2교시	**13:45 ~ 15:15 (90분)**	**자료해석영역**
휴식	15:15 ~ 15:45 (30분)	15:45까지 시험실 입실
3교시 응시자 안내	15:45 ~ 16:00 (15분)	소지품 검사, 답안지 배부 등
3교시	**16:00 ~ 17:30 (90분)**	**상황판단영역**

※ 상기 시간표는 2025년도 기준입니다.
※ 2026년도 시간표는 인사혁신처 '사이버국가고시센터' 온라인 페이지 '시험안내 > 시험공고/공지사항'을 참고하시기 바랍니다.

평가 방법 (5급 공채 기준)

- 선발 단위별로 최종선발 예정인원의 7~10배수 범위에서 PSAT 고득점자 순으로 1단계 합격자를 결정함
  5급 공채는 2014년까지 평균 9~10배수 정도의 인원을 선발하였으나 최근에는 약 7배수 정도의 인원을 선발하고 있음
- 헌법은 '이수제(Pass)'로 운영 → 60점 이상 득점 시 합격
- PSAT은 전과목 평균의 60점 미만 또는 과목별 40점 미만 득점 시 불합격

<과락 예시>

<과목당 40점 미만 과락>

언어논리	자료해석	상황판단	평균
70	30 (과락)	90	63

<평균 60점 미만 평락>

언어논리	자료해석	상황판단	평균
50	55	55	53 (평락)

<헌법 60점 미만 Fail>

헌법	+	언어논리	자료해석	상황판단	평균
56 (Fail)		90	95	85	90

주요 직렬별 PSAT 합격선 (5급 공채 & 외교관후보자)

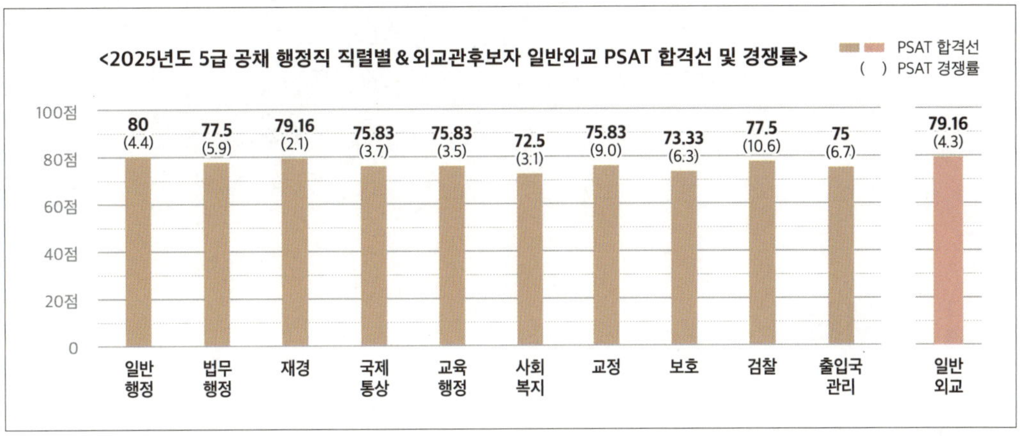

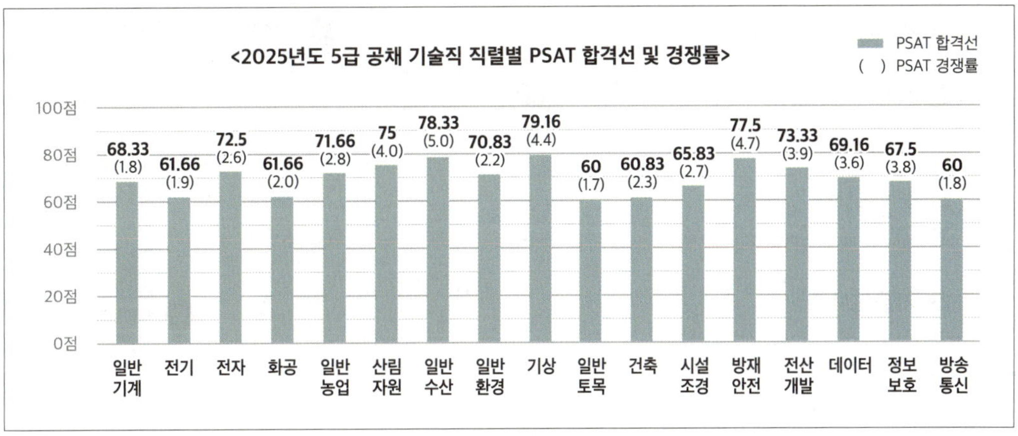

※ 상기 합격선은 2025년도 기준입니다.
※ 2026년도 주요 직렬별 합격선은 인사혁신처 '사이버국가고시센터' 온라인 페이지 '시험통계/자료실 > 시험별 통계'에서 확인이 가능합니다.

※ PSAT 경쟁률 = $\frac{\text{실제 PSAT 응시자}}{\text{실제 PSAT 합격자}}$

PSAT History

2004년 최초로 외무고시 도입 이래 해를 거듭할수록 그 평가 영역을 확장하여 5급 공개경쟁채용 시험, 외교관후보자 시험, 5/7급 민간경력자채용 시험, 지역인재 7급 선발 시험에 도입되었습니다. 2021년에는 7급 공개경쟁채용 시험에 도입되어 점차 그 영역이 확대되고 있습니다.

2004년	2005년	2011년	2015년	2021년
외무고시 (現. 외교관후보자) 도입	행정고시 (現. 5급 공개경쟁채용) 견습직원 선발 (現. 지역인재 7급 선발) 도입	5급 민간경력자 채용 도입	7급 민간경력자 채용 도입	7급 공개경쟁 채용 도입

메가피셋 5개년 기출문제집

교재구성

▶ 메가피셋 추가 제공

5개년(2016~2020) 5급 PSAT 기출문제 + 해설 PDF 제공

최신 5개년 기출 풀이 후, 추가적인 기출 학습이 가능한
5개년(2016~2020) 기출문제 및 해설을 무료로 제공합니다.

기출문제 & 해설 PDF는
'메가로스쿨 홈페이지(https://www.megals.co.kr/) > 온라인 서점 공지사항'에서
다운받으실 수 있습니다.

| 문제편 |

❶ 시행연도, 과목
최신 시행, 교시 순서로 수록

❷ 책형
기준 책형 표기

❸ 문제 번호
본 시험과 동일한 순서로 수록

❹ 기출분석표
2021~2025 본고사 문항의 유형, 내용영역, 키워드, 난이도 등의 정보를 연도별 제공

| 2025년도 언어논리영역 |
국가공무원 5급 공채 · 외교관후보자 선발 제1차시험 및 지역인재 7급 선발 필기시험
(가)책형

문 1. 다음 글의 내용과 부합하는 것은?

고려 성종은 개경에 국자감을 두고, 그곳에서 일정 기간 유학을 공부한 사람에게 문과 시험에 응시할 수 있는 자격을 부여했다. 국자감에서 공부할 학생을 선발하기 위한 시험은 '국자감시'라고 불렸다. 이 시험은 유교 경전에 대한 지식보다는 시와 산문을 짓는 능력을 평가하는 것이었다. 그런데 국자감시를 관장하는 감독관들은, 응시자의 능력과 관계없이 주로 자신의 친지나 친족을 선발하곤 했다. 이 때문에 국자감 입학자가 유교 경전을 학습할 수 있는 능력을 충분히 갖추고 있지 못할 때도 있었다. 그래서 국자감에서도 사서오경(四書五經)을 강의하지 않고 간단한 유교 지식을 가르치는 데 그쳤다. 고려 말 공민왕은 이를 개선하고자 국자감을 성균관으로 고치고 그 안에 오경사서재를 두었으며, '진사시'를 시행했다. 진사시 합격자들로 하여금 성균관에 들어가 먼저 기초 과정을 수강한 후 오경사서재에 들어가게 하고, 그곳에서 사서오경을 공부하게 한 것이다. 또한 진사시와 별도로 사서오경에 대한 지식을 평가하는 '생원시'에 합격한 사람도 오경사서재에 들어갈 수 있게 했다.

조선의 태조는 성균관에서 사서오경만을 가르치게 했다. 그리고 시와 산문의 작문 능력을 평가하는 진사시가 더 이상 필요하지 않다며 이를 폐지하고 생원시만 실시했다. 그러나 진사시를 다시 시행해야 한다는 주장이 끊이지 않았고, 결국 세종이 이를 받아들임으로써 진사시가 재개되었다. 생원시와 진사시의 합격자는 각각 생원과 진사라고 불리며 모두 성균관에 입학할 수 있었다. 『경국대전』에는 생원과 진사가 성균관 원점 300점을 따야만 문과 시험에 응시할 수 있다는 내용이 있는데, 원점이란 성균관에 출석한 날의 수를 뜻한다. 문과 시험에 응시해 합격한 사람은 비로소 관직에 오를 수 있었다.

그런데 생원이나 진사가 된 후 실제로 성균관에 출석하는 사람은 상당히 적었다. 대다수 생원과 진사는 성균관에서 공부하기보다 독학을 택했다. 그들은 정해진 규정에 아랑곳하지 않고 문과 시험에 응시했으며 조정도 이를 막지 않았다. 조정에서 규정을 엄격하게 적용하지 않다 보니, 생원과 진사가 되지 못한 유학(幼學)이라 불린 사람들까지 문과 시험에 응시하기 시작했고 이 또한 특별한 제재 없이 허용되었다.

① 고려시대에 국자감시의 감독관들은 사서오경에 대한 지식이 [...]족했다.
② 고려 공민왕 대 생원시에 합격하지 못한 사람은 오경사서재[...] 들어갈 수 없었다.
③ 조선시대에 진사시에 합격한 사람은 생원시에 응시해야 성균[...]에 들어갈 수 있었다.
④ 조선시대에는 생원시나 진사시를 합격하지 못한 사람이 문[...] 시험에 응시하기도 했다.

문 2. 다음 글의 내용과 부합하는 것은?

조선에서 기본적인 기록 관리는 등록(謄錄)을 통해 이루어졌다. 이때 등록은 글자 뜻 그대로 '베껴서 적는 것'만을 의미하지 않았다. '원본 문서의 내용 중 참고하거나 보존할 만한 내용을 선별하여 이를 별도의 보존용 책자에 옮겨 적는 것'을 뜻하기도 했다. 그리고 등록을 통해 편찬한 기록물을 등록물이라고 불렀다.
조선의 등록물은 원본을 그대로 베껴 적는 '편철형 등록물'과 [...]

기출분석표 ▸ 2025~2021년도
2025년도
헌법 (가)책형
언어논리영역 (가)책형

| 해설편 |

❶ 시행연도, 과목, 책형

최신 시행, 교시 순서로
수록 기준 책형 표기

❷ 문항별 정보

정답, 유형, 내용영역 등 정보 제공

❸ 난이도

정답률과 문항의 유형을 고려하여
상(★★★), 중(★★☆), 하(★☆☆)
로 구분하여 표기

❹ 정오답 해설

단순히 정답을 맞히는 것 이상의
학습 효과를 낼 수 있는
정오답 상세 풀이

❺ 빠른답

문제풀이 후 간편한 채점을 위한
빠른답 제공

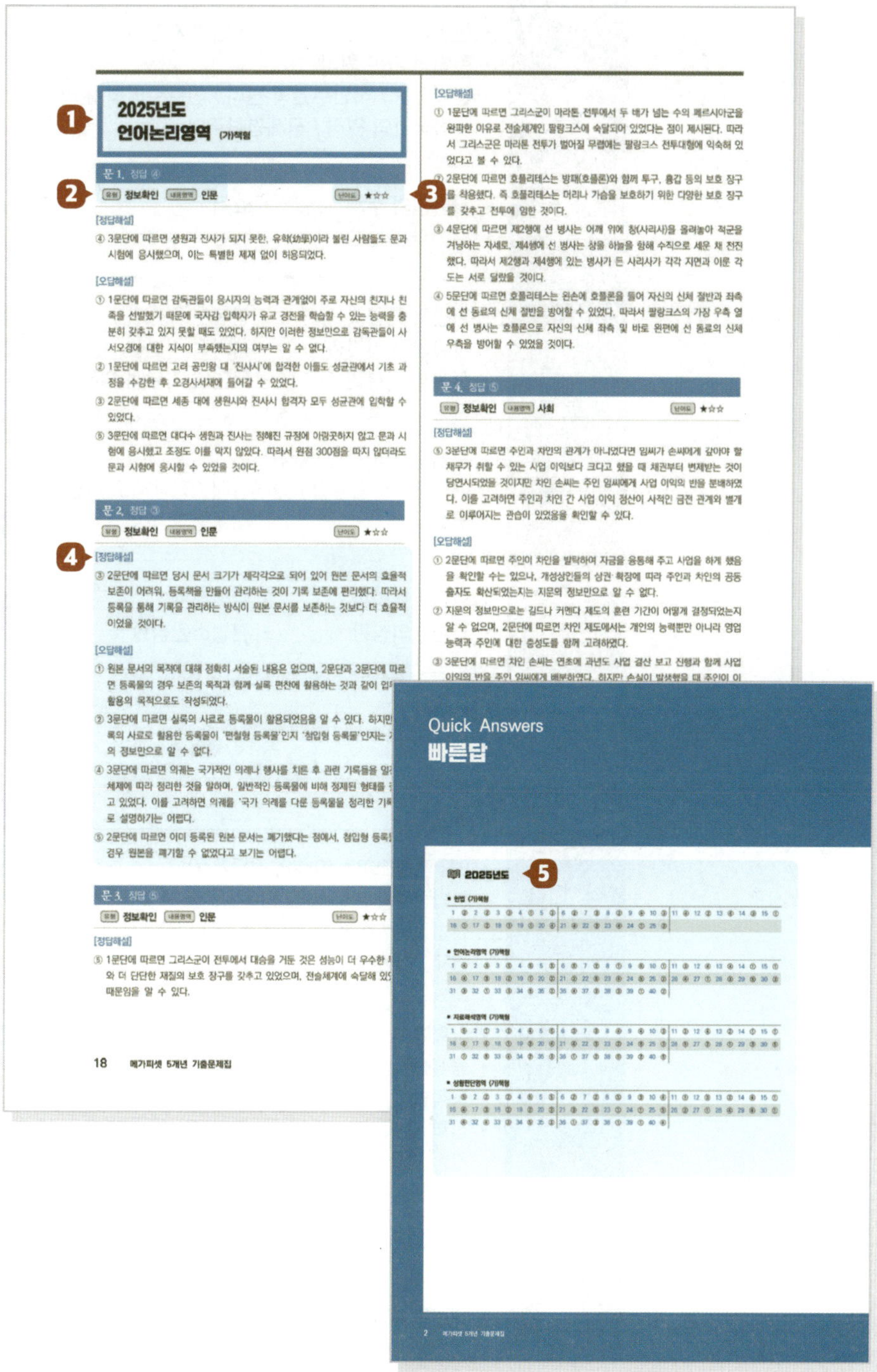

PSAT 과목별 출제경향 분석

헌법

헌법은 헌법 조문과 헌법에서 위임된 부속 법령, 기본권과 통치구조와 관련된 헌법재판소 또는 대법원의 판례를 물어봄으로써 공무원 선발 시 국가관 · 공직관 등 공직가치를 검증하기 위한 영역입니다.

근거영역

헌법 총론	• 헌법과 헌법학 • 헌법의 제정, 개정, 변천, 수호 • 헌법의 기본 원리 헌법전문 / 국민주권의 원리 / 민주주의의 원리 / 법치국가의 원리 / 사회국가의 원리 / 문화국가의 원리 / 국제평화주의
기본권 총론	• 기본권의 주체 • 효력 • 보호의무 • 경합과 충돌 • 제한과 그 한계 • 침해와 구제
기본권 각론	• 인간의 존엄과 가치 • 행복추구권 • 평등권 • 자유권적 기본권 • 정치적 기본권 • 청구권적 기본권 • 사회적 기본권 • 국민의 기본적 의무
통치 구조	• 통치구조의 구성 원리 대의제 / 권력분립 / 정부형태 / 정당제도 / 선거제도 / 공무원제도 / 지방자치제도 • 국회 • 대통령과 정부 • 법원
헌법 재판소	• 위헌법률심판 • 탄핵심판 • 정당해산심판 • 권한쟁의심판 • 헌법소원심판

내용영역

헌법 조문	• 9차 개정(1987. 10. 29. 전문개정) • 헌법전문과 본문 10장 130개조 및 부칙 6개조 헌법전문 / 총칙 / 국민의 권리와 의무 / 국회 / 정부 / 법원 /헌법재판소 / 선거관리 / 지방자치 / 경제 / 헌법개정
부속 법령	• 국회법 • 정부조직법 • 법원조직법 • 헌법재판소법 • 공직선거법 • 지방자치법 • 정당법 • 감사원법 • 국적법 • 통신비밀보호법 • 국가배상법 • 형사보상청구권 • 집회 및 시위에 관한 법률 • 국정감사 및 조사에 관한 법률
이론	• 헌법 연혁 • 헌법의 기본 원리
판례	• 대법원 판례 • 헌법재판소 판례(합헌 및 위헌 결정)

출제경향

최근 5개년 헌법 과목의 근거영역 출제 비중을 살펴보면, 125문항 중 통치구조가 57문항으로 거의 절반에 가깝게 출제되었다. 그리고 기본권 각론이 31문항으로 출제비중이 높은 편이다. 그 다음으로 높은 비중을 차지하는 헌법 총론은 18문항 출제되었고, 그 외 기본권 총론 10문항, 헌법재판소 9문항의 비중을 차지하고 있다.

내용영역별로는 판례가 64문항, 헌법 조문이 35문항, 부속 법령이 24문항, 이론이 2문항 출제되었다. 최근 들어 판례의 비중이 높아지고 있다.

근거영역

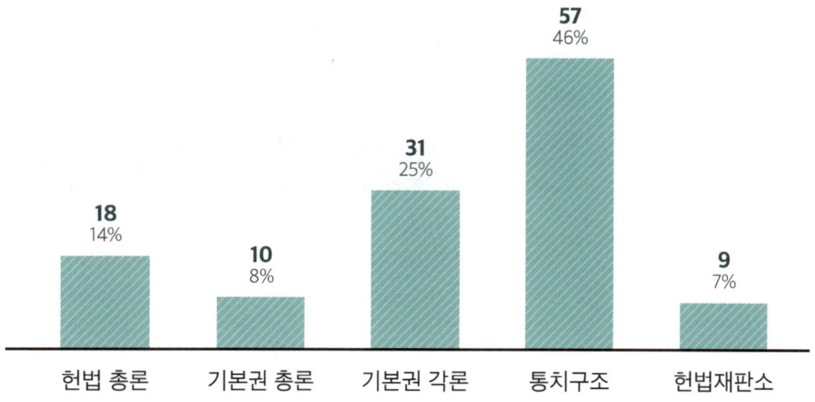

내용영역

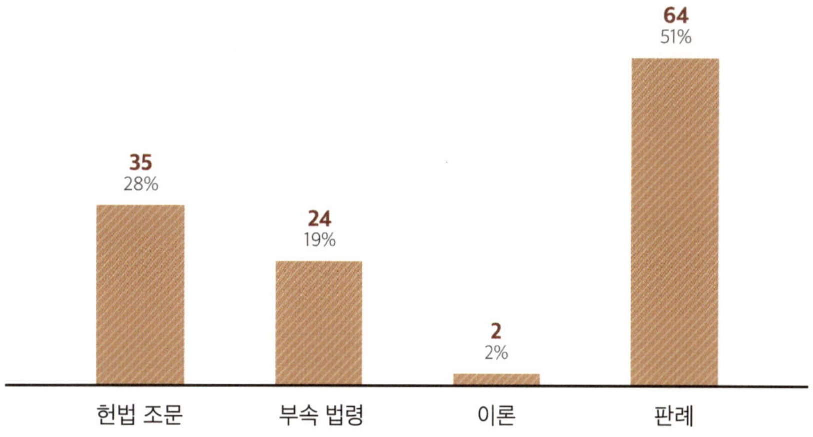

※ 출제 문항 수 및 출제 비중은 최근 5개년 기출 기준입니다.

PSAT 과목별 출제경향 분석

언어논리

언어논리영역은 인문, 사회, 과학기술, 논리학, 법규범 등 다양한 분야의 지문을 활용하여 글의 이해, 표현, 추론, 비판과 논리적 사고 등의 능력을 검정하는 영역입니다.

평가항목	측정내용
이해	• 글의 주요 부분을 파악하고, 전체 내용을 이해할 수 있는가
표현	• 글의 재료를 수집하여 개요를 구성하고 문단을 조직화하며, 고쳐쓰기를 통해 글을 완성할 수 있는가
추론	• 주어진 글을 바탕으로 새로운 정보를 이끌어낼 수 있는가
비판	• 글에 들어있는 논증 구조를 분석하여 타당성, 일관성, 관련성 등의 기준에 의해 논증의 설득력을 비판적으로 평가할 수 있는가

문제유형

정보확인	정보추론	형식논리	논증분석	논증평가
지문의 내용이 선지와 명시적으로 동일한지 확인하는 유형	지문에 제시된 정보로부터 선지에 새롭게 제시되는 정보를 추론하는 유형	논리 규칙에 따라 일상어를 도식화하여 도출되는 결과를 판단하는 유형	논증의 흐름에 따른 진술 간 관계 및 견해의 공통점, 차이점을 분석하는 유형	새롭게 추가된 진술이 견해의 설득력에 주는 영향을 평가하는 유형

내용영역

인문	사회	과학기술	논리학	법규범
철학, 언어, 역사 등 인간의 본질과 문화에 대한 분석과 설명	경제, 일반사회, 정치, 제도 등 사회 현상에 대한 분석과 설명	천문학, 지학, 생명과학, 기술과학 등 자연 현상과 기술공학에 대한 분석과 설명	명제화된 언어와 구조에 대한 분석	법적 규범의 내용이나 변천사, 규범 해석에 관련된 분석과 설명

출제경향

최근 5개년 언어논리영역의 문제유형을 살펴보면, 200문항 중 정보확인 유형의 비중이 64문항으로 가장 높다. 다음으로 정보추론 유형의 비중이 50문항으로 높다. 정보확인 및 정보추론의 문항 수를 합하면 114문항으로 그 외 유형인 형식논리 24문항, 논증분석 33문항, 논증평가 29문항의 합인 86문항보다 많다. 다만, 최근 2개년을 분석하면 정보확인 유형은 소폭 감소하고, 정보추론 유형은 소폭 증가하였다. 논증평가는 해마다 문항 수가 차이 나지만, 형식논리는 최근 2개년에 비추어보면 소폭 감소한 경향이 나타났다.

내용영역별로는 과학기술이 54문항, 인문이 52문항으로 나타났으며, 사회는 49문항, 논리학은 43문항, 법규범은 2문항 출제되었다. 특히 최근 2개년은 법규범 영역이 감소하였고, 사회 영역의 비중이 늘어났음을 알 수 있다.

문제유형

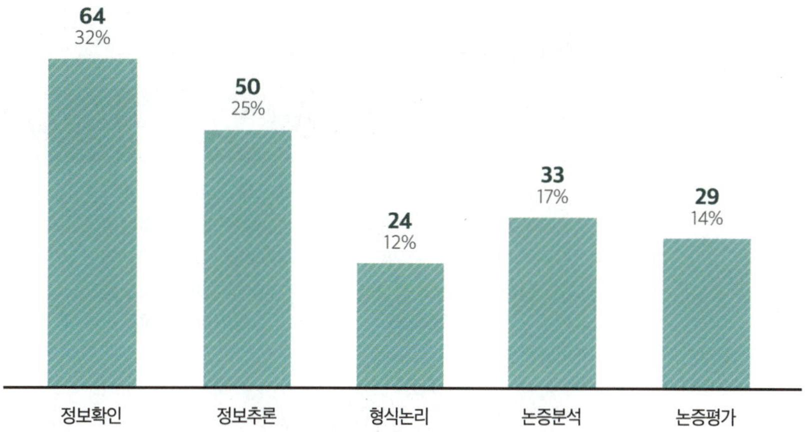

내용영역

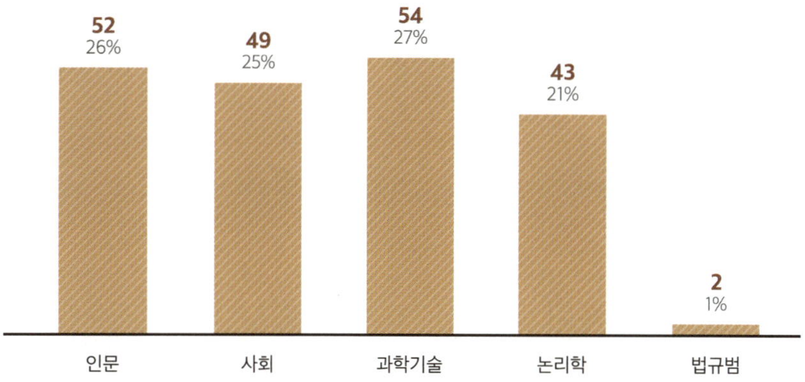

※ 출제 문항 수 및 출제 비중은 최근 5개년 기출 기준입니다.

PSAT 과목별 출제경향 분석

자료해석

자료해석영역은 다양한 분야의 지표 또는 지수, 혹은 통계치 등을 소재로 활용하여 수치자료의 정리와 이해, 처리와 응용계산, 분석과 정보추출 등의 능력을 검정하는 영역입니다. 지문에는 출제자가 문제를 위하여 구성한 가상의 자료도 제시됩니다.

평가항목	측정내용
이해	• 표나 그래프의 형태로 주어지는 자료를 해석할 수 있는가
적용	• 다른 상황에서 적용된 통계 자료를 자신의 상황에 맞게 적용할 수 있는가
분석	• 주어진 복합한 자료를 정리하여 자료 속에 숨어있는 아이디어를 찾아내고 주어지지 않은 정보를 찾아낼 수 있는가
종합 평가	• 주어진 여러 가지 자료를 이용하여 가장 합리적인 판단을 내릴 수 있는가

문제유형

자료확인 (일반자료확인)	자료확인 (특수자료확인)	자료추론 (수식추론)	자료추론 (통계추론)
표 또는 그림에 제시된 수치적 정보를 토대로 선지에 제시된 언어적 표현의 정오를 확인하는 유형	특수한 형태의 표 또는 그림에 제시된 정보를 토대로 선지에 제시된 언어적 표현의 정오를 확인하는 유형	표 또는 그림 이외에 수식 정보가 추가로 제시되어, 수식 정보를 활용하여 풀이하는 유형	통계적 장치가 문제에 제시되어, 통계적 기본 지식을 토대로 풀이하는 유형
자료응용 (매칭)	**자료응용 (논리퀴즈)**	**자료전환 (표-그림전환)**	**자료전환 (보고서전환)**
자료에 제시된 항목을 추가로 제시된 조건이나 정보를 토대로 선지에 제시된 내용과 연결하는 유형	표 또는 그림 이외에 제시되는 정보를 활용하여 풀이하는 유형	표로 제시된 정보를 그래프나 그림의 형태로 올바르게 바꾸었는지 여부를 확인하는 유형	문제에 보고서나 대화 등 줄글로 된 자료가 제시되는 유형

출제경향

최근 5개년 자료해석영역의 문제유형을 분석하면, 자료추론(수식추론)의 문항 수가 49문항, 자료확인(일반자료확인) 문항 수가 45문항, 자료전환(보고서전환) 문항 수가 32문항으로 나타났으며, 그 외 자료응용(논리퀴즈)이 22문항, 자료전환(표-그림전환)이 18문항, 자료추론(통계추론)이 15문항, 자료응용(매칭)이 13문항, 자료확인(특수자료확인)이 6문항 출제되었다.

연도별로 살펴보면, 자료확인(일반자료확인)은 2020년과 2021년에는 7문항씩 출제되었으나, 최근 3개년에는 9~10문항이 출제되고 있다. 교차점을 가진 표나 인포그래픽 등의 자료가 제시되는 자료확인(특수자료확인)은 2020년과 2021년에는 각각 1문항, 3문항, 2024년에는 2문항이 출제되었다가 2025년에는 출제되지 않았다. 자료추론(수식추론)은 매년 약 10문항 정도로 가장 많은 비중을 차지하고 있다. 자료추론(통계추론)은 출제 문항 수가 하락하고 있으나 지속적으로 출제되고 있으며, 자료응용(매칭)은 최근 들어 비중이 증가하고 있는 추세였으나, 2025년에는 출제되지 않았다. 반면, 자료응용(논리퀴즈)은 문항 수가 점차 줄어드는 추세였으나, 2025년에는 5문항이 출제되었다. 자료전환(보고서전환)은 5~9문항 정도 출제되고 있으며, 자료전환(표-그림전환)은 최근 들어 증가하고 있는 추세이며, 2025년에는 5문항이 출제되었다.

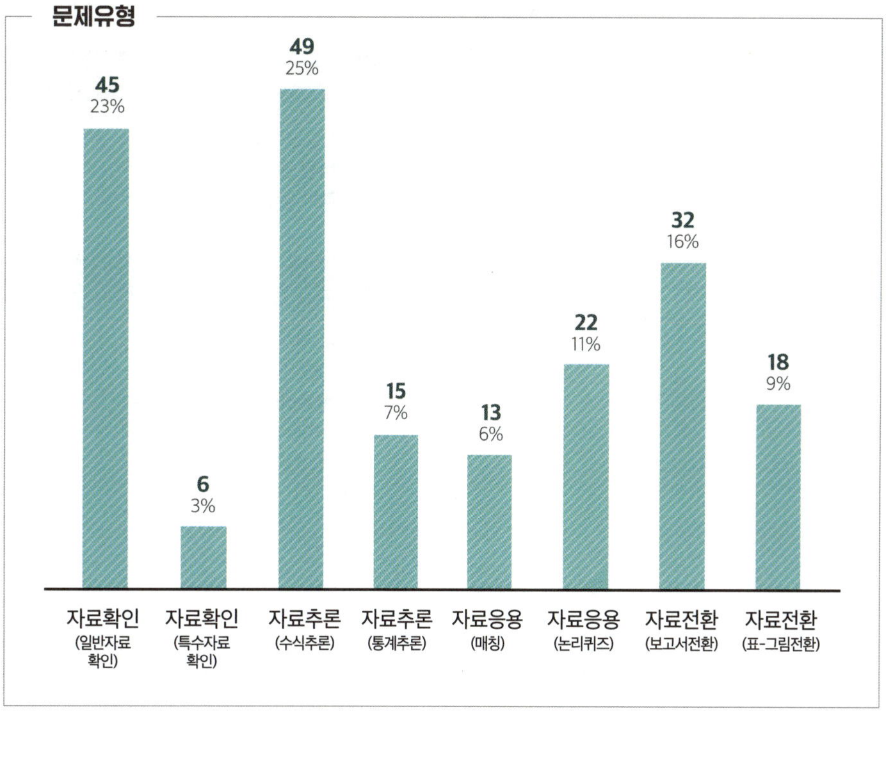

※ 출제 문항 수 및 출제 비중은 최근 5개년 기출 기준입니다.

PSAT 과목별 출제경향 분석

상황판단

상황판단영역은 상황의 이해, 추론과 분석, 문제해결, 판단과 의사결정 등의 능력을 검정하는 영역입니다.

평가항목	측정내용
이해	• 제시된 상황의 주요 쟁점 및 문제점을 이해할 수 있는가 • 주어진 개념/원리들을 새로운 상황이나 구체적인 사례에 적용할 수 있는가
추론 및 분석	• 상황을 대안으로 설정하기 위한 주요 요인을 추론할 수 있는가 • 여러 형태의 대안을 비교, 분석할 수 있는가
문제해결	• 문제해결을 위한 대안을 설정하고, 그 대안의 실행전략을 유추하여, 그에 따른 결과를 예측할 수 있는가
판단 및 의사결정	• 문제해결을 위한 다양한 형태의 대안을 평가하는 기준을 설정하고, 비교평가하여, 합리적 대안을 선택할 수 있는가

※ 추론력, 분석력, 평가력은 각각 이전 단계를 전제로 하는 점증적 과정이므로 하나의 문제에서 여러 평가항목을 동시에 사용할 수 있습니다.

문제유형

정보이해	규정이해
지문의 전체 또는 부분적인 정보를 확인하거나 지문의 정보를 바탕으로 새로운 정보를 추론하는 유형	규정의 전체 또는 부분적인 내용을 확인하거나 규정을 구체적인 상황 또는 선지에 적용하는 유형
수리추론	**논리퀴즈**
주어진 조건에 따라 계산하여 상황의 결과를 도출하거나 수리적 추론을 활용하여 수식을 도출, 적용하는 유형	주어진 상황과 조건을 바탕으로 결과를 도출하거나 연역적 추론을 활용하여 새로운 정보를 이끌어 내는 유형

내용영역

인문	사회	과학기술	법규범	논리학
철학, 언어, 역사 등 인간의 본질과 문화에 대한 분석과 설명	경제, 일반사회, 정치, 제도 등 사회 현상에 대한 분석과 설명	지구과학, 생명과학, 기술과학 등 자연 현상과 기술공학에 대한 분석과 설명	사회에서 일반적으로 받아들여지거나 법률로 정한 규칙	명제화된 언어와 수리적 정보에 대한 분석

출제경향

최근 5개년 상황판단영역의 문제유형을 분석하면, 전체 200문항 중 수리추론이 76문항으로 가장 많았고, 규정이해가 58문항, 논리퀴즈가 38문항, 정보이해가 28문항 출제되었다. 특히 정보이해 유형의 문항 수는 감소 추세에 있는 반면, 수리추론의 비중이 크게 증가하였다. 규정이해 유형도 10문항 이상 출제되고 있으며, 논리퀴즈 유형은 2022년 13문항이 출제되었지만, 2023년 4문항, 2024년 7문항, 2025년 6문항이 출제되었다.

내용영역을 살펴보면, 과거 출제되었던 인문 영역이 최근 5개년에는 출제되지 않았다. 논리학은 전체 문항의 절반 이상인 106문항이 출제되어 가장 많은 비중을 차지한다. 법규범은 62문항이며, 2023년에 18문항으로 많은 문항이 출제되었지만, 일반적으로는 11~12개의 문항이 출제되었다. 그 외 사회가 22문항으로 최근 들어 출제 비중이 늘어나는 추세이며, 과학기술은 10문항 출제되었다.

문제유형

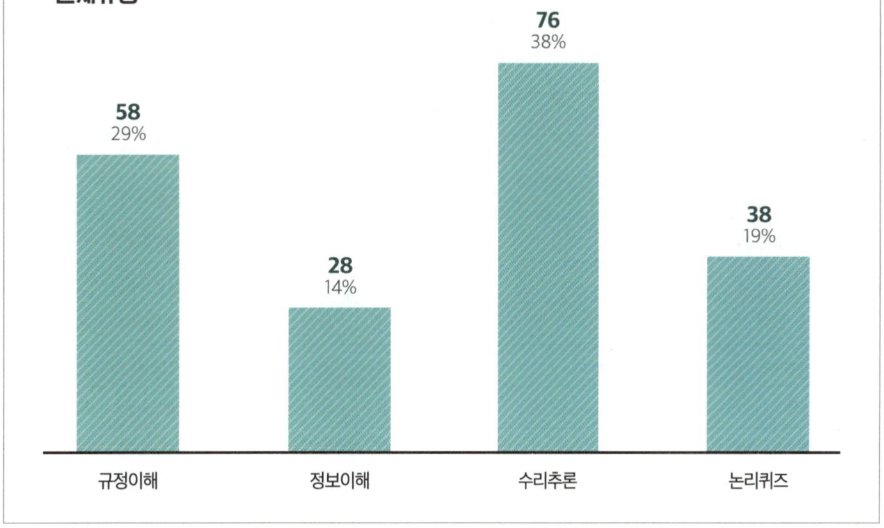

내용영역

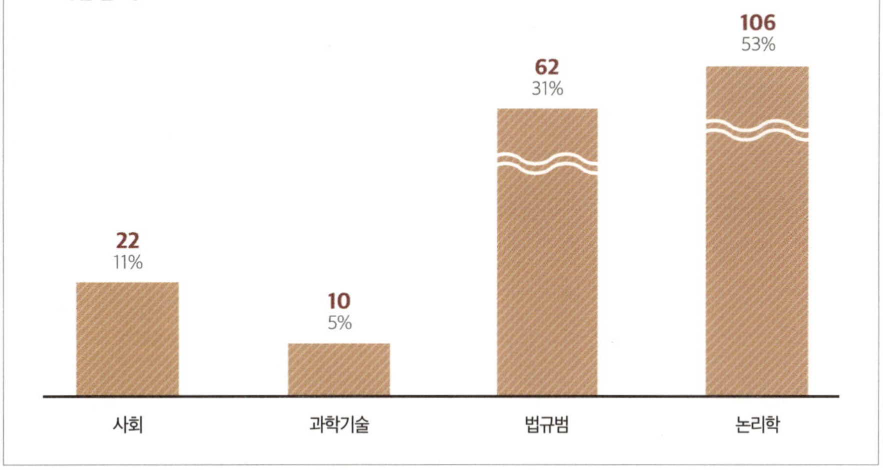

※ 출제 문항 수 및 출제 비중은 최근 5개년 기출 기준입니다.

기출분석표 ▸ 2025~2021년도

2025년도

헌법 (가)책형

문번	문제유형	키워드	난이도	정답
1	헌법 총론/판례	법치국가원리	하	②
2	헌법 총론/헌법 조문	헌법 전문	하	②
3	헌법 총론/판례	정당의 자유	하	③
4	헌법 총론/판례	기본권의 개념과 주체	하	①
5	헌법 총론/판례	혼인 및 가족제도	중	③
6	기본권 각론/판례	국민	중	②
7	기본권 총론/판례	직업의 자유	중	③
8	기본권 총론/판례	표현의 자유	하	②
9	기본권 각론/판례	개인정보자기결정권	중	④
10	기본권 총론/판례	생명권	중	③
11	통치구조/부속 법령	국무총리	상	④
12	통치구조/판례	대통령의 의무	하	②
13	통치구조/헌법 조문	대통령의 권한	하	④
14	통치구조/부속 법령	감사원	중	③
15	통치구조/헌법 조문	국회의 입법절차	하	①
16	통치구조/헌법 조문	국회의원	하	①
17	헌법재판소/부속 법령	헌법재판소	중	②
18	통치구조/헌법 조문	대통령	상	①
19	통치구조/헌법 조문	법원	상	①
20	헌법 총론/헌법 조문	헌법개정	중	④
21	통치구조/부속 법령	국회	상	④
22	헌법재판소/판례	헌법소원심판	중	③
23	헌법 총론/판례	지방자치제도	중	④
24	기본권 각론/부속 법령	청원권	상	①
25	통치구조/판례	행정입법	중	③

언어논리영역 (가)책형

문번	유형	내용영역	키워드	난이도	정답
1	정보확인	인문	고려와 조선의 문과 시험	하	④
2	정보확인	인문	조선의 기록 관리 방식	하	③
3	정보확인	인문	그리스군의 전술체계	하	⑤
4	정보확인	인문	개성상인의 상관습	하	⑤
5	정보확인	법규범	양육과 면접교섭	하	⑤
6	정보확인	사회	미국 사회와 빈곤문화론	하	⑤
7	정보추론	사회	스마트폰의 파급력	하	②
8	정보추론	사회	기업의 사회적 기여와 역량 강화	하	①
9	논증분석	사회	민주주의와 참여	하	⑤
10	정보확인	사회	훑어 읽기 방식의 확산	하	①
11	정보추론	과학기술	사람의 호흡과 공기량	중	③
12	정보추론	과학기술	페르마의 정리 증명	하	④
13	형식논리	논리학	자율주행차 상용화	중	④
14	형식논리	논리학	수사관 갑의 사실 입수	중	①
15	논증분석	과학기술	코페르니쿠스의 이론 옹호	하	①
16	논증평가	과학기술	이산화주석 음주 측정기	중	④
17	논증평가	과학기술	흡수 분광법	중	③
18	논증평가	과학기술	쥐 행동 실험	중	②
19	정보추론	인문	다언어 사회의 언어 선택	하	①
20	정보추론	인문	다언어 사회의 언어 선택	중	②
21	정보확인	인문	조선시대 서울의 인구 증가	하	②
22	정보확인	인문	조선시대의 계회도	하	⑤
23	정보확인	사회	수메르인의 회계 자료	하	④
24	정보확인	사회	뉴기니가 발전하지 못한 요인	하	⑤
25	정보확인	사회	물 공급 민영화	하	②
26	정보추론	인문	초학제적 연구	하	④
27	정보추론	인문	예술 작품의 대중적 성공	하	①
28	정보추론	사회	평균비용과 한계비용	중	③
29	정보확인	과학기술	인간의 체온 조절 능력	하	⑤
30	정보추론	사회	기업의 이익조정	하	③
31	논증분석	논리학	자연종과 사회종 논쟁	중	③
32	논증평가	사회	회사에서의 내부자 고발	하	①
33	형식논리	논리학	양품과 불량품 분류	상	③
34	형식논리	논리학	단어 간 함의와 포함 관계	상	⑤
35	논증평가	과학기술	유성생식이 존재하는 이유	하	②
36	논증분석	과학기술	탄소나노튜브의 결정성	중	④
37	논증분석	과학기술	그렐린의 식욕 활성화	중	③
38	논증평가	과학기술	생태 모형 비교	하	③
39	정보확인	사회	결정론이 참일 때 믿음의 자유로움	하	①
40	정보추론	사회	결정론이 참일 때 믿음의 자유로움	중	②

자료해석영역 (가)책형

문번	유형	키워드	난이도	정답
1	자료전환(보고서전환)	공용자전거 이용 실태	하	⑤
2	자료전환(보고서전환)	도로종류 및 차량유형별 교통량	하	①
3	자료전환(표-그림전환)	정부의 재원별, 분야별 재정지출 현황	하	②
4	자료확인(일반자료확인)	장마 시작일, 종료일, 기간	하	④
5	자료전환(보고서전환)	입학전형별 '갑'전공 모집인원 및 지원자 수	하	⑤
6	자료전환(보고서전환)	조선의 무과	하	③
7	자료추론(수식추론)	사형수 현황	중	③
8	자료전환(보고서전환)	조세수입	하	④
9	자료확인(일반자료확인)	승하차 승객수	하	④
10	자료확인(일반자료확인)	발의 법률안 처리 및 계류 현황	중	③
11	자료추론(수식추론)	보도자료 현황	중	②
12	자료확인(일반자료확인)	치매안심센터	중	④
13	자료추론(수식추론)	의료분쟁 조정중재 결과	중	②
14	자료전환(표-그림전환)	의료분쟁 조정중재 결과	하	①
15	자료전환(보고서전환)	직급 정원 구성비와 정원	하	①
16	자료확인(일반자료확인)	읍 · 면별 성별 인구	중	④
17	자료확인(일반자료확인)	공공연구소 및 대학의 기술이전 현황	중	④
18	자료추론(수식추론)	국방비 비율 상위 10개국의 국방비	하	①
19	자료확인(일반자료확인)	프랜차이즈 가맹점	중	③
20	자료추론(수식추론)	부서별 인원 변동	상	④
21	자료추론(수식추론)	중학교와 고등학교 학생의 과일섭취율	하	④
22	자료확인(일반자료확인)	폐기물 발생량	하	③
23	자료추론(수식추론)	예비군 교육 현황	중	②
24	자료추론(수식추론)	노년부양비, 고령인구 구성비, 총인구	하	⑤
25	자료확인(특수자료확인)	사이버대학교 학부 및 대학원의 연령대별 재학생 현황	중	③
26	자료전환(보고서전환)	일평균 미세먼지 노출시간별 호흡기 질환 발병률	하	⑤
27	자료전환(표-그림전환)	연도별 가계부채 현황	상	②
28	자료전환(표-그림전환)	건강보험 청구 현황 및 기관별 건강보험 청구 진료일수	상	①
29	자료추론(수식추론)	닭 품종별 조류독감 백신 접종 및 감염결과	상	③
30	자료전환(표-그림전환)	닭 품종별 조류독감 백신 접종 및 감염결과	중	⑤
31	자료추론(수식추론)	지방직영기업의 유형별 자본규모 및 부채규모	중	①
32	자료응용(논리퀴즈)	케이블카의 이용요금 및 운행	중	⑤
33	자료응용(논리퀴즈)	보유하고 있는 사과의 크기 · 품질별 개수 및 단가	중	④
34	자료추론(통계추론)	신문 구독 가구 및 열독자 현황	중	②
35	자료응용(논리퀴즈)	모니터와 그래픽카드의 사양 및 단가	하	③
36	자료응용(논리퀴즈)	유조선에 선적하여 수출되는 원유의 최종단가	상	①
37	자료확인(일반자료확인)	국회의원의 부동산 보유 현황	중	②
38	자료추론(수식추론)	변호사 시험의 성별 응시자수 및 합격자수	상	⑤
39	자료확인(일반자료확인)	철도선로 활용 현황	중	②
40	자료응용(논리퀴즈)	건강보험료 분위별 세대 현황 및 분위별 세대의 세대원 구성비	중	⑤

상황판단영역 (가)책형

문번	유형	내용영역	키워드	난이도	정답
1	규정이해	법규범	자동차정책기본계획	하	⑤
2	규정이해	법규범	영상정보처리기기	하	②
3	규정이해	법규범	외국인성명 문서	하	②
4	규정이해	법규범	우주손해	하	⑤
5	규정이해	법규범	검정고시의 시행 및 공고	하	⑤
6	정보이해	사회	장	중	②
7	수리추론	논리학	에스프레소	중	②
8	수리추론	논리학	수은기둥	중	⑤
9	수리추론	논리학	甲의 나이	상	③
10	수리추론	논리학	배드민턴 동호회	상	④
11	수리추론	논리학	낚시대회	중	①
12	논리퀴즈	논리학	업무코드	중	③
13	수리추론	논리학	甲이 빌려온 책	중	③
14	논리퀴즈	논리학	성과평가 등급	중	④
15	수리추론	논리학	동전의 개수	중	①
16	수리추론	논리학	민서 결제 금액	하	④
17	수리추론	논리학	민원처리 우수 공무원	하	③
18	논리퀴즈	논리학	정산할 사업	하	②
19	정보이해	사회	태양광발전	하	②
20	수리추론	사회	태양광발전	중	③
21	규정이해	법규범	수출입규제폐기물	하	③
22	규정이해	법규범	나라문장	하	⑤
23	규정이해	법규범	도서관자료의 납본	하	①
24	규정이해	법규범	과세기준 및 대상	하	①
25	규정이해	법규범	임대차에 해당	중	⑤
26	정보이해	사회	숯	하	②
27	수리추론	논리학	액체의 부피	중	①
28	수리추론	논리학	홍수가 난 날	상	④
29	수리추론	논리학	나무의 수	중	④
30	수리추론	논리학	구성원의 총 수	상	①
31	수리추론	논리학	알약 10정	중	④
32	논리퀴즈	논리학	단어 송신	하	④
33	수리추론	논리학	과녁 관통	중	③
34	논리퀴즈	논리학	근무하는 층	상	⑤
35	논리퀴즈	논리학	탈락한 사람	상	③
36	수리추론	논리학	산악회	중	①
37	수리추론	논리학	통신사요금	하	③
38	수리추론	논리학	채용후보자	중	①
39	정보이해	사회	24절기	중	①
40	정보이해	사회	24절기	중	④

2024년도

헌법 (나)책형

문번	문제유형	키워드	난이도	정답
1	기본권 각론/판례	선거권과 선거제도	중	④
2	통치구조/헌법 조문	대통령	하	③
3	통치구조/헌법 조문	행정부	하	②
4	통치구조/헌법 조문	국회 의사절차	하	④
5	통치구조/헌법 조문	국회의 구성과 권한	하	④
6	통치구조/판례	정당제도	중	①
7	기본권 각론/판례	평등권	하	①
8	기본권 각론/헌법 조문	신체의 자유	하	①
9	통치구조/판례	사법권의 독립	중	②
10	헌법재판소/부속 법령	헌법재판소	하	③
11	통치구조/헌법 조문	선거관리위원회	중	②
12	통치구조/헌법 조문	국군	상	②
13	헌법총론/헌법 조문	헌법상 경제질서	상	③
14	기본권 총론/판례	기본권	중	①
15	통치구조/판례	지방자치	상	③
16	기본권 총론/판례	법인의 기본권 주체성	중	③
17	기본권 각론/판례	직업의 자유	중	④
18	통치구조/헌법 조문	국회의원의 특권	하	①
19	통치구조/헌법 조문	헌법	중	④
20	통치구조/헌법 조문	헌법개정	중	②
21	기본권 각론/판례	집회결사의 자유	하	③
22	기본권 각론/헌법 조문	근로기본권	하	③
23	통치구조/헌법 조문	법원	하	②
24	기본권 각론/판례	통신의 자유	중	①
25	기본권 각론/판례	재산권	하	①

언어논리영역 (나)책형

문번	유형	내용영역	키워드	난이도	정답
1	정보확인	인문	수령 선발과 의례에 관한 경국대전 규정	하	⑤
2	정보확인	인문	목화 씨앗과 문익점에 관한 사실	하	①
3	정보확인	인문	중세 시대 석방거래	하	⑤
4	정보추론	사회	한국 사회의 제도적 가족주의	하	④
5	정보확인	사회	사회의 삶의 질과 영아사망률	하	①
6	정보추론	과학기술	인간 마이크로바이옴	하	④
7	논증분석	과학기술	부모의 소득수준과 아이의 뇌 발달	하	③
8	정보추론	인문	직업의 의미 고찰	하	⑤
9	정보추론	사회	전염병 피해에 취약한 지리적 조건	하	①
10	논증분석	사회	사후확신 편향	하	②
11	정보추론	인문	창조의 조건	하	④
12	정보추론	과학기술	비활성 성분의 발견	중	⑤
13	형식논리	논리학	사내 부서 대항 바둑 대회	상	②
14	형식논리	논리학	정기 인사 발령	상	⑤
15	논증평가	인문	문법 연쇄 조건	중	②
16	논증분석	논리학	언어표현과 지칭적 의미론	중	⑤
17	논증평가	과학기술	신경조절기술의 활용	중	④
18	논증평가	과학기술	식을 이용한 외계행성 연구	중	③
19	정보확인	인문	AI의 도덕적 책임	하	④
20	논증평가	인문	AI의 도덕적 책임	중	③
21	정보확인	인문	성골의 유래	중	④
22	정보확인	인문	조선시대 부동산 매매문서	하	③
23	정보확인	사회	입법 과정에서의 법안 심의	하	④
24	논증분석	사회	국가의 발전, 퇴보 여부 판단 방법	중	②
25	정보확인	사회	합성측정	하	②
26	정보추론	과학기술	물의 과냉각과 하전의 관계	중	①
27	정보추론	과학기술	세포자살과 유기체 형성	하	③
28	논증분석	과학기술	뇌 손상 환자의 상위 인지적 기능	하	②
29	정보확인	사회	플랫폼 노동의 사용-종속 관계	하	②
30	정보추론	사회	기관생명윤리위원회 IRB	하	②
31	논증분석	과학기술	적외선의 파장 세기 비교	중	④
32	논증평가	과학기술	나방에 대한 박쥐의 포획 성공률	중	③
33	형식논리	논리학	연수를 마친 신입 직원 배치	상	③
34	형식논리	논리학	국립병원 의사 채용	상	④
35	논증평가	사회	A국 혈액 공급 시스템	하	①
36	논증분석	인문	심적 상태는 존재하는가	중	③
37	논증평가	과학기술	동물의 수명에 관한 가설	중	⑤
38	논증평가	과학기술	시간상관 단일광자 계수법	중	①
39	정보확인	사회	표본에 의한 통계 가설 평가	중	⑤
40	정보추론	사회	표본에 의한 통계 가설 평가	중	①

자료해석영역 (나)책형

문번	유형	키워드	난이도	정답
1	자료전환(보고서전환)	갑지역 택배서비스 이용	하	②
2	자료응용(매칭)	국가별 온실가스 배출량과 인구	하	③
3	자료전환(보고서전환)	고등학교 간 공동교육과정 개설 과목 수	중	③
4	자료응용(매칭)	집단별 주의력 및 공간지각력	하	①
5	자료확인(일반자료확인)	제조사별 비스킷 매출액	하	①
6	자료확인(일반자료확인)	정보공개 청구	하	④
7	자료전환(표-그림전환)	갑지역의 여행객 현황	중	⑤
8	자료전환(보고서전환)	종사상지위별 종사자 수	하	⑤
9	자료확인(일반자료확인)	전기차별 차량가격 및 제원	하	①
10	자료추론(수식추론)	공공기관별 경영실적 및 평가점수	하	②
11	자료전환(보고서전환)	친환경차 유형별 등록대수 및 수출대수	하	④
12	자료추론(수식추론)	임원별 보수 현황	하	②
13	자료추론(통계추론)	갑지역의 농가구조 변화	중	⑤
14	자료확인(일반자료확인)	미술전 응모 및 수상 결과	중	②
15	자료확인(특수자료확인)	빈집정비기준 및 정보	중	④
16	자료응용(논리퀴즈)	승진후보자별 근무성적점수 및 승진대상자	상	④
17	자료응용(매칭)	공무원 교육방법별 교육시간	하	③
18	자료확인(일반자료확인)	월별 및 용도별 전력판매 단가	하	⑤
19	자료추론(수식추론)	지방자치단체별 재정 현황	중	②
20	자료추론(수식추론)	도시별 상수도 관련 자료	중	④
21	자료응용(매칭)	농산물 가공식품 품목별 수입 현황	하	①
22	자료전환(보고서전환)	양육 스트레스 및 정신건강 문제 실태	하	③
23	자료전환(보고서전환)	양육 스트레스 및 정신건강 문제 실태	하	①
24	자료전환(보고서전환)	지주회사 및 소속회사에 관한 자료	중	③
25	자료추론(수식추론)	콘텐츠 공모전의 상금총액 및 작품 현황	중	⑤
26	자료전환(표-그림전환)	원인별 연안사고 건수	중	③
27	자료확인(특수자료확인)	국가별 농업기술센터 평가 자료	중	④
28	자료확인(일반자료확인)	갑국의 과일 생산 현황	중	⑤
29	자료전환(표-그림전환)	갑국의 과일 생산 현황	하	②
30	자료추론(통계추론)	드라마 시청점유율 순위	중	⑤
31	자료추론(수식추론)	연금 가입 및 연금 계좌 보유 현황	중	④
32	자료확인(일반자료확인)	연안에서의 어종별 어업 현황	상	④
33	자료전환(보고서전환)	갑국 교통사고 현황	중	①
34	자료추론(수식추론)	갑국의 논벼 소득	상	①
35	자료추론(통계추론)	국군의 장서 보유량별 병영도서관 수	상	③
36	자료확인(일반자료확인)	직업학교별 모집정원 및 지원자 수	상	⑤
37	자료확인(일반자료확인)	전세 사기 연령대별, 피해금액대별 현황	상	②
38	자료추론(수식추론)	학생별 학기별 봉사 점수	상	⑤
39	자료응용(논리퀴즈)	갑초등학교 6학년 반별 학생이 받은 상	상	③
40	자료추론(수식추론)	유종별 소비자 판매가격 산정	상	②

상황판단영역 (나)책형

문번	유형	내용영역	키워드	난이도	정답
1	규정이해	법규범	공공데이터	하	①
2	규정이해	법규범	문화관광형시장	하	⑤
3	규정이해	법규범	지진조기경보	하	⑤
4	규정이해	법규범	헌혈증서 및 수혈비용	중	⑤
5	규정이해	법규범	건축물에 대한 미술작품의 설치	중	③
6	정보이해	법규범	문학창작기금 지원사업	하	④
7	정보이해	과학기술	상대습도	하	②
8	수리추론	논리학	자동차 연비	하	④
9	수리추론	논리학	최종금리	하	④
10	논리퀴즈	논리학	네 수의 합	중	④
11	수리추론	논리학	닭 가격	상	③
12	수리추론	논리학	은행 금고 보석 개수	상	①
13	논리퀴즈	논리학	甲~戊 연상 연하	상	⑤
14	논리퀴즈	논리학	A시 호우주의보	중	③
15	수리추론	논리학	강아지 산책 횟수	상	①
16	수리추론	논리학	여론조사 업체 선정	하	③
17	수리추론	논리학	용역 사업자 선정	하	①
18	수리추론	논리학	청년후계농 선발	중	④
19	정보이해	사회	관광 직접효과 간접효과	하	②
20	수리추론	사회	관광 직접효과 간접효과	하	③
21	규정이해	법규범	공연물 및 공연장	하	③
22	규정이해	법규범	참전유공자	하	①
23	규정이해	법규범	국제선박 등록	하	⑤
24	규정이해	법규범	특허표시 및 특허출원표시	하	⑤
25	규정이해	법규범	어장청소	중	①
26	정보이해	사회	맥주 제조	하	④
27	수리추론	논리학	탄소중립포인트	하	②
28	수리추론	논리학	甲이 기부한 금액	하	④
29	수리추론	논리학	열대어 구입 비용	중	②
30	수리추론	논리학	甲이 보유한 포인트	중	③
31	수리추론	논리학	성격유형 검사	상	②
32	논리퀴즈	논리학	사무관 달리기	중	③
33	수리추론	논리학	청년 교통비 지원사업	중	④
34	논리퀴즈	논리학	프로젝트명 투표	상	③
35	논리퀴즈	논리학	유학생의 날	중	①
36	논리퀴즈	논리학	경기 결과 경기 전적	상	②
37	수리추론	논리학	전기차충전기 설치업체 선정	하	⑤
38	수리추론	논리학	에너지 목표관리기업	하	②
39	정보이해	사회	설탕	하	⑤
40	수리추론	사회	설탕	중	②

2023년도

헌법 (가)책형

문번	문제유형	키워드	난이도	정답
1	헌법 총론/판례	헌법의 기본이념과 질서	하	①
2	헌법 총론/헌법 조문	헌법개정절차	중	②
3	기본권 총론/판례	기본권 제한 및 한계	중	③
4	기본권 각론/판례	종교의 자유	하	②
5	헌법 총론/이론	헌법의 기본원리	하	④
6	기본권 각론/판례	변호인의 조력	중	①
7	기본권 각론/판례	양심의 자유	중	①
8	기본권 총론/판례	기본권의 범위 또는 보호영역	중	④
9	통치구조/헌법 조문	대통령의 법률안거부권	하	②
10	기본권 각론/판례	알 권리	중	①
11	통치구조/헌법 조문	국가긴급권	하	②
12	통치구조/헌법 조문	감사원	중	③
13	통치구조/헌법 조문	국회와 행정부 관계	하	②
14	통치구조/헌법 조문	국회의원	하	②
15	통치구조/헌법 조문	국회의 회의운영과 의사원칙	중	①
16	헌법재판소/부속 법령	헌법소원	중	④
17	기본권 총론/판례	헌법에 명시된 경제	상	①
18	기본권 각론/판례	재판청구권	상	④
19	통치구조/헌법 조문	국무회의	중	③
20	통치구조/부속 법령	법률의 공포와 효력발생	중	②
21	기본권 각론/판례	평등권	중	①
22	통치구조/헌법 조문	국회의 자율권	하	③
23	통치구조/헌법 조문	법원과 법관	하	③
24	통치구조/헌법 조문	선거관리위원회	중	④
25	기본권 각론/판례	교육을 받을 권리	중	③

언어논리영역 (가)책형

문번	유형	내용영역	키워드	난이도	정답
1	정보확인	인문	고려와 송의 관계 변화	하	①
2	정보확인	인문	조선 시대 원상의 도입과 폐지	하	②
3	정보확인	인문	금속활자의 민간 수용 양상	하	⑤
4	정보확인	인문	언어와 어휘 차용의 다양한 원인	하	③
5	정보확인	사회	탈진실 현상의 발생 원인	하	②
6	정보확인	과학기술	헬리코박터 파일로리와 위장 질환	하	①
7	정보확인	과학기술	몬테카를로 방법	중	③
8	정보추론	과학기술	원자 궤도상에서 전자의 퍼텐셜 에너지	중	④
9	정보추론	인문	영화에서 이미지와 사운드의 결합	하	④
10	정보추론	인문	전쟁 범죄 가담자의 책임 유형	중	④
11	정보추론	사회	기본소득 지급 원칙	하	③
12	정보추론	인문	동전 감별기의 상태	하	①
13	정보추론	과학기술	거시 세계와 미시 세계의 측정	중	④
14	정보추론	과학기술	수면과 뇌 활동	중	⑤
15	형식논리	논리학	UN에 파견할 사무관 선정	중	④
16	형식논리	논리학	〈배치 원칙〉에 따라 배치	상	④
17	논증분석	사회	유행의 형성 원인	하	①
18	논증평가	과학기술	유전자와 유기체의 관계	중	④
19	정보추론	인문	개념과 지식	하	①
20	논증분석	인문	개념과 지식	중	⑤
21	정보확인	인문	조선 초기 시위패에 관한 지휘권 다툼	하	⑤
22	정보확인	인문	수 문제와 양제의 고구려 침공 실패	하	③
23	정보확인	사회	외부효과의 의미와 그 내부화 방안	중	⑤
24	정보확인	법규범	퍼블리시티권, 프라이버시권, 저작권 비교	중	①
25	정보확인	사회	과실수를 통한 농업 경제 체제 기틀 마련	하	②
26	정보확인	과학기술	나이에 따른 시간 흐름과 뇌 신경전달의 관계	상	④
27	정보추론	인문	축의 시대	하	②
28	논증분석	논리학	명제에 대한 앎과 민감성 조건	상	②
29	정보추론	사회	정치적 외부비용과 합의도출 비용	하	①
30	정보추론	사회	농지개혁법 개정안 찬반 논쟁	중	④
31	논증분석	인문	자율적 군사로봇과 책임	중	②
32	논증분석	과학기술	상동과 상사	중	③
33	형식논리	논리학	사무관 갑, 을, 병, 정, 무 배치	중	②
34	형식논리	논리학	부서에서 검토 중인 과제	상	⑤
35	정보추론	과학기술	동물의 에너지원	하	②
36	논증분석	과학기술	광센서의 잡음	중	③
37	논증분석	논리학	조건문의 진릿값	중	⑤
38	논증평가	과학기술	기술이라고 부를 수 있는 것	중	③
39	논증분석	과학기술	외계인과 지구인의 의사소통	하	③
40	논증평가	과학기술	외계인과 지구인의 의사소통	중	⑤

자료해석영역 (가)책형

문번	유형	키워드	난이도	정답
1	자료전환(보고서전환)	우편 서비스 현황	하	②
2	자료전환(보고서전환)	진로체험 편성 및 운영의 의사 반영	중	①
3	자료전환(표-그림전환)	학교급별 사교육비	하	⑤
4	자료전환(보고서전환)	3대 사망원인별 연령표준화 사망률	하	⑤
5	자료추론(수식추론)	갑국의 난민심사 현황	하	①
6	자료확인(일반자료확인)	내국인 및 외국인 대상 업종별 매출액	하	⑤
7	자료확인(일반자료확인)	한국인과 일본인의 고등교육기관 재학생	하	③
8	자료확인(일반자료확인)	고속도로 휴게소 현황	하	⑤
9	자료확인(일반자료확인)	갈라파고스 군도의 서식종, 토속종, 면적	하	②
10	자료추론(수식추론)	면적직불금 지급단가	중	②
11	자료전환(표-그림전환)	A가계의 가계지출	중	⑤
12	자료확인(일반자료확인)	6개 공공도서관 운영 현황	하	②
13	자료전환(보고서전환)	한국의 항공기 및 부품 산업 현황	하	③
14	자료전환(보고서전환)	전국 학교급식 운영 및 예산 현황	하	④
15	자료응용(매칭)	수산물 생산 현황	하	②
16	자료응용(논리퀴즈)	기금별 예산과 기금건전성 평가 결과	중	②
17	자료응용(매칭)	산업별 공장 수	하	④
18	자료확인(일반자료확인)	마스크 생산량 및 제조업체 수, 허가제품 수	중	④
19	자료전환(표-그림전환)	마스크 생산량 및 제조업체 수, 허가제품 수	하	③
20	자료확인(일반자료확인)	신재생 에너지원별 발전소 현황	중	⑤
21	자료응용(매칭)	일평균 농식품 폐기량	하	④
22	자료확인(일반자료확인)	발화요인별 화재발생 건수	하	②
23	자료추론(수식추론)	주요 축산물의 축종별 수익성 현황	하	⑤
24	자료추론(수식추론)	일평균 폐기물 발생량 및 재활용량	중	④
25	자료전환(표-그림전환)	보호관찰 접수 인원	중	①
26	자료확인(일반자료확인)	갑국 대학교의 자료구입비	중	②
27	자료추론(통계추론)	갑시의 시내버스 현황	상	⑤
28	자료응용(논리퀴즈)	A사 임직원 평균 연봉 현황	상	④
29	자료추론(수식추론)	갑 복지재단의 수입, 지출, 기금 적립 현황	하	③
30	자료전환(보고서전환)	21대 국회의원 당선자 분석 자료	중	③
31	자료응용(논리퀴즈)	기업별 8월 첫째 주의 주간 소비자 불만	중	①
32	자료응용(논리퀴즈)	기업별 8월 첫째 주의 주간 소비자 불만	상	④
33	자료추론(수식추론)	반려동물 보유가구 현황 및 매출액	중	①
34	자료추론(수식추론)	지역별 시의원 후보자 및 당선자	중	⑤
35	자료추론(수식추론)	인구 및 가구 변화	중	①
36	자료전환(표-그림전환)	청년 창업 현황	상	②
37	자료확인(일반자료확인)	교역대상국별 7월 해상 수출입 운송비용	중	①
38	자료응용(논리퀴즈)	필즈상 최종 박사학위 취득 대학	상	④
39	자료응용(매칭)	코로나19 지원금	상	③
40	자료응용(논리퀴즈)	갑질 발생 위험도 설문조사 결과	상	③

상황판단영역 (가)책형

문번	유형	내용영역	키워드	난이도	정답
1	규정이해	법규범	동물보호센터	하	⑤
2	규정이해	법규범	소하천의 점용	하	④
3	규정이해	법규범	인공우주물체	하	④
4	규정이해	법규범	식품판매업	하	②
5	규정이해	법규범	가맹본부	하	④
6	수리추론	사회	지방재정 교부금	하	②
7	수리추론	논리학	A팀 용지 사용	하	④
8	수리추론	논리학	소다르 감독 개봉 순서	중	③
9	규정이해	법규범	스포츠 득점 결승점	중	③
10	수리추론	논리학	주사위에서 나오지 않는 수	상	①
11	규정이해	논리학	A와 B가 선택하지 않을 결혼식 날짜	하	①
12	수리추론	논리학	자연수 기호	중	⑤
13	규정이해	논리학	A부처 스크럽 후보	중	⑤
14	규정이해	사회	직접조약	중	③
15	논리퀴즈	논리학	A부서 정책자문단	중	④
16	수리추론	논리학	A가 방문할 매장	하	①
17	수리추론	논리학	연구지원센터 연구비	하	①
18	수리추론	논리학	甲사무관 선택 경로	중	①
19	정보이해	과학기술	석유사업	하	②
20	수리추론	과학기술	석유사업	하	①
21	규정이해	법규범	간행물 판매	하	⑤
22	규정이해	법규범	학생 건강검사	하	②
23	규정이해	법규범	지방전문경력관직위	하	④
24	규정이해	법규범	입주민대표회의 구성	하	⑤
25	규정이해	법규범	특허무효심판	중	③
26	수리추론	법규범	甲이 처방받은 약	하	②
27	수리추론	논리학	승화 아이스크림 가격	하	③
28	수리추론	법규범	甲~丁 연 나이 만 나이	중	④
29	수리추론	법규범	두 선수 경기 규칙	상	③
30	수리추론	논리학	甲 乙 丙 한 일의 양	중	④
31	수리추론	논리학	COW와 EA 곱한 결과	하	①
32	수리추론	논리학	A시 인구 천의 자리	중	①
33	논리퀴즈	논리학	甲 ~ 戊 구슬의 개수	상	⑤
34	논리퀴즈	논리학	A와 함께 먹을 음식	하	⑤
35	논리퀴즈	논리학	수강생 팀 편성	중	③
36	수리추론	법규범	대회 개최지	하	⑤
37	수리추론	법규범	건축물 책임자 점검자	중	①
38	수리추론	논리학	A 무인세탁소	상	②
39	정보이해	법규범	산지전용	하	②
40	규정이해	법규범	산지전용	하	③

2022년도

헌법 (나)책형

문번	문제유형	키워드	난이도	정답
1	헌법 총론/판례	정당제도	중	②
2	헌법 총론/이론	헌정사	상	①
3	헌법 총론/판례	공무원제도	중	③
4	기본권 각론/판례	직업의 자유	상	④
5	기본권 각론/판례	근로의 권리	중	④
6	기본권 각론/판례	평등권	중	①
7	기본권 각론/판례	자기결정권	하	②
8	기본권 각론/판례	집회의 자유	하	②
9	기본권 각론/판례	사생활의 비밀과 자유	하	③
10	기본권 각론/판례	사회적 기본권	중	③
11	기본권 총론/판례	기본권 제한 및 한계	하	②
12	헌법 총론/판례	행정입법	중	④
13	통치구조/부속 법령	국무총리 및 국무위원	상	①
14	통치구조/부속 법령	대통령	중	①
15	통치구조/부속 법령	감사원	중	③
16	헌법 총론/판례	문화국가원리	중	④
17	통치구조/부속 법령	국회의 권한	하	④
18	통치구조/부속 법령	국회의 조직 및 운영	중	③
19	통치구조/부속 법령	국회의원	중	③
20	통치구조/부속 법령	국회의 회의 및 의사운영	중	④
21	헌법재판소/판례	헌법재판	중	③
22	헌법재판소/판례	권한쟁의심판	중	④
23	통치구조/부속 법령	법관	상	②
24	통치구조/판례	선거관리	상	①
25	통치구조/판례	조례	중	③

언어논리영역 (나)책형

문번	유형	내용영역	키워드	난이도	정답
1	정보확인	인문	조선시대 군역 문제에 따른 대책	하	②
2	정보확인	인문	조선 후기의 목재 공급	중	④
3	정보확인	사회	수치심과 죄책감	중	①
4	정보확인	과학기술	봉수의 신호 전송 체계	하	②
5	논증분석	인문	상대주의자의 이론 수용 관점	하	⑤
6	정보추론	인문	특수조사 '은/는'의 의미	중	⑤
7	정보추론	인문	고유어와 한자어	중	③
8	정보확인	인문	기계식 한글 타자기 구현이 어려운 이유	중	④
9	논증분석	논리학	나루토의 사진은 저작권의 대상이 되는가	중	②
10	형식논리	논리학	당뇨 환자에게 처방할 약품	중	⑤
11	형식논리	논리학	행복대학교 학생 평가	상	⑤
12	형식논리	논리학	갑~정의 연수 프로그램 시행	상	⑤
13	논증분석	논리학	신의 존재에 대한 문장	중	④
14	정보추론	과학기술	A지역의 씨앗 포식 실험	상	①
15	논증평가	논리학	지식 귀속 문제	중	③
16	논증평가	사회	응보주의에 대한 A~C의 입장	중	②
17	논증평가	사회	도덕 상대주의에 대한 비판	중	②
18	논증평가	과학기술	헨리 고리에 관한 가설	중	③
19	정보확인	논리학	역관계 원리	중	③
20	정보추론	논리학	역관계 원리	상	①
21	정보확인	인문	일본의 대륙 침략	중	①
22	정보확인	인문	강계 파수보 제반 사항	중	⑤
23	정보확인	사회	아시아 도시의 젠트리피케이션	하	①
24	정보확인	사회	가짜 뉴스	중	①
25	정보추론	논리학	가상물질 X에 관한 가설	중	④
26	정보추론	논리학	소수 N에 대한 증명	중	③
27	정보추론	사회	시간선호	중	①
28	정보추론	사회	선호의 순위	중	④
29	형식논리	논리학	용기 있는 사람은 대담한가	중	③
30	형식논리	논리학	갑~병의 고서 소장	상	⑤
31	형식논리	논리학	갑 회사의 우수매장 선정	상	②
32	논증분석	논리학	기상조작 음모론	중	③
33	논증분석	과학기술	식물 C에 관한 실험	상	④
34	논증분석	과학기술	고전역학의 운동방정식 적용에 대한 의견	중	②
35	논증분석	논리학	신을 믿는 선택	중	⑤
36	논증평가	사회	아테네의 추첨식 민주정	상	④
37	논증평가	과학기술	적조의 발생에 관한 가설	중	③
38	논증평가	과학기술	A국의 어업 규제	상	④
39	정보추론	과학기술	환원 개념을 통한 과학 이론의 설명	상	④
40	논증평가	과학기술	환원 개념을 통한 과학 이론의 설명	상	③

자료해석영역 (나)책형

문번	유형	키워드	난이도	정답
1	자료전환(보고서전환)	전국 아파트 입주 물량	하	②
2	자료추론(수식추론)	자동차의 구간별 연료 소모량	중	③
3	자료확인(일반자료확인)	환자의 성별 흡연 및 음주 여부	중	③
4	자료전환(보고서전환)	국세청의 행정소송 현황	하	④
5	자료확인(일반자료확인)	도매시장에서 출하되는 4개 농산물	중	①
6	자료추론(수식추론)	3개 산업의 기술도입액과 기술수출액	중	①
7	자료전환(보고서전환)	여름철 물놀이 사고 사망자	하	④
8	자료응용(매칭)	어업 생산량	하	④
9	자료전환(보고서전환)	글로벌 스포츠 산업 규모	하	⑤
10	자료확인(일반자료확인)	불법체류외국인 현황	하	①
11	자료응용(매칭)	변호사시험 응시자 및 합격자	하	③
12	자료확인(일반자료확인)	조세지출 현황	중	⑤
13	자료추론(수식추론)	소년 범죄와 성인 범죄 현황	중	③
14	자료전환(표-그림전환)	갑지역의 가구수	중	⑤
15	자료전환(보고서전환)	선행시간별 태풍예보 거리오차	하	①
16	자료확인(일반자료확인)	대체육 분야의 정부 R&D 지원 규모	중	④
17	자료전환(보고서전환)	글로벌 전기차 시장 점유율 상위 10개 업체	중	①
18	자료응용(논리퀴즈)	1차, 2차 면접 문제와 문항별 점수	중	③
19	자료추론(수식추론)	1차, 2차 면접 문제와 문항별 점수	중	⑤
20	자료확인(일반자료확인)	응급의료기관의 응급실 현황	중	①
21	자료확인(일반자료확인)	장기 기증 및 이식 현황	하	③
22	자료확인(일반자료확인)	외국인 관광객 국적	하	②
23	자료확인(일반자료확인)	교통수단별 소요시간 및 비용	중	②
24	자료응용(매칭)	면적, 동 수 및 인구 현황	중	⑤
25	자료전환(표-그림전환)	재난사고 발생 및 피해 현황	중	①
26	자료추론(통계추론)	자녀장려금 수급자 특성별 수급횟수 비중	중	④
27	자료추론(수식추론)	도로종류 및 기상상태별 교통사고 현황	중	②
28	자료추론(수식추론)	무역지수 및 교역조건지수	중	⑤
29	자료응용(논리퀴즈)	건물 기준시가 산정방법	상	①
30	자료추론(통계추론)	농림어업 생산액 상위 20개국	중	②
31	자료전환(보고서전환)	성별 스마트폰 과의존 위험군	중	④
32	자료추론(수식추론)	생물 갈치와 냉동 갈치의 유통구조	중	③
33	자료응용(논리퀴즈)	사내 탁구대회 라운드별 승률	중	⑤
34	자료추론(수식추론)	급수 사용량과 사용료	중	③
35	자료응용(논리퀴즈)	아파트 분양 청약 및 경쟁률	상	②
36	자료추론(통계추론)	공동인증서 비밀번호 변경주기	중	④
37	자료추론(수식추론)	소프트웨어 A~C의 개발	상	②
38	자료추론(수식추론)	갑국 야구리그	상	④
39	자료추론(수식추론)	갑국 야구리그	상	⑤
40	자료추론(수식추론)	프랜차이즈 기업 A~E의 가맹점 현황	중	③

상황판단영역 (나)책형

문번	유형	내용영역	키워드	난이도	정답
1	규정이해	법규범	의사상자 등 예우 및 지원	하	①
2	규정이해	법규범	가족관계증명서 등의 교부 청구	하	④
3	규정이해	법규범	물품 등의 사용으로 인한 피해구제 신청	하	①
4	규정이해	법규범	박물관 이사회	상	②
5	규정이해	법규범	조례의 제정·개정 및 폐지의 청구	중	②
6	정보이해	사회	업무실수 기록건수	하	④
7	정보이해	사회	순위규모분포와 종주분포	하	①
8	논리퀴즈	논리학	초밥의 접시당 가격	하	④
9	수리추론	논리학	양압기 대여료	중	④
10	수리추론	논리학	A동물보호센터에 지급할 경비의 총액	상	③
11	논리퀴즈	논리학	A가 책을 다 읽은 때	중	④
12	논리퀴즈	논리학	자모변환표와 난수표를 이용한 암호 변환	하	②
13	논리퀴즈	논리학	담임 선생님 생신	중	②
14	논리퀴즈	논리학	수요일과 목요일의 청소 당번	중	④
15	논리퀴즈	논리학	甲~丁의 퍼스널컬러	상	⑤
16	논리퀴즈	논리학	청년미래공제 참여기업	하	③
17	수리추론	논리학	현행 정책과 개편안	하	⑤
18	논리퀴즈	논리학	A기관 건강검진 프로그램	중	②
19	정보이해	사회	탄소중립	하	③
20	정보이해	사회	탄소중립	중	⑤
21	규정이해	법규범	A시장이 잘못 부과한 과태료 초과분의 합	중	②
22	규정이해	법규범	도급계약	하	①
23	규정이해	법규범	적극적 손해, 소극적 손해, 위자료	중	⑤
24	규정이해	법규범	입찰공고 기간 준수	상	③
25	규정이해	법규범	저작권법	중	⑤
26	정보이해	과학기술	바이오디젤	하	③
27	정보이해	과학기술	카페인의 각성효과	하	⑤
28	수리추론	논리학	수액을 주입할 때 사용하는 단위 gtt	중	③
29	수리추론	논리학	진로에 대한 비용편익분석	중	⑤
30	수리추론	논리학	A국의 소득에 대한 과세	상	②
31	논리퀴즈	논리학	남아 있는 관람객 수의 최댓값	중	③
32	수리추론	논리학	1에서 9까지 아홉 개의 숫자버튼	중	⑤
33	논리퀴즈	논리학	토끼와 옹달샘	중	④
34	논리퀴즈	논리학	사무소 B의 전화번호	중	③
35	논리퀴즈	논리학	양의 이름을 짓는 방법	상	①
36	논리퀴즈	논리학	일반하역사업 등록이 가능한 사업자	중	④
37	규정이해	법규범	甲소방서에서 가장 먼저 교체대상이 될 장비	하	②
38	수리추론	논리학	甲과 乙이 선택할 스포츠 종목	중	①
39	정보이해	과학기술	하드디스크	중	②
40	정보이해	과학기술	하드디스크	중	④

2021년도

헌법 (가)책형

문번	문제유형	키워드	난이도	정답
1	헌법 총론/판례	헌법전문	하	③
2	기본권 각론/부속 법령	형사보상청구권	중	③
3	기본권 총론/판례	법인의 기본권 주체성	하	③
4	기본권 각론/판례	사전검열	하	④
5	기본권 각론/판례	신체의 자유	하	②
6	기본권 각론/판례	기본권 보호의무	중	③
7	기본권 각론/판례	보건에 관한 권리	상	④
8	기본권 각론/판례	개인정보자기결정권	중	④
9	통치구조/헌법 조문	대통령	중	①
10	통치구조/판례	행정부	중	②
11	통치구조/부속 법령	국무총리	하	③
12	헌법재판소/판례	헌법재판소	하	④
13	통치구조/부속 법령	국무회의	하	②
14	헌법재판소/판례	권한쟁의심판	중	④
15	통치구조/헌법 조문	법원	하	①
16	통치구조/헌법 조문	선거관리위원회	중	①
17	통치구조/부속 법령	국회 안건 신속처리	상	④
18	통치구조/부속 법령	국회	하	②
19	통치구조/부속 법령	국회의 위원회	상	①
20	통치구조/부속 법령	국회의원선거	상	②
21	헌법재판소/부속 법령	탄핵심판	중	①
22	통치구조/판례	사법권의 독립	하	③
23	통치구조/판례	지방자치	하	④
24	통치구조/판례	대의제도	중	②
25	헌법 총론/헌법 조문	경제조항	하	③

언어논리영역 (가)책형

문번	유형	내용영역	키워드	난이도	정답
1	정보확인	인문	조선시대 화원	하	④
2	정보확인	인문	승정원일기	하	②
3	정보확인	인문	조선시대 벼농사와 이질의 상관관계	상	③
4	정보확인	사회	전자본주의 농업사회의 안전 제일의 원칙	중	⑤
5	정보확인	인문	공공 미술의 세 가지 패러다임	중	②
6	정보확인	과학기술	마이야르 반응	중	①
7	정보추론	과학기술	빛을 방출하는 원생생물이 생존에 더 유리한 이유	중	③
8	정보추론	사회	표본의 편향성	중	④
9	정보확인	사회	침묵의 유형	하	④
10	정보추론	과학기술	A식물과 B곤충을 활용한 실험	중	①
11	정보확인	과학기술	부피를 최소화하는 배열 방식	중	③
12	논증분석	논리학	'비물질적 실체'에 대한 주장	중	⑤
13	형식논리	논리학	수습사무관 대상 요가 교실 운영	중	③
14	형식논리	논리학	태어난 아이들의 어머니와 출생일	상	①
15	형식논리	논리학	백신그룹 A~D의 항체 생성 여부	상	④
16	논증분석	인문	인과관계와 상관관계	중	①
17	논증평가	인문	주먹도끼의 발견	하	④
18	논증평가	논리학	인식적 의무에 관한 논증	상	②
19	정보추론	인문	행위의 유용성에 대한 판단	중	⑤
20	논증평가	인문	행위의 유용성에 대한 판단	상	③
21	정보확인	인문	조선시대 진제의 대상자 선정	중	②
22	정보확인	인문	조선시대 젊은이를 지칭하던 말	하	①
23	정보확인	사회	집중투표제	상	①
24	정보확인	사회	ILO의 노동기준에 관한 협약	중	②
25	정보확인	사회	의사와 환자의 자율성 존중 원리	하	④
26	정보추론	사회	평등 사회	하	④
27	정보확인	과학기술	푄 현상	중	①
28	정보확인	과학기술	구조물의 하중 지탱과 공명 현상	하	②
29	논증분석	사회	고용의 비정규직화	하	⑤
30	논증분석	사회	소수집단 우대 정책 옹호론	하	⑤
31	정보확인	과학기술	자율신경계의 작용	상	③
32	정보추론	과학기술	식물의 광합성과 산소 발생에 관한 실험	하	②
33	정보추론	논리학	해변의 쓰레기	상	⑤
34	형식논리	논리학	A아파트의 인구총조사 대상자들	중	③
35	형식논리	논리학	철학과 학생들의 수강 실태	상	⑤
36	형식논리	논리학	K부처의 새 관리자 선발	상	②
37	논증분석	논리학	필연적 진리에 관한 진술	상	⑤
38	논증평가	과학기술	환경오염물질과 성염색체의 상관관계	상	⑤
39	논증분석	논리학	합리적 선택과 기댓값 최대화 원리의 충돌	중	⑤
40	정보추론	논리학	합리적 선택과 기댓값 최대화 원리의 충돌	상	③

자료해석영역 (가)책형

문번	유형	키워드	난이도	정답
1	자료추론(수식추론)	지역별 고령인구 및 고령인구 비율	중	④
2	자료전환(보고서전환)	가구당 보험료 및 보험급여 현황	하	③
3	자료확인(일반자료확인)	갑국의 재정지출	중	①
4	자료추론(수식추론)	A~C제품의 생산량과 불량품 수	중	⑤
5	자료추론(수식추론)	대학 교원 유형별 강의 담당학점 현황	하	②
6	자료전환(보고서전환)	세계 전기차 현황과 전망	중	②
7	자료추론(수식추론)	임용시험 과목별 접수인원 및 경쟁률	하	③
8	자료확인(일반자료확인)	조선왕조실록과 호구총수	하	①
9	자료추론(통계추론)	작가 A의 SNS 팔로워 25,000명	중	②
10	자료응용(논리퀴즈)	성인 A~F의 일일 영양소 섭취량	중	④
11	자료추론(통계추론)	예상 매출액 상위 10개 제약사	중	①
12	자료확인(특수자료확인)	구획별 토지이용유형 현황	중	③
13	자료추론(수식추론)	돼지열병 발생 현황	중	⑤
14	자료응용(논리퀴즈)	외국투자기업의 지출 항목별 단가	상	①
15	자료응용(논리퀴즈)	우수논문 선정 대상 논문	중	③
16	자료전환(표-그림전환)	우리나라 행정구역 현황	상	⑤
17	자료응용(논리퀴즈)	우리나라 행정구역 현황	상	③
18	자료추론(통계추론)	남·여 졸업생 월평균소득, 취업률	중	⑤
19	자료전환(보고서전환)	금융소득 분위별 가구당 자산규모	중	④
20	자료확인(일반자료확인)	애니메이션을 등록한 회사	상	⑤
21	자료전환(보고서전환)	한국의 방진용 마스크 수출·수입	하	②
22	자료응용(매칭)	7개 도시의 공원 현황	하	③
23	자료추론(수식추론)	A~C국의 GDP 및 조세분담률	하	②
24	자료추론(수식추론)	A~E학교의 장학금	하	④
25	자료확인(특수자료확인)	4대 곡물 세계 수입현황	하	⑤
26	자료전환(표-그림전환)	국내 건축물 내진율 현황	중	①
27	자료추론(수식추론)	12대 주요 산업별 총산업인력	중	③
28	자료추론(수식추론)	A국 게임시장	중	④
29	자료확인(일반자료확인)	A국의 보유세 추이	중	①
30	자료확인(일반자료확인)	갑지역의 월별 기상자료	중	④
31	자료확인(일반자료확인)	갑지역의 월별 기상자료	중	④
32	자료전환(표-그림전환)	가구 구성비와 가구당 자산 보유액 현황	상	⑤
33	자료추론(통계추론)	오염물질 배출원별 배출량	중	①
34	자료추론(통계추론)	음원차트 상위 15개 현황	중	①
35	자료전환(보고서전환)	버스 유형별 노선 수와 차량대수	중	③
36	자료확인(특수자료확인)	A기관의 조직 및 운영	상	⑤
37	자료확인(일반자료확인)	보호조치 아동의 발생원인 및 조치방법	중	⑤
38	자료추론(통계추론)	영재학생 역량에 대한 교사 집단의 인식	상	②
39	자료응용(논리퀴즈)	S시 공공기관 의자 설치 사업	상	④
40	자료응용(논리퀴즈)	작물재배와 생산, 판매가격	상	②

상황판단영역 (가)책형

문번	유형	내용영역	키워드	난이도	정답
1	규정이해	법규범	아이돌보미의 양성	하	⑤
2	규정이해	법규범	고도지역 발굴	하	②
3	규정이해	법규범	농산물의 수급조절과 가격안정	하	④
4	규정이해	법규범	A협회의 찬반투표 및 선거	상	①
5	규정이해	법규범	공소제기와 공소시효	중	③
6	수리추론	논리학	상시학습 과목과 권장 수강주기	하	①
7	정보이해	과학기술	맥동변광성	중	①
8	정보이해	과학기술	로봇의 보행 속력과 수중 로봇의 속도	하	⑤
9	수리추론	논리학	건설비용 비용 부담안	중	⑤
10	수리추론	논리학	단어를 표현하는 코드의 길이	중	③
11	논리퀴즈	논리학	조선시대 왕의 계보를 외우는 놀이	중	①
12	논리퀴즈	논리학	보행자 자동인식시스템	중	②
13	수리추론	논리학	가장 먼저 교체될 시계	중	②
14	논리퀴즈	논리학	눈이 내린 날 또는 눈이 내리지 않은 날	상	④
15	논리퀴즈	논리학	법령집, 백서, 판례집, 민원 사례집 배분	중	③
16	수리추론	논리학	A시 예산성과금	중	②
17	규정이해	법규범	소방서에 두는 소방자동차 배치기준	상	④
18	정보이해	사회	대규모 외환거래	중	⑤
19	정보이해	사회	연령규범과 법적 기준	하	⑤
20	정보이해	사회	연령규범과 법적 기준	하	⑤
21	규정이해	법규범	급식 대상과 영양교사 배치기준	하	④
22	규정이해	법규범	주식백지신탁 심사위원회	하	③
23	규정이해	법규범	플랫폼운송사업	하	②
24	규정이해	법규범	상속과 유류분	하	⑤
25	규정이해	법규범	연명의료계획서의 작성	하	①
26	수리추론	논리학	친구 단위 또는 가족 단위 입장	하	④
27	정보이해	과학기술	기초 감염재생산지수	하	⑤
28	논리퀴즈	논리학	3개의 과일상자	하	①
29	수리추론	논리학	甲이 귀가했을 때의 정확한 시간	중	③
30	수리추론	논리학	아르키메데스와 왕관	중	④
31	논리퀴즈	논리학	상반기 입출고기록	중	⑤
32	수리추론	논리학	A물건의 무게	중	③
33	논리퀴즈	논리학	잃어버린 인물카드의 수	중	②
34	수리추론	논리학	10개의 상자 운반하기	중	④
35	수리추론	논리학	甲과 乙이 가진 4장의 숫자 카드	중	④
36	규정이해	법규범	드론 비행 안전 규칙	하	③
37	논리퀴즈	논리학	현장답사 대상으로 선정한 기업	하	④
38	수리추론	논리학	수질 개선 설비 설치 최소 비용	중	③
39	정보이해	사회	동물복지인증제도	하	⑤
40	정보이해	사회	동물복지인증제도	하	②

2026년도 5급 PSAT 대비

메가피셋

5급 공채
외교관후보자
지역인재 7급

5개년 기출문제집

헌법+언어논리+자료해석+상황판단

Ⅰ. 2025년도

- 헌 법
- 언어논리영역
- 자료해석영역
- 상황판단영역

| 2025년도 헌법 |

국가공무원 5급 공채 · 외교관후보자 선발 제1차시험 및 지역인재 7급 선발 필기시험 (가)책형

지문의 내용에 대해 학설의 대립 등 다툼이 있는 경우 판례에 의함

문 1. 법치국가원리에 대한 설명으로 옳지 않은 것은?

① 시혜적인 소급입법을 할 것인지의 여부는 입법재량의 문제로서 그 판단은 일차적으로 입법기관에 맡겨져 있는 것이므로 입법자에게 보다 광범위한 입법형성의 자유가 인정된다.

② 일반적으로 일정한 공권력 작용이 체계정당성 원리를 위반하게 되면 곧 위헌이 되는 것이므로, 별도로 비례의 원칙이나 평등의 원칙 등 일정한 헌법의 규정이나 원칙을 위반하여야 하는 것은 아니다.

③ 형벌에 관한 책임주의는 형사법의 기본원리로서, 헌법상 법치국가의 원리에 내재하는 원리인 동시에, 국민 누구나 인간으로서의 존엄과 가치를 가지고 스스로의 책임에 따라 자신의 행동을 결정할 것을 보장하고 있는 헌법 제10조의 취지로부터 도출되는 원리이다.

④ 근대의 입헌적 민주주의 체제는 사회의 공적 자율성에 기한 정치적 의사결정을 추구하는 민주주의 원리와, 국가권력이나 다수의 정치적 의사로부터 개인의 권리, 즉 개인의 사적 자율성을 보호해 줄 수 있는 법치주의 원리라는 두 가지 주요한 원리에 따라 구성되고 운영된다.

문 2. 헌법 전문(前文)에 대한 설명으로 옳지 않은 것은?

① 헌법 전문은 헌법의 이념 내지 가치를 제시하고 있는 헌법규범의 일부로서 헌법으로서의 규범적 효력을 나타내기 때문에 구체적으로는 헌법소송에서의 재판규범인 동시에 헌법이나 법률해석에서의 해석기준이 되고, 입법형성권 행사의 한계와 정책결정의 방향을 제시하며, 나아가 모든 국가기관과 국민이 존중하고 지켜가야 하는 최고의 가치규범이다.

② 1980년 제8차 개정헌법의 전문에서는 3·1운동의 숭고한 독립정신과 4·19의거 및 5·16혁명의 이념을 계승하고 자유민주적 기본질서를 더욱 공고히 한다고 규정하였다.

③ 헌법재판소는 헌법 전문에 기재된 3·1정신은 헌법이나 법률해석의 기준으로 작용하지만, 그에 기하여 곧바로 국민의 개별적 기본권성을 도출해낼 수는 없다고 본다.

④ 현행 헌법은 전문에서 '3·1운동으로 건립된 대한민국임시정부의 법통'의 계승을 천명하고 있는바, 일제강점기에 일본군위안부로 강제 동원된 피해자들의 훼손된 인간의 존엄과 가치를 회복시켜야 할 의무는 대한민국임시정부의 법통을 계승한 지금의 정부가 국민에 대하여 부담하는 가장 근본적인 보호의무에 속한다.

문 3. 정당의 자유에 대한 설명으로 옳지 않은 것은?

① 헌법상 정당설립의 자유는 설립할 정당의 조직형태를 어떠한 내용으로 할 것인가에 관한 정당조직 선택의 자유 및 그와 같이 선택된 조직을 결성할 자유를 포괄하는 정당조직의 자유를 포함한다.

② 헌법은 정당의 자유 보장을 전제로 하여 정당의 목적·조직·활동이 민주적이어야 하고 그 조직이 국민의 정치적 의사형성에 참여하는데 필요한 조직이어야 한다는 요청을 규정하고 있으나, 이 규정이 정당의 자유의 헌법적 근거를 제공하는 근거규범으로 기능한다고는 볼 수 없다.

③ 정당의 명칭은 그 정당의 정책과 정치적 신념을 나타내는 대표적인 표지에 해당하지만, 헌법상 정당설립의 자유에 자신들이 원하는 명칭을 사용하여 정당을 설립하거나 활동할 자유까지 포함하는 것은 아니다.

④ 헌법상 정당의 자유는 국민이 개인적으로 갖는 기본권일 뿐만 아니라, 단체로서의 정당이 가지는 기본권이기도 하다.

문 4. 기본권의 개념과 주체에 대한 설명으로 옳지 않은 것은?

① 헌법상 통일 관련 조항들은 국가의 통일의무를 선언한 것으로 이들 조항으로부터 국민 개개인은 국가기관에 대하여 통일과 관련된 구체적인 행동을 요구하거나 일정한 행동을 할 수 있는 권리가 도출된다.

② 국민의 기본권 침해에 대한 권리구제를 위하여 그 전제조건으로서 영토에 관한 권리를 영토권이라 하여 이를 헌법소원의 대상인 기본권의 하나로 간주하는 것은 가능하다.

③ 태아에 대한 국가의 기본권보호의무로부터 태아의 출생 전에, 또한 태아가 살아서 출생할 것인가와는 무관하게, 태아를 위하여 「민법」상 일반적 권리능력까지 인정하여야 한다는 헌법적 요청이 도출되지 않는다.

④ 농지개량조합은 조직, 재산의 형성·유지 및 그 목적과 활동전반에 나타나는 매우 짙은 공적인 성격을 감안할 때 공법인이라고 봄이 상당하므로 헌법소원의 청구인적격을 인정할 수 없다.

문 5. 혼인 및 가족제도에 대한 헌법재판소의 결정으로 옳지 않은 것은?

① 생존 사실혼 배우자에게 상속권을 인정하지 않은 「민법」 제1003조제1항 중 '배우자' 부분은 법률혼주의를 채택한 취지에 비추어 볼 때, 제3자에게 영향을 미쳐 명확성과 획일성이 요청되는 상속과 같은 법률관계에서는 사실혼을 법률혼과 동일하게 취급할 수 없으므로, 사실혼 배우자의 평등권을 침해하지 않는다.

② 혼인 종료 후 300일 이내에 출생한 자를 전남편의 친생자로 추정하는 「민법」 제844조제2항 중 '혼인관계종료의 날로부터 300일 내에 출생한 자'에 관한 부분은 모가 가정생활과 신분관계에서 누려야 할 인격권, 혼인과 가족생활에 관한 기본권을 침해한다.

③ 8촌 이내의 혈족 사이에서는 혼인할 수 없도록 하는 「민법」 조항 및 이를 위반한 혼인을 무효로 하는 「민법」 조항은 가족질서를 보호하고 유지한다는 공익이 매우 중요하기 때문에 과잉금지원칙에 위배되지 않으므로 혼인의 자유를 침해하지 않는다.

④ 「민법」 조항에 중혼을 혼인취소의 사유로 정하면서 그 취소청구권의 제척기간 또는 소멸사유를 규정하지 않았더라도 현저히 입법재량의 범위를 일탈하여 후혼 배우자의 인격권 및 행복추구권을 침해하는 것은 아니다.

문 6. 국민에 대한 설명으로 옳지 않은 것은?

① 현행 헌법은 대한민국의 국민이 되는 요건을 직접 정하지 않고 법률에 위임하고 있다.

② 출생 당시에 모가 대한민국 국민이더라도 부가 외국인인 경우에는 출생과 동시에 대한민국의 국적을 취득할 수 없다.

③ 부모가 모두 분명하지 아니한 경우, 대한민국에서 출생한 자는 출생과 동시에 대한민국 국적을 취득한다.

④ 현행 헌법은 "국가는 법률이 정하는 바에 의하여 재외국민을 보호할 의무를 진다."라고 규정하고 있다.

문 7. 직업의 자유에 대한 설명으로 옳은 것은?

① 성인대상 성범죄로 형을 선고받아 확정된 자로 하여금 그 형의 집행을 종료한 날부터 10년 동안 의료기관을 개설하거나 의료기관에 취업할 수 없도록 한 구「아동·청소년의 성보호에 관한 법률」 조항은 직업선택의 자유를 침해하지 않는다.

② 법인의 임원이 「학원의 설립·운영 및 과외교습에 관한 법률」을 위반하여 벌금형을 선고받은 경우, 법인의 학원설립·운영 등록이 효력을 잃도록 규정한 「학원의 설립·운영 및 과외교습에 관한 법률」 조항은 과잉금지원칙에 위배되지 않으므로 직업수행의 자유를 침해하지 않는다.

③ 택시운전자격을 취득한 사람이 강제추행 등 성범죄를 범하여 금고 이상의 형의 집행유예를 선고받은 경우 그 자격을 취소하도록 규정한 「여객자동차운수사업법」 조항은 과잉금지원칙에 위배되지 않으므로 직업의 자유를 침해하지 않는다.

④ 운전면허를 받은 사람이 자동차를 이용하여 살인 또는 강간 등 행정안전부령이 정하는 범죄행위를 한 때 운전면허를 취소하도록 한 구「도로교통법」 조항은 직업의 자유를 침해하지 않는다.

문 8. 표현의 자유에 대한 설명으로 옳지 않은 것은?

① 언론·출판의 자유는 현대 자유민주주의의 존립과 발전에 필수불가결한 기본권이며 이를 최대한도로 보장하는 것은 자유민주주의 헌법의 기본원리의 하나이다.

② 언론·출판에 대한 검열은 인정되지 않지만, 집회·결사에 대한 허가는 허용된다.

③ 헌법 제21조제2항이 금지하는 검열은 사전검열만을 의미하므로 개인이 정보와 사상을 발표하기 이전에 국가기관이 미리 그 내용을 심사·선별하여 일정한 범위 내에서 발표를 저지하는 것만을 의미하고, 헌법상 보호되지 않는 의사 표현에 대하여 공개한 뒤에 국가기관이 간섭하는 것을 금지하는 것은 아니다.

④ 집회의 자유는 집회를 통하여 형성된 의사를 집단적으로 표현하고 이를 통하여 불특정 다수인의 의사에 영향을 줄 자유를 포함하므로 이를 내용으로 하는 시위의 자유 또한 집회의 자유를 규정한 헌법 제21조제1항에 의하여 보호되는 기본권이다.

문 9. 개인정보자기결정권에 대한 설명으로 옳지 않은 것은?

① 개인정보자기결정권의 보호대상이 되는 개인정보는 반드시 개인의 내밀한 영역에 속하는 정보에 국한되지 않고 공적 생활에서 형성되었거나 이미 공개된 개인정보까지 포함한다.

② 자신의 주민등록표를 열람하거나 그 등·초본을 교부받는 경우에도 소정의 수수료를 부과하도록 하고 있는 규정은 개인정보자기결정권을 침해한다고 볼 수 없다.

③ 게임물 관련 사업자에게 게임물 이용자의 회원가입 시 본인인증을 할 수 있는 절차를 마련하고 있는 「게임산업진흥에 관한 법률」의 조항은 개인정보자기결정권을 침해하지 아니한다.

④ 수사경력자료의 보존 및 보존기간을 정하면서 범죄경력자료의 삭제에 대해 규정하지 않은 「형의 실효 등에 관한 법률」 제8조의2는 개인정보자기결정권을 침해한다.

문 10. 생명권에 대한 설명으로 옳지 않은 것은?

① 생명에 대한 권리는 비록 헌법에 명문의 규정이 없다 하더라도 인간의 생존본능과 존재목적에 바탕을 둔 선험적이고 자연법적인 권리로서 헌법에 규정된 모든 기본권의 전제로서 기능하는 기본권 중의 기본권이다.

② 태아가 비록 그 생명의 유지를 위하여 모에게 의존해야 하지만, 그 자체로 모와 별개의 생명체이고 특별한 사정이 없는 한 인간으로 성장할 가능성이 크므로 태아에게도 생명권이 인정되어야 한다.

③ 국가에게는 태아의 생명을 보호할 의무가 있으므로, 생명의 연속적 발전과정에 대하여 생명이라는 공통요소를 이유로 하여 언제나 동일한 법적 효과를 부여하여야 한다.

④ 모든 인간의 생명은 자연적 존재로서 동등한 가치를 갖는다고 할 것이나 그 동등한 가치가 서로 충돌하게 되거나 생명의 침해에 못지 아니한 중대한 공익을 침해하는 등의 경우에는 국민의 생명·재산 등을 보호할 책임이 있는 국가는 어떠한 생명 또는 법익이 보호되어야 할 것인지 그 규준을 제시할 수 있다.

문 11. 국무총리에 대한 설명으로 옳은 것은?

① 국회의원이 국무총리직을 겸할 때에는 국회 상임위원회 위원을 사임하여야 한다.

② 국무총리는 대통령의 명을 받아 각 중앙행정기관의 장을 지휘·감독하며, 중앙행정기관의 장의 명령이나 처분이 위법 또는 부당하다고 인정될 경우에는 대통령의 승인없이 이를 중지 또는 취소할 수 있다.

③ 국무총리의 해임건의안이 발의되었을 때에는 국회의장은 그 해임건의안이 발의된 후 처음 개의하는 본회의에 그 사실을 보고하고, 본회의에 보고된 때부터 12시간 이후 48시간 이내에 기명투표로 표결한다.

④ 국무총리의 소재지는 헌법적으로 중요한 기본적 사항이라 보기 어렵고 나아가 이러한 규범이 존재한다는 국민적 의식이 형성되었는지 조차 명확하지 않으므로 이러한 관습헌법의 존재를 인정할 수 없다.

문 12. 대통령의 의무에 대한 설명으로 옳지 않은 것은?

① '헌법을 준수하고 수호해야 할 의무'가 이미 법치국가원리에서 파생되는 지극히 당연한 것임에도, 헌법은 국가의 원수이자 행정부의 수반이라는 대통령의 막중한 지위를 감안하여 헌법에서 이를 다시 한번 강조하고 있다.

② 대통령의 '성실한 직책수행의무'는 헌법적 의무에 해당하며 '헌법을 수호해야 할 의무'와 마찬가지로 규범적으로 그 이행이 관철될 수 있는 성격의 의무라 할 수 있으므로, 사법적 판단의 대상이 될 수 있다.

③ 선거활동에 관하여 대통령의 정치활동의 자유와 선거중립의무가 충돌하는 경우에는 선거중립의무가 강조되고 우선되어야 한다.

④ 대통령은 국무총리·국무위원·행정각부의 장 기타 법률이 정하는 공사의 직을 겸할 수 없다.

문 13. 대통령의 권한에 대한 설명으로 옳지 않은 것은?

① 대통령은 조약을 체결·비준하고, 외교사절을 신임·접수 또는 파견하며, 선전포고와 강화를 한다.

② 대통령은 법률이 정하는 바에 의하여 사면·감형 또는 복권을 명할 수 있다.

③ 대통령은 헌법과 법률이 정하는 바에 의하여 공무원의 임면권을 가지나, 검찰총장·합동참모의장·각군참모총장·국립대학교총장·대사 기타 법률이 정한 공무원과 국영기업체관리자의 임명은 국무회의의 필수적 심의를 거쳐야 한다.

④ 대통령은 국회에 출석하여 발언할 수는 있지만 서한으로는 의견을 표시할 수 없다.

문 14. 감사원에 대한 설명으로 옳지 않은 것은?

① 감사원은 감사 결과 위법 또는 부당하다고 인정되는 사실이 있을 때에는 소속 장관, 감독기관의 장 또는 해당 기관의 장에게 시정·주의 등을 요구할 수 있다.

② 감사위원이 탄핵소추의 의결을 받았거나 형사재판에 계속되었을 때에는 그 탄핵의 결정 또는 재판이 확정될 때까지 그 권한 행사가 정지된다.

③ 「감사원법」은 지방자치단체의 위임사무에 관해서는 합법성뿐만 아니라 합목적성 감사까지도 허용하나, 자치사무에 관하여는 합법성 감사만 허용하는 것으로 보아야 한다.

④ 감사원은 감사원장을 포함한 7명의 감사위원으로 구성하며, 감사원장은 국회의 동의를 얻어 대통령이 임명한다.

문 15. 국회의 입법절차에 대한 설명으로 옳지 않은 것은?

① 국회에서 의결된 법률안은 정부에 이송되어 20일 이내에 대통령이 공포한다.

② 법률안에 이의가 있을 때에는 대통령은 헌법 제53조제1항의 기간내에 이의서를 붙여 국회로 환부하고, 그 재의를 요구할 수 있다.

③ 재의의 요구가 있을 때에는 국회는 재의에 붙이고, 재적의원 과반수의 출석과 출석의원 3분의 2 이상의 찬성으로 전과 같은 의결을 하면 그 법률안은 법률로서 확정된다.

④ 법률은 특별한 규정이 없는 한 공포한 날로부터 20일을 경과함으로써 효력을 발생한다.

문 16. 국회의원에 대한 설명으로 옳지 않은 것은?

① 20세인 국민은 국회의원의 피선거권이 없다.

② 국회의원이 회기 전에 체포 또는 구금된 때에는 현행범인이 아닌 한 국회의 요구가 있으면 회기 중 석방된다.

③ 국회의원은 국회에서 직무상 행한 발언과 표결에 관하여 국회 외에서 책임을 지지 아니한다.

④ 헌법은 국회의원에게 청렴의 의무가 있음을 명시적으로 규정하고 있다.

문 17. 헌법재판소에 대한 설명으로 옳지 않은 것은?

① 헌법재판소장은 헌법재판소의 조직, 인사, 운영, 심판절차와 그 밖에 헌법재판소의 업무와 관련된 법률의 제정 또는 개정이 필요하다고 인정하는 경우에는 국회에 서면으로 그 의견을 제출할 수 있다.

② 재판관에게 공정한 심판을 기대하기 어려운 사정이 있는 경우 당사자는 기피신청을 할 수 있으며, 변론기일에 출석하여 본안에 관한 진술을 한 때에도 그러하다.

③ 법원이 법률의 위헌 여부 심판을 헌법재판소에 제청한 때에는 당해 소송사건의 재판은 헌법재판소의 위헌 여부의 결정이 있을 때까지 정지되지만, 법원이 긴급하다고 인정하는 경우에는 종국재판 외의 소송절차를 진행할 수 있다.

④ 헌법재판소는 제청된 법률 또는 법률 조항의 위헌 여부만을 결정하지만, 법률 조항의 위헌결정으로 인하여 해당 법률 전부를 시행할 수 없다고 인정될 때에는 그 전부에 대하여 위헌결정을 할 수 있다.

문 18. 대통령에 대한 설명으로 옳은 것은?

① 헌법은 대통령의 사면권을 규정하고 있는바, 선고된 형의 전부를 사면할 것인지 또는 일부만을 사면할 것인지를 결정하는 것은 사면권자의 전권사항에 속하는 것이고, 징역형의 집행유예에 대한 사면이 병과된 벌금형에도 미치는 것으로 볼 것인지 여부는 사면의 내용에 대한 해석문제에 불과하다.

② 대통령 선거에 있어서 최고득표자가 2인 이상인 때에는 국회의 재적의원 3분의 1 이상이 출석한 공개회의에서 다수표를 얻은 자를 당선자로 한다.

③ 대통령후보자가 1인일 때에는 그 득표수가 선거권자 총수의 과반수 이상이 아니면 대통령으로 당선될 수 없다.

④ 대통령으로서 국회 본회의의 시정연설에서 자신에 대한 신임국민투표를 실시하고자 한다고 밝힌 것은 공고와 같이 법적인 효력이 있는 행위에 해당하므로 헌법소원의 대상이 되는 '공권력의 행사'라고 할 수 있다.

문 19. 법원에 대한 설명으로 옳지 않은 것은?

① 법관은 탄핵 또는 금고 이상의 형의 선고, 징계처분에 의하지 아니하고는 파면되지 아니한다.

② 대법원장이 궐위되거나 부득이한 사유로 직무를 수행할 수 없을 때에는 선임대법관이 그 권한을 대행한다.

③ 대법관회의는 대법관 전원의 3분의 2 이상의 출석과 출석인원 과반수의 찬성으로 의결하고, 의장은 의결에서 표결권을 가지며 가부동수일 때에는 결정권을 가진다.

④ 법관이 중대한 신체상 또는 정신상의 장해로 직무를 수행할 수 없을 때에는, 대법관인 경우에는 대법원장의 제청으로 대통령이 퇴직을 명할 수 있고, 판사인 경우에는 인사위원회의 심의를 거쳐 대법원장이 퇴직을 명할 수 있다.

문 20. 헌법개정에 대한 설명으로 옳은 것은?

① 헌법개정은 대통령만의 발의로 제안된다.
② 제안된 헌법개정안은 대통령이 15일 이상의 기간 이를 공고하여야 한다.
③ 국회는 헌법개정안의 공고가 끝난 날로부터 60일 이내에 의결하여야 하며, 국회의 의결은 재적의원 3분의 2 이상의 찬성을 얻어야 한다.
④ 대통령의 임기연장 또는 중임변경을 위한 헌법개정은 그 헌법개정 제안 당시의 대통령에 대하여는 효력이 없다.

문 21. 국회에 대한 설명으로 옳지 않은 것은?

① 정기회는 매년 9월 1일에 집회하지만, 그 날이 공휴일인 때에는 그 다음 날에 집회하고 회기는 100일로 한다.
② 국회는 헌법 또는 법률에 특별한 규정이 없는 한 재적의원 과반수의 출석과 출석의원 과반수의 찬성으로 의결하고 가부동수인 때에는 부결된 것으로 본다.
③ 국회의원 총선거 후 첫 임시회는 국회의원의 임기 개시 후 7일에 집회하며, 처음 선출된 국회의장의 임기가 폐회 중에 만료되는 경우에는 늦어도 임기만료일 5일 전까지 집회하지만, 그 날이 공휴일인 때에는 그 다음 날에 집회한다.
④ 국회는 의결로 기간을 정하여 휴회할 수 있지만, 대통령의 요구가 있을 때에는 재적의원 4분의 1 이상의 동의를 얻어 국회의 회의를 재개한다.

문 22. 헌법소원심판에 대한 설명으로 옳지 않은 것은?

① 「헌법재판소법」은 공권력의 행사 또는 불행사로 인하여 헌법상 보장된 기본권을 침해받은 자는 법원의 재판을 제외하고는 헌법재판소에 헌법소원심판을 청구할 수 있지만, 다른 법률에 구제절차가 있는 경우에는 그 절차를 모두 거친 후에 청구할 수 있다고 하여 보충성의 요건을 명시하고 있다.
② 동일한 피의사실에 대하여 2회 고소하고 그에 대한 검사의 각 불기소처분에 대하여 항고, 재항고를 하여, 한 사건에 대하여는 대검찰청의 재항고기각이 있었고 다른 한 사건을 대검찰청에 계류중인 상태에서 대검찰청에 계류중인 사건에 대한 헌법소원심판청구가 있은 경우, 헌법재판계류중에 대검찰청의 재항고기각결정이 있으면 동 심판청구는 전치요건흠결의 하자가 치료되어 적법하다.
③ 헌법소원에 있어서는 원칙적으로 공권력의 행사 또는 불행사의 직접적인 상대방이 자기관련성이 인정될 뿐만 아니라, 공권력의 작용에 단지 간접적이거나 사실적 또는 경제적인 이해관계가 있을 뿐인 제3자의 경우에도 자기관련성이 인정된다.
④ 「헌법재판소법」 제41조제1항에 따른 법률의 위헌 여부 심판의 제청신청이 기각된 때에는 그 신청을 한 당사자는 헌법재판소에 헌법소원심판을 청구할 수 있다. 이 경우 그 당사자는 당해 사건의 소송절차에서 동일한 사유를 이유로 다시 위헌 여부 심판의 제청을 신청할 수 없다.

문 23. 지방자치제도에 대한 설명으로 옳지 않은 것은?

① 지방자치단체는 법령의 범위에서 그 사무에 관하여 조례를 제정할 수 있지만, 주민의 권리 제한 또는 의무 부과에 관한 사항이나 벌칙을 정할 때에는 법률의 위임이 있어야 한다.
② 지방자치단체의 자치권이 미치는 관할 구역의 범위에는 육지는 물론 바다도 포함되므로, 공유수면에 대한 지방자치단체의 자치권한이 존재한다.
③ 지방자치단체는 주민의 복리에 관한 사무를 처리하고 재산을 관리하며, 법령의 범위 안에서 자치에 관한 규정을 제정할 수 있다.
④ 지방자치단체 주민으로서의 자치권 또는 주민권은 헌법에 의하여 직접 보장된 개인의 주관적 공권이므로 그 침해를 이유로 헌법소원심판을 청구할 수 있다.

문 24. 청원권에 대한 설명으로 옳지 않은 것은?

① 헌법상 청원권은 문서로 행사하도록 하고 있으나 「청원법」은 국민의 기본권 보장을 강화하기 위하여 구두로도 청원할 수 있도록 하고 있다.
② 국회에 청원을 할 때 국회의원의 소개를 얻어 청원서를 제출하도록 한 것은 입법형성의 재량의 범위를 넘어 국회에 청원을 하려는 자의 청원권을 침해한다고 볼 수 없다.
③ 공무원의 직무에 속한 사항의 알선에 관하여 금품이나 이익을 수수·요구 또는 약속한 자를 형사처벌하는 「특정범죄가중처벌등에관한법률」 조항은 국민의 청원권을 침해하는 것으로 볼 수 없다.
④ 청원기관의 장은 동일인이 같은 내용의 청원서를 같은 청원기관에 2건 이상 제출한 반복청원의 경우에는 나중에 제출된 청원서를 반려하거나 종결처리할 수 있고, 종결처리하는 경우 이를 청원인에게 알려야 한다.

문 25. 행정입법에 대한 설명으로 옳지 않은 것은?

① 헌법 제75조에서 근거한 포괄위임금지원칙은 법률에 이미 대통령령 등 하위법규에 규정될 내용 및 범위의 기본사항이 구체적으로 규정되어 있어서 누구라도 당해 법률로부터 하위법규에 규정될 내용의 대강을 예측할 수 있어야 함을 의미하는데, 위임입법이 대법원규칙인 경우에도 수권법률에서 이 원칙을 준수하여야 하는 것은 마찬가지이다.
② 다른 법령에 근거한 '특정한 기술'에 대한 행정처분으로서의 성격을 갖는 데 불과한 '지정 또는 고시·공고'를 범죄구성요건의 일부로 차용하고 있는 법률조항은 이미 존재하는 다른 법령을 전제하고 그 법령에 기한 지정 또는 고시·공고를 구성요건으로 '차용'하고 있는 데 불과한 것이고, 하위법령에 구성요건의 형성을 '위임'하고 있는 위임입법이 아니다.
③ 법률의 위임조항에서 위임의 구체적 범위를 명확히 규정하고 있지 않으면, 당해 법률의 전반적 체계와 관련규정에 비추어 위임조항의 내재적인 위임의 범위나 한계를 객관적으로 분명히 확정할 수 있다 하더라도, 이는 포괄적인 백지위임에 해당한다.
④ 법률에서 위임받은 사항을 전혀 규정하지 아니하고 그대로 재위임하는 것은 허용되지 않으며 위임받은 사항에 관하여 대강을 정하고 그 중의 특정사항을 범위를 정하여 하위 법령에 다시 위임하는 경우에만 재위임이 허용된다.

문 1. 다음 글의 내용과 부합하는 것은?

고려 성종은 개경에 국자감을 두고, 그곳에서 일정 기간 유학을 공부한 사람에게 문과 시험에 응시할 수 있는 자격을 부여했다. 국자감에서 공부할 학생을 선발하기 위한 시험은 '국자감시'라고 불렀다. 이 시험은 유교 경전에 대한 지식보다는 시와 산문을 짓는 능력을 평가하는 것이었다. 그런데 국자감시를 관장하는 감독관들은, 응시자의 능력과 관계없이 주로 자신의 친지나 친족을 선발하곤 했다. 이 때문에 국자감 입학자가 유교 경전을 학습할 수 있는 능력을 충분히 갖추고 있지 못할 때도 있었다. 그래서 국자감에서도 사서오경(四書五經)을 강의하지 않고 간단한 유교 지식을 가르치는 데 그쳤다. 고려 말 공민왕은 이를 개선하고자 국자감을 성균관으로 고치고 그 안에 오경사서재를 두었으며, '진사시'를 시행했다. 진사시 합격자들로 하여금 성균관에 들어가 먼저 기초 과정을 수강한 후 오경사서재에 들어가게 하고, 그곳에서 사서오경을 공부하게 한 것이다. 또한 진사시와 별도로 사서오경에 대한 지식을 평가하는 '생원시'에 합격한 사람도 오경사서재에 들어갈 수 있게 했다.

조선의 태조는 성균관에서 사서오경만을 가르치게 했다. 그리고 시와 산문의 작문 능력을 평가하는 진사시가 더 이상 필요하지 않다며 이를 폐지하고 생원시만 실시했다. 그러나 진사시를 다시 시행해야 한다는 주장이 끊이지 않았고, 결국 세종이 이를 받아들임으로써 진사시가 재개되었다. 생원시와 진사시의 합격자는 각각 생원과 진사라고 불리며 모두 성균관에 입학할 수 있었다. 『경국대전』에는 생원과 진사가 성균관 원점 300점을 따야만 문과 시험에 응시할 수 있다는 내용이 있는데, 원점이란 성균관에 출석한 날의 수를 뜻한다. 문과 시험에 응시해 합격한 사람은 비로소 관직에 오를 수 있었다.

그런데 생원이나 진사가 된 후 실제로 성균관에 출석하는 사람은 상당히 적었다. 대다수 생원과 진사는 성균관에서 공부하기보다 독학을 택했다. 그들은 정해진 규정에 아랑곳하지 않고 문과 시험에 응시했으며 조정도 이를 막지 않았다. 조정에서 규정을 엄격하게 적용하지 않다 보니, 생원과 진사가 되지 못한 유학(幼學)이라 불린 사람들까지 문과 시험에 응시하기 시작했고 이 또한 특별한 제재 없이 허용되었다.

① 고려시대에 국자감시의 감독관들은 사서오경에 대한 지식이 부족했다.
② 고려 공민왕 대 생원시에 합격하지 못한 사람은 오경사서재에 들어갈 수 없었다.
③ 조선시대에 진사시에 합격한 사람은 생원시에 응시해야 성균관에 들어갈 수 있었다.
④ 조선시대에는 생원시나 진사시를 합격하지 못한 사람이 문과 시험에 응시하기도 했다.
⑤ 조선시대에 성균관 원점 300점을 따지 못한 사람은 생원시에 응시하여 합격한 후 문과 시험에 응시해야 했다.

문 2. 다음 글의 내용과 부합하는 것은?

조선에서 기본적인 기록 관리는 등록(謄錄)을 통해 이루어졌다. 이때 등록은 글자 뜻 그대로 '베껴서 적는 것'만을 의미하지 않았다. '원본 문서의 내용 중 참고하거나 보존할 만한 내용을 선별하여 이를 별도의 보존용 책자에 옮겨 적는 것'을 뜻하기도 했다. 그리고 등록을 통해 편찬한 기록물을 등록물이라고 불렀다.

조선의 등록물은 원본을 그대로 베껴 적는 '편철형 등록물'과 추가적인 서술을 첨입하거나 핵심 내용을 간추려 재구성하는 '첨입형 등록물'로 구분된다. 그리고 그 활용도와 중요도에 따라 각 관서의 자체 문서고에서부터 사고(史庫)에 이르기까지 다양한 장소에서 보존되었다. 등록은 조선의 행정적·사회적 상황 때문에 원본 문서의 보존보다 더 일반적인 기록 관리 방식으로 활용되었다. 당시 문서의 크기는 제각각이어서 원본 문서를 모아 효율적으로 보존하기 어려웠기 때문에, 등록물을 모은 등록책을 만들어 관리하는 것이 기록의 보존에 편리했다. 이에 따라 이미 등록된 원본 문서는 폐기하기도 했다. 이는 등록이라는 행위가 문서의 중요한 내용을 재구성하여 보존하고 불필요한 문서는 폐기하기 위한 하나의 방편으로 활용되었으며, 등록물이 그 원본과 동일한 가치를 지닌 기록으로 인정받았음을 보여준다.

이런 이유 때문에 등록물은 실록의 편찬에 활용되기도 했다. 실록의 편찬은 국가 차원의 엄격한 감독하에 진행되었는데, 이 과정에서 등록물은 신뢰할 만한 사료로서 적극 활용되었다. 또한 등록물은 국가적인 의례나 행사를 치른 후 관련 기록들을 일정한 체제에 따라 정리한 의궤와 유사한 자료적 위상을 가지고 있었다. 동일한 행사를 다룬 의궤와 등록물이 각각 존재하기도 했고 두 기록물이 유사한 체제를 가지고 서술되기도 했다. 다만, 의궤는 각 관서에서 자체적으로 편찬한 등록물과 달리 국가 차원에서 별도의 임시 기구를 세워 편찬한 기록물로서 일반적인 등록물에 비해 정제된 형태를 갖추고 있었고, 그 편찬 목적 또한 업무상 활용을 중시한 등록물에 비해 보존을 우선으로 하고 있었다는 차이가 있었다.

① 원본 문서는 보존을 목적으로, 등록물은 업무상 활용을 목적으로 작성되었다.
② 실록의 사료로 활용되었던 등록물은 원본 문서를 베껴서 적는 편철형 등록물이었다.
③ 등록을 통해 기록을 관리하는 방식은 원본 문서를 보존하는 것보다 더 효율적이었다.
④ 의궤는 국가 의례를 다룬 등록물을 일정한 체제에 따라 정제된 형태로 정리한 기록물이었다.
⑤ 원본 문서를 그대로 옮기지 않고 재구성한 첨입형 등록물의 경우, 그 원본을 폐기할 수 없었다.

문 3. 다음 글의 내용과 부합하지 않는 것은?

페르시아의 침략에 대항하여 결성된 그리스군은 마라톤 전투에서 두 배가 넘는 수의 페르시아군을 완파하였다. 그 이유는 그리스군이 페르시아군에 비해 성능이 더 우수한 무기와 더 단단한 재질의 보호 장구를 갖추고 있었다는 것과 이러한 군장을 효율적으로 활용한 전술체계인 팔랑크스에 숙달해 있었던 것에서 찾을 수 있다.

그리스군의 주력 부대는 중무장한 시민 병사인 호플리테스로 구성된 보병 부대였는데, 주무기는 찌르기용 장창인 사리사였고 주된 보호 장구는 청동판을 덧댄 목재 방패인 호플론이었다. 병사들은 그 외에도 투구, 흉갑 등의 보호 장구를 착용했다.

팔랑크스는 그리스군의 무기와 보호 장구를 활용하여 전투력을 극대화할 수 있는 전투대형이었다. 팔랑크스는 중무장한 호플리테스가 직사각형 모양을 이룬 밀집보병대를 뜻하는데, 대개 12행 16열로 구성되었으나 지형 등 전장의 상황에 따라 규모가 축소되기도 하였다.

팔랑크스는 피리 등의 악기 소리에 발을 맞추어 일사불란하게 적진을 향해 전진하면서 강력한 돌파력을 발휘했다. 이때 팔랑크스의 제1행은 사리사를 허리 높이로 들어 앞으로 내민 상태에서 전진했고, 제2행과 제3행은 앞줄의 동료 병사의 어깨 위에 창을 올려놓아 적군을 겨냥하는 자세를 취했으며, 제4행 이후는 창을 하늘을 향해 수직으로 세운 채 전진했다. 전투 중 적군의 화살 등에 맞아 쓰러지는 병사가 나타나면 바로 다음 행의 병사가 재빨리 빈자리를 채움으로써 대형을 유지했다.

팔랑크스를 구성하는 호플리테스는 오른손으로 사리사를 사용했으므로 방패인 호플론은 왼손에 들 수밖에 없었다. 그런데 호플론은 한 사람의 신체를 방어할 수 있는 크기였으므로 각 호플리테스는 각자의 호플론으로 자신의 신체 절반과 좌측에 선 동료의 신체 절반을 방어할 수 있었다. 결국 팔랑크스의 맨 우측 열은 신체의 우측 절반이 노출된 채 전진해야 했고 이 문제에 대처하기 위해 맨 우측 열에는 경험이 풍부한 최정예 병사가 배치되었다.

① 그리스군은 마라톤 전투가 벌어질 무렵에는 팔랑크스 전투대형에 익숙해 있었다.
② 호플리테스는 호플론뿐 아니라 머리나 가슴을 보호하기 위한 다양한 보호 장구를 갖추고 전투에 임했다.
③ 팔랑크스의 제2행에 선 병사가 든 사리사와 제4행에 선 병사가 든 사리사가 각각 지면과 이룬 각도는 서로 달랐다.
④ 팔랑크스의 가장 우측 열에 선 병사는 호플론으로 자신의 신체 좌측과 바로 왼편에 선 동료의 신체 우측을 방어할 수 있었다.
⑤ 그리스군이 마라톤 전투에서 대승을 거둔 것은 열악한 무기 성능으로 인한 불리함을 효율적인 전술체계로 극복했기 때문이었다.

문 4. 다음 글에서 알 수 있는 것은?

개성상인이 전국의 상권을 지배하게 된 배경을 알기 위해서는 그들의 상관습에 주목할 필요가 있다. 개성상인의 상관습 중 차인(差人) 제도는 상행위를 원활하게 행하기 위해 개성상인이 창안한 독특한 관습이었다. 차인 제도는 중세 유럽에서 발달한 유료 도제 양성 시스템인 길드 제도나 자본가와 전문 경영자가 함께 출자하는 커멘다 제도와 유사하지만, 그 내용 면에서는 차이가 있다.

개성상인은 서로 간의 자식을 바꾸어 교육한다는 '역자이교지(易子而敎之)'의 가르침을 철저히 지켰다. 예를 들어, 갑의 자식을 을이, 을의 자식을 병이, 병의 자식을 갑이 각각 점원으로 삼아 무보수로 다년간 상도와 상술을 훈련시켰다. 다년간의 훈련 후에 영업 능력과 주인에 대한 충성도가 인정되면 주인이 차인으로 발탁하거나 독립적인 상인으로 성장할 수 있는 길을 열어 주었다. 주인은 발탁된 차인에게 자금을 융통하여 주고 개성이나 지방 도시에서 사업을 하게 했다. 예를 들어 차인은 주인 점포의 지점을 맡아 경영했으며 급여를 받지 않는 대신 매년 지점 이익의 절반을 차지했다. 지방에서 장사를 하는 차인은 보통 추석과 설밖에 귀향하지 못하는데도 반드시 주인에게 먼저 들러 인사와 보고를 한 후 자기 부모의 집으로 갔다. 이처럼 주인과 차인 간에는 혈연보다 강한 도덕적 상하 관계가 유지되었으며 이는 서구에서는 볼 수 없었던 독특한 상조직 문화였다.

주인과 차인 간의 금전 거래 방식 측면에서도 다른 상인들 간의 관계에서는 볼 수 없는 독특한 상관습이 발견된다. 다음과 같은 개성상인들의 사례를 보자. 주인 임씨는 차인 손씨에게 개풍군에 소재하는 자기 농장의 경영을 맡기고 매년 수익을 절반씩 나누기로 하였다. 나중에는 손씨의 경제력이 임씨보다 월등해졌고, 심지어 사적으로는 임씨가 손씨에게 당장 갚아야 할 채무가 임씨가 취할 수 있는 사업 이익보다 훨씬 커졌다. 이러한 사안에서 주인과 차인의 관계가 아니었다면, 손씨가 그 사업 이익으로 채권부터 변제받는 것이 당연시되었을 것이다. 하지만 차인인 손씨는 연초가 되면 주인인 임씨에게 과년도 사업의 결산 보고를 진행하고 그 사업 이익의 반을 주인인 임씨에게 배분하였다.

① 개성상인들의 상권이 확장됨에 따라 주인과 차인의 공동 출자 또한 확산되었다.
② 길드 제도나 커멘다 제도와 달리, 차인 제도에서는 개인의 능력에 따라 훈련 기간이 결정되었다.
③ 차인의 상행위로 손실이 발생할 경우, 주인은 해당 손실에 대하여 차인과 공동으로 책임졌다.
④ 개성상인은 영업 능력이 인정될 경우, 다른 사람이 훈련시킨 점원을 자신의 차인으로 발탁하였다.
⑤ 주인과 차인 간의 사업 이익 정산은 사적인 금전 관계와는 별개로 이루어지는 관습이 있었다.

문 5. 다음 글에서 알 수 있는 것은?

사람은 태어나는 순간부터 일정한 정신적·신체적 능력을 갖추어 성년자가 되기 전까지는 타인의 도움을 필요로 한다. 이러한 도움을 양육이라고 하는데, 여기에는 의식주의 제공뿐 아니라 정신적·신체적으로 건강하게 성장하는 데 필요한 환경 조성과 교육 제공 등이 포함된다. 미성년자의 양육자는 대개 부모이지만 부 또는 모 중 한 사람일 수도 있다. 부모가 부부로서 함께 살아가는 동안에는 공동으로 양육한다. 즉 양육과 관련된 모든 문제는 부모가 협의하여 결정하는 것이다.

미성년 자녀가 있는 부부가 이혼하려면 양육비 지급 의무와 면접교섭권의 내용이 정해져야 한다. 부모가 이혼하여 따로 살게 되더라도 법적으로 공동양육을 유지할 수는 있지만 대개 부모 중 자녀와 함께 사는 사람이 양육자로 정해진다. 이처럼 이혼 후 자녀를 직접 양육하는 사람을 양육친이라고 하고, 자녀를 직접 양육하지 않게 되는 사람을 비양육친이라고 한다.

비양육친은 양육친에게 양육비를 지급할 의무를 지는 한편, 자녀와 연락하고 만나면서 친밀한 인간적 관계를 유지하기 위해 필요한 협력을 양육친에게 요구할 수 있는 권리인 면접교섭권을 가진다. 면접교섭권은 이혼을 계기로 비양육친에게 주어질 수 있는 권리이다. 부부가 이혼하더라도 부모와 자녀 사이의 특별하고 긴밀한 인간관계는 헌법에 보장되는 인격권의 보호 대상이기 때문이다.

면접교섭의 구체적인 내용은 양육친과 비양육친 사이의 합의로 정해지는 것이 원칙이다. 그러나 면접교섭권에 대해서도 가족법의 대원칙인 자녀의 복리 원칙이 적용되므로, 법원은 자녀의 복리를 위해 필요하다고 인정되면 직권으로 개입할 수 있다. 법원은 양육친과 비양육친 간의 합의가 성립되지 못한 경우는 물론, 합의된 내용이 자녀의 복리를 저해한다고 인정되는 경우에도 개입할 수 있다. 이때 법원은 직접 면접교섭의 내용을 결정하거나, 당사자의 합의로 정해진 면접교섭의 내용을 제한할 수 있다. 심지어 법원은 면접교섭을 완전히 금지할 수도 있다.

① 비양육친은 양육비를 지급해야 면접교섭권을 행사할 수 있다.
② 이혼 후에는 양육에 관한 사항을 협의하기 어려워 공동양육이 불가능하다.
③ 부모가 부부로서 함께 살아가는 동안에는 부모 모두에게 면접교섭권이 인정된다.
④ 면접교섭권은 비양육친의 인격권을 실현하기 위해 미성년 자녀의 인격권을 제한하는 것이다.
⑤ 비양육친이 자녀와 친밀한 인간적 관계를 유지하기 위해 요구한 권리에 관하여 양육친과 합의한 내용이라 하더라도 법원에 의해 제한될 수 있다.

문 6. 다음 글에서 알 수 없는 것은?

한때 미국에서 유행했던 '빈곤문화론'이 많은 비판을 받고 있다. 빈곤문화론은 빈곤층이 특정 부류의 사람들로 구성되며 이른바 '빈곤의 문화', 즉 주류문화에서 크게 벗어난 일탈 문화를 공유하고 있다고 보는 관점이다. 그리고 이러한 문화가 사람들을 빈곤하게 만들 뿐만 아니라 세대에 걸쳐 대물림됨으로써 그들을 빈곤에서 벗어나지 못하게 한다고 강조한다. 그러나 이와 같은 주장은 오늘날 미국 사회에서 확인되는 다음의 사실들과 배치된다.

첫째, 빈곤층은 하나의 부류로 뭉뚱그릴 수 없는 다양한 특성의 사람들로 구성되어 있다. 소득수준이 공식적인 빈곤선 이하라는 점을 제외하고 빈곤층을 규정할 수 있는 인구통계학적 특징은 발견되지 않는다. 빈곤한 사람들은 그렇지 않은 사람들과 마찬가지로 연령, 성별, 인종, 학력 수준, 가족구성 등의 주요한 측면들에서 다양한 분포를 보인다.

둘째, 빈곤층과 비빈곤층은 문화적 특징으로 구분되지 않는다. 빈곤층에 속하는 많은 사람들도 독실한 기독교 집안의 안정된 직업을 가진 부모 밑에서 정규교육을 받고 자랐다. 비빈곤층과 마찬가지로 미국 사회의 보편적인 환경 속에서 성장한 것이다. 빈곤문화론이 주장하는 획일적인 빈곤의 문화란 허위적인 관념일 뿐이다.

셋째, 빈곤층의 규모와 구성은 끊임없이 변화한다. 빈곤층의 수는 해마다 증가하거나 감소하며, 수천 명이 빈곤층에 새로이 유입되는 동안 또 다른 수천 명은 빠져나간다. 또한 공식 통계에 따르면 보통의 미국인 다수가 성인기 동안 1년 이상의 빈곤을 경험한다. 빈곤은 누구에게나 닥칠 수 있는 사건이지, 일탈을 일삼는 부류의 사람들만이 필연적으로 겪게 되는 특별한 사건이 아니다.

빈곤문화론은 빈곤층을 주류문화로부터 완전히 동떨어진 계층으로 묘사함으로써 이론의 신빙성을 획득하고자 한다. 오직 이러한 전략을 통해서만 빈곤이 빈곤층의 자업자득이고, 보편적인 사람들의 정상적 삶과는 거리가 먼 현상이라고 주장할 수 있기 때문이다. 그러나 빈곤층은 빈곤하지 않은 사람들과 다르게 취급되어야 할 고유한 속성을 지니지 않는다.

① 빈곤문화론에 따르면, 빈곤층을 벗어날 수 없게 만드는 문화가 미국 사회에 존재한다.
② 빈곤문화론에 따르면, 미국 사회에서 빈곤한 사람들은 부모와 유사한 문화를 공유한다.
③ 미국 사회의 빈곤층에서는 다양한 가족구성 형태가 발견된다.
④ 미국 사회에서 빈곤층의 문화는 보편적인 사람들의 문화와 구별되지 않는다.
⑤ 미국 사회에서 빈곤층을 구성하는 사람들의 수는 일정한 범위 내에서 유지된다.

문 7. 다음 글의 ㉠ ~ ㉤을 문맥에 맞게 수정한 것으로 가장 적절한 것은?

> 스마트폰이 불러온 뉴미디어의 시대는 종이책과 같은 출판물은 물론 공중파 TV와 같은 미디어까지 구시대의 유물로 만들어 버렸다. 이러한 파급력은 인류가 한 번도 겪어 본 적 없는 것이다. ㉠ 유선 인터넷망이 설치되어 이를 통한 소통이 가능하게 되었을 때만 해도 이만큼의 파급력은 없었다. 사람들은 유선 인터넷망을 통해 소통할 수 있게 되었지만, ㉡ 인터넷으로 메시지를 전하려면 적지 않은 시간과 비용이 필요했기 때문이다.
>
> 그런데 스마트폰이 등장하면서 이러한 부동성(不動性) 문제가 극복되었다. 작은 화면과 모바일 네트워크 플랫폼이 결합된 스마트폰을 통해 사용자는 언제 어디서든 온라인 네트워크에 접속할 수 있게 되었다. 어느새 스마트폰은 사람들의 일상과 완전히 밀착되었다. ㉢ 우리는 틈만 나면 스마트폰을 확인하며 늘 어딘가와 연결되어 있다는 사실에 안도한다. 스마트폰은 전화기와 같은 사물이 아니라 나에게 말을 거는 '타자'로서 존재하는 것 같은 착각을 불러온다. 내가 타자를 응시하면 타자는 똑같이 나를 바라보며 여러 가지 표정을 통해 나에게 메시지를 보내고 나를 변화시킨다. 반면 사물에는 표정이 없다. 내가 아무리 책상을 바라봐도 책상은 그저 그곳에 놓여 있을 뿐이다. 사물은 나를 변화시키는 힘을 가지고 있지 않다. ㉣ 스마트폰은 책상과 마찬가지로 사물이다. 그런데도 나는 혹시 스마트폰의 부름을 놓쳤을까 봐 전전긍긍하게 된다. 이러한 분리 불안은 스마트폰이 사물이 아닌 타자로 받아들여지기에 발생하는 것이다.
>
> 사물을 타자로 혼동하는 것은 위험하다. ㉤ 스마트폰을 타자로 인식하는 순간 나는 스마트폰에 예속된다. 도구가 오히려 나를 지배하게 되는 역전 현상이 일어나는 것이다. 만약 진정한 타자 대신 스마트폰 자체를 타자로 받아들이게 되면 진정한 타자와의 만남은 점점 사라지게 될 것이다. 스마트폰이 진정한 타자들을 대체하며 내 주변에서 타자들의 흔적을 지워갈 것이기 때문이다.

① ㉠을 "인터넷망 설치와 이를 통한 교류가 가능하게 되었을 때 직면했던 파급력에는 미치지 못했다"로 수정한다.
② ㉡을 "이러한 소통은 유선 인터넷망에 랜선으로 접속되어 있는 컴퓨터 앞에서만 이루어질 수 있었기 때문이다"로 수정한다.
③ ㉢을 "그래서 스마트폰 중독 방지를 위해 특정 시간대에는 스마트폰을 사용하지 말자는 사회적 운동이 일어나기도 했다"로 수정한다.
④ ㉣을 "스마트폰은 이런 사물과 다르게 나를 변화시키는 타자이다"로 수정한다.
⑤ ㉤을 "스마트폰을 타자로 인식하는 순간 내 삶의 영역은 이전보다 확장된다"로 수정한다.

문 8. 다음 글의 (가) ~ (다)에 들어갈 말을 적절하게 나열한 것은?

> 기업의 사회적 역할에 대한 기대가 높아짐에 따라 기업의 사회적 기여를 실현하기 위한 프로그램이 개발되었는데, 그 대표적인 예로서 '사회적 책임 이행'을 들 수 있다. 여기에 속하는 활동은 성공적으로 진행되어 그 목표를 달성했더라도 기업의 [(가)] 까지는 이어지지 못했으므로, 기업의 입장에서는 이를 장기적으로 지속하기 어려웠다.
>
> 이에 비해 최근에 주목받고 있는 '공유가치 창출'은 기업이 사회적 기여라는 역할을 수행하면서 기업 자신의 핵심 역량 강화도 실현할 수 있는 활동을 뜻한다. 공유가치 창출이란 기업이 사업과 관련된 지역공동체 자체의 역량을 강화시키고 이를 통해 기업의 경쟁력도 향상시키는 활동이라고 할 수 있다.
>
> 사회적 책임 이행과 공유가치 창출은 지향점을 달리하기 때문에 활동의 모습도 다르게 나타난다. 그 예로서 세계적인 커피 회사인 X사의 사례를 들 수 있다. X사는 원산지 커피 농부들의 소득 향상을 위해 평균 시장가격보다 높은 가격에 커피 원두를 구매하는 고가 매수 프로그램을 운영했고 이것은 기업의 [(나)] 에 대한 대표적 사례로 거론된다.
>
> 그런데 X사가 새로 추진한 '캡슐커피 프로그램'은 공유가치 창출 프로그램이 종래의 사회 기여 프로그램을 어떻게 혁신할 수 있는가를 보여준다. 캡슐커피 프로그램에는 원산지 농부들에 대한 혁신적 농법 전수와 영농 자금 지원도 포함되어 있다. 이 프로그램이 정착된 지역에서는 커피 농부들의 소득이 고가 매수 프로그램만 운영되었던 시절에 비해 15배 이상 증가했다. 또한 커피 원두의 품질이 비약적으로 향상되었는데, X사의 고급 원두 시장에서의 매출액이 30 % 이상 증가한 것은 이에 힘입은 것으로 평가된다.
>
> 이처럼 공유가치 창출은 장기적으로 기업과 지역사회의 건설적 관계를 추구하며 기업의 사회적 기여와 기업의 핵심 역량 강화의 [(다)] (이)라는 새로운 방향을 제시한다.

	(가)	(나)	(다)
①	핵심 역량 강화	사회적 책임 이행	통합
②	핵심 역량 강화	사회적 책임 이행	분리
③	핵심 역량 강화	공유가치 창출	통합
④	사회적 기여	사회적 책임 이행	분리
⑤	사회적 기여	공유가치 창출	분리

문 9. 다음 글의 핵심 주장으로 가장 적절한 것은?

민주주의가 발달한 오늘날 사회에서도 우리는 여전히 사회 곳곳에서 불평등, 차별, 부정의의 문제에 직면해 있다. 이러한 문제는 사회 전반의 권위 구조에서 기인한다. 그렇다면 민주주의 체제는 어떻게 이 문제에 대응할 수 있을까? 민주주의의 여러 담론들 중 대표적인 것은 민주주의를 집합적 의사결정에 이르는 특정한 규칙으로 바라보는 최소주의적 관점이다. 이 관점에서는 민주주의를 일정한 가치나 규범의 집합체가 아니라 권위주의와 구별되는 정치 과정의 한 형태로 여긴다. 유권자들이 주기적인 선거를 통해 대표자를 선출하거나 교체할 수 있는 과정이 곧 민주주의인 것이다. 이러한 관점은 정치적 대상이나 문제를 협소하게 제한하여 다양한 사회문제를 민주주의와 사실상 무관한 것으로 만든다는 한계가 있다. 따라서 적극적인 대응을 위해 새로운 관점이 요청된다.

보다 진정성이 있는 정치적 이상으로서 민주주의를 구현하려는 시도는 '민주주의의 민주화'라는 표현으로 집약되는 최대주의적 관점이다. 이 관점에서 핵심은 '참여'와 그것의 교육적 기능이다. 민주주의에서 말하는 참여의 의의는 그것을 통해 개인의 이해관계를 보호하고 관철하는 데 있는 것이 아니라, 누적된 참여의 경험이 장기적으로 개인과 사회에 가져오는 변화에 있다. 시민들은 참여를 통해 자기 자신을, 사적 개인을 넘어서는 공적 시민으로 이해하는 방법을 배우고 지적·도덕적으로 성장한다. 그리고 시민들의 활발한 참여를 통해 내려진 정치적 결정은 대표자들이 일방적으로 정하고 전달한 것에 비해 정당성과 수용성 면에서도 우월하다.

이와 같은 참여는 대표자를 선출하는 좁은 의미의 정치 과정에 국한되는 것이 아니라 사회 전반에서 작동하는 확장된 개념이다. 참여의 실천은 가까운 곳에서부터 시작할 수 있다. 예컨대 일반 시민이 일과 대부분을 보내는 일터에서부터 사회의 권위 구조를 개선하는 것이다. 자신이 속한 조직에서 다른 구성원들과 함께 공적 문제를 식별하고 이에 대해 의견을 교류하며 집합적 해결책을 모색하는 것이다. 비단 일터에서뿐 아니라, 개인이 속한 다양한 조직과 공동체에서도 이러한 참여의 실천이 이루어져야 한다. 참여를 통해 사회 전반의 권위 구조를 민주화하면 오늘날의 다양한 사회문제를 해결하는 데 있어 새로운 국면을 맞을 것이다.

① 사회 전반의 권위 구조를 민주화하는 실천은 시민의 일터에서부터 시작되어야 한다.
② 민주주의는 자신의 이해관계를 보호하고 관철하려는 시민의 참여를 통해 실현되어야 한다.
③ 오늘날 사회 곳곳에서 발생하는 사회적 불평등과 부정의의 문제는 선거를 핵심으로 하는 정치 과정을 통해 해소되어야 한다.
④ 민주주의가 발전하기 위해서는 대표자의 일방적 의사결정이 아닌 시민의 정치적 의사결정이 더 존중되어야 한다.
⑤ 오늘날 사회문제를 해결하기 위해서는 시민의 참여를 통해 사회 전반의 권위 구조가 민주화되어야 한다.

문 10. 다음 글에서 알 수 있는 것은?

디지털 매체가 확산됨에 따라 전통적인 읽기 방식인 '집약적 읽기'보다 '훑어 읽기'가 대세가 될 것으로 전망된다. 집약적 읽기는 책의 내용을 철저히 이해하기 위하여 처음부터 끝까지 집중하여 읽는 것이다. 반면 훑어 읽기는 본래 인쇄물이 증가하면서 급속히 확산된 읽기 방식인데, 특히 정보의 양이 비약적으로 증가한 디지털 매체에서는 그 신속성으로 인해 더욱 널리 퍼지게 되었다.

훑어 읽기의 패턴으로는 케이크 패턴, 점무늬 패턴, 표지 패턴, 우회 패턴 등 다양한 것들이 있지만, F자형 패턴이 대표적이라고 알려져 있다. 인터넷 사용자들을 대상으로 한 시선 추적 실험에서 주로 F자형 패턴이 발견되었기 때문이다. 실험 참가자들은 디지털 콘텐츠 영역의 위쪽 부분을 수평으로 이동하며 읽은 뒤, 그 아래쪽은 이전보다 짧게 수평으로 이동하며 읽는다. 그리고 나서 수직으로 이동하면서 문서의 왼쪽을 훑는다. 이처럼 눈동자가 움직이는 궤적이 F자 모양과 유사하기 때문에 F자형 패턴 읽기라고 불린다. 이는 특별히 시선을 끄는 단서가 없을 때 주로 나타나는데, 예를 들어 웹페이지가 제목, 기호, 표나 그림 등 유용한 안내 단서 없이 텍스트로만 제시되는 경우가 대표적이다.

그런데 F자형 패턴 읽기에는 단점도 있다. 학습이나 업무를 수행할 때는 중요한 정보를 놓칠 수 있기 때문에 효과적이지 않다. 그럼에도 많은 사용자들이 이 방식을 사용하는 이유는 충분한 노력을 들이지 않고 웹페이지에서 작업을 신속히 마치려고 하기 때문이다. 하지만 F자형 패턴 읽기로는 웹페이지에서 정보를 충실히 파악하기 어렵다. 우리 뇌가 정보를 직접적으로 통합하지 못하고 피상적인 활동만 수행하게 된다는 점도 F자형 패턴 읽기의 또 다른 단점이다. 정보를 F자형 패턴으로 읽다 보면, 이를 장기 기억으로 저장하기 어려울 뿐 아니라 유기적으로 구성하기도 어렵다. 그 결과, 읽기를 통한 학습과 사고에 문제가 발생할 가능성이 높아진다.

① 웹페이지를 읽는 경우, F자형 패턴 읽기는 시선을 끄는 단서가 없을 때 주로 사용된다.
② F자형 패턴 읽기는 디지털 매체에서 정보가 배치된 모양에 따라 붙여진 이름이다.
③ 학습이나 업무를 수행할 때는 F자형 패턴 읽기가 거의 사용되지 않는다.
④ 훑어 읽기는 읽기의 결과를 유기적으로 구성하는 데 효과적이다.
⑤ 훑어 읽기는 디지털 매체의 등장으로 나타난 읽기 방식이다.

문 11. 다음 글에서 추론할 수 있는 것만을 <보기>에서 모두 고르면?

> 사람의 폐는 한쪽 끝만 열려 있는 주머니 형태로 되어 있다. 이 때문에 폐에서 공기는 항상 일정하게 한 방향으로 흐르지 못하고 기도를 통해 들어오고 나갈 수밖에 없다. 이때 폐나 기도에 있는 공기를 완전히 비울 수 없으므로 언제나 폐나 기도에 공기가 남게 된다. 숨을 쉬는 동안 교환되는 공기량은 들이마시고 내쉬는 공기량을 측정하는 장치인 폐활량계로 직접 측정할 수 있지만, 폐나 기도에 남아 있는 공기량은 직접 측정할 수 없어 간접적인 방법을 이용해야 한다.
>
> 한편, 호흡 중 폐와 기도에 수용되는 공기량은 크게 네 종류로 나뉠 수 있다. 휴식 시 사람이 한 번 숨 쉴 때 들어오는 공기량과 나가는 공기량은 같다. 이때, 들이마시거나 내쉬는 공기량을 1회 호흡량이라고 한다. 우리는 의식적으로 공기를 1회 호흡량보다 더 들이마실 수 있는데, 최대로 공기를 들이마실 때 1회 호흡량에서 추가로 늘어나는 공기량을 흡식예비용량이라고 한다. 이와 반대로 의식적으로 공기를 1회 호흡량보다 더 내쉴 수 있는데, 최대로 공기를 내쉴 때 1회 호흡량에서 추가로 나가는 공기량을 호식예비용량이라고 한다. 공기를 최대한 내쉬고도 일부 공기는 여전히 폐와 기도에 남아 있는데 이 공기량을 잔기량이라고 한다. 다시 말해서 휴식 시 호흡 중에 1회 호흡량을 내쉬었을 때 폐와 기도에 남아 있는 공기량은 호식예비용량과 잔기량의 합이다.
>
> 이 네 종류의 공기량 중 두 가지 이상의 공기량의 합을 폐용량이라고 한다. 폐용량에는 여러 종류가 있다. 흡식예비용량, 호식예비용량, 1회 호흡량을 모두 합친 것을 폐활량이라고 한다. 폐활량과 잔기량을 합친 것은 전폐용량이라고 하며 1회 호흡량과 흡식예비용량을 합친 것은 흡식용량이라고 한다. 또한 호식예비용량과 잔기량을 합친 것은 기능적 잔기용량이라고 한다.

<보 기>

ㄱ. 전폐용량은 폐활량계로 직접 측정할 수 없다.
ㄴ. 폐용량을 크기가 큰 것부터 차례로 나열하면 전폐용량, 폐활량, 기능적 잔기용량, 흡식용량이다.
ㄷ. 공기를 최대한 들이마신 상태에서 폐와 기도 내에 들어 있는 공기량은 폐활량보다 크다.

① ㄱ
② ㄴ
③ ㄱ, ㄷ
④ ㄴ, ㄷ
⑤ ㄱ, ㄴ, ㄷ

문 12. 다음 글의 빈칸에 들어갈 말로 가장 적절한 것은?

> 페르마의 정리는 n이 2보다 큰 자연수일 때 $a^n + b^n = c^n$을 만족하는 양의 정수 a, b, c가 존재하지 않는다는 것이다. 그런데 페르마는 이에 대한 증명을 제시하지 않았고, 이를 증명하기 위해 수많은 수학자가 도전하였으나 아무도 성공하지 못했다. 그러다가 1993년 와일스가 마침내 페르마의 정리를 증명하게 되었다. 그는 어떻게 이를 증명했을까?
>
> 원래 와일스는 타원 방정식을 연구하고 있었고, 이는 페르마의 정리를 증명하는 문제와는 직접적인 관계가 없어 보였다. 그러던 중, 그는 다니야마와 시무라가 제시한 어떤 과감한 추측에 주목하게 되었고, 이 추측에 대한 연구 성과를 통해 페르마의 정리가 타원 방정식과 연관성이 있다는 사실을 알게 되었다. 다니야마와 시무라의 추측을 활용하여 와일스는 페르마의 정리를 다음과 같이 증명했다. 페르마의 정리가 거짓이라고 가정해 보자. 그렇다면 2보다 큰 어떤 자연수 n에 대해, $a^n + b^n = c^n$을 만족하는 양의 정수 a, b, c가 존재할 것이다. 이 가정을 A라고 하자. 그런데 A와 동치인 주장 B가 있다. B는 특정한 종류의 타원 방정식의 해가 존재한다는 것이다. 그런데 이미 '[ ]'라는 것이 증명돼 있었다. 그리고 1993년 와일스는 다니야마와 시무라의 추측이 참이라는 것을 증명했다. 따라서 B는 거짓이고, 그것과 동치인 페르마의 정리가 거짓이라는 가정 A도 거짓이다. 이로써 와일스는 페르마의 정리가 참이라는 것을 증명해 낸 것이다.

① B가 거짓이라면, A는 거짓이다.
② 다니야마와 시무라의 추측이 참이라면, B는 참이다.
③ 다니야마와 시무라의 추측이 거짓이라면, A는 참이다.
④ B가 참이라면, 다니야마와 시무라의 추측이 거짓이다.
⑤ A가 거짓이라면, 다니야마와 시무라의 추측이 거짓이다.

문 13. 다음 대화에서 추론할 수 있는 것은?

> 갑: 자율주행차가 상용화되면, 운전은 힘들지 않아.
> 을: 자율주행차가 상용화되는 것은 부정할 수 없는 사실이지.
> 병: 교통사고가 현저하게 줄어들려면 사람들이 더 이상 운전을 하지 않아야 하지만, 자율주행차의 상용화와 무관하게 사람들은 계속 운전해.
> 정: 운전이 힘들지 않으면서 교통사고가 현저하게 줄어들지 않는 그런 경우는 없고, 자율주행차가 상용화되면 교통사고는 현저하게 줄어들지.
> 무: 운전이 힘들다는 것도 사람들이 더 이상 운전을 하지 않는다는 것도 사실이 아니지만, 운전이 힘들지 않으면 교통사고는 현저하게 줄어들지.

① 갑의 말과 을의 말이 참이라면, 정의 말은 참이다.
② 갑의 말과 정의 말이 참이라면, 을의 말은 참이다.
③ 을의 말과 병의 말이 동시에 참일 수 없다.
④ 병의 말과 무의 말이 동시에 참일 수 없다.
⑤ 정의 말과 무의 말이 동시에 참일 수 없다.

문 14. 다음 글에서 갑이 새롭게 입수한 '정보'로 적절한 것은?

> 수사관 갑은 7명의 증인, A, B, C, D, E, F, G의 증언에 관해 다음과 같은 사실을 입수하였다.
>
> ○ A의 증언이 참이라면, G의 증언은 참이 아니다.
> ○ B의 증언이 참이라면, D의 증언도 참이다.
> ○ C나 E의 증언이 참이라면, G의 증언도 참이다.
> ○ F의 증언이 참이 아니라면, D의 증언도 참이 아니다.
>
> 갑은 이 사실에 새롭게 입수한 '정보'를 더하여 "A의 증언이 참이라면, F의 증언도 참이다."라는 결론을 이끌어내었다.

① A의 증언이 참이라면, B나 C의 증언은 참이다.
② B의 증언이 참이라면, F의 증언은 참이다.
③ C의 증언이 참이라면, A의 증언은 참이 아니다.
④ E의 증언이 참이라면, B의 증언은 참이다.
⑤ F의 증언이 참이라면, E의 증언은 참이 아니다.

문 15. 다음 글의 갑 ~ 병에 대한 분석으로 적절한 것만을 <보기>에서 모두 고르면?

> 코페르니쿠스는 『천구의 회전에 관하여』에서 "다른 방식에서 발견할 수 없는 천구의 운동과 크기 사이의 조화로운 관계를 태양 중심 체계에서는 발견할 수 있다."라며 자신의 이론을 옹호했다. 이에 대하여 갑 ~ 병은 다음과 같은 견해를 제시했다.
>
> 갑: 천구의 운동은 시간 개념인 행성의 회전 주기를, 천구의 크기는 공간 개념인 행성의 회전 반경을 말한다. 지구 중심 체계에서 금성을 보자. 회전 반경은 화성보다 작고 수성보다 크지만, 회전 주기는 화성보다 짧고 수성과 같다. 이처럼 지구 중심 체계에서 회전 주기와 회전 반경의 관계는 일관되지 않지만, 태양 중심 체계에서는 모든 행성에서 회전 반경이 클수록 회전 주기도 커진다. 코페르니쿠스는 이를 조화로운 관계라고 하며, 태양 중심 체계가 미적으로 뛰어나다는 것을 근거로 자신의 이론을 옹호하고 있다.
>
> 을: 지구 중심 체계와 달리 태양 중심 체계에서 회전 주기와 회전 반경 사이에 일관된 관계가 성립한다는 것은 분명하다. 하지만 코페르니쿠스가 미적인 이유만으로 자신의 이론을 옹호하지는 않았을 것이다. 조화로운 관계가 성립해야 하는 이유에 대한 코페르니쿠스의 입장을 추가로 확인해 봐야만 한다.
>
> 병: 그가 태양 중심 체계를 옹호하는 근거 중 하나로 회전 주기와 회전 반경 사이의 일관된 관계가 지닌 미적 특징을 들었다는 것은 부정할 수 없다. 하지만 그 관계는 태양 중심 체계의 과학적 특징도 보여준다. 무언가를 예측할 수 있는 이론은 그렇지 않은 것들보다 과학적이다. 태양 중심 체계는 회전 주기와 회전 반경 사이의 관계를 이용하여 여러 행성들의 움직임을 예측할 수 있다. 하지만 지구 중심 체계로는 그와 같은 예측이 불가능하다. 예측 가능성도 그가 태양 중심 체계를 옹호한 근거 중 하나로 생각해야 한다.

<보 기>

ㄱ. 코페르니쿠스의 태양 중심 체계에서 행성의 회전 주기와 회전 반경 사이에 일관된 관계가 성립한다는 것에 갑, 을, 병 모두 동의한다.

ㄴ. 코페르니쿠스가 조화로운 관계를 미적으로 뛰어나다고 평가했다는 것에 대해서 갑은 동의하지만, 을은 동의하지 않는다.

ㄷ. 코페르니쿠스가 자신의 이론을 옹호하는 데 미적 우월성보다 예측 가능성을 더 중시했다는 것에 갑과 병은 동의한다.

① ㄱ
② ㄷ
③ ㄱ, ㄴ
④ ㄴ, ㄷ
⑤ ㄱ, ㄴ, ㄷ

문 16. 다음 글의 ㉠과 ㉡에 대한 평가로 적절한 것만을 <보기>에서 모두 고르면?

> 이산화 주석(SnO_2)을 이용한 음주 측정기는 음주자의 날숨에 포함된 에탄올이 이산화 주석의 표면에 달라붙으면 이산화 주석의 전기 전도도가 변하는 성질을 이용한다. 이산화 주석의 표면에는 이산화 주석의 전자를 빼앗은 산소가 음이온의 형태로 달라붙어 있다. 이 상태에서 날숨의 기체가 음주 측정기 안으로 들어가면 이산화 주석에 달라붙어 있던 산소 이온은 에탄올과 반응하는데, 이 반응 과정에서 산소 이온이 이산화 주석에 전자를 내어 준다. 따라서 에탄올 기체에 노출되면 이산화 주석의 전기 전도도가 서서히 커지다가 최댓값에 도달한다. 이때 전기 전도도의 최댓값은 에탄올 기체의 농도가 진할수록 크지만 유한한 값이다.
>
> 이산화 주석을 이용한 음주 측정기에서 전기 전도도의 변화는 저항값의 변화로 측정하는 것이 일반적이다. 전기 전도도보다는 저항값의 변화 측정이 용이하기 때문이다. 전기 전도도는 저항값에 반비례한다. 음주 측정기에서 측정한 저항값을 통해 날숨의 에탄올 농도를 알 수 있다.
>
> 이러한 음주 측정기에서 에탄올에 노출되기 전의 저항값과 에탄올에 노출된 후 도달한 저항의 최솟값의 차이를 에탄올에 노출되기 전의 저항값으로 나눈 값을 음주 측정기의 감도라 한다. 음주 측정기가 에탄올에 노출된 후 저항의 최솟값에 도달하는 데 걸린 시간을 음주 측정기의 반응시간이라 한다. 또한 날숨에 에탄올 이외의 다른 기체가 섞이더라도 에탄올 농도 측정 시 에탄올에 의한 저항값의 감소가 유지되는 정도를 선택도라고 한다. 예를 들어 에탄올 이외에 다른 기체가 날숨에 섞였을 때 음주 측정기의 감도가 많이 변한다면 선택도가 낮은 것이다. 감도, 반응시간, 선택도는 음주 측정기의 성능을 파악할 수 있는 중요한 지표이다.
>
> 두 회사 A와 B는 각각 이산화 주석을 이용한 음주 측정기 MA와 MB를 개발하여 출시하고자 한다. A는 ㉠<u>MA가 MB에 비해, 감도는 같으나 반응시간이 더 짧다</u>고 주장한다. 반면 B는 ㉡<u>MB가 MA에 비해, 반응시간은 같으나 선택도가 더 크다</u>고 주장한다.

<보 기>

ㄱ. 음주자의 날숨 샘플 S에 노출되기 전에는 저항값이 MA가 MB의 2배이고 S에 노출된 후 도달한 저항의 최솟값이 MA와 MB가 같다는 결과가 나오면, ㉠은 약화된다.

ㄴ. 에탄올 기체만 추가한 공기 샘플 S1과 S1에서 에탄올 기체 이외의 공기 일부를 같은 부피의 메테인 기체로 대체한 샘플 S2의 에탄올 농도 측정 시 전기 전도도의 증가량이 MB에서와 달리 MA에서 차이가 난다는 결과가 나오면, ㉡은 약화된다.

ㄷ. 음주자의 날숨 샘플 S에 노출되었을 때 전기 전도도가 최댓값에 도달하는 데 걸린 시간이 MA와 MB가 같다는 결과가 나오면, ㉠은 약화되고 ㉡은 강화된다.

① ㄴ
② ㄷ
③ ㄱ, ㄴ
④ ㄱ, ㄷ
⑤ ㄱ, ㄴ, ㄷ

문 17. 다음 글의 ㉠에 대한 평가로 적절한 것만을 <보기>에서 모두 고르면?

> 혼합물은 여러 물질이 섞여 있는 것이다. 혼합물 안에 어떤 물질이 있는지 알아보는 방법 중 하나는 흡수 분광법이다. 이 방법은 물질마다 빛을 흡수하는 성질이 다르다는 것을 이용한다. 흡수 분광법에서는 다양한 진동수를 가진 빛을 혼합물에 입사시키고, 어떤 진동수의 빛이 흡수되었는지를 분석하여 혼합물 내의 물질 조성을 알아낸다.
>
> 이때 한 물질이 다양한 진동수의 빛을 흡수하는 경우도 있고, 진동수가 같은 빛을 서로 다른 물질이 흡수하는 경우도 있다. 또한 혼합물에서 두 가지 물질 사이에 상호작용이 있는 경우 혼합물이 추가로 빛을 흡수할 수 있다. 이때 추가로 흡수하는 빛의 진동수는 각 물질이 흡수하는 빛의 진동수와 같을 수도 있고 다를 수도 있다.
>
> 한 과학자는 물질 A ~ C 중 두 개의 물질로만 구성된 혼합물 X와 혼합물 Y의 물질 조성을 알아내기 위해 X와 Y를 대상으로 흡수 분광법 실험을 수행하였다. 실험 결과, X는 진동수 I, II, III의 빛만을 흡수하였고, Y는 진동수 I과 II의 빛만을 흡수하였다. 과학자는 A가 진동수 I과 II의 빛만을 흡수하고, B가 진동수 III의 빛만을 흡수하고, C가 진동수 II의 빛만을 흡수한다고 가정하였다. 이 실험 결과와 가정을 바탕으로 과학자는 ㉠<u>X는 A와 B로 구성되어 있고, Y는 A와 C로 구성되어 있다</u>고 주장하였다.

<보 기>

ㄱ. A는 진동수 I의 빛을 흡수하지 않고 C는 진동수 I의 빛을 추가로 흡수한다는 사실이 밝혀진다면, ㉠은 약화된다.
ㄴ. A와 B의 혼합물은 상호작용에 의해 진동수 III의 빛을 추가로 흡수한다는 사실이 밝혀진다면, ㉠은 약화된다.
ㄷ. A와 C의 혼합물은 상호작용에 의해 진동수 III의 빛을 추가로 흡수하고 B는 진동수 III의 빛을 흡수하지 않는다는 사실이 밝혀진다면, ㉠은 약화된다.

① ㄱ
② ㄴ
③ ㄱ, ㄷ
④ ㄴ, ㄷ
⑤ ㄱ, ㄴ, ㄷ

문 18. 다음 글의 가설 A와 B에 대한 평가로 적절한 것만을 <보기>에서 모두 고르면?

> 보통의 쥐는 물질 α의 양이 뇌의 영역 I보다 뇌의 영역 II에서 더 적다. 한 과학자는 쥐가 행동 K를 할 때 이 두 영역 속에 있는 물질 α의 역할이 중요하다고 생각한 후, 다음 가설 A와 B를 설정하고 실험을 수행하였다.
>
> <가 설>
>
> A: 쥐의 뇌의 영역 I에서 물질 α의 양이 증가하면 그 쥐가 행동 K를 할 가능성이 커지고, 영역 II에서 물질 α의 양이 감소하면 그 쥐가 행동 K를 할 가능성이 커진다.
> B: 쥐의 뇌의 영역 I과 영역 II에서 물질 α의 양 차이가 커질수록 그 쥐가 행동 K를 할 가능성이 커진다.
>
> <실 험>
>
> 물질 α의 생성을 촉진하는 유전자를 쥐의 뇌에 주입하면 주입된 부위에서만 물질 α의 양이 증가하고, 물질 α의 분해를 촉진하는 유전자를 쥐의 뇌에 주입하면 주입된 부위에서만 물질 α의 양이 감소한다. 과학자는 보통의 쥐를 다음과 같이 세 그룹으로 나누고 실험을 수행하였다.
>
> ○ 그룹 1: 아무런 처리를 하지 않았다.
> ○ 그룹 2: 영역 I에 물질 α의 생성을 촉진하는 유전자를 주입하였다.
> ○ 그룹 3: 영역 II에 물질 α의 분해를 촉진하는 유전자를 주입하였다.
>
> 이후 각 그룹의 쥐들에서 행동 K를 하는 쥐의 비율을 측정하였다.

<보 기>

ㄱ. 측정된 비율이 그룹 2와 그룹 3 모두 그룹 1과 차이가 없었다면, A는 강화된다.
ㄴ. 측정된 비율이 그룹 2와 그룹 3 모두 그룹 1보다 낮았다면, A는 약화된다.
ㄷ. 측정된 비율이 그룹 2와 그룹 3 모두 그룹 1보다 높았다면, B는 약화된다.

① ㄱ
② ㄴ
③ ㄱ, ㄷ
④ ㄴ, ㄷ
⑤ ㄱ, ㄴ, ㄷ

[19 ~ 20] 다음 글을 읽고 물음에 답하시오.

한 사회에서 한 언어를 사용할 때 우리는 어떤 표현을 사용할까에 대한 언어 선택을 하게 된다. 예컨대, 상황에 따라 우리는 존댓말을 쓰거나 반말을 쓰기도 한다. 다언어를 사용하는 이민 사회에서도 언어 선택 현상이 일어난다. 3대가 사는 집에서, 부모가 조부모와 대화할 때는 한국어를 쓰다가도 자식과 말할 때는 현지어를 쓰는 경우가 매우 흔하다.

다언어 사회에서 언어 선택이 일어나는 유형에는 '코드 바꾸기' 방식과 '코드 뒤섞기' 방식이 있다. 코드 바꾸기는 앞에서 언급한 사례에서처럼 한 언어를 쓰다가 다른 언어로 바꾸어 말하는 현상으로, 직장에서 영어를 쓰다가 집에 와서는 한국어를 쓰는 경우이다. 이런 언어 선택은 한 사람이 말할 때뿐만 아니라 두 사람이 대화할 때도 일어날 수 있다. 가령 아이는 계속 영어로 말하고 엄마는 계속 한국어로 말하면서 대화를 이어가는 경우가 그렇다. 이 경우, 아이와 엄마의 대화에서는 코드 바꾸기가 일어나고 있는 것이다.

코드 뒤섞기의 전형적인 사례는 어느 한 언어를 주축으로 사용하면서 다른 언어의 요소를 사이사이에 삽입하여 주축 언어의 규범을 위반하는 경우이다. 이때 삽입되는 다른 언어의 요소는 단어나 구(句)일 수도 있고 그보다 더 큰 단위일 수도 있다. 예를 들어 "그 친구는 정말 나이스해."는 코드 뒤섞기에 해당한다. '나이스'와 같은 외국어를 삽입해 쓰는 것은 주축 언어인 한국어 규범을 위반하기 때문이다. 하지만 삽입된 단어가 주축 언어에서 이미 정착된 차용어인 경우는 주축 언어의 규범을 위반하지 않는다. 그 단어가 주축 언어의 규범을 위반하지 않는다는 것은 우리가 그 단어를 더는 외국어로 취급하지 않는다는 의미이다. 가령, "나 커피 한 잔 줘."와 같은 문장은 코드 뒤섞기가 아니다. '커피'는 이미 한국어에서 정착된 차용어이기 때문이다. 그런데 만일 '커피'를 [kɔ́:fi]로 발음하여 영어 발음 규칙에 충실한 방식으로 사용한다면 이것은 코드 뒤섞기의 범주에 들어간다.

뒤섞이는 것의 단위가 문장일 때도 같은 기준이 적용된다. 이민 사회에서 모국어가 한국어인 아이와 부모가 대화하면서 한국어와 영어를 번갈아 쓰는 상황을 상상해보자. 이 아이는 대화하면서 처음에 한국어를 계속 사용하다가 어느 시점부터는 영어로 바꾸어 말할 수도 있고, 그러다가 어떤 경우는 한 언어를 주축으로 삼아 다른 언어의 문장을 그 안에 뒤섞어 말할 수도 있다. 그 아이가 한국어를 주축 언어로 하여 "나는 정말로 I am happy다."라고 하면, 이는 [(가)] 코드 뒤섞기의 범주에 해당한다.

그럼, "내가 소문을 들었는데요, he was hired."라고 말하는 경우는 어떤가? 이 경우에는 한국어가 주축인지 영어가 주축인지 확정할 수 없다. 이렇게 두 언어 모두 주축 언어가 될 수 있는 경우에는 또 다른 판단 기준을 고려할 수 있다. 각 언어의 규범과 문법 중 어느 것도 위반하지 않은 경우에는 코드 바꾸기 사례에 해당하고, 어느 한 언어의 규범이나 문법을 위반한 경우에는 코드 뒤섞기 사례에 해당한다. 한국어 부분인 "내가 소문을 들었는데요"는 한국어 규범과 문법에 충실하고 영어 부분인 "he was hired"는 영어 규범과 문법에 충실하므로 위 경우는 [(나)]로 볼 수 있다.

문 19. 위 글의 (가)와 (나)에 들어갈 말을 적절하게 나열한 것은?

① (가): 주축 언어의 규범을 위반하므로
  (나): 코드 바꾸기
② (가): 주축 언어가 무엇인지를 확정할 수 없게 하므로
  (나): 코드 바꾸기
③ (가): 주축 언어의 규범을 위반하므로
  (나): 코드 뒤섞기
④ (가): 주축 언어가 아닌 언어의 규범을 위반하므로
  (나): 코드 뒤섞기
⑤ (가): 주축 언어가 아닌 언어의 규범을 위반하므로
  (나): 코드 바꾸기

문 20. 위 글에서 추론할 수 없는 것은?

① "피아노 선율이 아름답다."라는 문장에서 '피아노'의 사용이 코드 뒤섞기가 아닌 경우, 우리는 '피아노'를 외국어로 취급하지 않는 것이다.
② 뒤섞이는 언어의 단위가 문장이고 사용되는 두 언어 중 주축 언어가 무엇인지 확정되지 않았을 때, 코드 뒤섞기는 일어나지 않는다.
③ "나는 피자를 좋아한다."라는 문장에서 '피자'를 영어 발음인 [pí:tsə]로 발음하면 코드 뒤섞기가 된다.
④ 같은 언어를 모국어로 사용하는 두 사람이 대화할 때도 코드 뒤섞기 현상이 발생할 수 있다.
⑤ 다언어 사회가 아닌 곳에서도 언어 선택 현상이 일어날 수 있다.

문 21. 다음 글의 내용과 부합하는 것은?

> 조선 건국 이래 행정도시로 기능했던 서울은 조선 후기에 이르러 상업 도시로서의 성격을 띠게 되었다. 조선 전기에도 종루 주변에 시전이 설치되어 있어 상거래가 이루어지고 있었지만, 주로 특정 물품의 독점 판매권을 가진 시전상인들에 의해 왕실과 관아를 대상으로 이루어진 것이었다. 그러나 17세기 이후 전국적으로 장시 개설이 증가하고 유통 규모가 커지면서 서울은 상업 도시로서의 면모까지 갖추게 되었다.
>
> 여기에서 주목할 만한 것은 서울의 인구 증가이다. 인구 증가는 자연적인 증가 이외에도 농촌에서 터전을 잃고 유랑하는 농민들이 새로운 생업을 찾아 서울로 모여들면서 이루어졌다. 17세기부터 발생하기 시작한 잦은 기근과 흉년으로 인하여 전국에서 수많은 유민이 발생했고, 이들은 구휼처를 찾아 도회지인 서울로 모여들었다.
>
> 숙종 대에는 서울의 인구가 늘어나서 집을 지을 자리가 부족할 정도였다. 숙종 26년 천변(川邊)에 인접한 도로를 침범한 민가가 500호에 달했다는 기록을 확인할 수 있다. 그런데 이를 모두 헐어버리면 소요가 일어날 우려가 있어서 정부는 침범 정도가 심한 집만 철거했다. 거주지에 대한 단속이 강화될 경우 집단 민원이 발생할 것을 우려하는 정도가 된 것이다.
>
> 정조 대에 편찬된 『호구총수』에 의하면 도성 안뿐 아니라 도성 밖의 인구도 증가했음을 알 수 있다. 서울 외부로부터 유입된 인구가 도성 외곽에 집단적으로 거주하면서 나타난 현상이었다. 일례로 1789년 파악된 서울의 호구 수는 43,929호에 189,153구였고, 그중에 성 밖의 호구 수는 21,835호에 76,782구로 서울 전체 호구 수의 절반 가까이 차지하고 있었다.
>
> 서울의 인구가 증가하면서 소비도 크게 증가했다. 이에 따라 조선 전기부터 있었던 종루 주변의 시전 이외에 이현, 칠패, 마포 등 사상인(私商人)들의 새로운 교역처가 생겨났다. 종루 주변 시전을 독점하던 시전상인과 달리, 사상인은 새로운 교역처를 탐색하며 상권을 확장했고 점차 그 세력을 키워나갔다. 서울의 상권이 활성화되자 서울을 중심으로 전국적인 시장망이 형성되기 시작하여, 상품의 수요가 증대되고 상품의 종류나 교역량도 크게 늘었다.

① 조선 후기에 상품 수요 및 소비 여력의 증대로 인하여 서울의 인구가 급증했다.
② 숙종 대에는 서울의 인구가 증가하면서 주거지가 도로를 침범하는 일까지 벌어졌다.
③ 조선 후기로 가면서 종루 주변 시전상인들은 이현, 칠패, 마포 등지로 상권을 확대해 나갔다.
④ 1789년 서울에서는 도성 밖의 호구 수가 성안의 호구 수보다 더 많아지는 현상이 일어났다.
⑤ 17세기부터 기근과 흉년으로 인해 발생한 수많은 유민은 전국적으로 형성된 시장망을 따라 이동하면서 서울로 모여들었다.

문 22. 다음 글의 내용과 부합하는 것은?

> 조선시대 사대부들의 모임은 계회라고 불렸는데, 그중 관료들의 모임은 관료계회 또는 줄여서 요계라고 불렀다. 요계는 동관계회, 동경계회, 동방계회, 동향계회, 도감계회 등으로 구분되었다. 동관계회는 같은 관청에 근무하는 관료들만의 모임으로, 동관계회에 속한 관료는 자신이 근무하는 동안에만 그 요계에 참여했다. 동관계회는 수시로 열렸는데 관료가 교체될 때는 반드시 개최하여 전입자를 환영하거나 전출자를 환송했다. 나이가 같은 이들의 모임인 동경계회, 과거에 같이 급제한 동료들의 모임인 동방계회, 고향이 같은 관료들의 모임인 동향계회는 정기적으로 개최되기도 하고 비정기적으로 개최되기도 했다. 동경계회, 동방계회, 동향계회에 속한 관료는 일생 동안 이 모임에 참여했다. 도감은 국장도감처럼 일시적인 국가의 업무를 처리하기 위해 설치된 임시 관청이었으므로, 도감계회는 도감의 일이 끝난 뒤 도감이 폐지될 때 한 차례 개최되고 나서 해체되었다.
>
> 계회는 한가한 시기에 주로 한양 근처의 야외에서 이루어졌다. 사대부들은 대부분 한양 근처의 명소를 방문하여 음주가무를 즐겼다. 그들은 시, 문장, 그림 세 가지에서 뛰어난 경지에 오르는 것을 삼절이라고 하여 사대부의 이상으로 여겼다. 계회의 참석자들은 아름다운 경치를 감상하고 시와 문장으로 이를 표현했으며, 참석자 중 글씨를 잘 쓰는 사람이 계회에서 이루어진 활동을 기록했다. 그리고 직업 화가에게 의뢰하여 계회의 모습을 그림으로 남겼다. 이 그림을 계회도라고 불렀다. 가장 많이 그려진 계회도는 동관계회도로 육조, 사헌부, 승정원, 의금부 등의 계회도가 있었다.
>
> 계회도는 표제, 풍경, 좌목으로 이루어졌다. 표제는 계회의 종류를 밝힌 것으로, 예를 들어 '독서당계회도'는 국가의 인재를 양성하는 기관인 독서당이란 관청의 계회를 그린 계회도의 표제이다. 계회도의 풍경은 계회의 모습과 계회가 열린 지역의 실제 경치를 묘사했다. 좌목에는 참석자들의 관직, 본관, 성명, 자호를 기록했는데, 때로는 일부 참석자의 부친의 성명, 관직, 본관, 자호까지 추가로 기록하여 관료로서의 소속감과 자부심뿐 아니라 가문 의식까지 표현했다.

① '독서당계회도'는 동경계회의 모습을 그린 그림의 표제였다.
② 도감 소속 관료들의 모임을 그린 계회도는 도감 설치 때 그려졌다.
③ 동방계회의 계회도는 참석한 관료 중 그림에 능통한 사람이 그렸다.
④ 사헌부 소속 관료는 자신이 사헌부에서 근무하는 기간 동안만 동향계회에 참여했다.
⑤ 계회도의 좌목에는 계회에 참석하지 않은 사람의 관직, 본관, 자호를 기록하는 경우도 있었다.

문 23. 다음 글에서 알 수 있는 것은?

이라크 남부의 우루크 지방에서 발굴된 수메르 유적은 놀라울 정도의 체계를 갖춘 회계 자료를 포함하고 있다. B.C.8000년경부터 B.C.2000년경까지 약 6,000년에 걸쳐 누적된 유적에서 다양한 진흙 토큰이 담긴 진흙 용기가 대량으로 출토되었다. 여기서 토큰은 대추야자, 보리, 양, 염소, 오리, 사람, 수공업 제품 및 서비스 등과 같은 다양한 재화와 서비스를 각각 상징하는 작은 형상물로 진흙을 구워 만든 것이다. 이 토큰을 담은 용기 역시 진흙을 구워 만들었고 항아리 모양이었다.

이 유물들은 당시 상인 또는 재산관리인의 상거래 기록을 나타낸 것이다. 진흙 용기는 채권자 또는 채무자를 의미하고, 그 용기 속에 포함된 토큰은 채권이나 채무를 의미한다. 약 6,000년에 걸쳐 분포된 이 회계 유물을 쐐기문자의 도입 시기인 B.C.3250년경을 기준으로 전후 시기를 나누어 분석한 결과, 시기별로 차이를 보인다. 이전 시기의 토큰과 용기는 형태나 색상, 사용 방식이 단순하고 엉성했다. 이후 시기에는 토큰의 형태나 색상이 훨씬 다양해지고, 토큰들을 실로 연결한 꾸러미가 사용되기도 하고, 용기 속에 담겨 있는 토큰의 총 개수를 용기 외벽에 표시하는 등 복잡하고 정교해졌다.

수메르인은 거래가 발생하면 용기 속에 토큰을 넣어 보관하는 방식으로 거래를 기록했다. 기본적인 거래 기록 방식을 살펴보자. 가령 채권자 A가 채무자 B에게 보리 25단위를 빌려주고 이자로 보리 3단위를 받기로 계약했다. 이때 A는 용기 속에 보리 1단위를 의미하는 같은 토큰을 28개 넣은 다음 밀봉하여 보관하였다. 상환 시점이 되면 A는 B가 보는 앞에서 밀봉한 용기를 깨뜨려 약속한 원금과 이자를 받았다.

상거래를 많이 하던 상인이나 기업에서는 토큰과 용기를 회계장부처럼 사용하였다. 가령 상인 C가 5명의 고객에게 재화를 빌려주고, 다른 5명의 고객에게 재화를 빌렸다고 가정해 보자. C는 이 거래 상황을 기록하기 위해 10개의 용기 속에 각 거래 내역에 해당하는 토큰을 넣어 두었다. 채무자와 채권자를 쉽게 식별하기 위해 전자의 5개 용기에는 빨간색, 후자의 5개 용기에는 파란색 실을 둘러 표시하였다. 이 용기들은 인명 계정으로 각각 고객별 채권·채무 사항을 기록한 것이다.

① 수메르인은 상거래 규모가 증대함에 따라 재화만 표시하던 토큰을 서비스를 표시하는 데에도 사용하였다.
② 수메르에서 B.C.2000년경 이전에는 진흙 토큰과 용기로, 그 이후로는 쐐기문자로 상거래 기록을 하였다.
③ 수메르인은 쐐기문자를 도입하기 전부터 실로 묶은 토큰 꾸러미를 사용하여 채권이나 채무를 표시하였다.
④ A와 B 사이의 거래 내역을 담고 있는 용기를 깨뜨려 보면 원금과 이자의 총합을 확인할 수 있었다.
⑤ C가 용기에 둘러놓은 실의 색에 따라 그 용기에 담겨 있는 토큰의 형태나 색깔이 달랐다.

문 24. 다음 글에서 알 수 있는 것은?

뉴기니는 식물을 독자적으로 작물화하여 식량 생산을 시작한 중심지 중 하나이다. 뉴기니인은 부족사회를 조직했고, 농경 및 어업에 필요한 여러 기술을 사용할 수 있었다. 하지만 19세기 말까지 뉴기니는 농경을 시작한 다른 지역들에 비해 인구가 가장 적었다. 뉴기니인은 당시까지도 석기를 사용했으며 문자도 없었고 국가를 조직하지도 못했다. 이처럼 뉴기니가 발전하지 못한 데에는 몇 가지 요인이 있었다.

뉴기니에는 가축의 종류와 수가 부족했다. 가축은 돼지와 닭 두 종류밖에 없었고, 그 수도 너무 적어서 사람들이 단백질을 섭취하는 데 큰 도움이 되지 못했다. 또한 돼지와 닭은 수레를 끌지 못해 뉴기니인은 인간의 근력 말고는 다른 동력원을 갖지 못했다. 이로 인해 부족 간 경제적·문화적 교류가 부족할 수밖에 없었다. 더구나 다양한 동물과의 접촉은 장기적으로 질병에 대한 면역력을 발달시키는데, 가축의 종류가 다양하지 못한 탓에 유럽 침입자들이 가져온 유행병에 대응할 만한 면역력도 발달하지 못했다.

뉴기니 지형이 험준했던 것도 한 원인이었다. 일단 식량 생산 지역이 매우 부족했다. 뉴기니의 고지대에는 많은 인구를 먹여 살릴 수 있는 널찍한 골짜기가 많지 않다. 뉴기니에서는 해발 1,200 ~ 2,700 m의 중간 산지만이 집약적 식량 생산에 적합하였고, 해발 2,700 m 이상 고산지대와 해발 300 ~ 1,200 m 사이 산비탈에서는 식량 생산이 거의 없었다. 저지대에서는 인구 밀도가 낮은 지역에서만 이루어지는 화전 농업을 통해 식량을 생산했지만, 그 양은 매우 적었다. 또한 험준한 지형은 부족 간 교류를 어렵게 만들었고 부족들은 여러 갈래로 분열되었다. 오랜 기간 분열된 부족들은 서로 다른 언어를 사용했고 이는 부족을 통합하는 데 걸림돌이 되었다.

이러한 이유들이 합쳐져 비슷한 시기에 농경을 시작한 다른 지역들과 달리 뉴기니는 적은 인구수에서 벗어나지 못했고, 과학기술을 발전시키고 문자 및 정치체제를 갖출 수 있는 기반을 마련하지 못했다.

① 뉴기니의 인구는 가축을 기르기 시작하면서부터 증가하였다.
② 뉴기니에서 식량 생산은 주로 저지대에서 대량으로 이루어졌다.
③ 뉴기니는 부족 간 교류가 매우 드물고 지형이 험준하여 외부에서 유입되는 유행병으로부터 비교적 안전하였다.
④ 뉴기니의 부족사회를 통합하여 국가로 발전시킨 핵심적인 요인은 석기와 문자의 사용이었다.
⑤ 뉴기니인의 부족한 동력원은 뉴기니의 발전을 저해하는 요인 중 하나였다.

문 25. 다음 글의 내용과 부합하는 것은?

물은 모든 인간이 이용해야 할 보편적 재화이다. 19세기 서구 국가들은 물 공급을 공공 서비스로 여기고 국가 재정을 통해 인프라를 구축했다. 그러나 오랫동안 제국의 식민지였던 아프리카, 아시아, 라틴아메리카의 국가들은 독립 이후에도 심각한 물 부족 문제에 시달렸다. 이에 물 공급을 민영화하자는 주장이 제기됐는데, 그 주장의 핵심은 공적 자금이 부족하니 선진국의 민간 기업이 상수도 건설에 투자하도록 유도하고 사용료를 거둬 투자금을 회수할 수 있게 하자는 것이었다. 이 탈식민지 국가들은 세계 경제불황의 여파로 재정 상태가 더욱 악화되었기 때문에 이러한 주장을 받아들여 1980년대부터 물 공급 민영화를 국가 정책으로 추진했다.

한편, 영국 등 일부 선진국들에서도 재정 긴축을 명분으로 이러한 민영화가 시작되었다. 정책결정자들은 물을 다른 상품들처럼 사적 소유가 가능한 재화로 간주했으며, 시장을 통해 물의 효율적 공급과 합리적 소비가 더욱 잘 이루어질 것이라고 믿었다. 반면, 부작용을 우려하여 민영화에 반대하는 사람들은, 물이 여타의 상품이나 생활필수품과는 성격이 근본적으로 다른 재화임을 강조했다. 물은 생태계에 필수적인 자원으로서 대체재가 없으므로, 그 누구도 물의 공급을 독점해서는 안 된다는 것이다. 따라서 공적 관리가 필수적이며, 합리적 소비 또한 공동체 단위에서 더 효율적으로 이루어질 수 있다고 주장했다. 그러나 이러한 우려에도 불구하고 민영화의 흐름은 가속되었다.

1992년 더블린 국제회의에서는 물이 경제적 가치를 지닌 시장 재화로서 경쟁적 사용의 대상이 되어야 한다는 선언문이 채택되었다. 이를 계기로 물 공급을 전문으로 하는 다국적 기업의 활동이 더욱 본격화되었는데, 특히 프랑스와 영국의 기업들은 탈식민지 국가들에 진출하여 큰 수익을 누렸다. 시장 논리에 따라 한 국가 안에서도 인구밀도가 높고 부유한 도시부터 공략되었다. 그리고 인구밀도가 낮은 농촌 지역은 소비가 크지 않기 때문에 다국적 기업이 물 사용료를 도시보다 더 높게 책정하여 주민들의 부담이 가중되었다.

① 탈식민지 국가들은 물을 여타의 상품처럼 사적 소유가 가능한 재화로 간주하는 선진국 정책결정자들의 관점을 거부했다.
② 물 공급을 전문으로 하는 다국적 기업의 진출로 인해 한 국가 내에서 물 사용료의 지역 간 차이가 발생했다.
③ 탈식민지 국가들에서 물 공급은 국가 재정을 동원한 공적 자금의 투입을 통해 안정되었다.
④ 1992년 더블린 국제회의의 선언은 시장 논리에 따른 물 공급을 반대하기 위한 시도였다.
⑤ 선진국들에서 물 공급 민영화 정책은 이견 없이 수용되었다.

문 26. 다음 글의 빈칸에 들어갈 말로 가장 적절한 것은?

역사적으로 볼 때 지식은 개별 분과 학문, 즉 학제 안에서 생산되어 왔으며, 학제는 지식이 생산되는 가장 일반적인 장소이다. 학제는 뚜렷한 경계가 있는 지식 영역으로 공통의 언어, 연구 대상과 질문, 방법론적 가정과 도구, 이론과 모범 사례들을 지닌다. 학제가 작용하는 방식은 '학제적 코드'라는 개념을 통해 이해할 수 있는데, 이는 학제가 의례화되고 규범화된 특정 방식으로 지식 생산을 통제하고 표준화한다는 것을 의미한다.

그런데 학제적 연구는 현대사회에서 인류가 직면한 문제들을 다루는 데 있어 한계를 드러내고 있다. 이러한 문제들이 학제의 경계선에 맞춰 발생하지 않기 때문이다. 기후변화, 디지털 격차, 구조적 불평등과 같은 많은 문제들이 본질적으로 학제의 질서에 따라 정의될 수 없는 초학제적인 문제이므로, 이러한 문제를 다루려는 시도는 초학제적이어야 한다.

초학제적 연구는 학제가 아니라 문제에서 시작된다. 학제적 연구의 전통에서 문제 도출은 연구자의 학제에 근거하지만, 초학제적 연구에서는 학제의 이론이나 방법과 상관없이 문제 자체가 연구 과정의 중심에 놓인다. 연구자의 질문이 '내 학제에서 수용 가능한 문제는 무엇이며, 내 학제는 이 문제를 어떻게 다룰 것인가?'에서 '현실 세계에서 해결되어야 할 문제는 무엇이며, 어떻게 하면 그러한 문제를 가장 완전하게 다룰 수 있는가?'로 바뀌는 것이다. 이렇듯 초학제적 연구는 문제 해결을 위해 학제의 의례와 규범을 초월하며, 개별 학제들로 환원될 수 없는 새로운 개념적, 이론적, 방법론적 프레임워크를 혁신적으로 개발한다.

그런데 초학제적 연구의 필요성이 강조될수록 연구자들은 두려움을 느낀다. 학제가 무용화될 것이라고 여기는 것이다. 그러나 초학제적 연구에서 강조되는 중요한 자산은 자신의 학제에 정통할 수 있는 연구자의 역량이다. 학제를 초월한다는 것은 연구자가 자신의 뿌리를 잘라 내는 것이 아니라 지평을 넓히는 것을 의미한다. 그래야만 자신의 학제와 다른 학제들로부터 자원과 전문성을 끌어모으고 혁신적으로 통합하여 현실세계의 문제에 총체적으로 대응할 수 있기 때문이다. 따라서 [   ]고 결론지을 수 있다.

① 학제에 정통한 연구자일수록 초학제적 연구의 필요성을 수용하지 못한다
② 초학제적 연구를 수행하려는 연구자는 학제 내 수용성을 고려하여 주제를 선정해야 한다
③ 학제의 의례와 규범에 따라 기존의 프레임워크를 개선하는 탁월한 연구자가 초학제적 연구를 선도하게 된다
④ 초학제적 연구는 현실의 문제를 해결하기 위해 학제적 코드를 초월하지만 학제의 폐쇄를 가져오지는 않는다
⑤ 연구자들은 초학제적 연구에서의 문제를 자신의 학제에서도 해결하기 위해 어떻게 학제적 코드를 개선할지 고민해야 한다

문 27. 다음 글의 (가)와 (나)에 들어갈 말을 적절하게 나열한 것은?

> 예술 작품의 대중적 성공은 단순히 그 작품의 미적 수준이 높은가 낮은가로 판단할 수 없다. 대중은 예술적으로 가치 있다고 여겨지는 것을 작품을 통해 이해하고 수용할 수 있을 때 열광한다. 이러한 관점에서 [(가)]. 왜냐하면 오늘날 영화가 아닌 그림이나 시 등의 작품은 특별한 훈련을 받지 않은 사람으로서는 거의 이해할 수 없게 되어 있기 때문이다. 그림이나 시의 의사 전달 형식은 그 장르 특유의 발전을 거치면서 일종의 암호처럼 되어버린 것이다. 따라서 시와 그림은 대중적일 수 없다. 그에 반해 아무리 초보 영화 관객이라도 새로 만들어지는 영화의 관용적 표현들을 이해하는 일은 어렵지 않다.
>
> 그런데 영화가 다른 장르에 비해 대중적으로 큰 성공을 거두고 있다고 해서, 이러한 영광이 지속될 것이라는 보장은 없다. 현재 영화에 대한 대중의 지적 수용이 용이한 것은 영화가 다른 장르의 예술에 비해 생겨난 지 얼마 안 된 일종의 '젊은 예술'이기 때문이다. 어쩌면 한 세대만 지나도 영화의 표현 수단을 다 이해할 수 없을지도 모르며, 이 분야에서도 조만간 전문가와 문외한을 가르는 분열이 생길 것이다.
>
> [(나)]. 왜냐하면 어떤 예술 장르가 오래되면 과거로부터 이어져 온 발전 단계들을 알고 있어야 그 현재를 이해할 수 있기 때문이다. 어떤 예술을 이해한다는 것은 그 내용과 형식의 적절한 결합을 인식한다는 것을 말한다. 예술이 젊을 때에는 내용과 표현 형식 사이의 관계가 자연스럽고 단순하다. 즉 내용에서 형식으로 통하는 길이 바로 열려 있는 셈이다. 그런데 세월이 흐르는 동안, 이러한 형식들은 내용들에서 점차 멀어지고 독립하게 되며, 결국 내용 없는 공허한 형식들은 특별한 교양을 쌓은 소수의 계층밖에 이해할 수 없게 된다.

① (가): 우수한 영화가 대중적 성공을 거둘 확률은 우수한 그림이나 시의 경우보다 훨씬 높다
(나): 오직 젊은 예술만이 대중적일 수 있다

② (가): 우수한 영화가 대중적 성공을 거둘 확률은 우수한 그림이나 시의 경우보다 훨씬 높다
(나): 오직 대중적인 예술만이 내용과 형식이 참신하다

③ (가): 대중적으로 성공한 영화는 대중적으로 성공한 그림이나 시보다 전달 형식이 더 우수하다
(나): 오직 젊은 예술만이 대중적일 수 있다

④ (가): 대중적으로 성공한 영화는 대중적으로 성공한 그림이나 시보다 전달 형식이 더 우수하다
(나): 오직 대중적인 예술만이 내용과 형식이 참신하다

⑤ (가): 예술 작품으로서 영화는 예술 작품으로서 그림이나 시보다 미적 수준이 높다
(나): 오직 젊은 예술만이 대중적일 수 있다

문 28. 다음 글의 (가) ~ (다)에 들어갈 말을 적절하게 나열한 것은?

> 평균비용과 한계비용의 개념은 기업 활동을 경제학적으로 분석하는 데 자주 활용된다. 평균비용은 일정 기간 동안 투입된 총비용을 해당 기간에 생산한 제품 개수로 나눈 값이다. 한계비용은 과거에 지출한 비용은 제외하고 제품 1개를 추가로 생산할 때 투입된 비용이다.
>
> 평균비용과 한계비용의 개념을 현실에서 활용하는 예로는 기업에 대한 공정거래규제를 들 수 있다. 미국은 1970년대에 기업 간 공정 경쟁을 유도하기 위하여 부당염매행위를 규제하고 있었다. 부당염매행위란 기업이 경쟁사에 의도적으로 타격을 입히기 위하여, 일시적으로 손실을 보더라도 생산비용에 미치지 못하는 가격에 제품을 판매하는 전략을 말한다.
>
> 1972년에 제빵업체인 E사는 경쟁사인 C사가 부당염매행위를 하여 막대한 피해를 보았다고 제소하였다. 당시 C사는 빵을 1개당 17.2센트에 판매하고 있었는데, 법원은 E사와의 경쟁 이전 모든 시설투자비를 포함하여 계산한 C사의 빵 1개당 [(가)]이 20.6센트라는 사실을 확인하였다. 당시 C사는 누적 기준으로 적자를 기록하고 있었는데, 법원은 그 원인이 판매가격을 생산비용보다 낮게 책정하였기 때문이라고 보았다. 1심 법원은 이를 근거로 C사에 약 500만 달러의 배상금을 부과하였다.
>
> 그러나 C사는 1심 법원이 부당염매행위의 판단 기준을 잘못 적용하였다며 항소하였다. C사는 E사와 경쟁하던 시점에 빵을 추가 생산하기 위한 시설투자가 없었다는 자료를 법원에 제출하였다. 그리고 부당염매행위를 판단하기 위해서는 E사와의 경쟁 이전 시설투자비를 제외하고 경쟁 시작 시점에 투입된 비용인 C사의 빵 1개당 [(나)]과 판매가격을 비교해야 한다고 주장하였다. C사는 E사와 경쟁할 당시 빵을 판매할 때마다 실제로 적자가 [(다)] 있었는데, 이는 생산비용보다 높은 가격에 빵을 판매했음을 입증한다는 것이다. 결국 2심 법원은 1심 판결을 뒤집고 C사에 배상책임이 없다는 판결을 내렸다.

	(가)	(나)	(다)
①	평균비용	평균비용	늘고
②	평균비용	한계비용	늘고
③	평균비용	한계비용	줄고
④	한계비용	평균비용	늘고
⑤	한계비용	한계비용	줄고

문 29. 다음 글에서 알 수 있는 것은?

> 화살과 같은 장거리를 날아가는 도구가 개발되기 전 우리 조상들이 고기를 확보하기란 여간 힘든 일이 아니었다. 인간보다 빠르고 힘센 동물이 먹고 남긴 고기를 찾아내는 방법이 있었지만, 이는 상당히 제한적인 경우이고 운까지 따라야 했다. 남은 방법은 스스로 먹잇감을 찾아내 사냥하는 것뿐인데, 대부분의 동물들은 인간보다 빨랐다. 하지만 인간은 고기를 포기하지 않았고 스스로의 힘으로 사냥에 성공했다. 이것이 가능했던 이유는 인간의 체온 조절 능력 덕분이다. 인간은 다른 동물에 비해 체온을 조절하는 능력이 탁월했고, 이는 사냥에 있어 핵심적인 역할을 했다.
>
> 인간의 체온 조절 능력은 땀이 분비되는 현상을 통해 이해할 수 있다. 다른 동물들도 땀을 흘리지만 인간만큼 땀을 많이 흘리지 않는다. 땀을 많이 흘리는 대표적인 동물은 말과 낙타인데, 1시간 동안 운동하며 배출하는 수분의 양을 인간과 비교해 보면 인간이 흘리는 땀의 양이 얼마나 많은지 알 수 있다. 말의 피부는 제곱미터당 약 100그램의 수분을 배출하고, 낙타는 250그램까지 배출한다. 그런데 인간은 500그램까지 배출할 수 있다. 이 때문에 인간은 다른 동물에 비해 운동으로 달아오른 체내의 열을 더 빨리 그리고 더 많이 식힐 수 있다.
>
> 인간은 땀을 잘 흘릴 뿐 아니라 땀으로 배출된 수분을 즉시 보충하지 않아도 된다. 이것도 상당한 이점이다. 우리는 일시적 탈수 현상을 상당한 정도까지 견뎌낼 수 있다. 하루 남짓 안에 적당량만 보충하면 그것으로 충분하다.
>
> 이러한 이점들로 인해, 우리 조상들은 낮에 활동하는 포식자로서 독보적 존재가 되었다. 물론 인간은 영양보다 빨리 달리지는 못했지만, 뜨거운 대낮에 끈질기게 뒤쫓으면 결국 영양이 먼저 지쳐 쓰러졌다. 사냥에 있어 인간은 가장 빠른 동물도, 가장 힘센 동물도, 가장 효율적인 동물도 아니지만 지구력이 가장 강한 동물인 것은 확실하다.

① 인간은 체온 조절 능력 덕분에 사냥에 있어 가장 효율적인 동물로 평가된다.
② 화살과 같은 사냥 도구가 개발되기 전까지 인간은 스스로의 힘으로 사냥할 수 없었다.
③ 일시적 탈수 현상을 잘 견디는 동물이 그렇지 않은 동물에 비해 운동 속도가 더 빠르다.
④ 인간은 땀으로 배출한 수분을 즉시 보충해야 하기 때문에 다른 동물에 비해 탈수 현상을 잘 견디지 못한다.
⑤ 인간은 다른 동물에 비해 피부의 제곱미터당 흘릴 수 있는 땀의 양이 많아 운동으로 인해 발생한 열을 식히는 데 더 유리하다.

문 30. 다음 글의 ㉠에 대한 판단으로 적절한 것만을 <보기>에서 모두 고르면?

> 기업의 경영자는 개인적인 이득을 위해 기업의 성적표라고 할 수 있는 재무제표상에서 당해 이익을 높이거나 낮추고 싶어한다. 이익이 너무 낮으면 경영상의 책임을 추궁당할 수 있고, 이익이 너무 높으면 시장의 기대치가 높아져 추후 성과에 대한 부담이 될 수 있기 때문이다. 이와 같은 개인적 이득을 위해 경영자가 외부에 보고될 재무제표에 개입하는 행위를 ㉠'이익조정'이라고 부른다. 이는 실제로 빈번히 나타나는데, 기업이 준수해야 하는 회계기준의 범위를 넘어서지만 않는다면 분식회계와 같은 '이익조작'으로 간주되지는 않는다.
>
> 이익조정은 다양한 방식으로 이루어질 수 있는데, 크게 두 가지 유형으로 분류된다. 한 가지는 '실물이익조정'으로, 생산이나 판매에 대한 의사결정을 통해 다양한 물적·인적 자원이나 자금의 흐름에 실제로 영향을 주면서 이익을 조정하는 것이다. 예를 들어 경영자는 비정상적인 가격 할인, 자산 처분, 연구개발비 삭감 등을 통해 당기 이익을 일시적으로 높일 수 있다.
>
> 또 다른 유형은 실질적인 자원의 흐름과는 무관하게 회계처리 방식의 변경을 통해 이익을 조정하는 것이다. 이는 장부상의 이익에만 반영될 뿐 실제 기업의 생산이나 판매에 대한 의사결정을 변경시키는 것은 아니기 때문에, '장부상 이익조정'이라고 불린다. 예를 들어 경영자는 감가상각방법을, 매년 동일한 비용으로 처리하는 정액법에서 초기에는 많은 비용을 배분하다가 매년 조금씩 줄이는 정률법으로 변경함으로써 장부상의 이익을 조정할 수 있다.

<보 기>

ㄱ. 기업 A의 경영자는 회계기준에 어긋나지 않는 범위에서 당기 이익을 높여 신규 상장 시 자신이 보유한 주식의 발행가액을 높게 책정하고자 생산량을 비정상적으로 늘렸다. 이는 실물이익조정에 해당한다.
ㄴ. 기업 B의 경영자는 경기가 불확실한 상황에서 내년도 이익 목표를 높게 설정하지 않기 위해, 일시적으로 광고비를 대폭 늘려 지출한 뒤 회계기준에 맞게 장부에 반영하여 당해 연도 이익을 낮췄다. 이는 장부상 이익조정에 해당한다.
ㄷ. 기업 C의 경영자는 내년에도 연임하기 위해 당해 연도 적자를 회피하고자 회계기준의 범위 내에서 재고자산의 단가를 종전과는 다른 방식으로 계산하는 회계 선택을 통해 이익을 상향 조정했다. 이는 장부상 이익조정에 해당한다.

① ㄱ
② ㄴ
③ ㄱ, ㄷ
④ ㄴ, ㄷ
⑤ ㄱ, ㄴ, ㄷ

문 31. 다음 글의 A와 B에 대한 분석으로 적절한 것만을 <보기>에서 모두 고르면?

'종'이란 어떤 속성을 공유하는 덕분에 유사성을 갖는 개체들의 집합이다. 종에는 '자연종', '사회종' 등이 있다. 그렇다면 노인은 어떤 종인가? 철학자 A는 노인이 자연종이라고 본다. A는 자연종과 관련해 다음 조건을 제시한다. X에 속하는 개체들이 어떤 속성을 공유하고 X의 개체들이 이러한 속성을 공유하는 점이 자연법칙에 의해 설명되면, X는 자연종이다. 예를 들어 금 개체들은 어떤 속성을 공유하며, 이것들이 왜 이러한 속성을 공유하는지는 금의 원자 구조에 의해 자연법칙적으로 설명된다. 따라서 금은 자연종이다. A는 노인도 이와 같은 이유로 자연종이라는 것이다.

철학자 B는 이러한 A의 생각에 반대한다. 우선 그는 A가 제시한 조건이 자연종을 위한 충분조건이 아니라고 본다. 예를 들어 최근 제약회사에서 개발한 '○○백신'에 속하는 개체들은 어떤 속성을 공유하는데, 그 속성은 모두 자연법칙적으로 설명된다. 그럼에도 ○○백신은 인공적으로 만들어진 것으로서 자연종이 아니라는 것이다. B에 따르면 노인 역시 A가 제시한 조건을 만족하더라도 자연종이 아닐 수 있다. 더 나아가 B는 어떤 X가 자연종이 되기 위해서는 어떤 개체가 그 X에 속하는지 그렇지 않은지에 대한 선명한 구분 기준이 존재해야 한다고 본다. 노화는 구분 기준이 모호한 생물학적 과정이므로 노인과 비노인을 구분하는 선명한 경계는 존재하지 않는다. 따라서 노인은 자연종이 아니라는 것이다.

B에 따르면, 노인은 사회종이다. 노인을 사회종이라 할 수 있는 이유는 무엇인가? B는 사회종과 관련해 다음 조건을 제시한다. X에 속하는 개체들이 어떤 속성을 공유하고 X의 개체들이 이러한 속성을 공유하는 것이 사회적 규칙이나 관행에 의해 설명되면, X는 사회종이다. 대한민국에서 노인은 65세 이상이라는 속성을 공유하며, 이 점은 대한민국의 사회적 규칙이나 관행에 의해 설명된다. B는 노인이 이와 같은 이유로 사회종이라는 것이다.

<보 기>

ㄱ. ○○백신에 속하는 개체들이 어떤 속성을 공유하고 그것들이 그러한 속성을 공유하는 것에 대한 자연법칙적 설명이 존재하면, A는 ○○백신이 자연종이라고 본다.
ㄴ. B는 금이 자연종이라면 무엇이 금인지 금이 아닌지에 대한 선명한 구분 기준이 존재한다고 본다.
ㄷ. 대한민국에서 희귀 질환으로 급격히 노화가 진행된 40세 한국인을 A는 노인이 아니라고 보지만, B는 노인이라고 본다.

① ㄱ
② ㄷ
③ ㄱ, ㄴ
④ ㄴ, ㄷ
⑤ ㄱ, ㄴ, ㄷ

문 32. 다음 A와 B에 대한 평가로 적절한 것만을 <보기>에서 모두 고르면?

회사에서의 내부자 고발은 어떤 사람이 자신이 속한 회사의 법적 또는 도덕적 잘못을 외부에 공개하는 행위를 말한다. 그렇다면 도덕적으로 정당화된 내부자 고발이란 무엇인가? 도덕적으로 정당화된 내부자 고발에 대한 다음의 두 견해가 있다.

A: 내부자 고발의 도덕적 정당성은 다음의 조건을 모두 만족할 경우 그리고 오직 그 경우에만 확보된다. 첫째, 고발자가 속한 회사가 대중이나 사회에 심각한 피해를 입히고 있어야 한다. 둘째, 고발자가 해당 회사의 잘못을 직속 상관이나 회사 내 다른 구성원에 보고했지만, 그 어떤 조치도 취해지지 않았어야 한다. 셋째, 회사의 잘못에 대한 증거를 가지고 있어야 한다. 마지막으로 고발자는 내부자 고발이 자신이 속한 회사가 사회에 미치는 심각한 피해를 방지할 것이라고 믿을 충분한 이유가 있어야 한다. 이 중 마지막 조건이 가장 핵심이다. 결국 내부자 고발이 도덕적으로 정당화되기 위한 핵심은 고발자가 내부자 고발을 통해 해당 회사가 대중들이나 사회에 가하는 추가적인 피해를 방지하고자 하는 데 있다.

B: 내부자 고발의 도덕적 정당성은 다음의 조건을 모두 만족할 경우 그리고 오직 그 경우에만 확보된다. 첫째, 고발자가 폭로하려는 내용이 고발자가 속한 부서의 업무이어야 한다. 둘째, 고발자는 자신이 폭로하려는 내용이 심각하게 잘못된 것이라 믿고 있어야 한다. 셋째, 고발자는 자신이 폭로하려는 내용에 관한 적절한 증거를 가지고 있어야 한다. 마지막으로, 만약 고발자가 잘못을 폭로하지 않으면, 고발자는 자신이 속한 회사의 잘못에 계속 일조할 것이라고 믿을 충분한 이유를 지녀야 한다. 이 중 마지막 조건이 가장 핵심이다. 결국 내부자 고발의 도덕적 정당성의 핵심은 고발자가 해당 회사가 범한 잘못에 가담하지 않고자 하는 데 있다.

<보 기>

ㄱ. 회사가 대중이나 사회에 입히고 있는 피해가 심각하지 않은데도 불구하고 그 회사에 대한 내부자 고발이 도덕적으로 정당하다고 인정되는 사례는 A의 주장을 약화한다.
ㄴ. 고발자가 속한 부서가 잘못하고 있다는 것에 대한 적절한 증거가 없어서 내부자 고발이 도덕적으로 정당하다고 인정되지 않는 사례는 B의 주장을 약화한다.
ㄷ. 회사 내 다른 구성원에게 회사의 잘못을 알려 그 잘못에 계속 일조하지 않을 방법이 있음에도 알리지 않고 제기한 내부자 고발이 정당하다고 인정되는 사례는 A와 B의 주장을 둘 다 강화한다.

① ㄱ
② ㄷ
③ ㄱ, ㄴ
④ ㄴ, ㄷ
⑤ ㄱ, ㄴ, ㄷ

문 33. 다음 글의 내용이 참일 때 반드시 거짓인 것은?

> 물품을 분류하는 기준은 다음과 같다. 모든 물품은 '노란색', '구체', '5 kg'이라는 세 가지 조건 가운데 적어도 한 가지를 만족하는데, 그 세 조건 중 둘만 만족하는 것들을 양품으로 분류하고, 나머지는 불량품으로 분류한다.
> 1 ~ 5번까지 다섯 개의 검수 대상 물품이 있으며, 위의 세 가지 조건 및 양품 여부와 관련하여 다음의 사실이 알려졌다.
>
> ○ 1번은 노란색이고, 양품이다.
> ○ 2번은 1번과 공통으로 만족하는 조건이 없으며, 불량품이다.
> ○ 3번은 2번과 공통으로 만족하는 조건이 있으며, 양품이다.
> ○ 4번은 3번과 공통으로 만족하는 조건이 없으며, 구체이다.
> ○ 5번은 4번과 공통으로 만족하는 조건이 있으며, 5 kg이 아니다.
> ○ 다섯 개의 물품 중 양품이 불량품보다 더 많다.

① 5번은 양품이다.
② 4번은 불량품이다.
③ 1 ~ 5번 중 구체인 물품은 모두 5 kg이다.
④ 1 ~ 5번 중 노란색인 물품은 모두 양품이다.
⑤ 1 ~ 5번 중 5 kg인 양품은 모두 노란색이다.

문 34. 다음 글의 내용이 참일 때 반드시 참인 것만을 <보기>에서 모두 고르면?

> 단어의 외연이란 그 단어가 적용되는 대상들의 집합이며, 단어의 내포란 그 단어의 외연을 형성하는 조건들의 집합이다. 두 단어 A, B에 대해서 'A가 B를 함의한다'라는 것은 B의 내포가 A의 내포의 부분집합이라는 것이다. 즉, B의 내포에 속하는 모든 원소는 A의 내포에도 속한다는 것이다. A가 B를 함의할 경우, A의 외연에 속하는 모든 원소는 B의 외연에도 속하게 되며, 이를 두고 'B가 A를 포함한다'라고 말한다. 예를 들어 쌀이 곡식을 함의한다면 곡식은 쌀을 포함한다. 두 단어가 '동의어'라는 것은 그 두 단어가 서로를 함의한다는 것이다.
> 다섯 개의 단어 P, Q, R, S, T에 대해 다음의 사실이 알려졌다.
>
> ○ S는 P를 포함한다.
> ○ S는 T를 함의한다.
> ○ R의 내포에 속하는 원소 중에는 S의 내포에 속하지 않는 것이 있다.
> ○ T의 외연에 속하는 원소 중에는 Q의 외연에 속하지 않는 것이 있다.

<보 기>

ㄱ. T는 P를 포함한다.
ㄴ. T는 Q를 함의하지 않는다.
ㄷ. S가 Q를 함의하면, Q와 R은 동의어가 아니다.

① ㄱ
② ㄷ
③ ㄱ, ㄴ
④ ㄴ, ㄷ
⑤ ㄱ, ㄴ, ㄷ

문 35. 다음 글의 갑과 을에 대한 평가로 적절한 것만을 <보기>에서 모두 고르면?

배우자를 찾아야 하는 유성생식은 그렇지 않은 무성생식에 비해 비효율적인 생식방법이다. 그럼에도 우리는 자연에서 유성생식하는 생물을 쉽게 찾을 수 있다. 다음은 유성생식이 존재하는 이유에 대한 갑과 을의 견해이다.

갑: 유성생식은 배우자끼리의 유전자 교환을 통해 그 자손들이 무성생식보다 더 많은 유전적 다양성을 확보하게 하여 자손에게 무성생식보다 더 다양한 형질을 가질 수 있게 한다. 자손들이 예상하지 못한 환경 변화에 마주했을 때 자손의 형질이 다양할수록 그중 일부라도 살아남을 가능성이 커진다. 이렇게 되면 자손 집단이 전멸할 가능성이 줄어들어 그 집단은 생존에 유리해진다.

을: 유전적으로 동일한 생물들은 살아가는 방식과 필요한 자원이 동일해 자원에 대한 극심한 경쟁을 하게 된다. 반대로 유전적으로 달라져 형질이 달라지면 살아가는 방식과 필요한 자원도 달라진다. 어떤 생물의 자손들이 모두 같은 형질을 갖고 있다면 자손들끼리 같은 자원을 두고 경쟁해 생존 경쟁이 치열해질 수밖에 없고 이러한 자손들은 공멸할 가능성이 크다. 그런데 자손들이 유전적으로 어느 정도 달라지면 형질이 달라져 이러한 경쟁이 완화된다. 무성생식으로도 돌연변이를 통해 자손들의 유전자가 달라질 수 있으나 그 정도가 아주 작아 유성생식만큼은 경쟁을 완화하지 못한다.

<보 기>

ㄱ. 유성 및 무성생식이 모두 가능한 생물 종 A에 대해, 변화가 미미한 환경에서 생존해 온 집단보다 변화가 큰 환경에서 생존해 온 집단에서 유성생식을 하는 비율이 높다면, 갑의 견해는 약화된다.
ㄴ. 유성 및 무성생식이 모두 가능한 생물 종 B에 대해, 유성생식만 하는 집단보다 무성생식만 하는 집단에서 생존 경쟁이 더 치열하다면, 을의 견해는 약화된다.
ㄷ. 유성 및 무성생식이 모두 가능한 생물 종 C에 대해, 자손의 유전적 다양성이 유성생식으로 나타난 자손보다 무성생식으로 나타난 자손에서 크다면, 갑과 을의 견해 모두 약화된다.

① ㄱ
② ㄷ
③ ㄱ, ㄴ
④ ㄴ, ㄷ
⑤ ㄱ, ㄴ, ㄷ

문 36. 다음 글의 <실험 결과>에 대한 분석으로 적절한 것만을 <보기>에서 모두 고르면?

탄소나노튜브(CNT)는 탄소 원자들이 육각형 모양으로 연결된 그래핀이 원통형 구조로 되어있는 신소재이다. CNT는 단일벽 나노튜브(SW-CNT), 이중벽 나노튜브(DW-CNT), 다중벽 나노튜브(MW-CNT) 세 종류뿐이다. SW-CNT는 한 겹의 그래핀이 원통형 모양을 갖는 구조이며 DW-CNT는 두 겹의 그래핀이 동심(同心)의 원통을 이루고 있다. 반면 MW-CNT는 3겹 이상의 그래핀이 동심의 원통을 이룬다. CNT에는 육각형 모양의 결정 구조에서 배열이 깨진 비결정 부분이 일부 존재하는데, 비결정 부분이 전체 CNT에서 차지하는 비율이 작을수록, 즉 결정성이 클수록 CNT의 물성이 우수하다.

라만 분석법은 시료에 쏘아 준 레이저가 산란하면서 파장이 변하는 라만 현상을 이용하는 방법이다. 이를 통해 CNT 샘플의 결정성과 CNT 샘플 속 3종의 CNT의 존재에 관한 정보를 얻을 수 있다. 라만 스펙트럼은 파장에 반비례하는 값인 파수를 가로축으로, 빛의 세기를 세로축으로 하는 곡선으로 표현된다. CNT 샘플에서는 공통적으로 파수 1,590 cm^{-1} 근처인 G 밴드에서 피크가 나타난다. 또한 비결정 부분이 있을 때 파수 1,340 cm^{-1} 근처인 D 밴드에 피크가 나타나는데, G 밴드의 피크 높이를 D 밴드의 피크 높이로 나눈 값이 클수록 CNT 샘플의 결정성이 크다. 또한, CNT 샘플에 SW-CNT나 DW-CNT가 존재할 때 그리고 오직 그때에만 파수 300 cm^{-1} 이하에서 피크가 나타난다.

한 연구자는 CNT 샘플 α, β, γ를 확보하고 라만 분석을 수행하여 다음과 같은 결과를 얻었다.

<실험 결과>

α와 β의 D 밴드의 피크는 높이가 서로 같았으나 G 밴드의 피크는 α가 β보다 높았다. 또한 β는 D 밴드의 피크보다 G 밴드의 피크가 더 높았다. γ의 경우 D 밴드의 피크와 G 밴드의 피크는 높이가 같았고, 이 높이는 β의 D 밴드의 피크의 2배였다. 파수 300 cm^{-1} 이하에서의 피크는 β에서만 관찰되었다.

<보 기>

ㄱ. 결정성이 큰 것부터 CNT 샘플을 차례로 나열하면 α, β, γ이다.
ㄴ. α와 달리 β는 2종 이상의 CNT로 이루어져 있다.
ㄷ. γ는 MW-CNT로만 이루어져 있다.

① ㄴ
② ㄷ
③ ㄱ, ㄴ
④ ㄱ, ㄷ
⑤ ㄱ, ㄴ, ㄷ

문 37. 다음 글의 <실험 결과>를 가장 잘 설명하는 것은?

위가 비었을 때 분비되는 그렐린은 식욕을 일으키는 호르몬으로 알려져 있다. 뇌에서 그렐린은 효소 AMPK를 인산화하고, 인산화된 AMPK는 물질 ROS의 생성을 저해하고, ROS의 생성 저해는 α 뉴런을 활성화하고, α 뉴런이 활성화되면 식욕이 촉진된다. 한 과학자는 그렐린이 식욕을 일으키는 메커니즘에 뇌 속에 있는 단백질 X와 Y가 관여한다는 가설을 세웠다. 그는 이를 확인하기 위해 정상 쥐 M에서, X를 만드는 유전자를 제거한 돌연변이 쥐 MX, Y를 만드는 유전자를 제거한 돌연변이 쥐 MY를 만들었다. 그리고 쥐들이 식욕이 없는 상태에서 다음과 같은 <실험>을 수행하여 <실험 결과>를 얻었다.

<실 험>

실험 1: M, MX, MY 각각에 생리식염수 또는 S1(생리식염수 + 그렐린)을 주입하고 쥐들의 뇌에서 AMPK의 인산화 여부를 확인하였다.

실험 2: M, MX, MY 각각에 생리식염수, S1, S2(생리식염수 + 그렐린 + P 억제제)를 주입하고 쥐의 먹이 섭취 여부를 확인하였다. P 억제제는 뇌에서 ROS의 생성을 저해한다.

<실험 결과>

□ AMPK 인산화 여부

구분	M	MX	MY
생리식염수	×	×	×
S1	○	○	×

※ ○: 인산화됨, ×: 인산화 안 됨

□ 쥐의 먹이 섭취 여부

구분	M	MX	MY
생리식염수	×	×	×
S1	○	×	×
S2	○	○	○

※ ○: 섭취함, ×: 섭취 안 함

① 그렐린이 AMPK를 인산화할 때 X가 필요하고, 인산화된 AMPK가 ROS의 생성을 저해할 때 X가 필요하다.
② 그렐린이 AMPK를 인산화할 때 X가 필요하고, 인산화된 AMPK가 ROS의 생성을 저해할 때 Y가 필요하다.
③ 그렐린이 AMPK를 인산화할 때 Y가 필요하고, 인산화된 AMPK가 ROS의 생성을 저해할 때 X가 필요하다.
④ 그렐린이 AMPK를 인산화할 때 Y가 필요하고, 인산화된 AMPK가 ROS의 생성을 저해할 때 Y가 필요하다.
⑤ 그렐린이 AMPK를 인산화할 때 X와 Y가 모두 필요하고, 인산화된 AMPK가 ROS의 생성을 저해할 때 X와 Y가 모두 필요하지 않다.

문 38. 다음 글의 가설 A와 B에 대한 평가로 적절한 것은?

부드러운 풀들이 자라는 초본 생태계의 종 다양성은 토양의 비옥한 정도와 초식 동물의 존재 여부에 따라 달라질 수 있다. 일반적으로 종 다양성은 비옥하지 않은 토양보다 비옥한 토양에서, 그리고 초식 동물이 있을 때보다 없을 때 더 클 것이라고 생각하기 쉽다. 하지만 과학자 갑은 이와 다른 견해를 제시한다. 예를 들어, 토양이 비옥하여 키 큰 식물들이 많아지면 그 아래쪽에 위치한 키 작은 식물들이 햇빛을 받을 수 없어 살 수 없게 되고 그 결과로 종 다양성이 오히려 감소한다는 것이다. 다른 한편으로, 키 큰 식물이 많은 비옥한 목초지에 초식 동물이 서식하면 키 큰 식물의 잎을 뜯어 먹어 키 작은 식물들이 햇빛을 받아 살 수 있게 되고 이로 인해 종 다양성이 커진다는 것이다.

갑은 이러한 견해를 토대로 다음과 같은 가설 A와 B를 세우고 초식 동물들이 살고 있는 목초지에 초본 생태계를 모방한 생태 모형을 제작하여 <실험>을 수행하였다.

<가 설>

A: 초식 동물이 없는 초본 생태계에서는, 토양이 비옥하지 않은 경우보다 비옥한 경우에 종 다양성이 작다.

B: 토양이 비옥한 초본 생태계에서는, 초식 동물이 없는 경우보다 있는 경우에 종 다양성이 크다.

<실 험>

갑은 목초지에 아래와 같은 네 가지 초본 생태 모형 1 ~ 4를 제작했다. 울타리를 치면 초식 동물이 들어갈 수 없어 그 안은 초식 동물이 없는 상태가 되고, 울타리를 치지 않으면 초식 동물이 들어갈 수 있어 그 안은 초식 동물이 있는 상태가 된다. 그 이외의 다른 조건은 네 가지 모형에서 모두 동일하게 했다.

○ 모형 1: 비옥한 토양, 울타리를 침.
○ 모형 2: 비옥한 토양, 울타리를 치지 않음.
○ 모형 3: 비옥하지 않은 토양, 울타리를 침.
○ 모형 4: 비옥하지 않은 토양, 울타리를 치지 않음.

갑은 일정 시간 후 각 모형의 식물 종을 조사하여 종 다양성을 수치화하였다. 수치가 높을수록 종 다양성이 크다.

① 종 다양성 수치가 모형 1보다 모형 2에서 더 높다면, B는 약화된다.
② 종 다양성 수치가 모형 1보다 모형 2에서 더 높다면, A는 강화된다.
③ 종 다양성 수치가 모형 3보다 모형 1에서 더 높다면, A는 약화된다.
④ 종 다양성 수치가 모형 3보다 모형 4에서 더 높다면, B는 강화된다.
⑤ 종 다양성 수치가 모형 4보다 모형 2에서 더 높다면, A는 약화된다.

[39 ~ 40] 다음 글을 읽고 물음에 답하시오.

세계의 모든 사건이 자연법칙에 의해 인과적으로 결정된다는 결정론이 참일 때, 믿음은 자유로울 수 있을까? A는 이 질문에 다음과 같이 대답한다. 우선 A는 다음 세 가지 기준을 모두 만족할 때 행위는 '이유－반응적'이라고 정의한다. 첫째, 행위자가 행위 이유를 적절히 파악한다. 둘째, 파악한 이유대로 행하기로 선택한다. 셋째, 선택한 대로 실제 행한다. A는 행위가 이유－반응적일 수 있으며, 행위가 이유－반응적이면 그 행위는 자유로운 것이라고 규정한다. 이러한 규정 하에서, 행위는 설령 인과적 결정론의 지배를 받는다고 하더라도 여전히 자유로울 수 있다.

예컨대 갑이 자신의 빚을 갚기 위해 돈을 훔치는 절도 행위를 했다고 하자. 반면, 을은 절도 행위를 하도록 만드는 칩이 자신도 모르는 사이에 뇌에 삽입되어 순전히 그 칩의 작동으로 인해 절도 행위를 했다. 갑은 경제적 이익이라는 이유에 반응해가며 절도를 한 반면, 을은 자신이 왜 절도하는지 그 이유를 전혀 모른 채 절도를 한 것이다. 설령 갑이 외부의 지각 경험으로부터 그의 뇌신경 신호의 변화까지 이어지는 인과적 과정을 결정론적으로 지배하는 법칙에 따라 절도를 했다고 하더라도, 을과 달리 갑은 자신이 왜 그런 행위를 했는지를 설명할 수 있다. 이처럼 을의 절도 행위와 달리 갑의 절도 행위는 자유로운 것이었으므로, 갑에게는 절도 행위와 관련된 도덕적 책임도 물을 수 있다고 A는 말한다.

A는 이러한 생각을 믿음의 영역에도 적용한다. A에 따르면, 행위와 마찬가지로 믿음도 이유－반응적일 수 있다. 그리고 행위가 이유－반응적일 때 자유로울 수 있는 것처럼, 믿음 또한 그것의 형성, 유지, 폐기가 인과적으로 결정된다고 가정하더라도 여전히 자유로울 수 있다. 예를 들어 병과 정이 "내 손이 불결하다."라는 믿음을 가지고 있다고 하자. 병은 자신의 손이 세균에 오염된 물질에 접촉한 것을 목격해서 그렇게 믿는다. 반면, 정은 자신의 손이 더럽다고 믿을 어떠한 이유도 갖고 있지 않음에도 그렇게 믿게끔 누군가 자신에게 최면을 걸었다는 것을 알지 못한 채 그런 믿음에 빠진다. 이 경우, 병의 믿음은 자유롭지만 정의 믿음은 그렇지 않다고 A는 주장한다.

그러나 이에 대해 B는 행위의 이유는 믿음의 이유와 같은 종류의 이유가 아니라고 반박한다. 행위는 도덕적, 타산적, 취향적 이유 등 다양한 이유를 가지지만 믿음은 이유의 종류가 인식적 이유에 국한된다는 것이다. 예를 들어 통 속에 들어 있는 공의 수를 세어 본 결과 열 개라는 증거를 확인한다면 통 속에 들어 있는 공의 수가 열 개라고 믿을 수밖에 없지만, 그와 같은 증거 없이 누군가 백만 원을 준다는 이유로만 그런 믿음이 생겨나지는 않는다. 이렇듯 인과적 결정론이 참인지 여부에 상관없이, 믿음이 이유를 가지는 경우에는 그 이유가 반드시 증거와 같은 인식적 이유이며, 인식적 이유가 있는 경우에는 무엇을 믿게 되는지를 선택할 수 없다는 것이다. 선택할 수 없다는 것은 자유롭지 않다는 것이라고 보는 B는, 인식적 이유에 따른 믿음을 자유롭다고 볼 수 없다고 A를 비판한다. 게다가 A의 주장대로라면 믿음을 가지는 것에 대해 도덕적 책임을 물을 수 있을 것이지만, B는 믿음에서 비롯한 행위에 대해서는 도덕적 평가를 내릴 수 있을지언정 그 믿음을 가졌다는 자체에 대해서 그런 평가를 하는 것은 터무니없다고 본다.

문 39. 위 글에서 알 수 없는 것은?

① A에 따르면, 어떤 행위가 일어났다면 그 행위는 반드시 이유－반응적이다.

② A에 따르면, 정은 왜 자신이 "내 손이 불결하다."를 믿는지 그 이유를 제시할 수 없다.

③ A에 따르면, 어떤 행위가 인과적으로 결정되었다고 해서 그 행위에 대한 도덕적 책임이 반드시 면제되는 것은 아니다.

④ B에 따르면, 그 누구도 특정한 믿음을 가졌다는 이유만으로 도덕적으로 비난받을 수 없다.

⑤ B에 따르면, 증거를 통해 인식적 이유를 갖게 된 사람은 무엇을 믿을지 마음대로 선택할 수 없다.

문 40. 위 글의 A와 B에 대한 평가로 적절한 것만을 <보기>에서 모두 고르면?

<보 기>

ㄱ. 행위자가 행위 이유를 인지하고 그 이유대로 행하기로 선택했음에도 그 선택대로 행하지 않는 경우가 있다는 것은, A의 입장을 약화한다.

ㄴ. 도덕적 이유에만 반응해서 신의 존재에 대한 믿음이 형성될 수 있다는 것은, B의 입장을 강화한다.

ㄷ. 세계에서 일어나는 사건 가운데 자연법칙에 의해 인과적으로 결정되지 않는 사건이 존재한다는 것은, A의 입장도 B의 입장도 약화하지 않는다.

① ㄱ
② ㄷ
③ ㄱ, ㄴ
④ ㄴ, ㄷ
⑤ ㄱ, ㄴ, ㄷ

문 1. 다음은 '갑'시 공용자전거 A의 이용 실태에 관한 것이다. <보고서>의 내용과 부합하는 자료만을 <보기>에서 모두 고르면?

<보고서>

2024년 공용자전거 A의 이용용도별 비중은 '여가·오락·운동'이 가장 크게 나타났고, 그다음으로 '통근', '친교'의 순이었다. '여가·오락·운동'과 '친교'의 비중은 2023년 대비 각각 증가했으나 '통근'의 비중은 오히려 감소했다. 또한, 2024년에는 '기타'를 제외하고 '학원'의 이용용도 비중이 가장 작았고, 그다음으로 '업무', '쇼핑'의 순이었다. 그러나 2023년에는 '기타'를 제외하고 '쇼핑'의 비중이 가장 작았다.

공용자전거 A의 평균 이용시간은 '30분 이상 1시간 미만'의 비중이 44.36 %로 가장 컸고, 1시간 미만으로 이용하는 비중은 80 % 이상이었다.

공용자전거 A의 이용 시 불편사항으로는 '무거운 자전거'가 가장 많았으며 그다음으로는 '기타'를 제외하고 '대여소간 연계성 부족', '잦은 고장'의 순이었다. 이를 개선하기 위해 자전거 경량화 및 지속적인 자전거 품질 개선 등의 조치가 필요할 것으로 보인다. 이외에도 '신속대여 어려움'이나 '임시거치 불편' 등도 불편사항으로 꼽혔다. 따라서 이용자 편의를 위해서 향후 새로운 대책이 강구되어야 할 것이다.

다른 공용자전거와의 비교에서는 공용자전거 A ~ E 중 A가 만족도는 4.2점으로 가장 높았으며, 인지도는 3.7점으로 2위를 차지하였다.

<보 기>

ㄱ. 2023 ~ 2024년 공용자전거 A의 이용용도별 비중

(단위: %)

이용용도 \ 연도	여가·오락·운동	쇼핑	친교	업무	학원	통학	통근	기타
2023	34.69	4.38	12.60	6.85	5.40	10.80	18.42	6.86
2024	37.99	5.68	13.97	6.98	3.06	7.10	15.72	9.50

ㄴ. 공용자전거 A의 평균 이용시간별 비중

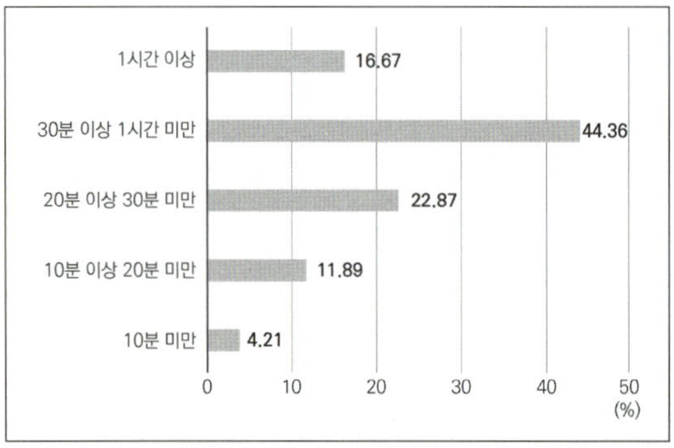

ㄷ. 공용자전거 A의 이용 시 불편사항별 비중

(단위: %)

불편사항	무거운 자전거	임시 거치 불편	잦은 고장	신속 대여 어려움	대여소간 연계성 부족	불편 없음	기타
비중	24.50	8.78	19.36	11.88	13.89	5.67	15.92

ㄹ. 공용자전거 A ~ E의 인지도 및 만족도

(단위: 점)

공용자전거	인지도	만족도
A	3.7	4.2
B	4.2	3.5
C	2.8	3.3
D	1.5	4.1
E	3.3	2.9

※ 점수는 5점 만점이며, 점수가 높을수록 인지도와 만족도가 높음.

① ㄱ, ㄴ　② ㄱ, ㄷ
③ ㄱ, ㄹ　④ ㄴ, ㄷ
⑤ ㄴ, ㄹ

문 2. 다음 <표>는 2022 ~ 2024년 '갑'국의 도로종류 및 차량유형별 교통량에 관한 자료이다. 이를 근거로 작성한 <보고서>의 A ~ C에 해당하는 내용을 바르게 연결한 것은?

<표> 2022 ~ 2024년 도로종류 및 차량유형별 교통량

(단위: 대/일)

도로종류	차량유형 \ 연도	2022	2023	2024
고속국도	소계	48,225	51,004	52,116
	승용차	33,315	35,430	36,217
	버스	727	738	1,068
	화물차	14,183	14,836	14,831
일반국도	소계	13,093	13,173	13,262
	승용차	10,021	10,149	10,248
	버스	184	181	189
	화물차	2,888	2,843	2,825
지방도	소계	5,527	5,543	5,340
	승용차	4,008	4,098	3,945
	버스	114	103	120
	화물차	1,405	1,342	1,275
전체		66,845	69,720	70,718

※ 1) 교통량은 일평균값임.
2) '갑'국의 도로종류는 '고속국도', '일반국도', '지방도'로만 구분됨.
3) '갑'국의 차량유형은 '승용차', '버스', '화물차'로만 구분됨.

<보고서>

2023년 모든 도로종류에서 전년에 비해 교통량이 증가하였으며 그중 고속국도의 증가폭이 가장 컸다. 2023년 차량유형별 교통량은 모든 도로종류에서 [A]가 가장 적었다.

2024년 교통량을 보면, 전체 교통량은 전년에 비해 증가하였으며, 도로종류별 교통량 중 승용차의 비중은 고속국도가 일반국도보다 [B]. 한편, 2024년 지방도 교통량 중 버스의 비중은 전년 대비 [C]하였다.

	A	B	C
①	버스	작았다	증가
②	버스	작았다	감소
③	버스	컸다	증가
④	승용차	컸다	증가
⑤	승용차	컸다	감소

문 3. 다음 <표>는 2021 ~ 2023년 정부의 재원별, 분야별 재정지출 현황에 관한 자료이다. 이를 이용하여 작성한 <보기>의 그래프 중 옳은 것만을 모두 고르면?

<표 1> 정부의 재원별 재정지출 현황

(단위: 조 원)

재원 \ 연도		2021	2022	2023
예산	일반회계	314.8	350.2	369.4
	특별회계	60.2	62.8	71.6
	소계	375.0	413.0	441.1
기금		182.9	194.6	197.7
계		557.9	607.7	638.8

<표 2> 정부의 분야별 재정지출 현황

(단위: 조 원)

분야 \ 연도	2021	2022	2023
사회복지	185.0	195.0	206.0
일반·지방행정	84.7	98.1	112.2
교육	71.2	84.2	96.3
국방	51.4	53.0	55.3
산업·중소기업 및 에너지	28.6	31.3	26.0
농림수산	22.7	23.7	24.4
공공질서 및 안전	22.3	22.3	22.9
교통 및 물류	21.4	22.8	20.8
보건	14.7	22.7	20.0
환경	10.6	11.9	12.2
과학기술	9.0	9.6	9.9
통신	8.4	9.0	9.0
문화 및 관광	8.5	9.1	8.6
통일·외교	5.7	6.0	6.4
예비비	8.6	3.9	4.6
국토 및 지역개발	5.1	5.1	4.2
계	557.9	607.7	638.8

<보 기>

ㄱ. 2023년 분야별 재정지출 규모

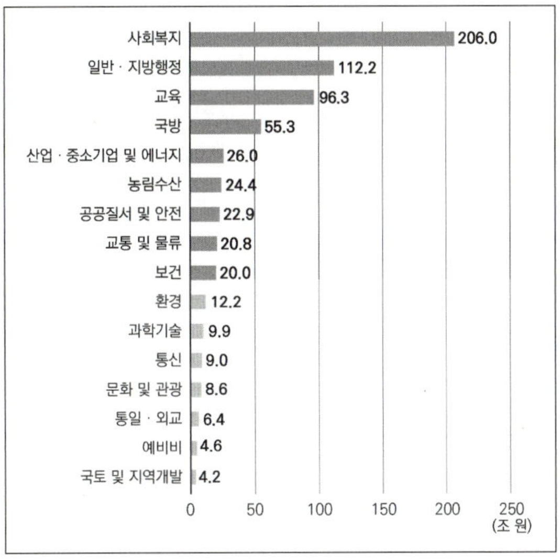

ㄴ. 2021년 분야별 재정지출 구성비

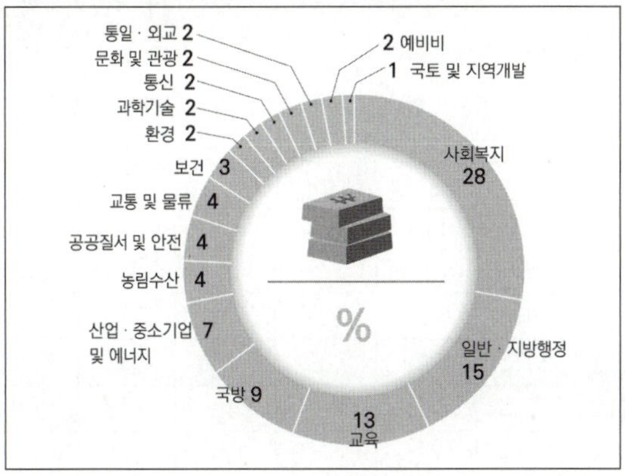

ㄷ. 연도별 재원별 재정지출 규모

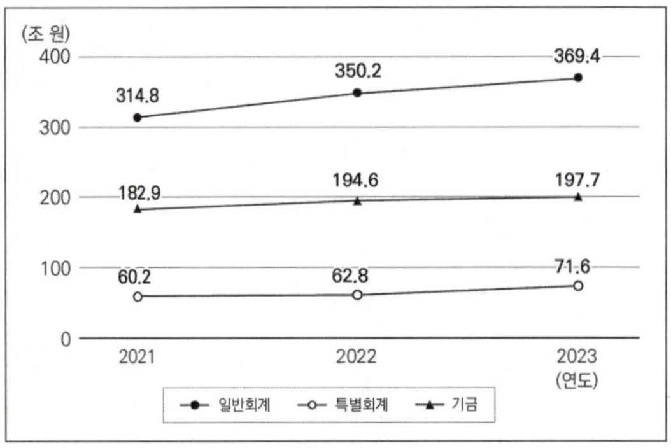

ㄹ. 2021년 대비 2023년 분야별 재정지출 증가 규모

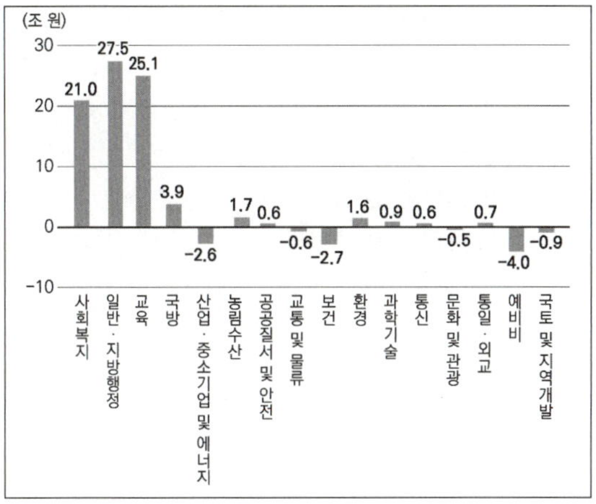

① ㄱ, ㄴ
② ㄱ, ㄷ
③ ㄴ, ㄷ
④ ㄴ, ㄹ
⑤ ㄷ, ㄹ

문 4. 다음 <표>는 2011 ~ 2024년 중부 및 남부 지방의 장마 시작일, 종료일, 기간에 관한 자료이다. 이에 대한 <보기>의 설명 중 옳은 것만을 모두 고르면?

<표> 2011 ~ 2024년 중부 및 남부 지방의 장마 시작일, 종료일, 기간

(단위: 일)

연도	중부 지방			남부 지방		
	시작일 (월/일)	종료일 (월/일)	기간	시작일 (월/일)	종료일 (월/일)	기간
2011	6/22	7/17	26	6/10	7/10	31
2012	6/29	7/17	19	6/18	7/17	30
2013	6/17	8/4	49	6/18	8/2	46
2014	7/2	( )	28	7/2	( )	28
2015	6/25	( )	35	6/24	( )	36
2016	6/24	7/30	37	6/18	7/16	29
2017	( )	( )	29	6/28	7/29	32
2018	6/26	7/11	16	6/26	7/9	14
2019	6/26	7/29	34	6/26	7/30	35
2020	6/24	8/16	54	6/24	7/31	38
2021	7/3	7/19	17	7/3	7/19	17
2022	6/23	7/25	33	6/23	7/26	34
2023	6/26	7/26	31	6/25	7/27	33
2024	6/29	7/27	29	6/22	7/27	36

※ 기간은 시작일부터 종료일까지의 일수임.

<보 기>

ㄱ. 장마 기간이 가장 길었던 해는 중부 지방과 남부 지방 모두 2020년이다.

ㄴ. 같은 해에 중부 지방과 남부 지방의 장마 기간이 각각 40일 이상이었던 해는 한 번뿐이다.

ㄷ. 2014년과 2017년 중부 지방의 장마 종료일이 같다면, 2017년 중부 지방의 장마는 6월에 시작되었다.

ㄹ. 2015년 장마 종료일은 중부 지방과 남부 지방이 같다.

① ㄱ, ㄴ

② ㄱ, ㄷ

③ ㄴ, ㄷ

④ ㄴ, ㄹ

⑤ ㄷ, ㄹ

문 5. 다음 <그림>은 2024년 A, B 대학교의 입학전형별 '갑'전공 모집인원 및 지원자 수에 관한 자료이다. 이를 근거로 작성한 <보고서>의 내용 중 옳지 않은 것은?

<그림 1> 입학전형별 '갑'전공 모집인원

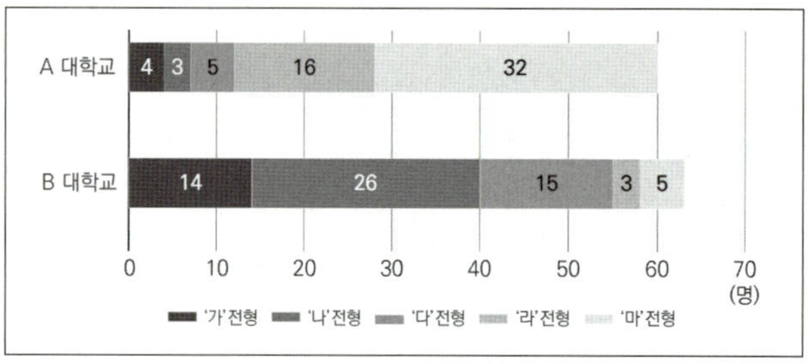

<그림 2> 입학전형별 '갑'전공 지원자 수

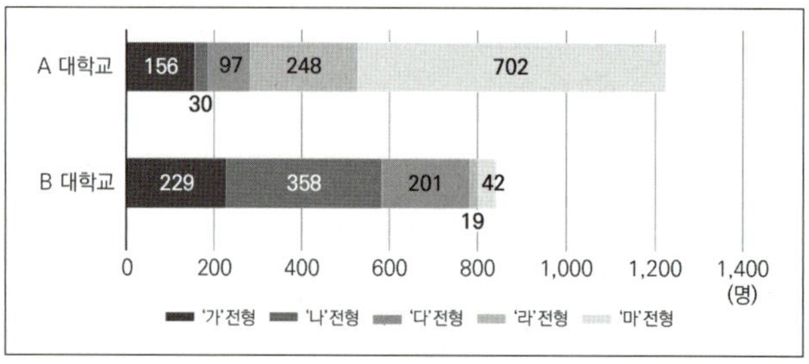

※ 경쟁률 = $\frac{\text{지원자 수}}{\text{모집인원}}$

<보고서>

2024년 A, B 대학교 '갑'전공의 모집인원 및 지원자 수를 조사하였다. ① 모집인원은 B 대학교가 A 대학교보다 3명 많은 것으로 나타났으며, ② 지원자 수는 A 대학교가 B 대학교의 1.2배 이상인 것으로 확인되었다. 한편, 두 대학교에서 '갑'전공의 입학전형은 '가', '나', '다', '라', '마'전형으로만 구성되는데, ③ A, B 대학교는 각각 모집인원이 가장 많은 전형이 지원자 수도 가장 많은 것으로 조사되었다.

④ '갑'전공 전체 경쟁률의 경우, A 대학교는 지원자 수가 모집인원의 20배 이상으로 B 대학교보다 높은 경쟁률을 보였다. 그러나 대학별로 지원자에게 유리한 전형은 다르게 나타났다. ⑤ '마'전형의 경우, A 대학교에서는 경쟁률이 두 번째로 높았으나, B 대학교에서는 경쟁률이 가장 낮은 것으로 나타났다.

문 6. 다음은 조선의 무과에 관한 자료이다. <보고서>를 작성하는 데 직접적인 근거로 활용되지 않은 자료는?

<보고서>

조선 중기 이후 세제와 군역에 대한 개혁이 진행되어 군사조직이 효율적으로 변하기는 했지만, 여전히 무과는 자주 시행되었고, 실제 필요한 무관보다 많은 급제자를 양산하는 문제점이 나타나기 시작하였다. 무과제도가 존재했던 1402년부터 1894년까지 천 명 이상의 무과급제자를 배출한 연도수는 14개였고, 그중 10개 연도가 1618년부터 1894년 사이였다. 특히 1676년에는 17,652명의 무과급제자가 배출되었다.

조선은 다양한 시험을 통해 무과급제자를 선발하였는데 급제자 수를 늘리기 위해 시험 시행 간격을 짧게 하였다. 예를 들어, 조선 초기에 15년이나 16년에 한 번씩 시행했던 증광시는 조선 중기 이후 5년이나 6년에 한 번씩 시행하였으며, 별시의 시행도 잦았다. 특히 정시와 알성시, 외방별시는 조선 초기보다 후기에 더욱 많이 시행되었는데, 1608년부터 1894년 사이에 정시 194회, 알성시 56회, 외방별시 32회가 시행되었다.

1608 ~ 1894년 동안 무과급제자의 주요 성관 비중을 살펴보면, 김해 김씨 5.1 %, 전주 이씨 4.7 %, 밀양 박씨 4.0 %, 경주 김씨 2.2 % 등이었다. 또한, 광해군 이후 무과급제자의 출신지역 비중을 살펴보면 철종 재위 기간까지 출신지역 비중이 가장 컸던 지역은 한양 또는 경기였고, 전라 출신 무과급제자의 비중은 효종 재위 기간에는 19.6 %였으나 이후 감소하다 헌종 재위 기간부터 다시 증가한 것이 특징이다.

한편, 이 시기 무과급제 자체는 관직 임용을 보장해주지 않았다. 실제로 무관이 된 무과급제자는 한양과 그 주변에 기반을 둔 저명 무인 가문 출신이 대부분이었다. 이러한 무과급제자는 점차 주요 고위관직의 문관으로 예상외의 승진을 하기도 하였고, 반대로 군영의 장군직을 문과급제자가 수행하기도 하였는데, 고종 재위 기간에는 신임 군영 장군 33명 중 문과급제자 출신이 8명이었다.

① 1618 ~ 1894년 중 천 명 이상의 무과급제자 배출 연도의 무과급제자수

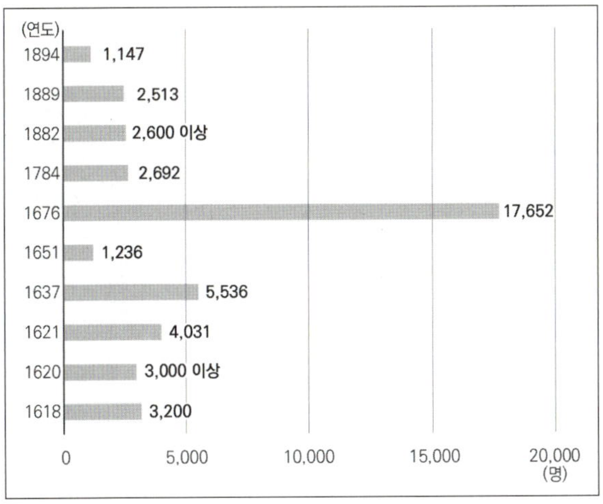

② 1608 ~ 1894년 무과급제자의 주요 성관 비중

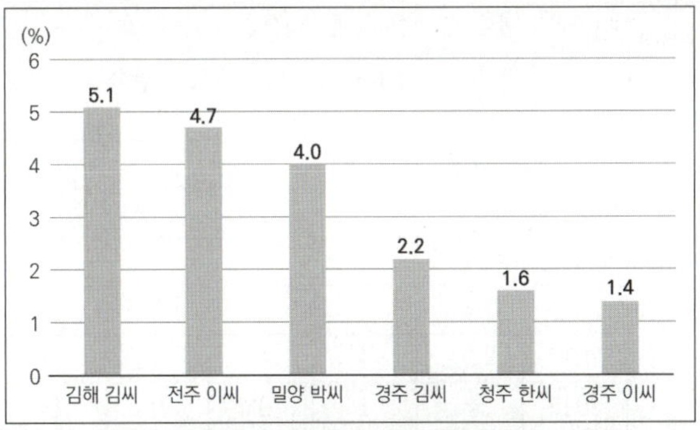

③ 1608 ~ 1894년 무과 종류별 급제자수의 비중

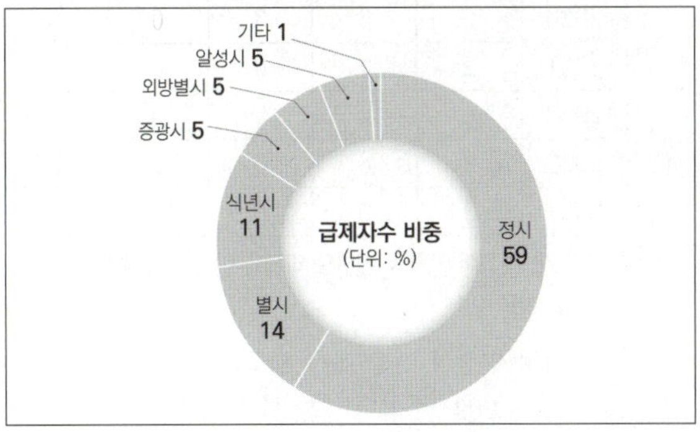

④ 광해군 이후(1608 ~ 1894년) 무과급제자의 출신지역 비중

(단위: %)

왕 \ 출신지역	함경	평안	황해	강원	한양	경기	충청	전라	경상
광해군	2.6	2.3	5.2	4.9	12.5	38.0	3.0	16.1	15.4
인조	0.3	0.4	3.6	1.1	25.3	45.9	3.1	12.0	8.2
효종	1.5	7.0	16.8	1.2	20.4	13.7	9.7	19.6	10.1
현종	1.9	7.9	8.8	2.5	28.3	21.3	6.1	14.4	8.7
숙종	2.7	11.6	9.2	1.7	35.9	15.6	5.1	10.7	7.5
경종	2.0	8.5	18.2	1.1	36.5	13.9	7.8	7.8	4.3
영조	5.7	13.6	10.9	1.7	29.4	24.5	4.7	5.1	4.3
정조	5.1	19.3	15.5	2.5	27.5	17.6	3.8	4.0	4.7
순조	9.6	15.2	5.7	2.4	33.6	22.5	3.7	3.0	4.2
헌종	4.6	2.1	0.0	2.5	31.5	38.4	5.0	7.1	8.9
철종	9.7	3.9	0.0	3.2	14.6	32.1	7.5	12.2	16.8
고종	7.2	5.0	2.4	2.5	7.1	1.1	26.1	24.3	24.5

⑤ 광해군 이후(1608 ~ 1894년) 신임 군영 장군수 및 문과급제자 출신 신임 군영 장군수

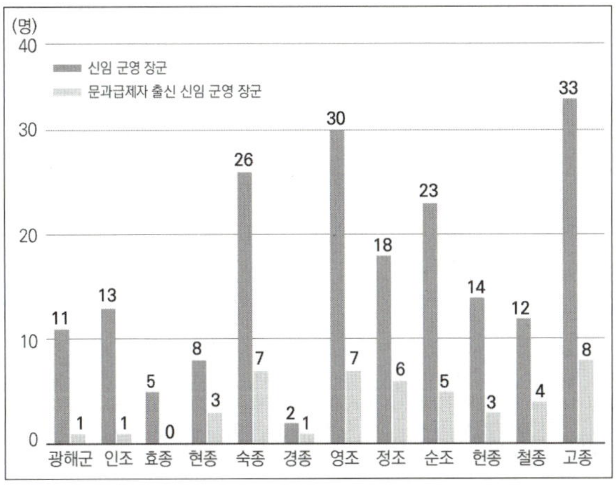

문 7. 다음 <표>는 2015 ~ 2024년 '갑'국의 사형수 현황에 관한 자료이다. 이에 대한 설명으로 옳은 것은?

<표> '갑'국의 사형수 현황

(단위: 명)

구분 / 연도	확정 인원	변동 인원				미집행 인원
			집행	감형	병사 등	
2015	4	2	0	2	0	40
2016	4	5	0	5	0	(　)
2017	9	4	0	2	2	44
2018	8	1	1	0	0	51
2019	2	4	0	4	0	(　)
2020	5	3	3	0	0	(　)
2021	2	4	0	0	4	49
2022	3	2	2	0	0	(　)
2023	2	8	0	6	2	(　)
2024	3	0	0	0	0	47

※ 연도별 미집행 인원 = 전년도 미집행 인원 + 해당 연도 확정 인원 - 해당 연도 변동 인원

① 미집행 인원이 가장 적은 연도는 2023년이다.

② 2016 ~ 2024년 감형 인원 합은 집행 인원 합의 3배 이상이다.

③ 집행 인원이 1명 이상인 해의 미집행 인원은 모두 전년 대비 증가하였다.

④ 미집행 인원의 전년 대비 증가율은 2017년이 가장 높다.

⑤ 미집행 인원 대비 확정 인원 비율은 2020년이 2015년보다 높다.

문 8. 다음 <그림>은 2020 ~ 2024년 '갑'국 조세수입에 관한 자료이다. 이를 근거로 작성한 <보고서>의 내용 중 옳지 않은 것은?

<그림> 2020 ~ 2024년 '갑'국 조세수입 현황

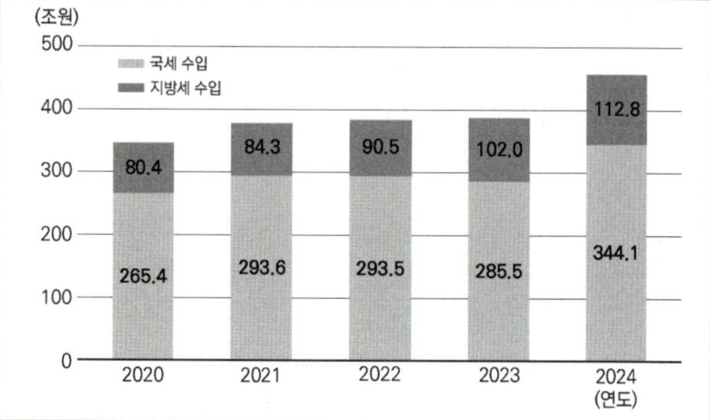

※ 조세수입은 국세 수입과 지방세 수입으로만 구성됨.

<보 기>

①2020 ~ 2024년 '갑'국의 조세수입은 매년 증가하여, 2024년 총 456.9조 원 수준이다. 2023년 국세 수입은 전년 대비 소폭 감소하였으나, 이후 법인 영업실적 개선과 자산시장 호조 등의 영향으로 ②2024년에는 국세 수입이 전년 대비 20 % 이상 증가하였다.

같은 기간 지방세 수입은 지속해서 증가해왔는데, ③전년 대비 지방세 수입 증가율은 2023년에 가장 높았다. '갑'국의 조세수입 중 지방세 수입이 차지하는 비중은 매년 20 % 이상을 유지해왔다. 재정분권 등에 따라 ④2021년 이후 조세수입 중 지방세 수입의 비중이 매년 증가해 왔으나, ⑤국세 수입과 지방세 수입의 격차는 2024년이 가장 컸다.

문 9. 다음 <표>는 2024년 지하철 '갑'노선 A ~ Q 역의 승하차 승객수에 관한 자료이다. 이에 대한 <보기>의 설명 중 옳은 것만을 모두 고르면?

<표> 2024년 지하철 '갑'노선 A ~ Q 역의 승하차 승객수

(단위: 천 명)

구분 / 역명	승차	순승차	환승유입	하차	순하차	환승유출
A	944	944	–	634	634	–
B	17,388	( )	14,717	17,546	3,869	13,677
C	1,036	1,036	–	1,106	1,106	–
D	2,383	2,383	–	2,331	2,331	–
E	1,463	1,463	–	1,276	1,276	–
F	2,897	2,897	–	2,736	2,736	–
G	17,797	6,661	11,136	18,560	( )	11,935
H	5,455	5,455	–	5,614	5,614	–
I	18,544	( )	8,920	18,879	9,216	9,663
J	23,563	( )	14,455	24,088	( )	15,165
K	1,690	1,690	–	1,407	1,407	–
L	3,235	3,235	–	3,294	3,294	–
M	7,660	702	6,958	7,663	( )	7,068
N	359	359	–	372	372	–
O	1,366	1,366	–	1,381	1,381	–
P	21,236	( )	15,814	21,970	7,482	14,488
Q	1,344	1,344	–	1,298	1,298	–

※ A ~ Q 중 B, G, I, J, M, P만 환승역이며, 나머지는 일반역임.

<보 기>

ㄱ. 환승유입 승객수가 많은 환승역일수록 환승유출 승객수도 많다.
ㄴ. 각 환승역에서 환승유출 승객수는 순하차 승객수보다 많다.
ㄷ. 일반역 중 순승차 승객수와 순하차 승객수의 차이가 가장 작은 역은 N이다.

① ㄱ
② ㄴ
③ ㄷ
④ ㄴ, ㄷ
⑤ ㄱ, ㄴ, ㄷ

문 10. 다음 <표>는 2024년 '갑'국의 발의 법률안 처리 및 계류 현황에 관한 자료이다. 이에 대한 설명으로 옳지 않은 것은?

<표 1> 발의 주체별 법률안의 처리 및 계류 현황

(단위: 건, 일)

구분	처리				계류	합
	법률반영		법률미반영			
발의 주체	건수	평균 처리기간	건수	평균 처리기간	건수	건수
의원	2,289	153.8	188	( )	9,096	11,573
위원장	455	1.5	1	6.0	1	457
정부	181	152.5	0	–	202	383
전체	2,925	130.0	189	( )	9,299	12,413

<표 2> 의원 발의 법률안의 발의자 성별에 따른 처리 및 계류 현황

(단위: 건, 일)

구분	처리				계류	합
	법률반영		법률미반영			
성별	건수	평균 처리기간	건수	평균 처리기간	건수	건수
남성	1,767	153.9	149	79.4	7,098	9,014
여성	522	153.4	39	80.6	1,998	2,559
계	2,289	153.8	188	( )	9,096	11,573

① 전체 발의 법률안 건수 중 정부 발의 법률안 건수의 비중은 5 % 이하이다.
② 의원 발의 법률안 건수 중 계류 중인 건수의 비중은 80 % 이하이다.
③ 여성의원 발의 법률안 건수 중 법률반영 법률안 건수의 비중은 20 % 이하이다.
④ 의원 발의 법률안 건수 중 남성의원 발의 법률안 건수의 비중은 70 % 이상이다.
⑤ 의원 발의 법률안 가운데 법률미반영 법률안의 평균처리기간은 80일 미만이다.

문 11. 다음 <표>는 2024년 '갑'도청의 보도자료 현황에 관한 자료이다. 이에 대한 <보기>의 설명 중 옳은 것만을 모두 고르면?

<표> 2024년 '갑'도청의 보도자료 현황

(단위: 건, %, 회)

국 \ 구분 과		보도자료 제공건수	보도건수	보도율	보도횟수				건당 보도횟수
						신문	TV	라디오	
경제통상국	A	202	176	87.1	966	676	190	100	5.49
	B	114	76	66.7	320	196	68	56	4.21
	C	228	204	89.5	910	692	122	96	4.46
	소계	544	456	83.8	( )	1,564	380	252	( )
보건복지국	D	160	135	84.4	747	570	101	76	5.53
	E	202	154	76.2	855	560	218	77	5.55
	F	155	131	84.5	654	480	90	84	4.99
	소계	517	420	81.2	2,256	1,610	409	237	5.37
농업정책국	G	266	180	67.7	394	240	84	70	2.19
	H	133	110	82.7	366	252	74	40	3.33
	소계	399	290	( )	760	492	158	110	2.62

※ 1) 보도건수는 각 과에서 제공한 보도자료 가운데 보도된 보도자료 건수임.

2) 보도율(%) $= \dfrac{\text{보도건수}}{\text{보도자료 제공건수}} \times 100$

3) 건당 보도횟수 $= \dfrac{\text{보도횟수}}{\text{보도건수}}$

4) 경제통상국, 보건복지국, 농업정책국에는 제시된 과만 있음.

<보 기>

ㄱ. 경제통상국의 건당 보도횟수는 5회 이상이다.

ㄴ. 보도횟수에서 신문이 차지하는 비중은 D ~ F 중 E가 가장 작다.

ㄷ. H의 보도자료 제공건수와 보도건수가 각각 10건씩 증가한다면, 농업정책국의 보도율은 75 % 이상이다.

① ㄱ

② ㄴ

③ ㄷ

④ ㄱ, ㄷ

⑤ ㄴ, ㄷ

문 12. 다음은 농촌 및 도시 치매안심센터에 관한 자료이다. 이에 대한 <보기>의 설명 중 옳은 것만을 모두 고르면?

<표> 담당면적별 농촌 및 도시 치매안심센터 수

(단위: 개소)

담당면적 \ 구분	농촌	도시
100 km^2 미만	4	99
100 km^2 이상 200 km^2 미만	9	28
200 km^2 이상 300 km^2 미만	8	17
300 km^2 이상 400 km^2 미만	7	9
400 km^2 이상 500 km^2 미만	8	9
500 km^2 이상 600 km^2 미만	9	6
600 km^2 이상 700 km^2 미만	11	2
700 km^2 이상	20	10
계	76	180

<그림> 농촌 및 도시 치매안심센터 1개소당 종사자 수

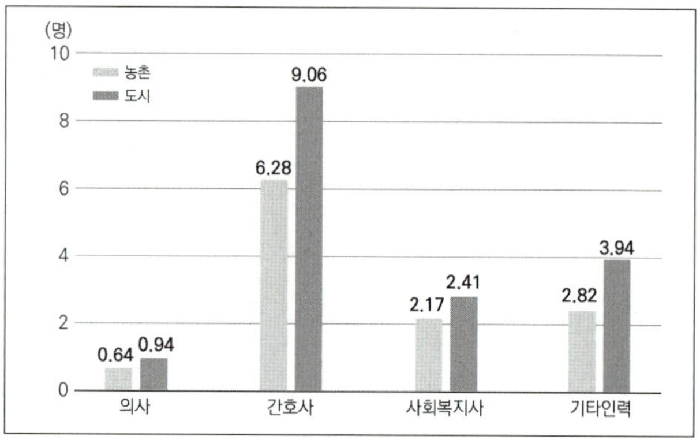

<보 기>

ㄱ. 농촌 치매안심센터 중 담당면적이 500 km^2 이상인 센터의 비중은 도시 치매안심센터 중 담당면적이 100 km^2 미만인 센터의 비중보다 크다.

ㄴ. 전체 치매안심센터 중 농촌 치매안심센터의 비중은 담당면적이 100 km^2 이상 200 km^2 미만인 치매안심센터 중 농촌 치매안심센터의 비중보다 크다.

ㄷ. 치매안심센터에 종사하는 간호사 수는 도시가 농촌의 4배 이상이다.

ㄹ. 종사자 수 변동없이 농촌 치매안심센터만 14개소 추가되면, 농촌 치매안심센터 1개소당 사회복지사는 2명 이하가 된다.

① ㄱ, ㄴ

② ㄱ, ㄷ

③ ㄴ, ㄷ

④ ㄴ, ㄹ

⑤ ㄷ, ㄹ

[13 ~ 14] 다음 <표>는 2019 ~ 2023년 '갑'국의 의료분쟁 조정중재 결과에 관한 자료이다. 다음 물음에 답하시오.

<표 1> 2019 ~ 2023년 의료분쟁 조정중재 현황

(단위: 건)

연도 \ 구분	조정중재종료	조정							중재	조정중재성립
		합의	결정			부조정	취하	각하		
			소계	성립	불성립					
2019	1,636	849	342	181	161	209	225	11	0	( )
2020	1,624	824	358	158	200	201	225	16	0	982
2021	1,546	861	331	( )	177	154	192	8	0	1,015
2022	1,364	871	238	( )	122	104	142	7	2	989
2023	1,461	905	256	97	159	120	170	9	1	( )
계	7,631	4,310	1,525	706	819	788	954	51	3	5,019

※ 1) 조정중재종료 = 조정 + 중재

2) 조정중재성립 = 합의 + 성립 + 중재

3) $\text{조정중재성립률(\%)} = \frac{\text{조정중재성립}}{\text{조정중재종료} - \text{각하}} \times 100$

<표 2> 2019 ~ 2023년 4개 주요 기관유형별 조정중재성립 건수 및 건당 성립금액

(단위: 건, 천 원/건)

연도	구분 \ 기관유형	상급종합병원	종합병원	병원	의원
2019	건수	216	225	259	184
	건당 성립금액	13,699	11,670	7,876	5,081
2020	건수	210	235	254	164
	건당 성립금액	17,315	16,136	9,899	7,263
2021	건수	228	190	269	171
	건당 성립금액	11,578	18,540	9,827	6,118
2022	건수	175	154	277	217
	건당 성립금액	14,081	11,593	8,360	5,802
2023	건수	191	202	258	209
	건당 성립금액	15,708	11,871	9,784	10,326

※ $\text{건당 성립금액} = \frac{\text{전체 성립금액}}{\text{조정중재성립 건수}}$

문 13. 위 <표>에 대한 <보기>의 설명 중 옳은 것만을 모두 고르면?

<보 기>

ㄱ. 조정중재성립 건수가 가장 많은 연도는 2019년이다.

ㄴ. 조정중재성립률은 2020년이 가장 높다.

ㄷ. 매년 조정중재성립 건수가 가장 많은 기관유형은 '병원'이다.

ㄹ. '상급종합병원'과 '의원'은 건당 성립금액의 전년 대비 증감 방향이 매년 같다.

① ㄱ, ㄴ

② ㄱ, ㄷ

③ ㄱ, ㄹ

④ ㄴ, ㄷ

⑤ ㄴ, ㄹ

문 14. 위 <표>를 이용하여 작성한 그래프로 옳지 않은 것은?

① 2023년 조정 건수 구성비

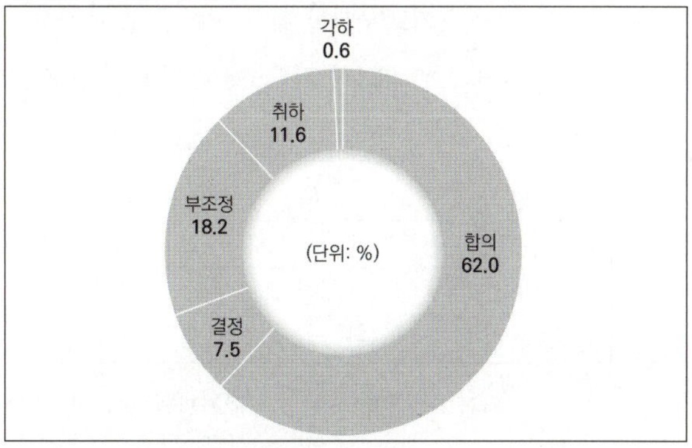

② 2023년 4개 주요 기관유형별 조정중재 전체 성립금액

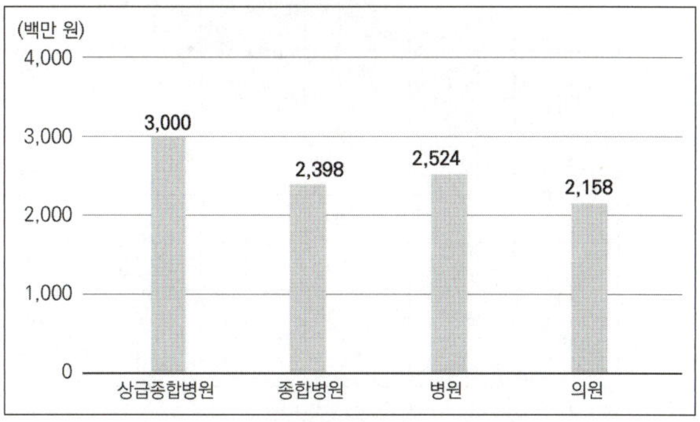

③ 연도별 조정 건수 중 합의 건수의 비중

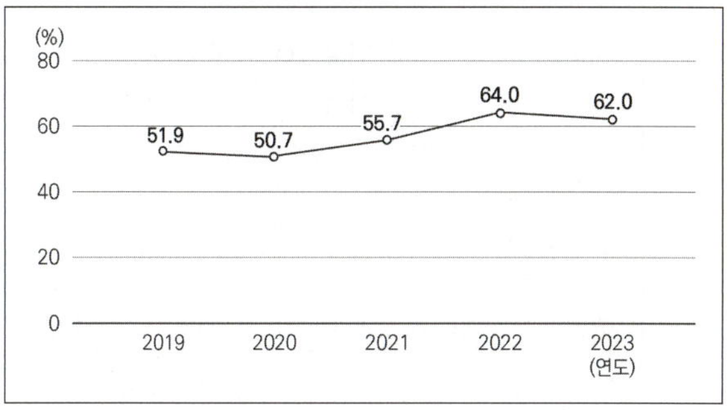

④ 연도별 4개 주요 기관유형 조정중재성립 건수의 합

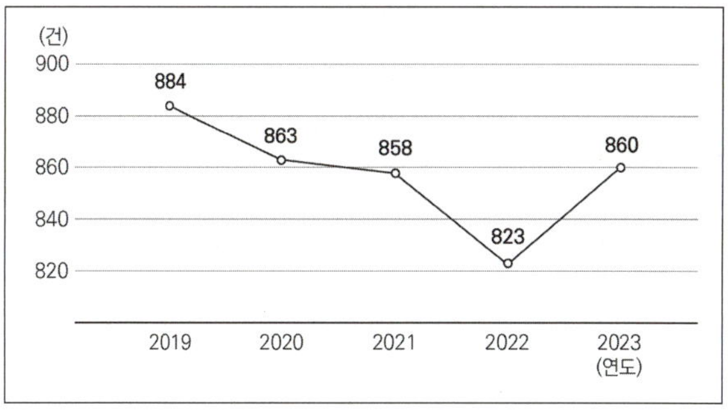

⑤ 종합병원의 전년 대비 건당 성립금액의 증가율

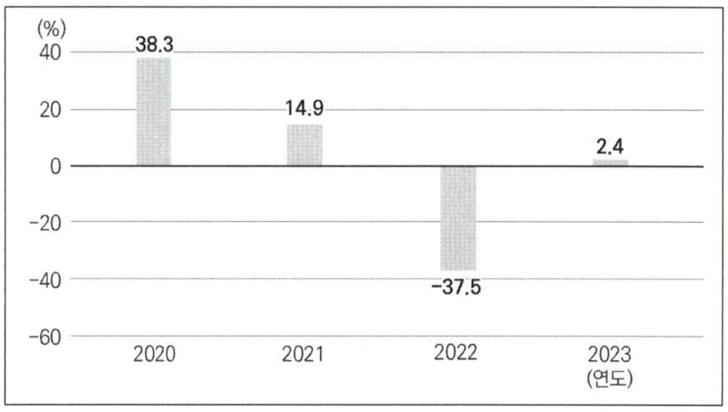

문 15. 다음 <표>는 2024년 기관유형별 직급 정원 구성비와 A ~ E 기관의 직급별 정원에 관한 자료이다. <표>와 '갑'기관에 대한 <보고서>의 내용을 근거로 판단할 때, A ~ E 중 '갑'에 해당하는 기관은?

<표 1> 2024년 기관유형별 직급 정원 구성비

(단위: %)

기관유형 \ 직급	상급 (1 ~ 2급)	중급 (3 ~ 4급)	하급 (5 ~ 6급)
위탁집행형 준정부기관	10.2	55.2	34.6
유사업무 수행 공공기관	21.2	47.7	31.1
유사업무 수행 민간기관	56.3	32.1	11.6

<표 2> 2024년 A ~ E 기관의 직급별 정원

(단위: 명)

직급 \ 기관		A	B	C	D	E
상급	1급	31	13	22	32	83
	2급	55	40	84	99	130
중급	3급	96	69	226	234	224
	4급	99	119	332	262	79
하급	5급	109	100	331	282	48
	6급	94	11	308	26	116
전체		484	352	1,303	935	680

※ '갑'기관은 A ~ E 기관 중 하나임.

<보고서>

2024년 '갑'기관은 업무 개편에 따른 직급 정원 조정의 필요성을 검토하기 위해 '위탁집행형 준정부기관', '유사업무 수행 공공기관' 및 '유사업무 수행 민간기관'의 직급 정원 구성비를 조사하였다.

조사결과, 2024년 '상급' 직급 정원 비중은 '갑'기관이 '위탁집행형 준정부기관'보다 컸다. 한편, '갑'기관의 '중급' 직급 정원 비중은 40 % 이상이지만, '유사업무 수행 공공기관'의 '중급' 직급 정원 비중보다는 작았다. 또한, '갑'기관의 '하급' 직급 정원 비중과 '유사업무 수행 민간기관'의 '하급' 직급 정원 비중의 차이는 30 %p 이상이었다.

① A
② B
③ C
④ D
⑤ E

문 16. 다음 <표>는 '갑'군의 읍·면별 성별 인구에 관한 자료이다. 이에 대한 <보기>의 설명 중 옳은 것만을 모두 고르면?

<표> '갑'군의 읍·면별 성별 인구

(단위: 명)

지역 \ 성별	남성	여성	전체
'갑'군	13,839	13,177	27,016
A 읍	3,839	3,503	7,342
B 읍	2,766	2,820	5,586
C 면	1,082	1,111	2,193
D 면	1,707	1,605	3,312
E 면	4,445	4,138	8,583

※ '갑'군은 A 읍, B 읍, C 면, D 면, E 면으로만 구성됨.

<보 기>

ㄱ. 여성이 남성보다 많은 읍·면은 3개이다.
ㄴ. C ~ E 면은 인구가 많은 면일수록 여성 대비 남성의 비율이 높다.
ㄷ. '갑'군 여성 중 읍 지역 여성 비중과 '갑'군 남성 중 면 지역 남성 비중의 차이는 10 %p 이하이다.

① ㄱ
② ㄴ
③ ㄷ
④ ㄴ, ㄷ
⑤ ㄱ, ㄴ, ㄷ

문 17. 다음 <표>는 2014 ~ 2022년 '갑'국 공공연구소 및 대학의 기술이전 현황에 관한 자료이다. 이에 대한 <보기>의 설명 중 옳은 것만을 모두 고르면?

<표 1> 2014 ~ 2022년 공공연구소 및 대학의 기술이전 건수

(단위: 건)

구분＼연도	2014	2015	2016	2017	2018	2019	2020	2021	2022
공공연구소	3,193	3,515	3,721	3,401	3,655	3,972	4,308	4,653	4,572
대학	2,788	3,784	4,316	4,076	4,450	4,486	4,747	5,610	4,815
전체	5,981	7,299	8,037	7,477	8,105	8,458	9,055	10,263	9,387

<표 2> 2014 ~ 2022년 계약유형별 공공연구소 및 대학의 기술이전 건수

(단위: 건)

계약유형＼연도	2014	2015	2016	2017	2018	2019	2020	2021	2022
유상양도	718	1,107	1,587	1,466	1,796	2,214	2,485	2,957	3,002
무상양도	419	550	511	282	159	208	141	262	224
유상기술실시	4,098	5,113	5,385	4,905	5,158	4,958	5,465	6,155	5,441
무상기술실시	639	322	327	278	340	452	389	453	209
옵션계약	0	0	1	0	0	0	0	1	0
기타	107	207	226	546	652	626	575	435	511
전체	5,981	7,299	8,037	7,477	8,105	8,458	9,055	10,263	9,387

<표 3> 2022년 기술도입자별 공공연구소 및 대학의 기술이전 건수

(단위: 건)

기술도입자	대기업	중견기업	중소기업	해외기관	기타
건수	185	154	8,775	28	245

<보 기>

ㄱ. 기술이전 건수는 매년 대학이 공공연구소보다 많다.

ㄴ. 2022년 기술도입자가 중소기업인 기술이전 건수 중 '유상기술실시'의 비중은 50 % 이상이다.

ㄷ. 전체 기술이전 건수 중 '유상양도'와 '무상양도'의 합이 차지하는 비중이 25 % 이상인 연도는 5개이다.

① ㄱ

② ㄴ

③ ㄷ

④ ㄴ, ㄷ

⑤ ㄱ, ㄴ, ㄷ

문 18. 다음 <그림>은 NATO 회원국 중 2024년 국방비 비율 상위 10개국의 국방비에 관한 자료이다. 이에 대한 <보기>의 설명 중 옳은 것만을 모두 고르면?

<그림> 2024년 국방비 비율 상위 10개국의 2014년과 2024년 국방비 비율과 장비비 비율

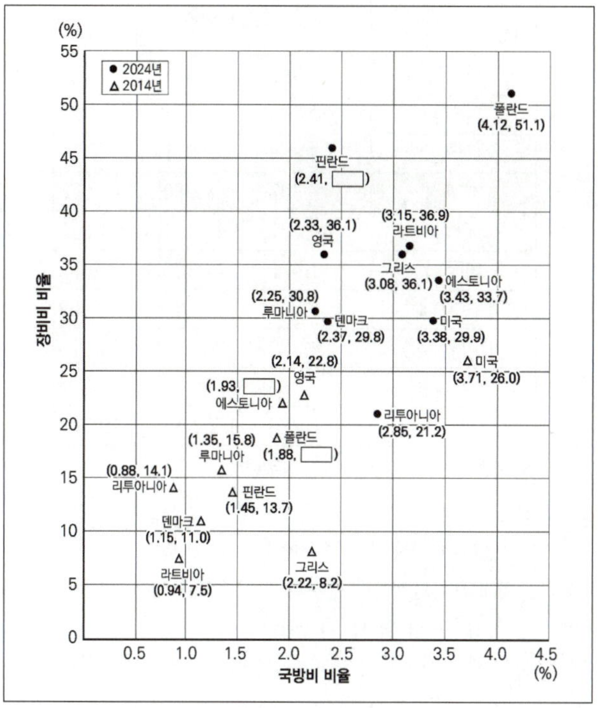

※ 1) ( ) 안의 수치는 순서대로 국방비 비율(%), 장비비 비율(%)을 나타냄.

2) 국방비 비율(%) = $\frac{\text{국방비}}{\text{GDP}} \times 100$

3) 장비비 비율(%) = $\frac{\text{장비비}}{\text{국방비}} \times 100$

<보 기>

ㄱ. 2024년 '국방비 비율'이 가장 높은 국가는 2014년 대비 2024년 '국방비 비율' 증가폭도 가장 컸다.

ㄴ. 2024년 '장비비 비율'이 가장 낮은 국가는 2014년 대비 2024년 '장비비 비율' 증가폭도 가장 작았다.

ㄷ. 미국의 GDP 대비 장비비는 2024년이 2014년보다 낮았다.

① ㄱ

② ㄴ

③ ㄷ

④ ㄱ, ㄴ

⑤ ㄱ, ㄷ

문 19. 다음 <표>는 2023년과 2024년 '갑'국의 프랜차이즈 가맹점에 관한 자료이다. 이에 대한 설명으로 옳은 것은?

<표> '갑'국 프랜차이즈 업종별 가맹점수 및 종사자수 현황

(단위: 개, 명)

구분 / 연도 / 업종	가맹점수			종사자수
	2023	2024		2024
			전년 대비	
편의점	49,087	53,814	4,727	201,043
의약품	4,090	4,514	424	13,666
안경/렌즈	3,838	3,911	73	9,390
제과점	8,307	8,980	673	37,142
한식	40,731	45,114	4,383	143,233
외국식	11,471	14,156	2,685	55,279
생맥주/기타주점	9,680	10,648	968	29,637
커피/비알콜음료	24,820	29,499	4,679	116,557
두발미용	4,186	4,580	394	21,318
전체	156,210	175,216	19,006	( )

※ 프랜차이즈 업종은 제시된 9개뿐임.

① 2024년 가맹점수의 전년 대비 증가율이 가장 높은 업종은 2024년 가맹점당 종사자수도 가장 많다.
② 2024년 가맹점수 상위 3개 업종의 가맹점수 합은 2024년 전체 가맹점수의 75 % 이상이다.
③ 전체 가맹점수 중 커피/비알콜음료 가맹점수의 비중은 매년 15 % 이상이다.
④ 2024년 가맹점수가 많은 업종일수록 종사자수도 많다.
⑤ 2024년 전체 프랜차이즈 가맹점당 종사자수는 4명 이상이다.

문 20. 다음 <표>는 '갑'부처의 부서별 인원 변동에 관한 자료이다. 이에 대한 <보기>의 설명 중 옳은 것만을 모두 고르면?

<표> 부서별 인원 변동 현황

(단위: 명, %)

구분 / 부서	퇴사자수	순환율	퇴사율
A	35	15.0	70.0
B	120	25.0	80.0
C	33	8.5	66.0
D	60	8.0	75.0
E	36	30.0	30.0
F	37	12.5	74.0
전체	321	17.0	64.2

※ 1) 순환율(%) = $\frac{\text{입사자수} - \text{퇴사자수}}{\text{부서인원수}} \times 100$

2) 퇴사율(%) = $\frac{\text{퇴사자수}}{\text{입사자수}} \times 100$

<보 기>

ㄱ. 부서인원수가 많은 부서일수록 퇴사율이 높다.
ㄴ. 입사자수는 E가 A의 2배 이상이다.
ㄷ. 전체 퇴사자수 대비 C의 퇴사자수 비율은 10 % 이상이다.

① ㄱ ② ㄴ
③ ㄱ, ㄷ ④ ㄴ, ㄷ
⑤ ㄱ, ㄴ, ㄷ

문 21. 다음 <표>는 2020 ~ 2024년 '갑'국 중학교와 고등학교 학생의 과일섭취율에 관한 자료이다. 이에 대한 <보기>의 설명 중 옳은 것만을 모두 고르면?

<표 1> 2020 ~ 2023년 과일섭취율

(단위: %)

학교급 / 성별 / 연도	전체		중학교		고등학교	
	남자	여자	남자	여자	남자	여자
2020	20.8	20.9	24.5	25.0	17.6	17.3
2021	20.3	20.6	24.2	23.8	16.8	17.6
2022	19.1	18.1	22.0	21.1	16.3	15.2
2023	18.4	17.8	21.9	20.3	14.8	14.9

<표 2> 2024년 성별, 학교급 및 학년별 과일섭취율

(단위: 명, %)

성별	학교급	학년	조사대상자 수	과일섭취율
남자	중학교	소계	14,173	20.6
		1	4,743	21.4
		2	4,734	21.1
		3	4,696	19.3
	고등학교	소계	12,206	14.2
		1	4,233	14.8
		2	4,160	14.1
		3	3,813	13.6
여자	중학교	소계	13,827	19.2
		1	4,489	19.7
		2	4,610	19.4
		3	4,728	18.5
	고등학교	소계	11,620	14.6
		1	4,224	15.4
		2	3,818	14.4
		3	3,578	13.9

※ 1) 과일섭취율(%) = $\frac{\text{과일섭취자 수}}{\text{조사대상자 수}} \times 100$

2) 과일섭취자는 조사대상자 중 설문조사일 기준 최근 일주일동안 1일 1회 이상 과일을 섭취했다고 응답한 사람임.

<보 기>

ㄱ. 2021년 이후 남자 중학생과 여자 중학생의 과일섭취율 차이는 매년 증가하였다.
ㄴ. 2024년 과일섭취율은 남자 중학생, 남자 고등학생, 여자 중학생, 여자 고등학생 모두 2023년보다 감소하였다.
ㄷ. 2020년과 2024년의 여자 중학생 과일섭취자 수가 같다면, 2020년 여자 중학생 조사대상자 수는 10,000명 이하이다.
ㄹ. 2024년 과일섭취자 수는 2학년 여자 중학생이 2학년 남자 고등학생의 1.5배 이상이다.

① ㄱ, ㄴ
② ㄱ, ㄷ
③ ㄴ, ㄷ
④ ㄴ, ㄹ
⑤ ㄷ, ㄹ

문 22. 다음 <그림>은 2023년과 2024년 '갑'국 A ~ G 지역의 폐기물 발생량에 관한 자료이다. 이에 대한 설명으로 옳지 않은 것은?

<그림> 2023년과 2024년 A ~ G 지역 폐기물 발생량

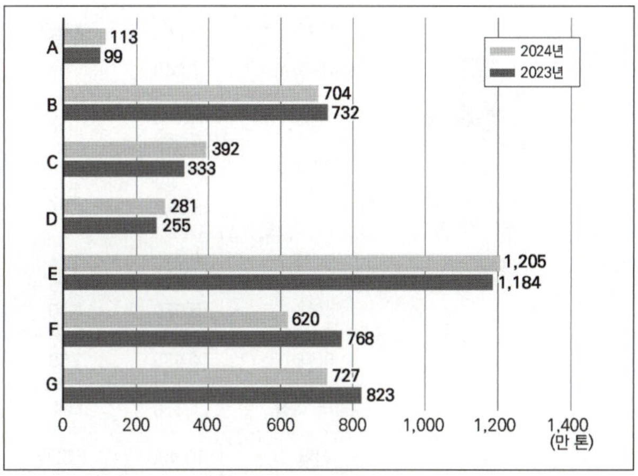

※ '갑'국은 A ~ G 7개 지역으로만 구성됨.

① 2024년 폐기물 발생량이 전년 대비 증가한 지역은 감소한 지역보다 많다.
② 2024년 F 지역의 폐기물 발생량은 전년보다 100만 톤 이상 적다.
③ 2023년 E 지역의 폐기물 발생량은 2023년 전체 폐기물 발생량의 30 % 이상이다.
④ 2023년 대비 2024년 폐기물 발생량이 가장 큰 폭으로 증가한 지역은 C이다.
⑤ 2024년 폐기물 발생량이 7개 지역 폐기물 발생량의 평균보다 많은 지역은 4곳이다.

문 23. 다음 <표>는 2019 ~ 2024년 '갑'국의 예비군 교육 현황에 관한 자료이다. 이에 대한 <보기>의 설명 중 옳은 것만을 모두 고르면?

<표> '갑'국의 예비군 교육 현황

(단위: 천 명, %)

구분 연도	교육 대상자수	교육 참여자수	참여율	수료율
2019	35,523	25,413	71.5	35.0
2020	35,354	(　)	72.3	36.5
2021	35,183	26,120	(　)	(　)
2022	34,915	(　)	(　)	38.2
2023	34,590	27,020	78.1	40.0
2024	34,128	27,350	80.1	41.5

※ 1) 참여율(%) = $\frac{\text{교육 참여자수}}{\text{교육 대상자수}} \times 100$

2) 수료율(%) = $\frac{\text{교육 수료자수}}{\text{교육 참여자수}} \times 100$

<보 기>

ㄱ. 2020년 교육 참여자수는 전년보다 많다.
ㄴ. 2021년 교육 수료자수가 9백만 명이라면, 2021년 수료율은 전년보다 높다.
ㄷ. 2022년 참여율은 전년 대비 3 %p 이상 높다.
ㄹ. 2024년 교육 수료자수는 전년보다 많다.

① ㄱ, ㄴ
② ㄱ, ㄹ
③ ㄴ, ㄹ
④ ㄱ, ㄷ, ㄹ
⑤ ㄴ, ㄷ, ㄹ

문 24. 다음 <그림>은 '갑'국 A ~ E 도시의 노년부양비, 고령인구 구성비, 총인구를 나타낸 자료이다. 이에 대한 <보기>의 설명 중 옳은 것만을 모두 고르면?

<그림> '갑'국 A ~ E 도시의 노년부양비, 고령인구 구성비, 총인구

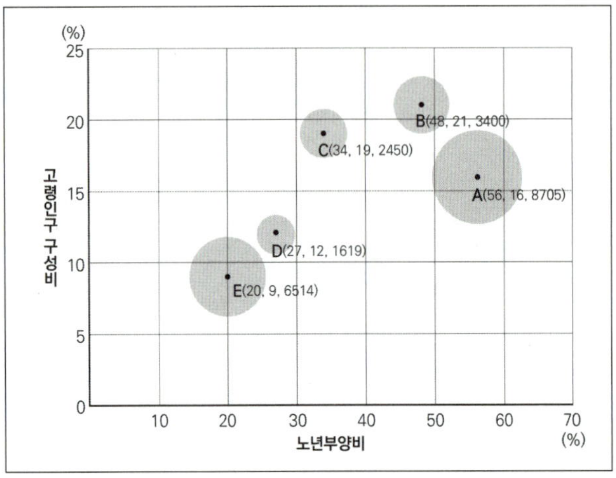

※ 1) 원의 면적은 각 도시의 총인구에 비례하고, ( ) 안의 수치는 순서대로 노년부양비(%), 고령인구 구성비(%), 총인구(천 명)를 나타냄.

2) 노년부양비(%) = $\frac{\text{고령인구}}{\text{생산연령인구}} \times 100$

3) 고령(생산연령)인구 구성비(%) = $\frac{\text{고령(생산연령)인구}}{\text{총인구}} \times 100$

<보 기>

ㄱ. 고령인구 구성비가 높은 도시일수록 노년부양비도 높다.

ㄴ. 생산연령인구 구성비가 가장 낮은 도시는 A이다.

ㄷ. B 도시와 E 도시가 하나의 도시로 통합되면, 통합 도시의 고령인구 구성비는 15 % 이하가 된다.

① ㄱ

② ㄴ

③ ㄷ

④ ㄱ, ㄴ

⑤ ㄴ, ㄷ

문 25. 다음은 '갑' 사이버대학교 학부 및 대학원의 연령대별 재학생 현황에 관한 자료이다. 이에 대한 설명으로 옳은 것은?

<그림> '갑' 사이버대학교 학부 및 대학원 연령대별 재학생 현황

'갑' 사이버대학교 재학생현황 (단위: 명)

연령대		학부	대학원	
10대 이하		1,040	0	학령기
20대	20~24세	4,050	19	학령기
	25~29세	4,640	102	성인학습기
30대		5,020	224	성인학습기
40대		5,950	340	성인학습기
50대		4,430	280	성인학습기
60대 이상		1,350	64	성인학습기
전체		26,480	1,029	

※ 1) 연령대는 10대 이하, 20대, 30대, 40대, 50대, 60대 이상으로만 구분함.

2) 재학생은 학부와 대학원 과정 중 하나에만 소속되어 있음.

① 학부 재학생 수가 가장 많은 연령대는 40대이다.

② 대학원 재학생 수가 가장 많은 연령대는 학부 대비 대학원 재학생 수의 비율도 가장 높다.

③ 성인학습기 대학원 재학생 중 90 %가 직장인이라면, 그중 40대는 200명 이상이다.

④ 학부 재학생 수는 성인학습기가 학령기의 5배 이상이다.

⑤ 재학생 수가 가장 많은 연령대의 재학생 수는 가장 적은 연령대의 9배 이상이다.

문 26. 다음 <표>는 2024년 A ~ E 도시의 일평균 미세먼지 노출시간별 호흡기 질환 발병률에 관한 자료이고, <보고서>는 A ~ E 도시 중 하나인 '갑'시에 관한 것이다. 이를 근거로 판단할 때, A ~ E 중 '갑'시에 해당하는 도시는?

<표> 2024년 A ~ E 도시의 일평균 미세먼지 노출시간에 따른 성별 호흡기 질환 발병률

(단위: %)

미세먼지 노출시간	1시간		2시간		3시간		4시간	
도시 \ 성별	남성	여성	남성	여성	남성	여성	남성	여성
A	4.70	3.20	5.50	3.90	6.80	4.50	9.70	6.90
B	3.60	3.30	3.90	4.70	4.60	6.30	5.20	8.30
C	5.30	3.80	6.80	5.80	7.70	5.30	8.30	6.70
D	4.90	2.10	5.70	2.70	7.10	3.10	8.50	3.40
E	3.30	4.60	4.10	5.50	6.40	8.40	7.20	9.70

<보고서>

'갑'시의 2024년 일평균 미세먼지 노출시간에 따른 남녀 호흡기 질환 발병률을 분석한 결과는 다음과 같다. 첫째, 미세먼지 노출시간이 매 1시간 증가할 때, 남성과 여성 모두 호흡기 질환 발병률이 증가한다. 둘째, 남성과 여성의 호흡기 질환 발병률 차이는 미세먼지 노출시간이 3시간일 때가 1시간일 때의 1.5배 이상 2배 미만이다. 셋째, 미세먼지 노출시간이 매 1시간 증가할 때, 호흡기 질환 발병률의 증감폭은 여성이 남성보다 크다. 넷째, 호흡기 질환 발병률은 남성과 여성 모두 미세먼지 노출시간이 4시간일 때가 2시간일 때의 1.3배 이상이다.

① A
② B
③ C
④ D
⑤ E

문 27. 다음 <표>는 2020 ~ 2024년 '갑'국의 연도별 가계부채 현황에 관한 자료이다. <보기>의 자료 중 <표>의 내용에 부합하는 것만을 모두 고르면?

<표> '갑'국의 연도별 가계부채 현황

(단위: 조 원, %)

분류 \ 연도	2020	2021	2022	2023	2024
가계부채 잔액	1,828.8	1,998.3	2,192.4	2,260.1	2,241.4
가계대출 잔액	1,504.9	1,633.6	1,757.1	1,749.8	1,767.3
예금은행분 잔액	767.7	849.9	910.1	902.6	916.0
주택담보대출 잔액	534.0	583.9	629.6	644.1	672.1
비은행·기타분 잔액	737.2	783.7	847.0	847.2	851.3
판매신용 잔액	96.7	95.9	105.8	117.7	118.1
자금순환표 상 개인부채 잔액	227.2	268.8	329.5	392.6	356.0
명목GDP 대비 가계부채 잔액 비율	89.6	97.1	98.7	97.3	93.6

<보 기>

ㄱ. 2020 ~ 2024년 '갑'국의 연도별 명목GDP

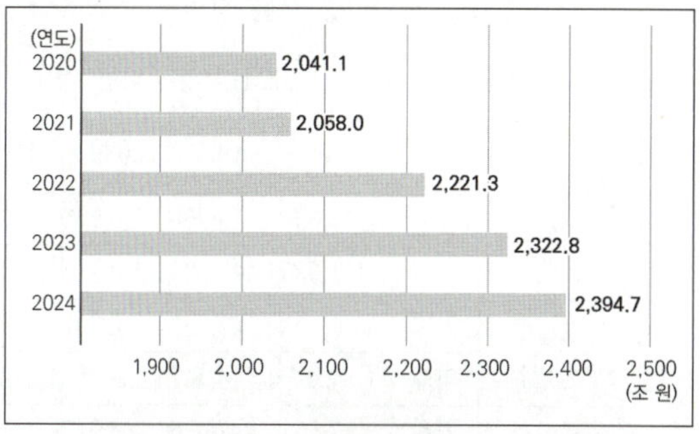

ㄴ. 2022 ~ 2024년 가계부채 잔액의 항목별 구성비

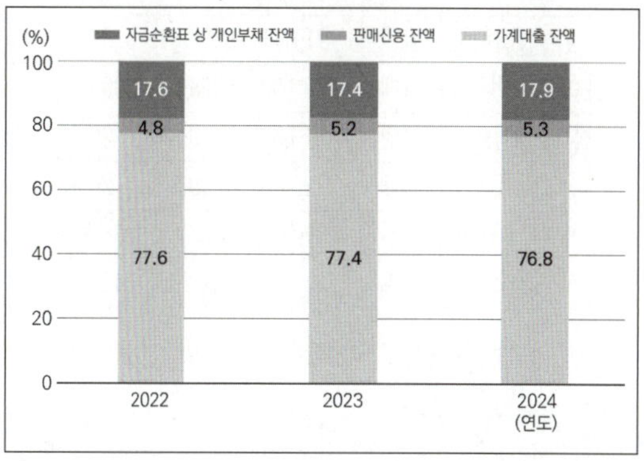

ㄷ. 2021 ~ 2024년 주택담보대출 잔액의 전년 대비 증가분

(단위: 조 원)

연도	2021	2022	2023	2024
주택담보대출 잔액 증가분	49.9	45.7	14.5	28.0

ㄹ. 2020 ~ 2024년 비은행·기타분 잔액 대비 예금은행분 잔액의 비율

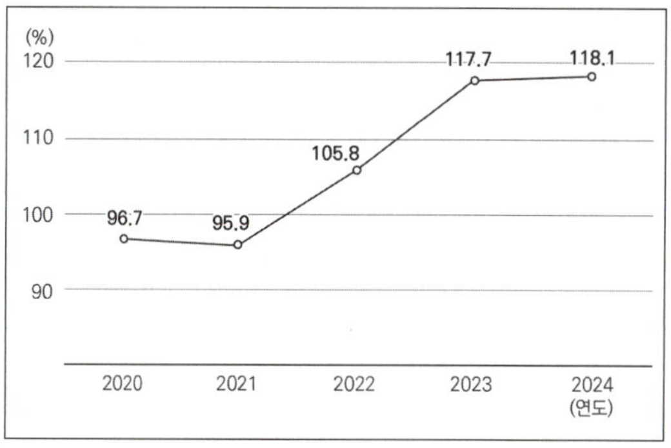

① ㄱ, ㄴ
② ㄱ, ㄷ
③ ㄱ, ㄹ
④ ㄴ, ㄷ
⑤ ㄴ, ㄹ

문 28. 다음 <표>는 2020 ~ 2024년 '갑'국의 건강보험 청구 현황 및 기관별 건강보험 청구 진료일수에 관한 자료이다. 이를 이용하여 작성한 <보기>의 그래프 중 옳은 것만을 모두 고르면?

<표 1> 2020 ~ 2024년 건강보험 청구 현황

항목	구분 \ 연도	2020	2021	2022	2023	2024
청구건수 (천 건)	입원	16,657	16,966	16,125	16,401	17,391
	외래	1,421,038	1,445,529	1,260,218	1,244,093	1,418,132
진료일수 (천 일)	입원	( )	147,651	140,211	138,110	136,767
	외래	( )	1,444,447	1,258,853	1,242,564	1,416,473
진료인원 (천 명)	입원	7,564	7,636	6,927	7,016	7,072
	외래	48,189	48,395	47,564	47,626	49,145
요양급여비용 (억 원)	입원	291,041	320,081	328,548	346,873	349,059
	외래	488,100	537,857	539,790	588,111	680,711
인당 진료일수 (일/명)	입원	19.52	19.34	20.24	19.68	19.34
	외래	29.46	29.85	26.47	26.09	28.82
일당 진료비 (원/일)	입원	197,090	216,783	234,324	251,156	255,222
	외래	34,380	37,236	42,880	47,330	48,057

<표 2> 2020 ~ 2024년 기관별 건강보험 청구 진료일수

(단위: 천 일)

기관 \ 연도	2020	2021	2022	2023	2024
상급종합병원	58,571	57,741	54,634	59,376	60,258
종합병원	94,778	98,489	90,052	94,922	107,180
병원	94,406	95,435	82,324	80,332	89,938
요양병원	68,470	69,058	67,288	61,110	60,971
정신병원	−	−	−	5,046	7,437
의원	547,466	557,259	484,185	474,939	557,721
치과병원	4,318	4,617	4,435	4,550	4,406
치과의원	69,602	73,915	71,882	74,995	75,044
한방병원	6,476	6,834	6,822	7,276	7,361
한의원	97,846	100,714	90,374	89,301	87,024
보건기관 등	11,861	11,321	7,633	5,335	5,257
약국	513,616	516,716	439,435	423,492	490,643
전체	1,567,411	1,592,098	1,399,064	1,380,674	1,553,239

※ 1) 인당 진료일수 = $\frac{\text{진료일수}}{\text{진료인원}}$

2) 일당 진료비 = $\frac{\text{요양급여비용}}{\text{진료일수}}$

3) 정신병원은 2023년부터 기관 분류에 신설됨.

<보 기>

ㄱ. 연도별 외래 요양급여비용의 전년 대비 증가율

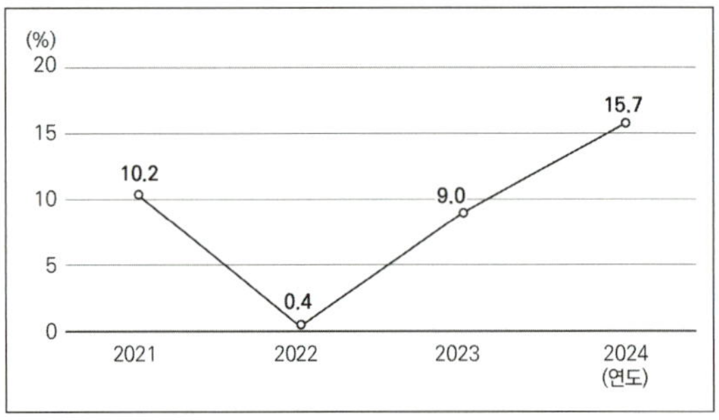

ㄴ. 2020년 진료일수 중 입원과 외래의 비중

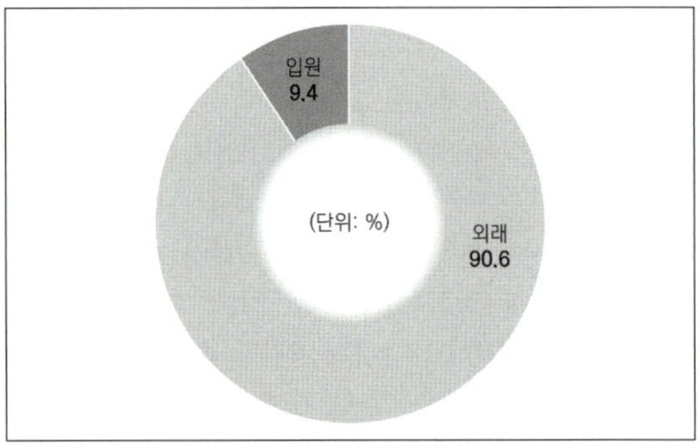

ㄷ. 2022년 '전체' 진료일수 대비 진료일수 상위 5개 기관의 진료일수 비중

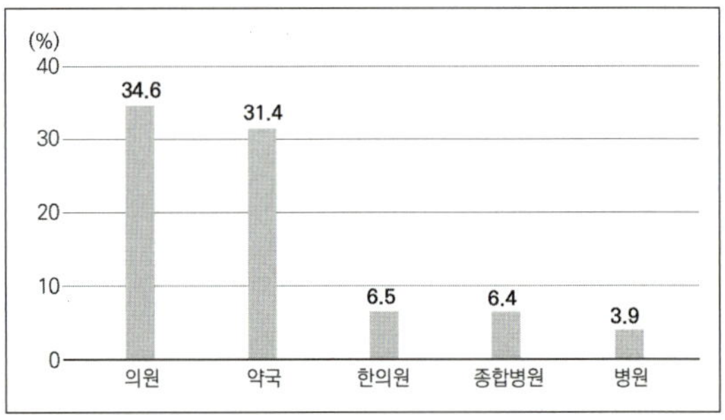

ㄹ. 연도별 '의원'의 일당 진료비

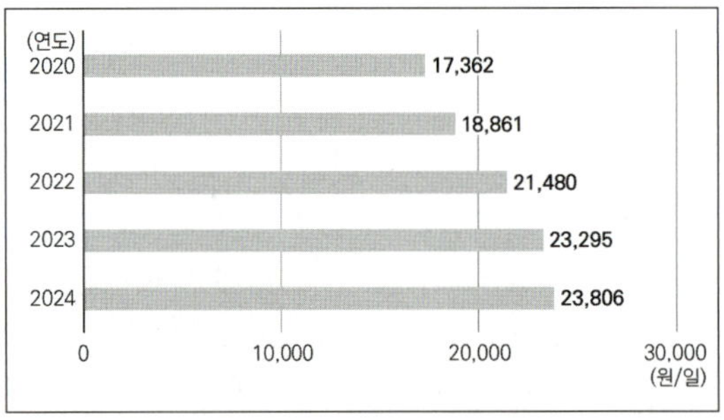

① ㄱ, ㄴ
② ㄴ, ㄹ
③ ㄷ, ㄹ
④ ㄱ, ㄴ, ㄷ
⑤ ㄱ, ㄷ, ㄹ

[29 ~ 30] 다음 <표>는 닭 품종별 조류독감 백신 접종 및 감염결과에 관한 자료이다. 다음 물음에 답하시오.

<표 1> 품종별 접종 개체 및 감염 개체 수

(단위: 마리)

구분 \ 품종	A	B	C	D
접종 개체 수	5,615	10,610	12,491	6,698
감염 개체 수	3,047	2,415	5,554	3,621

※ 닭 품종은 A ~ D로만 구분되며, 품종별 접종 개체 중복은 없음.

<표 2> 품종별 감염 개체의 성별 및 생후개월별 구성비

(단위: %)

구분 \ 품종		A	B	C	D
성별	수컷	32.0	25.0	55.0	43.0
	암컷	68.0	75.0	45.0	57.0
생후 개월별	12개월 미만	4.7	10.4	17.8	37.8
	12 ~ 24개월	15.7	9.9	28.4	4.0
	24 ~ 36개월	27.9	32.7	15.3	30.9
	36 ~ 48개월	1.6	30.0	21.5	22.5
	48개월 이상	50.1	17.0	17.0	4.8

<표 3> 품종별·생후개월별 접종 개체 수 및 감염률

(단위: 마리, %)

생후개월별 \ 품종	A		B		C		D	
	개체 수	감염률	개체 수	감염률	개체 수	감염률	개체 수	감염률
12개월 미만	624	23.1	1,350	18.5	2,191	45.2	2,274	60.2
12 ~ 24개월	1,167	41.0	860	27.9	4,153	38.0	415	34.7
24 ~ 36개월	1,465	58.0	2,368	33.4	1,725	49.3	2,091	53.5
36 ~ 48개월	325	15.1	1,838	39.4	2,297	51.9	1,092	74.7
48개월 이상	2,034	75.0	4,194	9.8	2,125	44.4	826	20.9

※ 감염률(%) = $\frac{\text{감염 개체 수}}{\text{접종 개체 수}} \times 100$

문 29. 위 <표>에 대한 설명으로 옳은 것은?

① A 품종 생후 '24 ~ 36개월' 감염 개체 수는 D 품종 생후 '36 ~ 48개월' 감염 개체 수보다 적다.
② C 품종 생후개월별 감염률은 '48개월 이상'이 '24 ~ 36개월'보다 높다.
③ 성별 감염된 개체 수 차이는 A ~ D 품종 중 D가 가장 적다.
④ 생후 '36 ~ 48개월' 감염 개체 수는 A ~ D 품종 중 B가 가장 많다.
⑤ D 품종 생후개월별 감염 개체 수는 '48개월 이상'이 가장 적다.

문 30. 위 <표>의 내용과 부합하는 그래프만을 <보기>에서 모두 고르면?

<보 기>

ㄱ. 품종별 성별 감염률

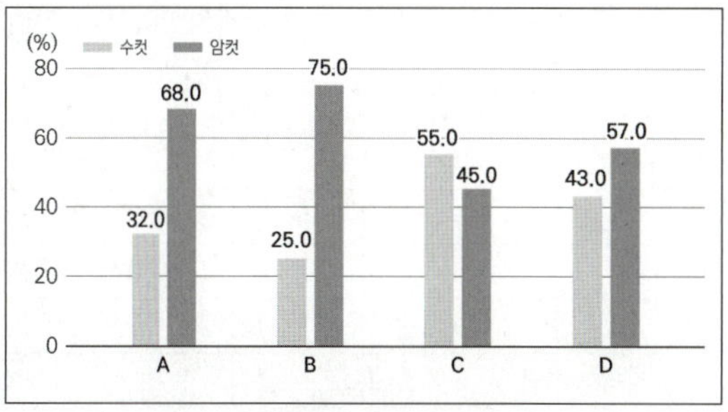

ㄴ. 생후 24 ~ 36개월 감염 개체 수의 품종별 구성비

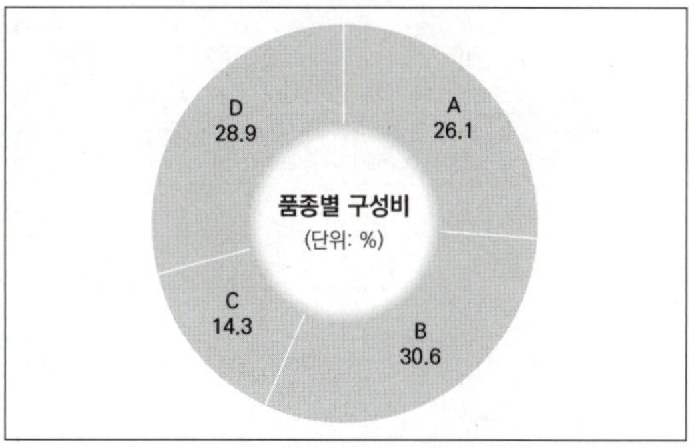

ㄷ. 품종별 감염률

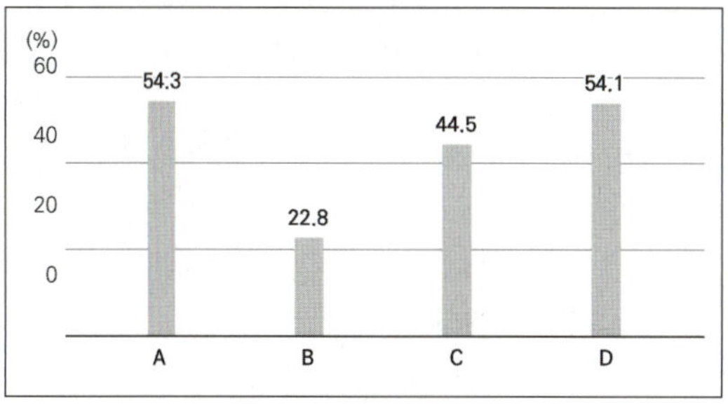

ㄹ. C 품종 감염 개체의 생후개월별 구성비

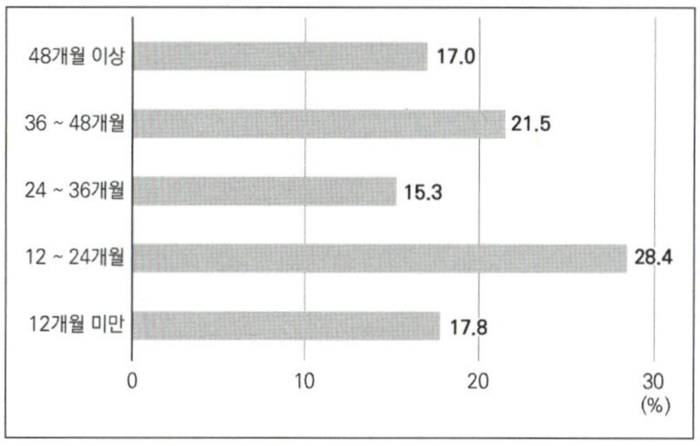

① ㄱ, ㄴ
② ㄱ, ㄷ
③ ㄴ, ㄷ
④ ㄴ, ㄹ
⑤ ㄷ, ㄹ

문 31. 다음 <표>는 2019 ~ 2023년 '갑'국 지방직영기업의 유형별 자본규모 및 부채규모에 관한 자료이다. 이에 대한 설명으로 옳지 않은 것은?

<표 1> 2019 ~ 2023년 지방직영기업의 유형별 자본규모

(단위: 억 원)

유형 \ 연도	2019	2020	2021	2022	2023
상수도	348,424	365,436	383,583	398,250	414,826
하수도	465,793	477,440	474,102	492,258	504,780
공영개발	204,686	211,542	270,772	272,595	268,396
자동차운송	149	127	114	105	167

<표 2> 2019 ~ 2023년 지방직영기업의 유형별 부채규모

(단위: 억 원)

유형 \ 연도	2019	2020	2021	2022	2023
상수도	5,534	5,687	8,130	7,850	8,387
하수도	56,536	53,643	54,060	50,992	48,245
공영개발	15,911	12,700	9,943	7,054	6,925
자동차운송	14	16	19	20	26

※ 1) '갑'국 지방직영기업 유형은 상수도, 하수도, 공영개발, 자동차운송으로만 구분됨.

2) 부채비율(%) = $\frac{\text{부채규모}}{\text{자본규모}} \times 100$

① 2023년 지방직영기업 유형별 부채규모 순위와 부채비율 순위는 동일하다.

② 2022년에는 자본규모가 가장 큰 지방직영기업 유형과 부채규모가 가장 큰 지방직영기업 유형이 동일하다.

③ 2020년 지방직영기업 유형별 부채비율은 하수도가 공영개발의 1.5배 이상이다.

④ 2020년 부채규모의 전년 대비 증감률이 가장 큰 지방직영기업 유형은 공영개발이다.

⑤ 자본규모가 매년 증가한 지방직영기업 유형은 상수도뿐이다.

문 32. 다음은 케이블카 A ~ D의 이용요금 및 운행에 관한 자료이다. 자료와 <조건>에 근거하여 A, B에 해당하는 케이블카를 바르게 연결한 것은?

<표> 케이블카 A ~ D의 이용요금, 운행거리, 승객정원 및 운행속도

(단위: 원, m, 명, m/초)

케이블카 \ 구분	이용요금		운행거리	승객정원	운행속도
	대인	소인			
A	15,000	11,500	605	48	3.2
B	24,000	19,000	988	6	2.5
C	10,500	7,500	795	40	3.5
D	16,000	14,000	1,793	50	5.0

<정 보>

○ 케이블카는 승객이 차량에 승차하는 출발점에서 하차하는 도착점까지 운행함.

○ 운행거리는 각 케이블카 A ~ D의 출발점에서 도착점까지의 거리임.

○ 운행시간은 케이블카 출발점에서 출발하여 도착점에 도착할 때까지 걸린 시간이며, 승·하차시간은 고려하지 않음.

○ 운행속도(m/초) = $\frac{\text{운행거리(m)}}{\text{운행시간(초)}}$

○ 각 케이블카 A ~ D는 차량 1대씩 순차적으로 운행하며, 운행대수는 운행한 차량대수임.

○ 총운행시간 = 운행대수 × 운행시간

○ 케이블카에는 승객정원을 초과하여 승객이 탑승할 수 없음.

<조 건>

○ A ~ D는 각각 '돌고래', '무궁화', '소나무', '호랑이' 중 하나이다.

○ '소나무'는 출발점부터 도착점까지의 운행시간이 5분 이상이다.

○ 200명의 승객이 출발점에서 도착점까지 이동하기 위한 운행대수를 최소화할 때, 총운행시간이 가장 짧은 케이블카는 '호랑이'이다.

○ 대인 2명과 소인 2명의 케이블카 이용요금 총합은 '소나무'와 '돌고래' 사이에서 차이가 가장 크다.

	A	B
①	무궁화	돌고래
②	무궁화	소나무
③	호랑이	돌고래
④	호랑이	무궁화
⑤	호랑이	소나무

문 33. 다음 <표 1>은 '갑'가게가 보유하고 있는 사과의 크기·품질별 개수 및 단가이고, <표 2>는 <규칙>에 따라 구성한 세트 A ~ C의 사과 크기, 사과 품질, 세트 개수 및 세트 가격에 관한 자료이다. 이를 근거로 판단할 때, (가)에 해당하는 값은?

<표 1> '갑'가게가 보유하고 있는 사과의 크기·품질별 개수 및 단가

(단위: 개, 원/개)

크기	품질	개수	단가
대	상	56	8,000
대	중	24	6,000
소	상	38	5,000
소	중	22	3,000

<규 칙>

- ○ 보유한 사과 140개를 10개씩 나누어 14개 세트를 구성한다.
- ○ 각 세트는 품질 구분 없이 같은 크기의 사과로만 구성한다.
- ○ 각 세트는 '상' 품질의 사과가 '중' 품질의 사과보다 많도록 구성한다.

<표 2> 세트별 사과 크기, 사과 품질, 세트 개수 및 세트 가격

(단위: 개, 원/개)

세트	사과 크기	사과 품질	세트 개수	세트 가격
A	대	상, 중	8	74,000
B	소	상, 중	( )	44,000
C	소	상, 중	(가)	( )

※ 세트 가격은 세트로 구성된 사과 10개의 단가를 모두 더한 금액임.

① 1
② 2
③ 3
④ 4
⑤ 5

문 34. 다음 <표>는 A시의 신문 구독 가구 및 열독자 현황에 관한 자료이다. 이에 대한 <보기>의 설명 중 옳은 것만을 모두 고르면?

<표 1> 2022 ~ 2024년 A시의 신문 구독 가구 현황

(단위: 가구)

구분 \ 연도		2022	2023	2024
조사대상 가구		6,000	4,500	4,300
신문 구독 가구		900	536	430
구독 신문 개수	1개	810	450	344
	2개	63	54	65
	3개	9	22	21
	4개 이상	18	10	0
월간 총 신문 구독료	1만 원 미만	63	40	26
	1만 원 이상 2만 원 미만	783	450	350
	2만 원 이상 3만 원 미만	36	20	12
	3만 원 이상	18	26	42

<표 2> 2024년 A시의 신문 열독자 현황

(단위: 명)

구분		조사대상자	열독자
성별	남성	4,797	1,416
	여성	5,598	1,347
연령대	10대 이하	1,901	188
	20대	842	439
	30대	1,701	601
	40대	1,998	803
	50대	1,459	461
	60대 이상	2,494	271

<보 기>

ㄱ. 2024년 조사대상 가구 대비 신문 구독 가구 비율은 2023년보다 1.5 %p 이상 감소하였다.
ㄴ. 2024년 1개 또는 2개 신문을 구독하는 가구 수의 전년 대비 증감률은 3개 이상 신문을 구독하는 가구 수의 전년 대비 증감률보다 크다.
ㄷ. 2024년 월간 구독료가 15,000원 이상인 신문이 있다.
ㄹ. 2024년 연령대별 조사대상자 대비 열독자 비율은 40대가 가장 높다.

① ㄱ
② ㄱ, ㄷ
③ ㄴ, ㄹ
④ ㄱ, ㄷ, ㄹ
⑤ ㄴ, ㄷ, ㄹ

문 35. 다음 <표>는 '갑' ~ '무' 모니터와 '가' ~ '바' 그래픽카드의 사양 및 단가에 대한 자료이고, <대화>는 자료와 관련한 사무관 사이의 대화 내용이다. 이를 근거로 판단할 때, 2024년 3월 4일 A 부서에서 구매한 모니터와 그래픽카드의 전체 가격은?

<표 1> 모니터 제품별 사양 및 단가

(단위: Hz, 인치, 천 원/개)

구분 / 제품	해상도별 지원 여부			주사율	크기	단가
	FHD	QHD	UHD			
갑	○	○	○	60	32	360
을	○	○	○	100	27	480
병	○	×	×	60	32	230
정	○	○	○	75	32	530
무	○	○	×	120	27	420

※ 1) ○: 지원, ×: 미지원
2) 해상도가 높은 것부터 순서대로 나열하면 UHD, QHD, FHD임.

<표 2> 그래픽카드 제품별 사양 및 단가

(단위: fps, GB, 천 원/개)

구분 / 제품	해상도별 지원 프레임속도			메모리 용량	단가
	FHD	QHD	UHD		
가	337	287	163	24	3,100
나	224	141	68	12	680
다	172	108	52	8	520
라	306	214	115	24	1,600
마	217	147	77	16	740
바	129	81	39	8	380

<대 화>

장 사무관: 조 사무관님, 소개해주신 '갑'~'무' 모니터와 '가'~'바' 그래픽카드의 사양 및 단가 자료 확인했습니다. 그런데, 금번 A 부서의 모니터, 그래픽카드 구매 예산과 제품별 구매 수량은 어떻게 되나요?
3:10 pm

조 사무관: 네, 저희 A 부서는 총 3,000만 원 예산 범위 내에서 모니터 10개와 그래픽카드 32개를 2024년 3월 4일에 구매하셨습니다.
3:11 pm

장 사무관: 모니터 10개와 그래픽카드 32개를 각각 단일 제품으로 구매하셨나요?
3:13 pm

조 사무관: 네, 그렇습니다. 소개해드린 자료에서 모니터는 30인치 이상 크기에 QHD 이상 해상도를 지원하는제품을 선택하였고, 그래픽카드는 해당 모니터가 지원하는 가장 높은 해상도를 기준으로 그래픽카드 프레임속도 값이 모니터 주사율 값보다 큰 제품을 선택하였습니다.
3:16 pm

장 사무관: 그러셨군요. 예산 제약 때문에 제품 선택이 어려우셨겠어요.
3:17 pm

조 사무관: 네, 그렇습니다. 방금 말씀드린 사양을 만족하는 모니터와 그래픽카드 중 모니터는 단가 대비 주사율이 더 큰 제품을 선택하였고, 그래픽카드는 메모리 용량이 더 큰 제품을 선택하였습니다. 모든 구매는 예산 범위 내에서 제품별 단가대로 진행하였습니다.
3:19 pm

장 사무관: 수고 많으셨네요. 덕분에 큰 도움이 되었습니다. 감사합니다.
3:20 pm

① 25,360천 원
② 27,060천 원
③ 27,280천 원
④ 27,880천 원
⑤ 28,980천 원

문 36. 다음 <정보>는 A국에서 유조선에 선적하여 수출되는 원유의 최종단가를 산정하는 방법이고, <그림>과 <표>는 A국 현지단가, 유조선 '갑' ~ '무'의 원유 선적 현황이다. 이를 근거로 판단할 때, 유조선 '갑' ~ '무' 중 선적 원유의 최종단가가 가장 높은 것은?

<정 보>

○ 수출 지역에 따라 A국 현지단가를 기준으로 적용단가를 정한다.

수출 지역	적용단가
유럽	선적일에서 20일 경과한 날부터 5일간의 현지단가 평균
미국	선적일에서 30일 경과한 날부터 3일간의 현지단가 평균
아시아	선적일이 속한 달의 현지단가 평균

※ 예) 선적일이 2024년 1월 1일이고, 수출 지역이 미국인 유조선에 선적된 원유는 2024년 1월 31일부터 2024년 2월 2일까지의 현지단가 평균을 적용단가로 함.

○ 유조선별 선적 원유의 품질에 따라 적용단가에 품질계수를 곱하여 최종단가를 정한다.

품질	품질계수
고품질	1.1
저품질	1.0

<그림> 2024년 10월 날짜별 A국 현지단가

(단위: 달러/배럴)

SUN	MON	TUE	WED	THU	FRI	SAT
10 October		01 78	02 77	03 76	04 76	05 75
06 74	07 73	08 73	09 72	10 70	11 70	12 68
13 67	14 66	15 65	16 64	17 63	18 62	19 63
20 64	21 65	22 66	23 67	24 68	25 70	26 71
27 72	28 73	29 73	30 74	31 75		

<표> 유조선 '갑' ~ '무'의 A국 원유 선적 현황

구분 \ 유조선	갑	을	병	정	무
수출 지역	유럽	유럽	미국	미국	아시아
선적일	2024년 9월 18일	2024년 10월 7일	2024년 9월 22일	2024년 9월 4일	2024년 10월 2일
품질	고품질	저품질	고품질	저품질	고품질

① 갑
② 을
③ 병
④ 정
⑤ 무

문 37. 다음 <표>는 '갑'지역 국회의원 24명의 부동산 보유 현황에 관한 자료이다. 이에 대한 <보기>의 설명 중 옳은 것만을 모두 고르면?

<표 1> '갑'지역 국회의원 24명의 소속 정당별·부동산 유형별 보유자수

(단위: 명)

소속 정당 \ 부동산 유형	주택	상가	대지	농지
●●당	2	6	2	2
△△당	8	12	9	5
○○당	1	0	0	0

<표 2> '갑'지역 국회의원의 부동산 유형별 보유 현황 자료 중 일부

이름	소속 정당	주택	상가	대지	농지
A	△△당	✓	✓		
B	△△당		✓	✓	
C	△△당	✓	✓		
D	△△당	✓		✓	✓
E	△△당			✓	✓
F	△△당		✓	✓	
G	△△당		✓	✓	
H	△△당	✓	✓	✓	
I	△△당	✓	✓		✓
J	△△당			✓	
K	●●당		✓	✓	✓
L	●●당	✓	✓		
M	△△당	✓	✓		✓
N	△△당			✓	✓
O	△△당	✓	✓	✓	
P	△△당	✓			
Q	( )	✓	✓	✓	✓
R	( )	( )	( )	( )	( )

※ 1) ✓는 해당 부동산을 보유하고 있음을 의미함.
2) 부동산 유형은 제시된 4개뿐임.
3) '갑'지역 국회의원은 24명뿐임.

<보 기>

ㄱ. 농지만 보유한 국회의원은 없다.
ㄴ. 4개 유형의 부동산을 모두 보유한 국회의원은 '△△당' 소속이다.
ㄷ. 1개 유형의 부동산만을 보유한 국회의원은 9명이다.
ㄹ. 주택과 대지를 모두 보유한 국회의원은 5명이다.

① ㄱ, ㄴ
② ㄱ, ㄷ
③ ㄱ, ㄹ
④ ㄴ, ㄹ
⑤ ㄷ, ㄹ

문 38. 다음 <표>는 2020 ~ 2023년 '갑'국 변호사 시험의 성별 응시자수 및 합격자수에 관한 자료이다. 이에 대한 설명으로 옳지 않은 것은?

<표> '갑'국 변호사 시험의 성별 응시자수 및 합격자수

(단위: 명, %)

성별	구분 \ 연도	2020	2021	2022	2023
남성	응시자수	14,431	15,605	15,422	( )
	합격자수	( )	( )	12,273	12,222
	합격률	84.0	82.1	79.6	81.0
여성	응시자수	16,300	18,282	( )	18,504
	합격자수	( )	( )	14,309	14,465
	합격률	83.4	79.2	77.1	78.2
전체	응시자수	30,731	33,887	33,984	33,598
	합격자수	25,713	( )	26,582	26,687
	합격률	83.7	80.6	78.2	( )

※ $\text{합격률(\%)} = \frac{\text{합격자수}}{\text{응시자수}} \times 100$

① 전체 합격률은 2020년이 가장 높다.
② 남성 응시자수는 2022년이 2023년보다 많다.
③ 남성 응시자수 대비 여성 응시자수 비율은 매년 증가한다.
④ 여성 합격자수 대비 남성 합격자수 비율은 2020년이 2021년보다 높다.
⑤ 2022년 전체 합격자수는 전년 대비 3% 이상 감소하였다.

문 39. 다음 <표>는 2024년 '갑' ~ '정'국의 철도선로 활용 현황에 관한 자료이다. 이에 대한 <보기>의 설명 중 옳은 것만을 모두 고르면?

<표> 2024년 '갑' ~ '정'국의 철도선로 활용 현황

구분 \ 국가	갑	을	병	정
총선로길이(km)	15,100	63,700	27,200	3,900
인구 백만 인당	225	49	151	77
국토면적 천 km^2당	60	7	51	39
여객수송인원(백만 인)	1,665	1,554	9,091	1,269
여객수송거리(백만 인·km)	66,660	723,006	260,192	40,343
화물수송량(백만 톤)	90	2,294	31	37
화물수송거리(백만 톤·km)	19,000	1,980,061	20,255	9,749

※ 1) 여객수송거리는 여객수송인원에 수송거리를 곱한 값의 합임.
2) 화물수송거리는 화물수송량에 수송거리를 곱한 값의 합임.

<보 기>

ㄱ. 인구가 많은 국가일수록 총선로길이가 길다.
ㄴ. 국토면적이 넓은 국가일수록 여객수송인원 1인당 여객수송거리가 길다.
ㄷ. 화물수송량 1톤당 화물수송거리는 '을'국이 '갑'국의 3배 이상이다.
ㄹ. 총선로길이 대비 여객수송거리의 비율은 '정'국이 '을'국보다 높다.

① ㄱ, ㄴ
② ㄱ, ㄷ
③ ㄴ, ㄷ
④ ㄴ, ㄹ
⑤ ㄱ, ㄷ, ㄹ

문 40. 다음 <표>는 '갑'국의 건강보험료 분위별 세대 현황 및 분위별 세대의 세대원 구성비에 관한 자료이다. <표>와 <국민재난지원금 지급기준>에 따라 세대별로 지급하는 국민재난지원금을 산정할 때, <보기>의 설명 중 옳은 것만을 모두 고르면?

<표 1> 건강보험료 분위별 세대 현황

(단위: 원, 세대, 명)

분위 \ 구분	건강보험료		세대수	총세대원수
	최소	최대		
전체	80,970	3,182,760	25,000	56,750
1분위	80,970	157,150	5,000	11,200
2분위	157,151	187,230	5,000	11,200
3분위	187,231	226,880	5,000	11,450
4분위	226,881	291,940	5,000	11,450
5분위	291,941	3,182,760	5,000	11,450

※ 건강보험료는 세대 단위로 부과된 금액임.

<표 2> 건강보험료 분위별 세대의 세대원수에 따른 구성비

(단위: %)

분위별 세대 \ 세대원수	1인	2인	3인	4인 이상
1분위 세대	40	20	20	20
2분위 세대	40	20	20	20
3분위 세대	35	25	20	20
4분위 세대	35	25	20	20
5분위 세대	35	25	20	20

<국민재난지원금 지급기준>

○ (기준 1) 건강보험료가 226,880원 이하인 세대만 지급대상으로 함.
○ (기준 2) 세대원 1인당 10만 원을 지급함.
○ (기준 3) 세대별 지급가능 상한액은 40만 원임.

<보 기>

ㄱ. 국민재난지원금 지급 총액은 33억 원 이상이다.
ㄴ. (기준 1)만 변경하여 1인 세대는 보험료 187,230원 이하인 세대에만, 2인 이상인 세대는 보험료 226,880원 이하인 세대에만 지급한다면, 국민재난지원금 지급 총액은 31억 5천만 원이 된다.
ㄷ. (기준 3)만 변경하여 세대별 지급가능 상한액을 두지 않는다면, 지급대상 4인 이상 세대에 지급하는 국민재난지원금 평균은 42만 원이 된다.

① ㄱ
② ㄷ
③ ㄱ, ㄴ
④ ㄴ, ㄷ
⑤ ㄱ, ㄴ, ㄷ

문 1. 다음 글을 근거로 판단할 때 옳은 것은?

> 제00조 ① 국토교통부장관은 자동차정책기본계획(이하 '기본계획'이라 한다)을 5년마다 수립·시행하여야 한다.
> ② 국토교통부장관은 제1항에 따라 기본계획을 수립하거나 수립된 기본계획을 변경하려는 경우에는 관계 중앙행정기관의 장 및 시·도지사의 의견을 들은 후 국가교통위원회의 심의를 거쳐 확정한다. 다만 다음 각 호의 어느 하나에 해당하는 경우에는 그러하지 아니하다.
> 1. 기본계획에서 정한 부문별 사업비용을 100분의 15 이내의 범위에서 변경하는 경우
> 2. 기본계획에서 정한 부문별 사업기간을 1년 이내의 범위에서 변경하는 경우
> 3. 관계 법령의 개정 또는 관련 계획의 변경에 따라 기본계획의 내용 변경이 부득이한 경우
> 4. 계산착오, 오기, 누락 또는 이에 준하는 사유로서 그 변경근거가 분명한 사항을 변경하는 경우
>
> ③ 국토교통부장관은 기본계획의 수립·변경이 확정된 때에는 그 날부터 20일 이내에 관계 중앙행정기관의 장 및 시·도지사에게 통보하고, 이를 공고(인터넷 게재를 포함한다)하여야 한다.

① 기본계획에 대해 의견을 제출한 시·도지사는 그 의견에 따라 기본계획의 변경이 확정되었을 경우 이를 공고하여야 한다.
② 관계 법령의 개정에 따라 기본계획의 내용 변경이 부득이한 경우, 국토교통부장관은 기본계획을 변경하려면 관계 중앙행정기관의 장 및 시·도지사의 의견을 들어야 한다.
③ 국가교통위원회는 심의를 거쳐 확정된 기본계획을 관계 중앙행정기관의 장 및 시·도지사에게 20일 이내에 통보하여야 한다.
④ 기본계획에서 정한 부문별 사업기간을 2년의 범위에서 변경하는 경우, 국가교통위원회가 이를 심의·확정한다.
⑤ 기본계획에서 정한 부문별 사업비용을 20% 증가시키는 내용의 변경만 있는 경우, 국토교통부장관은 관계 중앙행정기관의 장 및 시·도지사의 의견을 들어야 한다.

문 2. 다음 글을 근거로 판단할 때 옳은 것은?

> 제00조 ① 누구든지 다음 각 호의 경우를 제외하고는 공개된 장소에 영상정보처리기기를 설치·운영하여서는 아니 된다.
> 1. 범죄의 예방 및 수사를 위하여 필요한 경우
> 2. 시설안전 및 화재 예방을 위하여 필요한 경우
> 3. 교통단속을 위하여 필요한 경우
> 4. 교통정보의 수집·분석·제공을 위하여 필요한 경우
>
> ② 누구든지 불특정 다수가 이용하는 목욕실, 화장실, 탈의실 등 개인의 사생활을 현저히 침해할 우려가 있는 장소의 내부를 볼 수 있도록 영상정보처리기기를 설치·운영하여서는 아니 된다. 다만 교도소, 정신보건시설 등 사람을 구금하거나 보호하는 시설에 대하여는 그러하지 아니하다.
> ③ 제1항 각 호에 따라 영상정보처리기기를 설치·운영하는 자(이하 '영상정보처리기기운영자'라 한다)는 정보주체가 쉽게 인식할 수 있도록 다음 각 호의 사항이 포함된 안내판을 설치하는 등 필요한 조치를 하여야 한다. 다만 군사시설, 국가중요시설 및 국가보안시설에 대하여는 그러하지 아니하다.
> 1. 설치 목적 및 장소
> 2. 촬영 범위 및 시간
> 3. 관리책임자 성명 및 연락처
>
> ④ 영상정보처리기기운영자는 영상정보처리기기의 설치 목적과 다른 목적으로 영상정보처리기기를 임의로 조작하거나 다른 곳을 비춰서는 아니 되며, 녹음기능은 사용할 수 없다.

① 영상정보처리기기운영자는 영상정보처리기기를 공개된 장소에 설치·운영하는 경우 해당 영상정보처리기기의 녹음기능을 사용할 수 있다.
② 교도소에서는 수형자가 이용하는 목욕실의 내부를 볼 수 있도록 영상정보처리기기를 설치·운영할 수 있다.
③ 범죄수사를 위하여 공개된 장소에 설치된 영상정보처리기기는 그 설치 목적과 다른 목적으로 임의로 조작하거나 다른 곳을 비출 수 있다.
④ 교통정보의 수집·분석·제공을 위한 목적으로는 공개된 장소에서 영상정보처리기기를 설치·운영할 수 없다.
⑤ 공개된 장소에 영상정보처리기기를 설치·운영하는 경우, 그 장소가 국가보안시설이라 하더라도 설치 목적·장소, 촬영 범위·시간 등이 명시된 안내판을 설치하여야 한다.

문 3. 다음 글을 근거로 판단할 때 옳은 것은?

제○○조 ① 이 법에서 '외국인성명 문서'란 행정기관이 외국인과 관련된 권리관계 또는 사실관계 등을 등록·등재하거나 확인·증명 등을 하기 위하여 외국인의 성명을 포함하여 작성 또는 발급하는 문서를 말한다.
② 외국인성명 문서에 외국인의 성명을 표기할 때는 로마자로 된 성명(이하 '로마자성명'이라 한다)을 표기하고 괄호 안에 한글로 된 성명(이하 '한글성명'이라 한다)을 병기하는 것을 원칙으로 한다.
제□□조 ① 로마자성명은 외국인등록증에 기재된 로마자성명으로 표기함을 원칙으로 한다.
② 제1항에 따른 로마자성명이 없는 경우에는 외국인 여권의 기계판독영역에 기재되어 있는 로마자성명으로 표기한다.
③ 외국인이 여권을 소지하고 있지 않거나 소지한 사실이 없는 경우에는 외국인이 국적을 둔 정부에서 발급한 공문서에 기재된 로마자성명으로 표기할 수 있다.
④ 제1항부터 제3항까지의 로마자성명은 대문자로 표기하되, 성(Surname)과 이름(Given name)의 순서로 표기한다. 이 경우, 성과 이름은 띄어쓰기를 하며 이름 사이에도 띄어쓰기를 할 수 있다.
제◇◇조 ① 한글성명은 가족관계등록부, 외국인등록표 및 그 밖에 행정기관에서 발행하는 공적 서류·증명서에 기재된 한글성명으로 표기함을 원칙으로 한다.
② 제1항에 따른 한글성명이 없는 경우에는 제□□조에 따른 외국인의 로마자성명을 기준으로 원래 성명의 원지음(原地音)을 따라 한글로 표기하되, 문화체육관광부장관이 정하여 고시하는 「외래어 표기법」에 따라 표기함을 원칙으로 한다.
③ 한글성명은 성과 이름의 순서로 표기하되, 성과 이름은 붙여 쓴다.

① 성이 '湯'이고 이름이 '鈺'인 외국인은 외국인성명 문서에 성명을 '湯 鈺'으로 표기하여야 한다.
② 로마자로 이름이 'Koko Katherine'이며 성이 'Brown'인 외국인의 외국인성명 문서에 표기된 로마자성명에는 띄어쓰기를 2번 할 수 있다.
③ 외국인의 한글성명이 외국인등록표에 기재되어 있더라도, 외국인성명 문서에는 로마자성명을 기준으로 원래 성명의 원지음을 「외래어 표기법」에 따라 한글로 달리 표기할 수 있다.
④ 로마자로 성이 'White'이며 이름이 'John', 한글로 성이 '화이트'이며 이름이 '존'인 외국인은 외국인성명 문서에 'White John (화이트 존)'으로 표기된다.
⑤ 여권을 가지고 있는 외국인이 외국인등록을 하지 않았다면, 해당 외국인의 외국인성명 문서에는 한글성명만 표기하여야 한다.

문 4. 다음 글을 근거로 판단할 때 옳은 것은?

제○○조 이 법에서 '우주손해'란 우주물체의 발사·운용 등으로 인하여 발생된 제3자의 사망·부상 및 건강의 손상과 같은 인적 손해와 재산의 파괴·훼손·망실과 같은 물적 손해를 말한다.
제□□조 ① 우주손해가 발생한 경우에는 해당 우주물체 발사자가 그 손해를 배상할 책임이 있다. 다만 우주공간에서 발생한 우주손해의 경우와 국가 간의 무력충돌, 적대행위로 인한 우주손해의 경우에는 고의 또는 과실이 있는 때에 한한다.
② 우주물체 발사자가 배상하여야 하는 책임한도는 2천억 원으로 한다.
제◇◇조 ① 우주물체의 발사허가를 받고자 하는 자는 손해배상을 목적으로 하는 책임보험에 가입하여야 한다.
② 제1항에 따라 가입하여야 하는 보험금액은 제□□조 제2항에 따른 손해배상책임 한도액의 범위 안에서 우주물체의 특성, 기술의 난이도, 발사장 주변 여건 및 국내외 보험시장 등을 고려하여 과학기술정보통신부장관이 정하여 고시한다.
③ 정부는 우주물체 발사자가 배상하여야 할 손해배상액이 제2항의 보험금액을 초과하는 경우에 이 법의 목적을 달성하기 위하여 필요하다고 인정할 때에는 우주물체 발사자에 대하여 필요한 지원을 할 수 있다.
제△△조 이 법에 따른 손해배상청구권은 피해자 또는 그 법정대리인이 그 손해를 안 날부터 1년 이내에 행사하지 아니한 경우 또는 우주손해가 발생한 날부터 3년이 경과한 경우에는 시효로 인하여 소멸한다.

① 우주물체의 발사허가를 받고자 하는 자는 보험금액 2천억 원의 책임보험에 가입하여야 한다.
② 우주공간에서 제3자에게 우주손해가 발생한 경우 해당 우주물체 발사자가 과실 여부에 관계없이 그 손해를 배상할 책임이 있다.
③ 과학기술정보통신부장관은 우주물체 발사자가 우주손해 발생 시 배상하여야 하는 책임한도를 2천억 원 이상으로 정하여 고시하여야 한다.
④ 우주물체 발사자는 우주물체의 발사·운용 등으로 인하여 건강 손상에 따른 손해를 입은 제3자에게는 손해를 배상할 책임이 없다.
⑤ 우주물체의 발사로 2022. 1. 2. 물적 손해를 입은 제3자가 그 손해를 2025. 2. 15. 알게 된 경우 그 자는 손해배상청구권이 없다.

문 5. 다음 글과 <상황>을 근거로 판단할 때, <보기>에서 옳은 것만을 모두 고르면?

제○○조(검정고시의 시행 및 공고) ① 검정고시위원회는 연 2회 이상 고등학교 졸업학력 검정고시(이하 '검정고시'라 한다)를 시행하여야 한다.
② 검정고시위원회는 검정고시를 시행하기 2개월 이전에 시험의 일시·장소, 원서접수, 그 밖에 검정고시의 시행에 관한 사항을 공고하여야 한다.
제□□조(응시자격) ① 검정고시 시행일을 기준으로 다음 각 호의 어느 하나에 해당하는 사람은 검정고시에 응시할 수 있다.
1. 중학교 졸업자 및 이와 같은 수준 이상의 학력이 있다고 인정된 사람
2. 고등학교에 준하는 각종학교의 졸업자 또는 졸업예정자
3. 소년원학교에 재학 중인 보호소년 중 18세 이상으로 고등학교 교육과정을 이수 중인 사람

② 제1항에도 불구하고 다음 각 호의 어느 하나에 해당하는 사람은 검정고시에 응시할 수 없다.
1. 고등학교를 졸업하였거나 재학 중인 사람
2. 고등학교에서 퇴학(자퇴한 경우를 포함한다. 이하 같다)한 사람으로서 퇴학일부터 제○○조 제2항에 따른 공고일까지의 기간이 6개월 이상이 되지 않은 사람. 다만 「장애인복지법」에 따라 등록한 장애인으로서 신체적·정신적 장애로 학업을 계속하는 것이 불가능하여 퇴학한 사람은 제외한다.

<상 황>

검정고시위원회는 2024년도에 6. 15.(1회차) 및 12. 14.(2회차) 두 차례 검정고시를 시행하기로 하였고, 해당 검정고시의 시행에 관한 사항을 2024. 4. 12. 및 10. 11. 각각 공고하였다.

<보 기>

ㄱ. 고등학교 졸업예정자로서 2024. 9. 24. 기준 18세 이상인 甲은 2024년도 2회차 검정고시에 응시할 수 있다.
ㄴ. 고등학교 1학년에 재학하던 중 해외유학을 목적으로 2023. 11. 23. 자퇴한 乙은 2024년도 1회차 검정고시에 응시할 수 없다.
ㄷ. 보호소년으로서 소년원학교에서 고등학교 교육과정을 이수 중이고 생년월일이 2006. 7. 15.인 丙은 2024년도 2회차 검정고시에 응시할 수 있다.
ㄹ. 「장애인복지법」에 따라 등록한 장애인으로서 고등학교에 재학 중 신체적 장애로 학업을 계속하는 것이 불가능하여 2024. 6. 10. 자퇴한 丁은 2024년도 2회차 검정고시에 응시할 수 있다.

① ㄱ, ㄷ
② ㄱ, ㄹ
③ ㄴ, ㄹ
④ ㄱ, ㄴ, ㄷ
⑤ ㄴ, ㄷ, ㄹ

문 6. 다음 글을 근거로 판단할 때, <보기>에서 옳은 것만을 모두 고르면?

'장'은 우리 고유의 말이다. 한자 표기인 '欌(장)'도 우리나라에서 만들어 사용하는 한자이다. 欌이라는 한자가 사용되기 이전에는 중국의 명칭을 따라 '竪櫃(수궤)'라고 표기하였다. 이후 우리말을 표기하는 과정에서 장이 한자어가 된 것이다.

장은 실용성과 심미성이 커서 물건을 보관하거나 집 내부를 꾸미는 등 다양한 용도로 사용되었다. 주로 남성이 사용하는 사랑방에는 문방사우, 의복, 탁자 등을 둘 수 있는 책장, 의걸이장, 탁자장 등이 배치되었다. 여성이 기거하는 안방에는 용도에 따라 버선장, 실장, 솜장, 머릿장 등을 두었다. 이 중 머릿장은 사랑방에서 사용되기도 하였다.

장을 제작할 때는 자연스러운 아름다움을 추구하였다. 특히 또렷하게 드러나는 나이테 모양을 있는 그대로 활용하는 경우가 많았다. 다만 나이테 모양이 드러나는 판자를 그대로 사용하는 경우 계절의 변화에 따라 수축과 팽창이 심하여 가구의 변형이 많이 일어나는 문제가 있었다. 이를 해결하기 위해 느티나무, 물푸레나무 등 나이테가 뚜렷한 자재를 2 ~ 3 mm 두께로 얇게 자르고, 변형이 적은 오동나무나 소나무와 같은 자재에 결을 엇갈리게 붙인 후 골재에 끼웠다. 이때 풀을 사용하지 않고 홈에 끼우는 촉짜임기법을 이용해 변형을 최소화하였다.

<보 기>

ㄱ. '竪櫃'라는 한자가 사용되기 이전에는 '欌'이라는 한자가 사용되었을 것이다.
ㄴ. 소나무 자재는 물푸레나무 자재보다 변형이 적을 것이다.
ㄷ. 머릿장은 안방에서만 사용했을 것이다.
ㄹ. 촉짜임기법은 장에 정교한 조각을 장식하기 위해 고안된 것이다.

① ㄱ
② ㄴ
③ ㄱ, ㄷ
④ ㄴ, ㄹ
⑤ ㄴ, ㄷ, ㄹ

문 7. 다음 글과 <상황>을 근거로 판단할 때, 甲 ~ 丁 일행에게 제공되는 중간 컵의 개수는?

<A카페 메뉴판>

□ 음료 종류
○ 에스프레소(1잔의 양)
- 싱귤러(30 ml): 농도가 연하며 산미와 단맛, 쓴맛이 균형을 이룸
- 리스트레또(20 ml): 농도가 진하며 산미와 단맛이 강함
- 룽고(40 ml): 농도가 연하나 쓴맛이 강함
- 도피오(60 ml): 싱귤러와 같은 농도로 양이 2배
○ 아메리카노: 에스프레소(1잔)와 물을 1 : 8의 부피 비율로 제조
○ 카페라떼: 에스프레소(1잔)와 우유를 1 : 6의 부피 비율로 제조
○ 아인슈패너: 싱귤러(1잔), 물, 생크림을 1 : 3 : 1의 부피 비율로 제조
○ 콘파냐: 도피오(1잔)와 생크림을 1 : 1.5의 부피 비율로 제조

□ 컵 제공 사항
○ 작은 컵: 100 ml 미만의 음료
○ 중간 컵: 100 ml 이상 200 ml 미만의 음료
○ 큰 컵: 200 ml 이상의 음료

<상 황>

A카페를 방문한 甲 ~ 丁은 아래와 같이 대화를 나누며 음료를 주문했다.

甲: 싱귤러로 만든 카페라떼 1잔을 마실래.
乙: 아인슈패너와 콘파냐 1잔씩 시켜서 맛을 비교해보려고 해.
丙: 그럼 나는 쓴맛이 강한 에스프레소로 만든 아메리카노 1잔을 주문할게.
丁: 배가 부르네. 농도가 진한 에스프레소 1잔을 마셔야겠어.

① 1
② 2
③ 3
④ 4
⑤ 5

문 8. 다음 글을 근거로 판단할 때, <상황>의 (가)와 (나)에 들어갈 수를 옳게 짝지은 것은?

압력을 나타내는 단위인 mmHg는 수은 기둥을 이용해 기압을 측정하는 데 사용된다. 1 mmHg는 수은 기압계의 수은 기둥 높이가 1 mm일 때의 압력을 의미하고, 수은 기둥의 높이와 압력은 비례한다.

해수면에서 측정되는 대기의 압력은 760 mmHg이며, 이를 1기압이라고 한다.

<상 황>

○ 수은 기압계의 수은 기둥 높이가 1 m일 때의 압력과 1기압의 차는 (가) mmHg이다.
○ 해수면으로부터 10 m씩 깊어질 때마다 1기압에 해당하는 압력이 증가한다면, 수심 40 m에서의 압력은 (나) mmHg이다.

	(가)	(나)
①	0	3040
②	0	3800
③	240	2280
④	240	3040
⑤	240	3800

문 9. 다음 글을 근거로 판단할 때, 乙이 사망하던 날 甲의 나이는?

> 甲은 0세의 나이에 75세의 얼굴을 지녔으며, 다른 모든 사람과는 반대로 나이를 한 살 먹을 때마다 얼굴은 한 살씩 어려진다. 乙은 21세가 되는 날, 乙의 나이보다 30세가 더 많아 보이는 甲과 결혼했다. 甲과 乙은 결혼한 지 1년이 되는 날에 아들을 낳았다. 甲의 얼굴이 아들과 동일한 나이로 보이게 되는 날에 乙은 사망하였고, 甲은 乙의 사망일로부터 10년을 더 살았다.

① 40세
② 45세
③ 50세
④ 55세
⑤ 60세

문 10. 다음 글을 근거로 판단할 때, 甲과 戊가 하루에 가져오는 셔틀콕 개수의 차는?

> 甲 ~ 戊는 매주 월요일부터 금요일까지 배드민턴 동호회 활동을 한다. 이들은 각자에게 지정된 개수의 셔틀콕을 매일 가지고 오기로 했다. 지정된 셔틀콕의 개수는 5명이 서로 다르며 요일에 따른 변동은 없다. 이들이 하루에 가져오는 셔틀콕 개수의 총합은 24개이다.
>
> 甲이 5일 동안 가져오는 셔틀콕의 총 개수는 丙이 하루에 가져오는 셔틀콕 개수와 같다. 또 丙이 3일 동안 가져오는 셔틀콕 개수와 丁이 2일 동안 가져오는 셔틀콕 개수의 차는 3이다. 乙이 하루에 가져오는 셔틀콕의 개수는 戊가 하루에 가져오는 셔틀콕의 개수보다 적고, 그 두 수를 곱하면 홀수이다.

① 5
② 6
③ 7
④ 8
⑤ 9

문 11. 다음 글과 <상황>을 근거로 판단할 때, <보기>에서 옳은 것만을 모두 고르면?

○○낚시대회에서는 잡은 물고기마다 아래의 <표>에 따른 점수를 부여한 후, 이를 모두 합산한 점수가 높은 순서대로 순위를 매긴다.

<표>

물고기 종류	점수(마리당)
A	30
B	20
C	10

<상 황>

○○낚시대회에서 甲, 乙, 丙은 <표>의 물고기만 잡았다. 甲, 乙, 丙은 각각 3, 4, 5마리를 잡았고 점수의 합이 서로 달랐다. 그리고 甲, 乙, 丙은 각각 1, 2, 3위를 차지하였다.

<보 기>

ㄱ. 甲은 A를 잡았다.
ㄴ. 乙이 80점으로 2위를 차지했다면, 乙은 B를 잡았다.
ㄷ. 丙은 C를 한 마리도 못 잡았다.

① ㄱ
② ㄴ
③ ㄱ, ㄷ
④ ㄴ, ㄷ
⑤ ㄱ, ㄴ, ㄷ

문 12. 다음 글을 근거로 판단할 때, <보기>에서 옳은 것만을 모두 고르면?

甲은 업무코드를 내부 정보망에 입력한 후 해당 업무를 처리한다. 업무코드는 4자리로, 알파벳(2개)과 숫자(2개)로 구성된다. 甲이 담당하는 업무와 업무코드는 다음과 같다.

업무코드	업무	업무코드	업무
AD10	사업자등록 결과처리	CB11	신고서 목록 관리
BA13	휴폐업신고서 관리	CD08	신고자내역 조회
BC03	휴폐업신고서 조회	DA14	신용카드 이용대금 조회
BE02	사업자등록신청서 입력	DD12	전자계산서 발급 조회

甲은 오늘 '휴폐업신고서 관리', '신고서 목록 관리'를 포함하여 업무코드가 서로 다른 6건의 업무를 처리했다.

<보 기>

ㄱ. 'A'를 1번만 입력했다면, 'D'는 3번 입력했다.
ㄴ. 가장 많이 입력한 알파벳이 'B'라면, '전자계산서 발급 조회'를 처리하지 않았다.
ㄷ. 입력한 업무코드 네 번째 자리의 숫자 총합이 21이라면, '신고자내역 조회'를 처리했다.

① ㄱ
② ㄴ
③ ㄱ, ㄷ
④ ㄴ, ㄷ
⑤ ㄱ, ㄴ, ㄷ

문 13. 다음 글과 <상황>을 근거로 판단할 때, 甲이 새로 빌려온 책의 마지막 쪽을 읽는 요일은?

> 甲은 월요일부터 금요일까지 매일 책을 읽고, 토요일과 일요일에는 책을 읽지 않는다. 또한 甲은 새로운 책을 읽기 시작할 때 요일마다 쪽수(자연수)를 정해놓고 순서대로 읽는다. 예를 들어, 甲이 월요일에 세 쪽을 읽고 수요일에 다섯 쪽을 읽기로 정했다면, 매주 월요일마다 세 쪽을 다 읽고 매주 수요일마다 다섯 쪽을 다 읽는 것이다.

<상 황>

> 甲은 새로 빌려온 책(1 ~ 74쪽)을 화요일에 1쪽부터 읽기 시작했다. 甲이 그 다음 주 화요일에 책을 읽고 나서 마지막으로 읽은 쪽의 쪽번호를 보니 17이었다. 이틀 뒤에 책을 읽고 나서 마지막으로 읽은 쪽의 쪽번호를 보니 23이었다. 책을 사흘 더 읽은 후 마지막으로 읽은 쪽의 쪽번호를 보니 31이었다.

① 월요일
② 화요일
③ 수요일
④ 목요일
⑤ 금요일

문 14. 다음 글을 근거로 판단할 때, 己가 받은 작년과 올해 성과평가 등급은?

> △△과는 직원 6명(甲 ~ 己)에 대해 매년 성과평가를 실시하여 1명에게는 가장 높은 S등급, 2명에게는 A등급, 3명에게는 가장 낮은 B등급을 부여한다. 甲 ~ 己는 올해 성과평가 등급을 받은 뒤 아래와 같은 <대화>를 나누었다. 이들은 대화 전까지 자신의 작년과 올해 성과평가 등급은 알고 있었지만, 다른 직원의 성과평가 등급은 모르고 있었다.
>
> <대 화>
>
> 甲: 나는 작년보다 등급이 올랐어.
> 乙: 나도 작년보다 등급이 올랐어.
> 丙: 그래? 나는 그대로야.
> 丁: 나는 甲, 乙, 丙 너희들이 작년이랑 올해 어떤 성과평가 등급을 받았는지 알겠어.
> 戊: 나는 너희 말을 들으니 우리 모두가 작년이랑 올해 어떤 성과평가 등급을 받았는지 알겠어.
> 己: 이제 나도 알겠어.

	작년	올해
①	S	A
②	S	B
③	A	S
④	A	B
⑤	B	A

문 15. 다음 글과 <상황>을 근거로 판단할 때, 甲이 문구점에 들어갈 때 휴대하였던 동전의 개수는?

○ 甲은 '머니'라는 화폐 단위를 사용하는 A국에 살고 있다.
○ A국 화폐는 1,000머니와 500머니의 지폐, 100머니와 50머니의 동전으로 이루어져 있다.
○ 현금만 사용하는 甲은 현금 휴대에 따르는 불편함을 수치화한 '불편지수'를 다음과 같이 만들었다.

불편지수 = 휴대한 지폐 개수×3 + 휴대한 동전 개수×1

○ 甲은 불편지수가 최소가 되도록 현금을 휴대한다. 이는 거스름돈을 받을 때도 적용된다.

<상 황>

甲은 문구점에서 850머니를 결제하고 거스름돈을 받았으며, 이때 불편지수는 9였다. 다음 꽃집에서 1,000머니를 결제하고 남은 현금 중 동전은 3개였다. 마지막으로 편의점에서 800머니를 결제하고 거스름돈을 받았다. 그 결과 甲에게 지폐는 남아있지 않았다.

① 1
② 2
③ 3
④ 4
⑤ 5

문 16. 다음 글을 근거로 판단할 때, 민서가 결제할 금액은?

다음은 인영과 민서가 아래 <표>를 보면서 나눈 <대화>이다.

<대 화>

인영: 이번에 좋은 공연이 많던데, 나는 뮤지컬 공연을 보고 싶어.
민서: 나는 지난달에 바이올린 협주 공연을 보고 와서 이번엔 다른 공연에 가려고 해.
인영: 그런데 티켓 가격이 조금 부담스럽지 않아? 너는 학생할인을 받을 수 있어서 조금 더 저렴하게 공연을 볼 수 있겠다.
민서: 맞아. 그래서 결제할 금액이 제일 저렴한 공연을 볼 생각이야.
인영: 그렇구나. 시험이 10월 11일이라 그 전에는 가기 어렵겠어.
민서: 아니야. 시험일정이 10월 9일로 바뀌어서 그 전만 아니면 괜찮을 거야. 그보다 B시는 우리집에서 너무 멀어서 안 가려고.

<표>

구분	뮤지컬	바이올린 협주	피아노 협주	오페라	오케스트라
티켓 가격	77,000원	90,000원	120,000원	100,000원	110,000원
공연 날짜	10월 6일	10월 15일	10월 11일	10월 17일	10월 10일
공연 장소	A시 아트센터	C시 문화회관	A시 아트센터	C시 문화회관	B시 콘서트홀
학생할인 (20 %) 여부	×	×	○	×	○

① 77,000원
② 88,000원
③ 90,000원
④ 96,000원
⑤ 100,000원

문 17. 다음 글과 <상황>을 근거로 판단할 때, 민원처리 우수 공무원으로 선정되는 사람은?

<민원처리 우수 공무원 선정 기준>

○ 민원처리 점수에 가점 또는 감점을 하여 점수의 총합이 가장 높은 사람을 민원처리 우수 공무원으로 선정한다. 민원처리 점수의 산정 방식과 가점 및 감점 기준은 다음과 같다.

민원처리 점수 = (민원만족도×0.8) + (민원처리 건수×0.2)

- 우수답변 선정 민원 1건당 1점 가점
- 미결재 민원 1건당 1점 감점
- 처리기간 초과 민원 1건당 1점 감점

○ 민원만족도가 80점 미만이거나 민원처리 건수가 월 40건 미만인 사람은 민원처리 우수 공무원으로 선정될 수 없다.

<상 황>

○ A부처는 8월의 민원처리 우수 공무원을 선정하려고 한다. A부처 공무원(甲~戊)의 8월 민원처리 현황은 다음과 같다.

구분	민원 만족도	민원처리 건수	우수답변 선정 건수	미결재 건수	처리기간 초과 건수
甲	85점	50건	0건	1건	3건
乙	80점	40건	3건	0건	0건
丙	85점	40건	1건	0건	1건
丁	90점	35건	0건	2건	2건
戊	75점	55건	4건	1건	1건

① 甲
② 乙
③ 丙
④ 丁
⑤ 戊

문 18. 다음 글을 근거로 판단할 때, 甲사무관이 세 번째로 정산할 사업은?

○ 甲사무관은 내년도 예산편성을 위해 증액요청을 한 사업을 대상으로 올해 지출 내역을 정산하고자 한다.

○ 甲사무관이 담당하고 있는 올해 사업(A~E)의 사업비 내역은 다음과 같다.

(단위: 천 원)

사업	총사업비	보조금 총액	보조금 집행액	증액요청 여부
A	250,000	200,000	200,000	○
B	30,000	27,000	27,000	○
C	125,000	120,000	120,000	×
D	90,000	81,000	81,000	○
E	82,000	65,600	64,600	○

○ 정산 순서에 대한 규칙은 다음과 같다.
- 총사업비 대비 보조금 총액 비율이 높은 사업부터 정산한다.
- 총사업비 대비 보조금 총액 비율이 동일한 경우, 보조금 총액이 큰 사업부터 정산한다.

○ 위 규칙에도 불구하고 보조금 미집행액이 있는 사업을 우선하여 정산한다.

① A
② B
③ C
④ D
⑤ E

[19 ~ 20] 다음 글을 읽고 물음에 답하시오.

> 태양광 발전은 태양의 빛에너지를 전기에너지로 바꾸는 발전 방식이다. 태양광 발전 효율은 기상 요소, 지리 요소, 설비 요소 등의 영향을 받는다. 발전 효율이 가장 높아지는 태양광 패널의 최적 온도는 25 ℃이며, 일사량이 많은 맑은 날에 발전 효율이 높다. 우리나라의 경우, 위도가 낮을수록 태양의 고도가 높아 태양광 발전 효율이 향상된다. 또한 해발 고도가 높을수록 발전 효율도 높은데, 그 이유는 태양광 발전 시스템의 설비가 지표로부터 방출되는 복사열의 영향을 덜 받기 때문이다. 패널 경사각 또한 태양광 발전 효율에 큰 영향을 미치는데, 태양광 패널과 태양광선의 각도가 90 °일 때 가장 효율이 높다.
>
> 태양광 발전의 장점은 태양으로부터 에너지 자원을 거의 무한에 가깝게 공급받을 수 있으며, 발전 과정 자체만 봤을 때 이산화탄소가 발생하지 않는다는 것이다. 또한 전기를 끌어오기 힘든 장소에서도 쉽게 설치할 수 있을 만큼 발전 설비가 단순하고, 보수 및 유지 관리에 비용이 적게 든다. 그러나 패널 생산 과정에서의 유해물질 발생, 폐패널 처리 문제, 설치에 따른 환경 파괴와 같은 단점이 있다.
>
> 태양광 발전소의 규모를 나타내는 단위로는 kW(킬로와트), MW(메가와트) 등의 전력 단위가 사용된다. 1 MW 태양광 발전소는 시간당 1 MW(1,000 kW)의 전력을 생산하는 규모의 발전소를 말한다. 설비 효율이나 환경적 특성 등에 따라 달라지지만, 1 MW 태양광 발전소를 건설하려면 3,000 ~ 4,000평의 면적이 필요하다. 1 MW 태양광 발전소를 통해 전기를 생산하면, 같은 양의 전기를 화석연료 발전 방식으로 생산할 때보다 연간 500톤의 이산화탄소를 감축하는 효과가 있다.

문 19. 윗글을 근거로 판단할 때, <보기>에서 옳은 것만을 모두 고르면?

<보 기>

ㄱ. 우리나라의 경우, 태양광 발전은 위도와 해발 고도가 높을수록 태양광 발전 효율이 높다.
ㄴ. 0.5 MW 규모 태양광 발전소의 하루 발전시간이 2시간이면, 30일 동안 생산하는 전력은 30 MW이다.
ㄷ. 태양광 패널과 지표면의 각도가 90 °일 때 태양광 발전 효율이 가장 높다.
ㄹ. 태양광 발전은 설비가 단순하지만 보수 및 유지관리 비용이 많이 드는 문제가 있다.

① ㄱ
② ㄴ
③ ㄱ, ㄹ
④ ㄴ, ㄷ
⑤ ㄴ, ㄷ, ㄹ

문 20. 윗글을 근거로 판단할 때, (가)와 (나)에 들어갈 수를 옳게 짝지은 것은?

> ○ 한 가구당 30일 동안 필요한 전력이 250 kW라면, 1 MW 태양광 발전소에서 하루 4시간씩 30일 동안 생산하는 전력은 [(가)]가구에 30일 동안 필요한 전력과 동일하다.
> ○ 나무 한 그루가 감축하는 이산화탄소의 양이 연간 2.5 kg이라면, 1 MW 태양광 발전소는 같은 양의 전기를 생산하는 화석연료 발전 방식에 비해, 나무 [(나)] 그루가 1년 동안 감축하는 이산화탄소의 양과 동일한 양의 이산화탄소를 감축하는 효과가 있다.

	(가)	(나)
①	120	100,000
②	120	200,000
③	480	200,000
④	480	400,000
⑤	600	400,000

문 21. 다음 글을 근거로 판단할 때 옳은 것은?

제00조(수출입규제폐기물의 수출허가) ① 수출입규제폐기물을 수출하려는 자는 환경부장관의 허가를 받아야 한다. 허가받은 사항을 변경하려는 경우에도 또한 같다.
② 환경부장관은 수출입규제폐기물의 수출허가 신청 또는 변경허가 신청을 받은 경우에는 다음 각 호의 어느 하나에 해당하면 이를 허가할 수 있다.
 1. 국내에서 해당 폐기물을 환경적으로 건전하고 적정하게 처리하기 위하여 필요한 기술과 시설을 가지고 있지 아니한 경우
 2. 해당 폐기물이 수입국에서 재활용을 위한 산업의 원료로 필요한 경우
③ 환경부장관은 제2항에 따른 수출허가를 하려는 경우에는 수출하려는 수출입규제폐기물의 수입국 및 경유국의 동의를 받아야 한다.
④ 환경부장관은 제2항에 따른 허가를 할 때 물리적·화학적 특성이 같은 수출입규제폐기물을 국내의 같은 세관 및 수입국의 같은 세관을 통하여 같은 자에게 두 번 이상 수출하는 경우에는 12개월의 범위에서 기간을 정하여 한꺼번에 허가할 수 있다.
⑤ 제1항에 따라 수출허가 또는 변경허가를 받은 자는 다른 자에게 자기의 명의나 상호를 사용하여 수출입규제폐기물을 수출하게 하거나 수출입규제폐기물 수출허가서 또는 변경허가서를 빌려주어서는 아니 된다.

① 환경부장관은 수입국의 동의가 없어도 경유국의 동의를 받아 수출입규제폐기물의 수출허가를 할 수 있다.
② 수출입규제폐기물을 수출하는 것은 허가를 받아야 하지만, 그 허가받은 사항을 변경하는 것은 허가 대상이 아니다.
③ 환경부장관이 수출입규제폐기물의 수출허가를 할 경우, 같은 자에게 수출하더라도 수입국의 세관이 동일하지 않으면 기간을 정하여 한꺼번에 허가할 수 없다.
④ 수출입규제폐기물의 수출허가를 받은 자는 다른 자에게 자기의 상호를 사용하여 수출입규제폐기물을 수출하게 할 수 있다.
⑤ 국내에서 특정 수출입규제폐기물을 환경적으로 건전하고 적정하게 처리하는 데 필요한 기술과 시설을 가지고 있다면, 해당 폐기물이 수입국에서 재활용을 위한 산업의 원료로 필요한 경우에도 환경부장관은 수출허가를 하여서는 안 된다.

문 22. 다음 글을 근거로 판단할 때 옳은 것은?

제00조(목적) 이 규정은 외국에 발신하는 공문서와 국가의 중요문서, 그 밖의 시설 또는 물자 등에 대한민국을 상징하는 휘장(徽章) 등으로 사용하기 위한 나라문장(紋章)에 관하여 필요한 사항을 정함을 목적으로 한다.
제00조(사용·도안 등) ① 나라문장은 휘장이나 철인(鐵印)으로 하여 사용한다.
② 나라문장은 가운데에 원으로 된 태극을 그리고 이를 무궁화 꽃잎 5개가 감싸도록 하며, 꽃잎 아래쪽에 한글로 '대한민국'을 표기한다.
③ 제2항의 태극의 윗부분은 빨간색, 아랫부분은 파란색으로 하며, 무궁화 꽃잎은 금색으로 한다. 다만 나라문장을 철인으로 하여 사용할 때는 색을 넣지 않는다.
제00조(사용) 나라문장은 다음 각 호의 문서, 시설 또는 물자에만 사용할 수 있다.
 1. 외국·국제기구 또는 국내 외국기관에 발신하는 공문서
 2. 1급 이상 상당 공무원의 임명장
 3. 훈장과 훈장증 및 대통령 표창장
 4. 국가공무원 신분증
 5. 국공립 대학교의 졸업증서 및 학위증서
 6. 재외공관 건물
 7. 정부 소유의 선박 및 항공기
 8. 화폐
제00조(위치) 문서에 휘장이나 철인을 사용할 때에는 해당 문서의 중앙상단부에 오도록 한다.

① 1급 공무원에게 수여되는 국무총리 표창장의 경우, 나라문장을 사용할 수 있다.
② 나라문장을 철인으로 하여 사용할 경우, 무궁화 꽃잎은 금색으로 하여야 한다.
③ 국제연합(UN)의 산하 전문기구인 세계보건기구(WHO)가 대한민국 정부에 발신하는 공문서의 경우, 나라문장을 사용할 수 있다.
④ 미국에 소재하는 대한민국 대사관 건물에 사용하는 나라문장에는 대한민국을 무궁화 꽃잎 아래쪽에 영어로 표기한다.
⑤ 대한민국 정부가 주한 영국대사관에 발신하는 공문서에 나라문장을 사용하는 경우, 나라문장은 해당 문서의 중앙상단부에 위치한다.

문 23. 다음 글을 근거로 판단할 때 옳은 것은?

> 제00조(도서관자료의 납본) ① 누구든지 도서관이 수집·정리·보존하는 도서관자료(온라인 자료는 제외한다. 다만 온라인 자료 중 국제표준자료번호를 부여받은 온라인 자료는 포함한다. 이하 이 조에서 같다)를 발행 또는 제작한 경우 그 발행일 또는 제작일부터 30일 이내에 그 도서관자료를 국립중앙도서관에 납본하여야 한다. 수정증보판인 경우에도 또한 같다.
> ② 국가, 지방자치단체 및 공공기관이 제1항에 따라 도서관자료를 국립중앙도서관에 납본하는 경우에는 디지털파일 형태로도 납본하여야 한다.
> ③ 국립중앙도서관은 제1항 및 제2항에 따라 도서관자료를 납본한 자에게 지체 없이 납본 증명서를 발급하여야 하며, 납본한 도서관자료의 전부 또는 일부가 판매용인 경우에는 그 도서관자료에 대하여 정당한 보상을 하여야 한다.
> 제00조(온라인 자료의 수집) ① 국립중앙도서관은 국내에서 서비스되는 온라인 자료 중에서 보존가치가 높은 온라인 자료를 선정하여 수집·보존하여야 한다.
> ② 국립중앙도서관은 온라인 자료가 기술적 보호조치에 따라 수집이 제한되는 경우 해당 온라인 자료 제공자에게 협조를 요청할 수 있고, 요청을 받은 자는 특별한 사유가 없으면 이에 따라야 한다.
> ③ 국립중앙도서관은 제1항에 따라 수집하는 온라인 자료의 전부 또는 일부가 판매용인 경우에는 그 온라인 자료에 대하여 정당한 보상을 하여야 한다.
> 제00조(국제표준자료번호) 도서 또는 연속간행물(온라인으로 발행 또는 제작되는 도서 및 연속간행물을 포함한다)을 발행 또는 제작하고자 하는 공공기관, 개인 및 단체는 그 도서 또는 연속간행물에 대하여 국립중앙도서관으로부터 국제표준자료번호를 부여받아야 한다.

※ 납본: 도서관자료를 발행·제작하는 자가 일정 부수를 법령으로 정하는 기관에 의무적으로 제출하는 것

① 온라인 자료에 대해 국제표준자료번호를 부여받아 납본한 경우, 국립중앙도서관은 지체 없이 납본 증명서를 발급하여야 한다.
② 공공기관이 국제표준자료번호를 부여받지 않은 온라인 자료를 발행한 경우, 디지털파일 형태의 납본의무가 있다.
③ 도서관자료를 납본한 자가 국가라면, 국립중앙도서관은 그 자료의 일부가 판매용인 경우에도 그에 대한 보상의무가 없다.
④ 납본한 도서가 모두 판매되어 해당 도서를 내용 변경 없이 일정 부수를 추가 인쇄한 경우, 추가 인쇄일부터 30일 이내에 이를 국립중앙도서관에 납본하여야 한다.
⑤ 국립중앙도서관은 국내에서 서비스되는 온라인 자료 중 국제표준자료번호를 부여받지 않은 자료에 대해서는 수집·보존의무가 없다.

문 24. 다음 글과 <상황>을 근거로 판단할 때, <보기>에서 2024년 과세기준일을 기준으로 甲에게 재산세가 부과되는 경우만을 모두 고르면?

> 제00조(과세 기준 및 대상) 사업자는 그 소유 재산에 대하여 납세의무가 있다. 재산세는 과세기준일인 12월 1일을 기준으로 부과하며, 사업자가 소유하는 토지, 건축물, 주택, 항공기 및 선박을 과세 대상으로 한다.
> 제00조(비과세) ① 국가, 지방자치단체 또는 지방자치단체조합이 1년 이상 무상으로 공용 또는 공공용으로 사용하는 재산에 대하여는 재산세를 부과하지 아니한다.
> ② 다음 각 호에 따른 재산에 대하여는 재산세를 부과하지 아니한다.
> 1. 대통령령으로 정하는 도로·하천·제방 및 묘지
> 2. 「산림보호법」에 따른 산림보호구역, 그 밖에 공익상 재산세를 부과하지 아니할 타당한 이유가 있는 것으로서 대통령령으로 정하는 토지
> 3. 임시로 사용하기 위하여 건축된 건축물로서 재산세 과세기준일 현재 건축일로부터 1년 미만의 것
> 4. 비상재해구조용, 무료도선용, 선교(船橋) 구성용 등으로 사용하는 선박
> 5. 행정기관으로부터 철거명령을 받은 건축물

<상 황>

> 사업자 甲은 2024. 12. 1. W건축물, X토지, Y임시건축물, Z선박을 소유하고 있다.

<보 기>

> ㄱ. 甲이 사용하고 있던 W건축물이 2025. 1. 1. 행정기관으로부터 철거명령을 받는 경우
> ㄴ. A광역시가 X토지를 2023. 1. 1.부터 2024. 12. 31.까지 공공용으로 무상 사용하는 경우
> ㄷ. 2024. 4. 19. 건축된 Y임시건축물을 甲이 2025. 8. 1.까지 사용하는 경우
> ㄹ. 정부가 Z선박을 2024. 3. 1.부터 2024. 12. 31.까지 비상재해구조용 선박으로 무상 사용하는 경우

① ㄱ
② ㄱ, ㄷ
③ ㄴ, ㄹ
④ ㄱ, ㄷ, ㄹ
⑤ ㄴ, ㄷ, ㄹ

문 25. 다음 글을 근거로 판단할 때, 이 법이 적용되는 임대차에 해당하는 것은?

> 제00조 ① 이 법은 상가건물(사업자등록의 대상이 되는 건물을 말한다)의 임대차에 대하여 적용한다. 다만 다음 각 호의 구분에 의한 보증금액을 초과하는 상가건물의 임대차에 대하여는 그러하지 아니하다.
> 1. A시: 9억 원
> 2. B시: 6억 8천만 원
> 3. C시: 5억 5천만 원
> 4. 그 밖의 지역: 4억 원
>
> ② 제1항 단서에 따른 보증금액은, 보증금 외에 차임이 있는 경우에는 그 월(月) 단위 차임액(차임액을 연 단위로 정한 때에는 이를 12로 나눈 금액)에 100을 곱하여 환산한 금액을 포함하여야 한다.

※ 차임: 물건을 빌려 쓰고 치르는 값

① A시에 있는 사업용 토지에 대한 보증금 8억 원의 임대차
② B시에 있는 사업자등록 대상이 아닌 상가건물에 대한 보증금 5억 원, 월 차임액 100만 원의 임대차
③ B시에 있는 사업자등록 대상이 되는 상가건물에 대한 보증금 7억 원의 임대차
④ C시에 있는 사업자등록 대상이 되는 상가건물에 대한 보증금 4억 원, 월 차임액 200만 원의 임대차
⑤ D시에 있는 사업자등록 대상이 되는 상가건물에 대한 보증금 3억 원, 연 차임액 1,200만 원의 임대차

문 26. 다음 글을 근거로 판단할 때 옳은 것은?

> 숯은 나무를 태운 후 남는 시커먼 탄소덩어리이다. 나무를 숯가마에 넣고 공기를 차단하여 완전연소가 일어나지 않도록 하면, 수분은 날아가고 탄소덩어리로 변해 숯이 된다.
>
> 숯은 가공 방법에 따라 흑탄과 백탄으로 구분하며, 그 용도에 있어서도 다소 차이가 있다. 흑탄은 숯가마의 온도가 600 ~ 700 ℃인 상태에서 구운 후 공기를 막아 불을 끄고 천천히 식혀 꺼낸 숯으로 표면이 검다. 같은 무게라면 백탄보다 흡착 면적이 넓어 냄새와 습기를 빨아들이는 효과가 크다. 이에 비해 백탄은 온도가 800 ~ 1,300 ℃인 숯가마에서 구운 다음, 벌겋게 달아 있는 상태에서 꺼낸 뒤 흙이나 재 등을 덮어 빠른 속도로 식힌 숯이다. 표면의 빛깔이 희끗희끗해 백탄이라고 한다. 고온에서 구워진 반면 짧은 시간에 식힌 백탄은 두드리면 쇳소리가 날 만큼 단단하고 오래 타기 때문에 주로 연료로 사용한다.
>
> 이외에도 숯은 다양하게 활용되었다. 예를 들어, 숯은 불순물을 걸러내는 기능이 있어서 간장을 담글 때 숯을 간장독에 넣기도 하였다. 또한 옛날부터 민간에서는 아이를 낳은 집 문간에 금줄을 걸고 숯이나 고추를 그 사이사이에 끼우는 풍속도 있었다. 이는 숯이 부정한 것을 막는다는 믿음에서 비롯된 것이다.

① 백탄은 흑탄보다 더 낮은 온도에서 구운 것이다.
② 숯은 민간 풍속에서 연료 이외의 용도로 활용되기도 하였다.
③ 나무가 숯가마에서 완전연소가 되면 숯으로 변한다.
④ 연료로 사용하기에는 백탄보다 흑탄이 더 적합하다.
⑤ 백탄은 흑탄보다 습기제거에 더 효과적이다.

문 27. 다음 글을 근거로 판단할 때, <상황>의 (가)와 (나)에 들어갈 수를 옳게 짝지은 것은?

> A국에는 액체의 부피를 표기하는 다양한 단위가 있다. 1티스푼은 5 ml이고, 1테이블스푼은 3티스푼이며, 1컵은 48티스푼이다. 1컵은 8플루이드온스, 16플루이드온스는 1파인트, 128플루이드온스는 1갤런, 1갤런은 4쿼트이다.

<상 황>

> 처음에 甲은 1갤런의 물을 가지고 있었으며, 乙은 물을 가지고 있지 않았다. 이후 甲은 자신의 물을 5파인트만 남기고, 나머지 전부를 乙에게 주었다. 甲은 [(가)]컵의 물을 소비해 현재는 물 40플루이드온스를 가지고 있다. 乙은 甲에게 받은 물 중 1쿼트를 소비하여 현재 [(나)]테이블스푼의 물만 가지고 있다.

	(가)	(나)
①	5	32
②	5	48
③	10	32
④	10	48
⑤	20	48

문 28. 다음 글을 근거로 판단할 때, 1년 중 홍수가 난 날은?

> 개미는 매일 6 g의 먹이를 먹는다. 1년(365일) 중 마지막 90일은 개미의 겨울이라서 이 기간에는 먹이를 구할 수 없다. 따라서 개미는 겨울을 제외한 기간에는 매일 아침 10 g의 먹이를 수집하여 6 g을 먹고, 남은 4 g을 즉시 비축한다. 그런데 어느 날 밤 홍수가 나서, 그때까지 개미가 비축한 먹이 중 $\frac{2}{3}$가 휩쓸려 사라졌다. 그럼에도 개미는 이전과 같이 먹이 수집과 비축을 계속하여, 모자라거나 남는 먹이 없이 겨울을 무사히 보낼 수 있었다.

① 180일째 날
② 190일째 날
③ 200일째 날
④ 210일째 날
⑤ 220일째 날

문 29. 다음 글을 근거로 판단할 때, (가)에 들어갈 최소 일수는?

> 과학자 甲은 AI 로봇의 성능이 환경에 따라 어떻게 달라지는지를 알고 싶어 AI 로봇을 초원과 사막에 각각 보냈다. 초원에 간 AI 로봇은 매일 142,857그루의 나무를 7일 동안 심고 임무를 종료하였다. 한편 사막에 간 AI 로봇은 매일 37그루의 나무를 (가) 일 동안 심고 임무를 종료하였다. 사막에 간 AI 로봇이 심은 총 나무 수를 세어보니, 그 수는 초원에 간 AI 로봇이 심은 총 나무 수에 포함된 숫자로만 이루어져 있었다.

① 17
② 23
③ 25
④ 27
⑤ 37

문 30. 다음 글을 근거로 판단할 때, A, B, C팀 구성원의 총수는?

> A, B, C팀 구성원의 남성 대 여성의 비는 각각 1 : 1, 2 : 1, 1 : 2이고, 숙련자 대 비숙련자의 비는 각각 2 : 1, 1 : 1, 1 : 2이다. 이 상황에서 A팀의 남성 숙련자 1명을 C팀으로 보내고, B팀의 남성 비숙련자 1명을 A팀으로 보내고, C팀의 여성 비숙련자 1명을 B팀으로 보내면, 각 팀의 남성 대 여성, 숙련자 대 비숙련자의 비는 모두 1 : 1이 된다.

① 18명
② 20명
③ 22명
④ 24명
⑤ 26명

문 31. 다음 글을 근거로 판단할 때, <보기>에서 옳은 것만을 모두 고르면?

> 甲은 병원에서 A와 B 두 종류의 알약을 10정씩 처방받았다. 甲은 A와 B를 매일 1정씩 복용해야 한다. 두 약은 모양과 색깔이 비슷하여 자세히 살피지 않으면 혼동하기 쉽다. 甲은 휴대하기 편하게 20정을 한 병에 넣고 매일 2정을 복용하였다. 甲은 8일 동안 약을 복용한 후, A와 B를 매일 1정씩 제대로 먹었는지 알아보기 위해 남은 약을 확인하였다.

<보 기>

ㄱ. A와 B가 각각 2정씩 남아 있었다면, 甲은 8일 내내 약을 제대로 복용하였다.
ㄴ. A가 1정, B가 3정 남아 있었다면, 甲은 8일 중 적어도 하루는 약을 제대로 복용하였다.
ㄷ. A만 4정 남아 있었다면, 甲이 8일 중 약을 제대로 복용한 날은 5일이 될 수 없다.

① ㄱ
② ㄴ
③ ㄱ, ㄷ
④ ㄴ, ㄷ
⑤ ㄱ, ㄴ, ㄷ

문 32. 다음 글을 근거로 판단할 때, <보기>에서 옳은 것만을 모두 고르면?

> A기지국에서 다음의 영어 단어 6개를 송신하였다.
>
> apple, banana, cherry, grape, orange, peach
>
> 6개의 단어를 수신해보니 서로 다른 2개의 알파벳이 잘못 수신되어 4개 단어가 송신한 단어와 달랐다.

<보 기>

ㄱ. a가 잘못 수신되었다.
ㄴ. c와 n이 동시에 잘못 수신되었을 수 있다.
ㄷ. o가 잘못 수신되었다면, p도 잘못 수신되었을 것이다.

① ㄱ
② ㄴ
③ ㄱ, ㄷ
④ ㄴ, ㄷ
⑤ ㄱ, ㄴ, ㄷ

문 33. 다음 글과 <상황>을 근거로 판단할 때, 과녁 A와 C의 내구성 값의 합은?

> 甲 ~ 丙은 소총을 조절하여 총알의 파워를 설정한 후, 일렬로 늘어선 과녁을 관통시키고자 한다. 이때 과녁은 고유의 내구성 값을 가지며, 과녁의 내구성 값과 총알의 파워 단위는 동일하다. 과녁의 내구성 값 이상의 파워로 소총을 쏘면, 그 과녁은 관통되며 뒤에 있는 과녁도 관통될 수 있다. 다만 다음 과녁을 향한 총알의 파워는 관통된 과녁의 내구성 값만큼 감소한다. 예를 들어 총알의 파워가 7이고 내구성 값이 각각 2, 3, 4인 과녁이 순서대로 놓여있을 때, 해당 총알은 처음 2개의 과녁은 관통하지만, 내구성 값이 4인 마지막 과녁은 관통하지 못한다.

<상 황>

> 甲, 乙, 丙은 소총을 조절하여 총알의 파워를 각각 8, 3, 8로 설정했다. 甲, 乙, 丙은 5개 과녁(A ~ E)의 순서를 각자 정하여 관통시키고자 한다. 단, 5개 과녁의 내구성 값은 서로 다르며, 1부터 5까지의 정수 중 하나이다. 다음은 甲 ~ 丙의 소총 사격 결과이다.
>
> 甲: A, B, C, D, E의 순으로 배치하여 쐈더니, 과녁 3개가 관통되었다.
>
> 乙: B, E, A, C, D의 순으로 배치하여 쐈더니, 과녁 2개가 관통되었다.
>
> 丙: E, D, C, B, A의 순으로 배치하여 쐈더니, 과녁 2개가 관통되었다.

① 5
② 6
③ 7
④ 8
⑤ 9

문 34. 다음 글과 <상황>을 근거로 판단할 때, 근무하는 층이 확정되는 사람은?

> ○ A건물은 10층까지 있고, 4대의 엘리베이터(1 ~ 4호기)가 있다.
> ○ 甲 ~ 戊는 A건물의 1층을 제외한 서로 다른 층에서 근무하며, 1층과 각자 근무하는 층에서만 엘리베이터를 이용한다.
> ○ 1호기는 1층과 짝수 층만 운행한다.
> ○ 2호기는 1층과 홀수 층만 운행한다.
> ○ 3호기는 1층과 5층 이하만 운행한다.
> ○ 4호기는 1층과 6층 이상만 운행한다.

<상 황>

> 甲: 오늘 퇴근하며 내려가는 4호기를 탔는데, 이미 乙이 타고 있었어.
>
> 乙: 평소에는 1호기를 타는데, 오늘 1호기가 고장 나서 4호기를 탔더니 사람이 너무 많았어.
>
> 丙: 나는 엘리베이터 안에서 乙과 마주칠 일이 없어. 엘리베이터 안에서 戊를 자주 봤는데, 요즘은 보이지 않네.
>
> 丁: 나는 戊를 제외한 나머지와는 엘리베이터 안에서 마주칠 가능성이 있어.
>
> 戊: 나는 요즘 주로 계단으로 다녀. 근무하는 층이 3층 이하면 계단을 이용하라는 권고가 있었거든.

① 甲
② 乙
③ 丙
④ 丁
⑤ 戊

문 35. 다음 글을 근거로 판단할 때, 게임의 2회차와 5회차에서 탈락한 사람 수의 합은?

조커는 TV에서 방영하는 '무궁화 꽃이 피었습니다' 게임을 시청하고 있다. 이 게임은 49명이 참여하고, 탈락하지 않은 사람이 25명 미만이 되었을 때 종료된다. 조커는 회차별로 탈락한 사람의 수가 2의 배수일 때 '싱긋' 소리를 내고, 2의 배수가 아닐 때 '찡긋' 소리를 낸다. 또한 조커는 탈락하지 않은 사람의 수가 3의 배수일 때 웃고, 3의 배수가 아닐 때 운다.

게임은 5회차를 마치고 종료되었다. 각 회차마다 탈락한 사람은 1명 이상이었으며, 그 수는 서로 달랐다. 또한 3회차에서는 14명이 탈락했고, 3회차를 제외하고는 10명 이상이 탈락한 회차는 없었다. 각 회차별 조커의 반응은 다음과 같다.

구분	1회차	2회차	3회차	4회차	5회차
소리	싱긋	찡긋	싱긋	싱긋	싱긋
표정	웃는다	웃는다	운다	운다	운다

① 5
② 7
③ 9
④ 11
⑤ 13

문 36. 다음 글을 근거로 판단할 때, △△산악회가 선택할 산은?

△△산악회가 이번 주말에 등반할 산을 선택하려고 한다.

○ 다음은 등산 후보지(A ~ E)의 항목별 별점을 나타낸 것이다. ★은 1점, ☆은 0.5점을 의미한다. '체력소모도'와 '위험도'는 별점이 높을수록 선호도가 낮음을 뜻하며, '경관'과 '접근성'은 별점이 높을수록 선호도가 높음을 뜻한다.

구분	A	B	C	D	E
체력소모도	★★★☆	★★★☆	★★	★★★☆	★★
경관	★★★	★★★★★	★☆	★★☆	★★★
위험도	★★★	★★★★☆	★★★	★★	★★★★
접근성	★★★★	★★★☆	★★	★★★★	★★★

○ △△산악회가 산을 선택하는 기준은 다음과 같다.
- 최종점수가 가장 높은 산을 선택하며, 최종점수는 아래와 같이 산정한다. 단, 체력소모도 점수와 위험도 점수의 합이 7을 초과하면 선택하지 않는다.

  최종점수 = 2 × (경관 점수 + 접근성 점수) − (체력소모도 점수 + 위험도 점수)

- 최종점수가 동점일 경우, 접근성, 경관, 위험도의 순서대로 해당 항목의 점수를 비교하여 선호도가 높은 산을 선택한다.

① A
② B
③ C
④ D
⑤ E

문 37. 다음 글과 <상황>을 근거로 판단할 때, 甲이 2월에 이용할 통신사는?

통신사(A ~ E)의 데이터 제공량과 전송 속도에 따른 월 기본요금은 다음과 같다.

구분	데이터 제공량 (GB)	데이터 전송 속도 (Mbps)	기본요금 (천 원)
A	50	100	50
B	100	200	60
C	250	200	80
D	500	500	120
E	무제한	200	140

○ 데이터 제공량을 초과하여 사용하는 경우, 추가로 사용한 데이터 1 GB당 200원의 추가 요금이 발생한다.

○ OTT 콘텐츠를 구독하는 경우, 월 2만 원의 추가요금이 부과된다. 단, E통신사의 기본요금에는 OTT 콘텐츠 구독료가 포함되어 있다.

<상 황>

甲은 월 요금 총액이 가장 저렴할 것으로 예상되는 통신사를 2월에 이용하려고 한다. 다만 甲은 데이터 전송 속도가 200 Mbps 미만인 통신사는 이용하지 않는다. 甲의 1월 데이터 사용량은 400 GB이고, 2월에도 같은 양의 데이터를 사용하려 한다. 그리고 1월까지 구독하지 않았던 OTT 콘텐츠를 구독하려 한다.

① A
② B
③ C
④ D
⑤ E

문 38. 다음 글과 <상황>을 근거로 판단할 때, 채용후보자(A ~ E) 중 최종 합격자는?

△△부처는 하루 동안 실무평가와 면접평가를 거쳐 채용후보자(A ~ E) 중 1명을 최종 합격자로 선발하고자 한다.

○ 실무평가: 먼저 심사위원(甲 ~ 丙) 3인의 실무평가 점수 중 하나라도 60점 이하인 경우에는 선발 대상에서 제외한다. 나머지 후보자 중, 후보자별로 가장 낮은 평가 점수를 제외하고, 나머지 심사위원 2인의 점수의 합이 높은 3명을 뽑는다.

○ 면접평가: 후보자별로 심사위원(丁 ~ 己)의 면접평가 점수를 합산한다.

○ 최종 합격자 선발: 실무평가에서 뽑은 3명을 대상으로, 후보자별로 심사위원 3인(甲 ~ 丙)의 실무평가 점수 합계와 심사위원 3인(丁 ~ 己)의 면접평가 점수 합계를 모두 합산한 최종 점수가 가장 높은 1명을 선발한다. 다만 최종 점수가 동일한 경우에는 면접평가 점수 합계가 높은 후보자를 최종 합격자로 선발한다.

<상 황>

○ 채용후보자(A ~ E)의 실무평가 점수는 다음과 같다.

구분	甲	乙	丙
A	75	70	80
B	75	65	75
C	85	55	90
D	65	85	80
E	80	75	90

○ 채용후보자(A ~ E)의 면접평가 점수는 다음과 같다.

구분	丁	戊	己
A	70	90	85
B	75	80	80
C	80	90	75
D	80	75	85
E	70	75	75

① A
② B
③ C
④ D
⑤ E

[39 ~ 40] 다음 글을 읽고 물음에 답하시오.

24절기를 알면 사계절에 따른 자연의 순환을 이해할 수 있다. 24절기는 지구가 태양을 중심으로 주위를 도는 공전에 따라 정해졌다. 24절기를 '기', '입', '교', '극'이라는 절기의 성격으로 나눠보면, 배치 원리를 어렵지 않게 이해할 수 있다. '기'는 사계절의 기본이 되는 절기이다. 지구의 움직임을 나타내는 둥근 원을 그리고, 원의 중심을 지나는 수평선과 수직선을 그으면, 수평선 오른쪽부터 시계 방향으로 봄, 여름, 가을, 겨울의 기본 절기인 춘분, 하지, 추분, 동지가 자리 잡는다. '입'은 계절로 들어서는 절기로, '기' 절기 사이의 중앙에 위치한다. 입춘은 동지와 춘분 사이에 놓이게 되고, 입하는 춘분과 하지 사이, 입추는 하지와 추분 사이, 입동은 추분과 동지 사이에 위치한다. '교'는 계절이 교차하는 절기로, 각 계절의 '입' 절기 바로 다음에 2개씩 위치한다. 봄에는 우수·경칩, 여름에는 소만·망종, 가을에는 처서·백로, 겨울에는 소설·대설이 순서대로 놓인다. '극'은 계절의 절정을 보여주는 절기로, '기' 절기 바로 다음에 계절별로 2개씩 위치한다. 춘분 다음에 청명·곡우, 하지 다음에 소서·대서, 추분 다음에 한로·상강, 동지 다음에 소한·대한이 순서대로 놓인다.

농경사회에서는 24절기에 맞추어 농사를 지었다. 봄의 시작을 알리는 입춘 다음의 우수에는 비가 내리고 얼었던 땅이 풀리기 시작한다. 이때부터 농사가 시작되지만, 겨울 추위가 완전히 물러간 것은 아니다. 여름이 시작되는 입하에 이르면, 농번기가 시작되어 농사일이 많아지며, 온갖 채소와 곡식을 파종할 수 있다. 시간이 갈수록 고온다습한 기후에 작물이 힘들어하며, 병충해가 심하여 충분히 대비해야 피해를 막을 수 있다. 입추에는 아직 가을을 느낄 수 없는 늦더위가 남아있다. 하지만 날이 갈수록 서서히 낮이 짧아지고 밤이 길어지며, 찬이슬이 내리고 아침저녁으로 쌀쌀함이 느껴진다. 입동에 들어서면 제법 찬 기운이 느껴진다. 들녘은 푸른빛을 잃고 점차 잿빛으로 물들며, 황량한 바람이 불어온다.

문 39. 윗글을 근거로 판단할 때, <보기>에서 옳은 것만을 모두 고르면?

<보 기>

ㄱ. '기' 절기는 절기상 '입' 절기 사이의 중앙에 위치한다.
ㄴ. 여름의 '소만'과 겨울의 '소설'은 모두 '교' 절기에 속한다.
ㄷ. 24절기는 농경사회에서 필요에 의해 음력을 바탕으로 만들어졌다.
ㄹ. 봄의 시작을 알리는 절기에는 얼었던 땅이 풀리고 농번기가 시작된다.

① ㄱ, ㄴ
② ㄱ, ㄹ
③ ㄷ, ㄹ
④ ㄱ, ㄴ, ㄷ
⑤ ㄴ, ㄷ, ㄹ

문 40. 윗글과 <상황>을 근거로 판단할 때, 甲이 돈을 갚아야 하는 절기는?

<상 황>

甲은 봄에 있을 자녀의 혼사를 위해 '우수'에 乙에게 소 한 마리 값을 빌렸다. 甲은 乙에게 빌린 돈을 '우수' 뒤 열두 번째 절기에 갚기로 했다.

① 곡우
② 망종
③ 입추
④ 처서
⑤ 상강

2026년도 5급 PSAT 대비

메가피셋

5급 공채
외교관후보자
지역인재 7급

5개년 기출문제집

헌법 + 언어논리 + 자료해석 + 상황판단

Ⅱ. 2024년도

- 헌 법
- 언어논리영역
- 자료해석영역
- 상황판단영역

2024년도 헌법

국가공무원 5급 공채 · 외교관후보자 선발 제1차시험 및 지역인재 7급 선발 필기시험 (나)책형

지문의 내용에 대해 학설의 대립 등 다툼이 있는 경우 판례에 의함

문 1. 선거권과 선거제도에 대한 설명으로 옳지 않은 것은?

① 평등선거의 원칙은 평등의 원칙이 선거제도에 적용된 것으로서 투표의 수적 평등을 그 내용으로 할 뿐만 아니라, 일정한 집단의 의사가 정치과정에서 반영될 수 없도록 차별적으로 선거구를 획정하는 이른바 '게리맨더링'에 대한 부정을 의미하기도 한다.

② 보통선거라 함은 개인의 납세액이나 소유하는 재산을 선거권의 요건으로 하는 제한선거에 대응하는 것으로, 이러한 요건뿐만 아니라 그밖에 사회적 신분 · 인종 · 성별 · 종교 · 교육 등을 요건으로 하지 않고 일정한 연령에 달한 모든 국민에게 선거권을 인정하는 제도를 말한다.

③ 정당이 비례대표국회의원선거에 후보자를 추천하는 때에는 그 후보자 중 100분의 50 이상을 여성으로 추천하되, 그 후보자명부의 순위의 매 홀수에는 여성을 추천하여야 한다.

④ 자치구 · 시 · 군의원 선거구를 획정할 때, 인구편차 상하 60% (인구비례 4 : 1)의 기준을 헌법상 허용되는 인구편차 기준으로 삼는 것이 가장 적절하다.

문 2. 대통령에 대한 설명으로 옳지 않은 것은?

① 대통령 선거에 있어서 최고득표자가 2인 이상인 때에는 국회의 재적의원 과반수가 출석한 공개회의에서 다수표를 얻은 자를 당선자로 한다.

② 대통령이 궐위된 때 또는 대통령 당선자가 사망하거나 판결 기타의 사유로 그 자격을 상실한 때에는 60일 이내에 후임자를 선거한다.

③ 대통령이 특별사면을 명하려면 국회의 동의를 얻어야 한다.

④ 대통령은 법률에서 구체적으로 범위를 정하여 위임받은 사항뿐만이 아니라 법률을 집행하기 위하여 필요한 사항에 관해서도 대통령령을 발할 수 있다.

문 3. 행정부에 대한 설명으로 옳지 않은 것은?

① 국무위원에 대한 국회의 해임건의와 탄핵소추의 의결정족수는 동일하다.

② 국무위원은 국무총리의 제청으로 국회의 동의를 얻어 대통령이 임명한다.

③ 행정각부의 장은 소관사무에 관하여 법률이나 대통령령의 위임 또는 직권으로 부령을 발할 수 있다.

④ 국무회의는 의장인 대통령과 부의장인 국무총리 그리고 15인 이상 30인 이하의 국무위원으로 구성한다.

문 4. 국회 의사절차에 대한 설명으로 옳지 않은 것은?

① 국회는 어떠한 사항에 대하여 언제, 어떻게 입법할지 여부를 스스로 판단하여 결정할 입법형성의 자유를 가지며, 법안심의를 위한 의사절차와 규칙을 스스로 결정할 수 있는 자율권을 가지고 있다.

② 대통령이 정부로 이송된 법률안에 대하여 15일 이내에 국회에 재의를 요구하면, 국회는 재의에 붙이고, 국회 재적의원 과반수의 출석과 출석의원 3분의 2 이상의 찬성으로 전과 같은 의결을 하면 그 법률안은 법률로서 확정된다.

③ 국회에 제출된 법률안 기타의 의안은 회기 중에 의결되지 못한 이유로 폐기되지 아니하나, 국회의원의 임기가 만료된 때에는 그러하지 아니하다.

④ 국회의 임시회는 대통령 또는 국회 재적의원 5분의 1 이상의 요구에 의하여 집회된다.

문 5. 국회의 구성과 권한에 대한 설명으로 옳은 것은?

① 국회 부의장을 3인으로 하기 위해서는 헌법개정 없이 「국회법」 개정만으로도 가능하다.

② 국무총리 · 국무위원 또는 정부위원은 국회에 출석하여 국정처리상황을 보고하거나 의견을 진술하고 질문에 응답할 수 있으나, 국회 위원회에는 출석할 수 없다.

③ 국회는 정부의 동의 없이 정부가 제출한 지출예산 각항의 금액을 증가할 수 없으나 새 비목을 설치할 수는 있다.

④ 국회가 재적의원 과반수의 찬성으로 계엄의 해제를 요구한 때에는 대통령은 이를 해제하여야 한다.

문 6. 정당제도에 대한 설명으로 옳지 않은 것은?

① 정당해산심판제도가 정당을 보호하기 위한 취지에서 도입된 것이고 다른 한편으로는 정당의 강제적 해산가능성을 헌법상 인정하는 것이므로, 그 자체가 민주주의에 대한 제약이자 위협이 될 수는 없다.

② 정당해산제도의 취지 등에 비추어 볼 때 헌법재판소의 정당해산결정이 있는 경우 그 정당 소속 국회의원의 의원직은 당선 방식을 불문하고 모두 상실되어야 한다.

③ 정당은 단순히 행정부의 통상적인 처분에 의해서는 해산될 수 없고, 오직 헌법재판소가 그 정당의 위헌성을 확인하고 해산의 필요성을 인정한 경우에만 정당정치의 영역에서 배제된다.

④ 정당해산심판제도는 정당 존립의 특권, 특히 그 중에서도 정부의 비판자로서 야당의 존립과 활동을 특별히 보장하고자 하는 헌법제정자의 규범적 의지의 산물로 이해되어야 한다.

문 7. 평등권에 대한 설명으로 옳은 것은?
① 헌법은 누구든지 성별·종교 또는 사회적 신분에 의하여 정치적·경제적·사회적·문화적 생활의 모든 영역에 있어서 차별을 받지 아니한다고 규정하고 있다.
② 헌법재판소는 평등권의 침해 여부를 심사할 때, 원칙적으로 완화된 심사의 경우 자의금지원칙에 의한 심사를 하고 엄격심사의 경우 과소보호금지원칙에 의한 심사를 한다.
③ 평등원칙은 일체의 차별적 대우를 부정하는 절대적 평등을 의미하는 것으로, 입법과 법의 적용에 있어서 합리적 이유 없는 차별을 하여서는 아니 된다는 상대적 평등을 의미하는 것은 아니다.
④ 훈장은 이를 받은 자와 그 자손에게 효력이 있으나, 이에 대한 특권은 훈장을 받은 자에게만 인정된다.

문 8. 신체의 자유에 대한 설명으로 옳지 않은 것은?
① 누구든지 체포 또는 구속을 당한 때에는 즉시 변호인의 조력을 받을 권리를 가지는데, 헌법은 형사피의자와 형사피고인이 스스로 변호인을 구할 수 없을 때에는 법률이 정하는 바에 의하여 국가가 변호인을 붙인다고 규정하고 있다.
② 체포·구속·압수 또는 수색을 할 때에는 적법한 절차에 따라 검사의 신청에 의하여 법관이 발부한 영장을 제시하여야 하나, 현행범인인 경우와 장기 3년 이상의 형에 해당하는 죄를 범하고 도피 또는 증거인멸의 염려가 있을 때에는 사후에 영장을 청구할 수 있다.
③ 누구든지 법률에 의하지 아니하고는 체포·구속·압수·수색 또는 심문을 받지 아니하며, 법률과 적법한 절차에 의하지 아니하고는 처벌·보안처분 또는 강제노역을 받지 아니한다.
④ 누구든지 체포 또는 구속을 당한 때에는 적부의 심사를 법원에 청구할 권리를 가진다.

문 9. 사법권의 독립에 대한 설명으로 옳지 않은 것은?
① 헌법은 법관의 독립을 보장하기 위하여 법관의 신분보장에 관한 사항을 규정하고 있다.
② 형사재판에 있어서 사법권독립은 법관이 실제 재판에 있어서 소송당사자인 검사와 피고인으로부터 부당한 간섭을 받지 않은 채 독립하여야 할 것을 요구하는 것으로, 심판기관인 법원과 소추기관인 검찰청의 분리까지 요구하는 것은 아니다.
③ 법관은 탄핵 또는 금고 이상의 형의 선고에 의하지 아니하고는 파면되지 아니하며, 징계처분에 의하지 아니하고는 정직·감봉 기타 불리한 처분을 받지 아니한다.
④ 헌법이 사법의 독립을 보장하는 것은 그것이 법치주의와 민주주의의 실현을 위한 전제가 되기 때문이지, 그 자체가 궁극적인 목적이 되는 것은 아니다.

문 10. 헌법재판소에 대한 설명으로 옳은 것은?
① 헌법재판소 재판관이 모두 국회 인사청문회를 거쳐 임명되는 것은 아니다.
② 헌법재판소 재판관은 헌법재판소장의 제청으로 국회의 동의를 얻어 대통령이 임명한다.
③ 헌법재판소가 헌법소원에 관한 인용결정을 할 때에는 재판관 6인 이상의 찬성이 있어야 한다.
④ 법률이나 명령이 헌법에 위반되는 여부가 재판의 전제가 된 경우에는 법원은 헌법재판소에 제청하여 그 심판에 의하여 재판한다.

문 11. 선거관리위원회에 대한 설명으로 옳지 않은 것은?
① 선거관리위원회의 직무인 선거와 투표, 정당 사무 관리는 가장 정치성과 당파성이 강한 행위와 관련되는 것이므로 선거관리위원회 소속 공무원에게는 엄격한 정치적 중립성이 요청된다.
② 중앙선거관리위원회는 대통령이 임명하는 3인, 국회에서 선출하는 3인과 대법원장이 지명하는 3인의 위원으로 구성하며, 위원장은 위원 중에서 대통령이 임명한다.
③ 중앙선거관리위원회의 위원은 임기가 6년이며, 정당에 가입할 수 없다.
④ 중앙선거관리위원회는 법령의 범위 안에서 선거관리에 관한 규칙을 제정할 수 있다.

문 12. 국군에 대한 설명으로 옳지 않은 것은?
① 헌법상 국군의 사명은 국가의 안전보장과 국토방위의 신성한 의무를 수행하는 것이다.
② 국군의 정치적 중립성에 관한 사항은 1960년 제3차 헌법개정을 통해 처음으로 헌법에 규정되었다.
③ 국회는 국군의 외국에의 파견에 대한 동의권을 가진다.
④ 군인은 현역을 면한 후가 아니면 국무총리 또는 국무위원으로 임명될 수 없다.

문 13. 헌법상 경제질서에 대한 설명으로 옳지 않은 것은?
① 국가는 국민 모두의 생산 및 생활의 기반이 되는 국토의 효율적이고 균형있는 이용·개발과 보전을 위하여 법률이 정하는 바에 의하여 그에 관한 필요한 제한과 의무를 과할 수 있다.
② 국가는 경제주체간의 조화를 통한 경제의 민주화를 위하여 경제에 관한 규제와 조정을 할 수 있다.
③ 농지에 관하여는 경자유전의 원칙이 달성되어야 하므로, 농지의 임대차나 위탁경영은 허용될 수 없다.
④ 우리 헌법의 경제질서는 사유재산제를 바탕으로 하고 자유경쟁을 존중하는 자유시장 경제질서를 기본으로 하면서도 이에 수반되는 갖가지 모순을 제거하고 사회복지·사회정의를 실현하기 위하여 국가적 규제와 조정을 용인하는 사회적 시장경제질서로서의 성격을 띠고 있다.

문 14. 기본권에 대한 설명으로 옳지 않은 것은?
① 평화적 생존권은 이를 헌법에 열거되지 아니한 기본권으로서 특별히 새롭게 인정할 필요성이 있고 그 권리내용이 비교적 명확하여 구체적 권리로서의 실질에 부합하므로 헌법상 보장된 기본권이라고 할 수 있다.
② 부모가 자녀의 이름을 지어주는 것은 자녀의 양육과 가족생활을 위하여 필수적인 것이고, 가족생활의 핵심적 요소라 할 수 있으므로, '부모가 자녀의 이름을 지을 자유'는 혼인과 가족생활을 보장하는 헌법 제36조제1항과 행복추구권을 보장하는 헌법 제10조에 의하여 보호받는다.
③ 헌법 전문(前文)에 기재된 3·1정신은 우리나라 헌법의 연혁적·이념적 기초로서 헌법이나 법률해석에서의 해석기준으로 작용한다고 할 수 있지만 그에 기하여 곧바로 국민의 개별적 기본권성을 도출해낼 수는 없다고 할 것이므로, 헌법소원의 대상인 "헌법상 보장된 기본권"에 해당하지 아니한다.
④ 헌법 제10조로부터 도출되는 일반적 인격권에는 개인의 명예에 관한 권리도 포함될 수 있으나, '명예'는 사람이나 그 인격에 대한 '사회적 평가', 즉 객관적·외부적 가치평가를 말하는 것이지 단순히 주관적·내면적인 명예감정은 포함되지 않는다.

문 15. 지방자치에 대한 설명으로 옳지 않은 것은?
① 지방자치단체는 주민의 복리에 관한 사무를 처리하고 재산을 관리하며, 법령의 범위 안에서 자치에 관한 규정을 제정할 수 있다.
② 헌법은 지방의회의 조직·권한·의원선거와 지방자치단체의 장의 선임방법 기타 지방자치단체의 조직과 운영에 관한 사항은 법률로 정하도록 하고 있다.
③ 주민투표권 및 주민소환권은 헌법상 보장되는 기본권으로 인정된다.
④ 국가가 영토고권을 가지는 것과 마찬가지로 지방자치단체에게 자신의 관할구역 내에 속하는 영토·영해·영공을 자유로이 관리하고 관할구역 내의 사람과 물건을 독점적·배타적으로 지배할 수 있는 권리가 부여되어 있다고 할 수는 없다.

문 16. 법인의 기본권 주체성에 대한 설명으로 옳지 않은 것은?
① 공법상 재단법인인 방송문화진흥회가 최다출자자인 주식회사 형태의 공영방송사는 「방송법」 등 관련 규정에 의하여 공법상의 의무를 부담하고 있지만, 그 운영을 광고수익에 전적으로 의존하고 있다면 이를 위해 사경제 주체로서 활동하는 경우에는 기본권 주체가 될 수 있다.
② 행복을 추구할 권리는 그 성질상 자연인에게 인정되는 기본권이기 때문에 법인에게는 적용되지 않는다.
③ 「지방자치법」은 지방자치단체를 법인으로 하도록 하고 있으므로, 지방자치단체도 기본권의 주체가 된다.
④ 헌법은 법인의 기본권 주체성에 관한 명문의 규정을 두고 있지 않다.

문 17. 직업의 자유에 대한 설명으로 옳지 않은 것은?
① 직업의 자유는 직업선택의 자유와 직업수행의 자유를 포함하는 개념이다.
② 직업의 자유에 의해 보장되는 직업은 생활의 기본적 수요를 충족시키기 위해서 행하는 계속적인 소득활동을 의미한다.
③ 대학생이 방학기간을 이용하여 또는 휴학 중에 학비 등을 벌기 위해 학원강사로서 일하는 행위는 직업의 자유의 보호영역에 속한다.
④ 일반적으로 직업선택의 자유에 대하여는 직업수행의 자유와는 달리 공익 목적을 위하여 상대적으로 폭넓은 입법적 규제가 가능한 것이다.

문 18. 국회의원의 특권에 대한 설명으로 옳은 것은?
① 국회의원이 현행범인인 경우에는 회기 중 국회의 동의없이 체포 또는 구금될 수 있다.
② 국회의원이 회기 전에 체포 또는 구금된 때에는 현행범인이라도 국회의 요구가 있으면 회기 중 석방된다.
③ 국회의원은 국회에서 직무상 행한 발언과 표결에 관하여 국회 내에서 책임을 지지 아니한다.
④ 헌법은 국회가 재적의원 3분의 2 이상의 찬성으로 국회의원을 제명한 경우 헌법재판소에 제소할 수 없다고 규정하고 있다.

문 19. 다음 중 헌법에 위반되지 않는 것은?
① 감사원 조직 확충을 위해 대통령이 감사원장을 포함하여 총 12인의 감사위원을 임명하였다.
② 국회는 사법권의 독립을 강화하기 위하여 대법원장과 대법관이 아닌 법관의 임기제를 폐지하고 70세를 정년으로 하는 「법원조직법」을 의결하였다.
③ 헌법재판의 활성화를 위하여 헌법재판소 재판관의 수를 12인으로 증원하였다.
④ 국회는 재적의원 3분의 2의 찬성으로 국무총리에 대한 탄핵소추를 의결하였다.

문 20. 헌법개정에 대한 설명으로 옳지 않은 것은?

① 대통령의 임기연장 또는 중임변경을 위한 헌법개정은 그 헌법개정 제안 당시의 대통령에 대하여는 효력이 없다.

② 국회는 헌법개정안의 공고기간이 만료된 날로부터 60일 이내에 헌법개정안을 의결하여야 하며, 국회의 의결은 재적의원 3분의 2 이상의 찬성을 얻어야 한다.

③ 헌법개정안은 국회가 의결한 후 30일 이내에 국민투표에 붙여 국회의원 선거권자 과반수의 투표와 투표자 과반수의 찬성을 얻어야 한다.

④ 대통령이 헌법개정안을 발의하기 위해서는 국무회의의 심의를 거쳐야 한다.

문 21. 집회·결사의 자유에 대한 설명으로 옳지 않은 것은?

① 누구든지 국회의사당의 경계지점으로부터 100미터 이내의 장소에서 옥외집회 또는 시위를 할 경우 형사처벌한다고 규정한 「집회 및 시위에 관한 법률」 조항 중 '국회의사당'에 관한 부분은 집회의 자유를 침해한다.

② 집회의 자유는 집회의 시간·장소·방법·목적 등을 스스로 결정하는 것을 내용으로 하며, 구체적으로 보호되는 주요행위는 집회의 준비·조직·지휘·참가 및 집회 장소와 시간의 선택 등이다.

③ 사법인은 그 조직과 의사형성에 있어서, 그리고 업무수행에 있어서 자기결정권을 가진다고 할 수 없으므로 결사의 자유의 주체가 된다고 볼 수 없다.

④ 결사의 자유에는 단체활동의 자유도 포함되는데, 단체활동의 자유는 단체 외부에 대한 활동뿐만 아니라 단체의 조직, 의사형성의 절차 등의 단체의 내부적 생활을 스스로 결정하고 형성할 권리인 '단체 내부 활동의 자유'를 포함한다.

문 22. 근로기본권에 대한 설명으로 옳은 것은?

① 헌법에는 최저임금제에 관한 규정이 없지만, 근로자에 대하여 임금의 최저수준을 보장하여 근로자의 생활안정과 노동력의 질적 향상을 도모하고자 최저임금제를 실시하고 있다.

② 헌법은 국가유공자의 유가족은 법률이 정하는 바에 의하여 우선적으로 근로의 기회를 부여받는다고 규정하고 있다.

③ 법률이 정하는 주요방위산업체에 종사하는 근로자의 단체행동권은 법률이 정하는 바에 의하여 이를 제한하거나 인정하지 아니할 수 있다.

④ 근로의 권리는 근로자를 개인의 차원에서 보호하기 위한 권리로서 개인인 근로자가 그 주체가 되는 것은 물론이고 노동조합도 그 주체가 될 수 있다.

문 23. 법원에 대한 설명으로 옳지 않은 것은?

① 재판의 전심절차로서 행정심판을 할 수 있으며, 행정심판의 절차는 법률로 정하되, 사법절차가 준용되어야 한다.

② 헌법은 군사재판을 관할하기 위하여 필수적으로 군사법원을 두도록 하고 있으며, 군사법원의 상고심은 대법원에서 관할한다.

③ 비상계엄하의 군사재판은 군인·군무원의 범죄나 군사에 관한 간첩죄의 경우와 초병·초소·유독음식물공급·포로에 관한 죄 중 법률이 정한 경우에 한하여 단심으로 할 수 있으나, 사형을 선고한 경우에는 그러하지 아니하다.

④ 대법원장과 대법관이 아닌 법관은 대법관회의의 동의를 얻어 대법원장이 임명한다.

문 24. 통신의 자유에 대한 설명으로 옳지 않은 것은?

① 감청을 헌법 제18조에서 보장하고 있는 통신의 비밀에 대한 침해행위 중의 한 유형으로 이해해서는 안 되며, 감청의 대상으로서의 전기통신을 헌법상의 '통신'개념을 전제로 하고 있다고 보아서도 안 된다.

② 사생활의 비밀과 자유에 포섭될 수 있는 사적 영역에 속하는 통신의 자유를 헌법이 별개의 조항을 통해 기본권으로 보장하는 이유는 우편이나 전기통신의 운영이 전통적으로 국가독점에서 출발하였기 때문에 개인 간의 의사소통을 전제로 하는 통신은 국가에 의한 침해가능성이 여타의 사적 영역보다 크기 때문이다.

③ 자유로운 의사소통은 통신내용의 비밀을 보장하는 것만으로는 충분하지 아니하고 구체적인 통신으로 발생하는 외형적인 사실관계, 특히 통신관여자의 인적 동일성·통신시간·통신장소·통신횟수 등 통신의 외형을 구성하는 통신이용의 전반적 상황의 비밀까지도 보장해야 한다.

④ 헌법 제18조에서 그 비밀을 보호하는 '통신'의 일반적인 속성으로는 '당사자간의 동의', '비공개성', '당사자의 특정성' 등을 들 수 있다.

문 25. 재산권에 대한 설명으로 옳지 않은 것은?

① 헌법 제23조의 재산권은 「민법」상의 소유권으로 재산적 가치있는 사법상의 물권·채권 등의 권리를 의미하며, 국가로부터의 일방적인 급부가 아닌 자기 노력의 대가나 자본의 투자 등 특별한 희생을 통하여 얻은 공법상의 권리는 포함하지 않는다.

② 재산권에 대한 제한의 허용정도는 재산권 객체의 사회적 기능, 즉 재산권의 행사가 기본권의 주체와 사회전반에 대하여 가지는 의미에 달려 있다.

③ 헌법은 국민의 구체적 재산권의 자유로운 이용·수익·처분을 보장하면서도 다른 한편 공공필요에 의한 재산권의 수용을 헌법이 규정하는 요건이 갖춰진 경우에 예외적으로 인정하고 있다.

④ 재산권보장은 개인이 현재 누리고 있는 재산권을 개인의 기본권으로 보장한다는 의미와 개인이 재산권을 향유할 수 있는 법제도로서의 사유재산제도를 보장한다는 이중적 의미를 가지고 있다.

문 1. 다음 글의 내용과 부합하는 것은?

조선 성종 때 반포된 『경국대전』에는 지방 수령을 뽑아 내려보낼 때 지켜야 한 절차와 규정이 실려 있다. 이에 따르면 지방 수령을 뽑을 때는 인사 담당 관청인 이조가 3인의 후보자를 왕에게 올리게 되어 있었다. 왕이 이 가운데 한 명을 택하면 이조는 그 사실을 경주인에게 바로 알려야 했다. 조정과 지방 관아 사이에 오가는 연락을 취급하는 직책인 경주인은 신임 수령이 뽑혔다는 사실을 그 지방 관아에 알리고, 당사자에게도 왕이 그를 수령으로 임명했다는 사실을 알리는 내용의 고신교지를 보냈다.

이 고신교지를 받은 신임 수령은 무엇보다 먼저 왕에게 감사의 인사를 올리는 의례인 사은숙배를 거행해야 했다. 이를 위해 모월 모일에 사은숙배를 치르겠다는 내용이 담긴 숙배단자를 만들어 의례 주관처인 통례원에 내야 했다. 통례원은 사은숙배를 하겠다는 날에 왕에게 다른 일정은 없는지, 숙배단자가 제 형식을 갖추었는지 등을 따진 뒤 일자를 확정해 알렸다. 이 통보를 받은 신임 수령은 당일 궁궐에 들어가 상서원이라는 곳에서 대기하다가 사은숙배를 해도 좋다는 명이 떨어지면 정전 앞에 나아가 세 번 절하고 왕을 만났다. 이때 왕은 선정을 당부하고, 특별한 지시 사항이 있을 때는 그에 대해 설명하기도 했다. 이후 신임 수령은 인사 담당 관청인 이조를 찾아가 인사하는 의례인 사조를 거쳐야 했다. 조선시대에는 중앙 관청의 직책에 처음 임명된 문관도 사은숙배를 해야 했는데, 사조는 오직 지방 수령에 임명된 자만 거쳐야 하는 절차였다. 지방 수령에 임명되었음에도 사조를 하지 않은 사람은 이조에 불려가 호된 꾸중을 들을 수 있었다.

사은숙배와 사조를 모두 거친 자는 하직숙배를 행한 뒤 임지로 떠났다. 하직숙배란 임지로 가기 전 마지막으로 왕에게 인사하는 의례다. 그런데 이때는 왕이 아니라 승지가 신임 수령을 대신 만나는 경우가 많았다. 하직숙배 때에는 왕이나 승지 앞에서 지방관이 지켜야 하는 일곱 가지 규정인 '수령칠사'를 꼭 암송해야 했다. 만일 이를 제대로 외우지 못하면 부임하기도 전에 그 자리에서 파면당하는 불명예를 안을 수 있었다. 이 절차를 무사히 거친 신임 수령이 임지 경내로 들어가면 그 지역 아전과 주민들이 나와 환영회를 여는 것이 관례였다. 신임 수령은 환영인파와 함께 관아로 가는 도중 그 지방 향교를 찾아 참배해야 했다. 이처럼 조선 왕조는 수령을 뽑아 보내는 절차를 복잡하게 만들었는데, 이는 그만큼 그 직임을 중시했음을 뜻한다.

① 처음으로 문관직에 임명된 사람에게는 사은숙배와 하직숙배를 모두 거행해야 할 의무가 있었다.
② 임지에 부임한 신임 수령은 해당 지방의 향교를 방문하여 사은숙배를 올리고 수령칠사를 암송해야 했다.
③ 지방 수령으로 임명된 사람은 사은숙배를 하기 전에 반드시 의정부를 찾아가 사조라는 절차를 거행해야 했다.
④ 신임 수령이 결정되면 통례원이 이조를 대신하여 당사자에게 고신교지를 보내 임명 사실을 알리는 일을 했다.
⑤ 정해진 규정대로 사은숙배와 사조를 끝낸 사람이라도 하직숙배 때 수령칠사를 제대로 말하지 못하면 그 직에서 파면될 수 있었다.

문 2. 다음 글의 내용과 부합하는 것은?

조선시대가 되기 전에는 삼베옷을 입는 것이 일반적이었다. 삼베옷은 시원해서 여름에 입기 좋지만 추위는 막지 못한다. 겨울철을 따뜻하게 나기 위해서는 비단이나 목화로 만든 옷이 필요했는데 비쌌고 구하기도 어려웠다. 가까운 중국도 13세기가 되기 전에는 목화를 기르는 지역이 많지 않았다. 중국에 들어와 있던 목화가 일 년 내내 고온다습한 날씨에서만 자라는 인도산 품종이었기 때문이다. 그런데 13세기 후반 원나라에서 춥고 건조한 날씨에도 자랄 수 있는 개량 품종이 나왔다. 이 품종은 고려 말 원에 사신으로 갔던 문익점에 의해 한반도에 들어왔다.

문익점은 공민왕을 폐하고 충선왕의 서자 덕흥군을 새 왕으로 삼겠다는 원의 일방적 통보에 항의하는 임무를 띤 사신단의 일원이었다. 당시 원은 이 사신단을 억류하고 덕흥군 편에 설 것을 요구했다. 문익점의 후손들이 펴낸 『삼우당실기』라는 책에 따르면 문익점은 원의 회유를 뿌리쳤으며 그 벌로 오늘날의 운남성에 유배되었다고 한다. 이 책에는 문익점이 유배에서 풀려나 귀국할 때 그곳에 있던 목화 씨앗을 붓두껍에 숨겨 들여왔다는 내용도 있다. 하지만 『고려사』에는 문익점이 귀국 직후 관직에서 파직된 것으로 적혀 있다. 사실 공민왕이 문익점을 내친 것은 그가 원의 요구를 수용해 덕흥군 편에 섰기 때문이다. 그는 운남성에 유배된 적이 없으며 원의 수도인 대도에 머물다가 귀국했다. 문익점이 고려로 돌아올 때 춥고 건조한 날씨에서도 자랄 수 있게 개량된 목화 씨앗을 가져온 것은 엄연한 사실이지만, 그 씨앗은 대도 근처 농촌에서 구한 것이었다.

문익점은 벼슬을 잃은 후 낙향하여 원에서 가져온 목화 씨앗을 자기 밭에 심었다. 그런데 정작 문익점은 목화를 제대로 기르는 데 실패했다. 목화 재배에 성공한 사람은 그의 장인 정천익이었다. 그는 예전에 목화를 본 적도 없고 재배법도 몰랐지만, 문익점이 가져온 목화 씨앗 몇 개를 나누어 받아 재배한 끝에 결실을 거두는 데 성공했다. 그는 원 출신의 홍원이라는 승려로부터 목화에서 실을 뽑는 기술을 배워 퍼뜨리기도 했다. 오늘날 사람들은 문익점만 주목하지만, 목화 재배법과 실 뽑는 기술을 퍼뜨린 정천익도 잊지 말아야 할 인물임에 틀림없다.

① 정천익이 심어 재배에 성공한 목화 씨앗은 춥고 건조한 날씨에도 자랄 수 있는 개량 품종이었다.
② 원의 후원에 힘입어 고려 국왕이 된 덕흥군은 즉위 직후 문익점 등의 대신들을 파직하였다.
③ 홍원이라는 승려는 원에서 개량 목화 씨앗을 들여와 고려에 이를 퍼뜨리기 시작하였다.
④ 문익점은 운남성에 유배되어 있을 때 직접 목화를 재배한 뒤 그로부터 실을 뽑았다.
⑤ 공민왕이 보급한 목화 씨앗은 당시의 고려 상인들이 인도에서 수입한 것이다.

문 3. 다음 글에서 알 수 있는 것은?

'석방거래'란 금전적 대가를 지불하고 억류된 포로를 찾아오는 것을 의미한다. 이러한 석방거래는 전쟁이나 이념 갈등 등 정치사회적 사건의 결과로 인해 감옥이나 기타 장소에 다양한 형태로 수형, 구금되어 있는 포로를 구하는 수단으로 이용되었다. 석방거래는 고대부터 존재했지만, 특히 중세 시대에 활발하게 이루어졌다.

현대에는 전쟁포로를 죽이는 행위가 비인간적이고 반인권적인 것으로 인식된다. 이와 달리 중세 시대에는 전쟁에 패배하여 사로잡힌 포로를 죄인으로 보았기 때문에, 승리자가 포로를 처형하는 일은 당연하게 받아들여졌다. 그런 점에서 승리자가 금전적 보상을 받고 포로의 생명을 살려줄 경우, 포로들에게 이러한 석방거래는 자신들의 죄를 용서받을 수 있는 기회로 이해되었다. 또한 포로를 억류, 구금하고 있는 승리자에게도 석방거래는 매력적인 제안이었다. 자신의 비용으로 구금하고 있는 포로를 보호하고 관리해야 하는 입장에서 자유로워질 수 있는 동시에 정치·경제적 이득을 취할 수 있도록 해 주었기 때문이다.

석방거래는 일반적으로 포로를 억류하고 있는 쪽과 포로의 석방을 요구하는 쪽 사이의 협상을 통해 이뤄진다. 중세 시대에는 도시국가가 포로의 석방을 요구하는 협상 주체로 나서는 것이 일반적이었다. 도시국가의 구성원이 포로 상태에 있다는 것은 단순히 개인적 차원을 넘어서는 문제였기 때문이다. 그런데 중세 시대 도시국가들은 전략적 이유에서 석방거래를 공개적으로 추진하기보다는 대체로 비공개로 진행했다. 이는 비밀리에 협상을 진행하는 것이 더 좋은 결과를 가져온다고 판단했기 때문이다. 이러한 은밀한 진행 방식 때문에, 도시국가가 석방거래를 위해 적극적 노력을 하지 않는다고 여겨지는 경우도 있었다.

중세 시대에는 도시국가가 석방거래의 주체가 되는 것이 보통이었지만, 가족이 포로로 잡혔을 때 그 가족 구성원이 이들의 석방을 위해 직접 거래를 시도하는 경우도 많았다. 포로가 된 가족을 구하기 위해 가족의 구성원들이 적극적으로 노력하지 않는다면 소속 집단에서 비판을 받을 수 있었다. 예를 들어, 포로가 된 자녀를 위해 부모가 혹은 반대로 포로가 된 부모를 위해 자녀가 석방거래에 적극적인 노력을 기울이지 않는다면, 도덕적 비난의 대상이 될 수 있었다.

① 중세 시대에 포로를 구하기 위해 금전이 아닌 대가를 지불하는 경우가 있었다.
② 중세 시대에 석방거래가 이루어진 주된 이유는 포로들의 인권을 보호하기 위해서였다.
③ 중세 시대에 전쟁포로를 구금하는 비용은 대체로 전쟁에서 패배한 국가가 부담해야 했다.
④ 중세 시대의 석방거래 시 승리한 국가의 소극적인 자세로 인해 석방이 힘들어지는 경우가 있었다.
⑤ 중세 시대에 포로가 된 가족 구성원이 있는데도 나머지 가족이 석방거래를 시도하지 않는다면 사회적 비판의 대상이 될 수 있었다.

문 4. 다음 글에서 추론할 수 없는 것은?

오늘날 한국 사회에서는 유교적 전통에 기반한 가부장과 부모 세대의 권위가 약화되고 결혼과 가족에 대한 자유로운 선택과 개인주의적인 삶의 방식을 추구하는 사람들이 증가하고 있다. 이런 현상은 가족주의, 즉 사회의 최소 구성단위는 개인이 아니라 가족이며 개인은 가족을 통해서만 사회와 관계를 맺을 수 있다고 보는 관념이 쇠퇴하고 그 영향력을 상실해가고 있다는 주장을 뒷받침한다. 그러나 한국 사회는 특히 제도의 측면에서 가족주의가 여전히 강하게 작동하는, 이른바 '제도적 가족주의'가 공고한 사회라고 할 수 있다. 이는 주요 사회제도들이 개인이 아닌 가족을 기본단위로 설계되고 가족주의 원리에 따라 운용되고 있다는 점에서 잘 드러난다. 서구 사회의 '제도적 개인주의'가 가족이 아닌 개인을 중심으로 제도들을 재편함으로써 개인이 삶의 단위가 되도록 유도한다면, 한국 사회의 제도적 가족주의는 제도를 통해 사회 구성원으로 하여금 가족 단위로 생존하고 가족 의존적 삶을 살아가도록 유도하는 것이다.

그 대표적인 예로 가족 부양자 모델에 근거하고 있는 다양한 종류의 소득보장제도를 들 수 있다. 국민연금제도는 1가구 1연금의 원칙에 따라 가족을 기본단위로 운용되며, 국민기초생활보장제도도 빈곤 가구에 대한 부양 책임을 우선적으로 가족에 두고 있다. 또한 육아휴직, 조부모양육수당, 가족요양보호사 등 아동 및 노인의 돌봄을 위한 정책과 효행 장려 및 지원에 관한 법률에서도 돌봄과 부양에 대한 책임을 가족에게 부과하고 있다.

그런데 가부장의 권위가 약화되고 다양한 삶의 방식이 출현하고 있는 현실에서 제도적 가족주의의 존속은 사회적 문제를 유발하고 있다. 첫째, 가족을 형성하지 않거나 못한 개인, 그리고 가족에게 돌봄을 제대로 받지 못하는 개인에게는 불이익이 초래될 수 있다. 둘째, 가족 구성원들 사이에 갈등이 발생할 수 있다. 가족 내부적으로는 가족주의 가치관을 공유하지 않음에도 불구하고, 가족 외부적으로 가족 단위의 생존과 역할을 강요당함으로써 가족 구성원들은 부양과 돌봄을 둘러싸고 갈등을 겪는 것이다.

① 제도적 가족주의의 존속은 1인 가구의 구성원에게 불리하게 작용할 수 있다.
② 제도적 개인주의는 가족이 아닌 개인을 기본단위로 사회제도를 설계하고 운영한다.
③ 한국 사회에서 관념으로서의 가족주의는 약화되고 있으나 제도로서의 가족주의는 여전히 강하게 작동한다.
④ 1가구 1연금을 원칙으로 하는 국민연금제도는 제도적 가족주의로 인해 발생하는 문제를 해결하기 위해 도입된 정책이다.
⑤ 가족관계상 부양 의무자가 있다는 이유만으로 생계가 어려운 독거노인을 국민기초생활보장제도의 대상에서 제외하는 정책은 가족 구성원들 간의 갈등을 초래할 수 있다.

문 5. 다음 글에서 알 수 없는 것은?

1인당 국내총생산이나 1인당 가처분소득 등은 한 사회의 삶의 질을 나타내기 위한 지표로 흔히 사용된다. 그런데 이러한 지표들이 삶의 질을 제대로 보여주는지는 미심쩍다. 가령 폭력이 증가해서 안전 대책과 경찰력에 더 많은 투자가 이루어지는 사회에서도 1인당 국내총생산은 상승할 수 있다. 1인당 가처분소득 역시 삶의 질을 온전히 보여주지는 못하는데, 특히 경제적 불평등의 정도와 저소득층을 위한 사회 안전망의 수준에 대해서는 아무것도 말해주지 않는다.

삶의 질을 보다 정확히 비교할 수 있는 지표를 한 가지만 선택해야 한다면, 영아사망률이 그 대안이 될 수 있다. 영아사망률은 출생아 1천 명당 1세 미만의 사망자 수로 집계되는데, 이는 삶의 수준을 보여주는 무척 강력한 지표이다. 낮은 영아사망률은 양질의 생활에 필요한 환경, 예를 들면 훌륭한 수준의 의료 체계, 위생적인 생활환경, 취약 계층을 위한 사회적 지원 제도 등이 조성되어 있다는 것을 의미한다. 또한 이용하기 쉬운 사회기반시설 등이 마련되지 않으면 영아사망률을 낮추기가 어렵다. 즉, 영아사망률에는 생후 첫해의 생존을 좌우하는 제반 조건들에 대한 정보가 담겨 있는 셈이다.

산업화가 시작되기 전의 서구 사회에서는 영아사망률이 잔혹할 정도로 높았다. 1750년경 서구의 평균 영아사망률은 출생아 1천 명당 300 ~ 400명에 달했다. 그 수치는 점진적으로 낮아지다가 1950년에 이르러서야 35 ~ 65명으로 떨어졌다. 그리고 2020년 기준 OECD 회원국의 평균 영아사망률은 4.1명이며, 38개 회원국 중에서 영아사망률이 3.0명 미만인 국가는 14개국이다. 이 국가들은 대체로 인구가 많지 않고 인종적 · 민족적으로 동질적인 사회를 이루고 있다는 특징을 보인다. 대표적으로 아이슬란드, 핀란드, 노르웨이와 같은 몇몇 유럽 국가들이 이에 해당한다. 반면, 인구가 많거나 인종적 · 민족적으로 이질적인 사회에서는 영아사망률을 OECD 평균 수준까지 낮추기는 어렵다. 예를 들어 미국과 멕시코의 영아사망률은 2020년 기준 각각 5.4명, 13.8명으로 OECD 평균을 상회하는데, 이 국가들이 영아사망률을 4.1명 수준으로까지 낮추기는 무척 어려울 것으로 보인다.

① OECD 회원국에서는 1인당 국내총생산이 높을수록 영아사망률이 낮다.
② 인구가 많은 사회는 OECD 평균 수준까지 영아사망률을 낮추기 어렵다.
③ 산업화 이후 서구 사회의 평균 영아사망률은 산업화가 시작되기 전보다 낮아졌다.
④ 낮은 영아사망률은 양질의 생활에 필요한 환경이 조성되어 있다는 것을 의미한다.
⑤ 1인당 가처분소득보다 영아사망률이 한 사회의 삶의 질을 더 잘 나타낼 수 있는 지표이다.

문 6. 다음 글에서 추론할 수 있는 것은?

마이크로바이옴은 특정 환경에 존재하는 모든 미생물의 집단을 말한다. 인간 몸에 존재하는 모든 미생물의 집단을 인체 마이크로바이옴이라고 한다. 인체 마이크로바이옴을 구성하는 미생물은 입 안과 피부 표면, 질 내부, 위장관 등 다양한 곳에 분포되어 있고, 그 수는 인간 몸의 세포 수보다 10배 정도 많다고 알려져 있다. 장내 마이크로바이옴은 인체 다른 부위의 마이크로바이옴보다 미생물의 수가 압도적으로 많고 그 다양성도 크다. 거주환경과 섭취하는 음식에 따라 장내 마이크로바이옴이 달라진다.

장내 마이크로바이옴은 인체에서 긍정적인 역할을 한다. 예를 들면, 장내 식이 섬유를 짧은 사슬 지방산으로 바꾸어 인체가 흡수하기 용이한 상태로 만들어 준다. 또한 병원균의 침투를 막는 방어막을 형성하고 면역 물질로 알려진 사이토카인을 생성하여 인체의 면역력을 적절한 상태로 만든다. 장내 마이크로바이옴을 구성하는 미생물의 수와 다양성이 적정 수준으로 유지된다면, 이러한 역할이 적절히 수행된다. 장내 마이크로바이옴을 구성하는 미생물의 수와 다양성이 적정 수준 이하로 떨어지면 휴면 상태로 있던 유해균이 깨어나 질병을 유발할 수 있고, 장기적으로는 아토피와 같은 피부질환, 비만이나 당뇨병과 같은 대사질환도 나타날 수 있다.

장내 마이크로바이옴은 장내 염증성 질병의 치료에 이용되기도 하는데 그 대표적인 방법은 미생물군 이식이다. 미생물군 이식은 건강한 사람의 장내 마이크로바이옴을 키운 배양체를 장내 염증성 질병을 앓고 있는 환자에게 관장 등의 방법으로 이식하는 것이다. 건강한 사람의 마이크로바이옴 배양체를 장내 염증성 질병을 앓고 있는 환자에게 이식하면, 장내 미생물의 수와 다양성이 적정 수준으로 회복되어 증상이 개선될 수 있다.

① 인체에는 장 속보다 미생물이 서식하기에 더 적합한 곳이 있다.
② 몸에 있는 미생물의 수가 몸의 세포 수보다 줄어들면 면역력이 강화된다.
③ 장내 마이크로바이옴을 구성하는 미생물의 수가 많을수록 장내 건강에 유익하다.
④ 적정 수준의 미생물 수와 다양성을 갖춘 장내 마이크로바이옴은 사이토카인을 만들어낸다.
⑤ 건강한 사람의 장내 마이크로바이옴 배양체를 장내 염증성 질환을 앓고 있는 환자에게 이식해도, 환자의 장내 마이크로바이옴의 다양성에는 변화가 없다.

문 7. 다음 글의 핵심 논지로 가장 적절한 것은?

소득 불평등이 개인의 유전적 자질 차이로 생겨난 결과이기에 피할 수 없다는 주장이 존재한다. 여기에는 개인별로 가진 능력이 다르므로 사회적 성취도 달라질 수밖에 없다는 전제가 깔려 있다. 이러한 주장에 따르면, 가난한 집안에서 태어난 아이들이 부유한 집안에서 태어난 아이들에 비해 성공할 확률이 낮은 것은 부모로부터 유전을 통해 상대적으로 열등한 자질을 물려받았기 때문이다. 그런데 최근의 연구 결과들은 이러한 주장을 다른 시각에서 검토할 수 있게 해 준다.

A 대학의 연구팀은 부모의 소득수준이 다른 영유아 77명의 뇌를 일정한 시간차를 두고 자기공명영상법(MRI)을 이용해 주기적으로 촬영하였다. 그리고 연구 대상자의 가구 소득을 낮음, 중간, 높음의 세 단계로 나누고, 소득수준을 기준으로 영유아들의 뇌 기관 중 대뇌 회백질을 집중적으로 분석하였다. 대뇌 회백질은 뇌에서 정보 처리와 의사 결정을 담당하며, 학습 능력에 있어 핵심적 역할을 하는 기관이다. 대뇌 회백질의 면적이 넓을수록 학습 능력이 우수하다. A 대학 연구팀의 분석 결과, 가구 소득의 수준과 시간의 흐름에 따른 대뇌 회백질의 면적 변화는 비례하였다. 태어났을 때는 영유아들 사이에 대뇌 회백질 면적 차이가 거의 없었지만, 일정 연령에 도달했을 때 고소득층 아이들의 대뇌 회백질 면적이 저소득층 아이들에 비해 상대적으로 더 큰 것으로 나타났다.

사회경제적 수준에 따라 발달 차이가 나는 뇌 기관은 대뇌 회백질만이 아니다. 인간의 뇌에서 언어적, 의식적 기억을 담당하는 기관은 해마인데, 이것이 학습 과정에서 핵심적 기능을 담당한다. 해마는 스트레스 호르몬의 영향을 받는다. 스트레스 호르몬은 고용 불안, 생계 불안 등의 문제에 지속적으로 노출될 때 증가하며, 이는 결국 해마의 정상적인 발달을 저해한다. 저소득층 사람들은 이러한 문제들에 빈번하게 노출될 수밖에 없으며, 이는 저소득층 가정에서 자라나는 아이들 역시 마찬가지다. 실제로 저소득층 아이들은 고소득층 아이들에 비해 해마의 크기가 상대적으로 작은 것으로 나타났다.

이러한 연구 결과는 사회경제적 수준에 따라 학습 능력을 담당하는 뇌 기관의 발달 정도에 차이가 있음을 보여준다. 그리고 영유아 시절에 시작된 학습 능력의 차이는 그들이 성장하고 난 이후 소득 불평등으로 이어질 가능성이 크다.

① 부모로부터 획득한 유전적 요인에 따라 사회적 성취의 질적 수준이 결정된다.
② 뇌 기관 발달을 촉진함으로써 저소득층 아이들이 유전적 자질의 차이를 극복할 수 있도록 해야 한다.
③ 학습 능력의 차이는 사회경제적 환경과 밀접하게 관련되어 있으며, 이는 소득 불평등으로 이어질 수 있다.
④ 소득 불평등의 문제는 학습 과정을 담당하는 뇌 기관 발달의 정도와 가구의 소득수준이 반비례하기 때문에 생겨난다.
⑤ 소득 불평등의 문제는 개인의 능력 차이로 생겨난 결과여서 이를 해결하기 위한 제도적 장치의 효용은 제한적이다.

문 8. 다음 글의 ㉠ ~ ㉤을 문맥에 맞게 수정한 것으로 가장 적절한 것은?

직장인을 대상으로 직업 만족도를 조사한 결과 부정적인 답이 대다수를 차지했다. 다시 기회가 주어진다면 더 신중하게 ㉠ <u>자신의 적성을 파악하고 진로를 탐색하겠다</u>고 답한 사람이 많았던 것이다. 특히, 조사에 참여한 직장인은 취업을 준비하는 사람들에게 "나중에 후회하지 말고 자신이 원하는 것이 무엇인지부터 찾아라."라고 당부했다. 이러한 조사 결과가 의미하는 것이 무엇일까?

우리가 흔히 '직업'이라 부르는 것을 '직(職)'과 '업(業)'으로 나누어 생각할 필요가 있다. '직'은 내가 ㉡ <u>점유하고 있는 직장 내의 자리에서 담당하는 일을 뜻한다</u>. 직은 내가 아닌 누군가가 맡아도 크게 문제가 되지 않는 성질의 것이다. 그래서 시간이 갈수록 더 젊고, 매력적이고, 재능 있는 사람들이 그 자리를 노릴 것이다. 긴 휴가를 떠나거나 병가를 낼 때 "내 책상이 그대로 남아 있을까?"라고 걱정한다면 그것은 분명 '직'과 관련된 것이다.

'업'은 ㉢ <u>평생을 두고 내가 고민하고 추구해야 하는 가치 있는 일을 뜻한다</u>. 흔히 "내가 평생 가져갈 업이야."라는 표현으로 자주 언급된다. 업은 나의 삶과 떼려야 뗄 수 없는 그 어떤 것을 의미한다. 그래서 업은 다른 누군가가 대신하기 어려운 것이다. 나이가 들면 연륜이 쌓이며 업에 대한 이해도도 더 높아진다. 이런 이유로 업은 직과 다르게 '장인정신'과도 연결된다.

우리가 먼저 파악해야 하는 것이 바로 이 업이다. 평생 추구해야 할 가치 있는 일이 무엇인지도 모르는 상태에서 직을 맡아 버리면 오히려 업을 파악하는 데 덫이 될 수도 있다. 나는 ㉣ <u>어떤 자리에서 일하고 싶은지가 아니라 무슨 일을 하고 싶은지</u>를 먼저 묻고 고민해야 한다. 업이 무엇인지 파악하지 못하고 일했던 사람들은 시간이 지날수록 자기 일이 적성에 맞지 않고 사실 자기가 원하던 일이 아니었다고 불평하기 쉽다.

업을 찾지 못하면 그저 세상이 말하는 성공의 기준을 따라갈 수밖에 없다. 내가 추구해야 할 것, 내가 직이라는 구체적인 방법을 통해 평생 좇아야 하는 가치 있는 일을 깨닫지 못했을 때는 아무리 좋은 직도 무료하고 불안정하다. 취업에 성공하더라도 ㉤ <u>직에 대한 이해도를 충분히 높이지 못한다면</u> 직장 생활에서 큰 보람을 느끼지 못할 것이다.

① ㉠을 "평생 나의 직을 무엇으로 삼을지 진지하게 고민하겠다"로 수정한다.
② ㉡을 "점유하고 있는 직장 내 영향력과 그것이 미치는 범위를 뜻한다"로 수정한다.
③ ㉢을 "평생을 두고 다른 사람과의 경쟁에서 이길 수 있는 역량을 뜻한다"로 수정한다.
④ ㉣을 "무엇을 해야 하는지가 아니라 어떤 자리에서 일을 더 잘할 수 있는지"로 수정한다.
⑤ ㉤을 "자신의 업을 파악하지 못한다면"으로 수정한다.

문 9. 다음 글의 (가)와 (나)에 들어갈 말을 적절하게 나열한 것은?

> 전염병이 외부로부터 유입되면 처음에는 대처하기 힘든 치명적인 질병으로 여겨지지만, 감염 사슬이 유지될 수 있을 정도로 인구밀도가 높은 지역이라면 그것은 머지않아 풍토병으로 전환되어 충분히 대응 가능한 질병이 된다. 그러나 인구밀도가 높지 않은 농촌과 벽지 그리고 도서 지역의 경우, 유입된 전염병이 풍토병으로 전환될 가능성은 상당히 희박해서 전염병으로 인한 피해에 취약할 수밖에 없다.
>
> 일본은 고립된 섬나라였기 때문에 다른 나라에서 유행했던 각종 전염병으로부터 격리되어 있었다. 하지만 이런 지리적 특성으로 인해 일본은 전염병이 외부로부터 들어올 때마다 큰 피해를 입을 수밖에 없었다. 더욱이 일본의 인구밀도는 17세기 이전까지 중국에 비해 현저히 낮았기 때문에 중국에서 이미 풍토병으로 자리 잡은 몇 가지 질병에 대해서도 일본은 전혀 대처할 수 없었다. 결과적으로, (가) 일본은 전염병의 유입으로 인한 심각한 피해를 계속 겪어야 했다.
>
> 이와 비슷한 현상이 영국에서도 목격된다. 중세에 영국의 인구밀도는 프랑스와 같은 유럽 대륙의 국가에 비해 훨씬 낮았는데, 이로 인해 영국인들은 각종 전염병에 대한 저항력을 갖출 수 없었다. 영국에서 전염병과 관련한 각종 저작이 유럽 대륙과는 비교가 되지 않을 정도로 많이 집필된 것은 유럽 대륙보다 영국에서 전염병의 문제가 훨씬 더 오랜 시간 동안 심각했음을 말해준다. 유럽 대륙은 영국에 비해 오래전부터 인구밀도가 높았고 사람들이 질병의 진원지인 도시와 끊임없이 접촉했기 때문에, (나) 것이다.

① (가): 감염 사슬이 유지될 수 있을 정도로 일본의 인구밀도가 높아지기 전까지
  (나): 전염병이 풍토병으로 정착하기까지의 기간이 영국보다 짧았을
② (가): 감염 사슬이 유지될 수 있을 정도로 일본의 인구밀도가 높아지기 전까지
  (나): 전염병이 풍토병으로 정착하는 데 필요한 조건이 영국보다 많았을
③ (가): 전염병이 풍토병으로 전환될 수 있을 정도로 일본의 인구밀도가 높아지기 전까지
  (나): 전염병이 풍토병으로 정착하기가 영국보다 어려웠을
④ (가): 다른 나라와의 교류를 정부가 완전히 차단할 수 있기 전까지
  (나): 전염병이 풍토병으로 정착하기까지의 기간이 영국보다 짧았을
⑤ (가): 다른 나라와의 교류를 정부가 완전히 차단할 수 있기 전까지
  (나): 전염병이 풍토병으로 정착하기가 영국보다 어려웠을

문 10. 다음 글의 핵심 논지로 가장 적절한 것은?

> 특정 사건의 결과를 확인한 뒤, 자신은 진작부터 그 결과를 확실히 예견하고 있었다고 믿는 현상을 '사후확신 편향'이라고 부른다. 사후확신 편향은 의사결정자들에 대한 평가에 악영향을 미친다. 과정의 정당성이 아니라 결과의 좋고 나쁨만으로 의사결정의 질을 평가하도록 유도하기 때문이다. 위험하지 않은 수술이었지만 예상치 못한 사고로 환자가 죽는 경우를 생각해 보자. 이 수술에 대한 소송사건을 맡은 판사는 "사실은 위험한 수술이었으며, 의사는 그 수술을 좀 더 신중하게 준비했어야 한다."라고 말할 확률이 크다. 이처럼 예전에 내린 결정을 과정이 아닌 최종 결과로 판단하려는 경향은, 의사결정 당시에는 합리적이었던 믿음들을 적절히 평가하는 일을 불가능하게 만든다. 사후확신 편향은 의사, 금융인, 경영인, 3루 코치 등 타인을 대신하여 의사결정을 하는 사람들에게 특히 불리하게 작용한다. 결과가 나쁘게 나오면 아무리 좋은 결정을 내렸다 해도 비난받고, 이후로는 합리적 믿음에 근거한 의사결정들마저 신뢰받지 못한다.
>
> 사후확신 편향은 사람들의 행동을 어떻게 변화시키는가? 사람들은 자신이 내린 결정이 훗날 비판과 성토의 대상이 될 수도 있다는 사실을 의식하면, 관행적인 방법을 선호하고 결코 위험을 감수하려 하지 않는다. 예컨대, 의료 사고 소송이 많이 제기될수록 의사들은 더 많은 검사를 실시하고 효과가 없는 것을 알면서도 위험이 적은 일반적인 치료법을 적용하게 된다. 이와 같은 행동은 결국 환자를 돕는 것이 아니라 의사를 보호하는 결과를 낳으며, 이해관계자들 사이의 갈등만 더 키운다. 반면 무모한 도박을 감행한 장군이나 기업가라도, 운이 좋아 그 결과가 성공에 이르기만 하면 벌을 받지 않게 된다. 오히려 성공을 예상하는 재능과 예지력을 갖췄다는 호평을 받는데, 이는 행운이 가져다준 과분한 보상이라 할 수 있다. 사회적으로 중요한 선택을 해야 하는 의사결정자들의 바람직한 결정을 유도하기 위해서는 의사결정의 질을 평가할 때 당시 주어진 정보에 따른 의사결정 과정의 정당성을 반영해야 한다.

① 무모한 의사결정을 내렸지만 운이 좋아 성공한 사람들은 비판받아야 한다.
② 의사결정의 질을 평가할 때는 결과뿐만 아니라 과정의 정당성을 고려해야 한다.
③ 타인을 대신하여 합리적 의사결정을 하는 사람들에 대한 평가에서 그 의사결정의 결과를 고려해서는 안 된다.
④ 의사결정자들은 의사결정 과정에서 위험을 회피하는 선택을 하여 사회 전체의 위험을 감소시켜야 한다.
⑤ 이해관계자들 간 갈등을 완화시킴으로써 사후확신 편향을 극복할 수 있어야 한다.

문 11. 다음 글에서 추론할 수 있는 것은?

> 우주에 떠돌던 물질이 지구에 떨어져 어떤 물체가 만들어졌는데, 그것이 광화문 앞에 있는 이순신 장군상과 구별 불가능하다고 하자. 이 경우 우리는 새로운 것이 창조되었다고 생각하지 않는다. 이와 달리, 우리는 실제 이순신 장군상을 창조된 것이라고 생각한다. 이는 이순신 장군상을 만든 제작자가 있었기 때문이다.
>
> 이제 기이한 형태를 가진 콘크리트 덩어리를 상상해 보자. 이것과 관련하여 두 가지 생각을 할 수 있다. 첫 번째는 이것의 제작자가 의도를 갖고 만든 경우이다. 두 번째는 제작자가 아무런 의도 없이 우연히 첫 번째와 구별이 불가능한 것을 만든 경우이다. 첫 번째 경우에서 제작자는 새로운 것을 창조했지만, 두 번째 경우는 그렇지 않다. 왜냐하면 지구에 떨어져 우연히 만들어진 물체가 창조된 것이 아닌 것처럼, 무엇인가 창조하기 위해서는 그러한 것을 만들고자 하는 제작자의 의도가 있어야 하기 때문이다. 즉 새로운 것을 만들고자 하는 제작자의 창조 의도가 필요하다.
>
> 창조 의도만 있다고 해서 무엇인가가 창조되는 것은 아니다. 가령, 어떤 사람이 나뭇가지를 재료로 독창적인 와인 거치대를 만들 의도를 가졌다고 하자. 그런데 이 사람은 나뭇가지의 위치만 바꾸어 와인병 하나를 얹어 놓았다. 우리는 이 사람이 새로운 와인 거치대를 만들고 싶은 창조 의도가 있었음을 인정하지만, 새로운 것을 창조했다고 생각하지 않는다. 이 사람은 나뭇가지를 전혀 변형시키지 않았기 때문이다. 마찬가지로 누군가가 창조 의도를 가지고 변기를 예술 작품이라고 전시한다면, 그 변기가 예술 작품일 수는 있어도 창조된 것은 아니다.

① 예술 작품은 창조 의도를 동반하지 않는다.
② 제작자의 창조 의도가 반영된 것은 창조된 것이다.
③ 예술 작품은 작품에 사용된 재료를 변형시킨 것이다.
④ 창조된 것은 그것을 만들기 위해 사용된 재료가 변형된 것이다.
⑤ 새로운 물질로부터 기이한 모양이 만들어지면 새로운 것이 창조된 것이다.

문 12. 다음 글의 빈칸에 들어갈 내용으로 가장 적절한 것은?

> 1783년 캐번디시는 산소(O_2)를 뺀 공기, 즉 '질소'라고 알려진 기체의 성질을 탐구하기 위해 산소를 뺀 공기와 산소의 혼합물에 마찰 스파크를 일으켰다. 그는 이 실험을 통해 산소를 뺀 공기 대부분은 산소와 결합하여 질소산화물이 되지만 그중 일부는 산소와 결합하지 않는다는 것을 발견했다. 이것은 '질소'라고 알려진 기체에 질소 외에 공기의 또 다른 성분이 있다는 것을 시사했지만 그 성분의 정체는 19세기 말에 이르러서야 밝혀졌다.
>
> 1890년대에 들어 레일리는 산소를 뺀 공기, 즉 '질소'의 밀도를 측정했다. 그는 암모니아를 뜨거운 구리에 접촉시켜 환원함으로써 순수한 질소를 화학적으로 얻고 그 질소의 밀도를 측정했는데, 그 값은 공기에서 얻은 '질소'보다 1,000분의 1만큼 작았다. 그리고 램지는 1893년 4월에 공기 중에서 마그네슘을 가열하여 질소산화물을 만들고 산소, 수증기, 이산화탄소마저 제거했으나 남은 기체가 화학적으로 얻은 질소보다 무거운 것을 확인했다.
>
> 레일리와 램지 모두 공기 중에서 얻은 '질소'에 다른 물질과 결합하지 않는 비활성의 기체가 포함되어 있을 가능성을 생각했다. 위 연구 결과에 근거하여 레일리와 램지는 공기 중에 새로운 기체, 즉 비활성 성분이 존재한다고 확신했고, 1894년에 공기에 새로운 성분이 있다고 발표했다. 하지만 화학자들은 실험의 정밀성을 인정하더라도 그러한 성분의 발견에 대해서는 "[　　　　]?"와 같은 회의적인 반응을 보였다.
>
> 그 후 이 기체의 스펙트럼 검사를 통해, 기존에 알려진 원소의 스펙트럼에 속하지 않는 빨강과 녹색 선의 그룹이 확인되자 회의적 반응을 보였던 화학자들의 의문은 해소되었다. 가시광선 영역의 스펙트럼의 선은 원소의 결합과는 무관하고 구성 원소에 의해 결정되므로, 새로운 원소의 존재를 인정하게 하는 결과였다. 램지는 일련의 확장된 실험에서 이 기체는 다른 물질과 결합하지 않는다는 것을 확인했고 마침내 그 기체에 그에 걸맞은 이름, '아르곤'을 붙여 주었다. 아르곤은 그리스어로 '게으르다'는 의미이다.

① 질소 원자의 선 스펙트럼에는 빨강과 녹색 선은 전혀 안 나타나지 않는가
② 수증기나 이산화탄소를 제거한 공기 중에 비활성의 기체가 남아 있을 수도 있는 것 아닌가
③ 암모니아를 뜨거운 구리로 가열하여 만들어지는 질소에 아르곤이 섞여 있을 수도 있지 않겠는가
④ 화학적으로 얻은 질소의 원료가 되는 암모니아 속에 수소가 더 많이 포함되어 있었을 수도 있지 않는가
⑤ 공기 중에서 마그네슘을 가열하여 질소산화물을 만들 때, 기존에 알려진 원소로 구성된 새로운 물질이 형성될 수도 있지 않는가

문 13. 다음 글의 내용이 참일 때 반드시 참인 것은?

> A 회사에서는 사내 부서 대항 바둑 대회를 열었다. 4강전에 대표를 진출시킨 부서는 인사부, 연구부, 자재부, 영업부이다. 부서 대표로 4강전에 진출한 이는 갑, 을, 병, 정의 네 사람이다. 진행 방식은 다음과 같다. 4강전 두 경기의 승자는 결승에서 맞붙어 우승자를 결정하고, 4강전의 패자는 3 ~ 4위전에서 맞붙어 3위를 결정한다. 모든 경기는 단판제로 진행되며 무승부는 없다. 4강전 이후 경기 결과는 다음과 같다.
>
> ○ 갑의 전적은 1승 1패이다.
> ○ 정은 을을 이겼다.
> ○ 병은 갑을 이긴 적이 없고 을을 이긴 적도 없다.
> ○ 연구부가 우승했다.
> ○ 영업부는 2패를 기록했다.
> ○ 인사부와 연구부는 대결하지 않았다.

① 갑은 2위이고 을은 3위이다.
② 을과 정은 결승전에서 대결했다.
③ 병은 영업부이고 정은 자재부이다.
④ 3 ~ 4위전에서 자재부와 영업부가 대결했다.
⑤ 4강전 두 경기에서 승리한 이는 갑과 정이다.

문 14. 다음 글의 내용이 참일 때 반드시 참인 것만을 <보기>에서 모두 고르면?

> A, B, C, D, E 다섯 개의 부서에 각각 한 명씩 배치되었던 갑, 을, 병, 정, 무 다섯 명의 직원에 관한 정기 인사 발령 결과, 기존과 마찬가지로 이들은 다섯 개의 부서에 각각 한 명씩 배치되었다. 알려진 사실은 다음과 같다.
>
> ○ 한 명은 기존 부서에 남았지만 나머지 네 명은 다른 부서로 옮겼다.
> ○ 갑은 기존에 C 부서에 근무했다.
> ○ 병과 정은 서로 부서를 맞바꾸어 근무하게 되었다.
> ○ 무는 기존과 다른 부서 D로 옮겼다.

<보 기>

ㄱ. 갑은 기존 부서에 남았다.
ㄴ. 을이 기존과 다른 B 부서에 근무하게 되었다면, 무는 기존에 B 부서에 근무했다.
ㄷ. 무가 기존에 E 부서에 근무했다면, 병이나 정이 인사 발령 결과 A 부서에 근무하게 되었다.

① ㄱ
② ㄴ
③ ㄱ, ㄷ
④ ㄴ, ㄷ
⑤ ㄱ, ㄴ, ㄷ

문 15. 다음 글의 ㉠과 ㉡에 대한 평가로 적절한 것만을 <보기>에서 모두 고르면?

> 문장이란 단어들로 이루어진 연쇄이다. 문법적인 연쇄의 조건을 완전하게 제시하기란 쉽지 않지만 적어도 다음 두 가지를 유의해야 한다. 첫째, ㉠ '문법적인'이라는 개념은 '의미가 있는'이라는 개념과 동일시될 수 없다. 아래의 (1)과 (2)는 둘 다 무의미하지만, (1)은 (2)와 달리 문법적이다.
>
> (1) 색깔 없는 녹색 관념들이 모질게 잔다.
> (2) 모질게 없는 잔다 관념들이 색깔 녹색.
>
> 아마도 한국어 화자라면 (1)을 자연스럽게 읽겠지만 (2)는 아무 관계 없이 나열된 단어들을 읽을 때처럼 읽을 것이며, (2)보다는 (1)을 훨씬 더 쉽게 기억할 것이다.
>
> 둘째, ㉡ 특정 언어에서 '문법적인'이라는 개념은 '그 언어에서의 사용 빈도에 대한 통계적 순위에서 상위에 있는'이라는 개념과 동일시될 수 없다. 한국어 화자가 현실의 담화 상황에서 듣거나 보았을 가능성이 거의 없다는 점에서 (1)과 (2)는 통계적인 측면에서 차이가 없다. 그러나 (1)과 (2)는 문법적인가에서 차이가 난다. 다른 예를 보자. 실제 한국어 사용에서 "나는 산더미 같이 큰 … 보았다."의 줄임표 자리에 '빈대를'이나 '그러나'가 출현할 빈도는 사실상 0이다. 그렇지만 줄임표 자리에 전자를 넣으면 문법적 연쇄가, 후자를 넣으면 비문법적 연쇄가 만들어진다. 빈도에 의존하는 것은 문법적 연쇄와 비문법적 연쇄 사이의 차이를 선명하게 제시하고는 싶으나 언어의 현실이 너무 복잡해서 완벽하게 제시할 수 없는 벽에 부딪힌 언어학자가 채택한 편의적인 방법일 뿐이다. 실제 언어에서 어떤 연쇄의 사용 빈도가 높은가 낮은가는 그 연쇄가 문법적인가 그렇지 않은가와 별개인 것으로 나타난다.

<보 기>

ㄱ. 문장의 사용 빈도와 그 문장을 기억하기 쉬운가는 서로 상관관계가 없는 것으로 밝혀진다면, ㉠은 약화된다.
ㄴ. 사용 빈도에 대한 통계적 순위에서 하위에 있는 어떤 문장이 무의미함에도 불구하고 문법적이라면, ㉡은 강화된다.
ㄷ. 특정 언어에서 기존에 문법적이지만 무의미하다고 여겨지던 문장이 일정 시간이 흐른 후 의미도 있으면서 문법적인 문장으로 그 언어의 화자들에게 받아들여지는 현상이 다수 발견된다면, ㉠과 ㉡은 둘 다 약화된다.

① ㄱ
② ㄴ
③ ㄱ, ㄷ
④ ㄴ, ㄷ
⑤ ㄱ, ㄴ, ㄷ

문 16. 다음 글에 대한 분석으로 적절한 것만을 <보기>에서 모두 고르면?

> 말이나 글에서 사용되는 언어표현의 의미는 무엇일까? 이 물음에 대하여 지칭적 의미론은 다음과 같이 답한다. ㉠ 언어표현의 의미는 그 표현이 지칭하는 대상일 뿐이며, 그 어떤 다른 것도 아니다. 예를 들어, 슈퍼맨이 실제로 존재한다고 가정하면, 지칭적 의미론에서 고유명사 '슈퍼맨'의 의미는 슈퍼히어로인 슈퍼맨이다. 다음은 지칭적 의미론에 반대하는 한 가지 논증이다.
>
> 논의를 위해 몇 가지를 가정해 보자. 문장의 의미는 문장을 구성하는 부분들의 의미에 의해 결정된다. 우선, 슈퍼맨을 지칭하는 또 다른 이름은 '클라크 켄트'이다. 슈퍼맨은 '클라크 켄트'라는 이름으로 자신이 슈퍼히어로임을 숨기고, 기자로서 평범하게 살아간다. 동료 기자인 로이스 레인은 슈퍼맨과 클라크 켄트 각각에 대해 알지만, 이 둘이 동일인인지는 알지 못한다. 이제 다음의 두 문장을 비교해 보자.
>
> (1) 슈퍼맨은 슈퍼맨이다.
> (2) 슈퍼맨은 클라크 켄트이다.
>
> 지칭적 의미론을 받아들이는 사람은 (1)과 (2)의 의미는 동일하다는 것을 받아들여야 한다. 지칭적 의미론에 따르면, ㉡ '슈퍼맨'과 '클라크 켄트'는 동일한 대상을 지칭한다는 사실이 주어지면, ㉢ 이 두 고유명사는 같은 의미를 가진다는 것이 따라 나온다. 그런데 로이스 레인에게 있어서 (1)이 표현하는 내용은 자명하지만, (2)가 표현하는 내용은 놀라운 발견일 수 있다. 왜냐하면 어떤 대상이 자기 자신과 같다는 내용인 (1)은 대상이 누구인지 알지 못해도 참이라고 판단할 수 있는 단순한 내용이지만, (2)는 슈퍼맨과 클라크 켄트가 동일인이라는 내용을 표현해서 이 둘이 동일하다는 사실을 모르는 사람에게는 새로운 정보를 제공하기 때문이다. 이와 같은 차이를 인지적 차이라고 부른다. 이러한 의미에서 ㉣ (1)과 (2)는 인지적 차이가 있다. 이를 설명해 주는 것은 결국 ㉤ (1)과 (2)가 서로 다른 의미를 가진다는 것이다. 그리고 두 문장의 의미가 다르다는 것은 ㉥ 두 고유명사 '슈퍼맨'과 '클라크 켄트'의 의미가 다르다는 것으로부터 따라 나온다. 따라서 지칭적 의미론은 그르다.

<보 기>

ㄱ. ㉠과 ㉡이 모두 참이라면, ㉢도 참이다.
ㄴ. ㉡과 ㉥이 모두 참이라면, ㉠은 거짓이다.
ㄷ. "문장들이 인지적 차이가 있다면 그 문장들은 의미에서 차이가 난다."와 ㉣이 참이라면, ㉤도 참이다.

① ㄴ
② ㄷ
③ ㄱ, ㄴ
④ ㄱ, ㄷ
⑤ ㄱ, ㄴ, ㄷ

문 17. 다음 글의 A ~ C에 대한 평가로 적절한 것만을 <보기>에서 모두 고르면?

A: 전기, 자기, 초음파 등으로 뇌나 신경의 특정 부위를 자극하여 해당 부위의 기능을 조절하는 신경조절기술은 의료산업 분야에서 매우 유망하다. 그중 침습적인 뇌심부자극술은 파킨슨병, 본태떨림 등의 치료법으로 이미 승인되었으며, 비침습적인 경두개자기자극술, 경두개전기자극술 등은 의사결정능력, 인지능력, 학습과 기억 능력을 향상시키고, 감정 조절과 정신학적 질병 치료에 효과가 있다고 알려져 있다. 따라서 많은 사람들이 혜택을 볼 수 있도록 향후 지속적인 연구 개발을 통해 더욱 다양한 목적으로 신경조절기술이 활용될 수 있어야 한다.

B: 신경조절기술이 특정 질환을 치료할 수 있지만 위험성을 간과할 수는 없다. 침습적 뇌심부자극술은 뇌출혈, 감염과 같은 합병증뿐만 아니라 조증, 중독성 행위 등 신경정신학적 부작용을 유발할 수 있으며, 비침습적 뇌자극기술은 약한 강도의 전기를 가할지라도 장기적으로 사용하면 뇌 기능에 변화를 초래할 수 있기 때문이다. 따라서 신경조절기술은 위험 대비 이익이 명확히 클 경우에만 사용되어야 한다.

C: 신경조절기술이 뇌에 미치는 위험을 고려할 때 질병의 치료가 아닌 인지기능의 향상을 목적으로 사용해서는 안 된다. 경두개전기자극술이 언어능력, 인지능력 등 뇌 기능을 개선한다는 연구가 발표되면서 우려스럽게도 이미 산업계에서는 건강한 사람들을 겨냥하여 인지능력을 향상시키는 헤드밴드 형태의 기기를 개발하는 데 투자하고 있다. 향후 이러한 기기가 대중에게 보급될 경우 그 사용으로 인한 뇌 질환의 위험성이 매우 클 것으로 우려된다.

<보 기>

ㄱ. 중증 파킨슨병 환자가 뇌심부자극술을 받은 후 병증이 크게 완화되고 일시적인 경증 수면장애를 얻었다면, A의 주장은 강화되고 B의 주장은 약화된다.

ㄴ. 경두개전기자극술이 적용된 집중력 향상 기기의 효과를 꾸준히 느끼며 10년간 매일 사용한 사람에게 사망에 이르게 하는 악성 뇌종양이 발생했다면, B의 주장과 C의 주장은 약화되지 않는다.

ㄷ. 수험생의 인지기능 향상에 경두개전기자극술을 활용하는 것이 뇌에 어떠한 문제도 유발하지 않는다고 밝혀졌다면, A의 주장은 약화되지 않고 C의 주장은 약화된다.

① ㄱ
② ㄴ
③ ㄱ, ㄷ
④ ㄴ, ㄷ
⑤ ㄱ, ㄴ, ㄷ

문 18. 다음 글을 토대로 <사례>의 ㉠을 약화하는 것만을 <보기>에서 모두 고르면?

태양 이외의 항성도 행성을 가질 수 있는데, 이렇게 태양이 아닌 다른 항성 주위를 공전하는 행성을 외계 행성이라 한다. 항성과 달리 행성은 스스로 빛을 방출하지 않을 뿐만 아니라, 지구에서 최소 수 광년 이상 떨어져 있으므로 관측할 수 없었다. 그러나 첨단 천문 관측 기술의 발달로 수많은 외계 행성이 발견되었으며, 지구와 환경이 유사하여 생명체가 존재하는 외계 행성이 있을 것이라는 기대 또한 커지고 있다.

외계 행성에 대한 연구는 식(蝕)을 이용한다. 식이란 항성 주위를 공전하는 행성이 항성의 앞면을 지날 때 항성의 일부 또는 전체가 가려지는 현상이다. 만일 어떤 외계 행성의 궤도가 지구에서 볼 때 식을 발생시키는 궤도라면, 이 외계 행성을 거느린 항성의 밝기는 주기적으로 어두워진다. 따라서 어떤 항성의 밝기를 충분히 긴 시간 동안 관측했을 때 주기적으로 어두워진다면 이 항성에는 외계 행성이 존재한다고 볼 수 있다. 또한 이 항성이 식에 의해 어두워지는 비율이 크다면 외계 행성이 크기 때문에 이 항성의 빛을 가리는 정도가 크다는 것을 의미한다. 항성의 어두워지는 주기가 길다면 외계 행성의 공전 주기가 길다는 것을 의미한다. 따라서 식에 의한 항성의 밝기 변화로 외계 행성의 크기와 공전 주기 또한 알아낼 수 있다.

이러한 정보는 외계 행성이 지구와 유사한 환경인지를 확인하는 중요한 지표가 된다. 행성의 공전 주기는 궤도가 클수록, 즉 행성에서 항성까지의 거리가 길수록 길어진다. 또한 일반적으로 행성의 크기가 클수록 질량이 커져 행성의 중력이 커진다. 따라서 행성의 공전 주기와 크기가 지구와 유사하다면 그 행성에 생명체가 존재할 가능성이 커진다. 다만, 이때 행성의 공전 주기가 지구의 공전 주기와 유사하더라도, 항성의 밝기가 태양과 크게 다르다면 같은 공전 주기라도 행성이 받는 항성의 빛의 양이 달라지기 때문에, 행성의 환경이 너무 춥거나 너무 더워 생명체가 존재하기 어렵다.

<사 례>

서로 크기가 같고 지구까지 거리가 같은 두 항성 X와 Y가 있다. 항성 X에는 식을 보이는 외계 행성이 존재함이 알려져 있고, 이 행성의 크기는 지구와 유사함이 밝혀진 바 있다. 한 과학자는 항성 Y를 관측하여, 식이 발생하고 그 식을 발생시키는 행성의 공전 주기가 약 1년임을 알아냈다. 그는 ㉠ 항성 Y에는 생명체가 존재하는 행성이 있다는 가설을 세우고 추가 관측을 수행하였다.

<보 기>

ㄱ. 항성 Y의 밝기가 태양에 비해 훨씬 어두웠다.

ㄴ. 항성 Y에서 주기가 더 긴 다른 행성에 의한 식 현상이 추가로 발견되었다.

ㄷ. 항성 Y에서 식에 의해 항성의 밝기가 어두워지는 비율이 항성 X에서보다 훨씬 컸다.

① ㄱ
② ㄴ
③ ㄱ, ㄷ
④ ㄴ, ㄷ
⑤ ㄱ, ㄴ, ㄷ

[19 ~ 20] 다음 글을 읽고 물음에 답하시오.

일반적으로 윤리학자들은 도덕적 책임이 있는 존재, 즉 도덕적 행위자가 되기 위한 두 가지 조건을 제시한다. 하나는 통제 조건이다. 어떤 행위자가 통제 조건을 충족한다는 것은 그가 자신의 행위를 선택할 수 있고 상황에 따라 자신의 행위를 조절 및 통제할 수 있는 능력을 갖추고 있다는 것이다. 일반적으로 우리는 도덕적 판단이 요구되는 행위에 대해서 그 행위를 누가 결정하고 수행했는지에 따라 책임을 부과한다. 통제 조건을 충족하지 못한 행위자는 도덕적 책임을 질 수 있는 도덕적 행위자라고 부를 수 없다. AI 기술이 적용된 완전 자율 주행 자동차는 주변 상황을 스스로 인식하여 출발할지 정지해 있을지를 결정하고, 주변 환경에 맞춰 진행 방향과 속도를 조절할 수 있다. 이러한 측면에서 본다면 AI는 통제 조건을 충족했다고 볼 수 있다.

하지만 통제 조건을 갖추었다고 해서 모두 도덕적 행위자가 되는 것은 아니다. 도덕적 행위자가 되기 위한 다른 조건은 인식 조건이다. 어떤 행위자가 인식 조건을 충족한다는 것은 그가 자신의 행동이 무엇인지, 그로 인해 어떤 결과가 나타날지 반성 및 숙고를 통해 판단할 수 있는 능력을 갖추고 있다는 것이다. 이런 능력이 없다면 도덕적 판단도 할 수 없다. 행위자가 이런 능력을 갖추었는지 여부는 그가 응답 책임을 다할 수 있는지 여부에 의해서 파악할 수 있다. 여기서 응답 책임이란 본인이 내린 결정이나 한 일의 결과에 대한 질문에 답하고 설명하는 의무를 말한다. 누군가 응답 책임을 다할 수 있다면 인식 조건을 충족한다고 간주된다. 우리가 석연치 않은 판결에 대해서 판사의 설명을 기대하고, 범죄자에게 범죄 행위 이유를 묻는 것이 바로 응답 책임을 요구하는 것이다.

일반적으로 인간은 자신의 행위를 통제하고, 그 행위로 인해 어떤 결과가 발생할지 반성과 숙고를 통해 판단할 수 있는 능력이 있다고, 즉 통제 조건과 인식 조건을 충족한다고 인정된다. 하지만 모든 인간이 그런 것은 아니다. 통제 조건과 인식 조건 어느 것도 충족하지 못한 것으로 간주되는 어린아이의 경우, 이들의 행위에 대한 책임은 보호자와 피보호자의 관계에 의존하여 보호자에게 귀속된다. AI는 반성 및 숙고를 통해 자신의 행동 결과가 어떻게 나타날지 판단할 수 있는 능력을 결여하고 있다. 통제 조건을 충족하더라도 인식 조건은 갖추지 못한 것이다. 게다가 AI는 누군가의 피보호자로 보기도 어렵다. 그렇다면 AI의 행위로부터 발생하는 결과에 대한 도덕적 책임은 누구에게 귀속되어야 할까?

우리 사회의 조직 체계로부터 이에 대한 답변을 얻을 수 있다. 어떤 조직이 특정 과제를 수행할 때 최종적 책임은 전체 프로젝트를 총괄하는 관리자에게 있고, 업무 대부분은 나머지 구성원들에게 위임된다. 왜냐하면 총괄 관리자만이 전체 프로젝트에 필요한 업무와 그 수행 방식을 선택·통제할 수 있는 능력, 그리고 관련된 결정이나 결과에 대해 답하고 설명할 능력을 온전히 갖추었기 때문이다. 이렇게 통제 조건과 인식 조건을 온전히 충족하고 있는 총괄 관리자는 프로젝트에 대한 최종적 책임을 지게 된다. 비슷한 방식으로 우리는 인간이 총괄 관리자의 역할을 수행하고, AI는 위임된 업무를 처리하는 조직의 구성원이라고 간주할 수 있다. 우리는 이러한 위임 관계에 의존하여 관리자인 인간에게 책임을 귀속시킬 수 있다. 따라서, ㉠ <u>AI의 행위로부터 발생한 결과에 대한 도덕적 책임은 그 일을 위임한 인간에게 있다.</u>

문 19. 위 글에서 알 수 있는 것은?

① 응답 책임은 관리자로부터 과제를 위임받는 존재들에게 부과되는 의무이다.
② AI가 자신이 수행한 행위로 인해 어떤 결과가 초래될지 도덕적 판단을 내릴 수 없는 것은 통제 조건을 충족하지 못했기 때문이다.
③ 어린아이와 보호자 사이의 책임 귀속이 의존하는 관계는 AI와 인간 사이의 책임 귀속이 의존하는 관계와 같다.
④ AI가 행동을 스스로 선택하고 통제할 수 있다고 하더라도, 도덕적 책임은 AI에게 귀속될 수 없다.
⑤ 우리 사회의 조직 체계에서 채택하고 있는 위임 방식을 따르면, AI는 도덕적 행위자가 될 수 있다.

문 20. 위 글의 ㉠에 대한 평가로 적절한 것만을 <보기>에서 모두 고르면?

<보 기>

ㄱ. 조직의 총괄 관리자와 구성원 간의 관계와 달리 인간이 AI 작동과정을 통제할 수 없다면, ㉠은 약화된다.
ㄴ. AI의 행위와 그로 인해 발생한 결과에 대한 질문에 인간이 잘 답하고 설명할 수 있다면, ㉠은 강화된다.
ㄷ. 우리 사회의 조직 체계에서 과제를 위임받은 구성원들이 자신의 업무를 조절하고 통제할 수 있지만 전체 프로젝트를 설명할 능력을 갖추고 있지 않다면, ㉠은 약화된다.

① ㄱ
② ㄷ
③ ㄱ, ㄴ
④ ㄴ, ㄷ
⑤ ㄱ, ㄴ, ㄷ

문 21. 다음 글에서 알 수 있는 것은?

신라에는 수도 서라벌에 적을 둔 사람들을 6개의 두품과 진골, 성골로 나누는 신분 제도가 있었다고 한다. 이 가운데 성골과 진골은 두품 신분이 누릴 수 없는 특권을 가진 지배층이었다. 그런데 오늘날 현존하는 사료에는 성골과 진골을 가르는 기준이 나타나 있지 않다. 역사학자들은 어떤 사람이 성골 신분을 가질 수 있었는지 알아내기 위해 오랫동안 연구를 진행해야 했다. 그 과정에서 한때 부모가 모두 왕의 자손이면 성골이고 한쪽만 그러하면 진골이라는 주장이 나온 적이 있지만, 부모가 모두 왕의 자손임에도 진골인 사람이 있었다는 사실이 밝혀지면서 잘못된 견해임이 확인되었다.

밝혀진 바에 따르면 성골은 신라 제26대 진평왕이 처음 만들어낸 신분이다. 진평왕은 숙부인 진지왕을 몰아내고 즉위했다. 진지왕은 진흥왕의 둘째 아들로서 형 동륜이 살아 있었다면 왕이 될 수 없었으나 동륜이 일찍 사망함에 따라 진흥왕의 뒤를 잇게 되었다. 동륜의 아들인 진평왕은 이에 불만을 품고 세력을 키워 진지왕을 내쫓은 뒤 왕위에 올랐다. 진지왕은 폐위 직후 죽었지만, 그 아들은 살아서 자식을 남겼다. 만일 이 진지왕의 아들 또는 손자가 반란을 일으키기라도 한다면 왕위가 다시 진지왕의 자손으로 넘어갈 수 있었다. 진평왕은 이러한 사태를 막고자 성골이라는 신분을 만들어낸 뒤 성골만 왕위에 오르게 했다. 그가 성골 신분을 부여한 사람은 자기 자신과 부인, 자기 딸, 그리고 자기 친형제와 그가 낳은 딸뿐이었다. 그는 앞으로 태어날 자기 아들에게도 성골 신분을 주겠다고 했다. 그런데 진평왕은 끝내 아들을 두지 못했고, 딸이 뒤를 이어 왕이 되었다. 그가 바로 선덕여왕이다.

진평왕 즉위 전 신라의 최고 신분은 진골이었고, 진골에서 왕이 나오는 것이 당연했다. 그런데 진평왕이 성골에게만 왕위를 물려주기로 한 바람에 선덕여왕 사후 왕위를 이을 사람은 진평왕의 조카인 진덕여왕밖에 남지 않게 되었다. 진평왕의 부인과 딸, 친형제가 모두 죽었기 때문이다. 이후 진덕여왕마저 죽자 성골이 없어졌고, 결국 진지왕의 손자인 김춘추가 왕이 되었다. 김춘추는 진지왕의 아들 용수와 진평왕의 딸 천명부인 사이에서 태어난 사람이다. 그를 두고 진골로서 처음 왕위에 오른 인물이라고 말하는 사람이 적지 않았지만, 성골에 대한 이해가 깊어지면서 김춘추가 진골로서 왕이 된 첫 인물이 아니라는 점을 이해하는 사람이 늘고 있다.

① 동륜은 왕족이었지만 진골 신분이 아니었기 때문에 왕위에 오르지 못했다.
② 진덕여왕은 천명부인이 낳은 딸이기 때문에 선덕여왕의 뒤를 이어 왕위에 오를 수 있었다.
③ 동륜은 반란을 일으켜 진지왕을 죽이고 왕위에 올랐으나 조카인 진평왕에 의해 폐위되었다.
④ 김춘추는 진평왕의 외손자로 태어났으며 성골 신분에 들지 못한 인물이었다.
⑤ 진지왕의 아들인 용수는 두품 출신이었으므로 천명부인과 결혼할 수 있었다.

문 22. 다음 글에서 알 수 있는 것은?

조선시대에는 부동산을 거래할 때 매도자와 매수자가 만나 함께 매매문기를 작성하는 것이 상례였다. 매매문기에는 부동산을 매도하려는 자가 매수하려는 자에게 그 소유권을 넘기겠다는 글귀와 함께 혹시라도 분쟁이 생기면 매수자가 매매문기를 증거로 소송을 제기해 구제받는 데 동의한다는 내용이 들어갔다. 당시 사람들은 매도자가 매매문기에 서명해 매수자에게 넘기면 부동산 거래가 완료되는 것으로 여겼다. 그런데 당사자가 아닌 엉뚱한 사람이 매매문기를 위조해 소유권을 주장할 수도 있었다. 조선 왕조는 이를 감안해 부동산 매수자가 원하는 경우 '입안'을 신청해 받을 수 있게 하는 제도를 도입했다.

『경국대전』에는 입안 발급 절차가 적혀 있다. 이에 따르면 입안을 받기 원하는 자는 매매가 완료된 날로부터 100일 이내에 일종의 신청서인 '소지'를 지방 관아에 내야 한다. 소지가 들어오면 지방관은 증인을 불러 해당 거래의 사실 여부를 따져 묻고, 관련 증거를 일목요연하게 정리한 '초사'라는 문서를 작성해야 한다. 또 신청자가 소유권을 획득한 것이 맞다고 판단되면 이를 공증한다는 내용의 '처분'을 적어 내주어야 한다. 이 처분과 소지, 초사를 묶은 문서 다발을 입안이라고 불렀다. 그런데 지방관은 입안 발급 사실을 따로 기록해 보관하지 않았다. 그러다 보니 입안을 받은 자가 화재, 도난 등으로 그 입안을 잃어버렸을 때는 곤란해질 수 있었다.

입안을 분실한 자는 분실 경위를 지방관에 아뢰고 '입지'를 받아 입안을 대신할 수 있었다. 입지란 부동산 취득 경위를 간략하게 적은 내용이 포함된 소지에 지방관이 "이 사실을 인정함."이라고 적어 넣고 서명한 것으로서, 초사 등이 첨부되지 않았다. 입지는 입안을 분실한 자에게 임시방편으로 내주는 것이었지만 임진왜란 이후에는 입안을 잃은 사람이 많아 입지 발급 건수가 폭증하게 되었고, 그 영향으로 어느덧 입지가 입안을 대신하게 되었다. 부동산을 매수한 후 소지를 내더라도 지방관이 입안이 아니라 입지를 내주는 일이 상례가 된 것이다. 입지를 내줄 때는 증인을 불러 사실 여부를 캐묻는 일이 없고, 지방관이 그저 소지 제출자의 주장만 들은 뒤 혼자 발급 여부를 결정해 내주게 되어 있었다. 그러다 보니 부동산을 매수했다고 거짓 주장을 하여 입지를 얻어내는 자가 날로 늘었고, 지방관이 제대로 확인하지 않은 채 같은 부동산에 여러 건의 입지를 내주는 일도 벌어졌다. 그 결과 임진왜란 후에는 부동산을 둘러싼 분쟁이 크게 늘었다.

① 임진왜란 이전에는 부동산 매매문기와 입안을 분실한 사람에게 입지를 발급하는 일이 없었다.
② 입지는 매도자와 매수자가 부동산 매매에 합의한 매매문기에 지방관이 서명하는 행위를 뜻한다.
③ 조선시대에는 부동산 매수자가 매도자로부터 매매문기를 넘겨받은 뒤 지방 관아에 소지를 내 입안을 받는 경우가 있었다.
④ 조선시대에 부동산 매도자는 거래가 성사된 후 100일 이내 그 사실을 관에 아뢰고 입지를 발급받아야 하는 의무를 갖고 있었다.
⑤ 『경국대전』에 따르면 지방관은 관할하는 지역 내 부동산 거래 상황을 모두 조사한 뒤 매수자와 매도자에게 입안을 내주어야 했다.

문 23. 다음 글의 내용과 부합하는 것은?

의회의 운영 방식은 실질적인 법안 심의가 어디에서 이루어지는지에 따라 '본회의 중심주의'와 '상임위원회 중심주의'로 구분할 수 있다. 본회의 중심주의는 의원 전원의 법안 심사 참여라는 가치를 중요시하기 때문에 본회의에서 중요한 결정이 이루어지며, 상임위원회 심사 단계에서는 법안을 폐기하거나 핵심적인 내용을 임의로 삭제할 수 없다. 반면 상임위원회 중심주의는 법안 심사에서 효율성과 전문성의 가치를 보다 중요시하며, 소관 상임위원회가 법률을 제안·수정·폐기할 수 있는 막강한 권한을 가지고 있다. 본회의 중심주의를 채택한 대표적인 국가는 영국이며, 상임위원회 중심주의를 따르고 있는 대표적인 국가는 미국이다.

한국은 제6대 국회부터 상임위원회 중심주의를 채택해 왔다. 한국이나 미국처럼 상임위원회 중심주의를 따르는 국가에서는 보통 의회의 입법과정에서 법안의 통과 여부가 소관 상임위원회의 심사 단계에서 결정된다. 의회에 제출된 모든 법안은 일단 소관 상임위원회로 회부되고 그중 일부만이 상임위원회를 통과하여 본회의에 보고된다. 그리고 상임위원회가 의결한 법안이 본회의에서 부결되는 경우는 거의 없다. 상임위원회야말로 법안이 통과되기 위해 반드시 거쳐야 하는 관문이며 이때 본회의는 소관 상임위원회의 결정 사항을 최종적으로 승인하는 기능을 한다.

그런데 한국에서는 국회의 입법과정에서 상임위원회의 결정을 무력화할 수 있는 절차 또한 존재한다. 미국 의회에서 상임위원회의 역할과 권한이 불가침의 영역으로 여겨지는 것과는 다른 모습이다. 한국에서는 이런 절차가 종종 활용되는데, 법제사법위원회의 '체계·자구심사'가 대표적인 사례이다. 소관 상임위원회의 심사를 통과한 모든 법안은 본회의에 상정되기 전에 법제사법위원회의 체계·자구심사를 받아야 한다. 이는 본래 법안의 위헌성이나 기존 법률과의 충돌 여부를 심사하여 법률의 합헌성과 체계성, 조화성을 확보하기 위한 것이다. 그러나 법제사법위원회가 논쟁적인 법안에 대한 체계와 자구 검토를 의도적으로 늦춤으로써 이 절차를 입법 지연 및 법안 폐기의 수단으로 이용하는 경우도 드물지 않게 발생한다. 이로 인해 법제사법위원회는 '위원회 위의 위원회'라는 비판을 받기도 했으며, 체계·자구심사 절차를 폐지하자는 주장이 국회 내부에서 제기되기도 했다.

① 입법과정에 상임위원회 심사 단계가 존재하는 경우는 상임위원회 중심주의로 분류된다.
② 법안을 최종적으로 승인하는 권한이 본회의에 있는 경우는 본회의 중심주의로 분류된다.
③ 영국 의회의 입법과정에서 소관 상임위원회를 통과한 법안이 본회의에서 부결되는 경우는 거의 없다.
④ 한국 국회의 입법과정에서 소관 상임위원회를 통과한 법안이라도 법제사법위원회의 심사로 인해 입법이 지연되기도 한다.
⑤ 한국 국회의 입법과정에서 소관 상임위원회가 법안을 수정·폐기할 권한을 가지기 때문에 '위원회 위의 위원회'라는 비판을 받기도 한다.

문 24. 다음 글의 (가)와 (나)에 대한 분석으로 적절한 것만을 <보기>에서 모두 고르면?

한 국가는 여러 지역으로 구성된다. 이 지역들 각각이 발전 혹은 퇴보했는지 알려졌다고 하자. 이때 그 국가의 발전 혹은 퇴보 여부는 어떻게 판단할까? 다음과 같은 두 가지 방법이 제안되었다.

(가) 한 국가에서 어떤 지역도 퇴보하지 않으면서 한 개 이상의 지역이 발전했다면 그 국가가 발전했다고 판단한다. 마찬가지로 한 국가에서 어떤 지역도 발전하지 않으면서 한 개 이상의 지역이 퇴보했다면 그 국가는 퇴보했다고 판단한다. 발전한 지역도 있고 퇴보한 지역도 있을 경우, 한 국가의 발전 여부를 판단할 수 없다.

(나) 한 국가의 발전이나 퇴보 여부는 가중평균값을 이용하여 판단하되, 이 값이 양(+)이라면 이 국가는 발전한 것으로, 음(−)이라면 이 국가는 퇴보한 것으로 본다. 이때 가중평균값은 각 지역의 발전과 퇴보의 정도를 0을 기준으로 정량화한 후, 이 수치에 각 지역별 가중치를 곱한 값들을 모두 더한 값이다. 지역별 인구나 면적 등 각 지역의 중요성이 고려된 지표가 가중치를 만들 때 사용된다. 가중치는 0보다 큰 값이고 그 총합은 1이다.

<보 기>

ㄱ. (가)는 두 개 이상의 지역이 퇴보한 경우 한 국가가 퇴보했다고 판단한다.
ㄴ. (나)는 큰 폭으로 발전한 지역이 작은 폭으로 퇴보한 지역보다 많은 경우 한 국가가 발전한 것으로 판단한다.
ㄷ. 한 국가에 대하여 (가)를 이용하여 발전했다고 판단한 경우 중 (나)를 이용하여 퇴보했다고 판단하는 경우는 없다.

① ㄱ
② ㄷ
③ ㄱ, ㄴ
④ ㄴ, ㄷ
⑤ ㄱ, ㄴ, ㄷ

문 25. 다음 글에서 알 수 없는 것은?

합성측정은 사회과학자들이 여러 개의 지표를 하나의 측정치로 결합시키는 기법이다. 이 기법은 정치적 성향과 같이 명확한 하나의 지표를 찾기 어려운 변수들을 타당하고 신뢰할 만하게 측정하기 위해 사용된다. 내표적으로는 지수와 척도가 있다. 이 두 가지는 다음과 같이 구별할 수 있다.

예를 들어 어떤 연구자가 유권자들의 '정치적 활동성'이라는 변수를 측정하고 싶어 한다고 해 보자. 지수를 사용하는 경우라면, 우선 그는 유권자들이 취할 수 있는 정치적 행동들로 '공직자에게 편지 쓰기', '정치적 탄원서에 서명하기', '정치적 목적을 위해 기부하기', '투표 선택을 바꾸도록 다른 사람을 설득하기'와 같이 비슷한 수준의 행동지표들을 열거한다. 그리고 나서 유권자들에게 수행 여부를 물어 수행한 행동들에 각각 1점씩 부여한 후 합산한다. 4개의 지표를 사용하여 지수를 구성한 위의 예시에서 4점은 모든 행동을 수행한 유권자의 경우로, 이러한 점수를 받은 유권자들은 3점 이하를 받은 유권자들, 즉 4개 행동 중 3개 이하를 수행한 유권자들보다 정치적 활동성이 더 강하다고 해석될 수 있다.

이와 달리 척도를 사용하려는 연구자라면 '정치적 활동성'을 측정할 때, '투표하기', '정당에 가입하기', '선거운동에 직접 참여하기', '공직에 출마하기'와 같이 상당히 다른 수준을 나타내는 행동 지표들을 그 위계적 강도에 따라 순차적으로 열거한다. 투표보다는 정당 가입이, 또 그보다는 선거운동 참여가, 또 그보다는 공직 출마가 더 강한 수준의 행동이라 할 수 있다. 따라서 공직에 출마한 유권자라면 그보다 약한 수준의 행동들을 모두 수행했을 것이라고 추측할 수 있다. 이에 따라 유권자의 행동유형을 몇 가지로 나눌 수 있다. 위의 예시에서 해당 사항이 있을 경우 유권자에게 4개의 지표 중 하나를 선택하도록 했다고 하자. 어떤 유권자가 '정당에 가입하기'를 선택했다면, 이 유권자의 정치적 활동성은 2점이다. 이 유권자는 투표를 하고 정당에 가입하였으나, 선거운동에 직접 참여하거나 공직에 출마하지는 않은 것으로 간주된다. 이와 달리 아무 것도 선택하지 않은 유권자는 정치적 활동성이 0점인 행동유형에 속하는 것으로 간주된다.

① 척도는 그것을 구성하는 지표들의 위계적 강도를 고려한다는 점에서 지수와 다르다.
② 4개의 지표로 척도를 구성한 위의 예시에서 유권자의 가능한 행동유형은 총 네 가지이다.
③ 위의 예시에서 지수 3점이 척도 2점보다 유권자의 강한 정치적 활동성을 보여준다고 할 수 없다.
④ 4개의 지표로 지수를 구성한 위의 예시에서 서로 다른 행동들을 수행한 유권자들일지라도 같은 점수를 받을 수 있다.
⑤ 위의 예시에서 지수 3점과 달리 척도 3점은 해당 유권자가 어떤 지표에 해당하는 행동을 수행했는지 적어도 1개를 확정하게 해준다.

문 26. 다음 글의 (가) ~ (다)에 들어갈 말을 적절하게 나열한 것은?

온도가 내려가면 액체 상태의 물은 얼음으로 변하는데, 어떤 경우에는 0 ℃ 이하에서 물이 얼지 않기도 한다. 이러한 현상을 물의 과냉각이라고 한다.

한 연구 그룹은 물체가 전기를 띠는 현상인 하전과 과냉각된 물이 어는 온도와의 관계를 이해하기 위해 장치 X를 이용해 연구를 진행했다. 장치 X에는 특정 온도 이상에서는 표면이 양(+)으로 하전되고 이 온도보다 낮을 때 표면이 음(−)으로 하전되는 부품 A가 달려 있다. 또한 이 장치에는 온도가 변하더라도 하전이 되지 않는 부품 B도 달려 있다. 부품 B는 온도가 변하더라도 하전이 되지 않는다는 점만 제외하고는 부품 A와 물리적 특성 등이 같다.

이 장치 X를 −11 ℃인 방에 두고 부품 A와 B의 표면에 과냉각된 물방울이 맺히도록 했다. 이때 부품 A의 표면은 음(−)으로 하전되었고, 두 부품과 물방울 역시 −11 ℃였다. 방 온도를 −5 ℃까지 천천히 높여서 부품 A와 B의 온도를 높였다. 어느 순간 부품 A의 표면은 양(+)으로 하전되었다. 그렇게 하전된 이후에도 방 온도를 더 높여서 부품 A와 B의 온도는 −8 ℃가 되었다. 이때 부품 A와 그 표면에 맺힌 물방울 또한 −8 ℃였으며, 이 온도에서 그 물방울은 결빙되기 시작했다. 반면 이때 부품 B의 표면에 맺힌 물방울은 결빙되지 않았다. 위 실험 결과는 과냉각된 물은 주변 온도가 [(가)] 얼 수 있다는 것을 보여준다.

이후 이 연구 그룹은 다음과 같은 실험도 수행했다. 습도가 높은 20 ℃의 방에 장치 X를 둔 후, 수증기가 응결되어 부품 A와 B의 표면에 물방울이 맺힐 때까지 방의 온도를 낮췄다. 이후에도 이 방의 온도를 낮추면서 물방울이 결빙되는 온도를 살펴보았다. 부품 A의 표면은 −7 ℃에서 [(나)]의 하전을 보였다. 이때 부품 A와 그 표면에 맺힌 물방울 또한 −7 ℃였으며, 이 온도에서 그 물방울이 결빙되기 시작했다. 반면, 부품 B와 그 표면에 맺힌 물방울이 −12.5 ℃가 되자 물방울은 결빙되기 시작했다. 위 실험 결과는 과냉각된 물의 온도가 내려갈 때 물 주변 [(다)]의 하전이 결빙을 촉진한다는 사실을 보여준다.

	(가)	(나)	(다)
①	올라가는 상황에서도	양(+)	양(+)
②	올라가는 상황에서도	양(+)	음(−)
③	올라가는 상황에서도	음(−)	음(−)
④	내려가는 상황에서만	양(+)	양(+)
⑤	내려가는 상황에서만	음(−)	양(+)

문 27. 다음 글의 ㉠ ~ ㉤을 문맥에 맞게 수정한 것으로 가장 적절한 것은?

> 유기체가 죽지 않더라도 유기체 내의 세포들이 자연스레 죽는 세포자살은 흔히 '아포토시스'라고 알려져 있다. 이 말은 '떨어지는 잎새'를 뜻하는 그리스어에서 유래했다. 세포자살은 ㉠세포의 탄생이나 분열만큼 일상적인 현상이다. 빠지는 머리카락이나 떨어지는 나뭇잎을 보면서, 유기체가 부분들을 버릴 때 혹은 휴면과 죽음을 준비할 때만 세포자살이 일어난다고 생각하지만, 이는 진실이 아니다.
>
> 세포자살은 오히려 유기체 형성의 필수 과정이다. 유기체 형성 과정에서 ㉡세포들, 때로는 세포 대부분을 제거하는 작업이 필수적이기 때문이다. 유기체 형성 과정은 눈을 덧대어 눈사람을 만드는 작업이라기보다는 지점토를 덧붙이거나 덜어내 작품을 만드는 조소 작업에 가깝다. 눈사람을 만드는 작업이 덧붙임에만 초점을 맞춘다면, 자연은 ㉢덧붙임과 덜어냄 중 한 가지를 선택하여 초점을 맞춘다. 조소 작업에서 지점토를 덧붙이는 일과 덜어내는 일은 유기체에서 원재료를 만드는 세포분열과 원재료를 덜어내 형태를 만드는 세포의 죽음에 해당한다. 유기체에서 이러한 일은 항상 함께 일어난다.
>
> 모든 대형 유기체들은 생존을 위해 정교한 수송망에 의존한다. 나무도 마찬가지다. 나무는 물을 뿌리에서 잎으로 수송하여 잎에서 산소와 당분을 만들고, 다시 당분을 줄기로 보내 꽃과 열매를 만든다. ㉣물과 당분은 속이 빈 관을 통해 이동한다. 나무들이 자라면서 텅 빈 공간을 남기고 세포벽을 만든 것이 아니다. 나무가 어린 묘목일 때 이 관 속에는 원래 세포들이 꽉 들어차 있었다. 나무가 자라면서 관 속에 있던 세포들이 자살해 속이 비게 된다. 세포들의 희생으로 생을 꾸려갈 수 있는 수송망이 만들어진 것이다. 사람의 눈이 온전히 형성되는 데도 세포자살이 중요한 역할을 한다. 눈이 형성될 때 망막에 있던 약 90 %의 세포들이 자살을 한다. 시각 정보를 뇌로 전달하고 처리하는 신경 시스템이 만들어질 때도 신경 세포 중 3분의 2 이상의 세포가 죽는다. ㉤이 세포들이 죽음으로써 우리는 주변 세상을 볼 수 있는 것이다.

① ㉠을 "세포의 탄생이나 분열에 비해 드문 현상"으로 수정한다.
② ㉡을 "세포들, 때로는 세포 대부분을 발생시키는 작업"으로 수정한다.
③ ㉢을 "덧붙임과 덜어냄, 두 가지 모두에 초점을 맞춘다"로 수정한다.
④ ㉣을 "물과 당분은 속이 꽉 들어찬 관을 통해"로 수정한다.
⑤ ㉤을 "이 세포들이 재생됨으로써"로 수정한다.

문 28. 다음 글의 ㉠을 이끌어내기 위하여 추가해야 할 전제로 가장 적절한 것은?

> 전전두엽의 상위 인지적 기능에는 작업기억 능력과 언어 능력 등이 포함된다. 상위 인지적 기능의 존재 여부는 뇌 손상 환자가 재활을 통해 정상에 가까운 의식을 회복할 가능성이 얼마인지 가늠해보는 척도가 된다. 눈동자로 움직이는 물체를 추적하는 능력의 예를 살펴보자. 눈동자의 움직임은 작업기억을 통해 제어되므로, 움직이는 대상을 안정적으로 긴 시간 동안 추적할 수 있다는 것은 작업기억 능력이 온전하다는 지표가 된다. 뇌 손상 환자가 눈동자로 물체를 얼마나 잘 추적할 수 있는지에 따라 그 환자가 정상적인 의식을 회복할 가능성과 회복에 걸리는 시간 등을 추정할 수 있다.
>
> 그러나 뇌 손상 환자에게 상위 인지적 기능이 남아있다는 것으로부터 그 환자가 자신에게 일어나는 일에 대한 현상적 경험을 할 수 있다는 것이 따라 나오지는 않는다. 여기서 현상적 경험을 한다는 것은, 가령 치통을 경험할 때와 같이 특정한 감각적 느낌을 마음속에서 자각한다는 것을 말한다. 대상을 시각적으로 추적한다는 것과 이를 현상적으로 경험한다는 것을 따로 떨어뜨려 상상하는 것은 쉽지 않지만, 상위 인지적 기능과 현상적 경험의 구분 가능성을 보이는 다양한 병리학적 사례가 있다.
>
> 한편 상위 인지적 기능이 남아있다고 해서 반드시 운동 기능이 남아있는 것도 아니다. 눈동자조차 움직일 수 없는 뇌 손상 환자의 상위 인지적 기능의 존재 여부는 그 환자의 뇌 검사를 통해 확인할 수 있다. 예컨대 뇌 손상 환자에게 자신의 오른손 집게손가락을 까딱이는 상상을 하라고 지시한 후, 연관된 운동피질의 활성화 여부를 검사하는 것이다. 만약 그 운동피질이 활성화된다면 환자의 언어 능력이 남아 있는 것이므로 그에 따라 이 환자의 예후를 추정할 수 있다. 하지만 운동피질을 이용한 상위 인지적 기능의 검사는 의식 회복에 관한 예후를 확인할 수 있을 뿐, ㉠그가 자신의 몸 움직임을 현상적으로 경험하고 있는가를 확인하지는 못한다.

① 환자가 신체 일부의 움직임을 현상적으로 경험하는가를 확인할 방법이 있다.
② 운동피질은 자신의 몸 움직임을 현상적으로 경험하지 않아도 활성화될 수 있다.
③ 운동피질은 언어 능력과 같은 상위 인지적 기능이 있어야만 활성화될 수 있다.
④ 자신의 신체 일부의 움직임을 현상적으로 경험하지 못하는 환자에게는 상위 인지적 기능도 없다.
⑤ 운동피질의 활성화 여부는 정상에 가까운 의식을 회복할 가능성을 추정하는 지표이다.

문 29. 다음 글의 내용과 상충하는 것은?

'플랫폼 노동'은 웹사이트나 스마트폰 앱 등의 디지털 플랫폼을 통해 일거리를 구하고, 그 플랫폼에서 보수를 받는 노동을 말한다. 플랫폼 노동자는 디지털 플랫폼을 통해 서비스 수요자와 연결되며, 플랫폼을 운영하는 기업은 서비스 공급사와 서비스 수요자를 중개하는 대가로 이익을 취한다.

플랫폼 노동에서는 노동 과정 중 관리자에 의한 직접적인 지시나 감독이 없다. 이 점이 플랫폼 노동에서 '사용-종속 관계'가 부정되는 근거가 되기도 한다. 그러나 플랫폼 노동자에 대한 통제는 보이지 않는 형태로 이루어진다. 플랫폼 노동자의 작업 과정과 그 결과는 모두 데이터로 축적된다. 데이터는 플랫폼의 알고리즘에 반영되어 노동자에게 보상과 제재를 부여하는 기준이 된다. 예컨대, 음식 배달 플랫폼의 알고리즘은 픽업 시간, 배달 시간, 음식 상태 등 고객 만족도를 측정할 수 있는 별도의 평가 항목을 만들고 이에 대한 구체적인 수치를 제공한다. 그리고 이 수치가 데이터로 축적되어 알고리즘을 통해 다음 일감을 부여하는 기준이 된다. 이처럼 플랫폼 노동자는 알고리즘이 제공하는 수치에 따라 관리되며 이를 '평판에 의한 통제'라고 부른다.

평판에 의한 통제 과정은 자동으로 축적된 데이터를 바탕으로 노동자를 기술적으로 평가하는 것처럼 보이기 때문에, 관리자가 직접 개입하는 것보다 더 공정한 것처럼 여겨질 수 있다. 그런데 플랫폼 기업은 노동자의 성취에 대한 정당한 보상을 위해서 업무 평가를 진행하는 것이 아니다. 플랫폼 기업은 이윤을 극대화하기 위해 노동자의 노동 과정을 수치화하고 알고리즘에 반영하여 평가한다. 더욱이 플랫폼 노동의 구조상 노동자는 자신을 평가하는 기준이 되는 데이터를 직접 확인할 방법이 없으며, 그 데이터가 처리되는 알고리즘이 어떤 방식으로 작동하는지도 알 수 없다. 그렇게 플랫폼 노동자는 플랫폼 기업의 은밀한 통제를 받게 되고, 이는 새로운 형태의 사용-종속 관계라고 할 수 있다.

전통적인 사업장 노동자는 일정 시간과 기간을 두고 규칙적으로 일하지만, 플랫폼 노동자는 원하는 시간에 플랫폼에 접속해 일을 시작하고 마칠 수 있다. 전통적인 사업장처럼 공식적 근무 시간이 없기에 자기 상황에 맞춰 일과 여가를 유연하게 조정하는 것이 분명 가능하다. 이런 점에서 플랫폼 노동은 노동자의 자율성을 증가시키는 것처럼 보일 수 있다. 하지만 실제로는 고용 및 보수, 업무 내용 및 평가 등이 알고리즘의 은폐된 지휘·감독 하에 놓여 있다. 형식적으로는 자율성이 있어 보이지만 알고리즘을 이용한 플랫폼 기업의 보이지 않는 통제가 작동하고 있는 것이다.

① 플랫폼 기업은 단지 서비스 공급과 수요를 중개하는 역할을 넘어 노동자에 대한 통제를 수행한다.
② 플랫폼 기업은 축적된 데이터를 기술적으로 활용하여 노동자의 성취를 정당하게 보상하고자 업무 평가를 수행한다.
③ 플랫폼 노동과정에서 관리자의 직접적인 지시나 감독이 없더라도 플랫폼 기업과 플랫폼 노동자는 사용-종속 관계에 있다고 볼 수 있다.
④ 플랫폼 노동자는 전통적인 사업장 노동자에 비해 정해진 업무 시간에 얽매이지 않고 자신의 노동시간을 유연하게 조정할 수 있다.
⑤ 플랫폼 서비스 이용자의 만족도 평가 데이터는 플랫폼 노동자에 대한 보상과 제재의 근거로 활용된다.

문 30. 다음 글에서 추론할 수 없는 것은?

인간 대상 연구를 수행하는 자가 소속된 모든 대학이나 병원 등의 기관은 「생명윤리 및 안전에 관한 법률」에 따라 기관생명윤리위원회(IRB)를 반드시 설치해야 한다. IRB는 연구 대상자의 보호에 관한 윤리에 중점을 두고 연구를 심의한다. 인간이 연구 대상자가 되는 연구라면 모두 심의의 대상이고, 여기에는 임상시험, 실험조사, 심층 인터뷰, 설문조사 등을 수행한 경우가 포함된다. 따라서 인간 대상 연구를 수행하려는 기관 소속 연구자들은 IRB에 연구계획서를 제출하여 심의를 받고, IRB 규정을 준수해야 한다.

기본적으로 IRB의 심의 절차는 심의 규정에 따라 진행되는데, 이때 가장 중요한 평가 사항은 연구자가 연구 대상자로부터 적법한 절차에 따라 참여에 대한 동의를 받았는가이다. IRB는 연구 대상자가 서명한 동의서뿐만 아니라 연구의 잠재적 위험 가능성, 개인정보의 취득 여부와 보관 및 폐기 방법, 연구 결과의 활용 계획 등과 같은 정보가 연구계획서에 포함되어 있는지 확인한다. 그리고 연구 대상자로부터 참여 동의를 받기 이전에 이러한 내용을 충분히 설명했는지 확인한다.

이러한 심의 과정에서는 연구 대상자의 특성이 중요하게 고려된다. 예를 들어 만일 연구 대상자가 외국인일 경우 동의서 양식을 비롯한 모든 문서화된 정보는 연구 대상자가 온전히 이해할 수 있는 언어로 제공되어야 한다. 또한 정확한 의사소통을 위해 필요하다면 통역사 등을 입회자로 참석하게 하여 연구에 대한 설명과 질의응답이 원활하게 이루어질 수 있도록 해야 한다.

취약한 환경에 있는 연구 대상자에 대한 적절한 보호 여부도 IRB의 심사에서 관건이 된다. 연구 참여를 거부할 경우 조직의 위계상 상급자로부터 받게 될 불이익에 대한 우려가 참여의 결정에 영향을 줄 가능성이 있는 연구 대상자가 이러한 유형에 해당된다. 설령 연구자와 직접적인 연관이 없을지라도 같은 기관에 소속된 구성원들의 경우 이러한 유형에 해당하는 것으로 간주해야 한다. 이에 IRB는 이들의 참여 동기가 윤리적 측면에서 타당한지, 참여 결정이 위력이나 권위에 의한 것이 아니라 진정한 자발적 선택에 의한 것인지를 엄밀하게 심사한다.

① 대학 소속 연구자가 중국인 유학생들을 심층 인터뷰하는 경우 연구에 대한 설명을 위해 통역사를 입회자로 참여시킬 수 있다.
② 병원 소속 연구자가 임상시험 이전에 개발 중인 약의 효과와 안전성에 관한 문헌들을 조사하는 경우 IRB의 심의를 받아야 한다.
③ 병원 의사가 임상시험을 수행하는 경우 참여하려는 환자들에게 해당 시험의 잠재적 위험 가능성에 대해 충분히 설명해야 한다.
④ 대학원생이 학위논문을 위해 설문조사를 수행하는 경우 연구대상자에 관한 개인정보의 보관·폐기 방법을 연구계획서에 밝혀야 한다.
⑤ 대학 교수가 소속 대학의 학생들을 대상으로 실험조사를 수행하는 경우 연구 대상자를 적절히 보호하는지 IRB의 심의를 받아야 한다.

문 31. 다음 글의 <실험>의 결과를 가장 잘 설명하는 것은?

> 물질은 다양한 파장의 적외선을 방출하는데, 물질마다 적외선의 방출 특성이 다르다. 적외선의 특정 파장 세기를 비교하면 서로 다른 물질을 구분할 수 있다. 그러나 서로 다른 물질이지만 특정 파장의 세기가 같다면, 그 파장의 세기를 측정해서는 이들을 구분할 수 없다.
>
> 한 연구자는 적외선의 특정 파장 세기를 측정하는 방법으로 물질을 구분하기 위한 시스템 A와 B를 개발하였다. 두 시스템 모두 적외선의 서로 다른 파장 I, II, III의 세기를 각각 검출하는 3개의 검출기로 구성되었다. 그런데 연구자는 시스템 A와 B가 모두 오작동하는 것을 발견하였고, 오작동의 원인은 각각 검출기 하나가 손상되어 해당 파장의 검출이 불가능하기 때문으로 밝혀졌다. 손상된 검출기가 무엇인지 알아보기 위해 적외선 방출 특성이 서로 다른 물질 X, Y, Z를 각각의 시스템이 구분하는지에 대해 실험을 수행하였다.
>
> X, Y, Z는 각각 파장 I, II, III을 모두 방출한다. X, Y, Z가 방출하는 파장 I의 세기는 모두 같다. Y와 Z가 방출하는 파장 II의 세기는 서로 같지만 X가 방출하는 파장 II의 세기는 그와 다르다. X와 Z가 방출하는 파장 III의 세기는 서로 같지만 Y가 방출하는 파장 III의 세기는 그와 다르다.
>
> <실 험>
>
> X, Y, Z에서 방출되는 적외선을 시스템 A와 B를 통해 측정하였다. 측정 결과, 시스템 A에서는 Y와 Z는 구분할 수 있었던 반면 X와 Z를 구분할 수 없었고, 시스템 B에서는 X와 Z를 구분할 수 있었던 반면 Y와 Z를 구분할 수 없었다.

① 시스템 A에서는 파장 I의 검출기가 손상되었고, 시스템 B에서는 파장 II의 검출기가 손상되었다.
② 시스템 A에서는 파장 I의 검출기가 손상되었고, 시스템 B에서는 파장 III의 검출기가 손상되었다.
③ 시스템 A에서는 파장 II의 검출기가 손상되었고, 시스템 B에서는 파장 I의 검출기가 손상되었다.
④ 시스템 A에서는 파장 II의 검출기가 손상되었고, 시스템 B에서는 파장 III의 검출기가 손상되었다.
⑤ 시스템 A에서는 파장 III의 검출기가 손상되었고, 시스템 B에서는 파장 II의 검출기가 손상되었다.

문 32. 다음 글의 ㉠ ~ ㉢에 대한 평가로 적절한 것만을 <보기>에서 모두 고르면?

> 박쥐는 나방을 포식할 때, 초음파를 통해 나방을 식별한다. 많은 나방들은 박쥐가 내는 초음파를 들을 수 있는 능력을 갖고 있어 박쥐를 피할 수 있다. 하지만 나방 A는 박쥐가 내는 초음파를 들을 수 없다. 나방 A는 대신 뒷날개에 펄럭이는 긴 '날개꼬리'를 가지고 있다. 한 과학자는 이 날개꼬리가 박쥐로부터 도망가는 데 도움을 줄 것으로 보았다. 그는 나방 A의 날개꼬리 펄럭임이 박쥐의 표적 식별을 방해할 뿐만 아니라 나방 A의 비행 능력을 높여, 나방 A에 대한 박쥐의 포획 성공률을 낮출 것이라는 ㉠ 가설을 세웠다.
>
> 그는 이를 확인하기 위하여 연구를 수행하였다. 이 연구 결과를 바탕으로, 그는 나방 A의 날개꼬리 펄럭임이 박쥐의 표적 식별을 방해하여 박쥐의 포획 성공률을 낮추지만 날개꼬리 펄럭임은 나방 A의 비행 능력에 영향을 주지 않는다는 ㉡ 가설로 수정하였다. 다른 과학자는 나방 A의 날개꼬리 펄럭임이 나방 A의 비행 능력을 높여 박쥐의 포획 성공률을 낮추지만 날개꼬리 펄럭임이 박쥐의 표적 식별에는 영향을 주지 못한다는 ㉢ 가설을 제시했다.

<보 기>

ㄱ. 나방 A 중에서 날개꼬리를 제거한 그룹이 날개꼬리가 온전한 그룹보다 박쥐에 의해 더 잘 식별되었지만, 두 그룹의 비행 능력에 차이가 없었다는 연구 결과가 나오면, ㉠은 약화되지만 ㉡은 그렇지 않다.
ㄴ. 나방 A 중에서 날개꼬리를 제거한 그룹에 대한 박쥐의 포획 성공률이 날개꼬리가 온전한 그룹에 대한 박쥐의 포획 성공률보다 더 낮았다는 연구 결과가 나오면, ㉠은 약화되지만 ㉢은 그렇지 않다.
ㄷ. 나방 A 중에서 날개꼬리를 제거한 그룹보다 날개꼬리가 온전한 그룹의 비행 능력이 더 낮았다는 연구 결과가 나오면, ㉡과 ㉢은 모두 약화된다.

① ㄱ
② ㄴ
③ ㄱ, ㄷ
④ ㄴ, ㄷ
⑤ ㄱ, ㄴ, ㄷ

문 33. 다음 글의 내용이 참이라고 할 때, 반드시 참인 것만을 <보기>에서 모두 고르면?

> 연수를 마친 신입 직원 가영, 나영, 다민, 라민, 마영은 총무과, 인사과, 재무과 중에서 한 과에 배치될 예정이다. 세 과에는 위 직원 중 적어도 한 명이 각각 배치되고, 총무과에는 한 명만 배치될 예정이다. 이와 관련하여 알려진 사실은 다음과 같다.
>
> ○ 총무과와 같은 수의 인원이 배치되는 과가 있다.
> ○ 가영이 총무과에 배치되면 나영은 인사과에 배치된다.
> ○ 나영과 라민이 모두 인사과에 배치되지는 않는다.
> ○ 나영이 인사과에 배치되거나 마영이 재무과에 배치된다.
> ○ 다민이 재무과에 배치되지 않으면, 가영은 총무과에 배치되고 라민은 인사과에 배치된다.
> ○ 마영이 재무과에 배치되지 않고 가영이 총무과에 배치되지 않는 그런 경우는 없다.

<보 기>

ㄱ. 다민은 재무과에 배치된다.
ㄴ. 라민은 총무과에 배치된다.
ㄷ. 나영이 재무과에 배치되면 가영은 인사과에 배치된다.

① ㄱ
② ㄴ
③ ㄱ, ㄷ
④ ㄴ, ㄷ
⑤ ㄱ, ㄴ, ㄷ

문 34. 다음 글의 내용이 참이라고 할 때, 반드시 참인 것만을 <보기>에서 모두 고르면?

> A지역 국립병원에서는 내과, 외과, 산부인과에 의사를 채용한다는 공고를 냈다. 채용 공고를 보고 가은, 나은은 내과에, 다연, 라연은 외과에, 마영, 바영은 산부인과에 지원하였다. 이후 과거 해당 병원에 인턴 경험이 있는 가은은 내과에 합격하였다. 한편 이 사실을 아직 모르는 직원들인 갑, 을, 병, 정은 다음과 같이 지원자들의 합격 여부를 예측하였다.
>
> 갑: 나은이 합격하지 않았거나 바영이 합격하지 않았다면, 가은 또한 합격하지 않았다.
> 을: 다연과 마영이 모두 합격하였다.
> 병: 나은과 바영이 모두 합격하였다면, 다연은 합격하지 않았다.
> 정: 라연이 합격하거나 마영이 합격하였다.
>
> 추후 나머지 지원자들의 합격 여부를 확인한 결과 이들 예측 중 세 명의 예측은 옳고 나머지 한 명의 예측은 그른 것으로 드러났다.

<보 기>

ㄱ. 나은과 다연 중 적어도 한 명은 합격한다.
ㄴ. 내과, 외과, 산부인과 각각에 적어도 한 명씩은 합격한다.
ㄷ. 최소 세 명, 최대 여섯 명이 합격할 수 있다.

① ㄴ
② ㄷ
③ ㄱ, ㄴ
④ ㄱ, ㄷ
⑤ ㄱ, ㄴ, ㄷ

문 35. 다음 글의 갑의 주장을 적절하게 평가한 것만을 <보기>에서 모두 고르면?

A국의 혈액 공급 시스템은 보상을 받지 않는 자발적인 기증자에게서 수혈에 필요한 혈액을 확보하는 시스템에서 대부분의 혈액을 혈액 은행을 통해 충당하는 시스템으로 바뀌었다. 혈액 은행은 혈액을 시장에서 싼값에 사들여 비싼 값을 받고 되팖으로써 이윤을 얻는다. 갑은 A국의 바뀐 시스템에 반대하며 다음과 같은 논거를 제시한다.

첫째, 경제적·실용적 측면을 고려할 때, A국의 시스템은 시장이 효율적으로 작동할 것이라는 기대와는 달리 수혈에 필요한 혈액을 공급하는 데에 심각한 어려움을 겪고 있다. 부족한 혈액을 공급하기 위해 많은 비용이 필요하고, 혈액의 선별, 보관, 유통 등을 시장 원리에 맞게 관리하고 운영하는 데에 드는 비용도 만만하지 않다.

둘째, 혈액을 사고파는 시장 시스템의 존재는 심각한 사회적 부정의를 초래한다. 혈액이 상품화되면서 대부분의 혈액 공급자는 먹고 살기 위해 혈액을 파는 것 이외의 다른 선택지가 없는 사람들로 구성된다. 그 결과, 가난한 사람으로부터 부자에게로 혈액이 이전되는 혈액 착취 현상이 발생한다.

마지막으로 혈액의 상품화와 혈액을 통한 이익 추구 현상은 사회적 삶의 긍정적 특징 중 하나인 기증 정신을 훼손하고, 사회의 모든 영역에서 공동체 전체의 문제를 외면하는 경향을 심화시킨다. 혈액이 시장의 상품으로 인식되면 사회 구성원들은 서로를 위해 기증해야 한다는 윤리 의식 및 이타주의 정신을 잃어버리게 될 것이다.

<보 기>

ㄱ. A국에서 혈액의 상품화 이후에 불우한 이웃에 대한 기증이 그 전보다 감소했다면, 갑의 주장은 강화된다.
ㄴ. A국에서 혈액의 상품화 전후에 혈액을 공급받는 사람들의 소득 수준에 차이가 없다면, 갑의 주장은 강화된다.
ㄷ. A국에서 혈액의 상품화 이후에 오염되어 폐기되는 수혈용 혈액의 비율이 그 전보다 감소했다면, 갑의 주장은 강화된다.

① ㄱ
② ㄴ
③ ㄱ, ㄷ
④ ㄴ, ㄷ
⑤ ㄱ, ㄴ, ㄷ

문 36. 다음 글의 갑 ~ 병에 대한 분석으로 적절한 것만을 <보기>에서 모두 고르면?

갑: 이론 T에 근거하는 개념이 지칭하는 무언가를 E라고 해 볼까? 만일 T가 성공적인 이론이라면 E는 존재하고, T가 성공적이지 않은 이론이라면 E는 존재하지 않아. 따라서 우리가 일상적으로 '믿음'이나 '욕구' 등의 개념으로 지칭하는 심적 상태는 존재하지 않는다고 보아야 해. 그런 개념은 통속 심리학에 근거한 것들인데 통속 심리학은 성공적인 이론이 아니야. 왜냐하면 통속 심리학은 신경과학과 달리 우리 행동에 대해서 예측과 설명을 성공적으로 제공하지 못하기 때문이야.

을: E의 존재 여부를 판단하는 너의 기준에 동의해. 이론의 성공은 예측과 설명의 성공에 달려있다는 것에도 동의하지. 그런데 통속 심리학은 믿음이나 욕구와 같은 개념을 통해 우리의 행동을 성공적으로 예측하고 설명해. 신경과학이 아무리 발전한다고 해도 네가 잠시 후 무엇을 할지 예측할 수는 없어. 하지만 통속 심리학은 네가 물을 마시기를 욕구한다는 것과 냉장고 안에 물이 있다고 믿는다는 것을 통해 네가 잠시 후 냉장고 문을 열 것이라는 예측을 성공적으로 제공할 수 있어.

병: 물론 통속 심리학의 개념을 통해 우리의 행동을 성공적으로 예측하고 설명할 수 있다는 것은 맞아. 그러나 그러한 예측과 설명이 성공적이라는 것이 심적 상태가 존재한다는 것을 보여주는 것은 아니야. 예를 들어 바둑을 두는 AI가 왜 이러한 수를 두는지 설명하는 데는 그 AI에게 승리에 대한 욕구와 그 수를 두면 이긴다는 믿음을 귀속시키는 게 유용해. 그렇지만 AI에게 실제로 그러한 믿음이나 욕구가 있다고 볼 수는 없지.

<보 기>

ㄱ. 갑은 심적 상태가 존재한다는 것에 동의하지 않지만 을은 동의한다.
ㄴ. 을과 병은 통속 심리학에서 사용하는 개념에 의해 인간의 행동을 성공적으로 예측하고 설명할 수 있다는 것에 동의한다.
ㄷ. 병은 믿음이나 욕구와 같은 개념이 지칭하는 것이 존재하지 않을 수 있다는 것에 동의하지만 갑은 동의하지 않는다.

① ㄱ
② ㄷ
③ ㄱ, ㄴ
④ ㄴ, ㄷ
⑤ ㄱ, ㄴ, ㄷ

문 37. 다음 글의 가설 A ~ C에 대한 평가로 적절한 것만을 <보기>에서 모두 고르면?

> 과학자들은 수명과 관련된 다양한 가설을 제시하였다. 어떤 과학자는 '몸집이 큰 동물 종이 더 오래 산다.'는 가설 A를 발표하였다. A에 따르면, 동물의 종이 다르더라도 각 세포가 일생 사용할 수 있는 에너지의 총량은 같은데, 세포의 크기는 동물의 종이 다르더라도 큰 차이가 없는 반면 몸집이 클수록 세포의 수가 많다. 생존 과정에서 몸집이 작은 동물은 몸집이 큰 동물보다 세포 하나가 시간당 소모하는 에너지 소모량이 크다. 따라서 몸집이 작은 동물은 세포의 에너지를 빠른 시간 내에 소진하여 수명이 짧은 반면, 몸집이 큰 동물은 세포의 에너지를 상대적으로 천천히 소진하기 때문에 수명이 길다는 것이다.
>
> 다른 과학자는 '체세포에서 유전 정보를 담은 DNA가 손상되어 돌연변이가 발생하는 빈도에 따라 종의 수명이 결정된다.'는 가설 B를 발표하였다. 체세포는 생식세포를 제외한 모든 세포를 말하는데, 체세포 돌연변이의 발생은 암을 일으키거나 장애를 초래하는 것으로 알려져 있다. B에 따르면, 체세포 돌연변이가 발생하는 빈도가 높은 동물 종일수록 발생하는 질병이 많아져서 수명이 짧아진다.
>
> 또 다른 과학자는 '세포에서 일어나는 대사 과정에서 생성되는 활성산소가 많아지면 수명이 단축된다.'는 가설 C를 발표하였다. 동물은 운동과 생존을 위해 필요한 에너지를 대사 과정을 통해 얻는데, 이 과정에서 활성산소가 만들어진다. 또 운동을 많이 할수록 대사가 활발해지고 활성산소도 더 많이 만들어진다는 것이 알려져 있다. C에 따르면, 활성산소는 생체 기능을 담당하는 단백질과 지질 그리고 DNA의 산화를 유발하여 동물의 세포와 조직을 손상시키는데, 이로부터 발생하는 질병이 많아져서 동물의 수명이 단축된다.

<보 기>

ㄱ. 남아시아쥐의 수명은 6개월이고 북극고래의 수명은 200년 정도이다. 남아시아쥐는 북극고래보다 몸집이 훨씬 더 작은데, 두 종의 세포 각각이 매 순간 생존을 위해 소모하는 에너지 양은 남아시아쥐가 북극고래보다 더 크다면, A가 강화된다.

ㄴ. 벌거숭이 두더지는 평균 몸길이가 12.7 cm이고 기린은 평균 몸길이가 5 m인데, 두 종의 수명은 25년 정도로 비슷하다. 두 종의 체세포 돌연변이가 발생하는 빈도가 유사하다면, B가 강화된다.

ㄷ. 제한된 공간에 가둬 불필요한 운동을 억제한 다람쥐의 수명이 넓은 공간에 가둬 필요 이상으로 운동을 하게 만든 다람쥐의 수명보다 더 길다면, C가 강화된다.

① ㄴ

② ㄷ

③ ㄱ, ㄴ

④ ㄱ, ㄷ

⑤ ㄱ, ㄴ, ㄷ

문 38. 다음 글의 ㉠에 대한 평가로 적절한 것만을 <보기>에서 모두 고르면?

> 원자 내의 전자가 빛의 에너지를 받아 특정 에너지 상태에 있다가 다른 에너지 상태로 바뀌는 것을 전자의 전이라고 하며, 전이에 걸리는 시간을 전이시간이라고 한다. 전자의 전이시간을 측정하는 방법 중 하나는 시간상관 단일광자 계수법이다. 물질에 빛을 쬐면 일정 시간 후 빛이 다시 방출되는데, 이 방법에서는 그 시간을 측정하여 해당 물질 속 전자의 전이시간을 구한다. 전이시간은 물질의 종류에 따라 달라질 뿐만 아니라, 물질에 입사하는 빛의 파장에 따라서도 달라진다.
>
> 시간상관 단일광자 계수법을 활용할 때 고려할 것이 있다. 물질에 빛이 입사하는 순간과 빛이 다시 방출되는 순간 사이의 시간은 검출기로 측정하는데, 이때 오차로 인한 지연 시간이 발생한다. 이 지연되는 시간을 기기반응함수값이라 한다. 따라서 시간상관 단일광자 계수법으로 측정된 전이시간은 전자의 전이시간과 기기반응함수값의 합과 같다. 기기반응함수값은 물질에서 방출된 빛을 검출하는 검출기의 감도에 따라 달라지는데, 그 값은 검출기의 감도가 민감할수록 작아진다.
>
> 한 과학자는 ㉠ <u>동일한 물질에 입사하는 빛의 파장이 짧을수록 전자의 전이시간이 더 길어진다</u>는 가설을 세우고 다음 실험을 수행하였다.
>
> <실 험>
>
> 과학자는 파장이 서로 다른 광원 A와 B를 준비하였다. 파장은 광원 A가 B보다 더 짧았다.
>
> 실험 1: 광원 A를 사용하여 물질 X에 빛을 쬔 후, 검출기 I을 통해 시간상관 단일광자 계수법으로 전자의 전이시간을 측정하였다.
>
> 실험 2: 광원 B를 사용하여 물질 X에 빛을 쬔 후, 검출기 II를 통해 시간상관 단일광자 계수법으로 전자의 전이시간을 측정하였다.

<보 기>

ㄱ. 검출기 I의 감도가 II와 동일했고 측정된 전이시간이 실험 1과 실험 2에서 같았다면, ㉠은 약화된다.

ㄴ. 검출기 I의 감도가 II보다 덜 민감했고 측정된 전이시간이 실험 1보다 실험 2에서 더 짧았다면, ㉠은 강화된다.

ㄷ. 검출기 I의 감도가 II보다 더 민감했고 측정된 전이시간이 실험 1보다 실험 2에서 더 짧았다면, ㉠은 약화된다.

① ㄱ

② ㄴ

③ ㄱ, ㄷ

④ ㄴ, ㄷ

⑤ ㄱ, ㄴ, ㄷ

[39 ~ 40] 다음 글을 읽고 물음에 답하시오.

표본에 의한 통계 가설의 평가로 가장 널리 알려진 방법은 '통계 가설이 틀리더라도 표본과 비슷한 자료를 얻게 될 확률'을 이용하는 것이다. 이 확률이 제법 높다면, 해당 통계 가설은 믿을 만한 근거가 없다고 판정된다. 왜냐하면 그런 확률을 가지는 표본은 해당 통계 가설이 거짓이라도 어렵지 않게 얻을 수 있는 것이기 때문이다. 하지만 그 확률이 제법 낮다면, 특히 어떤 정해진 문턱값보다 낮다면, 통계 가설이 참이라는 것에 대한 유의미한 증거가 있다고 결론 내린다. 왜냐하면 해당 통계 가설이 거짓이라면, 그런 표본은 쉽게 얻을 수 있는 것이 아니기 때문이다. 이 방법에서 연구자들이 평가하고자 하는 통계 가설은 '대립가설'이라고 불리고, 이 대립가설이 거짓이라는 가설은 '귀무가설'이라고 불린다. 귀무가설이 참일 때 표본과 비슷한 자료를 얻게 될 확률은 'p－값'이라고 한다. 그리고 p－값과 비교되어 대립가설이 참이라는 것에 대한 유의미한 증거의 존재 여부를 판단하는 기준이 되는 문턱값은 '유의수준'이라고 불리며, 일반적으로 0.05나 0.01이 많이 사용된다. 정리하면 p－값이 유의수준보다 작을 때 대립가설이 참이라는 것에 대한 유의미한 증거가 있고, 그렇지 않을 때 대립가설이 참이라는 것에 대한 유의미한 증거가 있지 않다고 본다.

예를 들어 보자. 연구자 갑은 이번에 새로 개발된 신약 A가 콜레스테롤 수치를 낮추는 데 효과가 있는지 확인하고 싶어 한다. 그는 '신약 A는 콜레스테롤 수치를 낮춘다'는 대립가설을 세우고, 이를 평가하기 위해서 '신약 A는 콜레스테롤 수치를 낮추는 데 아무 효과가 없다'라는 귀무가설을 검증한다. 갑은 먼저 실험군과 대조군을 무작위로 나누었다. 그리고 실험군에는 신약 A를, 대조군에는 가짜약을 제공한 뒤, 두 집단의 콜레스테롤 수치 평균의 차이를 관찰하는 실험을 진행하였다. 그 결과, 갑은 p－값이 0.04에 불과한 실험 결과를 획득하였다. 그는 이 실험 결과와 0.05라는 유의수준을 이용하여 '신약 A는 콜레스테롤 수치를 낮춘다'가 참이라는 것에 대한 유의미한 증거가 있다고 발표하였다.

위 사례는 p－값을 이용해 통계 가설을 평가하는 전형적인 모습을 보여준다. 하지만 이 방법을 사용하거나 이 방법을 사용한 연구를 평가할 때는 언제나 조심해야 한다. 왜냐하면 갑이 다음과 같이 실험 결과를 내놓는 경우를 생각해 볼 수 있기 때문이다. 사실 신약 A는 콜레스테롤 수치와 아무 상관없는 것이었다. 그로 인해 갑은 30번 정도 반복된 실험에서 모두 0.05보다 큰 p－값을 얻었다. 갑의 목표는 0.05보다 작은 p－값을 가지는 실험 결과를 얻는 것이었다. 우연히 그다음 실험에서 원하던 대로 0.05보다 작은 p－값을 얻었다. 정직한 과학자라면, 자신의 실험 결과를 모두 보고하고 이를 바탕으로 적절히 평가 받아야 할 것이다. 하지만 신약 A의 효과를 간절히 바랐던 갑은 그의 나머지 실험을 폐기하고 유의미한 증거가 나온 실험 결과만을 발표하였다. 이렇게 유의미한 p－값을 가지는 실험 결과가 나올 때까지 실험을 반복하고, 그 결과 중 일부만 발표하는 연구 부정 행위를 'p－해킹'이라고 부른다.

문 39. 위 글에서 알 수 있는 것은?

① p－해킹이 일어났다는 것은 귀무가설이 거짓이라는 것에 대한 유의미한 증거이다.

② 실험군과 대조군의 분류가 완전히 무작위로 이루어졌다면 p－해킹은 일어나지 않는다.

③ 귀무가설이 참일 때 표본과 비슷한 자료를 얻게 될 확률이 높다면, 유의수준은 커질 수밖에 없다.

④ 표본 자료의 p－값이 0.05보다 크다면, 관련 대립가설이 참일 확률이 0.95보다 높다는 것에 대한 좋은 증거가 있다고 결론 내릴 수 있다.

⑤ 큰 값을 유의수준으로 사용했을 때에는 대립가설이 참이라는 것의 유의미한 증거가 되지만, 작은 값을 유의수준으로 삼았을 때에는 그런 증거가 되지 않는 표본 자료가 있을 수 있다.

문 40. 위 글을 토대로 할 때 다음 <사례>에 대한 분석으로 적절한 것만을 <보기>에서 모두 고르면?

<사 례>

을은 새로 개발된 신약 B와 콜레스테롤 수치 사이의 관계를 확인하고자 한다. 그런데 신약 B에 관심을 가지고 있는 연구자는 을만이 아니었다. 을 이외에도 약 30여 명이 그 약에 관심을 가지고 있었다. 을을 포함한 연구자 각각은 같은 실험 조건으로 연구를 진행하고 있다는 사실을 서로 모른 채 신약 B가 효과가 있다는 결과를 산출하려는 어떠한 의도도 없이 실험을 진행하였다. 그 결과 30여 명의 연구자들 중에서 을만 0.05보다 작은 p－값을 가지는 유의미한 실험 결과를 얻었다. 다른 연구자들은 신약과 콜레스테롤 수치 사이에 유의미한 결과를 산출하지 못하였기 때문에 자신의 실험 결과를 폐기하고 금방 잊어버렸다. 결국 유의미한 결과를 산출한 을의 연구만 발표되었고, 발표 결과를 들은 일부 사람들은 신약 B의 효과를 믿게 되었다.

<보 기>

ㄱ. 신약 B에 대한 연구 사례는 심각한 연구 부정을 의도하지 않았어도, 대립가설이 틀렸음에도 불구하고 유의미하다고 판단되는 결과를 우연히 얻을 수 있다는 것을 보여준다.

ㄴ. 신약 A에 대한 갑의 연구 속 0.05보다 작은 p－값을 가진 실험 결과는 실제로 약효가 없음에도 불구하고 우연히 나온 결과이지만, 신약 B에 대한 을의 연구 속 0.05보다 작은 p－값을 가진 실험 결과는 그렇지 않다.

ㄷ. 신약 A에 대한 연구 속 30여 개의 실험 결과의 p－값들은 유의수준을 넘는 범위에 다양하게 분포되어 있지만, 신약 B에 대한 연구 속 30여 개의 실험 결과의 p－값들은 유의수준을 넘는 특정한 값 주변에 밀집되어 있는 양상을 띨 것이다.

① ㄱ

② ㄴ

③ ㄱ, ㄷ

④ ㄴ, ㄷ

⑤ ㄱ, ㄴ, ㄷ

| 2024년도 자료해석영역 |

국가공무원 5급 공채 · 외교관후보자 선발 제1차시험 및 지역인재 7급 선발 필기시험 (나)책형

문 1. 다음 <표>는 코로나19 발생 전후의 '갑'지역 택배서비스 이용에 관한 자료이다. 제시된 <표> 이외에 <보고서>를 작성하기 위해 추가로 필요한 자료만을 <보기>에서 모두 고르면?

<표> 코로나19 발생 전후의 '갑'지역 택배서비스 월평균 이용건수

(단위: 건)

구분		코로나19 발생 전	코로나19 발생 후
전체		6.2	9.7
성별	남성	6.8	10.3
	여성	5.7	9.2
연령대	10대 이하	4.2	6.4
	20대	5.4	9.5
	30대	7.2	11.4
	40대	7.4	11.7
	50대	6.2	9.4
	60대	6.1	9.0
	70대 이상	5.0	8.2
거주형태	아파트	6.3	10.0
	주택	6.3	9.0
	오피스텔	5.7	9.7
	기타	4.4	6.4

<보고서>

'갑'지역 택배서비스 이용자의 코로나19 발생 전 월평균 이용건수는 6.2건이었으나 발생 후에는 9.7건으로 50 % 이상 증가하였다. 코로나19 발생 전 대비 발생 후 택배서비스 월평균 이용건수 증가율은 여성이 남성보다 높았다. 연령대별로 살펴보면, 코로나19 발생 전 대비 발생 후 택배서비스 월평균 이용건수 증가율은 20대가 가장 높게 나타났고, 70대 이상이 다음으로 높았다. 거주형태별로 살펴보면, 오피스텔 거주자의 코로나19 발생 전 대비 발생 후 택배서비스 월평균 이용건수 증가율이 약 70 %로 가장 높게 나타났고, 아파트 거주자가 다음으로 높았다. 유통채널별로 살펴보면, 코로나19 발생 전에는 온라인구매 비율이 61.0 %로 가장 높았고, 다음으로 마트배송, 홈쇼핑, 기타 순으로 나타났다. 코로나19 발생 후 온라인구매 비율은 발생 전에 비해 3.3 %p 증가하였다. 수령방법별로 살펴보면, 코로나19 발생 전에는 대면 수령 비율과 비대면 수령 비율이 각각 50.2 %, 49.8 %로 비슷한 수준이었다. 코로나19 발생 후에는 대면 수령 비율이 19.4 %로 감소하였고, 비대면 수령 비율은 80.6 %로 증가하였다.

<보 기>

ㄱ. '갑'지역 택배서비스 이용건수의 유통채널별 비율

(단위: %)

구분 \ 유통채널	온라인구매	홈쇼핑	마트배송	기타	합계
코로나19 발생 전	61.0	12.9	15.1	11.0	100.0
코로나19 발생 후	64.3	12.5	16.0	7.2	100.0

ㄴ. '갑'지역 택배서비스 이용건수의 수령방법별 비율

(단위: %)

구분 \ 수령방법	대면	비대면	합계
코로나19 발생 전	50.2	49.8	100.0
코로나19 발생 후	19.4	80.6	100.0

ㄷ. '갑'지역 택배서비스 이용자의 거주지별 월평균 이용건수

(단위: 건)

구분 \ 거주지	도시	농촌	기타
코로나19 발생 전	6.7	5.8	5.9
코로나19 발생 후	11.2	8.4	8.5

① ㄱ
② ㄱ, ㄴ
③ ㄱ, ㄷ
④ ㄴ, ㄷ
⑤ ㄱ, ㄴ, ㄷ

문 2. 다음 <표>는 2023년 A ~ D국의 온실가스 배출량과 인구에 관한 자료이다. <표>와 <조건>을 근거로 A ~ D 중 '갑' ~ '정'에 해당하는 국가를 바르게 연결한 것은?

<표 1> 2023년 A ~ D국의 온실가스 배출량

(단위: 백만 톤 $CO_2eq.$)

구분 \ 국가	A	B	C	D
교통	9.7	5.0	4.0	2.5
주거용 빌딩	14.0	4.5	(　)	2.0
상업용 빌딩	17.0	4.5	3.5	2.8
기타	11.0	50.0	6.3	3.5
총배출량	(　)	64.0	17.3	(　)

<표 2> 2023년 A ~ D국의 인구

(단위: 백만 명)

국가	A	B	C	D
인구	9.7	2.9	2.4	1.5

※ 1인당 온실가스 총배출량(톤 $CO_2eq.$/명) = $\frac{\text{온실가스 총배출량}}{\text{인구}}$

<조 건>

○ '갑'국은 온실가스 총배출량이 50백만 톤 $CO_2eq.$ 이상이고, 1인당 온실가스 총배출량이 가장 적다.
○ '을'국과 '병'국 간 1인당 온실가스 총배출량의 차이는 1.0톤 $CO_2eq.$/명 이하이다.
○ 온실가스 총배출량 대비 주거용 빌딩의 온실가스 배출량 비율은 '병'국이 '정'국보다 높다.
○ 주거용 빌딩과 상업용 빌딩의 온실가스 배출량 합은 '을'국이 가장 적다.

	A	B	C	D
①	갑	병	정	을
②	갑	정	을	병
③	갑	정	병	을
④	정	갑	을	병
⑤	정	갑	병	을

문 3. 다음 <보고서>는 2021 ~ 2023년 '갑'국 고등학교 간 공동교육과정 개설 과목 수 추이에 관한 자료이다. <보고서>의 내용에 부합하지 않는 자료는?

<보고서>

2021 ~ 2023년 '갑'국 고등학교 간 공동교육과정은 오프라인 및 온라인 각각 개설 과목 수가 매년 증가하였으며, 개설 과목 수의 전년 대비 증가율은 온라인 공동교육과정이 오프라인 공동교육과정보다 매년 높았다.

오프라인 공동교육과정의 경우, 학교 규모별로 보면 각 규모의 학교에서 개설한 과목 수가 매년 증가하였고, 대규모 학교의 개설 과목 수가 해당연도 전체 개설 과목 수에서 차지하는 비율이 매년 가장 높게 나타났다. 지역을 대도시, 중소도시, 읍면지역으로 구분하여 살펴보면, 각 지역의 학교에서 개설한 과목 수가 매년 증가하였다. 또한, 대도시에서 개설된 과목 수가 해당연도 전체 개설 과목 수에서 차지하는 비율이 매년 가장 높게 나타났다. 이는 전체 고등학교 중 대규모이거나 대도시에 소재한 고등학교의 수가 많고, 그 학교에 소속된 학생 수 역시 다른 규모나 지역에 비해 많기 때문이다.

온라인 공동교육과정의 경우, 학교 규모별로 보면 각 규모의 학교에서 연도별로 개설 과목의 수가 증가하였고, 대규모 학교의 개설 과목 수가 해당연도 전체 개설 과목 수에서 차지하는 비율이 매년 가장 높았다. 지역별로 보면 개설된 과목 수가 해당연도 전체 개설 과목 수에서 차지하는 비율은 2022년 이후 중소도시가 매년 가장 높았다.

① 오프라인 및 온라인 공동교육과정의 연도별 개설 과목 수

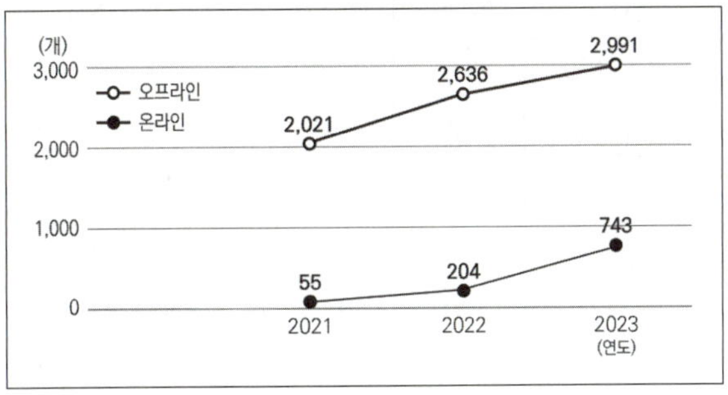

② 오프라인 공동교육과정의 학교 규모별 개설 과목 수

(단위: 개)

학교 규모 \ 연도	2021	2022	2023
대규모	1,547	1,904	2,056
중규모	431	674	827
소규모	43	58	108
전체	2,021	2,636	2,991

③ 오프라인 공동교육과정의 지역별 개설 과목 수

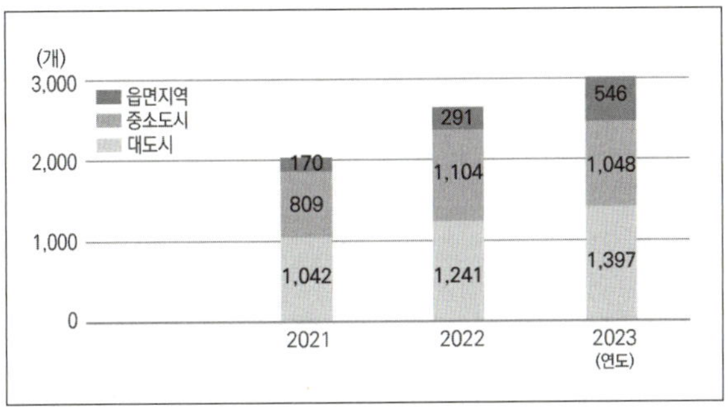

④ 온라인 공동교육과정의 학교 규모별 개설 과목 수

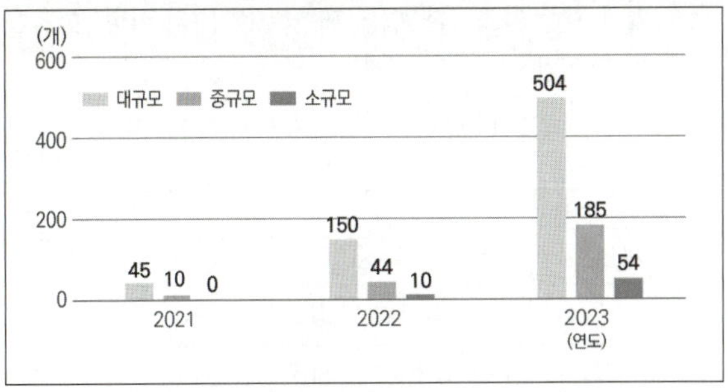

⑤ 온라인 공동교육과정 개설 과목 수의 지역별 구성비

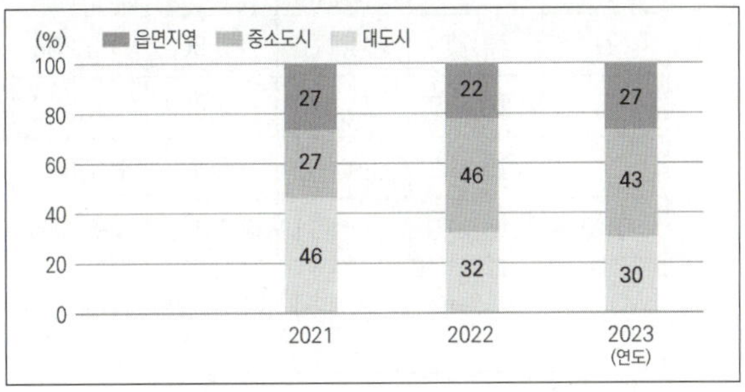

문 4. 다음 <표>는 소음 환경에 따른 A ~ E 집단의 주의력 및 공간지각력 점수에 관한 자료이다. 이를 근거로 A ~ E 중 <조건>을 모두 만족하는 집단을 고르면?

<표> 소음 환경에 따른 주의력 및 공간지각력 점수

(단위: 점)

구분	저소음 환경				고소음 환경			
	주의력		공간지각력		주의력		공간지각력	
집단 \ 성별	남성	여성	남성	여성	남성	여성	남성	여성
A	7.2	6.9	8.0	6.6	3.6	3.3	4.1	3.0
B	6.8	7.3	6.5	8.1	2.5	3.0	3.1	3.6
C	8.3	7.9	7.8	7.6	4.4	4.1	3.5	3.4
D	6.5	6.8	6.7	6.5	3.2	3.5	3.2	3.3
E	7.7	8.0	7.9	7.9	3.7	4.0	3.9	3.6

<조 건>

○ 저소음 환경과 고소음 환경에서의 주의력 점수 차이는 남성과 여성이 동일하다.
○ 고소음 환경에서, 주의력 점수가 더 높은 성별이 공간지각력 점수도 더 높다.
○ 남성과 여성 모두 저소음 환경에서의 주의력 점수가 고소음 환경에서의 주의력 점수의 2배 이상이다.
○ 저소음 환경에서, 남성은 공간지각력 점수가 주의력 점수보다 높고 여성은 주의력 점수가 공간지각력 점수보다 높다.

① A
② B
③ C
④ D
⑤ E

문 5. 다음 <표>는 2021 ~ 2023년 '갑'국 A ~ F 제조사별 비스킷 매출액에 관한 자료이다. 이에 대한 <보기>의 설명 중 옳은 것만을 모두 고르면?

<표 1> 2021 ~ 2023년 제조사별 비스킷 매출액

(단위: 백만 원)

연도 제조사	2021		2022		2023
	상반기	하반기	상반기	하반기	상반기
A	127,540	128,435	132,634	128,913	128,048
B	138,313	132,807	131,728	120,954	119,370
C	129,583	124,145	132,160	126,701	116,864
D	83,774	84,170	85,303	85,266	79,024
E	20,937	28,876	24,699	24,393	21,786
F	95,392	89,461	90,937	107,322	112,410
전체	595,539	587,894	597,461	593,549	577,502

<표 2> 2023년 상반기 유통채널별 비스킷 매출액

(단위: 백만 원)

유통채널 제조사	백화점	할인점	체인 슈퍼	편의점	독립 슈퍼	일반 식품점
A	346	28,314	23,884	26,286	33,363	15,855
B	253	24,106	24,192	21,790	30,945	18,084
C	228	30,407	22,735	21,942	25,126	16,426
D	307	22,534	17,482	9,479	19,260	9,962
E	45	5,462	2,805	8,904	2,990	1,580
F	2,494	39,493	13,958	33,298	14,782	8,385
전체	3,673	150,316	105,056	121,699	126,466	70,292

※ 1) '갑'국의 비스킷 제조사는 A ~ F만 있음.
2) '갑'국의 비스킷 유통채널은 제시된 6개로만 구분됨.

<보 기>

ㄱ. 2021년 상반기 전체 매출액 중 제조사별 매출액 비중이 20 % 이상인 제조사의 수는 3개이다.
ㄴ. 2022년 하반기에 전년 동기 대비 매출액 감소율이 가장 큰 제조사는 E이다.
ㄷ. 전년 동기 대비 매출액이 증가한 제조사의 수는 2022년 상반기와 2023년 상반기가 동일하다.
ㄹ. 2023년 상반기의 경우, 각 제조사의 백화점, 할인점, 체인슈퍼 매출액의 합은 해당 제조사 매출액의 50 % 미만이다.

① ㄱ, ㄴ
② ㄱ, ㄹ
③ ㄴ, ㄷ
④ ㄷ, ㄹ
⑤ ㄱ, ㄴ, ㄹ

문 6. 다음 <표>는 2012 ~ 2021년 우리나라 D부처 정보공개 청구에 관한 자료이다. 이에 대한 <보기>의 설명 중 옳은 것만을 모두 고르면?

<표 1> 2012 ~ 2021년 정보공개 청구건수 및 처리건수

(단위: 건)

구분 연도	청구 건수	처리건수						
		전부 공개	부분 공개	비공개	타기관 이송	취하	민원 이첩	기타
2012	1,046	446	149	161	44	79	60	107
2013	1,231	550	156	137	46	150	66	126
2014	1,419	572	176	149	77	203	35	207
2015	1,493	522	183	198	104	152	88	246
2016	1,785	529	184	215	207	134	222	294
2017	3,097	837	293	334	511	251	0	871
2018	2,951	1,004	333	386	379	232	0	617
2019	3,484	1,296	411	440	161	250	0	926
2020	4,006	1,497	660	502	170	327	0	850
2021	5,708	2,355	950	656	188	653	0	906

※ 정보공개 청구건은 해당연도에 모두 처리됨.

<표 2> 2012 ~ 2021년 청구방법별 정보공개 청구건수

(단위: 건)

청구방법 연도	직접출석	우편	팩스	정보 통신망	기타
2012	47	24	5	968	2
2013	49	46	7	1,124	5
2014	111	54	13	1,241	0
2015	82	68	16	1,324	3
2016	51	55	9	1,669	1
2017	87	80	7	2,918	5
2018	162	75	27	2,687	0
2019	118	86	11	3,269	0
2020	134	94	13	3,758	7
2021	130	65	17	5,495	1

<보 기>

ㄱ. 정보공개 청구건수는 매년 증가한다.
ㄴ. '타기관이송' 처리건수가 가장 많은 해와 정보공개 청구건수 대비 '전부공개' 처리건수의 비율이 가장 낮은 해는 같다.
ㄷ. 연도별 '비공개' 처리건수와 '취하' 처리건수의 합은 해당연도 정보공개 청구건수의 20 %를 매년 초과한다.
ㄹ. 2021년 '전부공개' 처리건수 중 청구방법이 '정보통신망'인 처리건수는 2,100건 이상이다.

① ㄱ, ㄴ
② ㄱ, ㄷ
③ ㄴ, ㄷ
④ ㄴ, ㄹ
⑤ ㄷ, ㄹ

문 7. 다음 <표>는 2019 ~ 2023년 ‘갑’지역의 여행객 현황에 관한 자료이다. 이를 이용하여 작성한 자료로 옳지 않은 것은?

<표 1> 여행 목적별 여행객 수

(단위: 명)

목적	구분 \ 연도	2019	2020	2021	2022	2023
전체	총계	9,315	10,020	10,397	10,811	10,147
	개별여행	6,352	6,739	7,410	7,458	7,175
	단체여행	2,963	3,281	2,987	3,353	2,972
여가	소계	4,594	5,410	6,472	6,731	6,526
	개별여행	2,089	2,749	3,931	3,865	4,085
	단체여행	2,505	2,661	2,541	2,866	2,441
종교	소계	125	114	104	80	50
	개별여행	99	64	58	56	31
	단체여행	26	50	46	24	19
쇼핑	소계	981	1,044	1,030	1,148	1,328
	개별여행	683	701	748	776	919
	단체여행	298	343	282	372	409
사업	소계	2,880	2,746	2,366	2,389	1,768
	개별여행	2,774	2,585	2,284	2,317	1,682
	단체여행	106	161	82	72	86
교육	소계	735	706	425	463	475
	개별여행	707	640	389	444	458
	단체여행	28	66	36	19	17

<표 2> 여행지출액 및 여행횟수별 여행객 수

(단위: 백만 원, 명)

연도 \ 구분	여행 지출액	여행횟수 1회	2회	3회	4회 이상
2019	18,760	5,426	1,449	792	1,648
2020	18,710	6,046	1,395	802	1,777
2021	20,953	6,773	1,341	686	1,597
2022	19,060	5,834	1,759	851	2,367
2023	19,392	6,237	1,268	677	1,965

① 여행객 1명당 여행지출액

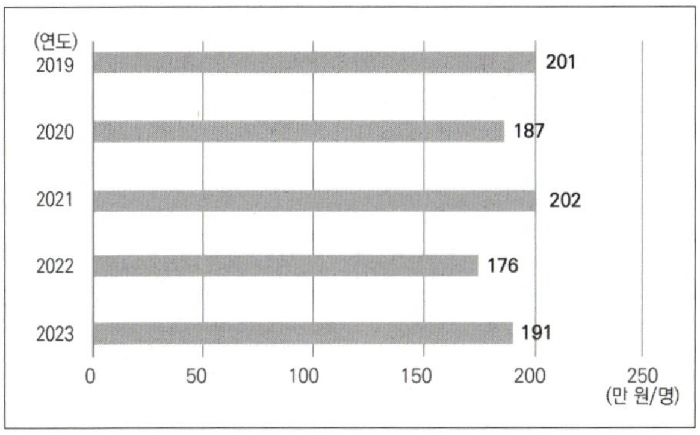

※ 여행객 1명당 여행지출액(만 원/명) = $\frac{\text{여행지출액}}{\text{전체 여행객 총계}}$

② 전체 개별여행객 중 ‘사업’ 목적 개별여행객 비율 및 전체 단체여행객 중 ‘사업’ 목적 단체여행객 비율

(단위: %)

구분 \ 연도	2019	2020	2021	2022	2023
개별여행	44	38	31	31	23
단체여행	4	5	3	2	3

③ 전체 개별여행객 수 및 전체 단체여행객 수

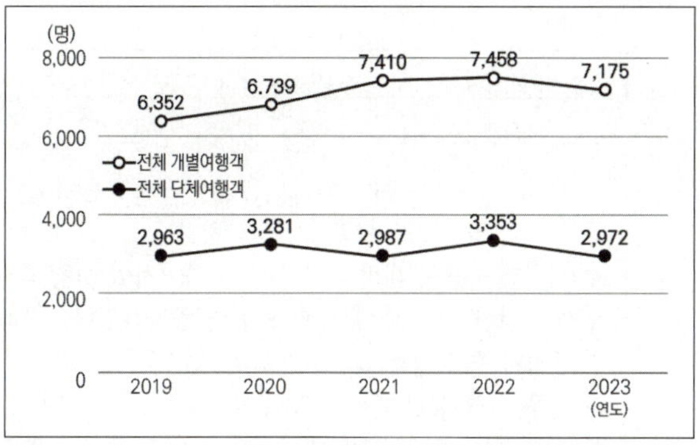

④ ‘종교’ 목적 여행객 중 개별여행객 비율

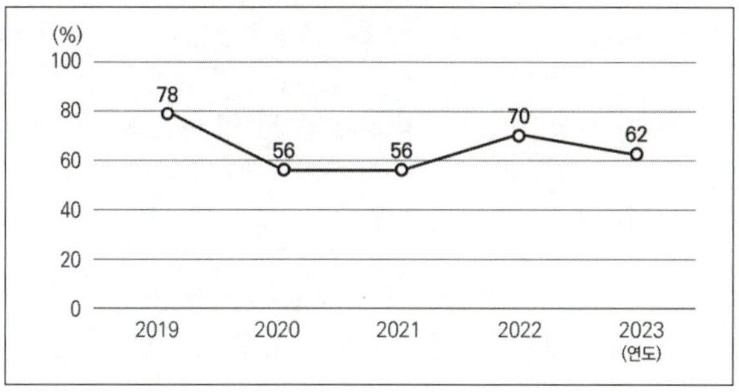

⑤ 전체 여행객 중 여행횟수가 3회 이하인 여행객 비율

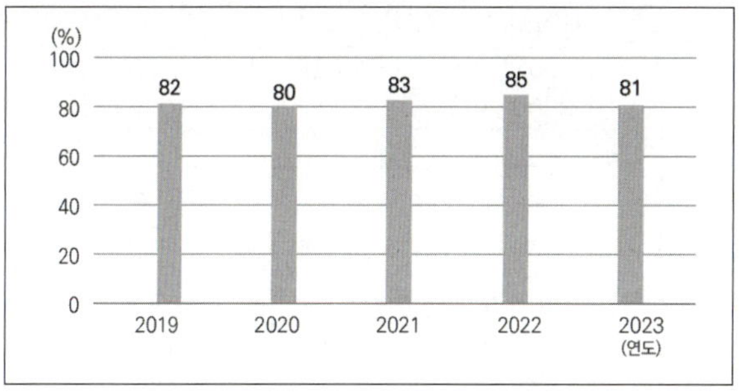

문 8. 다음 <표>는 '갑'국 종사상지위별 종사자 수 동향에 관한 자료이다. 제시된 <표> 이외에 <보고서>를 작성하기 위해 추가로 필요한 자료만을 <보기>에서 모두 고르면?

<표> 종사상지위별 종사자 수 동향

(단위: 천 명)

시기 / 종사상지위	2022년 7월	2023년 6월	2023년 7월
상용근로자	16,403	16,680	16,675
임시일용근로자	1,892	2,000	2,020
기타종사자	1,185	1,195	1,187

<보고서>

'갑'국 고용노동부는 2023년 7월 사업체노동력조사를 통해 종사자 및 입·이직자 현황을 파악하였다. 2023년 7월 상용근로자는 전년 동월 대비 27만 2천 명 증가하였으며, 임시일용근로자는 전년 동월 대비 12만 8천 명 증가하였다. 사업체 규모별 종사자 수 동향을 살펴보면, 2023년 7월 300인 미만 사업체의 경우 전년 동월 대비 33만 3천 명 증가하였으며, 300인 이상 사업체는 전년 동월 대비 6만 9천 명 증가하였다. 한편, 2023년 7월 입직자는 전년 동월 대비 2만 6천 명 증가하였고 전월 대비 5만 8천 명 증가하였다. 2023년 7월 이직자는 전년 동월 대비 약 4.0 % 증가하였고 전월 대비 약 7.0 % 증가하였다. 또한, 2023년 7월 전체 입직자 중 채용을 통한 입직자는 전년 동월 대비 2만 5천 명 증가하였으며, 기타 입직자는 전년 동월 대비 1천 명 증가하였다.

<보 기>

ㄱ. 사업체 규모별 종사자 수 동향

(단위: 천 명)

시기 / 사업체 규모	2022년 7월	2023년 6월	2023년 7월
300인 미만	16,216	16,555	16,549
300인 이상	3,264	3,320	3,333

ㄴ. 주요산업별 종사자 수 동향

(단위: 천 명)

시기 / 주요산업	2022년 7월	2023년 6월	2023년 7월
제조업	3,696	3,740	3,737
건설업	1,452	1,463	1,471
도매 및 소매업	2,274	2,308	2,301

ㄷ. 입직자 및 이직자 수 동향

(단위: 천 명)

시기 / 구분	2022년 7월	2023년 6월	2023년 7월
입직자	1,001	969	1,027
이직자	973	946	1,012

ㄹ. 입직유형별 입직자 수 동향

(단위: 천 명)

시기 / 입직유형	2022년 7월	2023년 6월	2023년 7월
채용	892	925	917
기타	109	44	110
합계	1,001	969	1,027

① ㄱ, ㄷ　② ㄴ, ㄷ
③ ㄴ, ㄹ　④ ㄱ, ㄴ, ㄹ
⑤ ㄱ, ㄷ, ㄹ

문 9. 다음 <표>는 2022년 '갑'모터쇼에 전시된 전기차 A ~ E의 차량가격 및 제원에 관한 자료이다. 이에 대한 <보기>의 설명 중 옳은 것만을 모두 고르면?

<표> 전기차 A ~ E의 차량가격 및 제원

(단위: 만 원, 분, km, kWh)

구분 / 전기차	차량가격	완충시간	완충시 주행거리	배터리 용량
A	8,469	350	528	75.0
B	5,020	392	475	77.4
C	17,700	420	478	112.8
D	14,620	420	447	111.5
E	6,000	252	524	77.4

<보 기>

ㄱ. '배터리 용량'당 '차량가격'은 C가 가장 높다.
ㄴ. '차량가격'이 가장 낮은 전기차는 '완충시간' 대비 '배터리 용량'의 비율도 가장 낮다.
ㄷ. '완충시 주행거리' 대비 '완충시간'의 비율은 D가 E의 2배 이상이다.
ㄹ. '차량가격'이 높을수록 '배터리 용량'도 크다.

① ㄱ, ㄴ　② ㄱ, ㄷ
③ ㄷ, ㄹ　④ ㄱ, ㄴ, ㄹ
⑤ ㄴ, ㄷ, ㄹ

문 10. 다음 <표>는 '갑'국 공공기관 A ~ C의 경영실적 및 평가점수에 관한 자료이다. 이에 대한 <보기>의 설명 중 옳은 것만을 모두 고르면?

<표> 공공기관 A ~ C의 경영실적 및 평가점수

(단위: 백만 원, 점)

공공기관 / 구분	A	B	C
매출액	( )	4,000	( )
영업이익	400	( )	( )
평균총자산	2,000	( )	6,000
자산회전지표	0.50	0.80	( )
영업이익지표	( )	0.15	0.50
평가점수	( )	( )	1.50

※ 1) 자산회전지표 = $\frac{\text{매출액}}{\text{평균총자산}}$

2) 영업이익지표 = $\frac{\text{영업이익}}{\text{매출액}}$

3) 평가점수(점) = (자산회전지표 × 1점) + (영업이익지표 × 2점)

<보 기>

ㄱ. 매출액은 A가 가장 크다.
ㄴ. 영업이익은 C가 A의 4배 이상이다.
ㄷ. 평가점수는 B가 가장 낮다.

① ㄴ　② ㄷ
③ ㄱ, ㄴ　④ ㄱ, ㄷ
⑤ ㄱ, ㄴ, ㄷ

문 11. 다음 <표>와 <그림>은 2018 ~ 2022년 우리나라 친환경차 유형별 등록대수 및 수출대수와 2019년 친환경차 수출액 상위 10개 수출국 현황에 관한 자료이다. 이를 근거로 작성한 <보고서>의 내용 중 옳지 않은 것은?

<표 1> 2018 ~ 2022년 우리나라 친환경차 유형별 등록대수

(단위: 대)

유형 \ 연도	2018	2019	2020	2021	2022
하이브리드차	399,464	497,297	652,876	888,481	1,157,940
플러그인 하이브리드차	5,620	8,350	21,585	19,759	12,567
전기차	55,756	89,918	134,962	231,443	389,855
수소차	893	5,083	10,906	19,404	29,623
전체	461,733	600,648	820,329	1,159,087	1,589,985

<그림> 2018 ~ 2022년 우리나라 친환경차 유형별 수출대수

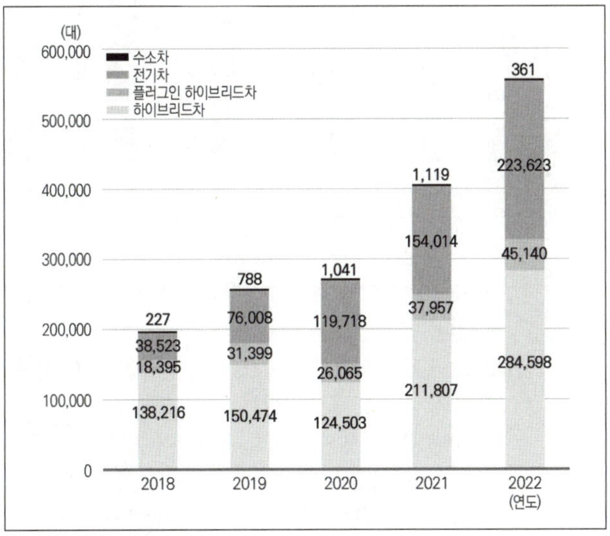

※ 친환경차 유형은 '하이브리드차', '플러그인 하이브리드차', '전기차', '수소차'로만 구분됨.

<표 2> 2019년 하이브리드차, 플러그인 하이브리드차 및 전기차의 수출액 상위 10개 수출국 현황

(단위: 백만 달러)

순위	하이브리드차		플러그인 하이브리드차		전기차	
	국가	수출액	국가	수출액	국가	수출액
1	일본	16,311	독일	4,818	미국	7,648
2	독일	6,172	일본	2,588	벨기에	5,018
3	벨기에	3,674	스웨덴	1,762	독일	3,913
4	터키	3,125	미국	1,008	한국	2,354
5	영국	2,762	한국	939	오스트리아	1,220
6	한국	2,691	영국	839	프랑스	1,166
7	슬로바키아	1,876	중국	523	영국	1,097
8	캐나다	1,845	슬로바키아	502	네덜란드	902
9	프랑스	1,227	스페인	271	중국	438
10	스웨덴	828	벨기에	199	일본	431

<보고서>

최근 이산화탄소 배출 및 연비에 대한 환경 규제가 강화되고 친환경차 수요가 증가함에 따라 자동차 기업들이 친환경차 시장에 본격적으로 진출하였다. 우리나라 친환경차 시장은 정부의 적극적인 보급 정책으로 급성장하여 ① 2018 ~ 2022년 전체 친환경차 등록대수는 매년 30 % 이상 증가하였다. 친환경차의 유형별로 살펴보면, 2018년 대비 2022년에 등록대수가 가장 많이 증가한 친환경차 유형은 '하이브리드차'였으나, ② 2018년 대비 2022년 등록대수의 증가율이 가장 높은 친환경차 유형은 '수소차'였다. ③ 친환경차 수출대수는 2018년 195,361대에서 매년 증가하여 2022년에는 553,722대가 되었다. ④ 2018 ~ 2022년 친환경차 유형별 수출대수는 '전기차'와 '수소차'만 매년 증가하였다.

세계 친환경차 시장에서 우리나라의 수출 순위는 2019년 수출액 기준 '하이브리드차' 6위, '플러그인 하이브리드차' 5위, '전기차' 4위로 나타났다. 이는 우리나라가 세계 친환경차 시장에서 경쟁력을 확보하고 있음을 보여준다. ⑤ 2019년 '하이브리드차', '플러그인 하이브리드차', '전기차' 각각의 수출액 상위 10개 수출국에 모두 들어가는 국가는 한국을 포함하여 5개국이었다.

문 12. 다음 <표>는 2023년 '갑'기업 전체 임원(A ~ J)의 보수 현황에 관한 자료이다. 이에 대한 설명으로 옳은 것은?

<표> '갑'기업 전체 임원의 보수 현황

(단위: 십만 원)

임원	사업부	등기여부	보수총액		
				급여	상여
A	가	미등기	7,187	2,700	4,487
B	나	등기	6,497	2,408	( )
C	다	등기	4,068	( )	2,000
D	라	미등기	( )	1,130	2,598
E	마	등기	3,609	1,933	1,676
F	마	등기	3,069	1,643	1,426
G	나	미등기	3,050	1,633	1,417
H	바	미등기	3,036	1,626	1,410
I	사	등기	3,000	2,000	1,000
J	다	미등기	2,990	2,176	814
합계	–	–	40,234	19,317	20,917

※ 보수총액 = 급여 + 상여

① 보수총액이 많은 임원일수록 상여도 많다.
② '마'사업부 임원의 보수총액 합에서 급여 합이 차지하는 비중은 60 % 미만이다.
③ 임원 1인당 보수총액이 가장 적은 사업부는 임원 1인당 급여도 가장 적다.
④ 보수총액에서 상여가 차지하는 비중이 가장 큰 임원은 B이다.
⑤ 미등기 임원의 급여 합은 등기 임원의 급여 합보다 많다.

문 13. 다음 <표>는 1995 ~ 2020년 '갑'지역의 농가구조 변화에 관한 자료이다. 이에 대한 설명으로 옳지 않은 것은?

<표 1> '갑'지역의 가구원수별 농가수 추이

(단위: 가구)

조사연도 / 가구원수	1995	2000	2005	2010	2015	2020
1인	13,262	15,565	18,946	18,446	17,916	20,609
2인	43,584	52,394	56,264	57,023	52,023	53,714
3인	33,776	27,911	24,078	19,666	17,971	13,176
4인	33,047	23,292	17,556	13,122	11,224	7,176
5인 이상	64,491	33,095	20,573	13,492	10,299	5,687
전체	188,160	152,257	137,417	121,749	109,433	100,362
농가당 가구원수(명)	3.8	3.2	2.8	2.6	2.5	2.3

<표 2> '갑'지역의 경영주 연령대별 농가수 추이

(단위: 가구)

조사연도 / 연령대	1995	2000	2005	2010	2015	2020
30대 이하	23,891	12,445	8,064	3,785	3,120	1,567
40대	39,308	26,471	20,851	15,750	12,131	7,796
50대	61,989	44,919	34,927	28,487	24,494	21,126
60대	46,522	48,747	49,496	42,188	34,296	30,807
70대 이상	16,450	19,675	24,079	31,539	35,392	39,066
전체	188,160	152,257	137,417	121,749	109,433	100,362

① '5인 이상'을 제외하고, 1995년 대비 2020년 가구원수별 농가수 증감률은 '2인'이 가장 작다.

② 매 조사연도에서 '3인' 농가수는 그 외 농가수 합의 25 % 이하이다.

③ 2000년 전체 농가 가구원수는 2020년 전체 농가 가구원수의 2배 이상이다.

④ 2020년 전체 농가수 중 경영주 연령대가 40대 이하인 농가수가 차지하는 비중은 10 % 이하이다.

⑤ 경영주 연령대가 30대 이하인 농가수는 1995년 대비 2020년에 95 % 이상 감소하였다.

문 14. 다음 <표>와 <그림>은 A 미술전 응모 및 수상 결과에 관한 자료이다. 이에 대한 <보기>의 설명 중 옳은 것만을 모두 고르면?

<표> 2023년 A 미술전 응모 및 수상 결과

(단위: 개, 명)

부문 / 구분	초등부		중등부		고등부	
	팀	인원	팀	인원	팀	인원
응모	268	502	232	446	306	624
수상	56	88	30	59	43	68

※ A 미술전의 부문은 초등부, 중등부, 고등부로만 구성됨.

<그림> 연도별 A 미술전 응모인원

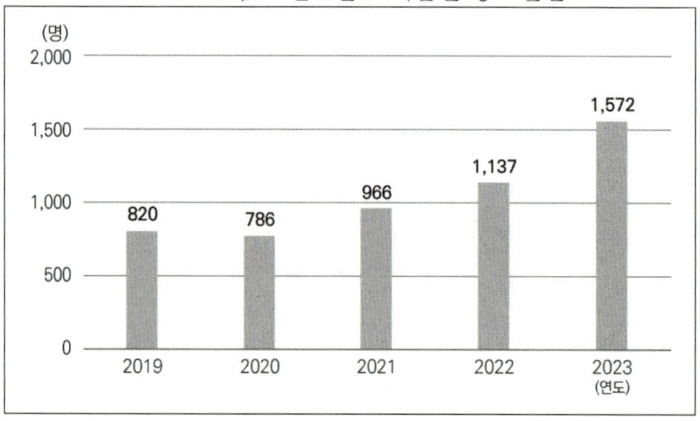

<보 기>

ㄱ. 2023년 응모인원 대비 수상인원이 가장 많은 부문은 초등부이다.

ㄴ. 2023년 팀별 인원이 1 ~ 3명이라면, 3명으로 구성된 초등부 수상팀은 15개 이하이다.

ㄷ. 2020년 응모인원의 부문별 구성비가 2023년과 동일하다면, 2020년 중등부 응모인원은 200명 이상이다.

ㄹ. 2024년부터 매년 응모인원이 전년 대비 30 %씩 증가한다면, 응모인원이 2019년의 3배를 처음 초과하는 해는 2026년이다.

① ㄱ, ㄴ

② ㄱ, ㄷ

③ ㄴ, ㄷ

④ ㄴ, ㄹ

⑤ ㄱ, ㄷ, ㄹ

문 15. 다음 <표>는 '갑'국의 빈집 철거 및 활용을 위한 빈집정비기준이고, <그림>은 '갑'국의 '가' ~ '자' 구역 및 빈집의 정보에 관한 자료이다. 이에 대한 설명으로 옳은 것은?

<표 1> 빈집 철거 및 활용을 위한 빈집정비기준

항목			철거	활용
구역 종류	공가기간	건축물 연령		
일반구역	20년 이하	건축구조의 사용연한 이하	불가능	가능
		건축구조의 사용연한 초과	가능	불가능
	20년 초과	-	가능	불가능
정비구역	-	-	불가능	불가능

※ 1) 공가기간: 빈집이 된 이후부터 현재까지의 기간
2) 건축물 연령: 건축물의 완공부터 현재까지의 기간
3) '-'는 해당 항목을 고려하지 않음을 의미함.

<표 2> 건축구조별 사용연한

건축구조	사용연한
목구조	20년
조적조	30년
철골구조	40년

<그림> '가' ~ '자' 구역 및 빈집의 정보

※ 각 구역에는 빈집이 1개씩만 존재함.

① 철거가 가능한 빈집은 3개이다.
② '가', '바', '사' 구역의 빈집은 철거가 가능하다.
③ '다' 구역의 빈집은 활용이 불가능하다.
④ 활용이 가능한 빈집은 4개이다.
⑤ '마' 구역의 빈집은 철거가 가능하다.

문 16. 다음 <표>와 <정보>는 '갑'회사의 승진후보자별 2021 ~ 2023년 근무성적점수 및 승진대상자 선정에 관한 자료이다. 이에 대한 <보기>의 설명 중 옳은 것만을 모두 고르면?

<표 1> 승진후보자별 2021 ~ 2023년 근무성적점수

(단위: 점)

연도 / 승진후보자	2023	2022	2021
정숙	85	65	65
윤호	70	85	75
찬희	75	75	65
상용	80	60	65

<표 2> 평가방법별 2021 ~ 2023년 가중치

연도 / 평가방법	2023	2022	2021
A	0.5	0.3	0.2
B	0.6	0.4	0.0
C	1.0	0.0	0.0

※ 평가방법별 가중치 합은 1.0임.

<정 보>

○ 평정점수는 2021 ~ 2023년 근무성적점수에 해당연도의 가중치를 곱한 값의 합임.
○ 평정점수가 가장 높은 승진후보자만 승진대상자로 선정함.

<보 기>

ㄱ. 모든 승진후보자의 평정점수는 평가방법 A를 적용할 때보다 평가방법 B를 적용할 때가 더 높다.
ㄴ. 평가방법 A를 적용할 때와 평가방법 C를 적용할 때의 승진대상자는 같다.
ㄷ. '상용'의 2023년 근무성적점수만 90점으로 변경된다면, 평가방법 A ~ C 중 어떤 평가방법을 적용하더라도 '상용'이 승진대상자가 된다.

① ㄱ
② ㄷ
③ ㄱ, ㄴ
④ ㄱ, ㄷ
⑤ ㄴ, ㄷ

문 17. 다음 <표>는 2021 ~ 2023년 '갑'국 공무원의 교육방법별 교육시간에 관한 자료이다. <표>와 <정보>에 근거하여 A ~ C에 해당하는 교육방법을 바르게 연결한 것은?

<표> 2021 ~ 2023년 '갑'국 공무원의 교육방법별 교육시간

(단위: 시간)

교육방법 \ 연도	2021	2022	2023
A	671	1,106	557
B	3,822	2,614	2,394
C	717	204	191
D	392	489	559
사례연구	607	340	385
세미나	80	132	391
역할연기	864	713	97
전체	7,153	5,598	4,574

※ 교육방법은 '강의', '분임토의', '사례연구', '세미나', '실습', '역할연기', '현장체험' 중 1개로만 구분됨.

<정 보>

○ 매년 교육시간이 감소하는 교육방법은 '강의', '실습', '역할연기'이다.

○ 2023년 전체 교육시간 중 교육방법별 교육시간 비중이 전년 대비 감소한 교육방법은 '분임토의'와 '역할연기'이다.

○ 2023년 교육시간의 전년 대비 감소율이 세 번째로 큰 교육방법은 '실습'이다.

	A	B	C
①	강의	실습	현장체험
②	분임토의	강의	실습
③	분임토의	실습	강의
④	실습	강의	현장체험
⑤	현장체험	강의	실습

문 18. 다음 <표>는 2022년 '갑'국 A 전력회사의 월별 및 용도별 전력판매 단가에 관한 자료이다. 이에 대한 설명으로 옳지 않은 것은?

<표> 2022년 A 전력회사의 월별 및 용도별 전력판매 단가

(단위: 원/kWh)

월 \ 용도	주택	일반	교육	산업	농사	가로등	심야
1	119.1	134.2	97.9	113.8	48.2	108.1	75.3
2	118.9	131.7	101.4	115.5	48.1	113.2	75.3
3	109.3	122.6	98.5	95.2	48.8	114.3	66.9
4	112.9	119.4	95.7	100.7	52.3	121.3	57.9
5	112.2	124.4	99.0	100.9	56.0	128.9	63.6
6	115.0	139.3	118.7	122.0	54.5	132.6	66.9
7	127.1	154.4	127.3	129.8	60.7	137.6	76.3
8	129.6	151.8	133.6	130.7	59.9	133.4	77.8
9	122.3	137.5	117.3	109.6	60.4	129.8	74.7
10	123.0	133.7	110.8	117.9	65.6	127.4	74.3
11	129.0	154.5	125.2	145.1	64.1	128.9	83.3
12	131.9	158.1	118.1	143.0	68.4	125.9	94.3

※ 전력판매 용도는 제시된 7가지로만 구분됨.

① 7 ~ 12월 전력판매 단가는 '농사'가 매월 가장 낮고, '일반'이 매월 가장 높다.

② 2월 '심야' 전력판매 단가는 2월 '주택' 전력판매 단가의 60 % 이상이다.

③ 전력판매 단가의 전월 대비 증가율은 11월 '교육'이 4월 '가로등'의 2배 이상이다.

④ 전력판매 단가는 매월 '주택'이 '농사'의 1.5배 이상이다.

⑤ 7 ~ 12월 '교육' 전력판매 단가와 '산업' 전력판매 단가의 전월 대비 증감 방향은 동일하다.

문 19. 다음 <표>는 A ~ D 지방자치단체의 재정 현황에 관한 자료이다. 이에 대한 <보기>의 설명 중 옳은 것만을 모두 고르면?

<표> 지방자치단체별 재정 현황

(단위: 억 원, %)

구분 \ 지방자치단체	자체수입	자주재원	세입총계	재정자립도	재정자주도
A	5,188	1,240	9,966	( )	( )
B	2,792	( )	10,080	27.70	69.67
C	1,444	3,371	6,754	21.38	( )
D	2,176	4,143	9,696	22.44	65.17

※ 1) 재정자립도(%) = $\frac{\text{자체수입}}{\text{세입총계}} \times 100$

2) 재정자주도(%) = $\frac{\text{자체수입} + \text{자주재원}}{\text{세입총계}} \times 100$

3) 세입총계 = 자체수입 + 자주재원 + 기타

<보 기>

ㄱ. 재정자주도는 A가 C보다 높다.
ㄴ. 세입총계에서 자주재원이 차지하는 비중은 A가 B보다 작다.
ㄷ. C는 D보다 재정자립도는 낮고 재정자주도는 높다.
ㄹ. 자주재원은 D가 가장 많다.

① ㄱ, ㄴ
② ㄴ, ㄷ
③ ㄷ, ㄹ
④ ㄱ, ㄴ, ㄹ
⑤ ㄴ, ㄷ, ㄹ

문 20. 다음 <표>는 2023년 '갑'국 8개 도시(A ~ H)의 상수도 관련 자료이다. 이에 대한 설명으로 옳지 않은 것은?

<표> '갑'국 A ~ H 도시의 상수도 통계

(단위: %)

도시	유수율	무수율	누수율	계량기 불감수율	수도사업 용수량 비율
A	94.2	5.8	5.4	0.1	0.0
B	91.6	8.4	3.6	4.5	0.3
C	90.1	9.9	4.5	2.3	0.1
D	93.4	6.6	4.3	2.0	0.1
E	93.8	6.2	4.2	1.9	0.1
F	92.2	7.8	5.1	2.6	0.1
G	90.9	9.1	5.1	3.8	0.1
H	94.6	5.4	2.6	2.3	0.2

※ 1) 무수율 = 누수율 + 유효무수율

2) 유효무수율 = 계량기 불감수율 + 수도사업 용수량 비율 + 부정사용률

① 유효무수율이 가장 낮은 도시는 누수율이 가장 높다.
② 유수율이 가장 낮은 도시의 부정사용률은 유수율이 세 번째로 높은 도시의 부정사용률보다 높다.
③ 무수율과 부정사용률의 차이가 가장 큰 도시는 G이다.
④ 계량기 불감수율이 가장 높은 도시는 유효무수율도 가장 높다.
⑤ 부정사용률이 가장 높은 도시는 무수율도 가장 높다.

문 21. 다음 <표>는 2023년 '갑'국의 농산물 가공식품 품목별 수입 현황에 관한 자료이다. <표>와 <조건>에 근거하여 A ~ C에 해당하는 농산물 가공식품을 바르게 연결한 것은?

<표> 2023년 '갑'국의 농산물 가공식품 품목별 수입 현황

(단위: 톤, 원/kg, %)

품목	수입중량	수입단가	전년 대비 증가율
A	217	2,181	20.3
B	61	16,838	−16.1
C	2,634	1,174	24.1
D	43	1,479	−22.3
E	2,238	1,788	−37.0
김치	6,511	969	2.2
두부	86	3,848	8.4
밀가루	343	1,489	26.0

※ 1) A ~ E는 '간장', '고춧가루', '된장', '설탕', '식용유' 중 하나임.

2) 수입금액(천 원) = 수입중량(톤) × 수입단가(원/kg)

<조 건>

○ 2023년 '간장'과 '고춧가루'의 수입중량 합은 '식용유' 수입중량의 15 % 이하이다.
○ 2023년 수입금액이 가장 낮은 품목은 '된장'이다.
○ 2022년 수입단가가 2,000원/kg 이상인 품목은 '고춧가루', '두부', '식용유'이다.
○ 2023년 수입중량이 2,000톤 이상인 품목은 '김치', '설탕', '식용유'이다.

	A	B	C
①	간장	고춧가루	설탕
②	간장	고춧가루	식용유
③	간장	설탕	식용유
④	고춧가루	간장	식용유
⑤	된장	고춧가루	설탕

[22 ~ 23] 다음은 2022년 '갑'시 양육자의 양육 스트레스 및 정신건강 문제 실태에 관한 자료이다. 다음 물음에 답하시오.

<표 1> 양육자의 성별 및 연령대별 양육 스트레스

(단위: 점, %)

구분		양육 스트레스 점수	고위험군 비율
성별	여성	37.3	62.3
	남성	33.6	46.5
연령대	20대 이하	38.1	56.0
	30대	36.0	53.3
	40대	34.3	54.2
	50대 이상	35.1	51.8

<표 2> 양육자의 정신건강 문제 유형별 발생 비율

(단위: %)

구분 \ 유형		A	B	C	D
성별	여성	28.5	21.5	23.6	12.3
	남성	22.8	14.5	17.1	8.7
육아 참여 방식	육아 미참여	34.0	24.5	24.4	13.7
	양육자 혼자 육아 참여	33.3	22.2	24.0	15.3
	배우자와 함께 육아 참여	19.2	13.5	16.9	7.1
양육 스트레스 위험 수준	저위험군	9.6	4.2	8.1	3.1
	고위험군	39.0	29.3	30.3	16.5

<보고서>

2022년 '갑'시에 거주하는 양육자를 대상으로 양육 스트레스 및 정신건강 문제 실태를 조사하였다. 양육자의 성별에 따른 양육 스트레스를 살펴본 결과, 여성의 양육 스트레스 점수가 남성의 양육 스트레스 점수보다 높은 것으로 나타났다. 다음으로 양육자 연령대별로 양육 스트레스를 살펴본 결과, 20대 이하가 양육 스트레스 점수와 고위험군 비율이 모두 가장 높았다. 자녀 연령별 양육 스트레스 점수는 0 ~ 2세가 가장 높고, 3 ~ 6세, 7 ~ 9세 순이었다. 고위험군 비율 순위 역시 자녀의 연령별 양육 스트레스 점수 순위와 같았다. 또한, 가구의 월평균 소득 구간이 200만 원 미만인 양육자의 스트레스 점수가 40.5점으로 가장 높았고, 고위험군 비율도 다른 소득 구간보다 25 %p 이상 높은 것으로 나타났다.

다음으로 '갑'시에 거주하는 양육자의 정신건강 문제를 4가지 유형으로 구분하여 조사한 결과를 살펴보면, 양육자 성별이나 육아 참여 방식과 관계없이 모든 문제 유형 중 '섭식문제'의 발생 비율이 가장 낮았다. 양육자 성별에 따른 정신건강 문제 발생 비율 차이는 '불면증'이 '우울'보다 컸다. 육아 참여 방식에 따라서는 '배우자와 함께 육아 참여'일 때, 모든 유형에서 정신건강 문제 발생 비율이 가장 낮았다. 일례로 '우울' 발생 비율은 '배우자와 함께 육아 참여'일 때가 '양육자 혼자 육아 참여' 일 때보다 14.1 %p 낮게 나타났다. 한편, 양육 스트레스 고위험군은 저위험군에 비해 정신건강 문제 발생 비율이 높았는데, 그 중 '불안'과 '섭식문제'의 발생 비율은 각각 고위험군이 저위험군의 5배 이상이었다.

문 22. 위 <표>와 <보고서>를 근거로 B와 C에 해당하는 정신건강 문제 유형을 바르게 연결한 것은?

	B	C
①	불면증	불안
②	불면증	우울
③	불안	불면증
④	불안	우울
⑤	우울	불면증

문 23. 제시된 <표> 이외에 <보고서>를 작성하기 위해 추가로 필요한 자료만을 <보기>에서 모두 고르면?

<보 기>

ㄱ. 2022년 '갑'시 양육자의 자녀 연령별 양육 스트레스

구분 \ 자녀 연령	0 ~ 2세	3 ~ 6세	7 ~ 9세
양육 스트레스 점수(점)	36.3	35.1	34.5
고위험군 비율(%)	58.3	52.4	50.7

ㄴ. 2022년 '갑'시 양육자의 가구 월평균 소득 구간별 양육 스트레스

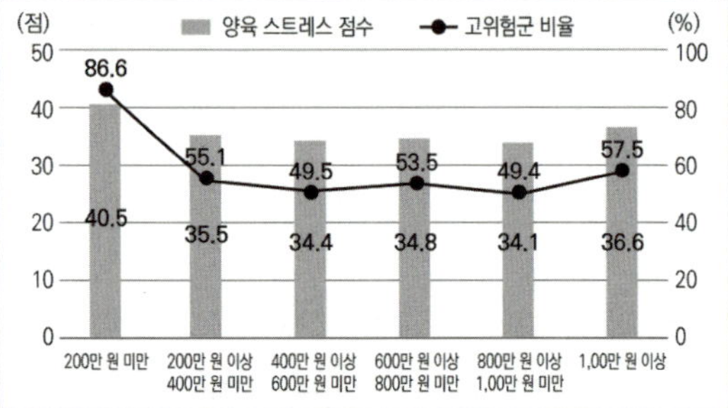

ㄷ. 2022년 '갑'시 양육자의 경제활동 여부별 양육 스트레스

경제활동 여부 \ 구분	양육 스트레스 점수(점)	고위험군 비율 (%)
양육자 모두 경제활동	34.9	53.1
남성 양육자만 경제활동	35.4	53.4
여성 양육자만 경제활동	36.4	54.9
양육자 모두 비경제활동	46.0	100.0

ㄹ. 2022년 '갑'시 양육자의 자녀수별 양육 스트레스 점수

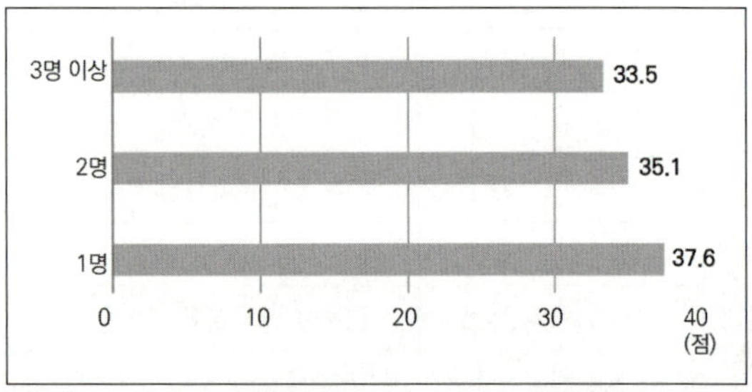

① ㄱ, ㄴ
② ㄱ, ㄷ
③ ㄷ, ㄹ
④ ㄱ, ㄴ, ㄹ
⑤ ㄴ, ㄷ, ㄹ

문 24. 다음 <보고서>는 2016 ~ 2022년 '갑'국의 지주회사 및 소속회사에 관한 자료이다. <보기>의 자료 중 <보고서>의 내용에 부합하는 것만을 모두 고르면?

<보고서>

지주회사는 주식의 소유를 통하여 다른 회사의 사업활동을 지배하는 것을 주된 사업으로 하는 회사이다. 지주회사 체제란 지주회사가 수직적 출자를 통해 계열사를 소속회사(자, 손자, 증손 회사)로 편입하여 지배하는 소유구조를 의미한다.

'갑'국의 지주회사 자산요건이 2017년에 상향됨에 따라 2018년 이후 지주회사 수는 2017년 지주회사 수의 90 % 이하를 유지하고 있다. 하지만 2022년 지주회사 수는 168개로 전년 대비 증가하였다. 편입률은 지주회사 전체 계열사 중 지주회사 체제 안에 편입되어 있는 계열사 비율을 나타내는데, 2018년 80 %를 초과하였고 2019년 이후 70 % 이상을 유지하고 있다. 2022년에는 지주회사의 전체 계열사 1,281개 중 915개가 지주회사 체제 안에 편입되어 있는 것으로 나타났고, 편입률은 전년 대비 증가하였다.

지주회사의 평균 소속회사 수 추이를 보면, 자, 손자, 증손 회사 각각 2017년 이후 매년 증가하였다. 특히, 2022년에는 전체 소속회사 수가 200개 이상 증가하였다.

자산규모별로 보면 2022년 자산규모 1천억 원 이상 5천억 원 미만인 지주회사 수는 2017년 대비 30 % 이상 감소한 반면, 5천억 원 이상인 지주회사 수는 30 % 이상 증가하였다.

<보 기>

ㄱ. 연도별 지주회사 수

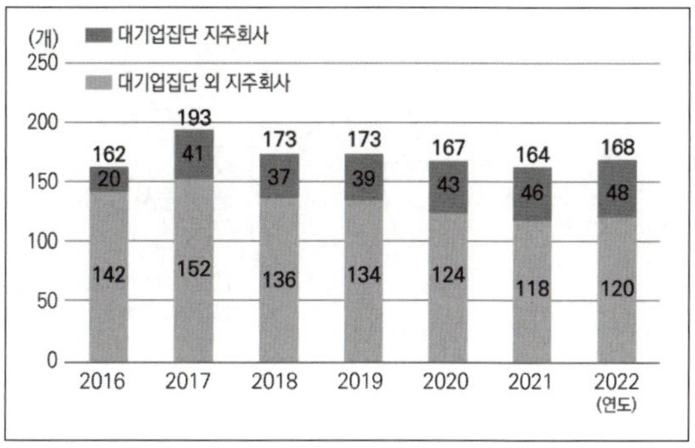

ㄴ. 지주회사의 평균 소속회사 수 추이

(단위: 개)

구분 \ 연도	2016	2017	2018	2019	2020	2021	2022
자	4.9	4.8	5.0	5.3	5.4	5.5	5.8
손자	5.0	4.8	5.2	5.6	5.9	6.2	6.9
증손	0.5	0.6	0.5	0.5	0.8	0.7	0.8
전체	10.4	10.2	10.7	11.4	12.1	12.4	13.5

ㄷ. 연도별 지주회사 편입률

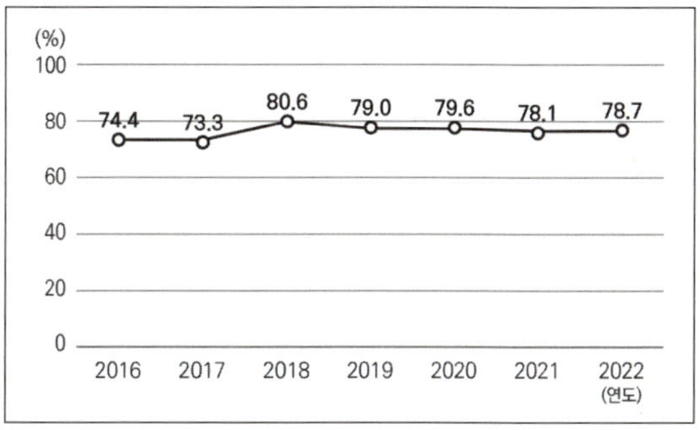

ㄹ. 자산규모별 지주회사 수

(단위: 개)

자산규모 \ 연도	2016	2017	2018	2019	2020	2021	2022
1천억 원 미만	64	84	79	76	78	76	86
1천억 원 이상 5천억 원 미만	88	97	82	83	74	72	66
5천억 원 이상	10	12	12	14	15	16	16

① ㄱ, ㄴ　② ㄱ, ㄷ
③ ㄱ, ㄹ　④ ㄴ, ㄷ
⑤ ㄴ, ㄹ

문 25. 다음 <표>는 2023년 '갑'국 9개 콘텐츠 공모전의 상금총액 및 작품 현황에 관한 자료이다. 이에 대한 설명으로 옳은 것은?

<표> '갑'국 9개 콘텐츠 공모전의 상금총액 및 작품 현황

(단위: 만 원, 개)

공모전 \ 구분	상금총액	응모작품 수	수상작품 수
청렴사회	4,980	1,507	50
평화통일	4,500	177	21
평화정책	3,400	368	65
문화 다양성	2,000	79	13
문화체험 메타버스	1,200	97	10
장애인 고용	1,100	134	14
평등가족 실천	850	155	21
적극행정 홍보	730	151	15
문화재 재난안전	670	118	12
전체	19,430	2,786	221

※ 수상률(%) = $\frac{\text{수상작품 수}}{\text{응모작품 수}} \times 100$

① 수상작품 수가 50개 미만인 공모전은 상금총액이 많을수록 수상작품 수도 많다.
② 수상률이 가장 높은 공모전은 '문화 다양성'이다.
③ 공모전 전체 상금총액 중 '평화통일' 상금총액이 차지하는 비중은 25 % 이상이다.
④ 상금총액 대비 응모작품 수 비율이 두 번째로 높은 공모전의 수상작품 수는 20개 이상이다.
⑤ 수상률 하위 2개 공모전의 상금총액 합은 6,000만 원 이하이다.

문 26. 다음 <표>는 2017 ~ 2022년 원인별 연안사고 건수에 관한 자료이다. <표>를 이용하여 작성한 <보기>의 자료 중 옳은 것만을 모두 고르면?

<표> 2017 ~ 2022년 원인별 연안사고 건수

(단위: 건)

원인 \ 연도	2017	2018	2019	2020	2021	2022
기상불량	20	32	25	14	18	20
부주의	340	391	411	322	426	342
수영미숙	35	39	25	11	21	19
안전미준수	44	46	28	20	13	6
음주	91	108	79	89	79	72
조석미인지	114	100	105	83	90	72
기타	54	43	48	63	70	44
전체	698	759	721	602	717	575

<보 기>

ㄱ. 연도별 부주의 및 조석미인지로 인한 연안사고 건수

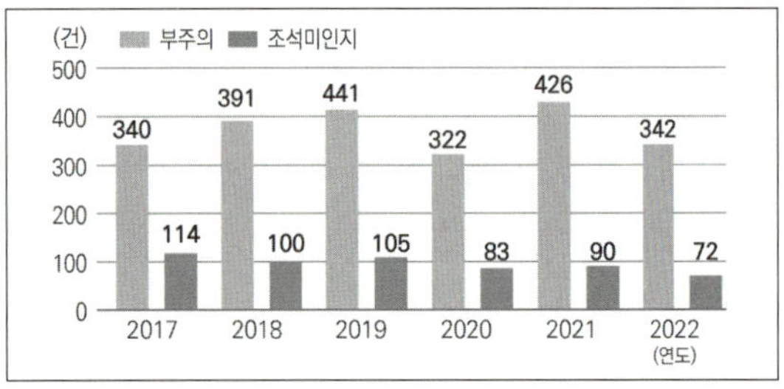

ㄴ. 연도별 전체 연안사고 건수 중 음주로 인한 연안사고 건수 비중

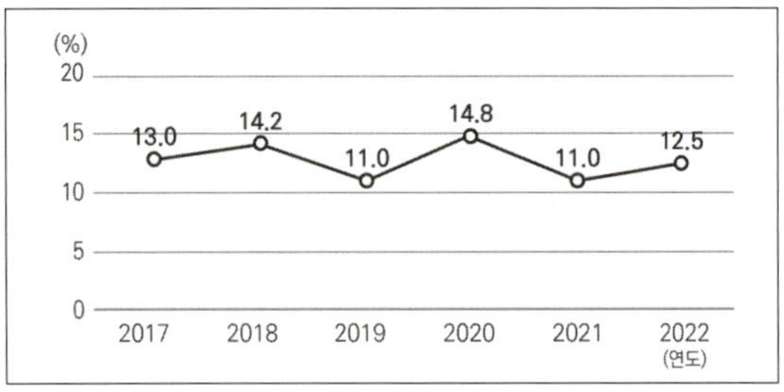

ㄷ. 2021년 연안사고 건수의 원인별 구성비

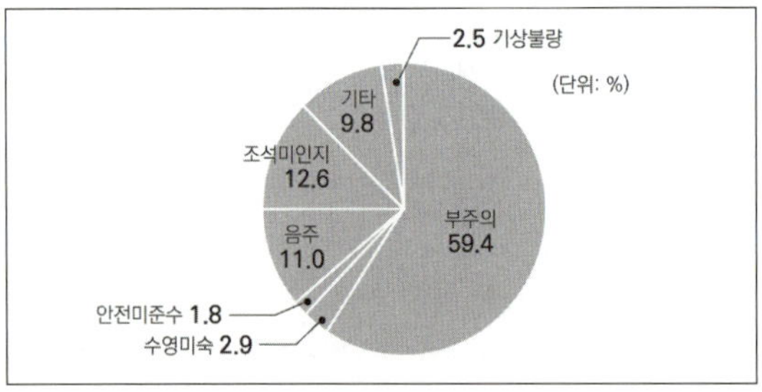

ㄹ. 2020 ~ 2022년 조석미인지 및 안전미준수로 인한 연안사고 건수의 전년 대비 증가율

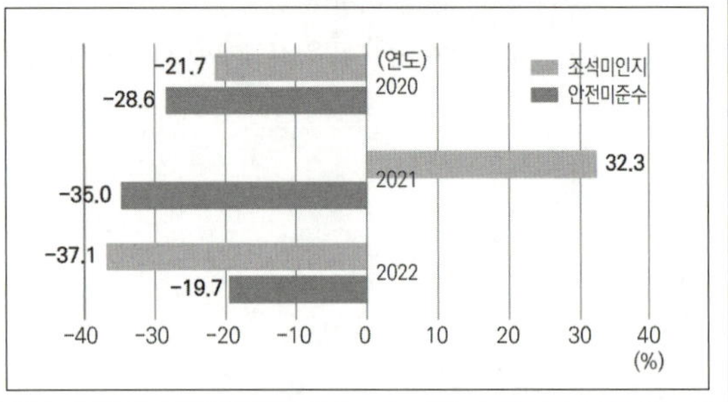

① ㄱ, ㄴ
② ㄱ, ㄷ
③ ㄱ, ㄴ, ㄷ
④ ㄱ, ㄷ, ㄹ
⑤ ㄴ, ㄷ, ㄹ

문 27. 다음 <표>와 <그림>은 '갑'국제기구가 A ~ E국 농업기술센터 건립을 지원하기 위한 평가 자료이다. 이를 근거로 A ~ E 중 합산 점수가 가장 높은 국가를 고르면?

<표> 평가항목별 평가 점수 산정 기준 및 가중치

평가항목	평가 점수			가중치
	1점	2점	3점	
농업종사자 수	1,000만 명 미만	1,000만 명 이상 3,000만 명 미만	3,000만 명 이상	2
1인당 국내총생산	3,000달러 이상	1,000달러 이상 3,000달러 미만	1,000달러 미만	1
옥수수 경작 면적당 생산량	3,000 kg/ha 이상	1,000 kg/ha 이상 3,000 kg/ha 미만	1,000 kg/ha 미만	3

※ 합산 점수는 평가항목별 평가 점수에 가중치를 곱한 값의 합임.

<그림> A ~ E국의 위치 및 평가항목별 현황

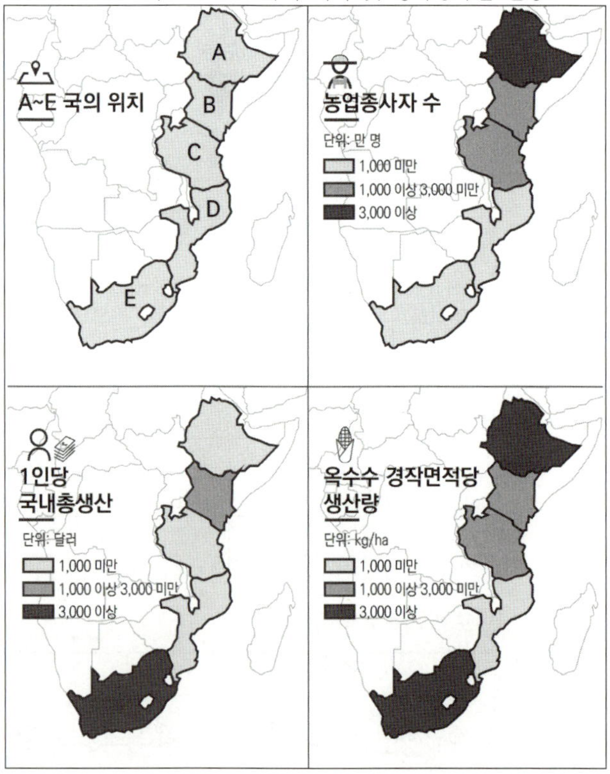

① A
② B
③ C
④ D
⑤ E

[28 ~ 29] 다음 <표>는 2019 ~ 2023년 '갑'국의 과일 생산 현황에 관한 자료이다. 다음 물음에 답하시오.

<표 1> 연도별 과일 생산액

(단위: 십억 원)

과일 \ 연도	2019	2020	2021	2022	2023
전체	2,529	2,843	4,100	4,159	4,453
6대 과일	2,401	2,697	3,810	3,777	3,858
사과	497	467	802	1,448	1,100
감귤	634	811	931	637	990
복숭아	185	200	410	456	601
포도	514	496	793	586	693
배	387	339	550	426	276
단감	184	384	324	224	198
기타	128	146	290	382	595

<표 2> 연도별 6대 과일 재배면적과 생산량

(단위: 천 ha, 천 톤)

6대 과일	구분 \ 연도	2019	2020	2021	2022	2023
사과	재배면적	29.1	26.9	31.0	31.6	31.6
	생산량	489	368	460	583	422
감귤	재배면적	26.8	21.5	21.1	21.3	21.1
	생산량	563	638	615	640	668
복숭아	재배면적	13.9	15.0	13.9	16.7	20.5
	생산량	170	224	135	154	173
포도	재배면적	29.2	22.1	17.6	15.4	13.2
	생산량	476	381	257	224	136
배	재배면적	26.2	21.7	16.2	12.7	9.1
	생산량	324	443	308	261	133
단감	재배면적	23.8	17.2	15.2	11.8	8.4
	생산량	227	236	154	158	88
합계	재배면적	149.0	124.4	115.0	109.5	103.9
	생산량	2,249	2,290	1,929	2,020	1,620

문 28. 위 <표>에 대한 <보기>의 설명 중 옳은 것만을 모두 고르면?

<보 기>

ㄱ. 2022년 재배면적당 생산액은 복숭아가 감귤보다 많다.

ㄴ. 6대 과일 중 2021년 생산량의 전년 대비 증감률이 가장 큰 과일은 복숭아이다.

ㄷ. 6대 과일 생산액의 합에서 배의 생산액이 차지하는 비중이 10 % 이상인 연도는 4개이다.

① ㄱ
② ㄴ
③ ㄷ
④ ㄱ, ㄴ
⑤ ㄴ, ㄷ

문 29. 위 <표>를 이용하여 작성한 <보기>의 자료 중 옳은 것만을 모두 고르면?

<보 기>

ㄱ. 연도별 사과 재배면적당 생산량

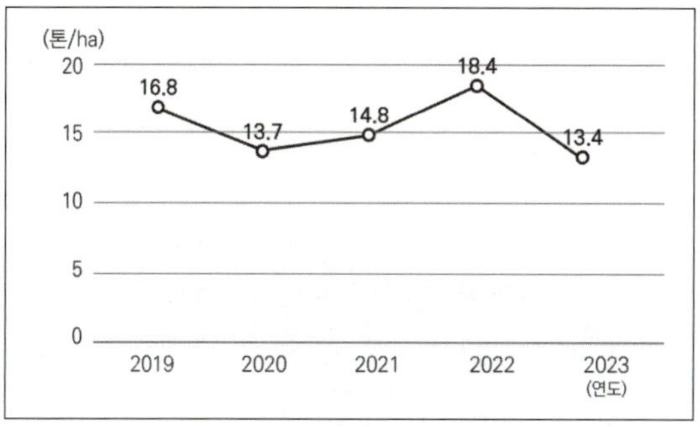

ㄴ. 연도별 감귤, 복숭아, 배 생산량

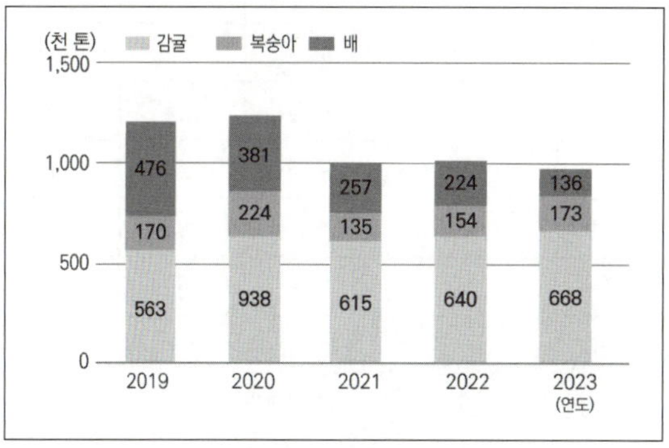

ㄷ. 2022년 전체 과일 생산액 중 과일별 생산액 비중

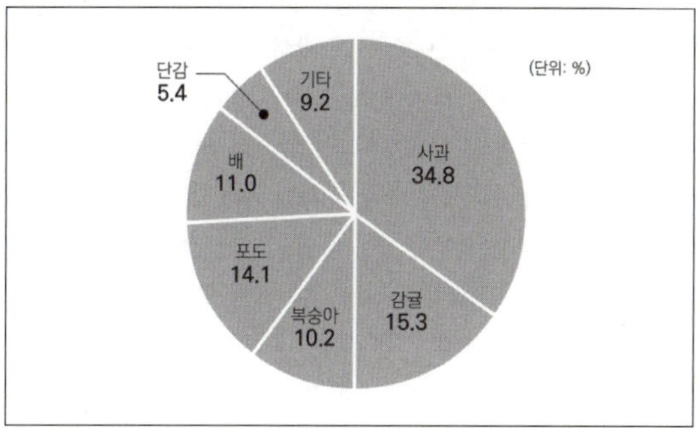

ㄹ. 연도별 포도와 단감의 재배면적

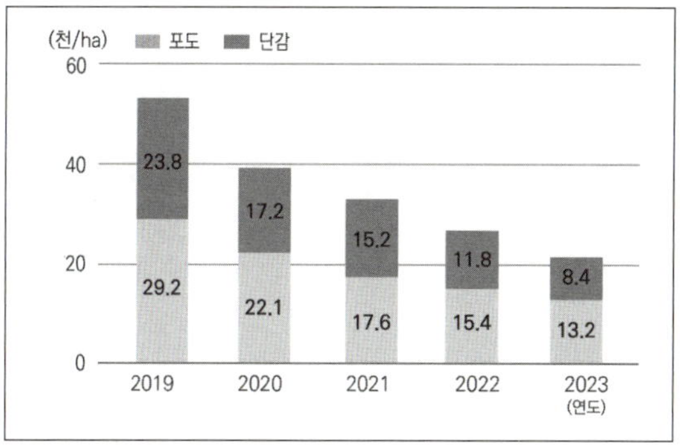

① ㄱ, ㄴ
② ㄱ, ㄹ
③ ㄴ, ㄷ
④ ㄴ, ㄹ
⑤ ㄷ, ㄹ

문 30. 다음 <표>는 2022년 '갑'국에서 방영된 드라마 시청점유율 순위에 관한 자료이다. 이에 대한 <보기>의 설명 중 옳은 것만을 모두 고르면?

<표> 드라마 시청점유율 순위

(단위: %, 분)

순위	드라마	장르	시청 점유율	1인당 시청시간	제작사
1	장수왕	사극	39.15	151	정림
2	하늘정원의 비밀	추리	11.10	54	신사제작
3	화성의 빛	SF	9.90	52	신사제작
4	기습	사극	4.20	78	폭풍
5	아이스	로맨스	3.60	89	퍼시픽
6	아프로디테	로맨스	2.90	45	신사제작
7	구름의 언덕	로맨스	2.50	34	퍼시픽
8	나만의 오렌지	로맨스	2.40	30	퍼시픽
9	함께 달리자	로맨스	2.30	26	폭풍
10	메피스토	액션	1.90	37	폭풍
⋮	⋮	⋮	⋮	⋮	⋮

※ 1) 시청점유율(%) = $\frac{\text{전체 시청자의 해당 드라마 시청시간 총합}}{\text{전체 시청자의 드라마 시청시간 총합}} \times 100$

2) 1인당 시청시간(분) = $\frac{\text{전체 시청자의 해당 드라마 시청시간 총합}}{\text{해당 드라마 시청자 수}}$

<보 기>

ㄱ. 장르가 '액션'인 드라마 시청점유율의 평균은 2 % 이하이다.
ㄴ. 제작사가 '퍼시픽'인 드라마의 시청점유율 총합은 제작사가 '폭풍'인 드라마의 시청점유율 총합보다 높다.
ㄷ. 드라마 수는 21개 이상이다.
ㄹ. 5위 드라마의 시청자 수는 8위 드라마의 시청자 수보다 적다.

① ㄱ, ㄴ
② ㄱ, ㄷ
③ ㄴ, ㄷ
④ ㄴ, ㄹ
⑤ ㄱ, ㄷ, ㄹ

문 31. 다음 <표>는 2016 ~ 2021년 '갑'국의 연금 가입 및 연금 계좌 보유 현황에 관한 자료이다. 이에 대한 <보기>의 설명 중 옳은 것만을 모두 고르면?

<표> '갑'국의 연금 가입 및 연금 계좌 보유 현황

(단위: 천 명, 천 개, %)

연도	인구	연금 가입자 수	연금 계좌 수	가입률	중복 가입률
2016	31,523	21,754	30,265	69.0	27.0
2017	31,354	( )	( )	69.8	28.0
2018	31,183	22,296	31,432	71.5	( )
2019	30,915	( )	31,538	( )	30.0
2020	30,590	23,793	33,459	77.8	( )
2021	30,128	23,727	33,458	78.8	( )

※ 1) '갑'국 연금 가입자는 연금 계좌를 1개 또는 2개 보유함.
2) 연금 계좌 수: 해당연도 '갑'국 전체 연금 가입자가 보유한 연금 계좌 수의 합
3) 가입률(%) = $\frac{\text{연금 가입자 수}}{\text{인구}} \times 100$
4) 중복 가입률(%) = $\frac{\text{연금 계좌를 2개 보유한 연금 가입자 수}}{\text{인구}} \times 100$

<보 기>

ㄱ. 2017년 연금 계좌 수는 전년보다 증가하였다.
ㄴ. 2018년과 2019년의 중복 가입률 차이는 1 %p 이상이다.
ㄷ. 2020년 연금 가입자 수는 전년 대비 5 % 이상 증가하였다.
ㄹ. 2021년 중복 가입률은 전년보다 증가하였다.

① ㄱ, ㄴ
② ㄱ, ㄷ
③ ㄴ, ㄹ
④ ㄱ, ㄷ, ㄹ
⑤ ㄴ, ㄷ, ㄹ

문 32. 다음 <표>는 2022년 3 ~ 6월 '갑'국 연안에서의 3개 어종 어업 현황에 관한 자료이다. 이에 대한 설명으로 옳은 것은?

<표 1> 어종별 어획량

(단위: kg)

어종 \ 월	우럭	광어	고등어
3	10,203	5,410	21,910
4	15,029	5,700	23,480
5	14,330	7,198	22,333
6	17,800	6,750	24,051

<표 2> 우럭과 광어의 도·소매단가

(단위: 원/kg)

어종 \ 월	우럭		광어	
	도매	소매	도매	소매
3	17,700	28,500	13,500	32,500
4	16,000	26,000	12,000	28,500
5	14,500	25,250	11,250	26,250
6	12,250	22,100	10,500	24,000

<표 3> 조업선박 수

(단위: 척)

월	3	4	5	6
조업선박 수	45	50	60	70

① 우럭 소매단가의 전월 대비 감소율이 가장 큰 달과 광어 소매단가의 전월 대비 감소율이 가장 큰 달은 같다.
② 3개 어종 어획량의 합은 매월 증가하였다.
③ 조업선박 1척당 3개 어종 어획량의 합은 3월과 비교해 6월에 20 % 이상 감소하였다.
④ 우럭의 도매단가 대비 소매단가 비율은 매월 증가하였다.
⑤ 고등어 어획량은 우럭과 광어의 어획량 합보다 매월 많다.

문 33. 다음 <표>와 <그림>은 2020 ~ 2023년 '갑'국 교통사고 현황에 관한 자료이다. 이에 대한 <보고서>의 설명 중 옳은 것만을 모두 고르면?

<표> 교통사고 발생건수와 인명피해

(단위: 천 건, 백 명)

구분 \ 연도			2020	2021	2022	2023
발생건수			232.0	220.8	217.1	215.9
인명피해	사망자수		46.2	42.9	39.9	37.8
	부상자수		3,504.0	3,317.2	3,228.3	3,230.3
		중상자수	925.2	824.7	782.1	742.5
		경상자수	2,578.8	2,492.5	2,446.2	2,487.8

<그림> 도로종류별 교통사고 발생건수 비율

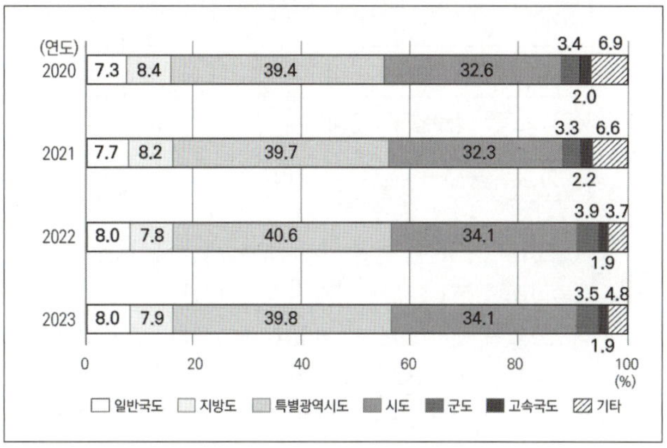

<보고서>

2020 ~ 2023년 '갑'국의 교통사고 발생건수는 매년 감소하였다. ㉠ 2020 ~ 2023년 교통사고 발생건수당 사망자수 역시 매년 감소하여 2023년 교통사고 발생건수 100건당 사망자수는 1.8명 이하였다. 또한, ㉡ 2020 ~ 2023년 부상자수 중 중상자수의 비율도 매년 감소하여 2023년에는 부상자수 중 중상자수의 비율이 25 % 이하였다. 2020 ~ 2023년 도로종류별 교통사고 발생건수를 살펴보면, 특별광역시도의 교통사고 발생건수가 매년 가장 많았다. 하지만 ㉢ 2020 ~ 2023년 특별광역시도의 교통사고 발생건수는 매년 감소하였다. 한편, 2022년과 2023년 일반국도의 교통사고 발생건수는 특별광역시도와 시도 다음으로 많았다. 하지만 ㉣ 일반국도의 교통사고 발생건수는 2022년과 2023년 각각 16,000건을 넘지 않았다.

① ㄱ, ㄴ
② ㄴ, ㄷ
③ ㄷ, ㄹ
④ ㄱ, ㄴ, ㄹ
⑤ ㄱ, ㄷ, ㄹ

문 34. 다음 <표>는 2015 ~ 2022년 '갑'국의 논벼 소득에 관한 자료이다. 이에 대한 설명으로 옳은 것은?

<표> 2015 ~ 2022년 '갑'국의 논벼 소득 현황

(단위: 백만 원, %)

연도	총수입	전년 대비 증가율	경영비	전년 대비 증가율	소득	소득률
2015	993,903	−6.1	( )	−2.2	560,966	56.4
2016	856,165	( )	( )	−1.5	429,546	50.2
2017	974,553	13.8	433,103	1.5	541,450	55.6
2018	1,178,214	20.9	( )	10.2	( )	59.5
2019	1,152,580	−2.2	( )	1.7	667,350	57.9
2020	1,216,248	5.5	484,522	( )	( )	60.2
2021	1,294,242	6.4	508,375	4.9	785,867	60.7
2022	1,171,736	( )	566,121	11.4	605,615	51.7

※ 1) 소득 = 총수입 − 경영비

2) 소득률(%) = $\frac{소득}{총수입} \times 100$

① 2018년 소득은 전년 대비 25 % 이상 증가하였다.
② 2016년부터 2021년까지 소득은 매년 증가하였다.
③ 2017년 대비 2021년 경영비 증가율은 20 % 이상이다.
④ 2020년 총수입과 경영비의 전년 대비 증감 방향은 동일하다.
⑤ 총수입의 전년 대비 증가율이 가장 낮은 해와 소득의 전년 대비 감소폭이 가장 큰 해는 같다.

문 35. 다음 <표>는 2021년 국군의 장서 보유량별 병영도서관 수에 관한 자료이다. 이에 대한 설명으로 옳지 않은 것은?

<표> 2021년 장서 보유량별 병영도서관 수

(단위: 개소)

보유량 / 구분	500권 이하	501 ~ 1,000권	1,001 ~ 2,000권	2,001 ~ 3,000권	3,001 ~ 5,000권	5,001권 이상	합
육군	60	158	( )	354	257	104	1,328
해군	67	49	52	39	34	21	262
공군	0	2	22	18	33	36	111
국직	1	5	17	19	13	9	64
전체	128	214	486	( )	337	170	1,765

① 1,001 ~ 2,000권의 장서를 보유한 병영도서관 수는 2,001 ~ 3,000권의 장서를 보유한 병영도서관 수보다 많다.
② 육군 이외 모든 국군 병영도서관 수의 합은 2,001권 이상의 장서를 보유한 육군 병영도서관 수의 70 % 이하이다.
③ 해군 병영도서관 중 장서 보유량 상위 50개소의 장서 보유량 합이 20만 권이라면, 해군 병영도서관당 장서 보유량은 2,000권 이상이다.
④ 공군 병영도서관의 장서 보유량 합은 30만 권 이상이다.
⑤ 국직 병영도서관의 장서 보유량 합이 21만 권이라면, 5,300권 이상의 장서를 보유한 국직 병영도서관은 1개소 이상이다.

문 36. 다음 <표>는 2020 ~ 2023년 '갑'국 직업학교 A ~ E의 모집정원 및 지원자 수에 관한 자료이다. 이에 대한 설명으로 옳은 것은?

<표 1> '갑'국 직업학교 A ~ E의 모집정원

(단위: 명)

성별 / 직업학교	전체	남성	여성
A	330	290	40
B	170	144	26
C	235	199	36
D	90	9	81
E	550	490	60

※ 2020 ~ 2023년 동안 '갑'국 직업학교 A ~ E의 성별 모집정원은 변동 없음.

<표 2> 2020 ~ 2023년 '갑'국 직업학교 A ~ E의 지원자 수

(단위: 명)

연도	2020			2021			2022			2023		
직업학교 / 성별	전체	남성	여성	전체	남성	여성	전체	남성	여성	전체	남성	여성
A	11,273	8,149	3,124	14,656	10,208	4,448	8,648	6,032	2,616	8,073	5,713	2,360
B	6,797	4,824	1,973	3,401	2,434	967	3,856	2,650	1,206	3,686	2,506	1,180
C	9,957	6,627	3,330	12,406	8,079	4,327	5,718	4,040	1,678	5,215	3,483	1,732
D	4,293	559	3,734	3,994	600	3,394	2,491	336	2,155	2,389	275	2,114
E	2,965	2,107	858	3,393	2,205	1,188	2,657	1,715	942	2,528	1,568	960

① 직업학교 A ~ E의 전체 지원자 수의 합이 가장 많은 연도는 2020년이다.
② 2020년 전체 지원자 수 대비 2023년 전체 지원자 수 비율이 가장 낮은 직업학교는 D이다.
③ 직업학교 E에서 성별 모집정원 대비 지원자 수 비율이 가장 낮은 연도는 남성과 여성이 동일하다.
④ 직업학교 A는 남성 지원자 수의 전년 대비 증감률이 가장 큰 연도에 여성 지원자 수의 전년 대비 증감률도 가장 크다.
⑤ 직업학교 B에서 여성 모집정원 대비 여성 지원자 수 비율이 가장 낮은 연도와 직업학교 C에서 여성 모집정원 대비 여성 지원자 수 비율이 가장 높은 연도는 동일하다.

문 37. 다음 <그림>은 '갑'지역 전세 사기 피해자 765명의 피해자 연령대별, 피해금액대별 현황에 관한 자료이다. 이에 대한 <보기>의 설명 중 옳은 것만을 모두 고르면?

<그림> '갑'지역 전세 사기 피해자 현황

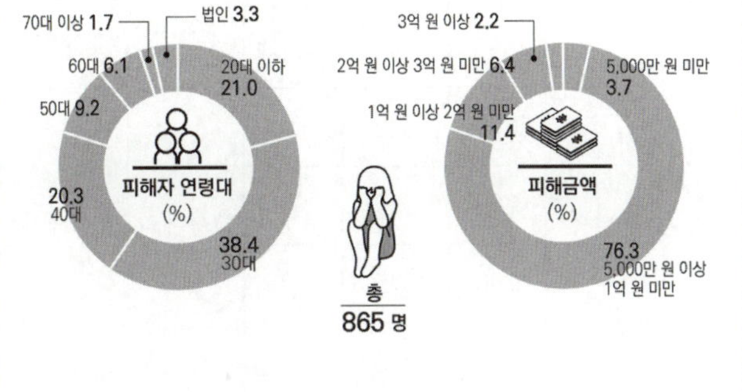

※ 각 피해 법인 1개는 피해자 1명으로 산정하고, 법인의 연령은 고려하지 않음.

<보 기>

ㄱ. 피해금액이 5,000만 원 이상 1억 원 미만인 피해자 중 30대 이하인 피해자가 차지하는 비중은 40 % 미만이다.

ㄴ. 피해금액 총액은 500억 원 이상이다.

ㄷ. 피해금액이 3억 원 이상인 피해자가 모두 법인이고 40대 이하인 피해자의 피해금액이 모두 1억 원 미만이라면, 피해금액이 1억 원 미만인 법인은 없다.

① ㄱ
② ㄴ
③ ㄷ
④ ㄱ, ㄴ
⑤ ㄴ, ㄷ

문 38. 다음 <표>는 2022년 '갑'대학 학생 A ~ J의 학기별 봉사 점수에 관한 자료이다. 이에 대한 설명으로 옳은 것은?

<표 1> 학생 A ~ J의 학기별 점수

(단위: 점)

학생 \ 학기	1학기	2학기
A	4.3	4.2
B	3.7	3.6
C	4.0	3.8
D	2.8	2.7
E	3.4	(　　)
F	0.4	0.2
G	3.9	3.6
H	2.8	1.8
I	(　　)	2.2
J	1.2	1.1

<표 2> 학기별 · 등급별 평균점수(학생 A ~ J)

(단위: 점)

등급 \ 학기	1학기	2학기
상	3.98	3.80
중	3.10	2.45
하	(　　)	1.25

※ 1) 학기별로 점수가 3.5점 이상이면 '상'등급, 2.0점 이상 3.5점 미만이면 '중'등급, 2.0점 미만이면 '하'등급으로 학생을 구분함.

2) 평균점수(점) = $\frac{\text{해당학기 해당등급 학생 점수의 합}}{\text{해당학기 해당등급 학생 수}}$

3) 평균점수는 소수 셋째 자리에서 반올림한 값임.

① '상'등급에 해당하는 학생 수는 1학기가 2학기보다 많다.
② 1학기와 2학기의 점수 차이가 가장 큰 학생은 H이다.
③ 학생 E의 2학기 등급은 '중'이다.
④ '하'등급의 평균점수는 1학기가 2학기보다 높다.
⑤ 학생 A ~ J는 모두 1학기 점수가 2학기 점수보다 높다.

문 39. 다음 <정보>와 <표>는 '갑'초등학교 6학년 1 ~ 6반 학생이 받은 상에 관한 자료이다. 이를 근거로 개근상을 받은 학생 수와 우등상을 받은 학생 수를 바르게 연결한 것은?

<정 보>

○ 상의 종류는 개근상, 우등상, 봉사상만 있다.
○ 학생 1명은 동일한 종류의 상을 중복해서 받을 수 없다.
○ 개근상, 우등상, 봉사상 3개를 모두 받은 학생은 1반, 2반, 5반에서 각각 2명이고, 3반, 4반, 6반에서 각각 1명이다.
○ 우등상을 받은 학생 수가 봉사상을 받은 학생 수보다 많다.

<표 1> 1 ~ 6반 수상 현황

(단위: 명, 개)

반	1	2	3	4	5	6
상 받은 학생 수	5	4	4	5	3	1
받은 상 개수	9	8	9	8	8	3

<표 2> 상별 상위 2개 반과 상을 받은 학생 수

(단위: 명)

상	개근상		우등상		봉사상	
순위 \ 구분	반	학생 수	반	학생 수	반	학생 수
1	2	4	1	5	4	5
2	5	3	3	4	3	4

※ 1) 상을 받은 학생 수 기준으로 순위를 정함.
2) 공동 2위는 없음.

	개근상을 받은 학생 수	우등상을 받은 학생 수
①	12	15
②	12	16
③	12	17
④	13	16
⑤	13	17

문 40. 다음 <표>는 '갑'국의 유종별 소비자 판매가격 산정에 관한 자료이다. 이에 대한 <보기>의 설명 중 옳은 것만을 모두 고르면?

<표> 유종별 원가, 유류세 및 판매부과금

(단위: 원/L)

<table>
<tr><th rowspan="2">유종</th><th rowspan="2">원가</th><th colspan="4">유류세</th><th rowspan="2">판매부과금</th></tr>
<tr><th>교통세</th><th>개별소비세</th><th>교육세</th><th>주행세</th></tr>
<tr><td>보통 휘발유</td><td>670</td><td>529</td><td>0</td><td rowspan="4">교통세의 15 %</td><td rowspan="4">교통세의 26 %</td><td>0</td></tr>
<tr><td>고급 휘발유</td><td>760</td><td>529</td><td>0</td><td>36</td></tr>
<tr><td>선박용 경유</td><td>700</td><td>375</td><td>0</td><td>0</td></tr>
<tr><td>자동차용 경유</td><td>760</td><td>375</td><td>0</td><td>0</td></tr>
<tr><td>등유</td><td>820</td><td>0</td><td>63</td><td>개별소비세의 15 %</td><td>0</td><td>0</td></tr>
</table>

※ 1) 유종은 '보통 휘발유', '고급 휘발유', '선박용 경유', '자동차용 경유', '등유'로만 구분됨.
2) 소비자 판매가격 = 원가 + 유류세 + 판매부과금 + 부가가치세
3) 유류세 = 교통세 + 개별소비세 + 교육세 + 주행세
4) 부가가치세 = (원가 + 유류세 + 판매부과금) × 0.1

<보 기>

ㄱ. 유류세는 '보통 휘발유'가 '자동차용 경유'의 1.3배 이상이다.
ㄴ. 소비자 판매가격 대비 유류세의 비율이 세 번째로 높은 유종은 '자동차용 경유'이다.
ㄷ. 원가와 판매부과금의 변동없이 유류세가 10 % 인하된다면, '보통 휘발유'의 소비자 판매가격은 80원/L 이상 인하된다.
ㄹ. 원가와 판매부과금의 변동없이 유류세가 15 % 인하될 때보다 유류세와 판매부과금의 변동없이 원가가 10 % 인하될 때, '선박용 경유'의 소비자 판매가격 인하 폭이 더 크다.

① ㄱ, ㄴ
② ㄱ, ㄷ
③ ㄱ, ㄹ
④ ㄴ, ㄷ
⑤ ㄴ, ㄹ

문 1. 다음 글을 근거로 판단할 때 옳은 것은?

> 제00조(공공데이터의 제공 및 이용 활성화에 관한 기본계획) ① 정부는 공공데이터의 제공 및 이용 활성화에 관한 기본계획(이하 '기본계획'이라 한다)을 수립하여야 한다.
> ② 기본계획은 행정안전부장관이 과학기술정보통신부장관과 협의하여 매 3년마다 국가 및 각 지방자치단체의 부문계획을 종합하여 수립하며, 공공데이터전략위원회(이하 '전략위원회'라 한다)의 심의·의결을 거쳐 확정한다. 기본계획 중 중요한 사항을 변경하는 경우에도 또한 같다.
> ③ 행정안전부장관은 전략위원회의 심의를 거쳐 국가와 지방자치단체의 부문계획의 작성지침을 정하고 이를 관계 기관에 통보할 수 있으며, 기본계획의 작성을 위하여 필요한 경우 공공기관의 장에게 관련 자료의 제출을 요청할 수 있다.
> 제00조(공공데이터의 제공 및 이용 활성화에 관한 시행계획) ① 국가와 지방자치단체의 장은 기본계획에 따라 매년 공공데이터의 제공 및 이용 활성화에 관한 시행계획(이하 '시행계획'이라 한다)을 수립하여야 한다.
> ② 중앙행정기관의 장과 지방자치단체의 장은 시행계획을 전략위원회에 제출하고, 전략위원회의 심의·의결을 거쳐 시행하여야 한다. 시행계획 중 중요한 사항을 변경하는 경우에도 또한 같다.
> 제00조(공공데이터의 제공 운영실태 평가) ① 행정안전부장관은 매년 공공기관(국회·법원·헌법재판소 및 중앙선거관리위원회는 제외한다. 이하 이 조에서 같다)을 대상으로 공공데이터의 제공기반조성, 제공현황 등 제공 운영실태를 평가하여야 한다.
> ② 행정안전부장관은 제1항에 따른 평가결과를 전략위원회와 국무회의에 보고한 후 이를 공공기관의 장에게 통보하고 공표하여야 하며, 전략위원회가 개선이 필요하다고 권고한 사항에 대하여는 해당 공공기관에 시정요구 등의 조치를 취하여야 한다.
> ③ 행정안전부장관은 제1항에 따른 평가결과가 우수한 공공기관이나 공공데이터 제공에 이바지한 공로가 인정되는 공무원 또는 공공기관 임직원을 선정하여 포상할 수 있다.

① 행정안전부장관은 기본계획의 작성을 위해 필요한 경우, 관련 자료의 제출을 공공기관의 장에게 요청할 수 있다.
② 지방자치단체의 장은 시행계획 중 중요한 사항을 변경하는 경우, 공공데이터전략위원회의 심의를 생략하고 이를 시행할 수 있다.
③ 행정안전부장관은 헌법재판소를 대상으로 공공데이터의 제공 운영실태를 평가하여야 한다.
④ 공공데이터전략위원회는 공공데이터의 제공 운영실태 평가결과를 행정안전부장관에게 보고하여야 한다.
⑤ 공공데이터의 제공 운영실태 평가에 따른 포상 대상은 공무원에 한한다.

문 2. 다음 글을 근거로 판단할 때 옳은 것은?

> 제○○조(문화관광형시장의 지정·육성) ① 시장·군수·구청장(이하 '시장 등'이라 한다)은 직접 또는 상인조직을 대표하는 자가 신청하는 경우 시·도지사의 승인을 받아 문화관광형시장을 지정할 수 있다. 이 경우 시·도지사는 중소벤처기업부장관 및 문화체육관광부장관과 협의를 거쳐 승인 여부를 결정하여야 한다.
> ② 시장 등은 문화관광형시장을 지정한 경우에는 그 지정 내용과 육성계획을 중소벤처기업부장관과 시·도지사에게 제출하여야 한다.
> ③ 정부와 지방자치단체는 지정된 문화관광형시장을 육성하기 위하여 다음 각 호의 사항을 지원할 수 있다.
> 1. 문화관광형시장으로 육성하기 위하여 필요한 공공시설과 편의시설의 설치 및 개량
> 2. 기념품 및 지역특산품의 개발과 판매시설 설치
> 3. 지역특성을 반영한 축제·행사·문화공연 개최
> 4. 시장·상점가와 지역 문화·관광자원을 연계한 상품 및 문화·관광 콘텐츠의 개발과 홍보
> 5. 문화관광형시장의 상인 및 상인조직에 대한 교육
>
> 제□□조(문화관광형시장 지정의 해제) ① 시·도지사는 지정된 문화관광형시장이 다음 각 호의 어느 하나에 해당하는 경우에는 그 지정을 해제할 수 있다.
> 1. 문화관광형시장을 지정한 날부터 3개월 이내에 제○○조 제2항에 따라 지정 내용과 육성계획이 제출되지 아니한 경우
> 2. 문화관광형시장을 지정한 날부터 2년 이내에 제○○조 제2항의 육성계획이 추진되지 아니한 경우
>
> ② 시·도지사는 문화관광형시장의 지정을 해제하려는 경우에는 시장 등 및 그 밖의 이해관계인에게 의견진술의 기회를 주어야 한다.
> ③ 시·도지사는 문화관광형시장의 지정을 해제한 때에는 그 내용을 중소벤처기업부장관, 문화체육관광부장관 및 시장 등에게 통보하여야 한다.

① 시·도지사는 개별 상인의 신청에 따라 문화관광형시장을 지정할 수 있다.
② 문화관광형시장의 지정을 해제한 때에는 시·도지사가 그 내용을 중소벤처기업부장관에게 통보할 필요가 없다.
③ 시·도지사는 문화관광형시장의 지정 해제를 함에 있어 이해관계인에게 의견진술의 기회를 줄 필요는 없다.
④ 지방자치단체는 지정된 문화관광형시장을 육성하기 위해 지역특산품의 개발과 판매시설 설치를 지원할 수 있지만, 기념품 개발과 판매시설 설치는 지원할 수 없다.
⑤ 시장·군수·구청장이 문화관광형시장을 지정한 날부터 3개월 이내에 그 지정 내용과 육성계획을 제출하지 않은 경우, 시·도지사는 그 지정을 해제할 수 있다.

문 3. 다음 글을 근거로 판단할 때 옳은 것은?

> 제00조(자연지진 · 지진해일 · 화산의 관측 결과 통보) 기상청장은 국내외에서 발생하는 주요 자연지진 · 지진해일 · 화산에 대한 관측 결과 및 특보 등의 정보를 보도기관 또는 인터넷 홈페이지를 이용하거나 다른 적절한 방법을 통하여 관계 기관과 국민에게 알릴 수 있다.
> 제00조(지진조기경보체제 구축 · 운영) ① 기상청장은 지진관측 즉시 관련 정보를 국민에게 알릴 수 있는 지진조기경보체제를 구축 · 운영하여야 한다.
> ② 기상청장은 다음 각 호의 경우 즉시 지진조기경보를 발령하여야 한다.
> 1. 규모 5.0 이상으로 예상되는 지진이 국내에서 발생한 경우
> 2. 규모 5.0 이상으로 예상되는 지진으로서 국내에 상당한 영향을 미칠 것으로 예상되는 지진이 국외에서 발생한 경우
>
> 제00조(지진 · 지진해일 · 화산의 관측 결과 통보의 제한) ① 기상청장 외의 자는 지진 · 지진해일 · 화산에 대한 관측 결과 및 특보를 발표할 수 없다. 다만, 다음 각 호의 경우에는 그러하지 아니하다.
> 1. 핵실험이나 대규모 폭발 등으로 인하여 발생한 인공지진에 대한 관측 결과를 발표하는 경우
> 2. 지진 · 지진해일 · 화산에 대한 관측 결과를 학문연구를 위하여 발표하는 경우
>
> ② 기상청장 외의 자가 제1항 단서에 따른 발표를 하려는 때에는 기상청장의 승인을 받아야 한다.

① 기상청장은 국내외에서 발생하는 모든 자연지진에 대한 관측 결과를 관계 기관과 국민에게 알려야 한다.
② 지진조기경보는 지진의 발생이 예상되는 즉시 발령되어야 한다.
③ 기상청장은 화산에 대한 관측 결과를 학문연구를 위해 발표할 수 없다.
④ 핵실험으로 인해 발생한 인공지진에 대한 관측 결과를 기상청장 외의 자가 발표하려는 경우, 기상청장의 승인은 필요 없다.
⑤ 국외에서 규모 6.0으로 예상되는 지진이 발생하였으나 그 지진이 국내에 영향을 미치지 않을 것으로 예상된다면, 기상청장은 즉시 지진조기경보를 발령하지 않아도 된다.

문 4. 다음 글을 근거로 판단할 때 옳은 것은?

> 제○○조(헌혈증서의 발급 및 수혈비용의 보상 등) ① 혈액원이 헌혈자로부터 헌혈을 받았을 때에는 헌혈증서를 그 헌혈자에게 발급하여야 한다.
> ② 제1항에 따른 헌혈자 또는 그 헌혈자의 헌혈증서를 양도받은 사람은 의료기관에 그 헌혈증서를 제출하면 무상으로 혈액제제를 수혈받을 수 있다.
> ③ 보건복지부장관은 의료기관이 제2항에 따라 헌혈증서 제출자에게 수혈을 하였을 때에는 제□□조 제2항에 따른 헌혈환급적립금에서 그 비용을 해당 의료기관에 보상하여야 한다.
> 제□□조(헌혈환급예치금 및 헌혈환급적립금) ① 혈액원이 헌혈자로부터 헌혈을 받았을 때에는 헌혈환급예치금을 보건복지부장관에게 내야 한다.
> ② 보건복지부장관은 제1항에 따른 헌혈환급예치금으로 헌혈환급적립금(이하 '적립금'이라 한다)을 조성 · 관리한다.
> ③ 적립금은 다음 각 호의 어느 하나에 해당하는 용도에만 사용하여야 한다.
> 1. 제○○조 제3항에 따른 수혈비용의 보상
> 2. 헌혈의 장려
> 3. 혈액관리와 관련된 연구
>
> 제△△조(특정수혈부작용 및 채혈부작용의 보상) ① 혈액원은 다음 각 호의 어느 하나에 해당하는 사람에 대하여 특정수혈부작용 및 채혈부작용에 대한 보상금(이하 '보상금'이라 한다)을 지급할 수 있다.
> 1. 혈액원이 공급한 혈액이 직접적인 원인이 되어 질병이 발생하거나 사망한 특정수혈부작용자
> 2. 헌혈이 직접적인 원인이 되어 질병이 발생하거나 사망한 채혈부작용자
>
> ② 제1항에도 불구하고 다음 각 호의 어느 하나에 해당하는 경우에는 보상금을 지급하지 아니할 수 있다.
> 1. 채혈부작용이 헌혈자 본인의 고의 또는 중대한 과실로 인하여 발생한 경우
> 2. 채혈부작용이라고 결정된 사람 또는 그 가족이 손해배상청구소송 등을 제기한 경우 또는 소송제기 의사를 표시한 경우

① 헌혈증서를 제출함으로써 무상으로 혈액제제를 수혈받을 수 있는 사람은 헌혈자에 한한다.
② 혈액원은 헌혈이 직접적인 원인이 되어 사망한 자에 대하여 헌혈환급적립금에서 보상금을 지급하여야 한다.
③ 보건복지부장관은 혈액원으로부터 적립받은 헌혈환급적립금으로 헌혈환급예치금을 조성 · 관리하여야 한다.
④ 혈액원이 공급한 혈액이 직접적인 원인이 되어 질병이 발생한 특정수혈부작용자가 손해배상청구소송을 제기한 경우, 혈액원의 보상금 지급대상에서 제외된다.
⑤ 의료기관이 헌혈증서를 제출한 헌혈자에게 무상으로 혈액제제를 수혈한 경우, 해당 의료기관은 보건복지부장관으로부터 그 비용을 보상받을 수 있다.

문 5. 다음 글을 근거로 판단할 때 옳은 것은?

제○○조(건축물에 대한 미술작품의 설치 등) ① 일정 규모 이상의 건축물을 건축하려는 자(이하 '건축주'라 한다)는 제4항에 따른 금액을 사용하여 회화·조각·공예 등 건축물 미술작품(이하 '미술작품'이라 한다)을 설치하여야 한다.
② 건축주는 건축물에 미술작품을 설치하려는 경우 해당 건축물이 소재하는 지역을 관할하는 시·도지사에게 해당 미술작품의 가격과 예술성 등에 대한 감정·평가를 받아야 한다.
③ 제1항에 따라 미술작품을 설치해야 하는 건축물은 다음 각 호의 어느 하나에 해당되는 건축물로서 연면적이 1만 제곱미터(증축하는 경우에는 증축되는 부분의 연면적이 1만 제곱미터) 이상인 것으로 한다.
1. 공동주택(기숙사 및 공공건설임대주택은 제외한다)
2. 문화 및 집회시설 중 공연장·집회장 및 관람장
3. 업무시설
④ 미술작품의 설치에 사용해야 하는 금액은 다음과 같다.
1. 제3항 제1호의 공동주택: 건축비용의 1천분의 1
2. 제3항 제1호 이외의 건축물: 건축비용의 1천분의 5
3. 제1호 및 제2호에도 불구하고 제3항 제1호부터 제3호까지의 건축물로서 건축주가 국가 또는 지방자치단체인 건축물: 건축비용의 1백분의 1

제□□조(건축물에 대한 미술작품의 설치 등) ① 건축주(국가 및 지방자치단체는 제외한다)는 제○○조 제4항에 따른 금액을 미술작품의 설치에 사용하는 대신에 문화예술진흥기금에 출연할 수 있다.
② 제1항에 따라 문화예술진흥기금에 출연하는 금액은 제○○조 제4항에 따른 금액의 1백분의 70에 해당하는 금액으로 한다.
③ 건축물의 설계변경으로 건축비용이 인상됨에 따라 제○○조 제4항에 따른 금액이 종전에 제○○조 제2항에 따른 감정·평가를 거친 금액보다 커진 경우에는 그 차액을 문화예술진흥기금에 출연하는 것으로 미술작품을 변경하여 설치하는 것을 갈음할 수 있다.

① A지방자치단체가 건축비용 30억 원으로 연면적 1만 5천 제곱미터의 공연장을 건립하려는 경우, 미술작품 설치에 1천 5백만 원을 사용하여야 한다.
② B지방자치단체가 건축비용 25억 원으로 연면적 1만 제곱미터 이상의 업무시설을 건립하려는 경우, 미술작품을 설치하는 대신에 1,750만 원을 문화예술진흥기금에 출연하여도 된다.
③ C회사가 건축비용 10억 원으로 기존 연면적 7천 제곱미터의 업무시설을 전체 연면적 1만 2천 제곱미터의 업무시설로 증축하려는 경우, 미술작품을 설치할 필요가 없다.
④ D대학교가 건축비용 20억 원으로 연면적 1만 제곱미터의 기숙사를 건립하려는 경우, 미술작품의 설치에 200만 원을 사용하여야 한다.
⑤ E회사가 건축비용 40억 원으로 연면적 1만 제곱미터의 집회장을 건립하면서 2천만 원의 미술작품을 설치하기로 한 후, 설계변경으로 건축비용이 45억 원으로 늘어났다면 2천만 원을 문화예술진흥기금에 출연하여야 한다.

문 6. 다음 글을 근거로 판단할 때, <보기>에서 옳은 것만을 모두 고르면?

○○문화예술위원회는 매년 문학적 역량이 뛰어난 작가의 집필활동을 지원하기 위해 문학창작기금 지원사업(이하 '지원사업'이라 한다)을 실시하고 있다. 지원대상은 집필이 완료된 작품의 작품집을 발간하려는 작가이며, 선정된 작가에게는 작품집의 발간을 위해 창작지원금(원고료 및 출판 비용 등) 1,000만 원이 지급된다. 2024년 지원사업의 신청 마감일은 2024년 6월 30일이고, 창작지원금은 2025년 1월 중 지급한다.

신청 대상은 국적에 관계없이 한국에서 활동 중인 시, 시조, 소설, 수필, 평론, 희곡 분야의 작가이다. 신청 마감일을 기준으로 신청 분야의 최초 창작활동 시작 후 3년 이상 경과한 작가에게 자격요건이 있으며, 창작활동 경력은 신청 분야와 활동 분야가 동일한 경우에 한해 인정된다. 신청 분야의 창작활동 시작 시점은 ① 신청 분야 신춘문예 당선일, ② 신청 분야 단행본 출간일, ③ 신청 분야 신인문학상 수상일, ④ 신청 분야 문예매체 작품 발표일, ⑤ 최초 공연일(희곡 분야에 한함)로 한다.

선정된 작가는 창작지원금을 지급받은 해의 12월 말일까지 작품집을 발간해야 한다. 지정된 날짜까지 작품집 발간 실적이 없는 경우, 창작지원금이 반환처리될 수 있다.

<보 기>

ㄱ. 지원사업은 한국에서 활동 중인 한국인 작가만을 대상으로 한다.
ㄴ. 2015년 4월 16일 소설 분야 신춘문예에 당선된 이후 한국에서 활동 중인 작가는 2024년 지원사업의 소설 분야 신청 자격이 있다.
ㄷ. 2020년 6월 28일 최초 공연된 작품으로 3개월 뒤 희곡 분야 신인문학상을 수상한 이후 한국에서 활동 중인 작가는 희곡 분야 2024년 지원사업 신청 자격이 없다.
ㄹ. 2024년 지원사업에 선정된 작가가 2025년 12월 말일까지 작품집을 발간하지 않는 경우, 창작지원금이 반환처리될 수 있다.

① ㄱ, ㄷ
② ㄱ, ㄹ
③ ㄴ, ㄷ
④ ㄴ, ㄹ
⑤ ㄱ, ㄴ, ㄷ

문 7. 다음 글을 근거로 판단할 때, <보기>에서 옳은 것만을 모두 고르면?

> 상대습도란 현재 대기 중의 수증기량을 현재 온도의 포화 수증기량으로 나눈 값이다. 이는 현재 온도에서 공기가 최대로 품을 수 있는 수증기량에 대한 현재 공기 중에 포함된 수증기량의 비율이다. 상대습도가 100 %일 때를 포화 상태라고 표현하며, 이때는 물과 수증기가 평형을 이루어 수증기의 양이 늘거나 줄지 않는다. 포화 수증기량은 기온이 올라갈수록 증가하고 기온이 내려갈수록 감소하는데, 포화 수증기량이 감소하여 현재 수증기량보다 적어지면 초과한 만큼의 수증기가 응결되어 물이 된다.

<보 기>

ㄱ. 포화 수증기량이 20 % 증가하면 상대습도는 20 % 낮아진다.
ㄴ. 상대습도가 80 %인 공기의 수증기량을 증가시켜 포화 상태로 만들 수 있다.
ㄷ. 밀폐된 공간의 공기 온도가 올라가면 상대습도는 높아진다.

① ㄱ
② ㄴ
③ ㄷ
④ ㄱ, ㄴ
⑤ ㄴ, ㄷ

문 8. 다음 글과 <상황>을 근거로 판단할 때, ㉠과 ㉡을 옳게 짝지은 것은?

> 자동차 연비를 표시하는 단위는 나라마다 다르다. A국은 자동차 연비를 1갤런의 연료로 달릴 수 있는 거리(마일)로 계산하며, 단위는 mpg를 사용한다. B국에서는 100 km를 달릴 때 소요되는 연료량(L)으로 계산하며, 단위는 L/100 km를 사용한다. C국은 연료 1 L로 주행할 수 있는 거리(km)로 계산하며 km/L를 단위로 사용한다.

※ 1갤런은 4 L, 1마일은 1.6 km로 간주한다.

<상 황>

X, Y, Z 세 대의 자동차가 있다. 각 자동차의 연비는 순서대로 15 mpg, 8 L/100 km, 18 km/L이다. 따라서 X는 120 km를 이동하는 데 연료 [㉠] L가 소요된다. 그리고 4갤런의 연료로 Z는 Y보다 [㉡] km 더 이동할 수 있다.

	㉠	㉡
①	5	72
②	5	88
③	20	72
④	20	88
⑤	32	88

문 9. 다음 글과 <상황>을 근거로 판단할 때, 甲과 乙이 각각 선택할 은행과 그 은행에서 적용받을 최종금리를 옳게 짝지은 것은?

A, B, C은행은 고객의 계좌를 개설할 때, 다음과 같이 최종금리를 결정하고 있다.

최종금리(%) = 기본금리 + 특별금리 + 우대금리

은행	기본금리	특별금리
A	4.2 %	0.5 %
B	4.0 %	0.5 %
C	3.8 %	0.5 %

※ 특별금리 조건: 연소득 2,400만 원 이하

은행	우대금리 조건	최대가산 우대금리
A	- 주택청약 보유 0.5 % - 공과금 자동이체 0.5 % - K카드 실적 월 30만 원 이상 0.5 %	1.0 %
B	- 최초 신규고객 1.0 % - 공과금 자동이체 0.5 %	1.5 %
C	- 급여이체 0.7 % - 최초 신규고객 0.6 % - K카드 실적 월 60만 원 이상 0.4 %	1.7 %

<상 황>

甲과 乙은 A, B, C은행 중 적용받을 최종금리가 가장 높은 은행을 각각 선택하여 계좌를 개설하려 한다. 이들은 아래와 같은 대화를 나누었다.

甲: 나는 여태 A은행만 이용해 왔고, 주택청약도 보유하고 있어. 공과금 자동이체 계좌는 다른 은행으로 바꿀 수 있지만, 급여이체 계좌는 바꿀 수 없어. 나는 한 달에 K카드를 40만 원 사용해. 나는 연소득 2,200만 원이야.

乙: 나는 B은행만 이용해 왔어. 급여이체와 공과금 자동이체를 어떤 은행에서 하더라도 괜찮아. 나는 한 달에 K카드를 70만 원 사용해. 나는 연소득 3,600만 원이야.

	甲	乙
①	A은행, 5.7 %	A은행, 5.2 %
②	A은행, 6.2 %	C은행, 5.5 %
③	B은행, 6.0 %	A은행, 5.7 %
④	B은행, 6.0 %	C은행, 5.5 %
⑤	C은행, 6.0 %	A은행, 5.7 %

문 10. 다음 글을 근거로 판단할 때, ㉠, ㉡, ㉢, ㉣의 합으로 가능한 수는?

○ ㉠, ㉡, ㉢, ㉣은 0부터 9까지의 정수이다.
○ ㉠과 ㉡은 같다.
○ ㉠, ㉡, ㉢, ㉣ 중 홀수는 ㉡개다.
○ ㉠, ㉡, ㉢, ㉣ 중 1은 ㉢개다.
○ ㉠, ㉡, ㉢, ㉣ 중 2는 ㉣개다.

① 1
② 3
③ 5
④ 7
⑤ 9

문 11. 다음 글을 근거로 판단할 때, 甲과 乙이 가지고 있는 닭의 마릿수는?

> 甲: 닭 가격이 올랐으니 지금이 닭을 팔 좋은 기회야. 우리 둘이 가진 닭 중 75마리를 팔면, 지금 가진 사료만으로도 닭을 팔기 전보다 20일 더 먹일 수 있어.
>
> 乙: 하지만 내 생각에는 닭 가격이 앞으로 더 오를 것 같아. 지금은 닭을 팔기보다는 사는 것이 낫다고 생각해. 만약 닭을 100마리 사면 지금 가진 사료가 15일 일찍 동이 나겠지만, 사료는 더 구매하면 되는 것이고….
>
> 甲: 그래? 그럼 닭을 팔아야 할지 사야 할지 다시 고민해보자.

① 100
② 200
③ 300
④ 400
⑤ 500

문 12. 다음 글을 근거로 판단할 때, 甲이 은행 금고에 맡길 A의 개수는?

> 甲은 보석을 은행 금고에 맡기려 한다. 은행 금고에는 정확히 1 kg만 맡길 수 있다. 甲은 모든 종류의 보석을 하나씩은 포함하여 최대 금액이 되도록 맡기려 한다. 다만, 보석을 쪼갤 수 없다.
>
> 甲이 가진 보석은 다음과 같다.

보석 종류	개당 가격(만 원)	개당 무게(g)	수량(개)
A	10	12	52
B	7	10	48
C	3	3	150
D	1	2	31

① 44
② 45
③ 46
④ 47
⑤ 48

문 13. 다음 글을 근거로 판단할 때 옳은 것은?

A마을에 사는 5명(甲 ~ 戊)은 서로 나이가 다르다. 이들은 자신보다 연상인 사람의 나이는 모르지만, 연하인 사람의 나이는 알고 있다.

A마을 사람들은 연상인 사람에 대해서는 아래 표에 따라 칭하는 말을 붙인다.

화자 \ 칭하는 대상	여자	남자
여자	우후	우히
남자	이후	이히

甲 ~ 丁은 아래와 같은 대화를 나누었다.

甲: 戊 우후가 몇 살이지?
乙: 글쎄, 모르겠네. 甲, 네가 나보다 1살 어린 건 기억나는데.
丙: 乙 이히가 모르는 것도 있네.
丁: 내 나이는 모르는 사람이 없지. 戊 이후도 내 나이를 알고 있어.

① 甲은 丙에게 '우히'를 붙인다.
② 丁은 丙에게 '이후'를 붙인다.
③ 丙과 戊의 나이 차는 2살 이하이다.
④ 甲 ~ 戊 중 여자가 남자보다 더 많다.
⑤ 甲 ~ 戊 중 두 번째로 나이가 많은 사람은 乙이다.

문 14. 다음 글과 <상황>을 근거로 판단할 때, ㉠에 들어갈 수 있는 최솟값과 최댓값을 옳게 짝지은 것은?

A시는 호우특보(호우주의보 또는 호우경보) 발효 중에 현장 모니터링을 위해 당직자를 다음과 같이 지정한다.

○ 호우주의보 발효 중에는 하루에 1명씩 당직을 선다.
○ 호우경보 발효 중에는 하루에 2명씩 당직을 선다.
○ 당직 대상자는 총 3명(甲 ~ 丙)이다.
○ 출장이나 휴가를 간 날에는 당직을 설 수 없다.
○ 같은 사람이 이틀 연속 당직을 설 수 없다.

<상 황>

A시에 8월 중에는 7일부터 14일까지 8일간만 호우특보가 발효되었다. 8월 9일과 13일에는 호우경보가, 나머지 날에는 모두 호우주의보가 발효되었다. 乙은 8월 11일에 하루 출장을 갔고, 丙은 8월 13일에 하루 휴가를 갔다. 甲 ~ 丙은 8월에 호우특보 발효 기간에만 당직을 섰다. 丙은 8월 중 총 [㉠]일 당직을 섰다.

	최솟값	최댓값
①	2	3
②	2	4
③	3	4
④	3	5
⑤	4	5

문 15. 다음 글을 근거로 판단할 때, 甲이 일주일에 강아지를 산책시키는 최대 횟수는?

> 강아지 한 마리를 키우고 있는 甲은 다음 조건에 따라 매주 같은 횟수로 강아지를 산책시키고 있다.
>
> 강아지 산책은 아침, 점심, 저녁에 각 한 번, 하루 세 번까지 가능하다. 하루에 세 번 강아지를 산책시키면 이튿날은 아침과 점심에 강아지를 산책시킬 수 없다. 그리고 하루에 점심, 저녁 연달아 강아지를 산책시키면 이튿날 아침에는 산책을 쉬어야 한다. 강아지를 하루에 한 번도 산책시키지 않으면 이튿날 아침에도 산책을 시키지 않는다. 甲은 매주 수요일에는 하루 종일 출장을 가서 강아지를 산책시킬 수 없다. 또한 매주 금요일 저녁에는 강아지를 산책시킬 수 없다.

① 12
② 13
③ 14
④ 15
⑤ 16

문 16. 다음 글과 <상황>을 근거로 판단할 때 옳은 것은?

> △△부는 A ~ D업체 중 여론조사를 수행할 1개의 업체를 선정하고자 한다. 각 업체가 제출한 제안서에 대해 5명의 평가위원이 상, 중, 하 3개의 등급으로 평가하여 각각 100점, 90점, 80점을 부여한다.
>
> 업체를 선정하는 방식은 다음과 같다.
>
> 평가점수 중 최고점과 최저점을 제외한 나머지 점수들의 합이 가장 큰 업체를 선정한다. 단, 최고점이 여러 개일 경우 1개의 점수만 제외하고, 최저점이 여러 개일 경우도 마찬가지이다. 최고 득점 업체가 복수인 경우, 최고 득점 업체를 대상으로 2차 발표 평가를 추가로 진행한다.

<상 황>

다음은 5명의 평가위원이 A ~ D업체에 부여한 평가점수에 대한 정보이다.

구분	A업체	B업체	C업체	D업체
최고점	100	90	90	100
최저점	80	80	?	80
평균점수	92	?	88	?

① A업체는 평가위원 3명으로부터 중의 등급을 받았다.
② C업체는 평가위원 2명으로부터 하의 등급을 받았다.
③ B업체가 선정될 가능성은 없다.
④ C업체가 선정될 가능성이 있다.
⑤ 3개 업체가 2차 발표 평가 대상이 될 가능성이 있다.

문 17. 다음 글과 <신청 사업자 현황>을 근거로 판단할 때, 용역사업자로 선정될 사업자는?

□□부처는 정밀안전진단 용역사업자를 선정하고자 한다. 평가항목별 합산 점수가 가장 높은 사업자를 선정하되, 합산 점수가 가장 높은 사업자가 복수인 경우 실적 건수가 가장 많은 사업자를 선정한다. 단, 초급 기술을 가진 사업자는 선정에서 제외한다.

다음은 정밀안전진단 용역사업자 <평가항목 및 배점>이다.

<평가항목 및 배점>

(가) 기술 등급

기술 등급	특급	고급	중급
점수	4	3	2

(나) 경력 기간

경력 기간	10년 이상	10년 미만 9년 이상	9년 미만 8년 이상	8년 미만 7년 이상	7년 미만
점수	8	7	6	5	4

(다) 실적 건수

실적 건수	14건 이상	14건 미만 12건 이상	12건 미만 10건 이상	10건 미만 8건 이상	8건 미만
점수	5	4	3	2	1

(라) 실적 금액

실적 금액	7억 원 이상	7억 원 미만 6억 원 이상	6억 원 미만 5억 원 이상	5억 원 미만 4억 원 이상	4억 원 미만
점수	5	4	3	2	1

<신청 사업자 현황>

사업자	기술 등급	경력 기간	실적 건수	실적 금액
甲	중급	9.5년	13건	8억 원
乙	고급	9년	12건	6억 원
丙	특급	8.5년	9건	8.5억 원
丁	특급	8년	10건	7.5억 원
戊	초급	13년	14건	5.5억 원

① 甲
② 乙
③ 丙
④ 丁
⑤ 戊

문 18. 다음 글과 <상황>을 근거로 판단할 때, 청년후계농으로 선발될 수 있는 지원자는?

<2023년 청년후계농 선발 공고문>

□ 목적
○ 젊고 유능한 인재의 농업분야 유입을 촉진하고, 청년 근로자의 영농 정착과 농업 인력구조 개선을 도모
□ 지원자격
○ 만 19세 ~ 만 40세(병역이행기간은 연령 계산 시 미산입)
○ 독립경영 3년 이하인 자 및 독립경영 예정자
- 독립경영: ① 본인명의로 농지를 임차하거나 구입하고, ② 경영주로 등록한 후, ③ 본인이 직접영농에 종사하는 경우
- 위의 독립경영 요건 중 ①과 ②를 충족하였으나 ③을 충족하지 못한 경우를 독립경영 예정자로 봄
○ 2023. 1. 1. 현재 위의 기준을 충족한 자에 한함

<상 황>

지원자(甲 ~ 戊)에 관한 정보는 다음과 같다.

지원자	甲	乙	丙	丁	戊
생년월일	1980. 5. 4.	2000. 2. 27.	1994. 7. 5.	1989. 10. 20.	1992. 8. 8.
병역이행기간	6개월	×	30개월	24개월	×
농지	2021. 12. 31. 본인명의 구입	2022. 10. 31. 본인명의 임차	2018. 1. 31. 본인명의 구입	2020. 5. 10. 본인명의 임차	2022. 4. 10. 본인명의 구입
경영주 등록	2022. 1. 10.	2023. 1. 3.	2018. 2. 3.	2020. 12. 3.	×
직접영농 개시	2022. 1. 10.	×	2018. 2. 3.	2021. 1. 5.	×

① 甲
② 乙
③ 丙
④ 丁
⑤ 戊

[19 ~ 20] 다음 글을 읽고 물음에 답하시오.

□□연구소에서 발행한 보고서에 따르면 관광이 지역경제에 미치는 효과는 여러 가지 방식으로 측정할 수 있다.

우선, 효과가 직접적으로 발생하는지 여부에 따라 구분하는 방법이 있다. '직접효과'란 관광객이 어떤 지역에서 그 지역 관광사업자에게 직접적으로 지출한 경비(최초 관광지출)가 그 지역에 일차적으로 발생시키는 효과로 일차효과라고도 부른다. 다시 말하면, 그 지역에서 관광객의 최초 관광지출로 인해 지역 관광사업자에게 직접적으로 발생하는 소득이다.

다음으로 관광객의 최초 관광지출이 지역경제에 주입되면 이에 영향을 받는 이차집단이 생기게 되는데, 이들에게 발생하는 효과를 '간접효과'라고 한다. 예를 들어, 관광객에게 숙박비를 받은 호텔 업주는 이 수입 중 일부를 자신에게 쌀이나 부식재료를 공급해준 농업 종사자나 중간상, 통신 서비스를 제공한 전기통신사업자, 청소 서비스를 제공한 청소업체 등에게 지출한다. 이때 농업 종사자나 중간상, 전기통신사업자, 청소업체는 관광객으로부터 간접적인 영향을 받게 되는 셈이다. 이러한 영향을 합친 것이 간접효과이다.

직접효과와 간접효과만으로 포착되지 않는 효과도 존재한다. 관광수입 증대로 인해 해당 지역경제 내의 호텔 업주, 농업 종사자 등 지역경제 구성원의 가계부문 소득이 향상되면 지역경제에 대한 이들의 지출이 증가하게 되고, 이것이 다시 지역산업에 대한 투자 증대, 고용 창출 등으로 이어지는 경제적 효과가 발생한다. 이러한 효과를 '유발효과'라고 부른다. 간접효과와 유발효과를 합쳐 이차효과라고 부르기도 한다. 관광효과는 직접효과와 간접효과, 유발효과를 모두 합한 값이다.

한편 관광이 지역경제에 미치는 효과는 승수(乘數)를 이용하여 나타내기도 한다. 승수는 경제에 발생한 최초의 변화가 최종적으로 그 경제에 얼마나 큰 변화를 가져오는지를 배수(倍數)로 표현한 값이다. 예를 들어 최초 변화 10으로 인해 최종적으로 20의 변화가 발생했다면 승수는 2가 된다. 관광으로 인한 지역 내의 최초 변화가 지역경제에 가져오는 총 효과를 측정하는 승수에는 비율승수와 일반승수가 있다. 비율승수는 직접효과 · 간접효과 · 유발효과의 합을 직접효과로 나눈 값으로 계산된다. 그리고 일반승수는 직접효과 · 간접효과 · 유발효과의 합을 관광객의 최초 관광지출로 나눈 값이다.

문 19. 윗글을 근거로 판단할 때, <보기>에서 옳은 것만을 모두 고르면?

<보 기>

ㄱ. 관광효과에서 유발효과를 제외한 값은 직접효과이다.
ㄴ. 관광지 소재 식당이 관광객에게 직접 받은 식대는 유발효과에 해당된다.
ㄷ. 일반승수 계산 시 나누어지는 값은 일차효과와 이차효과의 합이다.

① ㄱ
② ㄷ
③ ㄱ, ㄴ
④ ㄴ, ㄷ
⑤ ㄱ, ㄴ, ㄷ

문 20. 윗글과 <상황>을 근거로 판단할 때, A시의 2023년 관광으로 인한 직접효과와 비율승수를 옳게 짝지은 것은?

<상 황>

A시가 2023년에 관광으로 얻은 직접효과는 관광객의 최초 관광지출의 50 %이다. 간접효과는 직접효과보다 10억 원 많으며, 유발효과는 직접효과의 2배이다. A시의 일반승수는 2.5이다.

	직접효과	비율승수
①	5억 원	4
②	10억 원	4
③	10억 원	5
④	20억 원	5
⑤	20억 원	6

문 21. 다음 글을 근거로 판단할 때 옳은 것은?

제○○조(정의) 이 법에서 사용하는 용어의 뜻은 다음과 같다.
1. "공연"이란 음악 · 무용 · 연극 등 예술적 관람물을 실연(實演)에 의하여 공중에게 관람하도록 하는 행위를 말한다.
2. "공연장"이란 공연을 주된 목적으로 설치하여 운영하는 시설을 말한다.
3. "연소자"란 18세 미만의 사람(고등학교에 재학 중인 사람을 포함한다)을 말한다.

제□□조(유해 공연물 관람금지) 누구든지 다음 각 호의 기준에 따른 연소자 유해 공연물을 연소자에게 관람시킬 수 없다.
1. 연소자에게 성적인 욕구를 자극하는 선정적인 것
2. 각종 폭력 행위 또는 약물의 남용을 자극하거나 미화하는 것

제△△조(공연장 설치 · 운영 등) ① 공연장을 설치하여 운영하려는 자(이하 '공연장 운영자'라 한다)는 공연장 소재지를 관할하는 시장, 군수, 구청장(이하 '시장 등'이라 한다)에게 등록하여야 한다.
② 제1항에 따라 공연장의 등록을 한 자가 영업을 폐지한 경우에는 폐지한 날부터 30일 이내에 관할 시장 등에게 폐업신고를 하여야 한다.
③ 관할 시장 등은 제2항에 따라 폐업신고를 하여야 하는 자가 폐업신고를 하지 아니하면 폐업한 사실을 확인한 후 그 등록사항을 직권으로 말소할 수 있다.
④ 공연장 운영자는 화재 등 재해나 그 밖의 위급한 상황의 발생 시 관람자가 안전하게 피난할 수 있도록 공연장에 피난안내도를 갖추어 두어야 한다.
⑤ 공연장 외의 장소에서 1천 명 이상의 관람자가 있을 것으로 예상되는 공연을 하려는 자가 갖추어 두어야 할 피난안내도에 관하여는 제4항을 준용한다.

제◇◇조(벌칙) ① 제□□조를 위반한 자는 3년 이하의 징역 또는 3천만 원 이하의 벌금에 처한다.
② 공연의 입장권을 판매하는 자의 동의 없이 다른 사람에게 입장권을 상습 또는 영업으로 자신이 구입한 가격을 넘는 금액으로 판매한 자(이하 '암표상'이라 한다)는 20만 원 이하의 벌금, 구류 또는 과료에 처한다.

① 甲이 A도 B군에서 공연장을 설치하여 운영하려는 경우, A도지사에게 등록하여야 한다.
② 공연장 등록을 한 乙이 영업을 폐지한 경우 관할 시장 등에게 폐업신고를 하지 않는다면, 관할 시장 등은 그 등록사항을 직권으로 말소할 수 없다.
③ 丙이 18세인 고등학생에게 약물의 남용을 자극하는 내용의 공연물을 관람시킨 경우, 丙은 3천만 원의 벌금에 처해질 수 있다.
④ 丁이 암표상으로부터 공연장 입장권을 구매한 경우, 丁은 10만 원의 벌금에 처해질 수 있다.
⑤ 戊가 공연장 외의 장소에서 500명의 관람자가 있을 것으로 예상되는 공연을 하는 경우, 피난안내도를 갖추어 두어야 한다.

문 22. 다음 글을 근거로 판단할 때 옳은 것은?

제○○조(참전유공자 등) ① 이 법에서 "참전유공자"란 다음 각 호의 어느 하나에 해당하는 사람을 말한다. 다만, 6 · 25전쟁이나 월남전쟁 참전 중 범죄행위로 인하여 금고 이상의 형을 선고받고 불명예스러운 제대를 하거나 파면된 사실이 있는 사람은 제외한다.
1. 6 · 25전쟁에 참전하고 전역 또는 퇴직한 군인 및 경찰공무원
2. 월남전쟁에 참전하고 전역한 군인
3. 6 · 25전쟁에 참전한 사실 또는 월남전쟁에 참전한 사실이 있다고 국방부장관이 인정한 사람
4. 경찰서장 등 경찰관서장의 지휘 · 통제를 받아 6 · 25전쟁에 참전한 사실이 있다고 경찰청장이 인정한 사람

② 참전유공자로서 제□□조에 따라 등록된 사람은 이 법에 따른 예우를 받는다.

제□□조(참전유공자 등록 등) ① 참전유공자로서 이 법을 적용받으려는 사람은 국가보훈부장관에게 등록을 신청하여야 한다.
② 국가보훈부장관은 제○○조 제1항에 따른 참전유공자임에도 불구하고 제1항에 따른 등록을 마치지 못하고 사망한 사람에 대해서는 참전유공자로 기록하고 예우 및 관리를 할 수 있다.

제△△조(참전명예수당) ① 국가보훈부장관은 65세 이상의 참전유공자에게는 참전의 명예를 기리기 위하여 참전명예수당을 지급한다.
② 참전명예수당은 제1항에 따른 참전명예수당 지급연령이 된 날이 속하는 달부터 지급한다. 다만, 참전명예수당 지급연령이 지난 후에 제□□조 제1항에 따른 등록신청을 한 경우에는 등록신청을 한 날이 속하는 달부터 지급한다.
③ 참전유공자가 국적을 상실한 경우에도 참전명예수당을 지급할 수 있다.
④ 참전명예수당은 수당지급 대상자가 지정하는 예금계좌에 입금하는 방법으로 지급한다. 다만, 불가피한 사유가 있는 경우에는 해당 수당지급 대상자의 신청에 따라 현금으로 지급할 수 있다.

① 65세 이상의 참전유공자가 이 법에 따른 등록을 마친 후 대한민국 국적을 상실한 경우에도 국가보훈부장관은 참전명예수당을 지급할 수 있다.
② 월남전쟁에 참전한 사실이 있다고 경찰청장이 인정한 사람은 참전유공자가 된다.
③ 참전명예수당은 불가피한 사유가 있는 경우, 해당 수당지급 대상자가 신청하지 않더라도 현금으로 지급한다.
④ 6 · 25전쟁에 참전한 군인이 전역 후에 범죄행위를 저질러 금고 이상의 형을 선고받은 경우, 참전유공자에서 제외된다.
⑤ 참전유공자가 참전명예수당 지급연령이 지난 후 참전유공자 등록신청을 한 경우, 참전명예수당은 그 지급연령이 된 날이 속하는 달부터 소급하여 지급한다.

문 23. 다음 글을 근거로 판단할 때 옳은 것은?

> 제○○조(등록대상 선박) 국제선박으로 등록할 수 있는 선박은 다음 각 호의 어느 하나에 해당하는 선박으로 한다.
> 1. 대한민국 국민이 소유한 선박
> 2. 대한민국 법률에 따라 설립된 상사(商事) 법인이 소유한 선박
>
> 제□□조(등록절차) ① 국제선박으로 등록하려는 등록대상 선박의 소유자는 해양수산부장관에게 등록을 신청하여야 한다. 이 경우 선박소유자는 국제선박으로 등록하기 전에 선적항을 관할하는 지방해양수산청장에게 신청하여 그 선박을 선박원부에 등록하고 선박국적증서를 발급받아야 한다.
> ② 해양수산부장관은 제1항에 따른 국제선박의 등록신청을 받은 경우에는 그 선박이 제○○조에 따른 국제선박의 등록대상이 되는 선박인지를 확인한 후, 등록대상인 경우 지체 없이 이를 국제선박등록부에 등록하고 신청인에게 국제선박등록증을 발급하여야 한다.
> ③ 제2항에 따라 등록된 국제선박의 선박소유자는 선박소유자, 구조변경 등 등록사항이 변경된 경우에는 그 사실이 발생한 날부터 1개월 이내에 해양수산부장관에게 변경등록을 신청하여야 한다.
> ④ 제2항에 따라 등록된 국제선박은 국내항과 외국항 간 또는 외국항 간에만 운항하여야 한다.

① 등록된 국제선박의 선박소유자 甲은 그 국제선박을 부산항과 인천항 간에 운항할 수 있다.
② 외국법에 따라 설립된 상사 법인 乙은 소유하고 있는 선박을 국제선박으로 등록할 수 있다.
③ 대한민국 국민 丙은 자신의 선박을 국제선박으로 등록한 후에 관할 지방해양수산청장에게 신청하여 선박국적증서를 발급받아야 한다.
④ 대한민국 국민 丁이 자신의 선박을 국제선박으로 등록신청한 경우, 해양수산부장관은 그 선박을 선박원부에 등록하고 丁에게 국제선박등록증을 발급할 수 있다.
⑤ 등록된 국제선박의 선박소유자 戊가 구조변경을 하여 등록사항이 변경된 경우, 戊는 그 사실이 발생한 날부터 1개월 이내에 해양수산부장관에게 변경등록을 신청해야 한다.

문 24. 다음 글과 <상황>을 근거로 판단할 때 옳은 것은?

> 제○○조(특허표시 및 특허출원표시) ① 특허권자는 다음 각 호의 구분에 따른 방법으로 특허표시를 할 수 있다.
> 1. 물건의 특허발명의 경우: 그 물건에 "특허"라는 문자와 그 특허번호를 표시
> 2. 물건을 생산하는 방법의 특허발명의 경우: 그 방법에 따라 생산된 물건에 "방법특허"라는 문자와 그 특허번호를 표시
>
> ② 특허출원인은 다음 각 호의 구분에 따른 방법으로 특허출원표시를 할 수 있다.
> 1. 물건의 특허출원의 경우: 그 물건에 "특허출원(심사중)"이라는 문자와 그 출원번호를 표시
> 2. 물건을 생산하는 방법의 특허출원의 경우: 그 방법에 따라 생산된 물건에 "방법특허출원(심사중)"이라는 문자와 그 출원번호를 표시
>
> ③ 제1항 또는 제2항에 따른 특허표시 또는 특허출원표시를 할 수 없는 물건의 경우에는 그 물건의 용기 또는 포장에 특허표시 또는 특허출원표시를 할 수 있다.
> 제□□조(허위표시의 금지) 누구든지 특허된 것이 아닌 물건, 특허출원 중이 아닌 물건, 특허된 것이 아닌 방법이나 특허출원 중이 아닌 방법에 의하여 생산한 물건 또는 그 물건의 용기나 포장에 특허표시 또는 특허출원표시를 하거나 이와 혼동하기 쉬운 표시를 하는 행위를 하여서는 아니 된다.
> 제△△조(허위표시의 죄) ① 제□□조를 위반한 자는 3년 이하의 징역 또는 3천만 원 이하의 벌금에 처한다.
> ② 법인의 대표자나 법인 또는 개인의 대리인, 사용인, 그 밖의 종업원이 그 법인 또는 개인의 업무에 관하여 제□□조에 해당하는 위반행위를 하면 그 행위자를 벌하는 외에 그 법인에는 6천만 원 이하의 벌금형을, 그 개인에게는 제1항의 벌금형을 과한다.

<상 황>

> ○ 물건의 특허발명에 해당하는 잠금장치를 발명한 甲은 그 발명에 대해 특허를 출원하여 특허권을 부여받은 후, 乙을 고용하여 해당 잠금장치를 생산하고 있다.
> ○ 황금색 도자기를 생산하는 방법을 발명한 丙은 그 발명에 대해 특허출원 중이며, 그 방법에 따라 황금색 도자기를 생산하고 있다. 丁은 丙의 황금색 도자기를 포장하는 데 사용되는 종이박스를 생산하고 있다.

① 甲이 잠금장치에 "방법특허"라는 문자와 특허번호를 표시한 경우, 허위표시에 해당하지 않는다.
② 丙이 황금색 도자기의 밑부분에 "특허출원(심사중)"이라는 문자와 출원번호를 표시한 경우, 허위표시에 해당하지 않는다.
③ 甲이 잠금장치에 특허표시를 하지 않은 경우, 허위표시의 죄로 처벌된다.
④ 甲의 지시에 따라 乙이 잠금장치에 허위의 특허표시를 한 경우, 乙은 허위표시의 죄로 처벌되지 않는다.
⑤ 丁이 丙의 황금색 도자기를 포장하는 종이박스에 허위의 특허출원표시를 한 경우, 丁은 허위표시의 죄로 처벌된다.

문 25. 다음 글을 근거로 판단할 때 옳은 것은?

제○○조(어장청소 등) ① 양식업면허를 받은 자는 그 양식업면허를 받은 날부터 3개월 이내에 해당 어장의 퇴적물이나 어장에 버려진 폐기물을 수거·처리(이하 '어장청소'라 한다)해야 하고, 어장청소를 끝낸 날부터 정해진 주기에 따라 어장청소를 해야 한다.

② 제1항의 어장청소 주기는 다음의 표와 같다. 단, 같은 면허 내에서 서로 다른 양식방법을 혼합하거나 두 종류 이상의 수산동식물을 양식하는 경우, 어장청소 주기는 그중 단기로 한다.

면허의 종류	양식방법	양식품종	주기
해조류 양식업	수하식 (지주망식)	김, 매생이 등	5년
	수하식 (연승식)	미역, 다시마, 톳, 모자반 등	4년
어류 등 양식업	가두리식	조피볼락, 돔류, 농어, 방어, 고등어, 민어 등	3년
	수하식 (연승식)	우렁쉥이, 미더덕, 오만둥이 등	4년

③ 제1항에도 불구하고, 양식업면허의 유효기간이 만료된 자가 해당 어장에서 기존 면허와 동일한 신규 면허를 받은 경우에는 면허의 유효기간 만료 전 마지막으로 어장청소를 끝낸 날부터 제2항의 주기에 따라 어장청소를 할 수 있다.

④ 시장·군수·구청장(이하 '시장 등'이라 한다)은 양식업면허를 받은 자가 제1항을 위반하여 어장청소를 하지 아니하는 경우 어장청소를 명하되, 60일 이내의 범위에서 이행기간을 부여해야 한다.

제□□조(이행강제금) ① 시장 등은 제○○조 제4항에 따른 명령을 받고 그 정한 기간 내에 명령을 이행하지 아니한 자에게 어장 규모 등을 고려하여 이행강제금을 부과한다.

② 시장 등은 제○○조 제4항에 따른 최초의 명령을 한 날을 기준으로 1년에 2회 이내의 범위에서 그 명령이 이행될 때까지 반복하여 제1항의 이행강제금을 부과할 수 있다.

③ 제1항에 따른 이행강제금은 면허면적 0.1 ha당 5만 원이며, 1회 부과하는 이행강제금은 250만 원을 초과할 수 없다.

① 유효기간이 10년인 해조류 양식업면허를 처음으로 받은 甲이 수하식(지주망식)으로 매생이를 양식하는 경우, 유효기간 동안 어장청소를 두 번은 해야 한다.

② 어류 등 양식업면허를 받은 乙이 가두리식으로 방어와 수하식(연승식)으로 우렁쉥이를 양식하는 경우, 어장청소 주기는 4년이다.

③ 유효기간이 만료된 후 해당 어장에서 기존 면허와 동일한 신규 면허를 받은 丙은 신규 면허를 받은 날부터 3개월 이내에 어장청소를 해야 한다.

④ 6 ha 면적의 어류 등 양식업면허를 받은 丁이 지속적으로 어장청소를 하지 않을 경우, 1회 300만 원의 이행강제금이 부과된다.

⑤ 2020. 12. 11. 어류 등 양식업면허를 받아 수하식(연승식)으로 미더덕을 양식하는 戊가 2024. 3. 11.까지 어장청소를 한 번밖에 하지 않는다면, 2024. 3. 12.에 이행강제금이 부과된다.

문 26. 다음 글을 근거로 판단할 때 옳은 것은?

고대 수메르의 유적에서 맥주 제조법이 적힌 점토판이 발굴되었다. 점토판의 기록에 따르면, 수메르인은 보리를 갈아 빵과 같은 형태로 만든 후 물을 부어 저장해 두는 방식으로 맥주를 제조하였다.

현대 맥주의 기본 재료는 맥아, 홉, 효모, 물이다. 맥아는 보리를 물에 담가 싹을 틔운 것을 말하고, 맥아에 열을 가해 볶은 것을 몰트라고 한다. 홉은 삼과에 속하는 식물인데, 암꽃이 성숙하여 생기는 루풀린이라는 작은 알갱이가 맥주의 재료로 사용된다. 오늘날 우리가 마시는 맥주에서 느끼는 쌉싸름한 맛은 홉의 사용이 보편화된 산업혁명 이후에 갖게 된 맥주의 특성이다. 효모는 일종의 미생물로서 맥주의 발효에 중요한 요소이다. 맥주의 발효는 18 ~ 25 ℃에서 이루어지는 상면 발효와 5 ~ 15 ℃에서 이루어지는 하면 발효가 있는데, 전자의 방식으로 만든 맥주를 에일, 후자의 방식으로 만든 맥주를 라거라고 한다. 맥주 제조에 사용되는 물은 칼슘과 마그네슘 등이 많이 포함된 경수와 적게 포함된 연수로 구분되는데, 라거를 생산할 때는 주로 연수를 사용한다.

맥주의 색상은 몰트에 의해 결정된다. 일반적으로 80 ℃ 정도의 낮은 온도에서 볶은 몰트는 색이 옅고 200 ℃ 정도의 높은 온도에서 볶은 몰트는 색이 진하다. 산업혁명 이전의 수공업 몰트 제조 기술로는 몰트를 골고루 적당하게 볶기 어려워 검게 탄 몰트를 사용했기에 맥주가 까만색에 가까웠으나, 산업혁명 이후 기술이 발달하여 원하는 정도로 맥아를 볶을 수 있게 되었다.

① 맥주의 색깔은 보리의 발아 온도에 따라 결정된다.

② 고대 수메르인은 홉을 이용하여 맥주를 생산했다.

③ 에일은 5 ~ 15 ℃에서 발효시켜 만든 맥주이다.

④ 하면 발효 맥주에는 연수가 주로 사용된다.

⑤ 산업혁명 이후에는 낮은 온도보다는 높은 온도로 몰트를 만들었다.

문 27. 다음 글과 <상황>을 근거로 판단할 때, 甲이 2024년에 받게 될 탄소중립포인트는?

○ A시는 주민의 전기, 상수도, 도시가스 사용량 감축률에 따라 다음년도에 탄소중립포인트를 지급하는 온실가스 감축 제도를 운영하고 있다.

○ 탄소중립포인트 지급기준은 다음과 같다.

(단위: 포인트)

감축률	전기	상수도	도시가스
5 % 이상 10 % 미만	600	75	300
10 % 이상 15 % 미만	750	150	600
15 % 이상	1,000	200	800

○ 감축률(%) =

$$\frac{\text{직전년도 월평균 사용량} - \text{당해년도 월평균 사용량}}{\text{직전년도 월평균 사용량}} \times 100$$

<상 황>

A시 주민 甲의 2022년 및 2023년 전기, 상수도, 도시가스 월평균 사용량은 다음과 같다.

연도	전기(kWh)	상수도(m^3)	도시가스(m^3)
2022	400	11	60
2023	350	10	51

① 1,425
② 1,625
③ 1,675
④ 1,700
⑤ 1,750

문 28. 다음 글을 근거로 판단할 때, 甲이 기부한 금액의 일의 자리 숫자와 丙이 기부한 금액의 십의 자리 숫자의 합은?

甲의 기부액은 일의 자리 숫자(□)를 모르는 12,345,67□원이다. 乙의 기부액은 甲의 3배이고, 丙의 기부액은 乙의 3배이나, 丁의 기부액은 丙의 3배이며 모든 자리 숫자가 3이다.

① 4
② 5
③ 7
④ 10
⑤ 14

문 29. 다음 글을 근거로 판단할 때, 甲이 결제할 최소 금액은?

甲은 열대어를 다음 조건에 따라 구입하여 기르고자 한다.

○ 베타를 포함하여 2종류 이상의 열대어 4마리를 구입한다.
○ 열대어를 기르기 위해 필요한 어항을 함께 구입한다.
○ 베타는 다른 종류의 열대어와 한 어항에서 기를 수 없다.
○ 구입할 수 있는 열대어와 어항은 다음과 같다.

열대어 종류	가격(원/마리)	필요 어항용적(cm^3/마리)
구피	3,000	400
몰리	3,500	500
베타	4,000	300

어항 종류	용적(cm^3)	가격(원/개)
A형	900	35,000
B형	1,500	40,000

① 56,000원
② 84,000원
③ 84,500원
④ 85,000원
⑤ 85,500원

문 30. 다음 글을 근거로 판단할 때, 甲이 2024년 1월 10일에 보유한 포인트는?

2022년 1월 1일 甲은 A그룹 통합 멤버십 서비스에 가입하였다. 해당 서비스는 A그룹 제휴 업체에서 결제 시 결제금액의 일부를 포인트로 적립하고, 적립된 포인트를 다음 결제부터 현금처럼 사용할 수 있는 제도이다. 결제 시 포인트를 사용하는 경우, 보유한 포인트 중 가장 먼저 적립된 포인트부터 사용되며, 결제금액 중 사용포인트를 제외한 금액에 대해서만 포인트가 적립된다. 단, 사용하지 않은 포인트는 적립일(결제일)로부터 1년이 되는 날이 속한 달의 말일에 소멸된다.

甲이 A그룹 제휴 업체에서 결제한 내역은 다음과 같다.

날짜	제휴 업체	결제금액(원)	적립률(%)	사용 포인트
2022. 1. 5.	A영화관	50,000	5	
2022. 9. 20.	A카페	22,000	2	2,000
2023. 1. 9.	A편의점	25,000	2	
2023. 3. 27.	A레스토랑	50,300	4	300
2024. 1. 5.	A화장품점	10,500	5	500

① 2,000
② 2,300
③ 2,500
④ 2,600
⑤ 3,100

문 31. 다음 글을 근거로 판단할 때, 임용 후 외향형이자 사고형인 사람의 수는?

A부는 100명의 신입 사무관을 대상으로 임용 전과 임용 후의 성격유형을 검사하였다. 성격유형은 쌍을 이루는 두 가지 지표(외향형－내향형, 감정형－사고형)로 구성되었다. 100명의 검사결과는 다음과 같다.

○ 내향형이자 사고형인 사람의 수는 임용 전후 모두 20명이다.
○ 임용 후 내향형인 사람의 수는 임용 전의 두 배가 되었다.
○ 임용 후 사고형인 사람의 수는 임용 전의 절반이 되었다.
○ 임용 후 외향형이자 감정형인 사람의 수는 임용 전의 두 배가 되었다.

① 10
② 20
③ 30
④ 40
⑤ 60

문 32. 다음 글을 근거로 판단할 때, 달리기에서 3등을 한 사람은?

사무관 5명(甲 ~ 戊)은 달리기를 한 후 다음과 같은 대화를 나누었다.

甲: 나는 1등 아니면 5등이야.
乙: 나는 중간에 丙과 丁을 제친 후, 누구에게도 추월당하지 않았어.
丙: 나보다 앞서 달린 적이 있는 사람은 乙과 丁뿐이야.
丁: 나는 丙에게 따라잡힌 적이 없어.
戊: 우리 중 같은 등수는 없네.

① 甲
② 乙
③ 丙
④ 丁
⑤ 戊

문 33. 다음 글과 <상황>을 근거로 판단할 때, 乙의 주민등록번호 앞 6자리로 가능한 것은?

> ○ '청년 교통비 지원사업'의 내용은 다음과 같다.
> - 매년 4월 10일에 지원금 지급
> - 지급일 기준 만 20세 이상 만 35세 이하의 청년에게 지원금 지급
> - 홀수해에는 지급 대상자 중 홀수일에 태어난 사람에게, 짝수해에는 지급 대상자 중 짝수일에 태어난 사람에게 기념품 증정

<상 황>

> ○ '청년 교통비 지원사업' 담당자 甲은 지급내역을 정리하다가 2023년에 지원금을 받은 乙의 주민등록번호 앞 6자리가 지워져 있음을 발견하였다.
> ○ 甲은 乙의 주민등록번호 앞 6자리와 관련하여 다음과 같은 특징을 기억하고 있다.
> - 3가지 숫자로만 구성되어 있다.
> - 같은 숫자가 연속되는 부분이 있다.
> ○ 乙은 2022년에 지원금을 받았으나 기념품은 받지 못했다.
> ○ 乙은 2028년에도 지원금을 받을 수 있다.

① 920202
② 931118
③ 000610
④ 010411
⑤ 031103

문 34. 다음 글과 <1차 투표 결과>를 근거로 판단할 때 옳은 것은?

> ○ △△부서에서는 팀원 5명(甲 ~ 戊)의 투표를 통해 프로젝트명을 정하려 한다.
> ○ 프로젝트명 후보는 3개(A ~ C)이다.
> ○ 1차 투표에서는 한 명당 두 표를 가지며, 두 표 모두 하나의 후보에 줄 수도 있다.
> ○ 1차 투표 결과에 따라 최다 득표 후보를 프로젝트명으로 선정하며, 최다 득표 후보가 복수인 경우 최소 득표 후보를 제외하고 2차 투표를 실시한다.
> ○ 2차 투표에서는 한 명당 한 표씩 행사하여, 최다 득표 후보를 프로젝트명으로 선정한다.

<1차 투표 결과>

> ○ 하나의 후보에 두 표를 모두 준 사람은 甲과 乙뿐이며, 이들은 동일한 후보에 표를 주었다.
> ○ A에 투표한 사람은 3명이다.
> ○ B에 투표한 사람은 2명이다.
> ○ C에 투표한 사람은 3명이다.

① B는 선정될 수 없다.
② 1차 투표에서 丙과 丁이 투표한 후보의 조합은 서로 다르다.
③ 1차 투표에서 A가 받은 표는 최대 5표이다.
④ 1차 투표에서 C는 4표 이상 받았다.
⑤ 2차 투표를 실시하는 경우가 있다.

문 35. 다음 글을 근거로 판단할 때, 유학생의 날로 지정된 날짜의 요일로 가능한 것은?

> ○ A시는 올해 중 하루를 유학생의 날로 지정하였다.
> ○ 유학생의 날 1주 전 같은 요일이 전통시장의 날이고, 유학생의 날 3주 뒤 같은 요일이 도서기증의 날이다.
> ○ 전통시장의 날과 도서기증의 날은 같은 달에 있다.
> ○ 유학생의 날이 있는 달에는 네 번의 토요일과 다섯 번의 일요일이 있다.

① 화요일
② 수요일
③ 목요일
④ 금요일
⑤ 토요일

문 36. 다음 글을 근거로 판단할 때, <보기>에서 옳은 것만을 모두 고르면?

> 다음은 甲 스포츠 팀의 시즌 11번째, 12번째 경기의 결과와 직전 10개 경기 전적을 나타낸 것이다.

구분	11번째 경기	12번째 경기
결과	㉠	㉡
직전 10개 경기 전적	6승 4패	㉢

<보 기>

ㄱ. ㉠이 '패'라면, ㉢은 '6승 4패'가 될 수 없다.
ㄴ. ㉠이 '승'이고 ㉢이 '7승 3패'라면, ㉡은 '승'이다.
ㄷ. ㉠이 '승'이고 ㉢이 '6승 4패'라면, 시즌 1번째 경기의 결과는 '승'이다.
ㄹ. ㉠, ㉡이 모두 '패'이고 ㉢이 '5승 5패'라면, 시즌 13번째 경기의 직전 10개 경기 전적은 '4승 6패'이다.

① ㄱ
② ㄷ
③ ㄱ, ㄴ
④ ㄴ, ㄹ
⑤ ㄷ, ㄹ

문 37. 다음 글과 <상황>을 근거로 판단할 때, 설치업체로 선정될 곳은?

甲시는 전기차충전기 설치업체를 선정하려고 한다. 다음과 같은 <평가표>를 바탕으로 후보업체 5곳(A ~ E) 중 최종 점수가 가장 높은 곳을 선정한다.

<평가표>

평가항목	등급	점수
품질	상	5
	중	3
	하	1
가격	8억 원 미만	7
	8억 원 이상 9억 원 미만	5
	9억 원 이상 10억 원 미만	3
	10억 원 이상	1
안전성	상	5
	중	3
	하	1

○ 품질 점수에 대해서는 3배의 가중치를 부여하고 안전성 점수에 대해서는 2배의 가중치를 부여한 후, 항목별로 산출한 점수를 합하여 최종 점수를 산정한다. 단, 설치업체로 2회 이상 선정된 적이 있는 업체에 대해서는 2.5점의 가점을 부여하여 최종 점수를 산출한다.

<상 황>

○ 각 업체의 평가 결과는 다음과 같다.

구분	A	B	C	D	E
품질	중	하	상	중	상
가격 (천 원)	735,000	784,200	900,000	850,000	1,120,000
안전성	하	중	중	상	중

※ E는 설치업체로 2회 선정된 적이 있다.

① A
② B
③ C
④ D
⑤ E

문 38. 다음 글과 <상황>을 근거로 판단할 때, 甲부처가 지급할 지원금액의 총합은?

○ 甲부처는 에너지 사용을 효율적으로 관리하기 위해 신청 기업을 대상으로 에너지경영시스템 인프라 구축을 지원하고자 함
○ 지원대상
- 발전부문 에너지 목표관리기업(단, 배출권거래제에 참여 중인 기업은 지원대상에서 제외)
- 중간보고서 점수의 20 %, 시설설치 점수의 30 %, 최종보고서 점수의 50 %를 합한 총점이 70점 이상인 기업
○ 지원금액
- 중소기업: 총 비용의 80 %
- 중견기업: 총 비용의 50 %
- 대기업: 총 비용의 30 %

<상 황>

신청 기업 A ~ E는 모두 발전부문 에너지 목표관리기업이다. 각 기업의 평가결과 및 현황은 다음과 같다.

구분	중간보고서 점수	시설설치 점수	최종보고서 점수	총 비용	기업 규모
A	60	70	70	10억 원	중견기업
B	90	60	80	6억 원	중소기업
C	85	60	70	7억 원	중소기업
D	70	90	80	12억 원	중견기업
E	80	90	90	15억 원	대기업

※ D는 배출권거래제에 참여 중인 기업이다.

① 10.4억 원
② 14.9억 원
③ 19.9억 원
④ 20.9억 원
⑤ 25.9억 원

[39 ~ 40] 다음 글을 읽고 물음에 답하시오.

> 설탕은 사탕수수나 사탕무에서 얻은 원당을 정제해 만든 천연감미료로 자당을 주성분으로 한다. 사탕수수가 처음 재배된 곳은 기원전 8,000년경 태평양 남서부의 뉴기니섬 지역이었다. 이후 사탕수수는 기원전 6,000년경에 인도네시아, 필리핀, 인도 등 동남아시아와 남아시아로 전해졌다. 초기에 사람들은 단맛을 즐기기 위해 사탕수수를 씹어 당을 빨아먹었지만 350년경 굽타 왕조 시대에 인도에서 사탕수수액을 활용한 설탕 결정법을 알아냈다. 7세기 중반 당태종 때 인도의 외교사절단이 사탕수수 재배법을 가르쳐 중국에서도 사탕수수를 재배하기 시작했다.
>
> 이후, 1747년에 한 화학자가 콧병, 인후염, 변비 등의 치료제로 주로 사용되던 사탕무에 자당이 함유된 것을 발견하였다. 당시 사탕무는 경제성 문제로 설탕 제조에는 활용되지 못하다가, 1801년에 이르러서야 프로이센에서 사탕무를 활용한 설탕의 대량생산에 성공했다.
>
> 조선시대에 설탕은 수입에만 의존하는 귀한 식자재였다. 조선시대 요리서에 설탕을 사용하는 조리법이 없는 것은 이 시기 설탕이 널리 퍼지지 못했기 때문이다. 설탕은 개항기에 왕실과 외국인을 중심으로 유통되었으나, 일제강점기에는 도시의 아동과 젊은이의 식생활에까지 확산되었다.
>
> 1884년 설탕 가격은 같은 무게 소고기의 2.5배로 매우 높았으나, 1890년대 설탕 수입량이 증가하면서 가격이 하락하였다. 1893년에는 설탕 가격이 1884년 대비 40 % 하락했고, 1911년에는 1근(斤)에 9전까지 하락하였다.
>
> 이에 따라 전통 음식에도 차츰 설탕을 넣기 시작했다. 1910년대 무렵부터 떡 · 한과 같은 병과류(餠菓類)와 음료 같은 음청류(飮淸類)에 꿀이나 엿 대신 설탕을 넣기 시작했다. 1920 ~ 1930년대에 이르러서는 꿀이나 엿을 전혀 사용하지 않던 육류, 생선류, 찬류, 김치류 등에도 설탕을 넣는 신식요리법이 개발되었다.

문 39. 윗글을 근거로 판단할 때 옳은 것은?

① 사탕수수를 처음 재배한 곳은 필리핀이었다.
② 사탕수수액을 이용한 설탕 결정법은 당태종 시기에 개발되었다.
③ 1910년대 이전 우리나라에서는 생선류, 김치류에 설탕 대신 꿀이나 엿을 넣었다.
④ 인도의 외교사절단이 사탕수수 재배법을 중국에 전파한 것은 350년경이다.
⑤ 19세기가 되어서야 사탕무를 이용한 설탕의 대량생산이 가능해졌다.

문 40. 윗글과 <상황>을 근거로 판단할 때, ㉠에 해당하는 수는?

> <상 황>
>
> 1893년에 설탕 1근의 가격이 12전이라고 가정할 때, 甲이 1884년에 52전을 모두 써서 설탕 1근과 소고기를 구입하였다면 소고기는 [㉠]근을 구입할 수 있었다. 단, 설탕 1근과 소고기 1근의 무게는 같고, 화폐가치는 동일하다.

① 3
② 4
③ 5
④ 6
⑤ 7

2026년도 5급 PSAT 대비

메가피셋

5급 공채
외교관후보자
지역인재 7급

5개년 기출문제집

헌법 + 언어논리 + 자료해석 + 상황판단

Ⅲ. 2023년도

· 헌 법

· 언어논리영역

· 자료해석영역

· 상황판단영역

| 2023년도 헌법 |

국가공무원 5급 공채 · 외교관후보자 선발 제1차시험 및 지역인재 7급 선발 필기시험 (가)책형

지문의 내용에 대해 학설의 대립 등 다툼이 있는 경우 판례에 의함

문 1. 헌법의 기본이념과 질서에 대한 설명으로 옳지 않은 것은?

① 국민주권주의는 국가권력의 민주적 정당성을 요구하는 것이므로, 국민전체가 직접 국가기관으로서 통치권을 행사하여야 한다는 것을 의미한다.

② 국제연합(UN)의 “인권에 관한 세계선언” 각 조항이 바로 보편적인 법적 구속력을 가지거나 국제법적 효력을 갖는 것으로 볼 것은 아니다.

③ ‘남북사이의화해와불가침및교류협력에관한합의서’는 일종의 공동성명 또는 신사협정에 준하는 성격을 가짐에 불과하여 법률이 아님은 물론 국내법과 동일한 효력이 있는 조약이나 이에 준하는 것으로 볼 수 없다.

④ 원칙적으로 모든 국민이 균등하게 선거에 참여할 것을 요청하는 보통 · 평등선거원칙은 국민의 자기지배를 의미하는 국민주권의 원리에 입각한 민주국가를 실현하기 위한 필수적 요건이다.

문 2. 헌법개정에 대한 설명으로 옳지 않은 것은?

① 헌법개정은 국회재적의원 과반수 또는 대통령의 발의로 제안된다.

② 제안된 헌법개정안은 대통령이 30일 이상의 기간 이를 공고하여야 한다.

③ 국회는 헌법개정안이 공고된 날로부터 60일 이내에 의결하여야 하며, 국회의 의결은 재적의원 3분의 2 이상의 찬성을 얻어야 한다.

④ 헌법개정안은 국회가 의결한 후 30일 이내에 국민투표에 붙여 국회의원선거권자 과반수의 투표와 투표자 과반수의 찬성을 얻어야 한다.

문 3. 기본권 제한에 대한 설명으로 옳지 않은 것은?

① 도로를 차단하고 불특정 다수인을 상대로 실시하는 일제단속식 음주단속은 그 자체로는 「도로교통법」에 근거를 둔 적법한 경찰작용이다.

② 음주운전 금지규정 위반 또는 음주측정거부 전력을 가중요건으로 삼으면서 해당 전력과 관련하여 아무런 시간적 제한도 두지 않은 채 뒤에 행해진 음주운전 금지규정 위반행위를 가중처벌하는 것은 책임에 비해 과도한 형벌을 규정한 것이다.

③ 음주운전의 경우 운전의 개념에 ‘도로 외의 곳’을 포함하도록 한 「도로교통법」 조항은 건전한 일반상식을 가진 사람에 의하여 일의적으로 파악되기 어려우므로 죄형법정주의의 명확성 원칙에 위배된다.

④ 음주측정거부자에 대해 필요적으로 면허를 취소할 것을 규정한 「도로교통법」 조항은 재산권, 직업선택의 자유, 행복추구권 또는 양심의 자유에 대한 과도한 제한에 해당하지 않는다.

문 4. 종교의 자유에 대한 설명으로 옳지 않은 것은?

① 헌법상 보호되는 종교의 자유에는 특정 종교단체가 그 종교의 지도자와 교리자를 자체적으로 교육시킬 수 있는 종교교육의 자유가 포함된다.

② 종교적 집회 · 결사의 자유는 그 자체가 내심의 자유의 핵심이기 때문에 헌법 제37조제2항의 과잉금지의 원칙이 적용되지 않는다.

③ ‘2010학년도 법학적성시험 시행계획 공고’가 시험의 시행일을 일요일로 정한 것은 청구인의 종교의 자유를 침해하는 것이라 할 수 없다.

④ 국가에 의한 특정 종교의 우대나 차별대우는 금지된다.

문 5. 헌법의 기본원리에 대한 설명으로 옳지 않은 것은?

① 헌법의 기본원리는 헌법의 이념적 기초인 동시에 헌법을 지배하는 지도원리로서 입법이나 정책 결정의 방향을 제시하며 공무원을 비롯한 모든 국민·국가기관이 헌법을 존중하고 수호하도록 하는 지침이 된다.

② 헌법의 기본원리는 기본권의 해석 및 기본권 제한 입법의 합헌성 심사에 있어 해석기준의 하나로서 작용한다.

③ 기본적 인권, 국가권력의 법률기속, 권력분립 등의 관념들은 자유주의의 요청에 해당하며, 우리 헌법상에는 ‘법치주의의 원리’로 반영되어 있다.

④ 국회의장의 불법적인 의안처리로 헌법의 기본원리가 훼손되었다면 그로 인하여 구체적 기본권을 침해당했는지 여부와 상관없이 국회의원의 헌법소원심판청구는 허용된다.

문 6. 변호인의 조력을 받을 권리에 대한 설명으로 옳지 않은 것은?

① 형사절차가 종료되어 교정시설에 수용 중인 수형자는 원칙적으로 변호인의 조력을 받을 권리의 주체가 된다.

② 변호인의 조력을 받을 권리는 체포 또는 구속을 당하지 아니한 불구속 피의자나 피고인에게도 인정된다.

③ 행정절차에서 구속된 사람에게도 변호인의 조력을 받을 권리가 인정된다.

④ 변호인이 피의자신문에 자유롭게 참여할 수 있는 권리는 피의자가 가지는 변호인의 조력을 받을 권리를 실현하는 수단이므로 헌법상 기본권인 변호인의 변호권으로서 보호되어야 한다.

문 7. 양심의 자유에 대한 설명으로 옳지 않은 것은?
① 수범자가 수혜를 스스로 포기하거나 권고를 거부함으로써 법질서와 충돌하지 아니한 채 자신의 양심을 유지, 보존하는 경우에도 양심 변경에 대한 강요로서 양심의 자유 침해가 된다.
② 양심실현은 적극적인 작위의 방법으로도 실현될 수 있지만 소극적으로 부작위에 의해서도 그 실현이 가능하다.
③ 내심적 자유, 즉 양심형성의 자유와 양심적 결정의 자유는 내심에 머무르는 한 절대적 자유라고 할 수 있다.
④ 양심의 자유에서 현실적으로 문제가 되는 것은 사회적 다수의 양심이 아니라, 국가의 법질서나 사회의 도덕률에서 벗어나려는 소수의 양심이다.

문 8. 기본권의 범위 또는 보호영역에 대한 설명으로 옳은 것은?
① 지방자치단체의 장 선거권은 주민투표권과 마찬가지로 법률이 보장하는 권리일 뿐이지 헌법이 보장하는 기본권으로 볼 수 없다.
② 오늘날 전쟁과 테러 혹은 무력행위로부터 자유로워야 하는 것은 인간의 존엄과 가치를 실현하고 행복을 추구하기 위한 기본 전제가 되므로 헌법 제10조로부터 평화적 생존권을 인정할 수 있다.
③ 음란표현은 언론·출판의 자유의 보호영역 내에 있지 않다.
④ 육아휴직신청권은 헌법 제36조제1항 등으로부터 개인에게 직접 주어지는 헌법적 차원의 권리라고 볼 수는 없고, 입법자가 여러 가지 요소를 고려하여 제정하는 입법에 적용요건, 적용대상, 기간 등 구체적인 사항이 규정될 때 비로소 형성되는 법률상의 권리이다.

문 9. 대통령의 법률안거부권에 대한 설명으로 옳지 않은 것은?
① 법률안에 이의가 있을 때에는 대통령은 정부에 이송된 때로부터 15일 이내에 이의서를 붙여 국회로 환부하고, 그 재의를 요구할 수 있으며, 국회의 폐회 중에도 또한 같다.
② 대통령은 법률안의 일부에 대하여 또는 법률안을 수정하여 재의를 요구할 수 있다.
③ 대통령이 국회에서 의결되어 정부에 이송된 법률안에 대해 15일 이내에 공포나 재의의 요구를 하지 아니한 때에는 그 법률안은 법률로서 확정된다.
④ 대통령의 재의의 요구가 있을 때에는 국회는 재의에 붙이고, 재적의원 과반수의 출석과 출석의원 3분의 2 이상의 찬성으로 전과 같은 의결을 하면 그 법률안은 법률로서 확정된다.

문 10. 알 권리에 대한 설명으로 옳지 않은 것은?
① 변호사시험 성적을 합격자에게 공개하지 않도록 규정한 「변호사시험법」의 조항은 변호사시험에 응시하여 합격한 청구인들의 알 권리를 침해하지 않는다.
② 알 권리는 표현의 자유와 표리일체의 관계에 있고, 정보의 공개청구권은 알 권리의 당연한 내용이 되는 것이다.
③ 형사재판이 확정되면 속기록, 녹음물 또는 영상녹화물을 폐기하도록 규정한 「형사소송규칙」의 조항은 피고인이었던 청구인의 알 권리를 침해하지 않는다.
④ 교원의 개인정보 공개를 금지하고 있는 「교육관련기관의 정보공개에 관한 특례법」의 조항은 학부모들의 알 권리를 침해하지 않는다.

문 11. 국가긴급권에 대한 설명으로 옳지 않은 것은?
① 계엄을 선포한 때에는 대통령은 지체없이 국회에 통고하여야 한다.
② 긴급재정경제명령은 정상적인 재정운용·경제운용이 불가능한 중대한 재정·경제상의 위기가 현실적으로 발생하였거나 발생할 우려가 있을 때만 발할 수 있다.
③ 국회가 재적의원 과반수의 찬성으로 계엄의 해제를 요구한 때에는 대통령은 이를 해제하여야 한다.
④ 비상계엄이 선포된 때에는 법률이 정하는 바에 의하여 영장제도, 언론·출판·집회·결사의 자유, 정부나 법원의 권한에 관하여 특별한 조치를 할 수 있다.

문 12. 감사원에 대한 설명으로 옳은 것은?
① 감사원은 원장과 5인 이상 11인 이하의 감사위원으로 구성한다.
② 헌법은 "감사원은 감사에 관한 절차, 감사원의 내부 규율과 감사사무 처리에 관한 규칙을 제정할 수 있다"고 규정하고 있다.
③ 감사원은 세입·세출의 결산을 매년 검사하여 대통령과 차년도 국회에 그 결과를 보고하여야 한다.
④ 국가의 세입·세출의 결산, 국가 및 법률이 정한 단체의 회계검사와 행정기관 및 공무원의 직무에 관한 감찰을 하기 위하여 국무총리 소속하에 감사원을 둔다.

문 13. 국회와 행정부의 관계에 대한 설명으로 옳지 않은 것은?
① 헌법은 "정부는 회계연도마다 예산안을 편성하여 회계연도 개시 90일 전까지 국회에 제출하고, 국회는 회계연도 개시 30일 전까지 이를 의결하여야 한다"고 규정하고 있다.
② 국회는 정부의 동의 없이 정부가 제출한 지출예산 각항의 금액을 증가하거나 새 비목을 설치할 수 있다.
③ 행정각부의 장이 그 직무집행에 있어서 헌법이나 법률을 위배한 때에는 국회는 탄핵의 소추를 의결할 수 있다.
④ 대통령은 국회에 출석하여 발언하거나 서한으로 의견을 표시할 수 있다.

문 14. 국회의원에 대한 설명으로 옳은 것은?
① 국회의원이 회기 전에 현행범인으로 체포 또는 구금된 때에는 국회의 요구가 있으면 회기 중 석방된다.
② 국회의원은 그 지위를 남용하여 국가 · 공공단체 또는 기업체와의 계약이나 그 처분에 의하여 재산상의 권리 · 이익 또는 직위를 취득하거나 타인을 위하여 그 취득을 알선할 수 없다.
③ 국회의원은 국회에서 직무상 행한 발언과 표결에 관하여 국회 내에서 책임을 지지 아니한다.
④ 국회는 국회의원을 제명하려면 국회재적의원 과반수의 찬성이 있어야 한다.

문 15. 국회의 회의운영과 의사원칙에 대한 설명으로 옳지 않은 것은?
① 국회의 임시회는 대통령 또는 국회재적의원 5분의 1 이상의 요구에 의하여 집회된다.
② 국회의 회의는 공개한다. 다만, 출석의원 과반수의 찬성이 있거나 의장이 국가의 안전보장을 위하여 필요하다고 인정할 때에는 공개하지 아니할 수 있다.
③ 국회에 제출된 법률안 기타의 의안은 회기 중에 의결되지 못한 이유로 폐기되지 아니한다. 다만, 국회의원의 임기가 만료된 때에는 그러하지 아니하다.
④ 국회의 정기회는 법률이 정하는 바에 의하여 매년 1회 집회된다.

문 16. 「헌법재판소법」 제68조제2항의 헌법소원에 대한 설명으로 옳지 않은 것은?
① 「헌법재판소법」 제41조제1항에 따른 법률의 위헌 여부 심판의 제청신청이 기각된 때에는 그 신청을 한 당사자는 헌법재판소에 헌법소원심판을 청구할 수 있다.
② 헌법소원이 인용된 경우에 해당 헌법소원과 관련된 소송사건이 이미 확정된 때에는 당사자는 재심을 청구할 수 있다.
③ 헌법재판소가 인용결정을 하는 경우에는 재판관 6명 이상의 찬성이 있어야 한다.
④ 지정재판부의 사전심사를 거쳐야 하는 것은 아니며, 변호사강제주의가 적용되지도 않는다.

문 17. 헌법에 명시된 경제에 대한 설명으로 옳지 않은 것은?
① 농업생산성의 제고와 농지의 합리적인 이용을 위하거나 불가피한 사정으로 발생하는 농지의 소작과 위탁경영은 법률이 정하는 바에 의하여 인정된다.
② 국가는 국민 모두의 생산 및 생활의 기반이 되는 국토의 효율적이고 균형있는 이용 · 개발과 보전을 위하여 법률이 정하는 바에 의하여 그에 관한 필요한 제한과 의무를 과할 수 있다.
③ 국가는 건전한 소비행위를 계도하고 생산품의 품질향상을 촉구하기 위한 소비자보호운동을 법률이 정하는 바에 의하여 보장한다.
④ 국가는 농 · 어민과 중소기업의 자조조직을 육성하여야 하며, 그 자율적 활동과 발전을 보장한다.

문 18. 재판청구권에 대한 설명으로 옳은 것은?
① 선거범죄에 대한 재정신청절차에서 사전에 「검찰청법」상의 항고를 거치도록 한 것은 신속한 재판을 받을 권리를 침해한다.
② 운전자의 업무상 과실 또는 중대한 과실로 인하여 교통사고 피해자가 '중상해가 아닌 상해'를 입은 경우, 가해 운전자에 대하여 공소를 제기할 수 없도록 한 것은 과잉금지원칙에 반한다.
③ '피고인이 스스로 치료감호를 청구할 수 있는 권리'는 헌법상 재판청구권의 보호범위에 포함된다.
④ 현역병의 군대 입대 전 범죄에 대한 군사법원의 재판권을 규정하고 있는 「군사법원법」 조항은 재판청구권을 침해하지 않는다.

문 19. 국무회의에 대한 설명으로 옳은 것은?
① 국무회의의 의결은 국가기관의 외부적 의사결정 행위이므로 그 자체로 국민에 대하여 직접적인 법률효과를 발생시킨다.
② 국무회의는 대통령·국무총리를 포함한 15인 이상 30인 이하의 국무위원으로 구성한다.
③ '예산안 · 결산 · 국유재산처분의 기본계획 · 국가의 부담이 될 계약 기타 재정에 관한 중요사항'은 국무회의의 심의를 거쳐야 한다.
④ '정부에 제출 또는 회부된 정부의 정책에 관계되는 청원의 심사'는 국무회의의 심의사항이 아니다.

문 20. 법률의 공포와 효력발생에 대한 설명으로 옳지 않은 것은?
① 법률의 공포일은 해당 법률을 게재한 관보 또는 신문이 발행된 날로 한다.
② 법률에 시행일이 명시된 경우에 시행일까지 공포되지 않으면 그 법률은 시행일부터 효력을 발생한다.
③ 관보의 내용 해석 및 적용 시기 등에 대하여 종이관보와 전자관보는 동일한 효력을 가진다.
④ 국민의 권리 제한 또는 의무 부과와 직접 관련되는 법률은 긴급히 시행하여야 할 특별한 사유가 있는 경우를 제외하고는 공포일부터 적어도 30일이 경과한 날부터 시행되도록 하여야 한다.

문 21. 평등권에 대한 설명으로 옳지 않은 것은?

① 「초·중등교육법」상의 교원과는 달리 법률로써 「고등교육법」에서 규율하는 대학 교원들의 단결권을 인정하지 않더라도, 대학 교원은 헌법과 법률로써 신분이 보장되고 정당가입과 선거운동 등이 가능하므로 평등권을 침해하는 것은 아니다.

② 사법시험에 합격하여 사법연수원의 과정을 마친 자와 달리 변호사시험 합격자들에게 6개월의 실무수습을 거치도록 하는 「변호사법」 규정이 합리적 이유가 없는 자의적 차별이라고 보기는 어렵다.

③ 대한민국 국민인 남자에 한하여 병역의무를 부과한 구「병역법」 조항이 성별을 기준으로 병역의무자의 범위를 정한 것은 평등권을 침해하지 않는다.

④ 「제대군인지원에 관한 법률」에 규정된 가산점제도(과목별 만점의 5 % 또는 3 %를 가산)는 제대군인에 비하여 여성 및 제대군인이 아닌 남성을 부당한 방법으로 지나치게 차별하는 것으로서 헌법 제11조에 위배된다.

문 22. 국회의 자율권에 대한 설명으로 옳지 않은 것은?

① 국회는 의원의 자격을 심사하며, 의원을 징계할 수 있다.

② 국회는 법률에 저촉되지 아니하는 범위 안에서 의사와 내부규율에 관한 규칙을 제정할 수 있다.

③ 국회의 의원 제명처분에 대해서는 법원에 제소할 수 있다.

④ 국회의원은 법률이 정하는 직을 겸할 수 없다.

문 23. 법원과 법관에 대한 설명으로 옳지 않은 것은?

① 법관은 헌법과 법률에 의하여 그 양심에 따라 독립하여 심판한다.

② 법관의 신분보장은 법관의 재판상의 독립을 보장하는데 있어서 필수적인 전제로서 정당한 법절차에 따르지 않은 법관의 파면이나 면직처분 내지 불이익처분의 금지를 의미한다.

③ 대법관은 국무총리의 제청으로 국무회의의 심의를 거쳐 대통령이 임명한다.

④ 헌법 제110조제1항에서 "특별법원으로서 군사법원을 둘 수 있다"는 의미는 군사법원을 일반법원과 조직·권한 및 재판관의 자격을 달리하여 특별법원으로 설치할 수 있다는 뜻으로 해석된다.

문 24. 선거관리위원회에 대한 설명으로 옳지 않은 것은?

① 법관과 법원공무원 및 교육공무원 이외의 공무원은 각급 선거관리위원회의 위원이 될 수 없다.

② 각급 구·시·군 선거관리위원회는 권한쟁의심판청구의 당사자 능력이 인정된다.

③ 각급 선거관리위원회는 선거인명부의 작성 등 선거사무와 국민투표사무에 관하여 관계 행정기관에 필요한 지시를 할 수 있다.

④ 헌법은 "중앙선거관리위원회는 대통령이 임명하는 3인, 국회에서 선출하는 3인과 대법원장이 지명하는 3인의 위원으로 구성한다. 위원장은 대통령이 임명한다"고 규정하고 있다.

문 25. 교육을 받을 권리에 대한 설명으로 옳지 않은 것은?

① 검정고시로 고등학교 졸업학력을 취득한 사람들의 수시모집 지원을 제한하는 내용의 국립교육대학교 등의 '2017학년도 신입생 수시모집 입시요강'은 청구인들의 균등하게 교육을 받을 권리를 침해한다.

② 자녀의 양육과 교육은 일차적으로 부모의 천부적인 권리인 동시에 부모에게 부과된 의무이기도 하다.

③ 학교운영지원비를 학교회계 세입항목에 포함시키도록 한 구「초·중등교육법」 규정은 헌법 제31조제3항에 규정되어 있는 의무교육 무상의 원칙에 위배되지 않는다.

④ 의무교육제도는 국민에 대하여 보호하는 자녀들을 취학시키도록 한다는 의무부과의 면보다는 국가에 대하여 인적·물적 교육시설을 정비하고 교육환경을 개선하여야 한다는 의무부과의 측면이 보다 더 중요한 의미를 갖는다.

문 1. 다음 글의 내용과 부합하는 것은?

고려는 건국 직후, 송에 사신을 보내 우호 관계를 맺었다. 그러나 거란이 요를 세우고 송을 압박할 정도로 힘이 세지자 고려와 송 관계에 변화가 나타났다. 고려는 귀주대첩에서 요를 물리친 바 있지만, 날로 강해지는 요를 중시해야 한다는 판단에서 송과 관계를 끊고 요와 우호 관계를 맺었다. 이후 송의 신종은 요가 차지한 연운 16주 등을 되찾기 위해 요를 공격하려 했으며, 그에 필요한 물자를 고려에서 지원받고자 했다. 이에 신종은 고려에 사신을 보내 관계를 복원하자고 제안했다. 당시 고려 왕이었던 문종은 송의 문물에 관심이 컸기 때문에 그 기회를 이용해 송으로부터 다양한 문물을 들여와야겠다고 생각하고, 신종의 제안을 받아들였다.

고려가 관계를 회복하자는 요청에 응하자 신종은 기뻐하였다. 그는 고려 사신이 올 때마다 거액을 들여 환영회를 열고, 고려의 요청을 수용하여 유학생을 받아들였다. 이후 신종은 요를 공격할 때 필요한 물자를 보내 달라고 몇 차례 부탁했다. 하지만 고려는 송에서 서적 등을 들여오는 데에만 관심을 보일 뿐 물자를 보내 달라는 신종의 부탁을 받아들이지는 않았다.

이후 여진이 금을 세우고 요를 멸망시키는 일이 벌어졌다. 당시 송 휘종은 금을 도와 요를 없애는 데 일조했다. 그러나 금은 요를 없앤 후에 송까지 공격해 휘종을 잡아갔다. 분노한 송은 고려에 함께 금을 정벌하자고 제안했다. 이때 고려의 대신 김부식은 "휘종이 잡혀가던 해에 나는 사신으로 송에 가서 금 군대의 위력을 봤다."라고 하면서 송의 요청을 받아들여서는 안 된다고 했으며, 국왕 인종도 그에 동의했다. 이후에도 송은 "묘청의 난을 진압하는 데 필요한 군대를 보내주겠으니 그 대가로 고려를 거쳐 금을 공격하게 해 달라."라고 요청했다. 이에 인종은 "당신들이 고려를 통해 금을 공격하면 그들도 고려로 밀고 들어올 것이다. 그렇게 되면 귀국은 북쪽에서 밀려오는 금의 육군도 상대하고, 고려를 거쳐 귀국을 공격하는 금의 수군도 상대해야 하는 상황에 빠질 수 있다."라며 거절했다. 이 말에 실망한 송은 1160년대부터 사신의 규모와 횟수를 줄이더니 1170년대 이후 사신을 보내지 않았다.

① 김부식은 금을 함께 공격하자는 송의 요청을 받아들여서는 안 된다고 하였다.
② 고려 인종은 묘청의 난을 진압하기 위하여 금에 군대를 파견해 달라고 요청하였다.
③ 요는 귀주대첩을 계기로 고려와 외교 관계를 끊고 송에 사신을 파견하기 시작하였다.
④ 송은 요를 공격하기 위해 고려에 군대를 보내 함선을 건조하기 위한 준비 작업에 들어갔다.
⑤ 송 신종은 요를 함께 쳐들어가자는 자신의 제안을 고려가 거부한 데 분노해 고려와의 외교 관계를 끊었다.

문 2. 다음 글의 내용과 부합하는 것은?

세조 13년 명 사신이 왔을 때, 세조는 건강이 나빠져 사신을 맞이할 수 없었다. 이에 세조는 승정원에 사신을 성심껏 접대하라고 당부하고 신숙주, 한명회, 구치관에게 승정원에 나가 사신을 제대로 접대하는지 감독하라고 명하였다. 신숙주 등은 이를 계기로 승정원에 상주하게 되었는데, 당시 사람들은 이들을 승정원에 상주하는 재상이라는 의미의 '원상'이라 불렀다. 원상들은 세조가 계유정난을 일으켜 김종서 등을 제거하고 권력을 잡을 때 앞장섰던 사람들로서 의정부의 대신으로 있었다. 이들은 명 사신이 돌아간 뒤에도 여전히 의정부에는 출근하지 않고 매일 승정원에 나갔으며, 그곳에서 왕 대신 국정에 관한 결정을 내리고 관리들이 그 결정을 집행하는지 감독하는 일을 했다.

세조의 뒤를 이은 예종 때 원상들은 6조의 판서도 겸임하였다. 당시 6조 관원들은 매일 승정원에 가서 원상에게 업무 보고를 올려야 했다. 원상들은 그 보고를 들은 뒤 왕 대신 국정에 관한 결정을 내리고 관원들이 그것을 집행하는지 감독했으며, 왕에게는 자신들이 어떤 결정을 내렸는지 사후에 보고하는 형식을 취하였다. 사실 이들은 예종의 후임을 결정할 때에도 중요한 역할을 하였다. 예종이 사망하던 날 세조의 비 정희왕후 윤씨는 예종의 아들이 유아에 불과하다면서 걱정했는데, 원상들은 이 말을 듣고 그보다 나이가 많은 예종의 조카 자을산군을 왕으로 추대하는 데 합의하였다. 이 결정에 따라 자을산군이 즉위했는데, 그가 바로 성종이다. 정희왕후는 당시 13세에 불과했던 성종을 대신해 수렴청정을 시작했다. 원상들은 그 수렴청정 기간 내내 예종 때처럼 국정을 처리하고 정희왕후에게는 사후에 찾아가 보고하였다.

이처럼 원상들이 국정을 좌우하자, 국정에 대한 감찰 업무를 맡은 사헌부와 사간원 관료들의 불만이 커졌다. 이들은 원상들이 자기 이해관계에 따라 국정을 처리하고 있다고 비판했다. 이런 비판에 앞장섰던 박시형은 성종 3년에 상소를 올려 원상들이 승정원에서 국정을 보는 관행을 중단해달라고 요청했다. 당시 그의 주청은 받아들여지지 않았지만, 성종 7년 정희왕후가 수렴청정을 그만두자 성종은 원상들이 승정원에 나가 국정을 결정하던 관행을 없앴다.

① 박시형은 승정원을 없애고 의정부를 조정의 최고 관서로 승격시키자고 하였다.
② 정희왕후가 수렴청정할 때 원상들은 승정원에서 국정에 관한 결정을 내리는 일을 하였다.
③ 신숙주는 예종의 아들이 지나치게 어리다는 이유를 내세워 자을산군의 즉위에 반대하였다.
④ 세조는 신숙주, 한명회, 구치관을 원상으로 삼으려는 데 반대하는 김종서를 관직에서 내쫓았다.
⑤ 성종은 원상이 명 사신을 접대하는 임무까지 맡아서는 안 되며 오직 승정원을 감독하는 데 머물러야 한다고 말하였다.

문 3. 다음 글에서 알 수 있는 것은?

독일에서 인쇄소를 운영하던 구텐베르크가 금속활자를 발명한 후 민간의 인쇄업자들은 그 기술을 적극 수용했다. 그리하여 구텐베르크의 금속활자가 발명된 이래 약 50년 동안 많게는 1,000개 가까운 인쇄소가 유럽에서 생겨났다. 구텐베르크의 금속활자 발명에는 상업적 동기가 작용했다. 당시 독일에는 라틴어 문법 서적 등 인쇄물에 대한 대중의 수요가 많았는데, 기존의 목판 인쇄는 생산 비용이 너무 높아서 그 수요를 감당하기 어려웠다. 구텐베르크가 금속활자를 발명함으로써 인쇄물의 생산 가격이 낮아지자 다수의 민간업자들은 이 새로운 기술을 활발하게 받아들였다. 그 결과 지식의 독점을 막고 독서 인구를 증가시키는 데 크게 기여했다.

그러나 조선의 경우는 이와 달랐다. 조선 전기에 금속활자로 인쇄를 할 수 있었던 곳은 국가기관인 주자소와 교서관에 불과했다. 조선 후기에도 사정은 크게 달라지지 않았는데, 민간에서 주조한 금속활자가 몇 종 있긴 했지만 극소수 양반가의 소유였을 뿐이었다. 구텐베르크의 금속활자와는 달리, 조선에서 금속활자는 민간에서 거의 수용되지 않았던 것이다. 그 까닭은 무엇인가?

가장 본질적인 요인은 표의문자와 표음문자라는 문자 유형의 차이이다. 조선시대에 금속활자로 인쇄한 것은 대부분 한자로 쓰인 책이었는데, 이를 인쇄하자면 한자 수만큼이나 많은 활자가 필요했다. 실제 조선의 금속활자는 한 번에 주조할 때마다 10만 자를 넘기기 일쑤였다. 조선 전기에 주조된 계미자는 10만 자, 갑인자는 20만 자, 갑진자는 30만 자였으며, 조선 후기에 주조된 오주갑인자와 육주갑인자 역시 각각 15만 자씩이었다. 이에 비해 라틴 자모의 경우 대문자와 소문자를 모두 감안하더라도 수백 자를 넘지 않으므로, 필요한 활자의 수가 절대적으로 적었다. 따라서 민간에서 부담 없이 주조할 수 있었다.

① 조선시대 금속활자는 민간에서 주조되지 않았다.
② 구텐베르크의 금속활자는 조선의 금속활자보다 생산 비용이 더 높았다.
③ 조선시대 금속활자는 시대가 흐를수록 한 번에 주조하는 글자 수가 증가하였다.
④ 구텐베르크의 금속활자와 조선의 금속활자는 모두 지식의 독점을 막고 독서 인구를 증가시키는 결과를 낳았다.
⑤ 활자로 만들어야 할 문자의 유형 차이로 구텐베르크의 금속활자와 조선의 금속활자는 민간의 수용 정도에 있어 차이가 있었다.

문 4. 다음 글에서 알 수 있는 것은?

서유럽에서 중세와 르네상스기에 가장 중요한 어휘적 원천이었던 언어는 라틴어이다. 그 당시에 라틴어는 더 이상 어느 나라에서도 모어로 사용하지 않았지만, 과거 영화로웠던 로마 문명의 후광 속에서 로마가톨릭교회의 행정 및 예배의 언어로서 위신을 전혀 잃지 않고 있었다. 어휘에서도 라틴어의 영향은 여전히 강력했다. 라틴어에서 발달한 로맨스어의 일종인 프랑스어는 이미 라틴어에서 온 어휘를 사용하고 있었는데, 학술적 어휘에서는 당시 사용하던 것보다 더 고형의 라틴어를 다시 차용하기도 하였다.

막강한 제국이었던 로마의 언어가 차용되는 것을 보고, 어휘 차용을 일으킨 원인이 꼭 정치적 힘 때문이라고 생각해서는 안 된다. 예를 들어 로마인들은 그리스를 군사적으로 몇 세기 동안 지배하다가 결국에는 합병했는데도 그리스의 문학, 음악, 미술에 계속 압도당해 이 분야의 많은 용어를 그리스어에서 차용하였다. 더 극적인 사례는 바이킹의 경우이다. 현재의 노르망디 지방을 911년에 무력으로 차지한 이 용맹한 전사들은 새 정착지에 매료되어 새로운 분야의 어휘 중 일부만 차용한 것이 아니라 언어 전체를 차용하고 말았다. 그래서 그로부터 155년 후에 그들의 후손이 잉글랜드 연안을 공격할 때에는 고대 노스어가 아닌 고대 프랑스어로 군가를 불렀다.

언어와 문화가 존중받아 어휘의 차용이 일어나기도 하지만 다른 경우도 있다. 새로운 개념이 등장했으나 해당 언어에서 이를 일컫는 어휘가 없을 경우, 즉 '어휘빈칸'이 생겼을 때 이를 보충하는 편리한 수단으로 차용이 일어나기도 한다. 이 경우에 차용되는 어휘는 해당 개념의 발명자의 언어에서가 아니라 그 개념을 소개한 집단의 언어에서 차용될 때가 많다. 예를 들어 기독교 교회의 신학과 예배 의식 관련 개념들은 애초에 아람어, 히브리어, 그리스어 사용자들이 발명한 것이다. 그런데 서유럽에 이 개념들을 소개하고 전파한 자들은 라틴어 사용자였으며, 기독교 교회와 관련된 아주 많은 서유럽어들의 어휘들이 라틴어에 기원을 두게 되었다.

① 그리스가 문화적으로 로마제국을 압도하여 결국 정치적으로 살아남았다.
② 차용하려는 언어에 대한 존중의 의미를 담기 위해 어휘빈칸을 채우게 된다.
③ 라틴어 사용자들이 기독교 교회의 신학과 예배 의식에 관련된 개념들을 서유럽에 퍼뜨렸다.
④ 바이킹이 프랑스 문화에 매료되어 특히 음악 분야의 어휘를 프랑스어에서 많이 차용하였다.
⑤ 프랑스가 르네상스기 이후에 새롭게 채택한 학술적 어휘들은 대부분 당시 유행하던 라틴어 어휘에 기반하였다.

문 5. 다음 글에서 알 수 있는 것은?

예로부터 진실을 부정하는 사람들은 자신이 믿고 싶지 않은 사실에는 지나치게 높은 검증 기준을 들이대는 반면, 자기 의견에 부합하는 것에는 검증 기준을 낮추거나 덮어두고 맹신한다. 그 결과는 일부 사실들이 은폐되는 것으로 끝나지 않는다. 신뢰할 수 있는 방식으로 사실을 수집하고 활용하여 세계에 대한 믿음을 구축하는 과정 자체가 변질된다. 또한, 어떤 사실들은 개인의 감정과 무관하게 참이며 그런 사실들을 찾으려고 노력할 때 우리 모두에게 이익이 된다는 건전한 사고방식이 위협받는다. 진실이 위협받는 위기는 과거에도 늘 있어 왔지만 진실이 밝혀지면 위기는 대부분 해소되었다. 반면 오늘날에는 많은 사람이 거리낌 없이 현실을 왜곡해 자기 생각에 꿰맞추려 하며, 그러한 현상은 광범위하게 나타난다.

최근 유럽에서 '올해의 단어'로 선정된 이른바 '탈진실'은 객관적 사실보다 개인의 신념과 감정에 호소하는 것이 여론 형성에 더 큰 영향을 발휘하는 현상을 의미한다. 대표적 사례로 2016년 영국의 유럽연합 탈퇴 국민투표와 미국의 대선을 들 수 있다. 국가 차원의 중요한 결정을 숙의하는 과정에서 사실이 아닌 터무니없는 주장들이 난무하고 여론 형성에 크게 영향을 미쳤다. 이 같은 탈진실 현상은 어떤 사실이든 마음대로 선별하고 수정할 수 있다는 신념으로 이어져 정치 전략으로 악용되고 있다는 점에서 문제의 심각성이 크다.

탈진실 현상의 발생 원인으로 공적 기관과 전통 미디어에 대한 불신, 정치적 양극화와 포퓰리즘 등 다양한 것들이 언급된다. 이 같은 외부적 요인도 있겠지만 인간 내부에서도 그 요인을 찾아볼 수 있다. 명백한 사실이나 쉽게 확인할 수 있는 사실에 아무 이유 없이 이의를 제기하는 사람은 거의 없다. 이의를 제기하는 이들은 자신이 얻을 수 있는 이익이 있기 때문이다. 불편한 진실 때문에 자신의 감정이 불쾌해지거나 신념을 포기하느니 차라리 진실을 외면하거나 왜곡하는 쪽을 택하는 것이다. 이는 의식 차원에서도 일어나지만 무의식 차원에서도 일어난다.

① 우리의 감정과 무관하게 참인 것은 우리에게 이익이 되지 않는다.
② 탈진실 현상의 발생 원인에는 정치적 요인뿐 아니라 심리적 요인도 있다.
③ 진실을 부정하는 사람은 사실을 검증할 때마다 동일한 검증 기준을 제시한다.
④ 2016년 이후 서구 사회에서 탈진실 현상이 처음 발생하였고 이후 전세계적으로 보편화되었다.
⑤ 신념을 포기하지 않고 진실을 외면하는 것은 무의식 차원에서가 아니라 의식 차원에서 일어난다.

문 6. 다음 글에서 알 수 없는 것은?

1982년에 오스트레일리아의 워렌과 마셜 연구팀은 사람의 위장에서 서식하는 세균을 배양하려 시도하였지만 실패를 거듭했다. 그들은 '캠필로박터' 세균을 배양할 때처럼 산소와 이산화탄소를 저농도로 유지하면서 까다로운 조건으로 영양분을 공급하는 특수한 배양법을 채택하고 있었다. 마셜의 조수는 휴가를 보내느라 보통 이틀 정도로 끝내던 배양을 5일 동안 지속하게 되었다. 휴가가 끝났을 때 연구팀은 배양지에 세균의 군집이 형성된 것을 발견하게 되었다. 1987년에 연구팀은 광학 현미경으로 관찰된 형태와 대기 중 산소 농도보다 낮은 산소 농도에서 자라는 특성을 근거로 이 균을 캠필로박터 속에 속한다고 판단하여 이 균을 '캠필로박터 파일로리'라고 명명하였다. 그러나 그 후, 전자현미경에 의해 이 균의 미세 구조가 캠필로박터와 차이가 있음이 관찰되었고, 1989년에는 유전자 분석에 따라 이 균이 캠필로박터와 다른 집단임이 판명되었다. 이에 따라 헬리코박터 속이 신설되고 균의 명칭이 '헬리코박터 파일로리'로 변경되었다.

마셜은 강한 산성 환경인 인간의 위장 속에서 살 수 있는 이 세균에 의해 대부분의 위장 질환이 발생한다는 내용의 가설을 담은 논문을 발표했다. 하지만, "어떤 세균도 위산을 오래 견뎌내지 못한다."라는 학설과 "스트레스나 자극적인 식품을 자주 섭취하는 식습관이 위궤양과 위염을 일으킨다."라는 학설 때문에 이 가설은 쉽게 받아들여지지 않았다. 결국 마셜은 시험관에 배양한 균을 스스로 마셔서 위궤양을 만들어냈고, 그 위궤양을 항생제로 치료하는 데 성공했다. 그제야 학계는 마셜의 가설을 받아들였고, 미국의 국립 보건원은 위궤양의 대부분이 헬리코박터 파일로리에 의한 것이므로 항생제를 처방할 것을 권고하는 의견서를 발표하였다. 오늘날 헬리코박터 파일로리는 세계에서 가장 흔한 만성적인 감염의 원인균으로 알려지게 되었고, 위암의 원인균으로도 인정받았다. 2005년 워렌과 마셜은 이 발견으로 노벨 생리의학상을 수상했다.

① 마셜의 실험은 위궤양과 위염이 스트레스나 자극적인 식품을 자주 섭취하는 식습관에 의해 생길 수 없음을 보여주었다.
② 마셜의 연구팀은 어떤 세균도 위산을 오래 견뎌내지 못한다는 학설이 틀렸음을 증명하였다.
③ 헬리코박터 파일로리는 캠필로박터처럼 저농도의 산소에서 자라는 특성을 갖는다.
④ 헬리코박터 파일로리의 감염은 위암을 일으킬 수 있다는 것이 인정되었다.
⑤ 헬리코박터 파일로리는 캠필로박터와 다른 별개의 속에 속한다.

문 7. 다음 글에서 알 수 없는 것은?

> 몬테카를로 방법은 무작위 추출된 난수를 이용하여 함수의 값을 추정하는 통계학적 방법으로, 물리학과 공학 등의 분야에서 수치 적분이나 최적화 문제 등을 해결하는 데 많이 쓰인다.
>
> 원의 넓이를 구하는 문제를 통해 몬테카를로 방법이 어떻게 적용되는지 알아보자. 종이에 한 변의 길이가 2인 정사각형을 그리고 그 안에 반지름이 1인 원을 그렸다고 하자. 다트를 무작위로 계속 던진다면, 원의 넓이는 π이고 정사각형의 넓이는 4이므로 우리가 그린 정사각형 안에 맞은 다트 중 원의 내부에 존재하는 다트의 상대 빈도는 $\pi/4$일 것이다. 따라서 정사각형 안에 있는 다트와 원 안에 있는 다트의 숫자를 비교한다면, 원의 넓이를 대략적으로 구할 수 있다.
>
> 이때 던진 다트의 수가 적다면 실제 원의 넓이와 이 방법으로 얻은 원의 넓이 사이에는 큰 차이가 있겠지만, 더 많은 다트를 던질수록 그 차이는 줄어들 것이다. 이런 식으로 무한히 많은 다트를 던진다면, 최종적으로는 올바른 원의 넓이를 알 수 있을 것이다. 그러나 무한히 많은 다트를 던질 수는 없으므로, 현실적으로는 오차가 일정 수준 이하가 될 때까지 다트를 던지고, 이때 원 내부에 있는 다트의 상대 빈도를 계산함으로써 원의 넓이를 적당한 오차 범위 내에서 추정한다. 해석학적으로 적분하기 극히 어려운 복잡한 도형의 넓이 산출 등에 이러한 추정 방법이 많이 사용된다.
>
> 몬테카를로 방법을 적용한 유명한 사례는 미국의 원자폭탄 개발 계획인 맨해튼 프로젝트로, 몬테카를로 방법이라는 이름이 명명된 계기이기도 했다. 핵분열 중 중성자가 원자핵과 충돌하는 과정을 이해하기 위해 사용된 새로운 수학적 방법을 카지노로 유명한 휴양지, 몬테카를로의 이름을 따서 명명한 것이다. 핵분열 과정에서 우라늄 원자핵에 중성자가 충돌하면, 이를 통해 2 ~ 3개의 중성자가 방출되고 이 중성자들이 또 다른 원자핵에 충돌하는 연쇄반응이 이어지는데, 이때 중성자의 경로는 매우 복잡해 예측하기 어렵다. 바로 이렇게 복잡한 경로를 추정하고 반응의 결과를 예측하는 데 몬테카를로 방법이 사용된 것이다.

① 핵분열에서 중성자의 경로를 추정하는 데 몬테카를로 방법이 사용되었다.
② 몬테카를로 방법은 무작위 추출된 난수를 이용하여 문제의 답을 찾는 방법이다.
③ 단순한 모양의 도형의 넓이를 추정할 때는 몬테카를로 방법을 적용할 수 없다.
④ 해석학적으로 적분을 통해 넓이를 계산하기 어려운 모양을 가진 도형의 넓이는 몬테카를로 방법으로 추정할 수 있다.
⑤ 몬테카를로 방법으로 원의 넓이를 추정할 경우, 무작위 시행 횟수가 늘어날수록 찾아낸 값이 정답에 가까워지는 경향이 있다.

문 8. 다음 글의 (가) ~ (다)에 들어갈 말을 적절하게 나열한 것은?

> 모든 물질은 원자로 구성되어 있다. 원자의 중심에는 양전하를 띠는 핵이, 핵 주변에는 음전하를 띠는 전자가 있다. 전자는 핵과 전자 사이에 작용하는 전자기적 인력 때문에 핵의 주변에 머물러 있게 된다.
>
> 원자 궤도상의 전자의 퍼텐셜 에너지 크기는 상황에 따라 다르다. 여기서 에너지란 어떤 일을 함으로써 변화를 유발할 수 있는 능력이며, 한 물체의 '퍼텐셜 에너지'는 그 물체의 상대적 위치 등에 의해 달라지는 힘과 관련된 에너지이다. 예를 들어 댐에 물이 가득 차 있다고 하자. 댐의 수문을 열면 물이 배출되고, 이 물은 중력에 의해 아래로 흐른다. 이렇게 물이 지구 중심 방향으로 이동하는 과정에서 수문을 열기 전 물의 퍼텐셜 에너지 중 일부는 운동 에너지 등 다른 에너지로 바뀐다. 따라서 댐에 저장된 물은 댐 아래의 물보다 더 (가) 퍼텐셜 에너지를 갖는다.
>
> 원자 궤도상의 전자도 핵으로부터 떨어진 거리에 따라 다양한 크기의 퍼텐셜 에너지를 갖는다. 지구상의 물체들을 중력이 붙잡고 있는 것처럼 음전하를 띠는 전자들은 전자기적 인력에 의해 양전하를 띠는 핵에 붙잡혀 있다. 댐 아래의 물을 댐 위로 퍼올리려면 물에 에너지를 투입해야 하는 것처럼 전자를 핵으로부터 멀리 이동시키기 위해서는 전자가 에너지를 (나) 한다. 따라서 전자가 핵으로부터 멀수록 전자의 퍼텐셜 에너지는 더 크다.
>
> 물의 퍼텐셜 에너지 변화는 연속적이다. 전자의 경우는 어떨까? 전자의 퍼텐셜 에너지 크기는 공이 놓인 계단에 비유할 수 있다. 각 계단은 저마다 불연속적이고 정해진 퍼텐셜 에너지 수준을 가지고 있고, 공은 각 계단에 놓일 뿐 계단 사이에 놓이지 않는다. 따라서 공이 어느 계단에 있느냐에 따라 공은 다른 크기의 퍼텐셜 에너지를 가진다. 유사하게 핵과 전자 사이의 거리가 변할 때, 전자의 퍼텐셜 에너지 크기 변화는 (다). 각 퍼텐셜 에너지 크기 사이의 중간 에너지를 갖는 경우는 없다는 것이다.

	(가)	(나)	(다)
①	작은	잃어야	연속적이다
②	작은	얻어야	불연속적이다
③	큰	잃어야	연속적이다
④	큰	얻어야	불연속적이다
⑤	큰	잃어야	불연속적이다

문 9. 다음 글의 (가) ~ (라)에 들어갈 말을 적절하게 나열한 것은?

> 영화는 이미지와 사운드를 결합하여 의미와 감동을 만들어 낸다. 이미지와 사운드의 결합은 대개 다음과 같이 구분된다. 먼저, 사운드가 발생한 원천을 화면을 통해 확인할 수 있는 것을 '인(in) 음향'이라고 한다. 예를 들어, 화면에 배우가 보이면서 그의 대사가 동시에 들리거나 등장인물이 문을 여는 장면이 보이면서 그 문에서 발생한 소리가 동시에 들리는 것이다. 이때의 사운드는 화면에 보이는 피사체로부터 직접 발생하는 것이다.
>
> 두 번째는 사운드가 발생한 원천이 화면에 보이지 않는 경우이다. A와 B 두 명의 배우가 대화 중인데, 화면에는 A의 말을 듣고 있는 B만 보인다거나, 어떤 장면의 배경음악으로 기성의 음악이 깔리는 것을 예로 들 수 있다. 이 두 사례는 사운드가 발생한 원천이 화면에 보이지 않는다는 점에서는 동일하지만 그 원천까지 동일하지는 않다. 후자는 사운드의 원천이 화면에서 전개되는 시공간에 속하지 않는 경우로, 이를 '오프(off) 음향'이라고 한다. 전자는 사운드의 원천이 직접적으로 화면에 보이지는 않지만, 화면에 보이는 장면과 동일한 공간에 있다는 것을 앞뒤 맥락을 통해 알 수 있는 경우로, 이를 '화면 밖 음향'이라 한다. 다시 말해, [(가)]은 보이지 않는 사운드의 원천이 화면 속의 현실 공간 안에 동시에 존재한다고 추정할 수 있는 것이고, [(나)]은 배경음악이나 내레이션과 같이 화면에 보이는 장면과는 다른 시공간의 원천으로부터 나온 것이라고 할 수 있다.
>
> 세 종류의 음향을 적절히 활용함으로써 연출자는 자신이 재현하고자 하는 극적 효과를 달성할 수 있다. 화면 속의 어린 아이가 피아노를 연주하고 있고 그 아이가 연주하는 어설픈 피아노 소리가 흘러나오다가 장면이 전환된다. 전환된 장면에는 어른이 된 주인공이 팔짱을 낀 채 말없이 피아노를 바라보고 있고, 유명한 피아니스트의 연주곡이 배경음악으로 깔린다. 여기서 음향은 [(다)]에서 [(라)]으로 바뀐 것인데, 이를 통해 연출자는 피아노와 관련된 주인공의 복잡한 내면을 효과적으로 그려낼 수 있다.

	(가)	(나)	(다)	(라)
①	오프 음향	화면 밖 음향	인 음향	오프 음향
②	오프 음향	화면 밖 음향	오프 음향	화면 밖 음향
③	화면 밖 음향	오프 음향	인 음향	화면 밖 음향
④	화면 밖 음향	오프 음향	인 음향	오프 음향
⑤	화면 밖 음향	오프 음향	오프 음향	인 음향

문 10. 다음 글의 ㉠ ~ ㉤을 문맥에 맞게 수정한 것으로 가장 적절한 것은?

> 제2차 세계대전 직후 전쟁과 잔혹 행위에 대한 독일 민족의 죄와 책임을 두고서 논의가 분분할 때, 야스퍼스는 모든 독일인들에게 동일한 책임을 부과하는 것을 경계했다. 그는 ㉠ <u>부과되는 책임의 성격이 전쟁 범죄에 가담한 정도에 따라 달라야 한다</u>고 생각했는데, 이에 기반하여 전쟁 범죄와 직간접적으로 연관되어 있는 이들이 감당해야 할 책임을 네 가지로 구분했다.
>
> 첫째, 법적 책임이다. 이것은 전쟁에 관한 국제법과 인류의 보편적 자연법에 입각한 것으로, 전범자들이 ㉡ <u>나치 독일이 제정한 실정법을 지켰느냐 지키지 않았느냐의 문제는 아니다</u>. 모든 독재자들은 법을 만들어서 합법적으로 통치한다. 문제는 그 법이 자연법의 정신에 어긋나는데도 그 법에 따라 범죄를 저질렀다는 점이다. 이러한 범죄들에 대한 책임은 법정에서 부과될 것이다.
>
> 둘째, 정치적 책임이다. 여기서 정치적 책임이란 자신이 ㉢ <u>나치 정권의 집권에 반대표를 던졌다고 해서 모면할 수 있는 성질의 것이 아니다</u>. 반대자이건 기권자이건 간에 합법적 절차를 통해 집권한 정권 아래에서 정상적으로 생활한 사람이라면 그 정권이 져야 하는 정치적 책임으로부터 자유로울 수 없다.
>
> 셋째, 도의적 책임이다. 이것은 개인의 양심의 법정에서 행해지는 판결로, 법적 책임에 해당하지는 않지만 작위이든 부작위이든 개인이 저지른 도덕적 과오를 의미한다. ㉣ <u>마음 속으로 동조하지 않았지만 나쁜 일에 직접 가담했다거나</u> 눈앞에서 벌어지는 불법적인 행위들을 묵과한 경우가 이에 해당한다. 물론, 이것은 어느 누구도 판단할 수 없으며 당사자 자신만이 알 수 있는 것이다.
>
> 넷째, 형이상학적 책임이다. 나쁜 일이 행해지는 자리에 있었거나 나쁜 일이 행해졌다는 사실을 알고 있는 사람이 있다. 그는 이 일에 가담한 적이 없고, ㉤ <u>마음 속으로 동조한 적도 없으며 오히려 피해자가 될 뻔하기도 했지만</u>, 다행히 그는 나쁜 일의 피해자가 되는 것은 피할 수 있었다. 끔찍한 순간이 지나고 난 후 운 좋게 살아남은 사람이 죽은 사람에 대해 느끼는 죄책감, 즉 살아남은 자의 죄의식을 야스퍼스는 형이상학적 책임이라고 했다.

① ㉠을 "전쟁 범죄에 가담한 정도에 관계없이 모든 이에게 공평한 책임이 부과되어야 한다"로 고친다.
② ㉡을 "나치 독일이 제정한 실정법을 지켰다면 면책될 수 있는 문제이다"로 고친다.
③ ㉢을 "나치 정권의 집권에 반대표를 던졌다면 모면할 수 있는 성질의 것이다"로 고친다.
④ ㉣을 "나쁜 일에 직접 가담하지는 않았더라도 마음 속으로 동조했다거나"로 고친다.
⑤ ㉤을 "마음 속으로 동조했음에도 오히려 피해자가 될 뻔하기도 했지만"으로 고친다.

문 11. 다음 글의 ㉠에 대한 판단으로 가장 적절한 것은?

기본소득이란 "자산 심사나 노동에 대한 요구 없이 모두에게 지급되는 개별적이고 무조건적이며 정기적으로 지급되는 현금"으로 정의된다. 그리고 이 정의에는 기본소득의 지급과 관련한 ㉠ 다섯 가지 원칙이 담겨 있다.

기본소득의 지급에는 본래 세 가지 원칙이 있었다. 첫째, 기본소득의 가장 핵심이 되는 '보편성' 원칙이다. 기본소득은 누구에게나 실질적 자유를 주고자 하는 이념에 따라 소득이나 자산 수준에 관계없이 국민 모두에게 지급해야 한다. 둘째, '무조건성' 원칙이다. 기본소득은 수급의 대가로 노동이나 구직활동 등을 요구하지 않아야 한다. 왜냐하면 자유를 보장하기 위해서는 어떠한 강제나 요구사항도 있어서는 안 되기 때문이다. 셋째, '개별성' 원칙이다. 기본소득의 이념에서 자유는 개인의 자유를 의미하기 때문에 가구 단위가 아닌 개인 단위로 지급해야 한다.

그런데 2016년 서울에서 열린 기본소득 총회에서 다음의 두 가지 원칙이 추가되었다. 넷째, '정기성' 원칙이다. 기본소득은 일회성으로 끝나는 것이 아니라 정기적인 시간 간격을 두고 지속적으로 지급해야 한다. 다섯째, '현금 지급' 원칙이다. 기본소득은 무엇을 할지에 대한 선택권을 최대한 보장할 수 있도록, 특정 재화 및 서비스 이용을 명시하는 이용권이나 현물이 아니라 현금으로 지급해야 한다.

① 복지 효율성을 높이기 위하여 기본소득을 경제적 취약 계층에만 지급하더라도 보편성 원칙에 어긋나지 않는다.
② 기본소득을 주식에 투자하여 탕진한 실업자에게도 기본소득을 지급한다면 무조건성 원칙에 어긋난다.
③ 미성년자에게는 성인의 80 %를 기본소득으로 지급하면 개별성 원칙에 어긋나지 않는다.
④ 매달 지급하는 방식이 아니라 1년에 한 번씩 기본소득을 지급한다면 정기성 원칙에 어긋난다.
⑤ 기본소득을 입출금이 자유로운 예금 계좌에 입금하는 방식으로 지급하면 현금 지급 원칙에 어긋난다.

문 12. 다음 글에서 추론할 수 있는 것은?

X는 한국의 500원짜리 동전을 감별할 목적으로 설계·제작된 감별기이다. X에 500원 동전을 집어넣으면 파란불이 켜지고 크기나 무게가 다른 동전을 집어넣으면 빨간불이 켜진다. 기계의 내부상태는 그 기계가 지금 무엇에 대한 상태인가를 나타낸다. X의 내부상태는 C상태와 E상태 두 가지이다. X가 C상태일 때는 파란불이, E상태일 때는 빨간불이 각각 켜진다. X는 500원 동전의 크기와 무게에 정확하게 반응하며 크기나 무게가 다른 동전은 C상태를 야기하지 않는다. X가 설계된 목적 하에서 C는 500원 동전에 관한 상태이고 E는 500원 동전이 아닌 동전에 관한 상태이다. 그 상황에서 X의 파란불은 "투입된 동전이 500원이다."를 의미한다. 논의를 위해 한국의 500원짜리 동전과 미국의 25센트짜리 동전이 크기와 무게에서 같다고 가정하자. 그렇다면 25센트 동전을 X에 넣었을 때도 파란불이 켜질 것이다. 그러나 X는 500원 동전을 감별할 목적으로 설계되었기 때문에, 그 파란불은 "투입된 동전이 500원이다."라는 의미를 갖는다.

그런데 우연한 계기로 X가 미국에 설치되었다고 하자. 미국인들은 동전을 몇 번 넣어보고는 X에 25센트 동전을 넣으면 파란불이 켜지고 다른 동전을 넣으면 빨간불이 켜진다는 사실을 알게 된다. 그 이후부터 미국인들은 25센트 동전을 감별하는 목적으로 X를 사용하기 시작했다. 이제 X는 새로운 사용 목적을 갖게 된 것이다. 이러한 사용 목적 아래에서 미국에 설치된 X의 파란불은 "투입된 동전이 500원이다."가 아니라 "투입된 동전이 25센트이다."라는 의미를 갖는다.

이 사례는 인공물이 표상하는 의미가 고정되지 않는다는 것을 보여준다. X의 사용 목적에 따라 X의 C와 E는 다른 것에 대한 상태가 될 수 있고 X에 표시되는 파란불과 빨간불은 처음 설계 당시 지녔던 것과 다른 의미를 지닐 수 있다.

① 미국에 설치된 X에 빨간불이 켜졌다면 투입된 동전은 500원 동전이 아닐 것이다.
② 미국에 설치된 X에 500원 동전을 투입하여 파란불이 켜졌다면 X의 내부상태는 C가 아닐 것이다.
③ 두 동전을 X에 차례로 투입하여 두 번 모두 E상태가 되었다면 두 동전의 크기와 무게는 같을 것이다.
④ X의 파란불이 "투입된 동전이 500원이다."를 의미하는지의 여부는 X에 투입된 동전이 무엇인지에 의해 결정된다.
⑤ 미국에 설치된 X가 25센트 동전을 감별하는 것이 아닌 다른 목적을 가지더라도 X에 켜진 파란불은 여전히 "투입된 동전이 25센트이다."를 의미할 것이다.

문 13. 다음 글에서 추론할 수 있는 것은?

> 얼핏 보기에 서로 차이가 없는 쇠구슬 두 개가 있다고 하자. 구슬의 생산 공정이 충분히 잘 제어되어 맨눈으로 확인할 수 있는 차이보다 공정의 오차가 작다면, 맨눈만으로 두 구슬을 구분할 수는 없을 것이다. 따라서 이 두 구슬을 순서대로 상자에 넣었다가 무작위로 꺼낸 다음, 어느 구슬이 처음에 넣은 구슬인지 묻는다면 맨눈에 의존해서는 답할 수 없다.
>
> 그러나 우리는 두 구슬이 정말로 똑같지는 않음을 알고 있다. 구슬의 표면을 현미경으로 들여다보면 서로 다른 미세한 흠집이 있을 것이고, 이를 이용하여 두 구슬을 구별할 수 있다. 그마저도 가공하여 흠집이 완벽히 일치하더라도 내부 조직의 배열까지 완전히 똑같지는 않을 것이다. 즉 정밀한 측정이 동반된다면 우리는 두 구슬 사이의 차이를 통해 둘을 분명히 구분할 수 있다. 거시 세계의 물체들은 저마다 고유한 이름표를 가지고 있는 셈이다. 결국 거시 세계에서 대상들이 서로 구분 가능 혹은 구분 불가능한지의 결정은 측정에 사용하는 기기의 정밀도에 의존한다.
>
> 이제 원자, 중성자, 양성자, 전자 등이 활약하는 미시 세계로 들어가 보자. 임의의 두 전자를 각각 오른손과 왼손에 쥐고 있다가, 이들을 상자에 집어넣은 다음 그 상자에서 전자를 하나 꺼냈을 때, 꺼낸 전자가 어느 손에 있었던 것이냐고 물으면 이 물음에는 아무리 뛰어난 물리학자라도 답할 수 없다. 왜냐하면 모든 전자들의 물리적 속성은 완전히 똑같기 때문이다. 즉 원리적으로 두 전자를 구분할 방법은 전혀 없다. 이처럼 미시 세계의 전자들은 저마다 고유한 이름표를 가지고 있지 않다. 이 때문에 미시 세계에서 구분 가능과 구분 불가능의 결정은 측정에 사용하는 기기의 정밀도에 의존하지 않는다.

① 같은 생산 공정에서 생산된 두 구슬은 구분 불가능하다.
② 미시 세계의 입자들은 종류에 상관없이 물리적 속성이 모두 동일하다.
③ 미시 세계에서 측정 기기의 정밀도가 향상될수록 구분 가능하다고 결정되는 대상들의 수는 감소한다.
④ 거시 세계에서 측정 기기의 정밀도가 향상될수록 구분 가능하다고 결정되는 대상들의 수는 증가한다.
⑤ 거시 세계의 어떤 상황에서 두 물체가 구분 불가능한 것으로 결정된다면, 그 두 물체가 구분 가능하다고 말할 수 있는 다른 상황은 있을 수 없다.

문 14. 다음 글에서 추론할 수 있는 것은?

> 수면은 휴식에 해당한다는 생각이 일반적이다. 하지만 연구 결과에 따르면, 잠을 잘 때 몸과 뇌는 비교적 활발하게 활동하며 편안히 누워서 책을 볼 때보다 더 많은 에너지를 사용한다고 한다. 그럼에도 불구하고 흔히 사람들은 수면이 피로에 지친 몸을 회복시킨다고 생각한다. 그러나 수면과 신체의 피로 사이의 관련성은 그렇게 밀접하지 않다. 오히려 뇌의 온도 상승이 수면에 영향을 미치는 것으로 보는 것이 옳다.
>
> 수면은 렘수면과 비(非)렘수면으로 나뉘는데 사람이 잠들면 비렘수면과 렘수면이 교대로 나타나기를 몇 차례 반복한다. 비렘수면 동안에는 뇌파 중 세타파와 델타파가 나오고 뇌의 활동이 느려지기 때문에 비렘수면을 '서파 수면'이라고도 한다. 반면에 눈동자가 활발하게 움직이는 렘수면 동안에는 뇌파 중 알파파와 베타파가 나오는데 이는 우리 뇌가 깨어 활발히 활동하고 있음을 보여준다. 이 때문에 렘수면을 '역설적 수면'이라고 한다. 렘수면의 목적은 하루 동안 뇌로 입력된 데이터들을 정리해서 데이터 처리 과정을 통해 기억과 사고 과정을 도와 이 정보들을 필요할 때 쉽게 찾도록 하는 것이다. 이런 과정은 뇌의 활동이 활발할 때만 일어난다.
>
> 어떤 원인에 의해 만약 뇌의 온도가 올라가면 렘수면 중 데이터 처리 효율이 떨어지면서 더 긴 렘수면 시간을 요구하게 되고, 그것을 채우지 못하면 정상적인 뇌의 활동에 지장이 생기게 된다. 그렇지만 렘수면의 시간을 늘림으로써 정상적인 뇌의 활동을 계속하기 위해서는 비렘수면의 시간도 함께 증가해야 하기 때문에 전체 수면 시간이 길어지게 된다.

① 뇌의 온도가 올라가면 비렘수면 시간이 감소한다.
② 뇌의 온도는 역설적 수면 동안보다 서파 수면 동안에 더 낮다.
③ 뇌에서 세타파와 델타파가 나오면 기억과 사고 과정을 돕는 수면이 이루어진다.
④ 피로를 높이는 신체 활동이 늘어나면 서파 수면 동안 뇌의 활동이 더 느려진다.
⑤ 알파파와 베타파가 나오는 수면 시간이 길어지면 정상적인 뇌의 활동을 계속하기 위해 전체 수면 시간이 늘어나야 한다.

문 15. 다음 글의 빈칸에 들어갈 내용으로 적절하지 않은 것은?

> △△부에서는 국가 간 정책 교류를 위해 사무관 A ~ E 중 UN에 파견할 사무관을 선정하기로 했다. 파견 여부를 정하기 위해 다음의 기준을 세웠다.
>
> ○ A를 파견하면 B를 파견한다.
> ○ B를 파견하면 D를 파견하지 않는다.
> ○ C를 파견하면 E를 파견하지 않는다.
> ○ D를 파견하지 않으면 C를 파견한다.
> ○ E를 파견하지 않으면 D를 파견한다.
>
> 위의 기준으로는 사무관 세 명의 파견 여부가 확정되지만 두 명의 파견 여부는 확정되지 않는다. 하지만 "[   ]"를 기준으로 추가하면, 모든 사무관의 파견 여부를 확정할 수 있다.

① A를 파견하지 않으면 C를 파견한다.
② B를 파견하지 않으면 C를 파견한다.
③ C를 파견하지 않으면 D를 파견하지 않는다.
④ C를 파견하지 않으면 E를 파견하지 않는다.
⑤ D나 E를 파견하면 C를 파견한다.

문 16. 다음 글의 내용이 참일 때 반드시 참인 것은?

> 영어 회화가 가능한 갑순과 을돌, 중국어 회화가 가능한 병수와 정희를 다음 <배치 원칙>에 따라 총무부, 인사부, 영업부, 자재부에 각 한 명씩 모두 배치하기로 하였다. 네 명 중 병수를 제외한 나머지는 신입사원이고, 갑순만 공인노무사 자격증을 갖고 있다.
>
> <배치 원칙>
>
> ○ 총무부와 인사부 중 한 곳에는 공인노무사 자격증을 갖고 있는 사원을 배치한다.
> ○ 영업부와 자재부 중 한 곳에만 중국어 회화 가능자를 배치한다.
> ○ 정희를 인사부에도 자재부에도 배치하지 않는다면, 영업부에 배치한다.
> ○ 영업부와 자재부 중 한 곳에만 신입사원을 배치한다.
>
> 이 원칙에 따라 부서를 배치한 결과 일부 사원의 부서만 결정되었다. 이에 다음의 원칙을 추가하였다.
>
> <추가 원칙>
>
> ○ 인사부와 영업부에 같은 외국어 회화를 할 수 있는 사원들을 배치한다.
>
> 그 결과 <배치 원칙>을 어기지 않으면서 위 네 명의 배치를 다 결정할 수 있었다.

① <배치 원칙>만으로 배치된 갑순의 부서는 영업부이다.
② <배치 원칙>만으로 배치된 을돌의 부서는 자재부이다.
③ <배치 원칙>과 <추가 원칙>에 따라 최종적으로 배치된 병수의 부서는 자재부이다.
④ <배치 원칙>과 <추가 원칙>에 따라 최종적으로 배치된 정희의 부서는 인사부이다.
⑤ <배치 원칙>과 <추가 원칙>에 따라 최종적으로 배치된 갑순의 부서도 을돌의 부서도 총무부가 아니다.

III 2023년도 언어논리

문 17. 다음 글의 A와 B에 대한 분석으로 적절한 것만을 <보기>에서 모두 고르면?

> 유행이란 어떤 새로운 양식이나 현상이 사회에 널리 퍼지는 경향을 의미한다. 유행은 특정한 취향과 기호가 사회 구성원 다수의 승인을 받아 사회 저변으로 확대되는 과정에서 형성된다. 이러한 유행의 형성 원인을 두고 다음의 두 견해가 있다.
>
> A: 유행은 개인의 취향과 기호를 이용하는 산업 자본에 의해 기획되고 만들어진 것이다. 패션쇼나 전시회 등으로 올해의 유행 상품을 만들어낸 기업은 그 상품을 시장에 선보이기 무섭게 바로 내년에 유행시킬 상품을 준비한다. 개인은 자신의 취향이나 기호에 따라 어떤 상품을 선택했다고 착각할 수 있지만 실은 선택해야 할 상품을 기업이 이미 정해 놓은 것이다. 어떤 유행이 오랜 기간 지속되면 기업은 이윤이 줄어들 수밖에 없으므로, 기업은 주기적으로 새로운 유행을 만들어낸다. 더 나아가 기업은 미디어를 적극 활용하여 유행의 변화 속도를 과거보다 더 빠르게 만들었다.
>
> B: 소비자는 자기의 취향과 기호에 의해 상품을 주체적으로 선택한다고 믿지만 실제로는 그렇지 않다. 실상은 다른 사람들과 같아지지 않으면 준거집단에서 소외되어 따돌림당할지도 모른다는 불안이 상품을 선택하고 소비하게 만든다. 소외에 대한 이러한 불안은 소비자들로 하여금 자신의 주변에서 무슨 일이 벌어지고 있는지를 주목하게 한다. 나아가 그렇게 주목한 것들을 추종하고 모방하여 소비하도록 부추긴다. 바로 이와 같은 과정을 거쳐서 결과적으로 유행이 형성되는 것이다.

<보 기>

ㄱ. A도 B도 유행의 형성 원인이 소비자 개인의 취향과 기호에 의한 주체적 상품 선택이라고 보지 않는다.
ㄴ. B와 달리 A는 소비자들의 모방 심리가 유행에 영향을 미치지 않는다고 주장한다.
ㄷ. A보다 B가 사회에서 유행의 발생과 변화 속도를 더 잘 설명할 수 있다.

① ㄱ
② ㄷ
③ ㄱ, ㄴ
④ ㄴ, ㄷ
⑤ ㄱ, ㄴ, ㄷ

문 18. 다음 갑과 을의 논쟁에 대한 평가로 적절한 것만을 <보기>에서 모두 고르면?

> 갑: 유전자는 자신의 복제본을 더 많이 남기기 위하여 유기체를 활용한다. 그러므로 유기체는 유전자를 실어 나르는 운반체에 불과하다. 유기체는 유전자의 이익을 위하여 행동한다. 유기체의 행동 방식은 유전자를 최대한으로 퍼뜨리기 위한 전략적 선택에 의해 정해지는 것이다. 유기체가 바꿀 수 있는 것이 있다고 해도 이는 본질적이지 않다. 유전자에 의해 결정되는 형질은 인간이 환경이나 행동을 바꾼다고 해서 개선될 수 있는 것이 아니다. 고혈압과 심장병 같은 신체적인 질병뿐 아니라 중독과 행동장애, 대부분의 정신 질환도 그것들을 유발하는 유전자가 있다.
>
> 을: 유전자 결정론은 인간에게 희망보다는 절망을 더 많이 안겨주었다. 모든 것을 유전자가 결정해 버린다면 인간이 바꿀 수 있는 영역은 협소해질 수밖에 없다. 사실 우리가 마음먹고 행동하는 것에 따라 유전자가 반응하며 그것이 우리의 미래 목적을 이루는 데 기여할 수 있다. 중요한 것은 어떤 유전자를 타고났느냐가 아니라 한 사람 한 사람의 삶 속에서 유전자의 활동이 어떻게 조절되느냐의 문제이다. 우리가 먹는 음식과 주거 환경, 생활양식이 모두 유전자의 활동을 조절하여 다른 신체 상태를 유발할 수 있다. 가령 동일한 유전자를 지닌 일란성 쌍둥이라도 신체를 어떤 환경에 노출시키느냐에 따라 치명적인 질병에 걸릴 수도 있고 무병장수할 수도 있다. 우리는 저마다의 행동과 실천으로 삶을 바꿀 수 있다.

<보 기>

ㄱ. 유전자가 작동되는 방식은 정해져 있어 다른 신체 조건이 변경되어도 바뀔 수 없다는 것이 사실이라면, 갑의 주장이 약화된다.
ㄴ. 고혈압을 유발하는 유전자를 갖고 있더라도 생활환경에 따라 고혈압이 발병하지 않는 것이 사실이라면, 을의 주장이 강화된다.
ㄷ. 대부분의 질병은 특정 유전자가 있어서 생기는 것이 아니라 유전자의 활동이 조절되는 양상에 따라 발병한다는 것이 사실이라면, 갑의 주장은 약화되지만 을의 주장은 강화된다.

① ㄱ
② ㄷ
③ ㄱ, ㄴ
④ ㄴ, ㄷ
⑤ ㄱ, ㄴ, ㄷ

[19 ~ 20] 다음 글을 읽고 물음에 답하시오.

철학자 A는 개념 중에는 절대적 개념이 있다고 주장한다. 그가 절대적 개념 중 하나로 생각하는 '평평함'이라는 개념을 보자. 표면에 작고 사소한 흠집이나 요철이 있으면 그것은 평평함에 아주 가까울 수는 있지만 그 표면은 평평한 것이 아니다. 두 표면이 평평함에 얼마나 근접해 있는가를 비교할 수는 있다. 그러나 두 표면이 둘 다 평평하면서 그중 하나가 다른 하나보다 더 평평한 경우란 있을 수 없다. 표면은 평평하거나 평평하지 않거나 둘 중 하나일 뿐이다. 이처럼 절대적 개념은 정도의 차이를 허용하지 않는 개념이다. 높은 배율의 현미경으로 관찰한다면 아마도 거의 모든 표면에서 크건 작건 흠집이나 요철이 발견될 것이다. 이로부터 A는 우리가 통상 평평하다고 생각하는 것 중에 실제로 평평한 것은 거의 없을 것이라는 결론에 다다른다. 이것은 우리가 절대적 개념을 인정할 때 치러야 할 대가이다.

그렇다면 '지식', 즉 '앎'이라는 개념은 어떨까? '앎'도 '평평함'처럼 알거나 알지 못하거나 둘 중 하나일 뿐일까? 통상 우리가 무언가를 아는 경우는 두 가지이다. 하나는 "나는 이순신에 관해서 안다."처럼 어떤 대상에 관한 지식을 가지는 것이다. 이를 '대상적 지식'이라고 한다. 다른 하나는 "나는 영국의 수도가 런던이라는 사실을 안다."처럼 특정한 사실을 아는 것이다. 이를 '사실적 지식'이라고 한다. 대상적 지식의 경우, 정도의 차이를 허용하는 것이 가능하다고 흔히 생각한다. 예컨대 갑과 을 둘 다 이순신에 관해서 알 때 갑이 을보다 이순신에 관해서 더 안다고 말하곤 하기 때문이다. 하지만 A에 의하면 대상적 지식은 정도의 차이가 없다. 왜 그런지를 알아보기 위해 우선 사실적 지식을 살펴보자. 두 사람이 "영국의 수도는 런던이다."를 알 때, 둘 중 한 사람이 다른 사람보다 그것을 더 안다는 것은 말이 되지 않는다. 즉, (가) 지식이라는 개념은 절대적 개념이라고 말할 수 있다. 그런데 A는 대상적 지식을 포함한 모든 유형의 지식은 궁극적으로 사실적 지식이라는 전제를 받아들인다. 이순신에 관해 안다는 것은, 가령 이순신은 1545년에 태어났다는 사실, 이순신은 노량해전에서 전사했다는 사실 등을 아는 것이다. 나아가 A는, 거의 모든 (나) 지식은 의심에서 벗어날 수 없다는 전제, 그리고 어떤 의심의 여지도 없는 것만이 지식이 될 수 있다는 전제를 추가로 받아들인다. A는 이 전제들로부터 우리가 무언가를 안다는 주장들이 거의 모두 거짓이라는 결론에 도달한다.

하지만 철학자 B는 '지식', 즉 '앎'이라는 개념을 절대적 개념으로 간주한다고 해서 반드시 A의 결론이 도출되는 것은 아니라는 반론을 제시한다. 표면에 흠집이나 요철이 있다면 그 표면이 평평한 것이 아니며, 그래서 어떤 표면이 다른 표면보다 더 평평하다고 말하는 것도 성립하지 않는다는 A의 주장은 B도 인정한다. 관건은 무엇을 흠집이나 요철로 간주할 것이냐이다. 그 판단은 고려 중인 문제 상황이 무엇인지에 달려 있다. 자동차 주행을 위한 도로의 표면 상태를 점검하는 상황이라면 그 표면의 미세한 굴곡은 요철로 간주되지 않는다. 따라서 '평평함'을 절대적 개념으로 인정하더라도, 우리는 도로가 평평하다고 얼마든지 말할 수 있다고 B는 지적한다. '지식', 즉 '앎'이라는 개념도 이와 유사하다. 어떤 사실에 대해서든 우리는 그 사실을 알든가 알지 못하든가 둘 중의 하나임을 인정하더라도, (다) 는 결론이 그로부터 반드시 따라 나오는 것은 아니라고 B는 말한다.

문 19. 위 글의 (가) ~ (다)에 들어갈 말을 적절하게 나열한 것은?

① (가): 사실적
(나): 사실적
(다): 우리가 아는 것이 거의 없다

② (가): 사실적
(나): 사실적
(다): '앎'은 '평평함'과는 달리 절대적 개념이라

③ (가): 사실적
(나): 대상적
(다): '앎'은 '평평함'과는 달리 절대적 개념이라

④ (가): 대상적
(나): 사실적
(다): 정도의 차이를 허용하지 않는 지식은 거의 없다

⑤ (가): 대상적
(나): 대상적
(다): 우리가 아는 것이 거의 없다

문 20. 위 글의 A와 B에 대한 분석으로 가장 적절한 것은?

① A에 따르면, '평평함에 근접함'이라는 개념은 절대적 개념이다.
② A에 따르면, "어떤 것이 다른 것보다 더 아름답다."라는 말은 성립하지 않는다.
③ B는 모든 지식이 궁극적으로 사실적 지식이라는 A의 전제를 거부한다.
④ B에 따르면, 아무리 높은 배율로 관찰하더라도 표면의 미세한 굴곡은 발견되지 않을 것이다.
⑤ B에 따르면, 동일한 도로 표면이 어떤 상황에서는 평평하고 다른 상황에서는 평평하지 않다고 말할 수 있다.

문 21. 다음 글의 내용과 부합하는 것은?

고려 전기에 수도를 방위하던 2군 6위는 무신 집권기에 접어들어 유명무실해졌다. 권세가가 병력을 빼내 자기 친위병으로 삼았기 때문이다. 공민왕은 이를 바로잡고자 2군 6위를 8위로 개편하고, 그 병력을 권세가가 함부로 빼 가지 못하게 하였다. 하지만 8위는 병력 충원에 실패해 제 기능을 발휘하지 못했다. 한편 지방의 주현군도 무신 집권기 이후 사라졌다. 공민왕은 그 대책 마련을 위해 고심한 끝에 일정 연령의 장정에게 규정에 따라 군역을 부과하던 과거의 방식을 버리고, 각 도 절제사에게 장정을 임의로 뽑아 병사로 삼을 수 있는 권한을 주었다. 이후 절제사들은 주어진 권한을 이용해 뽑은 병사들에게 직접 급여를 주고 사병으로 삼아 세력을 강화하는 데 이용했다. 이런 관행이 정착되면서 절제사 휘하 군대는 모두 그들이 임의로 뽑은 병사로 채워졌다. 이렇게 절제사들이 거느리게 된 군인들을 '시위패'라고 불렀다.

위화도 회군으로 권력을 잡은 이성계는 삼군도총제부를 만들고, 절제사들이 시위패를 거느리는 것이 부당하다면서 시위패들에 대한 지휘권을 이 기구로 넘기라고 했다. 하지만 절제사들의 거부로 명을 거두어들여야 했다. 이후 조선을 세워 왕이 된 이성계는 삼군도총제부를 의흥삼군부로 개편한 뒤 8위의 지휘권을 그에 귀속시켰다. 또 자신의 사병으로 의흥친군위를 만든 후 그 지휘권도 의흥삼군부에 넘겼다. 이때 이성계는 절제사들에게 시위패에 대한 지휘권도 의흥삼군부에 넘기라고 명했다. 당시에는 이방원 등의 왕자와 공신이 절제사로 있었는데, 이들 역시 자기가 기른 병사들을 하루아침에 의흥삼군부에 넘길 수 없다며 반대했다. 이성계는 이러한 반대에 부딪혀 명을 취소했지만, 즉위한 지 3년 되는 해에 정도전을 의흥삼군부의 책임자인 판사로 임명한 뒤 이 문제를 해결하라고 하였다.

판사가 된 정도전은 진법 훈련을 핑계로 절제사들이 거느린 시위패에 대한 지휘권을 넘겨받으려 하였다. 이성계의 아들인 이방원은 자기가 기른 군인들을 정도전이 빼앗으려 한다며 분노하더니 '왕자의 난'을 일으켜 그를 죽이고 권력을 잡았다. 이방원은 나중에 태조와 정종의 뒤를 이어 왕위에 올랐는데, 신하들의 예상과 달리 즉위 직후 절제사들의 휘하에 있는 모든 군인에 대한 지휘권을 의흥삼군부에 넘겨 버렸다. 이로써 사병의 폐단은 사라졌다.

① 왕자의 난을 계기로 각 도 절제사가 공신 또는 왕자로 대체되었다.
② 지방의 주현군에 속했던 군인들은 조선 초에 8위 아래 배속되었다.
③ 공민왕은 삼군도총제부를 만들어 주현군이 하던 일을 대신 맡게 하였다.
④ 이성계는 조선을 건국하기 전에 의흥친군위와 2군 6위에 대한 지휘권을 포기하였다.
⑤ 이방원이 왕으로 있던 때에 의흥삼군부는 절제사들이 거느린 시위패에 대한 지휘권을 넘겨받았다.

문 22. 다음 글에서 알 수 있는 것은?

고구려는 수 문제가 중국을 통일하자 곧 수가 쳐들어오리라 예상했다. 이에 국경으로부터 수도 평양에 이르는 길에 있는 성곽들을 수리하고, 국경에서 평양으로 올 때 꼭 건너야 하는 요하의 강변에 방어 시설을 촘촘하게 배치했다. 예상대로 문제는 598년에 약 30만의 병력을 동원해 고구려를 침공했지만, 고구려의 방어선을 뚫지 못하고 돌아갔다. 문제의 뒤를 이은 양제는 더 많은 병력을 동원해 고구려의 방어선을 뚫어야겠다고 결심했다. 이에 그는 612년 1월 오늘날의 베이징인 탁군에 113만여 명에 달하는 병력을 모은 후 "강물이 불어나는 시기가 되기 전에 요하를 건너 평양을 공격할 수 있도록 준비하라."라고 명하였다. 또 군량 수송 인력을 전투 병력으로 돌리고자 탁군에서 요하로 가는 길의 중간에 있는 회원진에서 두 달 치 군량을 병사 개개인에게 한꺼번에 주고, 스스로 지고 가게 하였다.

당시 양제는 평양에 도착할 무렵에는 병사들에게 지급한 군량이 떨어질 것이라 보았다. 이에 내호아라는 장수에게 배에 군량을 싣고 서둘러 바다를 건너 평양 인근에서 대기하다가 남하하는 수 군대에 보급하라고 지시했다. 내호아는 이 명을 수행하고자 바다를 건너왔지만, 고구려의 고건무에게 패하는 바람에 싣고 간 군량을 모두 잃었다. 양제가 이끄는 군대는 이를 전해 듣지 못한 상태에서 그해 3월 요하에 이르러 도강을 시도했다. 하지만 수 군대는 고구려의 끈질긴 방어로 강을 건너는 데 한 달 넘게 걸렸으며, 갖고 간 군량을 그동안 거의 다 써 버렸다. 우문술 등의 장수는 탁군으로 돌아가 군량을 보충하자고 제안했지만, 양제는 받아들이지 않았다. 그는 별동대를 뽑아 평양을 곧바로 치면 고구려군이 무너질 것이며, 평양 인근에서 내호아를 만나 군량을 받을 수 있을 것이라 말했다. 실제로 양제는 30만 명의 별동대를 선발한 뒤 우중문에게 이를 이끌고 평양으로 향하게 하였다.

이 적군이 압록강과 살수 등을 건너 남하하는 동안 고구려는 지켜보기만 했다. 고구려는 수의 별동대가 군량 부족으로 퇴각할 것으로 보았으며, 돌아가는 적이 강을 건너느라 방비를 소홀히 할 때 치기로 했다. 예상대로 적군이 평양 인근까지 왔다가 철수하자 고구려는 살수 북쪽의 능한 산성 등에 있는 병력을 동원해 살수를 건너는 적의 앞을 막고, 그 남쪽에 주력군을 투입해 크게 격파하였다.

① 수 문제는 내호아에게 바다를 통해 군량을 운송하라는 명령을 내렸다.
② 고건무는 강물을 막았다가 터뜨려 남하하는 우중문의 부대를 저지하였다.
③ 고구려는 평양 근처까지 왔다가 물러나는 수의 별동대가 강을 건널 때 공격하여 승리하였다.
④ 수 양제는 요하 도강을 포기하자는 우문술의 제안을 거부하고 그에게 탁군에 가서 군량을 가져오라고 명령하였다.
⑤ 고구려는 적군이 요하를 지나가지 못하게 하고자 능한 산성에 있는 병력을 요하 건너편으로 보내 적을 치게 하였다.

문 23. 다음 글에서 알 수 있는 것은?

누군가의 행동이 제삼자에게 의도하지 않은 혜택이나 손해를 끼침에도 불구하고 이에 대한 정당한 대가를 받지도 지불하지도 않는 상태를 '외부효과'라고 부른다. 예를 들어, 생산자가 아무런 제재를 받지 않은 채 생산 과정에서 오염 물질을 배출하고 있으며, 그 생산자는 재료비, 인건비, 시설비만 부담할 뿐 오염 물질을 정화하기 위한 비용을 부담하지 않는다고 하자. 이 경우 생산자는 자신이 부담해야 할 오염 물질 정화 비용을 사회에 떠넘겨 더 많은 이익을 취하는 것이다. 이처럼 어떤 제품이 생산될 때 그 생산자가 부담하는 비용의 합과 이것을 포함해 사회 전체가 부담하는 비용 간에 괴리가 발생하는 상태가 외부효과에 해당한다. 이 외부효과로 인해 오염을 유발하는 제품이 사회적인 최적 생산량에 비해 더 많이 생산되는 왜곡이 발생한다.

이와 같은 왜곡은 어떻게 해소할 수 있을까? 시장 외부에서 부담해야 하는 사회적 비용을 개별 생산자가 부담하도록 내부화하면 되는데, 그 수단으로는 환경부담금이나 배출권 거래제 등이 있다. 생산자의 비용이 올라가면 생산자가 제품 판매로 벌어들일 수 있는 이윤이 감소하여 제품 생산량 또한 감소하게 된다.

이와 같이 외부효과를 내부화하는 방안이 세금과 같은 재정적 조치인지에 대하여는 이견이 존재한다. 1999년 스웨덴에서는 화석연료 사용량에 비례하여 정부가 부과한 환경부담금이 세금의 성격을 가진다는 판결이 나온 바 있다. 이와 다른 예로는 EU가 도입한 온실가스 배출권 제도가 있다. 유럽사법재판소는 항공사들이 부담해야 하는 배출권 구입 비용은 세금이 아니라고 판단하였다. 왜냐하면 그 비용은 행정청이 부과하는 것이 아니라 시장에서 결정되기 때문이다. 유럽사법재판소의 이 판결은 배출권 관련 조치가 관세, 세금, 수수료, 공과금이 아니라 시장 기반 조치라는 사실을 명확히 했다.

① 오염을 유발하는 제품의 생산 수량 상한을 정부에서 정해주면 외부효과는 없다.
② 생산 과정에서 타인에게 혜택을 주어 외부효과를 발생시키는 제품은 사회적으로 초과 생산된다.
③ 외부효과의 내부화를 위해 세금을 부과하는 대신 시장에 맡기면 더 효과적으로 오염 물질을 줄일 수 있다.
④ 항공사가 구매해야 하는 온실가스 배출권 가격이 높아질수록 항공사로 인해 발생하는 외부효과는 커진다.
⑤ 스웨덴에서 부과하는 환경부담금은 EU가 도입한 온실가스 배출권 제도와 달리 그 금액이 시장에서 결정되지 않는다.

문 24. 다음 글에서 알 수 있는 것은?

정보통신과 매스미디어의 급격한 발달은 개인의 성명과 초상이 광고에 이용되는 것까지도 낯설지 않게 만들었다. 특정인임을 인식할 수 있는 표지 자체가 상업적으로 활용될 수 있는 것이다. 이러한 재산적 가치에 대한 권리로서 '퍼블리시티권'이 등장하였다. 이는 성명·초상·음성 등 개인의 자기동일성에서 유래하는 재산적 가치를 그 개인이 상업적으로 이용할 수 있도록 하는 권리로서, '프라이버시권'이나 '저작권'과 비교해 보면 뚜렷이 특성을 살필 수 있다.

프라이버시권이 보호하려는 것은 사생활의 비밀과 자유이며, 주거나 통신의 불가침도 포함한다. 고도의 정보화 사회에서 개인의 사생활은 언론·출판·미디어의 침해와 공개에 노출될 위험이 갈수록 커지는 실정이기도 하다. 이에 대응하는 프라이버시권의 보호법익은 인간의 존엄성이라 할 수 있다. 따라서 그에 대한 침해에서는 정신적·육체적 고통을 중심으로 손해의 정도를 파악한다. 반면에 퍼블리시티권은 자기동일성의 사업적 가치를 보호법익으로 하기 때문에, 침해가 발생하였을 때는 그 상업적 가치와 함께 가해자가 얻은 이익을 고려하여 손해를 산정한다.

저작권은 저작자가 자신이 창작한 저작물을 경제적으로 이용할 수 있도록 보장하여 사회적으로 유익한 창작을 유도하고 창작물을 불법 사용으로부터 보호한다. 저작권과 퍼블리시티권은 모두 개인의 인격이 깃든 가치를 보호한다고 볼 수 있는데, 보호 대상이 구별된다. 저작권은 보호하려는 대상이 개인의 창작물이고, 퍼블리시티권은 개인의 자기동일성을 식별하는 표지이다. 그리고 저작권은 유형의 매체에 고정된 문학작품, 음악작품, 음성녹음 등 창작물 자체를 보호 대상으로 한다. 퍼블리시티권은 그러한 창작물에 나타나기도 하는 개인의 성명·외관·음성 등 자기동일성의 요소를 그 대상으로 하며, 이들 요소는 성질상 꼭 표현 매체에 고정될 필요가 없다.

① 퍼블리시티권과 저작권은 인격이 밴 재산적 가치로써 수익을 얻을 수 있게 하는 권리이다.
② 프라이버시권은 개인의 사생활과 경제적 이익에 대한 침해를 막기 위하여 등장한 개념이다.
③ 저작권은 창작의 자유를 보장하여 창작물의 이용과 유통에 대한 규제를 해소하는 데 목적이 있다.
④ 퍼블리시티권과 프라이버시권은 보호법익이 서로 같지만 침해되었을 때의 손해산정 기준은 동일할 수 없다.
⑤ 프라이버시권과 저작권은 그 보호 대상이 유형의 표현 매체에 고정되어야 한다는 점에서 퍼블리시티권과 차이가 있다.

문 25. 다음 글에서 알 수 없는 것은?

> 흔히 인류가 수렵 채집 경제에서 농업 경제로 탈바꿈함으로써 인류 문명의 도약이 이루어졌다고 말한다. 하지만 농업 경제 체제의 기틀을 이루는 최초의 작물로 곡류를 생각하는 것은 옳지 않다. 일년생 작물인 곡류는 해마다 날씨에 따라 그 수확량이 크게 요동친다. 그러므로 식량을 곡류의 수확에 의존하는 농업 경제는 불안할 수밖에 없다. 이에 식량 공급을 안정적으로 확보하기 위하여 과실수를 재배함으로써 농업 경제가 시작되었다는 견해가 힘을 얻는다. 농업 경제의 핵심을 이루는 옛 과실수로는 참나무, 올리브나무, 망고나무 등이 있다. 인간은 안정적인 수확을 얻기 위하여 과실수를 적극적으로 심어 숲을 조성하였다. 과실수는 곡류에 비하여 재배하는 데 손이 많이 가지 않아 노동력 대비 생산량이 월등했기 때문이다.
>
> 과실수의 대표적인 사례인 참나무의 열매는 도토리이며, 곡물이 부족한 시대에 인간은 도토리를 먹었다. 참나무는 전 세계 온대와 냉대 지역에 폭넓게 분포되어 쉽게 볼 수 있는 과실수이다. 이러한 참나무의 식생 형성에 인간이 기여한 바가 크다는 것이 확인되고 있다. 다년생인 참나무는 성장이 느리지만, 토양이나 기후에 별로 구애받지 않고 잘 생장하므로 도토리는 돼지와 같은 가축뿐 아니라 인간을 위한 좋은 식량이 되었다. 농부들은 도토리 생산을 늘리기 위하여 여러 지역을 다니며 도토리를 뿌렸고, 참나무는 잡초를 제거하거나 비료를 주는 등의 특별한 관리 없이도 잘 자라 식생이 갈수록 확장되었다. 오늘날 아주 오래전에 형성된 것으로 보이는 참나무 숲들도 실상은 거의 모두가 인간이 조성한 것이다. 해마다 곡물의 생산량이 풍흉에 따라 크게 요동칠 때에도 도토리는 일정한 양이 생산되어 주린 사람들과 가축의 배를 풍족하게 채워주었다. 이를 통해 사람들은 탄수화물, 단백질, 지방을 안정되게 공급받을 수 있는 농업 경제 체제를 구축하였다.

① 노동력 대비 생산량은 곡류보다 과실수가 많았다.
② 일년생 작물인 곡류는 다년생인 참나무에 비해 재배가 쉽다.
③ 도토리는 사람의 식량뿐 아니라 가축의 먹이로도 활용되었다.
④ 도토리의 생산량은 날씨에 별로 구애받지 않고 안정적이었다.
⑤ 현존하는 많은 참나무 숲 중에는 인간이 그 숲의 형성에 기여한 것이 있다.

문 26. 다음 글에서 알 수 있는 것은?

> 나이가 들면 시간이 흘러가는 것이 젊었을 때와 다르게 느껴진다. 나이가 든 사람과 젊은 사람은 물리적 시간의 경과를 다르게 느낀다고 하는데 그 이유는 무엇일까?
>
> 연구자 A는 이 질문과 관련하여 새로운 설명을 제시하였다. A는 시간을 두 종류로 구분하였다. 하나는 객관적으로 측정할 수 있는 물리적 시간인 '시계 시간'이고 다른 하나는 마음으로 그 경과를 지각하는 '마음 시간'이다. 마음 시간은 뇌 속에서 일어나는 이미지 전환에 의해 지각된다. 이 이미지들은 감각기관의 자극을 통해 만들어지고 뇌 속에서 처리되어 저장된다. 그런데 나이가 들어 신경망의 크기와 복잡성이 커지면 신호를 전달하는 경로가 더 길어질 뿐 아니라 신호전달 경로도 활력이 떨어져 신호의 흐름이 둔해지게 된다. 결과적으로 신체가 노화하면 뇌가 이미지를 습득하고 처리하는 속도가 느려져 마음 시간도 느려진다. 따라서 똑같은 물리적 시간에 나이든 사람이 처리하는 이미지 수는 젊은 사람보다 적게 된다. 가령, 젊어서 1시간 동안 N개의 이미지를 처리하고 저장하는 사람은 N개의 이미지의 연쇄에 의해 저장된 사건들이 1시간 동안 일어난 것으로 인지하게 된다. 그런데 나이가 들어서 1시간 동안 N/2개의 이미지만을 처리할 수 있게 되면, 2시간 동안 벌어진 사건들을 N개의 이미지로 저장하게 되어, 이 N개의 이미지의 연쇄를 1시간의 경과로 인식하게 된다. 다시 말해서, 인간의 마음은 자신이 인지한 이미지가 바뀌는 것을 단위로 삼아 시간의 경과를 인식한다.

① 나이가 들면 젊었을 때보다 마음 시간이 더 빨리 간다.
② 시계 시간은 나이가 들어감에 따라 흐르는 속도가 빨라진다.
③ 마음 시간과 시계 시간의 빠르기는 신체 노화에 따라 변한다.
④ 뇌에서 이미지 처리 속도가 느려지면 시계 시간이 더 빠르게 흐르는 것으로 느끼게 된다.
⑤ 신경망의 크기와 복잡성이 클수록 같은 시계 시간 동안 처리할 수 있는 이미지의 수는 많아진다.

문 27. 다음 글의 (가)와 (나)에 들어갈 말을 적절하게 나열한 것은?

> 대략 기원전 900년에서 기원전 200년 사이, 인류의 정신에 자양분이 될 위대한 전통, 중국의 유교와 도교, 인도의 힌두교와 불교, 이스라엘의 유대교, 그리스의 철학적 합리주의가 탄생하였다. 이 시기를 '축의 시대'라고 부르면서 이 시기가 인류의 정신적 발전에서 중심축을 이룬다고 보는 견해가 있다.
>
> 축의 시대의 예언자, 철학자, 시인들은 워낙 앞서 나갔으며 그들의 사상은 매우 심오하고 급진적이었다. 그러다 보니 후대인들은 이 현자들의 가르침을 [(가)] 경향이 있었다. 그래서 후대인들은 종종 축의 시대 현자들이 없애고 싶어했던 바로 그런 종교성을 만들어내기도 하였다. 축의 시대 현자들은 세상의 이치를 궁구하고 살아가는 법을 탐구하였지만 자신의 가르침이 절대적인 맹신의 대상이 되기를 바라지 않았다. 오히려 종교적 가르침을 의심 없이 받아들이지 말고 경험에 비추어 검증할 것을 주문하였다. 그런데 후대인들은 동일한 교의를 믿는 집단을 형성하고 특정 종교의 어떤 조항에 동의하는가를 중요시하여 강제적 교리를 고집하였다.
>
> 축의 시대 현자들에게 중요한 것은 무엇을 믿느냐보다 어떻게 행동하느냐였다. 종교의 핵심은 깊은 수준에서 자신을 바꾸는 행동을 하는 것이었다. 축의 시대 이전에는 제의와 동물 희생이 종교적 행위의 중심이었다. 한 존재가 또 다른 수준으로 인도되는 이 신성한 의식에서 신을 경험하였던 것이다. 축의 시대 현자들은 새로운 변화를 도모하였다. 종교적 행위에서 여전히 제의의 가치를 인정했지만, 거기에 새로운 윤리적 의미를 부여하고 [(나)]. 축의 시대 현자들이 추구했던 것은 타인을 배려하는 삶, 즉 자비로운 삶의 실천이었다. 그들은 자비를 자기만족으로 제한할 수 없다는 것을 깨닫고 공동체로 관심을 확대해야 한다고 생각하였다. 그래서 "네가 당하고 싶지 않은 일을 남에게 하지 말라."라는 가르침을 폈다.

① (가): 올바로 이해하지 못하고 자의적으로 받아들이는
(나): 육체적 고통을 통한 정신적 만족을 강조하였다

② (가): 올바로 이해하지 못하고 자의적으로 받아들이는
(나): 공동체 내에서의 도덕과 실천을 중요시하였다

③ (가): 체계적인 수행 과정을 통해 제대로 이해하고 수용하는
(나): 공동체 내에서의 도덕과 실천을 중요시하였다

④ (가): 체계적인 수행 과정을 통해 제대로 이해하고 수용하는
(나): 육체적 고통을 통한 정신적 만족을 강조하였다

⑤ (가): 체계적인 수행 과정을 통해 제대로 이해하고 수용하는
(나): 제의의 영역과 윤리의 영역을 엄격히 구분하였다

문 28. 다음 글의 빈칸에 들어갈 내용으로 가장 적절한 것은?

> 앎을 추구하는 사람이라면, 어떤 명제 P가 거짓인 경우에 그 명제를 믿지 않아야 한다. 이 직관을 설명하기 위해 민감성 조건이 제시되었다. 이에 따르면, 명제 P에 대한 믿음이 '민감하다'면, P가 거짓인 가상의 경우에는 P를 믿지 않아야 한다. 민감성 조건을 옹호하는 철학자는, 명제 "지구는 자전한다."를 우리가 안다고 할 수 있는 이유는 그 명제가 참일 뿐만 아니라 민감성 조건을 충족하기 때문이라고 생각한다. 즉, "지구는 자전한다."가 거짓인 가상의 경우에 우리는 그 명제를 믿지 않을 것이기 때문이라는 것이다.
>
> 일견 그럴듯해 보이는 민감성 조건의 문제점은 다음과 같은 상황을 고려할 때 잘 드러난다. 철이는 지금 자신의 손자인 민수가 마당에서 건강하게 뛰어놀고 있는 모습을 직접 지켜보면서 "민수가 건강하다."라는 명제 Q를 믿고 있다고 하자. 철이가 Q를 안다고 하려면, Q에 대한 철이의 믿음은 민감성 조건을 충족해야 한다. 하지만 다음과 같은 가상의 경우를 상상해보자. 민수가 크게 다쳐서 병원에 입원했는데, 철이가 매우 신뢰하는 자신의 아들이 "민수가 친구 집에서 건강하게 놀고 있다."라고 철이에게 알려줬다. 이 경우, 철이는 Q를 믿을 것이다. 따라서 Q에 대한 철이의 믿음은 민감성 조건을 충족하지 못하는 것이다.
>
> 그러나 지금 마당에서 건강하게 뛰어놀고 있는 모습을 직접 지켜보는 철이가 Q를 알지 못한다고 말하는 것은 분명 잘못이다. 따라서, "[   ]"라고 결론지을 수 있다.

① 어떤 경우에서도 참인 명제만이 앎의 대상일 수 있다.

② 어떤 명제가 앎의 대상이라고 해서 그 명제에 대한 믿음이 민감할 필요는 없다.

③ 어떤 명제에 대한 믿음이 민감하다는 것은 그 명제를 알기 위한 충분 조건이 아니다.

④ 믿음의 대상이 되는 명제가 참이라는 것은 그 명제를 안다고 하는 것을 보장하지 않는다.

⑤ 어떤 명제가 앎의 대상이라고 해서 믿음의 대상이 되는 그 명제가 반드시 참일 필요는 없다.

문 29. 다음 글에서 추론할 수 있는 것은?

> 신정치경제학자들은 과반수 다수결이 효율적인 방법이라 인정하면서도, 그것이 언제나 사회적 이익의 결과만을 가져오지는 않는다고 말한다. 소수는 극렬하게 반대하고 다수가 미지근하게 찬성하는 안건과 같은 경우에는 과반수 다수결이 오히려 사회 전체의 순손실을 불러오는 선택이 되기도 한다는 것이다. 집단의 의사라고 결정된 사안에 대해서는 그 집단에서 반대한 구성원들도 따라야 하는 고통을 감내해야 하고, 이런 불이익은 '정치적 외부비용'이라고 부른다. 신정치경제학자들은 정치적 외부비용을 줄일 수 있는 대책으로 집단행동에 필요한 의결정족수를 사안별로 합리적으로 조정할 것을 주장한다.
>
> 의결정족수는 안건을 가결하는 데 필요한 최소 찬성 인원수라 할 수 있다. 의결정족수가 구성원의 10 %이면 이 10 %의 동의로 집단행동을 할 수 있다. 이런 동의를 얻어내는 데 치러지는 비용을 '합의도출 비용'이라고 한다. 구성원의 51 %보다는 10 %에 대하여 동의를 얻기가 훨씬 쉬울 것이다. 따라서 집단에서 구성원의 10 %를 의결정족수로 정하면, 합의도출 비용도 적게 들고 집단행동을 하기에도 그만큼 쉬워진다. 그렇지만 그 집단행동은 나머지 구성원 90 %에서 볼 때 원하지 않는 것이 될 가능성도 커지고, 정치적 외부비용 또한 그만큼 커질 것이다.
>
> 반대로 의결정족수를 구성원의 90 %로 하면, 합의도출 비용은 매우 클 것이므로 집단행동도 그만큼 어려워지겠지만, 정치적 외부비용은 작아진다. 나아가 구성원 모두를 의결정족수로 하면, 나를 제외한 나머지 사람들이 독단적으로 나에게 불리한 결정을 내릴 가능성이 제도적으로 차단된다. 정치적 외부비용만 생각하면 이러한 방식이 가장 좋은 의사결정 규칙으로 보일 수 있다. 그러나 모두를 남김없이 설득해내는 일은 사실상 불가능한 경우가 많다. 따라서 정치적 외부비용과 합의도출 비용을 종합적으로 고려한다면, 합리적인 의사결정 규칙은 이 두 비용의 합계를 최소화하는 것이다.

① 의결정족수를 구성원의 100 %로 하면 정치적 외부비용이 최소화된다.
② 집단에서 의결에 필요한 구성원 비율이 커질수록 합의도출 비용은 작아진다.
③ 과반수 다수결은 합의도출 비용을 최소화하는 합리적인 의사결정 규칙이다.
④ 의결정족수가 작아질수록 정치적 외부비용과 합의도출 비용의 합계가 작아진다.
⑤ 소수만이 적극 찬성하는 안건일수록 의결정족수를 작게 해야 집단 전체에 유익하다.

문 30. 다음 글에서 추론할 수 없는 것은?

> 1950년 국회 산업위원회는 다음의 사항들을 주요 내용으로 하는 농지개혁법 개정안을 의안으로 올렸다. 첫째, 매수 대상 토지의 지주에 대한 '보상률'과 토지 분배 대상자의 '상환율'을 동일하게 한다. 둘째, 지주에게는 기간을 두어 가며 보상하는 지가증권을 보상금으로 지급한다. 개정의 이유로 정부의 부담을 들었다. 전년도에 통과된 농지개혁법은 평균 수확량의 150 %로 지가를 산정하여 정부가 지주에게 보상하고, 분배받는 농민에게는 평균 수확량의 125 %를 정부에 상환금으로 내도록 규정한다. 25 %의 차액은 정부가 부담하는 부분이다. 이 부담을 정부 재정이 감당할 수 없어 정부가 맡은 몫을 없애고 상환율을 높여 보상률과 같게 되도록 개정한다는 것이다. 그리고 보상금을 지가증권으로 지급하여 인플레이션을 방지하려 하는데, 정부로서는 일시에 보상금을 지출해야 하는 부담을 더는 것이기도 하다.
>
> 개정안을 놓고 갑론을박이 벌어졌다. 국회의원 갑은, 현행 농지개혁법이 지주의 농지에서 3정보를 초과하는 부분을 정부가 강제 매수하여 150 %만 보상금으로 지급하도록 한다고 비판하였다. 그는 생활이 어려운 중소지주들을 위해서는 이번 개정에서 보상률을 200 %로 올려야 한다고 주장하였다. 국회의원 을은, 보상률이 상향된다는 소문이 돌고 있고 그 때문에 150 %보다도 높은 가격으로 농지 매매가 성행한다는 실정을 지적하였다. 이어서 그는 현행 농지개혁법이 정하는 그대로 집행될 것으로 믿으며 기다리는 농민들에게 신의를 지켜야 한다고 역설하며 상환율은 반드시 현행대로 유지되어야 한다고 주장하였다. 그러면서 보상률과 상환율을 같게 하는 데에는 전적으로 찬성한다고 하였으며, 보상률을 올리자는 국회의원 갑의 의견에는 적극적으로 반대하였다.

① 농지개혁법 개정안에는 보상금이 일시에 지급되어 물가가 상승하는 데 대한 우려가 반영되어 있다.
② 농지개혁법 개정안에 따르면 농지를 분배받는 사람이 내야 할 상환금은 해당 농지 평균 수확량의 150 %가 된다.
③ 국회의원 갑은 경제적 상황이 힘든 지주를 고려해야 한다는 입장이다.
④ 국회의원 을은 상환율 상승을 염려하여 국가 부담 부분을 없애는 것에 반대한다.
⑤ 국회의원 을은 지주가 받을 보상금은 해당 농지 평균 수확량의 125 %가 되어야 한다는 입장이다.

문 31. 다음 글의 ㉠을 이끌어내기 위하여 추가해야 할 전제로 적절한 것만을 <보기>에서 모두 고르면?

> 인공지능 및 로봇공학 기술의 발전에 따라 자율적 인공지능을 탑재한 군사로봇에 대한 관심 및 우려가 커지고 있다. 새로운 형태의 군사로봇은 인간의 개입이 없어도 인간을 죽이기로 결정할 수 있다는 점에서 자율적이다. 이러한 군사로봇을 실제 전장에 투입해도 될까? 자율적 군사로봇을 사용한다고 가정해 보자. 자율적 군사로봇을 사용하면 민간인 살상이 발생하는 것은 피할 수 없다. 그런데 자율적 군사로봇을 사용하면 누구에게도 그 결과에 대한 책임을 물을 수 없다. 왜 그런지 살펴보자.
>
> 자율적 군사로봇 사용에 의한 민간인 살상이 발생했을 때, 이에 책임질 수 있는 후보는 다음의 셋과 같다. 자율적 군사로봇의 제작자, 자율적 군사로봇을 전장에 내보내는 임무를 준 지휘관, 그리고 로봇 자체이다. 우선 제작상의 문제가 없다면, 제작자에게 책임을 물을 수 없다. 게다가 자율적 군사로봇이 어떤 상황에서 어떤 행동을 할 것인지는 제작자조차 예측하거나 통제할 수 없다. 제작자가 예측하거나 통제할 수 없는 결과에 대해서는 그에게 책임을 물을 수 없다. 다음으로 지휘관은 어떠한가? 지휘관 역시 자율적 군사로봇이 실제 작전 지역에서 어떠한 행동을 할지 예측하거나 통제할 수 없다. 이러한 이유로 지휘관에게 역시 책임을 물을 수 없다. 마지막으로 로봇은 어떠한가? 어떤 결과에 책임을 진다는 것은 그에 대한 처벌을 받는다는 것이다. 그런데 대상에 대한 처벌이 가능하려면 그 대상은 고통을 느낄 수 있어야 한다. 그러나 로봇은 고통을 느낄 수가 없기에 처벌 자체가 로봇에게는 무의미하다. 이렇게 로봇에게도 책임을 물을 수 없는 것이다. 결국 자율적 군사로봇을 사용하면 누구에게도 그 결과에 대한 책임을 물을 수 없다. 따라서 ㉠ <u>자율적 군사로봇의 사용은 비윤리적이다</u>.

<보 기>

ㄱ. 인간의 통제하에 있는 존재는 책임의 주체가 될 수 없다.
ㄴ. 어떤 행위의 결과에 대해 누구에게도 책임을 물을 수 없다면 그 행위는 비윤리적이다.
ㄷ. 행위자가 예측하거나 통제할 수 없는 결과에 대해서 그에게 책임을 묻는 것은 비윤리적이다.

① ㄱ
② ㄴ
③ ㄱ, ㄷ
④ ㄴ, ㄷ
⑤ ㄱ, ㄴ, ㄷ

문 32. 다음 글을 토대로 할 때 ㉠의 근거로 가장 적절한 것은?

> 고도의 사회성으로 집단을 이루고 살아가는 쌍살벌은 개체의 얼굴에서 독특하게 나타나는 노란색과 검은색 무늬로 상대방을 구별한다. 시언과 티베츠는 쌍살벌의 개체 인식 능력을 시험하여 이것이 영장류만큼 정교하다는 사실을 발견했다. 말벌이나 꿀벌 등 다른 종류의 벌에 비해 쌍살벌은 같은 종에 속한 개체의 얼굴을 구별하는 뛰어난 능력을 갖고 있다.
>
> 쌍살벌은 영장류처럼 큰 뇌를 갖고 있지 않기 때문에 쌍살벌의 뛰어난 얼굴 인식 메커니즘은 뇌를 활용하는 영장류의 방식과는 판이하게 다르다. 동물들이 다른 메커니즘을 통해 유사한 기능을 발휘하는 경우는 아주 많다. 하지만 인지 기능의 경우 어떤 이들은 하등 동물이 비슷한 일을 하는 사례를 들어 큰 뇌를 가진 동물의 고등한 능력에 의문을 제기하곤 한다. 그들은 "벌도 갖고 있는 능력이라면, 그건 고등한 능력이 아니지 않은가?"라고 말한다. 마치 어떤 결과에 이르는 길은 하나밖에 없다는 것처럼 말이다. 하지만 ㉠ <u>동물들이 유사한 기능을 발휘하기 위해 항상 유사한 메커니즘이 요구되는 것은 아니다</u>.
>
> 상동과 상사는 진화 과정에서 흔히 나타난다. 상동은 생물의 기관이 외관상으로는 다르나 본래 기관의 원형은 동일한 것을 가리킨다. 사람의 손과 박쥐의 날개는 상동기관으로 둘 다 조상의 앞다리에서 유래했다. 정확하게 똑같은 수로 이루어진 뼈가 그것을 입증한다. 반면에 상사는 통상적으로 종류가 다른 생물의 기관에서, 구조는 서로 다르나 그 형상이나 기능이 서로 일치하는 것을 가리킨다. 이는 수렴 진화를 통해, 즉 서로 관계가 먼 생물들이 같은 방향으로 진화하면서 나타난다. 곤충의 날개와 새의 날개는 둘 다 날기 위해 공기를 미는 작용을 하지만 기원과 해부학적 구조가 전혀 다르다. 동물의 인지 기능에도 마찬가지 논리를 적용할 수 있다.

① 쌍살벌과 말벌이 개체 인식 능력에서 차이가 나게 된 것은 상사에 해당한다.
② 영장류가 가지는 사회성과 쌍살벌이 가지는 사회성에는 수준 차이가 있다.
③ 쌍살벌이 큰 뇌가 없어도 영장류처럼 정교한 개체 인식 능력을 갖게 된 것은 상사에 해당한다.
④ 영장류가 얼굴을 보고 개체를 구별하는 것은 고등한 능력임이 쌍살벌의 사례에서 확인된다.
⑤ 박쥐가 날개로 물건을 쥘 수 없다는 것에서 사람이 손으로 물건을 쥐는 능력이 고등한 능력임이 드러난다.

문 33. 다음 글의 내용이 참일 때 반드시 참이라고는 할 수 없는 것은?

> 사무관 갑, 을, 병, 정, 무는 각 부처에 배치될 예정이다. 하나의 부처에 여러 명의 사무관이 배치될 수는 있지만, 한 명의 사무관이 여러 부처에 배치되는 일은 없다. 이들은 다음과 같이 예측하였다.
>
> 갑: 내가 환경부에 배치되면, 을 또한 환경부에 배치된다.
> 을: 내가 환경부에 배치되면, 병은 통일부에 배치된다.
> 병: 갑이 환경부에 배치되지 않으면, 무와 내가 통일부에 배치된다.
> 정: 병이 통일부에 배치되지 않고 갑은 환경부에 배치된다.
> 무: 갑이 통일부에 배치되고 정은 교육부에 배치된다.
>
> 발표 결과 이들 중 네 명의 예측은 옳고 나머지 한 명의 예측은 그른 것으로 드러났다.

① 갑은 통일부에 배치된다.
② 을은 환경부에 배치된다.
③ 병은 통일부에 배치된다.
④ 정은 교육부에 배치된다.
⑤ 무는 통일부에 배치된다.

문 34. 다음 글의 내용이 참일 때 반드시 참인 것만을 <보기>에서 모두 고르면?

> 부서에서 검토 중인 과제를 여섯 개의 범주, '중점 추진 과제', '타 부서와 협의가 필요한 과제', '많은 예산이 필요한 과제', '장기 시행 과제', '인력 재배치가 필요한 과제', '즉각적인 효과가 나타나는 과제'로 나누어 검토해 본 결과는 다음과 같다.
>
> ○ 중점 추진 과제 가운데 인력 재배치가 필요한 과제는 없지만 장기 시행 과제는 있다.
> ○ 타 부서와 협의가 필요한 과제 가운데 즉각적인 효과가 나타나는 과제는 없다.
> ○ 많은 예산이 필요한 과제 가운데 즉각적인 효과가 나타나는 과제가 있다.
> ○ 장기 시행 과제 가운데 타 부서와 협의가 필요하지 않은 과제는 모두 인력 재배치가 필요한 과제이다.
> ○ 인력 재배치가 필요한 과제 가운데 많은 예산이 필요한 과제는 없다.

<보 기>

ㄱ. 장기 시행 과제이면서 즉각적인 효과가 나타나는 과제 가운데는 많은 예산이 필요한 과제가 없다.
ㄴ. 인력 재배치가 필요하지 않은 과제 가운데 즉각적인 효과가 나타나지 않는 과제가 있다.
ㄷ. 장기 시행 과제가 아니면서 많은 예산이 필요한 과제가 있다.

① ㄱ
② ㄷ
③ ㄱ, ㄴ
④ ㄴ, ㄷ
⑤ ㄱ, ㄴ, ㄷ

문 35. 다음 글에서 추론할 수 있는 것만을 <보기>에서 모두 고르면?

동물은 에너지원으로 탄수화물과 지방을 주로 사용한다. 탄수화물을 에너지원으로 많이 사용하면 혈중 젖산 농도가 증가하고, 지방을 에너지원으로 많이 사용하면 혈중 트리글리세리드(TG) 농도가 증가한다.

곰이 계절에 따라 주로 사용하는 에너지원이 무엇인지 알아보기 위해, 곰의 혈액과 배설물을 사용하여 두 건의 연구를 수행했다. 장내 미생물군은 배설물 안에 보존되어 있고, 장내 미생물군의 구성 비율은 미생물군이 에너지원으로 사용할 수 있는 물질이 얼마나 있는지에 따라 변할 수 있다. 장내 미생물군 중 어떤 것은 에너지원으로 탄수화물을 주로 사용하고, 다른 어떤 것은 에너지원으로 지방을 주로 사용한다. 체내환경에서 탄수화물이 많아지면 그것을 주로 사용하는 미생물군의 비율이 증가하고 지방의 경우도 마찬가지다. 이 미생물군들의 작용으로 젖산 또는 TG가 개체의 혈액에 추가로 제공된다.

첫 번째 연구에서 총 10마리의 곰 각각으로부터 여름과 겨울에 혈액을 채취하여 혈중 물질의 농도를 분석하였다. 이 연구로부터 혈중 평균 TG 농도는 겨울이 여름보다 높고, 혈중 평균 젖산 농도는 여름이 겨울보다 높다는 결과를 얻었다. 이로부터 곰이 에너지원으로 주로 사용하는 물질의 종류는 여름과 겨울에 다르다는 것을 알 수 있었다.

두 번째 연구에서 장내 미생물이 없는 무균 쥐를 이용한 실험을 수행하였다. 무균 쥐는 고지방 음식을 섭취하더라도 혈중 TG 농도가 변하지 않고 50 μM로 유지된다. 20마리의 무균 쥐를 10마리씩 두 그룹으로 나누어, 그룹 1의 쥐에는 여름에 곰으로부터 채취한 배설물을, 그룹 2의 쥐에는 겨울에 곰으로부터 채취한 배설물을 같은 양만큼 이식하였다. 이후 같은 양의 고지방 음식을 먹였다. 2주 후 쥐의 혈중 TG 농도를 분석하였고, 그룹 1과 그룹 2에서 쥐의 혈중 평균 TG 농도는 각각 70 μM과 110 μM이었다. 이로부터 곰의 배설물에 있는 장내 미생물이 쥐의 혈중 TG 농도를 높였다는 것을 알 수 있었다.

<보 기>

ㄱ. 곰은 에너지원으로 여름보다 겨울에는 탄수화물을, 겨울보다 여름에는 지방을 더 많이 사용한다.
ㄴ. 여름에 곰으로부터 채취한 배설물을 이식한 무균 쥐는 탄수화물을 충분히 섭취해도 혈중 젖산 농도가 증가하지 않는다.
ㄷ. 곰의 경우 전체 장내 미생물군 중 에너지원으로 지방을 주로 사용하는 미생물군이 차지하는 비율은 여름보다 겨울에 더 높다.

① ㄱ
② ㄷ
③ ㄱ, ㄴ
④ ㄴ, ㄷ
⑤ ㄱ, ㄴ, ㄷ

문 36. 다음 글의 <실험>의 결과를 가장 잘 설명하는 것은?

광센서는 입사한 빛에 의해 전자가 들뜬 상태로 전이하는 현상을 이용한다. 반도체 물질에서 전자가 빛에 의해 에너지를 얻으면 이동이 비교적 자유로운 상태인 ‘들뜬 상태’가 된다. 그러므로 들뜬 상태의 전자가 얼마나 많은지를 측정하여 빛의 세기를 잴 수 있다. 그런데 빛이 들어오지 않을 때도 전자가 들뜬 상태로 전이하는 경우가 있다. 이러한 전자는 빛에 의해 들뜬 상태가 된 전자와 섞이기 때문에 광센서로 빛의 세기를 정확하게 측정하지 못하게 한다. 이렇게 측정하려는 대상을 교란하는 요인을 ‘잡음’이라 한다.

빛이 들어오지 않을 때 광센서에서 전자가 들뜬 상태로 전이하는 이유는 크게 두 가지이다. 하나는 열적 현상으로, 광센서 내부의 원자 진동에 의해 원자에 속박된 전자 일부가 큰 에너지를 얻어 들뜬 상태로 전이하는 것이다. 이런 방식으로 들뜬 상태로 전이하는 전자의 수는 원자의 진동이 없는 절대 0도, 즉 −273 °C에서는 0이었다가 광센서의 절대 온도에 정비례하여 증가한다. 다른 하나는 양자 현상이다. 불확정성 원리에 의하면 광센서 내부의 전자 중 일부는 확률적으로 매우 큰 에너지를 가지게 되어 들뜬 상태로 전이한다. 이러한 현상의 발생 정도는 광센서의 종류에 따라 달라질 뿐, 광센서의 온도에 관계없이 일정하다.

열적 현상에 의한 잡음을 ‘열적 잡음’, 양자 현상에 의한 잡음을 ‘양자 잡음’이라 하며, 두 잡음의 합을 광센서의 전체 잡음이라고 한다. 광센서의 구조와 이를 구성하는 물질에 따라 열적 잡음의 크기와 양자 잡음의 크기는 달라진다.

광센서의 열적 잡음과 양자 잡음의 상대적인 크기를 구하기 위해 다음 실험을 수행하였다.

<실 험>

실온에서 구조와 구성 물질이 다른 광센서 A와 B의 전체 잡음을 측정하고, 광센서의 온도를 높인 후 다시 두 광센서의 전체 잡음의 크기를 측정하였다. 실험 결과, 실온에서는 A와 B의 전체 잡음의 크기가 같았으나, 고온에서는 A의 전체 잡음의 크기가 B의 전체 잡음의 크기보다 컸다.

① 온도 증가분에 대한 열적 잡음 증가분은 A와 B가 같다.
② 온도 증가분에 대한 양자 잡음 증가분은 B가 A보다 크다.
③ 실온에서 열적 잡음은 A가 B보다 크고, 양자 잡음은 B가 A보다 크다.
④ 실온에서 열적 잡음은 B가 A보다 크고, 양자 잡음은 A가 B보다 크다.
⑤ 실온에서 A와 B는 열적 잡음의 크기가 서로 같고, 양자 잡음의 크기도 서로 같다.

문 37. 다음 글에 대한 분석으로 옳은 것만을 <보기>에서 모두 고르면?

조건문 '오늘이 3월 4일이면, 내일은 3월 5일이다'는 단순 명제인 '오늘이 3월 4일이다'와 '내일은 3월 5일이다'로 구성된다. 이러한 단순 명제는 그것이 사실에 대응하면 참이고, 그렇지 않으면 거짓이다. 그렇다면 이것들로 구성된 조건문의 참·거짓은 어떻게 결정될까? 보다 일반적으로 임의의 단순 명제인 A와 C로 구성된 조건문 'A이면 C'의 진릿값은 어떻게 결정될까?

견해 (가)에 따르면 조건문 'A이면 C'는 A가 참인데도 C가 거짓인 경우에 거짓이고, 그 나머지 경우에는 모두 참이다. 여기서 A가 거짓인 경우에는 C가 참이든 거짓이든 조건문은 참이 된다. 그러나 A가 거짓인 경우의 진릿값 결정 방식은 우리의 직관에 부합하지 않는 면이 있다.

견해 (나)에 따르면 조건문의 진릿값이 정해지는 방식은 '가능 세계'라는 개념을 이용해야 만족스럽게 제시될 수 있다. 먼저 A가 현실 세계에서 참인 경우를 생각해보자. 이 경우에는 (가)와 다를 바 없이 현실 세계에서 C가 참인지 거짓인지에 따라 조건문의 진릿값이 결정된다. 즉, C가 참이면 조건문은 참이고 C가 거짓이면 조건문은 거짓이다. 다음으로 A가 현실 세계에서 거짓인 경우를 생각해보자. 이 경우에는 A가 참인 것 외에 다른 것은 모두 현실 세계와 같은 가능 세계에서 C가 참인지 거짓인지를 판단해 보는 것이다. 만약 그 가능 세계에서 C가 참이면 조건문은 참이 되고, C가 거짓이면 조건문은 거짓이 된다. 가령 실제 3월에 누군가 "이번 달이 4월이면, 다음 달은 5월이다."라고 말했다면, 이는 참이다. 왜냐하면 '이번 달은 4월이다'가 참이라는 것이 현실 세계와 다르고 그 밖의 것은 모두 현실 세계와 같은 가능 세계에서는 현실 세계처럼 4월의 다음 달은 5월일 것이기 때문이다.

<보 기>

ㄱ. (가)에 따르면 실제 3월에 누군가 "이번 달이 4월이면, 다음 달은 5월이다."라고 말했을 때, 이 조건문은 참이다.
ㄴ. (나)에 따르면 실제 3월에 누군가 "이번 달이 3월이면, 다음 달은 4월이다."라고 말했을 때, 이 조건문은 참이다.
ㄷ. (가)에서 거짓인 조건문은 (나)에서도 거짓으로 판정한다.

① ㄱ
② ㄷ
③ ㄱ, ㄴ
④ ㄴ, ㄷ
⑤ ㄱ, ㄴ, ㄷ

문 38. 다음 대화에 대한 평가로 적절한 것만을 <보기>에서 모두 고르면?

갑: 어떤 동물들은 대단한 기술을 지닌 것 같아. 비버가 만든 댐은 정말 굉장하지 않아?
을: 그런 것을 '기술'이라고 부를 수 있을까? 기술이라고 부를 수 있는 것은 오직 인간이 만든 인공물로 한정되는 거야. 기술은 부자연스러움을 낳는데, 비버가 본성에 따라 만든 댐은 부자연스러움을 낳지 않거든. 인공물은 언제나 부자연스러움을 가져오지.
갑: 성냥으로 피운 난롯불은 부자연스럽고 번개로 붙은 산불은 자연스럽다고? 도대체 자연스러움과 부자연스러움의 경계선을 어떻게 그을 수 있어? 인간이 만든 것이든 동물이 만든 것이든, 자연을 변화시키고 자연과 맞서기 위해 만들어졌다면, 그것만으로 기술이 되기에 충분해. 그리고 그 만듦이 본성에 따른 것인지는 기술인가의 여부를 결정하는 데 무관해. 비버가 댐을 만드는 것이 비버가 지닌 본성에 따른 것처럼, 인간이 비행기를 만드는 것도 인간의 본성에 따른 것일 수 있거든.
을: 그래, 나도 인간의 기술이 인간 본성에서 비롯했다는 점에 동의할 수 있어. 하지만 어떤 것이 기술이라면, 그 사용에는 그 기술의 기초가 되는 원리에 대한 이해가 반드시 있어. 비버는 그런 이해가 없지. 그리고 어떤 것의 사용에 원리에 대한 이해가 있다면, 그 사용은 반드시 부자연스러움을 낳아.
갑: 너는 부자연스러움이 모호한 개념이라는 비판을 받아들이지 않는구나. 너의 오류는 인공물과 자연물 사이의 경계가 분명하다는 전제로부터 비롯해. 그 경계를 자연스러움과 부자연스러움 사이의 경계로 투사하고 있는 것이지. 하지만 씨 없는 수박을 생각해 봐. 그것은 완전히 인공적인 것도 완전히 자연적인 것도 아니거든.

<보 기>

ㄱ. 만들어진 모든 것이 본성의 소산이라는 것은, 갑의 입장도 을의 입장도 약화하지 않는다.
ㄴ. 자연을 변화시킨 인공물이지만 부자연스러움을 낳지 않는 물건이 있다는 것은, 을의 입장을 강화하지 않는다.
ㄷ. 부자연스러움을 낳는 것 중에 원리에 대한 이해 없이 생겨난 물건이 있다는 것은, 을의 입장을 약화한다.

① ㄱ
② ㄷ
③ ㄱ, ㄴ
④ ㄴ, ㄷ
⑤ ㄱ, ㄴ, ㄷ

[39 ~ 40] 다음 글을 읽고 물음에 답하시오.

갑: 외계에 지성적 존재가 있다면 지구의 인간들은 그들과 의사소통할 수 있을까요? 우주를 보편적으로 지배하는 원리를 포함하는 이론을 외계인이 지니지 않는다면, 그 외계인은 은하계를 누빌 수 있는 우주선 제작과 같은 기술력을 갖추지 못할 것입니다. 외계인이 지닌 이론은 비록 우리의 것과 다른 방식으로 서술될 수는 있지만 그 내용은 동일할 것입니다. 그런 이론이 포함하는 원리는 우주를 보편적으로 지배합니다. 그리고 그런 이론을 지닌 외계인이 있다고 볼 충분한 이유가 있습니다. 그러므로 외계인이 그런 이론을 지닌다면, 그 외계인과 지구인 사이에는 의사소통이 가능할 것입니다.

을: 상호 의사소통은 오직 공통된 생활양식을 함께했을 때에만 가능합니다. 그런데 원숭이나 고래 혹은 흰개미처럼 우리와 같은 환경 속에서 진화해 온 존재들조차 우리와 생활양식이 엄청나게 다르지요. 그러니 외계의 환경에서 발생하여 근본적으로 다른 진화 경로를 거쳐 온 이들, 즉 외계인들은 우리와 공통된 생활양식을 절대 함께할 수 없습니다.

병: 지구에서든 우주 어디에서든, 행성의 운행이나 화학반응을 지배하는 원리는 동일하고 그런 원리를 포함하는 이론을 지닌 외계인이 있을 수 있다고 생각합니다. 하지만 그것으로는 의사소통이 이루어지기에 충분하지 않습니다. 그런 원리를 포함하는 이론을 표현하는 일상 언어를 사용하는 것이 추가되어야 합니다. 왜냐하면 그런 이론을 지니고 있더라도 일상 언어의 결여로 인해 의사소통에 실패하는 경우가 있을 수 있기 때문입니다. 결론적으로, 만약 어떤 외계인이 우주의 보편적 원리를 포함하는 이론을 지니고 그런 이론을 표현하는 일상 언어를 사용한다면, 설령 우리와 그들의 일상 언어가 다르더라도 그런 이론을 표현하는 일상 언어를 사용하는 지구인과 의사소통이 가능할 것입니다.

정: 우주의 보편 원리를 포함하는 이론을 지니고 그것을 표현하는 일상 언어를 사용하는 외계인과 지구인이 있다고 합시다. 우주의 보편 원리를 포함하는 이론과 그것을 표현하는 일상 언어만으로는 이들 사이에 의사소통이 이루어지는 데 충분하지 않습니다. 그에 더해서 생물학적 유사성까지 충족된다면 의사소통이 가능할 것입니다. 생물학적 유사성을 갖기 위해서는 몇 가지 조건이 만족되어야 합니다. 그 중 한 가지는 신체 구조의 유사성입니다. 우리 지구를 방문한 외계인이 우리 인간과 전혀 다른 신체 구조를 지닌다면 우리는 그들의 행동을 우리 행동과 비교할 수 없고 그로 인해 이해도 할 수 없습니다. 그 점에서 신체 구조의 유사성은 생물학적 유사성을 갖기 위해 필요합니다.

문 39. 위 글에 대한 분석으로 적절한 것만을 <보기>에서 모두 고르면?

<보 기>

ㄱ. 갑에 따르면, 외계인이 은하계를 누빌 수 있는 우주선 제작과 같은 기술력을 갖추었다면 그 외계인과 지구인 사이에는 의사소통이 가능하다.

ㄴ. 을의 주장들과 병의 결론이 참이라면, “지구인과 의사소통이 불가능한 외계인은 우주의 보편적 원리를 포함하는 이론도 지니지 않고 그런 이론을 표현하는 일상 언어도 사용하지 않는다.”도 참이다.

ㄷ. 갑 ~ 정 중에서, “외계인과 지구인 사이에 의사소통이 가능하다면 그 외계인은 보편적 원리를 포함하는 이론을 표현하는 일상 언어를 사용한다.”라고 주장하는 사람은 없다.

① ㄱ
② ㄴ
③ ㄱ, ㄷ
④ ㄴ, ㄷ
⑤ ㄱ, ㄴ, ㄷ

문 40. 다음 <사례>가 발생했을 때, 위 글의 갑 ~ 정의 입장을 적절하게 평가한 것만을 <보기>에서 모두 고르면?

<사 례>

지구인 김박사는 우주의 보편 원리를 포함하는 이론을 표현하는 일상 언어를 사용한다. 그는 우주선을 타고 안드로메다에 있는 한 행성에 도착했다. 거기서 만난 외계인 A는 지구인과 전혀 다른 신체 구조를 가지고 있으며 생활양식도 지구인과 매우 다르다. 또한 A는 우주의 보편 원리를 포함하는 이론을 갖고 있지 않다. 그는 지구인의 일상 언어를 쓰지 않고 그 행성의 일상 언어만을 사용한다.

<보 기>

ㄱ. 김박사가 A와 의사소통이 가능하다면, 을의 입장은 약화된다.

ㄴ. 김박사가 A와 의사소통이 가능하다면, 정의 입장은 강화되지 않는다.

ㄷ. 김박사가 A와 의사소통이 불가능하다면, 갑의 입장도 병의 입장도 약화되지 않는다.

① ㄱ
② ㄷ
③ ㄱ, ㄴ
④ ㄴ, ㄷ
⑤ ㄱ, ㄴ, ㄷ

문 1. 다음 <표>와 <보고서>는 2022년 A ~ E국의 우편 서비스 현황에 관한 자료이다. 이를 근거로 판단할 때, A ~ E 중 '갑'국에 해당하는 국가는?

<표 1> 2022년 A ~ E국 우편 서비스 제공 방법별 인구 비율

(단위: %)

국가 제공 방법	A	B	C	D	E	세계 평균
집으로 우편물 배달	19.2	88.4	94.0	97.3	96.6	85.8
우체국에서 우편물 배부	80.8	11.6	6.0	2.7	3.4	14.2

<표 2> 2022년 A ~ E국 우편 시장 및 우체국 현황

(단위: %, 명, 개)

국가 구분	A	B	C	D	E	세계 평균
2012년 대비 국내우편 시장 규모 성장률	−20.6	−12.0	−10.3	−1.1	1.8	−
우체국 직원 1인당 인구	17,218	3,606	2,364	2,673	387	1,428
인구 10만 명당 우체국 수	1.1	3.3	8.2	21.2	12.4	12.7

<보 기>

'갑'국의 우편 서비스 보급 현황 및 성장률, 서비스 품질을 알아보기 위해 2022년 우편 서비스 제공 방법별 인구 비율, 2012년 대비 국내우편 시장 규모 성장률, 우체국 직원 1인당 인구 및 인구 10만 명당 우체국 수를 조사하였다.

먼저 2022년 우편 서비스 제공 방법별 인구 비율을 살펴보면, '갑'국은 '집으로 우편물 배달' 비율이 세계 평균 및 '우체국에서 우편물 배부' 비율보다 높았다. 한편 '갑'국의 2012년 대비 2022년 국내우편 시장 규모는 감소하였다.

'갑'국의 우체국 직원 1인당 인구는 세계 평균인 1,428명보다 70 % 이상 많아 직원들이 서비스를 제공해야 할 인구가 많았다. 또한 '갑'국의 인구 10만 명당 우체국 수를 살펴보면 세계 평균보다 적어 우체국 접근성이 낮은 것으로 나타났다.

① A
② B
③ C
④ D
⑤ E

문 2. 다음 <표>는 2020년과 2021년 각각 '갑'국의 교원 2,000명(중학교 1,000명, 고등학교 1,000명)을 대상으로 진로체험 편성·운영 시 학생 의사 반영에 관해 조사한 자료이다. 이를 근거로 작성한 <보고서>의 내용 중 옳은 것만을 모두 고르면?

<표 1> 진로체험 편성·운영 시 학생 의사 반영 정도별 응답 비율

(단위: %)

학교급 연도 학생 의사 반영 정도	중학교		고등학교	
	2020	2021	2020	2021
전부 반영	13.0	15.4	26.4	29.2
일부 반영	72.1	70.8	59.0	58.3
미반영	14.9	13.8	14.6	12.5
계	100.0	100.0	100.0	100.0

※ 무응답과 중복 응답은 없음.

<표 2> 2021년 진로체험 편성·운영 시 학생 의사 미반영 이유별 응답 비율

(단위: %)

학교급 미반영 이유	중학교	고등학교
수요 기반 체험처 미확보	26.1	38.4
체험처 수용 인원 규모 초과	27.5	18.4
운영 인력 부족	18.1	16.8
이동 시간 부족	8.0	8.0
예산상의 제약	11.6	8.0
기타	8.7	10.4
계	100.0	100.0

※ 1) 2021년 조사에서 학생 의사 반영 정도를 '미반영'으로 응답한 교원을 대상으로 조사함.
2) 무응답과 중복 응답은 없음.

<보고서>

2021년 조사 결과 진로체험 편성·운영 시 학생 의사 반영 정도를 살펴보면, ㉠'일부 반영'으로 응답한 비율이 중학교와 고등학교 각각 70.8 %, 58.3 %로 가장 높았다. ㉡'전부 반영'으로 응답한 비율은 전년 대비 중학교가 2.8 %p, 고등학교가 2.4 %p 증가하였다.

2021년 진로체험 편성·운영 시 학생 의사 미반영 이유를 살펴보면, ㉢중학교는 '체험처 수용 인원 규모 초과', 고등학교는 '수요 기반 체험처 미확보'로 응답한 비율이 가장 높았다. 기타를 제외하고, '이동 시간 부족'이라고 응답한 비율은 중학교와 고등학교 모두 가장 낮게 나타났다. 한편, ㉣학생 의사 미반영 이유를 '이동 시간 부족'으로 응답한 교원의 수는 중학교와 고등학교가 동일하였다.

① ㄱ, ㄷ
② ㄱ, ㄹ
③ ㄴ, ㄷ
④ ㄴ, ㄹ
⑤ ㄱ, ㄷ, ㄹ

문 3. 다음 <표>는 2021년과 2022년 '갑'국의 학교급별 사교육비에 관한 자료이다. 제시된 <표> 이외에 <보고서>를 작성하기 위해 추가로 필요한 자료만을 <보기>에서 모두 고르면?

<표 1> 학교급별 사교육비 총액 및 학생 1인당 월평균 사교육비

구분 / 학교급 \ 연도	사교육비 총액(억 원)		학생 1인당 월평균 사교육비(만 원)	
	2021	2022	2021	2022
전체	194,851	209,968	29.1	32.1
초등학교	85,531	95,596	26.3	29.0
중학교	49,972	52,555	31.2	33.8
고등학교	59,348	61,817	32.1	36.5

<표 2> 분야별 사교육비 총액 현황

(단위: 억 원)

분야 \ 연도	2021	2022			
			초등학교	중학교	고등학교
일반교과	142,600	154,051	56,545	46,192	51,314
예체능 및 취미·교양	50,707	54,273	38,814	6,210	9,249
취업	929	910	0	0	910
진로·진학 학습상담	615	734	237	153	344

<보고서>

2022년 학교급별 사교육비 총액은 약 21조 원으로, 2021년 대비 1조 5천억 원 이상 증가하였다. 2022년 사교육비 총액을 학교급별로 보면, 초등학교 약 9조 6천억 원, 중학교 약 5조 3천억 원, 고등학교 약 6조 2천억 원이었다.

2022년 사교육비 총액을 분야별로 살펴보면, '일반교과'는 약 15조 4천억 원으로 전년 대비 1조 1천억 원 이상 증가하였고, '예체능 및 취미·교양'은 약 5조 4천억 원으로 전년 대비 3천 5백억 원 이상 증가하였다.

2022년 사교육비 총액 중 '예체능 및 취미·교양' 사교육비가 차지하는 비중은 2017년 대비 6 %p 이상 상승하였다. 이는 예체능에 대한 관심 증대, 취미·교양·재능계발 및 보육 등 사교육 목적의 다양화가 주요 원인으로 분석된다.

2022년 학생 1인당 월평균 사교육비는 32만 1천 원으로 전년 대비 3만 원 증가하였다. 학교급별로 학생 1인당 월평균 사교육비 증가액을 살펴보면 초등학교 2만 7천 원, 중학교 2만 6천 원, 고등학교 4만 4천 원이었다.

2022년 학생 1인당 주당 사교육 참여시간은 6.5시간으로 전년 대비 0.3시간 증가하였다. 학교급별로는 초등학교 5.7시간, 중학교 6.8시간, 고등학교 6.8시간으로 각각 전년 대비 0.4시간, 0.3시간, 0.3시간 증가하였다.

<보 기>

ㄱ. 전년 대비 2022년 학교급별 학생 1인당 월평균 사교육비 증가액

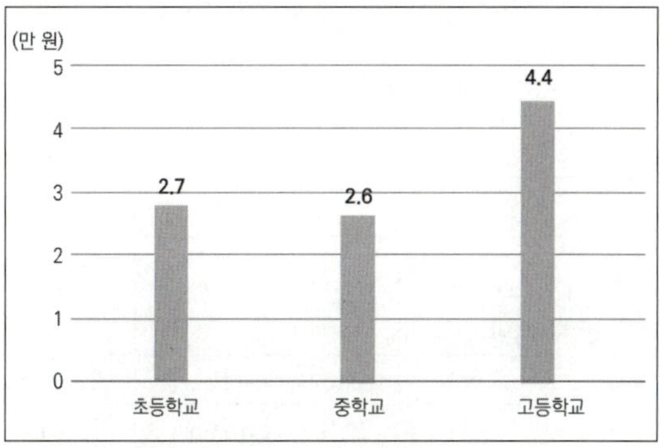

ㄴ. 2021년과 2022년 분야별 학생 1인당 월평균 사교육비

(단위: 만 원)

분야 \ 연도	2021	2022
일반교과	21.3	23.6
예체능 및 취미·교양	7.6	8.3
취업	0.1	0.1
진로·진학 학습상담	0.1	0.1

ㄷ. 2017년 분야별 사교육비 총액 구성비

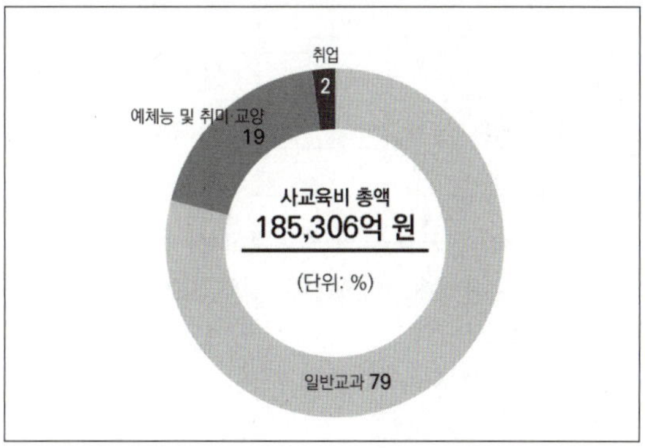

ㄹ. 2021년과 2022년 학교급별 학생 1인당 주당 사교육 참여시간

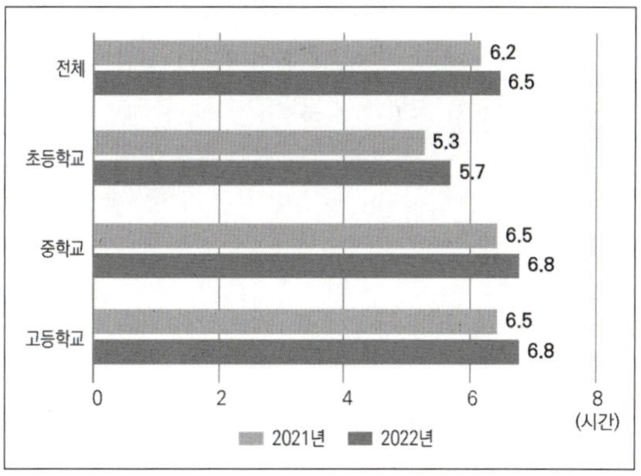

① ㄱ, ㄴ
② ㄱ, ㄷ
③ ㄴ, ㄷ
④ ㄴ, ㄹ
⑤ ㄷ, ㄹ

문 4. 다음 <표>는 2014년과 2019년 A ~ E 국의 3대 사망원인별 연령표준화사망률에 관한 자료이고, <보고서>는 '갑'국의 연령표준화사망률을 분석한 자료이다. 이를 근거로 판단할 때, A ~ E 중 '갑'국에 해당하는 국가는?

<표> 2014년과 2019년 A ~ E 국의 3대 사망원인별 연령표준화사망률

(단위: 명/10만 명)

국가	연도 / 성별 / 사망원인	2014		2019	
		남자	여자	남자	여자
A	암	233.9	151.9	223.5	145.5
	순환기계	219.3	165.1	185.4	136.1
	호흡기계	73.0	48.8	66.3	47.3
B	암	278.5	201.8	255.6	186.0
	순환기계	233.9	153.7	217.0	140.0
	호흡기계	102.7	75.9	113.3	83.2
C	암	265.8	125.9	254.7	125.3
	순환기계	220.7	155.6	214.5	150.0
	호흡기계	102.9	46.1	107.8	52.3
D	암	279.1	133.9	278.5	133.5
	순환기계	272.5	194.8	254.3	178.0
	호흡기계	121.2	63.5	118.5	62.1
E	암	272.3	113.9	229.0	100.9
	순환기계	187.1	133.5	148.6	105.5
	호흡기계	113.7	48.4	125.3	54.3

<보고서>

'갑'국의 3대 사망원인별 연령표준화사망률을 살펴보면, 남자는 2014년과 2019년 모두 암이 가장 높았고, 순환기계가 다음으로 높았다. 그에 반해, 여자는 2014년과 2019년 모두 순환기계가 가장 높았고, 암이 다음으로 높았다.

남자와 여자 모두, 2014년 대비 2019년 암과 순환기계의 연령표준화사망률은 낮아졌으나 호흡기계의 연령표준화사망률은 높아졌다. 2014년에는 호흡기계의 연령표준화사망률이 남자와 여자 모두 암의 연령표준화사망률의 절반에 미치지 못했으나, 2019년에는 절반을 넘었다.

① A
② B
③ C
④ D
⑤ E

문 5. 다음 <표>는 2016 ~ 2020년 '갑'국의 난민심사 현황에 관한 자료이다. 이에 대한 설명으로 옳지 않은 것은?

<표> 2016 ~ 2020년 '갑'국 난민심사 현황

(단위: 명)

연도 \ 구분	신규 신청자	신청 철회자	심사 완료자				심사 인력
				난민 인정자	인도적 체류자	난민 불인정자	
2016	1,574	208	523	57	206	260	20
2017	2,896	358	1,574	93	533	948	20
2018	5,268	603	2,755	105	198	2,452	30
2019	7,541	1,045	5,668	98	252	5,318	40
2020	9,942	1,117	5,890	121	317	5,452	50

※ 난민인정률(%) $= \frac{\text{난민인정자}}{\text{심사완료자}} \times 100$

① 심사완료자 중 인도적체류자의 비중은 매년 감소한다.
② 전년 대비 신규신청자 증가율이 가장 낮은 해는 2020년이다.
③ 난민인정률이 가장 낮은 해는 2019년이다.
④ 신규신청자가 가장 많은 해와 신청철회자가 가장 많은 해는 같다.
⑤ 심사인력 1인당 신규신청자는 매년 증가한다.

문 6. 다음 <표>는 2022년 A 시를 방문한 내국인 및 외국인 대상 업종별 매출액에 관한 자료이다. 이에 대한 설명으로 옳은 것은?

<표> 내국인 및 외국인 대상 업종별 매출액

(단위: 백만 원)

업종 \ 구분	내국인 대상	외국인 대상
쇼핑업	1,101,480	32,879
숙박업	101,230	11,472
식음료업	1,095,585	9,115
여가서비스업	92,459	1,233
여행업	958	2,000
운송업	31,114	141

※ 업종은 쇼핑업, 숙박업, 식음료업, 여가서비스업, 여행업, 운송업으로만 구성됨.

① 내국인 대상 전체 매출액에서 차지하는 비중이 큰 업종일수록 외국인 대상 전체 매출액에서 차지하는 비중도 크다.
② 내국인 대상 전체 매출액 중 식음료업이 차지하는 비중은 40 % 이하이다.
③ 외국인 대상 전체 매출액은 내국인 대상 전체 매출액의 20 % 이상이다.
④ 내국인 대상 매출액과 외국인 대상 매출액의 차이가 가장 큰 업종은 쇼핑업이다.
⑤ 외국인 대상 전체 매출액 중 쇼핑업이 차지하는 비중은 50 % 이상이다.

문 7. 다음 <표>는 일제강점기 1933년과 1943년 한국인과 일본인의 고등교육기관 재학생 현황에 관한 자료이다. 이에 대한 <보기>의 설명 중 옳은 것만을 모두 고르면?

<표> 1933년과 1943년 한국인과 일본인의 고등교육기관 재학생 현황

(단위: 명)

고등교육기관 \ 연도·구분	1933 전체	1933 한국인	1933 일본인	1943 전체	1943 한국인	1943 일본인
전문학교	3,787	2,046	1,741	7,051	4,054	2,997
관공립	1,716	553	1,163	3,026	802	2,224
사립	2,071	1,493	578	4,025	3,252	773
대학예과	314	97	217	697	200	497
대학	609	202	407	779	335	444

<보 기>

ㄱ. '대학' 재학생은 한국인과 일본인 모두 1943년이 1933년보다 많다.
ㄴ. '전문학교' 한국인 재학생 중 '사립' 전문학교 한국인 재학생의 비중은 1943년이 1933년보다 작다.
ㄷ. '대학예과'의 경우, 1933년 대비 1943년 재학생의 증가율은 한국인이 일본인보다 높다.
ㄹ. '관공립' 전문학교 재학생 중 한국인이 차지하는 비중은 1943년이 1933년보다 작다.

① ㄱ, ㄴ
② ㄱ, ㄷ
③ ㄱ, ㄹ
④ ㄴ, ㄹ
⑤ ㄷ, ㄹ

문 8. 다음 <표>는 '갑'국 △△고속도로의 A ~ I 휴게소 현황에 관한 자료이다. 이에 대한 <보기>의 설명 중 옳은 것만을 모두 고르면?

<표> △△고속도로 휴게소 현황

(단위: m^2, 면, 백만 원)

진행 방향	휴게소	준공년월	면적	주차면수	사업비
동쪽	A	1997년 6월	104,133	313	9,162
	B	2003년 12월	88,196	292	9,800
	C	1999년 9월	63,846	283	15,358
	D	2008년 10월	39,930	193	14,400
서쪽	E	2003년 12월	53,901	277	9,270
	F	1999년 12월	9,033	145	9,330
	G	2010년 8월	40,012	193	14,522
	H	1997년 12월	85,560	313	11,908
	I	2004년 1월	72,564	225	10,300

<보 기>

ㄱ. 2000년 이후 준공된 휴게소 중 면적당 사업비가 가장 큰 휴게소는 E 휴게소이다.
ㄴ. 진행 방향별 휴게소 주차면수의 합은 '동쪽'이 '서쪽'보다 적다.
ㄷ. 면적당 주차면수가 가장 많은 휴게소는 F 휴게소이다.
ㄹ. 주차면수당 사업비는 G 휴게소가 A 휴게소의 2배 이상이다.

① ㄱ, ㄴ
② ㄱ, ㄹ
③ ㄴ, ㄷ
④ ㄷ, ㄹ
⑤ ㄴ, ㄷ, ㄹ

문 9. 다음 <그림>은 갈라파고스 군도 A ~ F 섬의 서식종 수, 토속종 수, 면적을 나타낸 자료이다. 이에 대한 <보기>의 설명 중 옳은 것만을 모두 고르면?

<그림> 갈라파고스 군도 A ~ F 섬의 서식종 수, 토속종 수, 면적

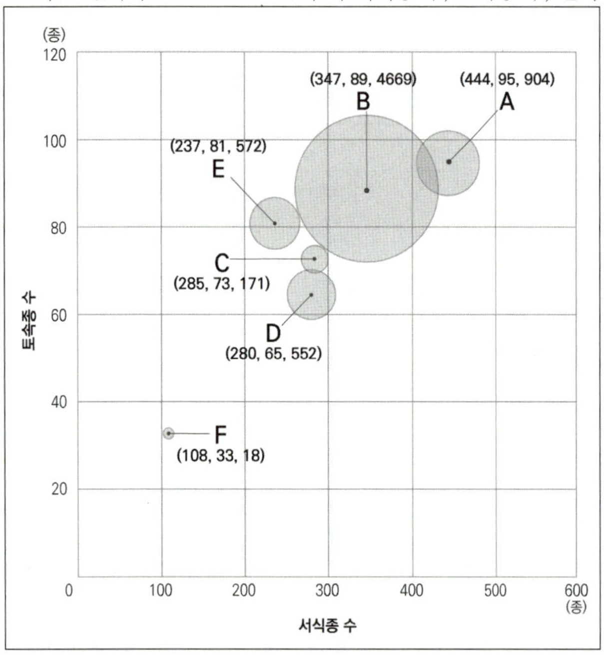

※ 원의 크기는 섬의 면적(km^2)에 비례하고, 괄호 안의 수치는 (서식종 수, 토속종 수, 면적)을 나타냄.

<보 기>

ㄱ. '면적당 서식종 수'가 가장 많은 섬이 '면적당 토속종 수'도 가장 많다.
ㄴ. '면적당 토속종 수'가 가장 적은 섬이 '서식종당 토속종 수'도 가장 적다.
ㄷ. C 섬의 '면적당 서식종 수' 순위는 F 섬의 '서식종당 토속종 수' 순위와 같다.
ㄹ. '면적'이 세 번째로 큰 섬이 '서식종 수'도 세 번째로 많다.

① ㄱ, ㄴ
② ㄱ, ㄷ
③ ㄴ, ㄷ
④ ㄴ, ㄹ
⑤ ㄷ, ㄹ

문 10. 다음 <표>는 '갑'국의 면적직불금 지급단가에 관한 자료이다. 이에 대한 <보기>의 설명 중 옳은 것만을 모두 고르면?

<표> 농지유형별 면적구간별 면적직불금 지급단가

(단위: 만 원/ha)

농지유형 / 면적구간	진흥지역 논·밭	비진흥지역 논	비진흥지역 밭
0 ha 초과 2 ha 이하분	205	178	134
2 ha 초과 6 ha 이하분	197	170	117
6 ha 초과분	189	162	100

※ 면적직불금은 면적구간별 해당 면적에 농지유형별 지급단가를 곱한 금액의 총합임. 예를 들어, '비진흥지역 밭'이 3 ha인 경우, 면적직불금은 385만 원 (= 134만 원/ha × 2 ha + 117만 원/ha × 1 ha)임.

<보 기>

ㄱ. 동일한 면적에 대한 면적직불금은 '비진흥지역 논'이 '비진흥지역 밭'보다 많다.
ㄴ. 면적이 2 ha로 같더라도 면적직불금은 '비진흥지역 논'과 '비진흥지역 밭'이 각각 1 ha인 경우가 '진흥지역 논·밭'만 2 ha인 경우보다 많다.
ㄷ. '진흥지역 논·밭', '비진흥지역 논', '비진흥지역 밭'이 각각 10 ha인 총면적 30 ha의 면적직불금은 4,500만 원 이상이다.
ㄹ. '비진흥지역 논' 5 ha와 '비진흥지역 밭' 5 ha의 면적직불금 차이는 250만 원 이상이다.

① ㄱ, ㄴ
② ㄱ, ㄷ
③ ㄴ, ㄷ
④ ㄴ, ㄹ
⑤ ㄱ, ㄷ, ㄹ

문 11. 다음 <표>는 A가계의 2019년과 2020년 가계지출에 관한 자료이다. <표>를 이용하여 작성한 자료로 옳지 않은 것은?

<표 1> A가계의 2019년 항목별 가계지출

(단위: 천 원)

항목 \ 분기	1	2	3	4	합
식비	1,896	2,113	1,770	1,920	7,699
교통비	227	233	327	329	1,116
주거비	961	1,186	929	919	3,995
생활용품비	643	724	536	611	2,514
여가생활비	599	643	496	325	2,063
기타	326	734	682	232	1,974
계	4,652	5,633	4,740	4,336	19,361

<표 2> A가계의 2020년 항목별 가계지출

(단위: 천 원)

항목 \ 분기	1	2	3	4	합
식비	1,799	2,202	2,305	1,829	8,135
교통비	387	382	451	379	1,599
주거비	977	1,161	1,039	905	4,082
생활용품비	506	601	705	567	2,379
여가생활비	442	526	285	359	1,612
기타	203	412	267	561	1,443
계	4,314	5,284	5,052	4,600	19,250

① 2020년 분기별 '식비'의 직전 분기 대비 증가율

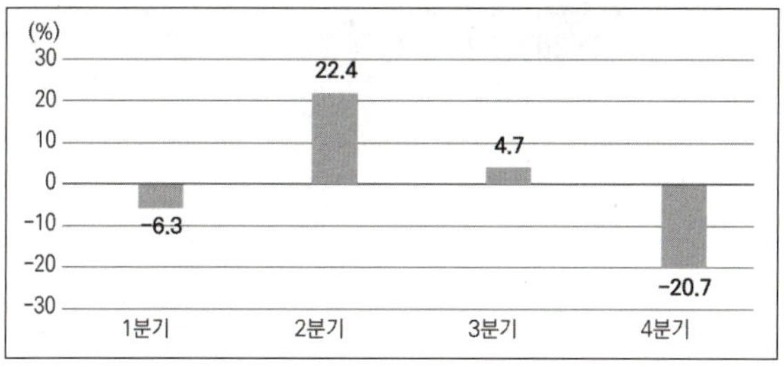

② 2019년과 2020년 연간 '교통비'의 분기별 구성비

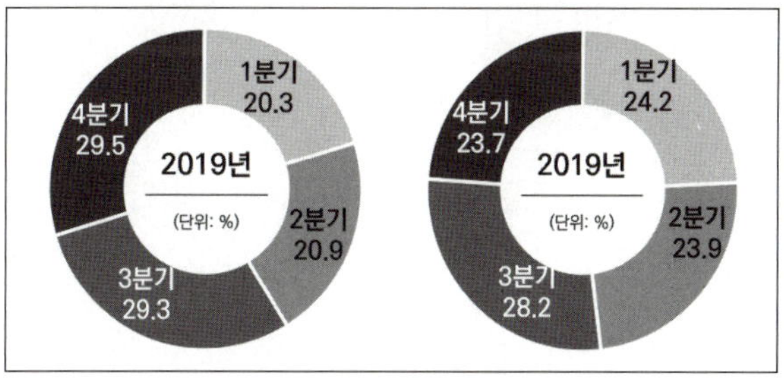

③ 2019년과 2020년 분기별 '여가생활비'

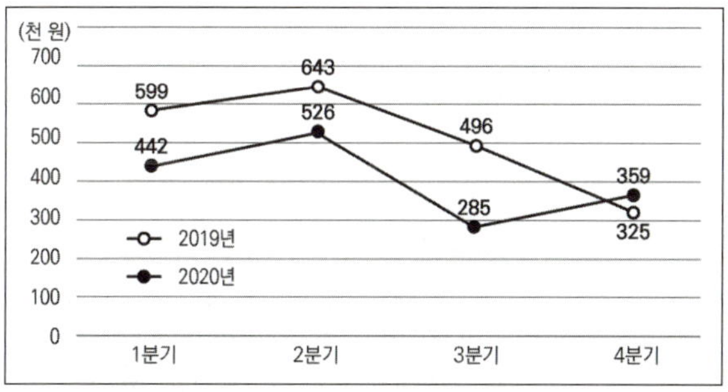

④ 2020년 '생활용품비'의 전년 동분기 대비 증가액

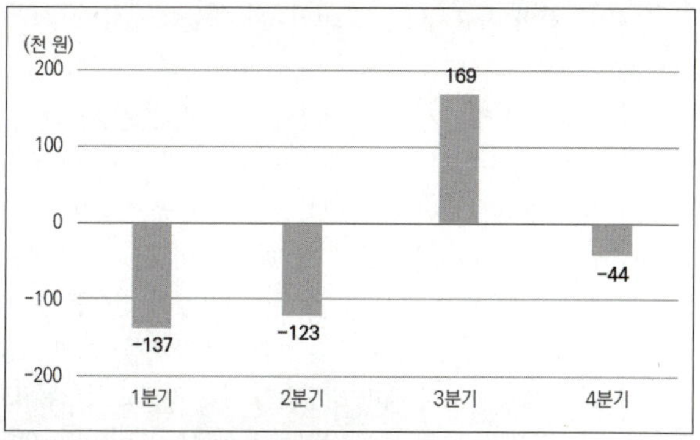

⑤ 2019년 4분기 가계지출 항목별 구성비

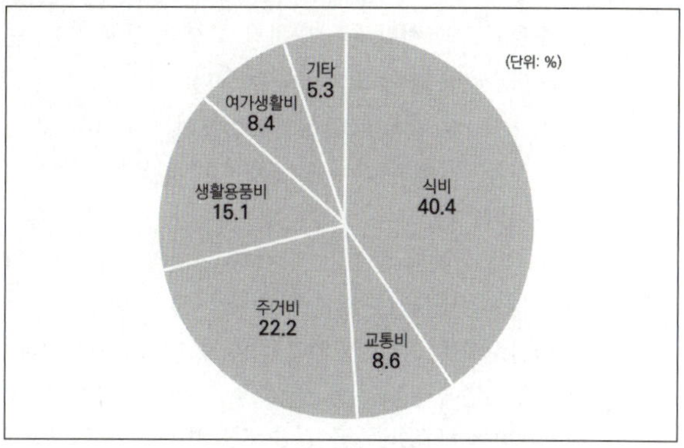

문 12. 다음 <표>는 2022년 '갑'시 6개 공공도서관 운영 현황에 관한 자료이다. 이에 대한 설명으로 옳은 것은?

<표> 2022년 '갑'시 6개 공공도서관 운영 현황

도서관명	설립년도	규모: 부지 (m^2)	규모: 건물 (m^2)	규모: 열람석 (석)	이용 현황: 이용건수 (건)	이용 현황: 보유서적 (권)	직원 (명)
꿈밭	2006	18,082	10,553	1,528	50,863	17,304	11
들풀	1989	5,048	3,461	812	71,675	21,937	23
새벗	1973	2,306	1,306	263	16,475	4,182	11
샛별	2019	8,211	4,600	901	61,144	36,450	22
숲길	1995	10,260	9,181	1,798	115,908	39,499	49
한빛	1991	3,840	2,140	520	14,451	4,356	10

① 1990년대에 설립된 도서관 이용건수의 합은 2000년 이후 설립된 도서관 이용건수의 합보다 적다.

② 이용건수 대비 보유서적 수의 비율이 가장 낮은 도서관은 '새벗' 도서관이다.

③ 건물 규모가 부지 규모의 60 % 이상인 도서관은 3개이다.

④ 건물 1 m^2당 열람석이 가장 많은 도서관은 직원 수가 두 번째로 많다.

⑤ 2000년 이전에 설립된 도서관은 설립년도가 이를수록 이용건수가 적다.

문 13. 다음 <보고서>는 2015 ~ 2020년 한국의 항공기 및 부품 산업 현황에 관한 자료이다. <보고서>의 내용에 부합하지 않는 자료는?

<보 기>

한국의 항공기 및 부품 산업 '무역수지'는 2017년을 제외하고 2015년 이후 적자를 기록하고 있으며, 2017년 이후 수출액의 감소세가 이어지고 있다. 2017년 항공기 및 부품 산업 수출액은 전기차 산업 수출액의 2배 이상이었으나, 2020년에는 전기차 산업 수출액의 1/3 이하인 14.32억 달러를 기록하였다.

2020년 한국은 항공기 및 부품 산업의 수출규모와 기술수준 면에서 세계 주요국 대비 경쟁력이 낮은 것으로 분석된다. 2020년 한국의 항공기 및 부품 산업 수출규모는 미국의 1/50에도 미치지 못할 뿐 아니라 한국과 마찬가지로 '무역수지'가 적자인 일본 수출규모의 절반에도 미치지 못한다. 또한 2020년 한국의 우주·항공·해양 분야의 기술수준은 미국의 68.4 % 수준으로 중국(81.6 %)과 일본(83.5 %)에 비해서도 뒤처져 있으며, 미국과의 기술격차에서 한국은 일본에 비해 4년 이상 뒤처지는 것으로 나타났다.

하지만 한국의 항공기 및 부품 산업의 제품 차별화 수준을 나타내는 '산업내 무역지수'를 살펴보면, 2015년 0.662에서 2020년 0.785로 개선되었음을 알 수 있다. 특히 미국, 영국 등 완제기 부문에서 다양한 제품으로 특화된 항공선진국과 비교할 때, 2020년 한국의 항공기 및 부품 분야의 제품 차별화 수준은 미국, 독일, 영국보다도 높았다.

그럼에도 불구하고, 2020년 한국의 경량항공기 산업은 여전히 대부분 수입에 의존하면서 수입액이 수출액의 4배 이상이었다. 그렇지만 수출액은 2018년 이후 꾸준히 증가하고 있다.

① 2015 ~ 2020년 한국의 항공기 및 부품 산업 '무역수지' 현황

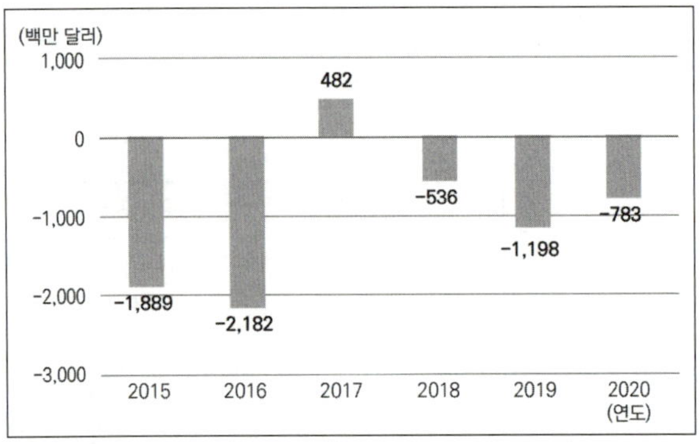

※ 무역수지(= 수출액 - 수입액) 값이 음수이면 적자이고 양수이면 흑자임.

② 2017 ~ 2020년 한국의 전기차 산업과 항공기 및 부품 산업 수출액

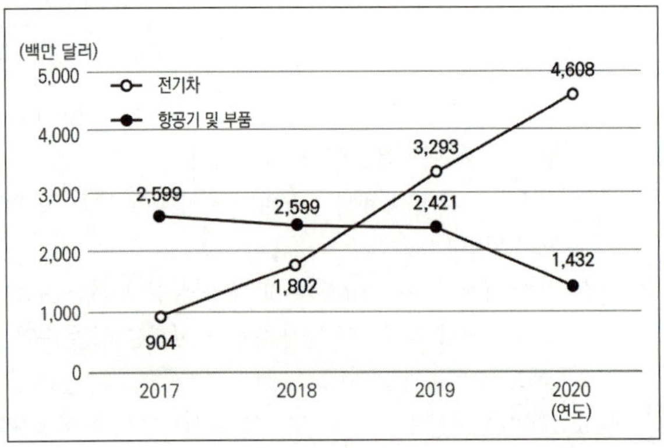

③ 2020년 우주·항공·해양 분야 기술수준 및 기술격차 비교

(단위: %, 년)

구분	미국	한국	중국	일본	EU
기술수준	100.0	68.4	81.6	83.5	93.3
기술격차	0.0	8.6	5.1	4.8	1.9

※ 미국의 기술수준(100 %)과 기술격차(0년)를 기준으로 산정한 값임.

④ 한국의 항공기 및 부품 산업 '산업내 무역지수'

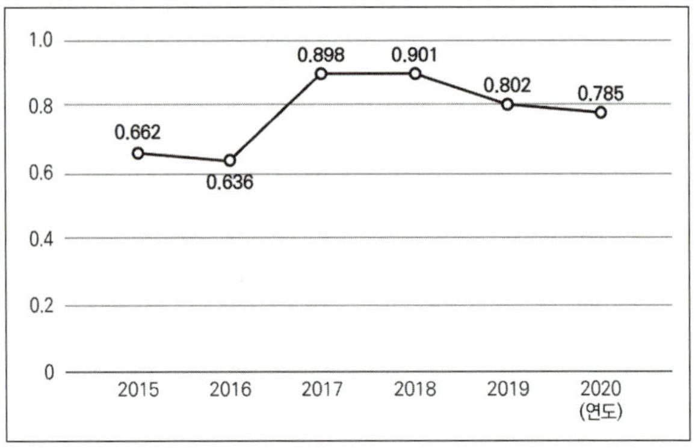

⑤ 2015 ~ 2020년 한국의 경량항공기 산업의 수출액과 수입액

(단위: 천 달러)

연도	수출액	수입액	무역수지
2015	1,125	28,329	−27,204
2016	1,722	23,018	−21,296
2017	2,899	18,424	−15,525
2018	1,352	14,442	−13,090
2019	2,114	14,905	−12,791
2020	4,708	20,279	−15,571

문 14. 다음 <표>와 <그림>은 '갑'국의 전국 학교급식 운영 및 예산 현황에 관한 자료이다. 제시된 <표>와 <그림> 이외에 <보고서>를 작성하기 위해 추가로 필요한 자료만을 <보기>에서 모두 고르면?

<표> 전국 학교급별 학교급식 현황

(단위: 천 명, 개교)

학교급	학교급식 참여 학생 수	학교급식 운영 학교 수		
			직영운영	위탁운영
초등학교	2,688	6,044	6,042	2
중학교	1,384	3,213	3,179	34
고등학교	1,646	2,373	2,154	219
특수학교	24	170	167	3
전체	5,742	11,800	11,542	258

<그림> 전국 학교급식 예산 재원별 구성비

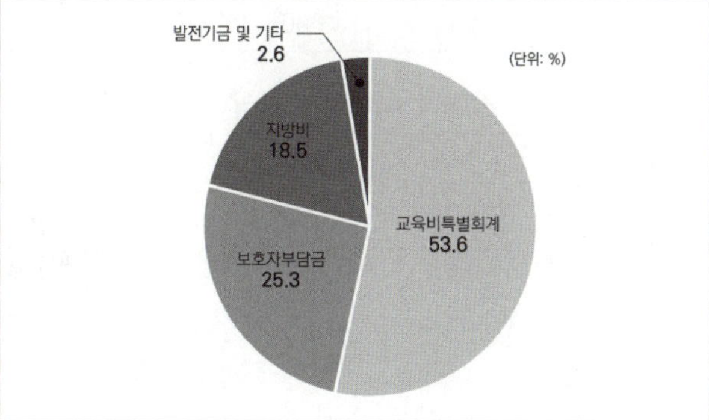

<보고서>

'갑'국에서 급식에 참여하는 학생은 초등학생 268만 8천 명, 중학생 138만 4천 명, 고등학생 164만 6천 명, 특수학교 학생 2만 4천 명으로, 학교급별 총학생 중 학교급식에 참여하는 학생의 비중은 각각 초등학생 99.9 %, 중학생 100 %, 고등학생 99.5 %, 특수학교 학생 98.5 %였다.

학교급식 운영형태는 직영운영 또는 위탁운영으로 구분되는데, 전체 학교급식 운영 학교 11,800개교 중 학교급식을 직영으로 운영하는 학교는 11,542개교였다. 학교급식을 운영하는 학교 중 직영으로 운영하는 학교의 비율을 학교급별로 알아보면, 초등학교는 99.9 %(6,042개교), 중학교는 98.9 %(3,179개교), 고등학교는 90.8 %(2,154개교), 특수학교는 98.2 %(167개교)로 고등학교의 학교급식 직영운영 비율이 상대적으로 낮았다. 학교급식을 위탁으로 운영하는 학교는 258개교였다.

학교급식 조리 형태는 단독조리 또는 공동조리로 구분되는데, 단독조리 학교급식 운영 학교가 78.1 %로 공동조리 학교급식 운영 학교의 3배 이상이었다.

전체 학교급식 예산액은 5조 9,088억 원으로 재원별로는 교육비특별회계 3조 1,655억 원, 보호자부담금 1조 4,972억 원, 지방비 1조 925억 원, 발전기금 및 기타 1,536억 원이었다.

<보 기>

ㄱ. 전국 학교급식 재원별 예산액
ㄴ. 전국 학교급별 학교급식 직영운영 학교 수
ㄷ. 전국 학교급별 총학생 수
ㄹ. 전국 학교급별 단독조리 학교급식 운영 학교 수

① ㄱ
② ㄱ, ㄴ
③ ㄷ, ㄹ
④ ㄱ, ㄷ, ㄹ
⑤ ㄴ, ㄷ, ㄹ

문 15. 다음 <표>는 2020년 '갑' 지역 수산물 생산 현황에 관한 자료이다. <표>와 <조건>을 근거로 A ~ E에 해당하는 수산물을 바르게 연결한 것은?

<표> 2020년 '갑' 지역 수산물 생산 현황

(단위: 톤, %, 억 원)

구분 / 수산물	갑				전국	
	생산량	전국 대비 비중	생산액	전국 대비 비중	생산량	생산액
A	660,366	97.8	803	92.3	675,074	870
B	482,216	95.2	1,181	82.1	506,620	1,439
C	394,111	73.5	3,950	77.7	536,341	5,084
D	46,631	14.3	428	14.6	325,889	2,940
E	27,730	99.0	146	98.6	28,017	148

※ 1) '갑' 지역에서 수산물은 굴, 김, 다시마, 미역, 톳만 생산됨.

2) 시장지배력지수 = $\frac{\text{지역 생산량} \times \text{지역 생산액}}{\text{전국 생산량} \times \text{전국 생산액}}$

<조 건>

○ 생산량의 전국 대비 비중이 생산액의 전국 대비 비중보다 큰 수산물은 다시마, 미역, 톳이다.
○ '갑' 지역에서 생산량 순위와 생산액 순위가 같은 수산물은 굴, 미역, 톳이다.
○ '시장지배력지수'가 가장 높은 수산물은 톳이다.

	A	B	C	D	E
①	다시마	미역	굴	김	톳
②	다시마	미역	김	굴	톳
③	다시마	톳	굴	김	미역
④	다시마	톳	김	굴	미역
⑤	미역	다시마	굴	김	톳

문 16. 다음 <표>는 2022년 '갑' 부처 기금 A ~ E의 예산과 기금건전성 평가 결과 및 2023년 기금예산 결정방식에 관한 자료이다. 이에 대한 <보기>의 설명 중 옳은 것만을 모두 고르면?

<표 1> 2022년 기금별 예산과 기금건전성 평가 결과

(단위: 백만 원, 점)

구분 \ 기금	2022년 예산	평가항목별 점수			기금 건전성 총점
		사업 적정성 점수	재원구조 적정성 점수	기금존치 타당성 점수	
A	200,220	30	18	( )	76
B	34,100	24	30	13	( )
C	188,500	( )	14	15	82
D	9,251	25	17	13	( )
E	90,565	18	15	6	45

※ 기금건전성 총점 =
사업 적정성 점수 + 재원구조 적정성 점수 + 기금존치 타당성 점수 × 2

<표 2> 2023년 기금예산 결정방식

2022년 기금건전성 총점	2023년 예산
60점 미만	2022년 예산의 80 %
60점 이상 80점 미만	2022년 예산의 100 %
80점 이상	2022년 예산의 110 %

<보 기>

ㄱ. 2022년 기금건전성 총점이 가장 높은 기금은 C이다.
ㄴ. 기금존치 타당성 점수는 A가 B보다 낮다.
ㄷ. 2023년 A ~ E 예산의 합은 전년 대비 2 % 이상 증가한다.
ㄹ. 2022년 사업 적정성 점수가 가장 높은 기금은 2023년 예산이 가장 많다.

① ㄱ, ㄴ
② ㄱ, ㄹ
③ ㄴ, ㄷ
④ ㄷ, ㄹ
⑤ ㄱ, ㄷ, ㄹ

문 17. 다음 <표>와 <그림>은 '갑'국의 1925 ~ 1940년 산업별 공장 수에 관한 자료이다. 이에 근거하여 <그림>의 A ~ D에 해당하는 산업을 바르게 연결한 것은?

<표> 1934년과 1940년의 산업별 공장 수

(단위: 개소)

구분 \ 산업	1934년 공장 수	1925년 대비 증가	1940년 공장 수	1934년 대비 증가
가스전기	52	2	( )	0
금속기계	524	−14	( )	( )
목제품	206	13	( )	( )
방직	( )	128	( )	332
화학	( )	605	( )	( )

<그림> 1925년과 1940년 산업별 공장 수 변화 추이

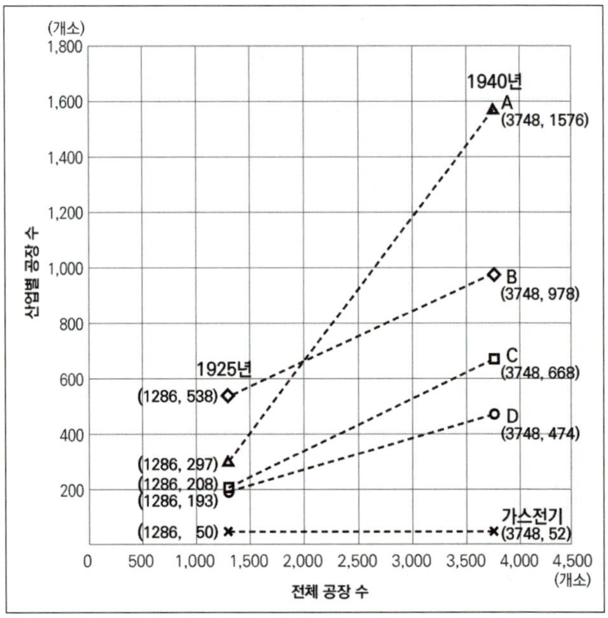

※ A ~ D는 각각 금속기계, 목제품, 방직, 화학 산업 중 하나임.

	A	B	C	D
①	금속기계	방직	화학	목제품
②	금속기계	화학	목제품	방직
③	목제품	금속기계	방직	화학
④	화학	금속기계	방직	목제품
⑤	화학	방직	금속기계	목제품

[18 ~ 19] 다음 <표>는 '갑'국의 2020년 6 ~ 11월 마스크 생산량 및 가격, 6월과 11월의 마스크 제조업체 수 및 품목별 허가제품 수에 관한 자료이다. 다음 물음에 답하시오.

<표 1> 마스크 생산량

(단위: 만 개)

월 \ 품목	보건용	비말차단용	수술용
6	10,653	1,369	351
7	9,369	8,181	519
8	15,169	10,229	1,970
9	19,490	5,274	1,590
10	13,279	3,079	1,023
11	10,566	2,530	950

※ '갑'국의 마스크 품목은 보건용, 비말차단용, 수술용으로만 분류됨.

<표 2> 마스크 가격

(단위: 원/개)

월 \ 구분	보건용		비말차단용	
	오프라인	온라인	오프라인	온라인
6	1,685	2,170	1,085	1,037
7	1,758	1,540	725	856
8	1,645	1,306	712	675
9	1,561	1,027	714	608
10	1,476	871	696	572
11	1,454	798	686	546

<표 3> 마스크 제조업체 수 및 품목별 허가제품 수

(단위: 개)

구분 \ 월		6	11
마스크 제조업체		238	839
허가제품	보건용	1,525	2,098
	비말차단용	120	851
	수술용	72	300

문 18. 위 <표>에 대한 <보기>의 설명 중 옳은 것만을 모두 고르면?

<보 기>

ㄱ. 전월 대비 보건용 마스크의 온라인 가격 감소율이 가장 큰 달과 전월 대비 비말차단용 마스크의 온라인 가격 감소율이 가장 큰 달은 같다.
ㄴ. 제조업체당 마스크 생산량은 11월이 6월의 40 % 이상이다.
ㄷ. 월별 마스크 총생산량은 8월 이후 매월 감소하였다.
ㄹ. 6월에는 생산량이 많은 품목일수록 허가제품 수도 많다.

① ㄱ, ㄴ
② ㄱ, ㄷ
③ ㄴ, ㄹ
④ ㄷ, ㄹ
⑤ ㄴ, ㄷ, ㄹ

문 19. 위 <표>를 이용하여 작성한 자료로 옳지 않은 것은?

① 8 ~ 10월 품목별 마스크 생산량 비중

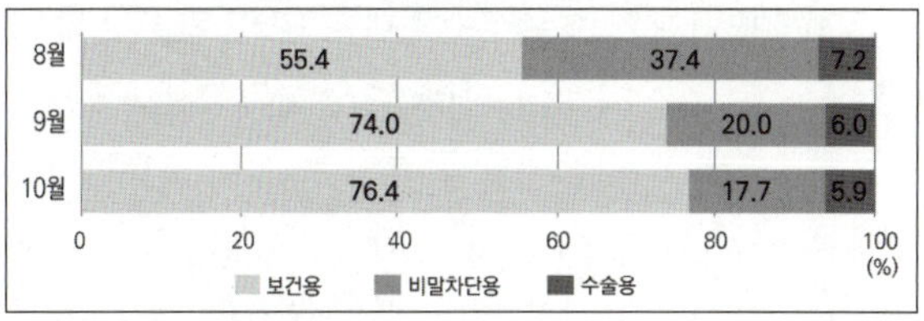

② 6 ~ 9월 보건용 마스크의 오프라인 가격 대비 온라인 가격 비율

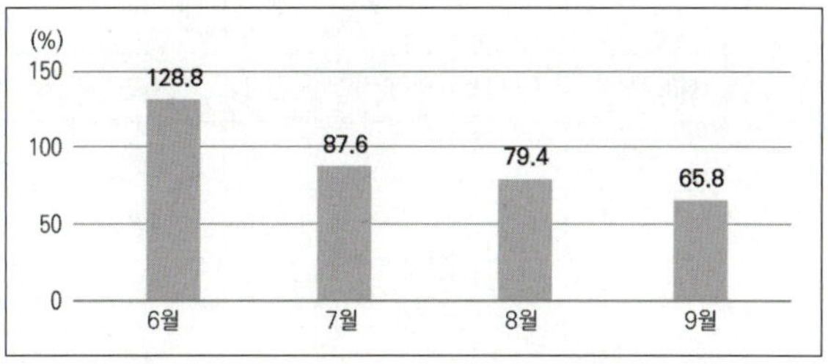

③ 6 ~ 9월 보건용 마스크와 비말차단용 마스크의 온라인 가격

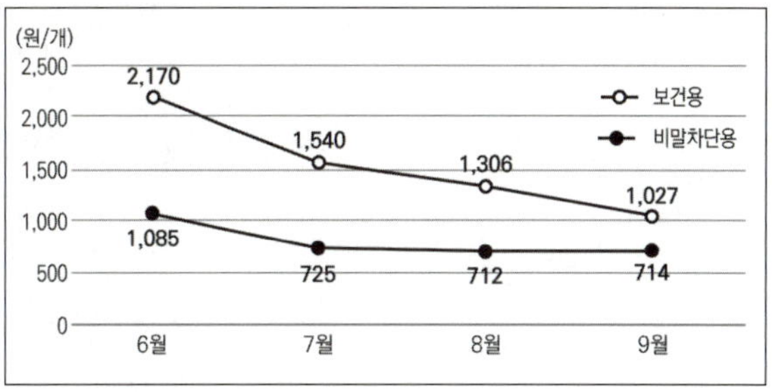

④ 품목별 마스크 허가제품 현황

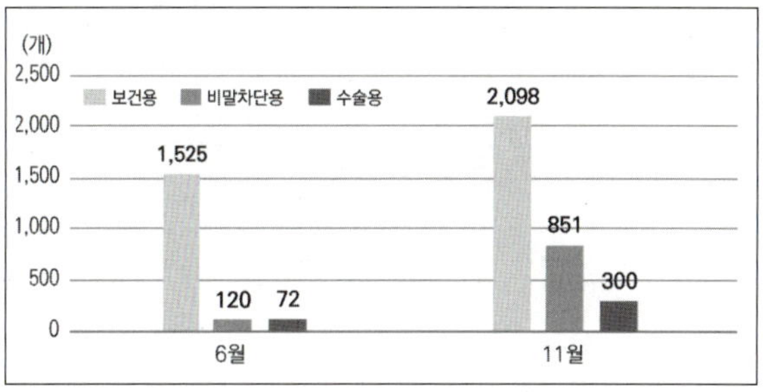

⑤ 6 ~ 10월 비말차단용 마스크의 온라인 및 오프라인 가격

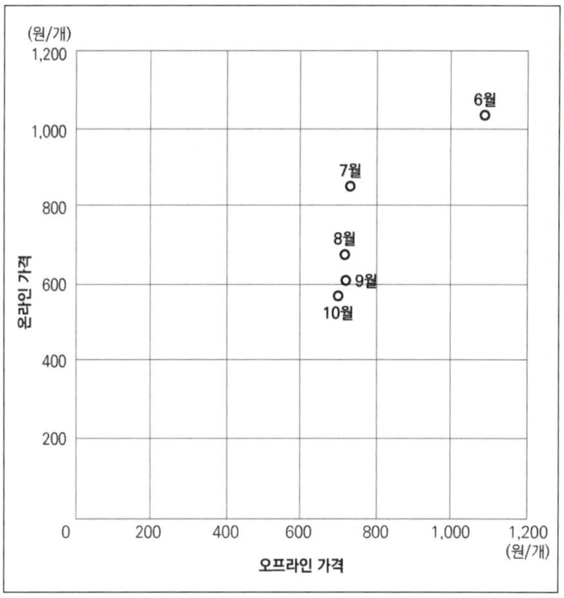

문 20. 다음 <표>와 <그림>은 '갑'국의 2019 ~ 2021년 신재생 에너지원별 발전소 현황 및 2022년 A ~ Q 지역별 신재생 에너지 발전소 현황에 관한 자료이다. 이에 대한 설명으로 옳지 않은 것은?

<표> 에너지원별 발전소 현황

(단위: 개소, MW)

연도 / 에너지원		2019		2020		2021	
구분		발전소 수	발전 용량	발전소 수	발전 용량	발전소 수	발전 용량
태양광		1,901	386	5,501	869	6,945	986
비태양광	풍력	6	80	7	66	14	227
	수력	7	3	17	18	10	3
	연료전지	14	104	5	35	4	14
	바이오	14	299	26	705	12	163
	기타	3	26	13	53	10	31
전체		1,945	898	5,569	1,746	6,995	1,424

<그림 1> 2022년 지역별 태양광 발전소 현황

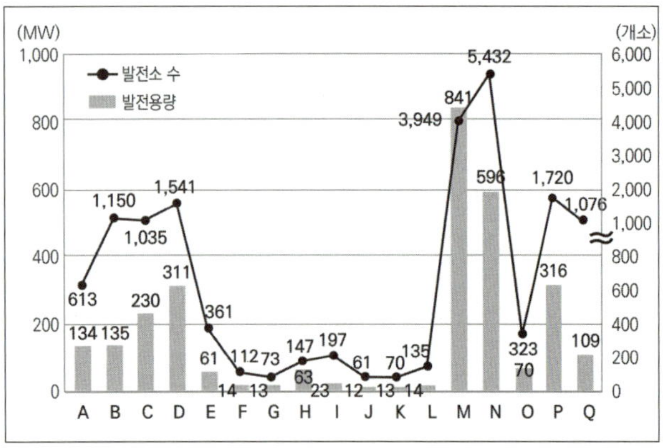

※ '갑'국에는 A ~ Q 지역만 있음.

<그림 2> 2022년 지역별 비태양광 발전소 현황

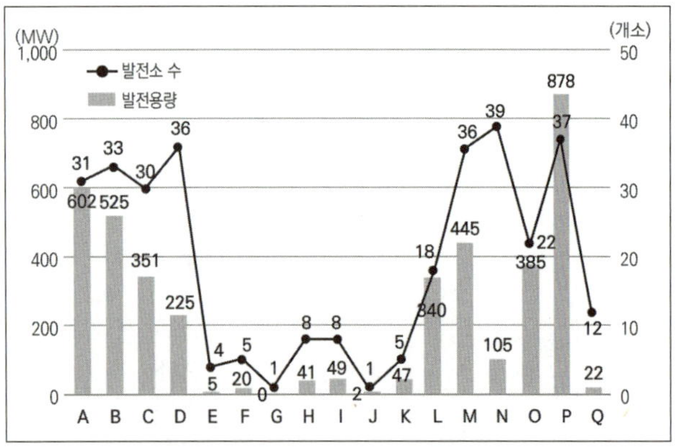

① 2022년 발전용량이 가장 큰 지역은 M이다.

② 태양광 발전소 수는 2022년이 2021년의 2배 이상이다.

③ 전체 발전용량 중 태양광이 차지하는 비중은 2019 ~ 2021년 동안 매년 증가하였다.

④ 2021년 발전소 수의 전년 대비 증가율은 풍력이 태양광의 3배 이상이다.

⑤ 기타를 제외하고, 2021년 발전소 1개소당 발전용량이 큰 에너지원부터 순서대로 나열하면 풍력, 바이오, 연료전지, 태양광, 수력이다.

문 21. 다음 <표>와 <정보>는 2016년과 2021년 '갑'국 일평균 농식품 폐기량에 관한 자료이다. 이를 근거로 <보기>의 설명 중 옳은 것만을 모두 고르면?

<표> 일평균 농식품 폐기량

(단위: 톤/일)

연도	분야 \ 농식품		A	B	C	D	기타	합계
2016	제조		12.7	5.6	24.3	4.6	7.5	54.7
	유통		29.5	22.2	18.4	27.2	14.3	111.6
	소비	가정	52.3	40.7	29.9	19.8	24.0	166.7
		음식점업	280.6	112.9	184.4	156.2	148.2	882.3
		숙박업	113.0	55.4	52.2	47.5	46.6	314.7
		교육기관	66.5	34.2	41.9	30.7	23.4	196.7
2021	제조		16.9	5.1	10.9	5.8	6.0	44.7
	유통		64.8	35.2	55.5	30.4	40.1	226.0
	소비	가정	55.1	33.8	35.4	29.1	27.3	180.7
		음식점업	324.4	98.0	251.2	189.9	122.2	985.7
		숙박업	97.3	46.4	82.5	48.4	42.3	316.9
		교육기관	69.8	25.9	55.9	35.3	23.2	210.1

※ 소비 분야는 가정, 음식점업, 숙박업, 교육기관으로만 구성됨.

<정 보>

○ A ~ D는 과일류, 곡류, 어육류, 채소류 중 하나이다.
○ 기타를 제외하고, 2016년 대비 2021년 제조 분야의 농식품 폐기량에서 차지하는 비중이 가장 많이 증가한 농식품은 채소류이다.
○ 기타를 제외하고, 2016년 대비 2021년 제조, 유통 분야와 소비의 각 분야에서 일평균 폐기량이 모두 증가한 농식품은 어육류이다.
○ 기타를 제외하고, 2021년 소비 분야의 연간 폐기량이 가장 적은 농식품은 과일류이다.

<보 기>

ㄱ. 2021년 소비 분야 일평균 어육류 폐기량은 300톤보다 많다.
ㄴ. 2016년 유통 분야에서 연간 폐기량은 채소류가 과일류보다 많다.
ㄷ. 기타를 제외하고, 2016년 대비 2021년 가정의 일평균 농식품 폐기량은 모두 증가하였다.
ㄹ. 숙박업의 일평균 채소류 폐기량은 2021년이 2016년보다 적다.

① ㄱ
② ㄷ, ㄹ
③ ㄱ, ㄴ, ㄷ
④ ㄱ, ㄴ, ㄹ
⑤ ㄴ, ㄷ, ㄹ

문 22. 다음 <표>는 2020년과 2021년 '갑'국의 발화요인별 화재발생 건수에 관한 자료이다. 이에 대한 설명으로 옳지 않은 것은?

<표> 2020년과 2021년 '갑'국의 발화요인별 화재발생 건수

(단위: 건)

연도 발화요인	2020	2021
전기적 요인	9,329	9,472
기계적 요인	4,053	4,038
제품 결함	101	168
가스 누출	141	146
화학적 요인	630	683
교통사고	458	398
부주의	19,186	16,875
자연적 요인	238	241
방화	1,257	1,158
미상	3,266	3,088
전체	38,659	36,267

※ 화재발생 1건에 대해 발화요인은 1가지로만 분류함.

① 2021년 화재발생 건수의 전년 대비 증가율이 가장 큰 발화요인은 '제품 결함'이다.
② 전체 화재발생 건수 중 발화요인이 '부주의'인 화재발생 건수가 차지하는 비중은 2021년이 2020년보다 크다.
③ 화재발생 건수가 많은 것부터 순서대로 나열했을 때, 상위 3개 발화요인은 2020년과 2021년이 같다.
④ 2021년 화재발생 건수가 전년 대비 감소한 발화요인은 5개이다.
⑤ 2021년 전체 화재발생 건수는 전년 대비 6 % 이상 감소하였다.

문 23. 다음 <표>는 2020년과 2021년 '갑'국 주요 축산물의 축종별 수익성 현황에 관한 자료이다. 이에 대한 설명으로 옳은 것은?

<표> 2020년과 2021년 '갑'국 주요 축산물의 축종별 수익성 현황

(단위: 천 원/마리)

연도 축종	2020			2021		
	총수입	소득	순수익	총수입	소득	순수익
한우 번식우	3,184	1,367	518	3,351	1,410	563
한우 비육우	9,387	1,190	58	10,215	1,425	292
육우	4,789	377	−574	5,435	682	−231
젖소	10,657	3,811	2,661	10,721	3,651	2,434
비육돈	362	63	47	408	83	68
산란계	31	4	3	52	21	20

※ 1) 소득 = 총수입 − 일반비
2) 순수익 = 총수입 − 사육비
3) 일반비 = 사육비 − 내급비

① 2020년 대비 2021년 소득 증가율이 가장 높은 축종은 '육우'이다.
② 2021년 '한우번식우'의 사육비는 2020년보다 적다.
③ 2020년의 경우, 사육비가 총수입보다 많은 축종은 2개이다.
④ 2021년 일반비는 '젖소'가 '육우'의 2배 이상이다.
⑤ 2021년 내급비가 가장 많은 축종은 '젖소'이다.

문 24. 다음 <표>는 A 지역의 일평균 폐기물 발생량 및 재활용량에 관한 자료이다. 이에 대한 <보기>의 설명 중 옳은 것만을 모두 고르면?

<표> A 지역 일평균 폐기물 발생량 및 재활용량

(단위: 톤/일)

연도 구분 유형	2019		2020	
	발생량	재활용량	발생량	재활용량
생활폐기물	7,041.1	( )	9,673.4	( )
음식물폐기물	2,827.4	2,827.4	2,539.7	2,539.7
사업장폐기물	2,303.0	932.6	2,301.3	1,077.1
건설폐기물	35,492.5	34,693.0	39,904.0	38,938.3
지정폐기물	352.9	74.6	361.5	80.1
합계	48,016.9	42,256.9	54,779.9	46,503.9

※ 재활용률(%) = $\frac{\text{일평균 폐기물 재활용량}}{\text{일평균 폐기물 발생량}} \times 100$

<보 기>

ㄱ. 2020년 일평균 폐기물 발생량이 2019년보다 많은 유형은 2개이다.
ㄴ. 2020년 일평균 생활폐기물 재활용량은 2019년보다 많다.
ㄷ. 2020년 연간 음식물폐기물 재활용량은 100만 톤 이상이다.
ㄹ. 2019년에 건설폐기물 재활용률은 사업장폐기물 재활용률보다 50 %p 이상 높다.

① ㄱ, ㄴ
② ㄱ, ㄷ
③ ㄴ, ㄷ
④ ㄴ, ㄹ
⑤ ㄷ, ㄹ

문 25. 다음 <표>는 '갑'국의 2016~2020년 보호관찰 접수 인원에 관한 자료이다. <표>를 이용하여 작성한 <보기>의 자료 중 옳은 것만을 모두 고르면?

<표> 연도별 보호관찰 접수 인원 현황

(단위: 명)

연도 \ 구분	소년			성인			전체
		남성	여성		남성	여성	
2016	25,162	21,025	4,137	69,456	63,460	5,996	94,618
2017	23,330	19,893	3,437	81,181	73,914	7,267	104,511
2018	22,039	18,369	3,670	103,606	94,438	9,168	125,645
2019	21,676	17,626	4,050	103,554	93,304	10,250	125,230
2020	20,319	16,205	4,114	95,148	85,566	9,582	115,467

<보 기>

ㄱ. 연도별 전체 보호관찰 접수 성별 인원

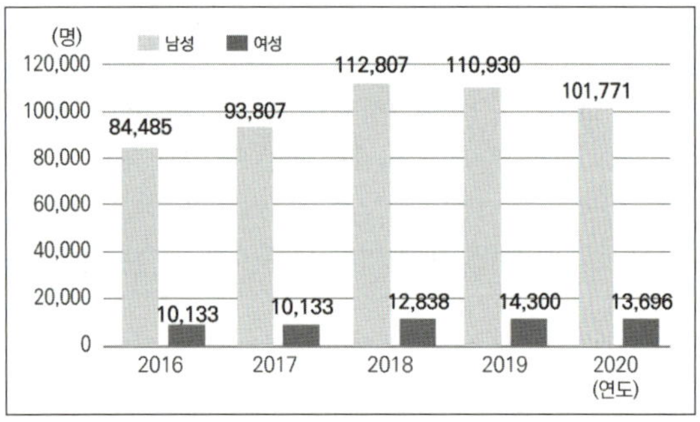

ㄴ. 연도별 소년 남성 및 성인 남성 보호관찰 접수 인원

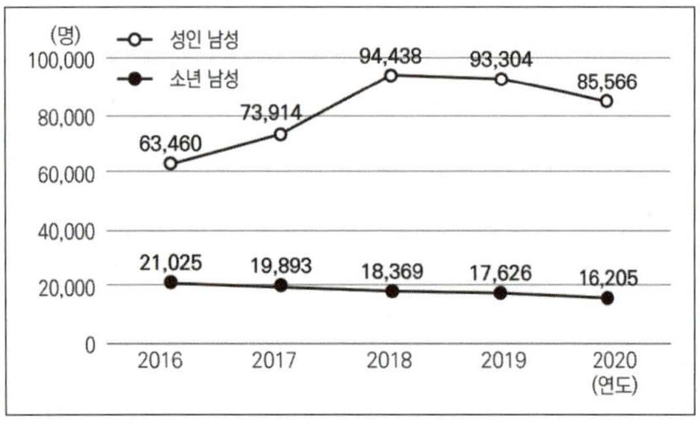

ㄷ. 2020년 보호관찰 접수 인원 구성비

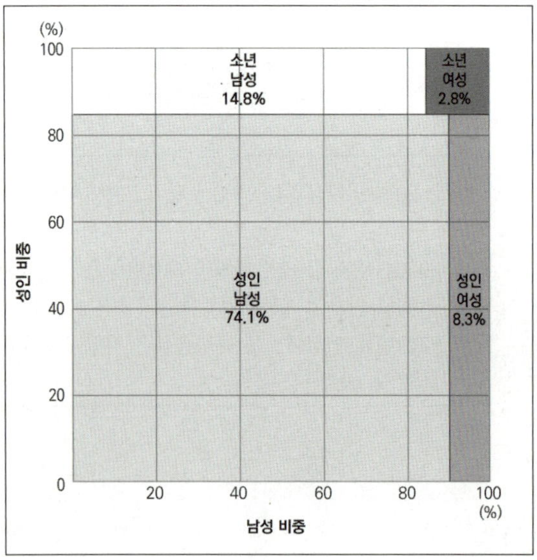

ㄹ. 연도별 소년 보호관찰 접수 인원의 전년 대비 증가율

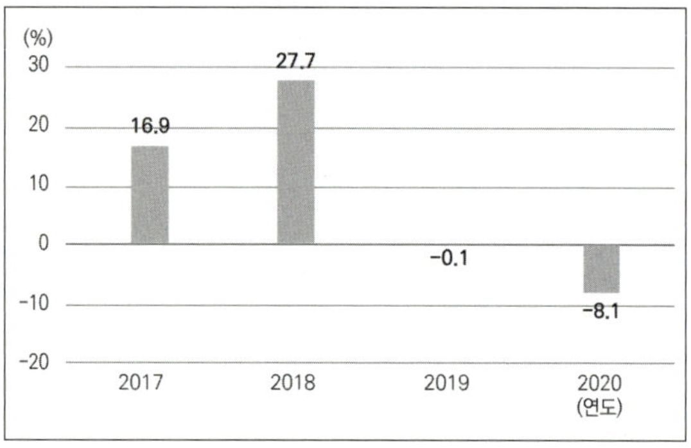

① ㄱ, ㄴ
② ㄴ, ㄷ
③ ㄷ, ㄹ
④ ㄱ, ㄴ, ㄷ
⑤ ㄴ, ㄷ, ㄹ

문 26. 다음 <표>는 2021년 '갑'국 대학교의 자료구입비에 관한 자료이다. 이에 대한 설명으로 옳지 않은 것은?

<표 1> '갑'국 대학교의 자료구입비

(단위: 개, 천 명, 백만 원)

구분	대학교 수	재학생 수	자료 구입비	전자자료 구입비	도서 구입비
4년제	256	1,910	227,290	(　)	62,823
2년제	135	435	(　)	2,679	8,196

※ '갑'국 대학교는 4년제와 2년제로만 구성됨.

<표 2> '갑'국 대학교의 전자자료구입비 세부내역

(단위: 백만 원)

구분	전자자료 구입비	전자저널 구입비	웹자료 구입비	기타전자 자료 구입비
4년제	164,467	(　)	39,963	8,461
2년제	2,679	904	883	892

① 4년제는 전자자료구입비가 도서구입비의 2배 이상이다.
② 대학교 1개당 자료구입비는 6억 원 이하이다.
③ 재학생 1명당 자료구입비는 4년제가 2년제의 4배 이상이다.
④ 전자저널구입비가 자료구입비에서 차지하는 비중은 4년제가 2년제보다 크다.
⑤ 웹자료구입비와 기타전자자료구입비의 합은 2년제가 4년제의 5% 이하이다.

문 27. 다음 <표>는 2022년 '갑'시의 시내버스 현황에 관한 자료이다. 이에 대한 <보기>의 설명 중 옳은 것만을 모두 고르면?

<표 1> 버스종류별 노선 수 및 인가차량 현황

(단위: 개, 대)

구분 버스종류	노선 수	인가차량		
			운행차량	예비차량
간선	126	3,598	3,429	169
지선	223	3,454	3,258	196
광역	10	229	211	18
순환	1	12	10	2
심야	14	100	96	4
계	374	7,393	7,004	389

<표 2> 인가차량 대수 구간별 회사 수

(단위: 개)

대수 구간	1 ~ 40대	41 ~ 80대	81 ~ 120대	121 ~ 160대	161 ~ 200대	201대 이상	합
회사	5	8	28	10	10	4	65

<보 기>

ㄱ. 인가차량 중 운행차량의 비중은 '심야'가 가장 크다.
ㄴ. 노선 수 대비 예비차량 대수의 비율은 '광역'이 '지선'의 2배 이하이다.
ㄷ. 인가차량 대수 상위 4개 회사의 인가차량 대수 평균은 500 이하이다.

① ㄱ ② ㄴ ③ ㄷ
④ ㄱ, ㄴ ⑤ ㄱ, ㄷ

문 28. 다음 <표>는 A사 임직원 평균 연봉 현황에 관한 자료이다. 이에 대한 <보기>의 설명 중 옳은 것만을 모두 고르면?

<표> A사 임직원 평균 연봉 현황

(단위: 만 원)

구분	평균 연봉
전체 임직원	6,000
과장 이하 직급	4,875
주임 이하 직급	3,750
사원 이하 직급	3,000
수습	2,000

※ 1) '평균 연봉'은 해당 임직원 연봉의 합을 해당 임직원 수로 나눈 값임.
2) 직급을 높은 것부터 순서대로 나열하면 사장, 과장, 주임, 사원, 수습이고, A사의 전체 임직원은 사장 1명, 과장 2명, 주임 3명, 사원 5명, 수습 10명으로 구성됨.

<보 기>

ㄱ. 사장의 연봉은 3억 원 이상이다.
ㄴ. 주임 3명의 평균 연봉은 7천만 원 이상이다.
ㄷ. 사원 5명의 연봉의 합은 과장 2명의 연봉의 합보다 작다.

① ㄱ ② ㄷ ③ ㄱ, ㄴ
④ ㄴ, ㄷ ⑤ ㄱ, ㄴ, ㄷ

문 29. 다음 <표>는 2011 ~ 2021년 '갑' 복지재단의 수입, 지출 및 기금 적립 현황에 관한 자료이다. 이에 대한 <보기>의 설명 중 옳은 것만을 모두 고르면?

<표> '갑' 복지재단의 수입, 지출 및 기금 적립 현황

(단위: 백만 원)

구분 연도	수입	지출			기금 적립
			사업 부문	운영 부문	
2011	13,930	3,818	( )	799	10,112
2012	14,359	3,575	3,194	381	10,784
2013	14,766	4,881	4,337	544	9,885
2014	15,475	8,989	7,931	1,058	( )
2015	12,266	( )	5,068	1,431	5,767
2016	10,988	( )	8,415	1,041	( )
2017	13,101	8,213	7,038	1,175	4,888
2018	17,498	8,390	6,977	1,413	9,108
2019	17,395	8,193	6,522	1,671	9,202
2020	14,677	7,894	6,435	1,459	6,783
2021	( )	8,291	6,813	( )	13,553

※ 1) 기금 적립 = 수입 - 지출
2) 지출은 사업 부문과 운영 부문으로만 구성됨.

<보 기>

ㄱ. 수입이 2014년보다 많은 연도는 2개이다.
ㄴ. 수입이 가장 적은 연도와 기금 적립이 가장 적은 연도는 같다.
ㄷ. 2011년 대비 2021년 지출의 부문별 증가율은 사업 부문이 운영 부문보다 높다.
ㄹ. 지출 중 운영 부문이 차지하는 비중은 2011년이 가장 크다.

① ㄱ, ㄴ
② ㄱ, ㄷ
③ ㄴ, ㄷ
④ ㄴ, ㄹ
⑤ ㄷ, ㄹ

문 30. 다음 <보고서>는 21대 국회의원 당선자를 분석한 자료이다. <보고서>의 내용과 부합하지 않는 자료는?

<보고서>

21대 국회의원 당선자는 지역구 253명, 비례대표 47명으로 총 300명이다. 평균 연령은 54.9세이며, 이 중에서도 50대가 177명으로 압도적으로 많았다. 50대 다음으로는 60대가 많았는데, 이 두 연령대만 합쳐도 246명으로 전체의 82 %였다. 한편, 40대는 38명, 30대는 11명, 70대는 3명이었다. 최고령 당선자는 72세이고, 최연소 당선자는 27세이다.

여성 당선자는 57명으로 전체 당선자의 19 %이며, 이는 20대 국회보다 2 %p 상승한 것이다. 하지만 지역구 여성 당선자는 지역구 전체 당선자의 약 11.5 %에 그쳤다. 반면 비례대표 여성 당선자는 28명으로 비례대표 전체 당선자의 약 60 %였다. 지역구보다 비례대표에서 여성 당선자 비율이 높은 현상은 각 정당이 비례대표 후보의 절반 이상을 여성으로 공천하고 여성 후보를 홀수 순번으로 배치하도록 「공직선거법」을 개정한 결과로 분석된다.

당선자의 최종 학력은 대부분 대졸 이상이었다. 지역구 당선자는 전원이 대졸 이상이었으며 비례대표 당선자는 고졸, 대학교 재학, 대학교 중퇴, 대학교 수료가 각각 1명씩이었다. 당선자의 최종 학력 중 가장 큰 비중을 차지하는 것은 지역구 및 비례대표 당선자 모두 대학원 졸업일 정도로 고학력 당선자가 많았다. 특히, 비례대표의 경우 대학원을 졸업한 당선자가 30명으로 비례대표 전체 당선자의 63 % 이상이었다. 대졸 이상의 당선자를 출신대학별로 살펴보면 A 대학 63명, B 대학 27명, C 대학 22명 순으로 이 세 대학 출신이 대졸 이상 당선자의 30 % 이상을 차지하였다.

당선자의 직업별 분포를 보면, 정치인이 217명으로 전체 당선자의 70 %를 넘어선다. 다음으로 변호사가 20명, 교수가 16명 순이었고, 변호사와 교수 출신 당선자를 합하면 전체 당선자의 10 % 이상을 차지하였다.

① 21대 당선자의 연령대별 분포

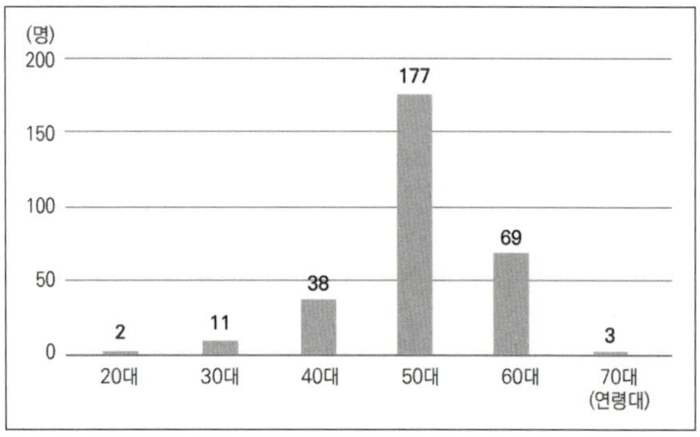

② 20대 및 21대 당선자의 성별 분포

(단위: 명)

구분	20대 선거		21대 선거	
	남성	여성	남성	여성
지역구	227	26	224	29
비례대표	22	25	19	28

③ 21대 대졸 이상 당선자의 최종 학력별 분포

(단위: 명)

구분	대졸	대학원 재학	대학원 수료	대학원 졸업	전체
지역구	101	1	23	128	253
비례대표	12	4	1	30	47

④ 17 ~ 21대 당선자의 직업별 분포

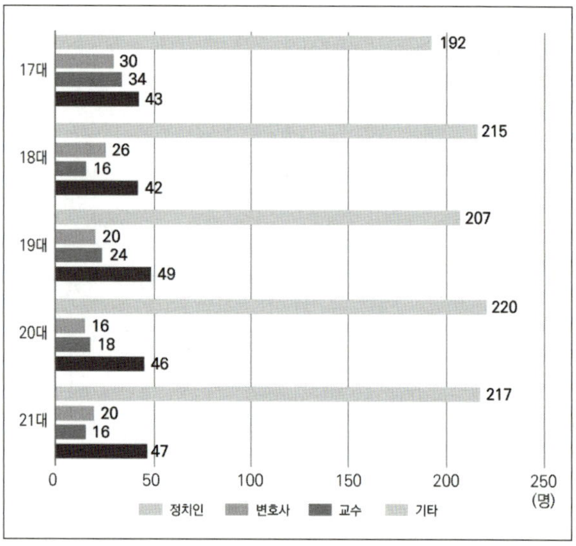

⑤ 21대 대졸 이상 당선자의 출신대학 구성비

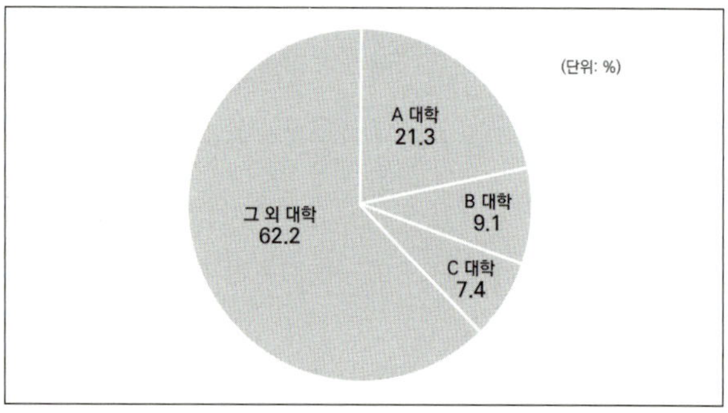

[31 ~ 32] 다음 <표>는 A ~ D 기업의 2022년 8월 첫째 주의 주간 소비자 불만 신고 건수에 대한 각 기업의 요일별 편차를 산출한 자료이다. 다음 물음에 답하시오.

<표> A ~ D 기업의 주간 소비자 불만 신고 건수의 편차

(단위: 건)

기업 \ 요일	월	화	수	목	금	토	일
A	−1	0	(가)	−1	−1	1	−1
B	−1	2	0	−1	(나)	0	(다)
C	1	(라)	2	−1	−2	(마)	1
D	(바)	2	1	−5	1	0	−1

※ 1) 편차 = 해당 기업의 해당 요일 신고 건수 − 해당 기업의 8월 첫째 주 하루 평균 신고 건수
2) 각 기업의 한 주간 편차의 합은 0임.
3) 한 주간 편차 제곱의 합은 A 기업과 B 기업이 같고, C 기업과 D 기업이 같음.

문 31. 위 <표>를 근거로 '가' ~ '바'에 들어갈 값 중 최솟값과 최댓값을 바르게 연결한 것은?

	최솟값	최댓값
①	−4	3
②	−4	4
③	−3	3
④	−3	4
⑤	−2	2

문 32. 위 <표>와 아래 <조건>에 근거한 <보기>의 설명 중 옳은 것만을 모두 고르면?

<조 건>

○ A 기업의 월요일 신고 건수는 2건이다.
○ B 기업의 화요일 신고 건수는 A 기업의 토요일 신고 건수의 2배이다.
○ C 기업의 일요일 신고 건수와 D 기업의 화요일 신고 건수는 같다.
○ D 기업의 신고 건수가 가장 적은 요일의 신고 건수와 B 기업의 목요일 신고 건수는 같다.

<보 기>

ㄱ. A 기업의 신고 건수가 4건 이상인 날은 3일 이상이다.
ㄴ. B 기업의 하루 평균 신고 건수는 6건이다.
ㄷ. 하루 평균 신고 건수는 D 기업이 C 기업보다 많다.
ㄹ. A 기업과 B 기업의 하루 평균 신고 건수의 합은 D 기업의 하루 평균 신고 건수보다 적다.

① ㄱ, ㄴ
② ㄱ, ㄷ
③ ㄴ, ㄷ
④ ㄴ, ㄹ
⑤ ㄷ, ㄹ

문 33. 다음 <표>는 2018 ~ 2021년 '갑'국의 가구수 및 반려동물 보유가구 현황과 관련 시장 매출액에 관한 자료이다. 이에 대한 <보기>의 설명 중 옳은 것만을 모두 고르면?

<표 1> '갑'국 가구수 및 반려동물 보유가구 현황

(단위: 천 가구, %, 마리/가구, 천 마리)

구분		2018	2019	2020	2021
가구수		17,495	18,119	19,013	19,524
개	보유가구 비중	16.3	16.0	19.1	24.2
	보유가구당 마릿수	1.47	1.38	1.28	1.34
	총보유 마릿수	4,192	( )	( )	6,318
고양이	보유가구 비중	1.7	3.4	5.2	8.5
	보유가구당 마릿수	1.92	1.70	1.74	1.46
	총보유 마릿수	571	1,047	1,720	2,425
전체	보유가구 비중	17.4	17.9	21.8	29.4
	보유가구당 마릿수	1.56	1.56	1.54	1.52
	총보유 마릿수	4,763	5,048	6,369	8,743

※ 1) '갑'국의 반려동물은 개와 고양이뿐임.
2) 반려동물 보유가구 비중(%) = $\frac{\text{반려동물 보유가구수}}{\text{가구수}} \times 100$

<표 2> 2018 ~ 2021년 반려동물 관련 시장 매출액

(단위: 백만 원)

구분 \ 연도	2018	2019	2020	2021
사료	385,204	375,753	422,807	494,089
수의 서비스	354,914	480,696	579,046	655,077
동물 관련 용품	287,408	309,876	358,210	384,855
장묘 및 보호 서비스	16,761	19,075	25,396	33,848
보험	352	387	405	572
전체	1,044,639	1,185,787	1,385,864	1,568,441

<보 기>

ㄱ. 개의 총보유 마릿수는 2019년에 전년 대비 감소하였다가 2020년에 전년 대비 증가하였다.
ㄴ. 반려동물 보유가구수는 매년 증가하였다.
ㄷ. 2018년 대비 2021년 매출액 증가율이 가장 높은 반려동물 관련 시장은 '수의 서비스'이다.
ㄹ. 2019년 반려동물 한 마리당 '동물 관련 용품' 매출액은 7만 원 이상이다.

① ㄱ, ㄴ
② ㄱ, ㄹ
③ ㄴ, ㄷ
④ ㄱ, ㄷ, ㄹ
⑤ ㄴ, ㄷ, ㄹ

문 34. 다음 <표>는 '갑'국 A ~ J 지역의 시의원 후보자 및 당선자에 관한 자료이다. 이에 대한 설명으로 옳지 않은 것은?

<표> '갑'국 시의원 지역별 성별 후보자 및 당선자 수

(단위: 명)

구분 / 지역 \ 성별	후보자		당선자	
	여성	남성	여성	남성
전체	120	699	17	165
A	37	195	8	36
B	12	64	1	18
C	7	38	1	11
D	9	50	2	12
E	5	34	0	10
F	4	19	0	6
G	34	193	4	47
H	7	43	0	12
I	3	50	1	10
J	2	13	0	3

※ 1) 여성(남성) 당선율 = $\frac{\text{여성(남성) 당선자 수}}{\text{여성(남성) 후보자 수}}$

2) 후보자(당선자) 성비 = $\frac{\text{남성 후보자(당선자) 수}}{\text{여성 후보자(당선자) 수}}$

3) 후보자(당선자) 성비는 여성 후보자(당선자)가 있는 지역만 대상으로 산출함.

① 전체 남성 당선율은 전체 여성 당선율의 2배 이하이다.
② 여성 당선율이 남성 당선율보다 높은 지역은 2개이다.
③ 당선자 성비가 가장 낮은 지역은 A이다.
④ 후보자 성비가 10 이상인 지역은 I뿐이다.
⑤ 여성 후보자가 가장 많은 지역의 여성 당선율은 남성 후보자가 가장 적은 지역의 남성 당선율보다 높다.

문 35. 다음 <표>는 '갑' 마을의 2013 ~ 2022년 인구 및 가구 변화에 관한 자료이다. 이에 대한 설명으로 옳지 않은 것은?

<표> 인구 및 가구 변화

(단위: 명, 가구)

구분 / 연도	남성 인구	여성 인구	외국인 인구	고령 인구	가구
2013	209	184	21	30	142
2014	249	223	22	34	169
2015	271	244	24	37	185
2016	280	252	26	38	190
2017	287	257	27	40	193
2018	289	261	25	42	196
2019	294	264	28	44	198
2020	303	270	32	46	204
2021	333	297	33	47	226
2022	356	319	35	53	246

※ 총인구 = 남성 인구 + 여성 인구

① 가구당 여성 인구는 2015년 이후 매년 감소하였다.
② 전년 대비 2022년 고령 인구 증가율은 전년 대비 2022년 총인구 증가율보다 높다.
③ 전년 대비 외국인 인구가 감소한 해와 전년 대비 총인구 증가폭이 가장 작은 해는 같다.
④ 전년 대비 총인구 증가율은 2014년이 가장 높다.
⑤ 전년 대비 가구 수 증가폭이 가장 큰 해와 전년 대비 남성 인구 증가폭이 가장 큰 해는 같다.

문 36. 다음 <표>는 2017 ~ 2021년 '갑'국의 청년 창업 현황에 관한 자료이다. <표>를 이용하여 작성한 자료로 옳지 않은 것은?

<표 1> 연도별 청년 창업건수 현황

(단위: 건)

연도	2017	2018	2019	2020	2021
청년 전체	228,460	215,819	208,260	218,530	226,082
남성	150,341	140,362	120,463	130,532	150,352
여성	78,119	75,457	87,797	87,998	75,730

<표 2> 2021년 청년 창업건수 상위 10개 업종의 성별 창업건수 현황

(단위: 건)

순위	업종	남성 창업건수	여성 창업건수	합
1	통신판매업	30,352	20,351	50,703
2	숙박 · 음식점업	29,352	9,162	38,514
3	상품중개업	18,341	6,365	24,706
4	온라인광고업	6,314	5,348	11,662
5	정보통신업	5,291	4,871	10,162
6	부동산업	5,433	4,631	10,064
7	운송 및 창고업	3,316	2,201	5,517
8	교육서비스업	3,021	2,472	5,493
9	여가 관련 서비스업	1,053	1,377	2,430
10	제조업	992	472	1,464
계		103,465	57,250	160,715

<표 3> 2017 ~ 2020년 10개 업종별 청년 창업건수 현황

(단위: 건)

업종 \ 연도	2017	2018	2019	2020
통신판매업	42,123	51,321	55,123	47,612
숙박 · 음식점업	31,428	39,212	46,121	49,182
상품중개업	18,023	14,921	10,982	20,761
온라인광고업	9,945	8,162	9,165	8,172
정보통신업	8,174	7,215	6,783	6,943
부동산업	9,823	7,978	7,152	6,987
운송 및 창고업	7,122	6,829	6,123	5,931
교육서비스업	6,119	5,181	5,923	4,712
여가 관련 서비스업	3,089	2,987	3,621	4,981
제조업	1,891	1,523	2,012	1,723
합계	137,737	145,329	153,005	157,004

① 연도별 성별 청년 창업건수

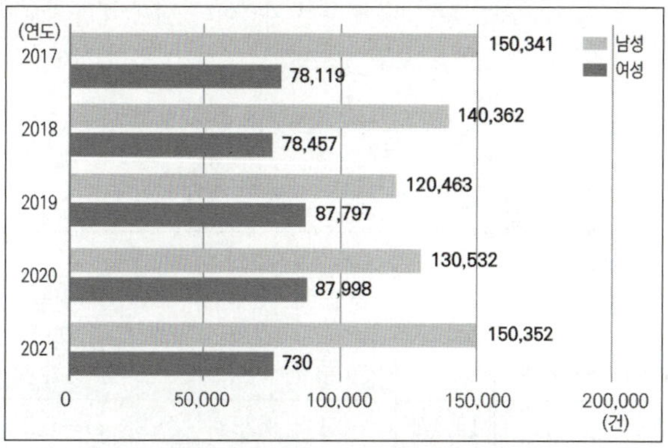

② 2021년 청년 창업건수 상위 10개 업종의 2017년 대비 창업건수 증감폭

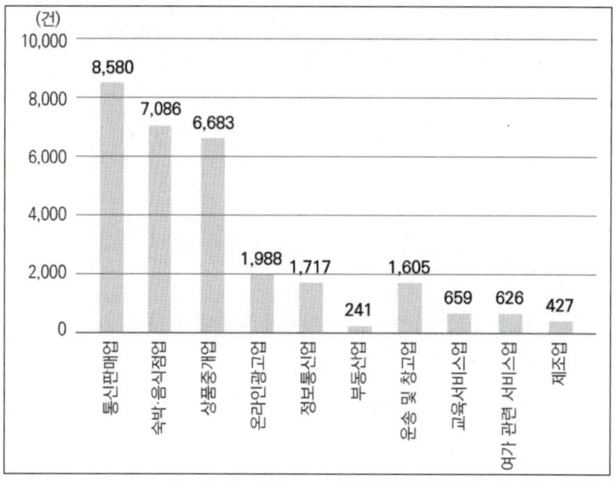

③ 여성 창업건수의 전년 대비 증가율 추이

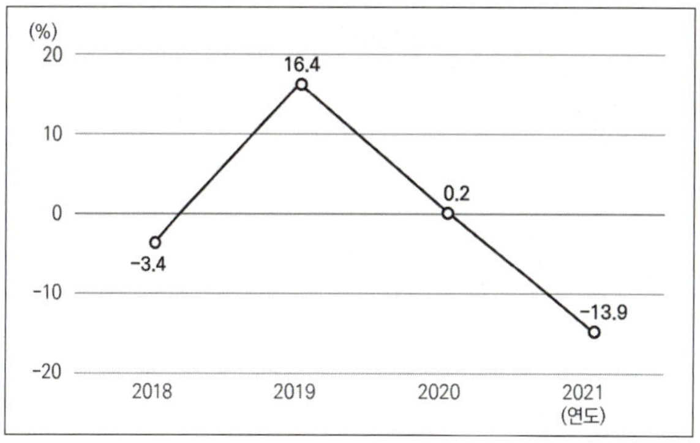

④ 2021년 청년 창업건수 상위 10개 업종의 성별 창업건수 구성비

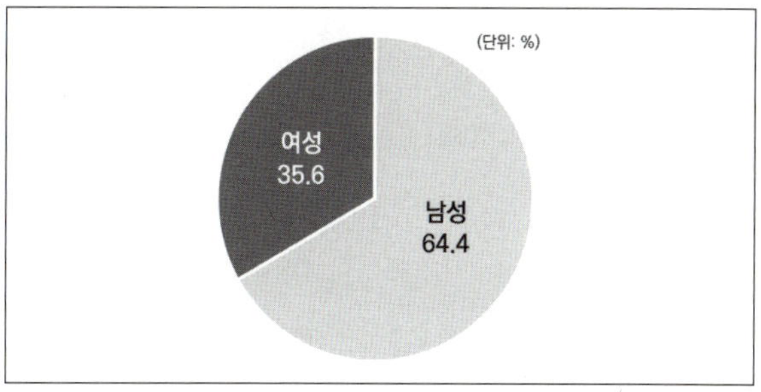

⑤ 2021년 청년 창업건수 상위 3개 업종의 성별 창업건수 구성비

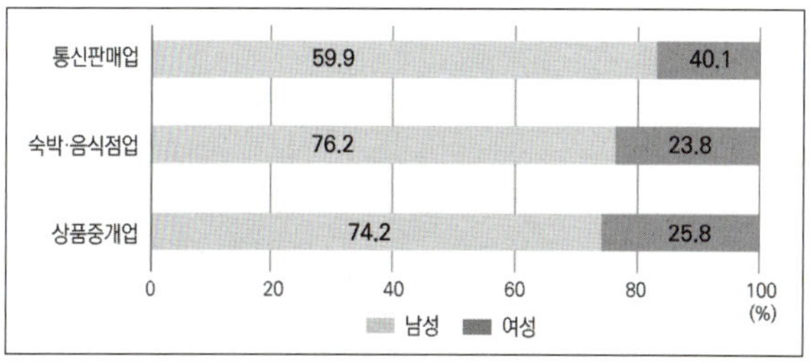

문 37. 다음 <표>는 '갑'국의 교역대상국(A ~ F)별 2022년 7월 해상 수출 및 수입 운송비용에 관한 자료이다. 이에 대한 <보기>의 설명 중 옳은 것만을 모두 고르면?

<표> 2022년 7월 해상 수출 및 수입 운송비용

(단위: 백만 원, %)

구분 \ 교역대상국	수출			수입		
	운송비용	전월 대비 증가율	전년 동월 운송비용	운송비용	전월 대비 증가율	전년 동월 운송비용
A	14,077	−0.1	9,734	3,298	−6.3	2,663
B	14,337	−5.2	8,744	3,141	14.7	1,762
C	13,103	−3.7	8,352	2,335	9.5	2,307
D	1,266	5.2	1,006	2,991	5.8	2,093
E	1,106	3.7	1,306	1,658	9.7	1,017
F	2,480	5.9	1,190	2,980	2.8	1,997

<보 기>

ㄱ. 2022년 7월 수입 운송비용은 각 교역대상국에 대해 전년 동월 대비 증가하였다.

ㄴ. 2021년 7월 수출 운송비용이 많은 교역대상국일수록 2022년 7월 수출 운송비용도 많다.

ㄷ. 2022년 7월, 수입 운송비용의 전월 대비 증가율이 가장 높은 교역대상국과 수입 운송비용의 전년 동월 대비 증가율이 가장 높은 교역대상국은 같다.

ㄹ. 2022년 6월, 수출 운송비용이 수입 운송비용보다 많은 교역대상국은 2개이다.

① ㄱ, ㄷ
② ㄱ, ㄹ
③ ㄴ, ㄷ
④ ㄴ, ㄹ
⑤ ㄷ, ㄹ

문 38. 다음 <표>는 1936 ~ 2022년 필즈상 수상자의 최종 박사학위 취득 대학에 관한 자료이다. 필즈상 수상자의 최종 박사학위 취득 대학 중 수상자가 1명인 대학의 수는?

<표 1> 필즈상 수상자의 최종 박사학위 취득 대학의 소속 국가별 현황

(단위: 개, 명)

순위	대학 소속 국가	대학 수	필즈상 수상자 수
1	미국	7	21
2	프랑스	7	12
3	영국	4	8
4	러시아	3	6
5	독일	2	4
6	스위스	1	3
⋮	⋮	⋮	⋮
전체		34	65

※ 1) 필즈상 수상자 수가 많을수록 순위가 높음.
2) 필즈상 수상자는 모두 박사학위자이며, 중복수상자는 없음.

<표 2> 최종 박사학위 기준 필즈상 수상자를 3명 이상 배출한 대학 현황

(단위: 명)

대학명	대학 소속 국가	필즈상 수상자 수
프린스턴	미국	7
하버드	미국	6
모스크바	러시아	4
케임브리지	영국	4
본	독일	3
제네바	스위스	3
ENS	프랑스	3

① 16
② 17
③ 18
④ 19
⑤ 20

문 39. 다음 <표>와 <설명>은 2020년 '갑'국 A ~ H지역의 코로나19 지원금에 관한 자료이다. 이에 근거하여 A ~ H지역 중 현금 방식의 지급 가구수가 세 번째로 많은 지역과 다섯 번째로 많은 지역을 바르게 연결한 것은?

<표 1> A ~ H지역별 전체 가구수와 코로나19 지원금 지급총액

(단위: 천 가구, 억 원)

구분＼지역	A	B	C	D	E	F	G	H
전체 가구수	4,360	1,500	1,040	1,240	620	640	470	130
지급 총액	25,700	9,200	6,600	7,900	3,900	4,000	3,100	900

<표 2> 지급 방식별 코로나19 지원금 지급 가구수

(단위: 천 가구)

지역＼지급 방식	상품권	선불카드	신용·체크카드	현금	합
A	20	570	3,050	( )	( )
B	10	270	920	240	1,440
C	90	140	( )	( )	1,010
D	( )	0	810	( )	1,210
E	110	0	410	( )	( )
F	10	20	500	70	600
G	0	80	330	( )	450
H	0	10	( )	( )	130

※ 각 가구는 1가지 지급 방식으로만 코로나19 지원금을 지급받음.

<설 명>

○ A는 전체 가구수 대비 코로나19 지원금 지급 가구수 비율이 92.9 %이다.

○ 지역별 코로나19 지원금 지급 가구수 대비 신용·체크카드 방식의 지급 가구수 비율은 H가 84.6 %로 가장 높고, C가 62.4 %로 가장 낮다.

○ D는 코로나19 지원금 지급 가구수 대비 상품권 방식의 지급 가구수 비율이 21.5 %이다.

○ E는 코로나19 지원금 지급 가구의 평균 지원금이 65만 원이다.

	세 번째로 많은 지역	다섯 번째로 많은 지역
①	B	E
②	B	F
③	C	E
④	C	F
⑤	D	E

문 40. 다음 <표>와 <정보>는 2021년과 2022년 A기업의 전체 직원 1,000명을 대상으로 갑질 발생 위험도를 설문조사한 결과이다. 이를 근거로 한 <보기>의 설명 중 옳은 것만을 모두 고르면?

<표 1> 종합위험도 평가 결과

(단위: 명)

구분＼연도·갑질 발생 위험도		2021 매우 낮음	2021 낮음	2021 보통	2021 높음	2021 매우 높음	2022 매우 낮음	2022 낮음	2022 보통	2022 높음	2022 매우 높음
전체		770	78	49	45	58	790	121	33	31	25
성별	남성	320	38	24	15	18	336	55	10	11	3
	여성	450	40	25	30	40	454	66	23	20	22
직급	관리자	180	11	4	2	3	185	15	4	4	2
	실무자	590	67	45	43	55	605	106	29	27	23
소속	본사	70	9	5	5	6	80	11	4	3	2
	공장	700	69	44	40	52	710	110	29	28	23

<표 2> 갑질 유형별 평가 결과

(단위: 명)

갑질 유형＼연도·갑질 발생 위험도	2021 매우 낮음	2021 낮음	2021 보통	2021 높음	2021 매우 높음	2022 매우 낮음	2022 낮음	2022 보통	2022 높음	2022 매우 높음
언어	747	85	50	53	65	770	120	35	44	31
부당한 지시	788	78	43	38	53	810	127	25	21	17
불리한 처우	781	73	52	41	53	795	117	37	27	24

<정 보>

○ 2021년과 2022년 설문조사 대상자는 같으며, 무응답과 중복응답은 없음.

○ 2021년 실무자의 절반은 여성임.

○ 각 설문조사에서 '부당한 지시'의 갑질 발생 위험도를 '높음' 또는 '매우 높음'으로 답변한 응답자는 '언어'와 '불리한 처우'에 대해서도 '높음' 또는 '매우 높음'으로 답변함.

<보 기>

ㄱ. 2021년 여성 관리자는 185명이다.

ㄴ. 소속이 본사인 직원은 2022년이 2021년보다 5명 많다.

ㄷ. '부당한 지시'의 갑질 발생 위험도를 '매우 낮음', '낮음' 또는 '보통'으로 답변한 응답자 중 '언어'의 갑질 발생 위험도를 '높음' 또는 '매우 높음'으로 답변한 응답자는 2021년이 2022년보다 많다.

① ㄴ

② ㄷ

③ ㄱ, ㄴ

④ ㄱ, ㄷ

⑤ ㄱ, ㄴ, ㄷ

문 1. 다음 글을 근거로 판단할 때 옳은 것은?

> 제○○조(동물학대 등의 금지) 누구든지 동물에 대하여 학대행위를 하여서는 아니 된다.
> 제△△조(동물보호센터의 설치 · 지정 등) ① 지방자치단체의 장은 동물의 구조 · 보호조치 등을 위하여 A부장관이 정하는 기준에 맞는 동물보호센터를 설치 · 운영할 수 있다.
> ② A부장관은 지방자치단체의 장이 설치 · 운영하는 동물보호센터의 설치 · 운영비용의 전부 또는 일부를 지원할 수 있다.
> ③ 지방자치단체의 장은 A부장관이 정하는 기준에 맞는 기관이나 단체를 동물보호센터로 지정하여 동물의 구조 · 보호조치 등을 하게 할 수 있고, 이때 소요비용(이하 '보호비용'이라 한다)의 전부 또는 일부를 지원할 수 있다.
> ④ 제3항에 따른 동물보호센터로 지정받으려는 기관이나 단체는 A부장관이 정하는 바에 따라 지방자치단체의 장에게 신청하여야 한다.
> ⑤ 지방자치단체의 장은 지정된 동물보호센터가 다음 각 호의 어느 하나에 해당하는 경우에는 그 지정을 취소할 수 있다. 다만 제1호에 해당하는 경우에는 지정을 취소하여야 한다.
> 1. 거짓이나 그 밖의 부정한 방법으로 지정을 받은 경우
> 2. 제3항에 따른 지정기준에 맞지 아니하게 된 경우
> 3. 제○○조의 규정을 위반한 경우
> 4. 보호비용을 거짓으로 청구한 경우
>
> ⑥ 지방자치단체의 장은 제5항에 따라 지정이 취소된 기관이나 단체를 지정이 취소된 날부터 1년 이내에는 다시 동물보호센터로 지정하여서는 아니 된다. 다만 제5항 제3호에 따라 지정이 취소된 기관이나 단체는 지정이 취소된 날부터 2년 이내에는 다시 동물보호센터로 지정하여서는 아니 된다.

① A부장관은 지방자치단체의 장이 지정한 동물보호센터에 보호비용의 일부를 지원하여야 한다.
② 지정된 동물보호센터가 동물을 학대한 사실이 확인된 경우, 지방자치단체의 장은 그 지정을 취소하여야 한다.
③ 동물보호센터로 지정받고자 하는 기관은 지방자치단체의 장이 정하는 바에 따라 A부장관에게 신청하여야 한다.
④ 부정한 방법으로 동물보호센터 지정을 받아 그 지정이 취소된 기관은 지정이 취소된 날부터 2년이 지나야 다시 동물보호센터로 지정받을 수 있다.
⑤ 지정된 동물보호센터가 보호비용을 거짓으로 청구한 경우라도 지방자치단체의 장은 그 지정을 취소해야 하는 것은 아니다.

문 2. 다음 글을 근거로 판단할 때 옳은 것은?

> 제00조(소하천의 점용 등) ① 소하천에서 다음 각 호의 어느 하나에 해당하는 행위를 하려는 자는 그 소하천을 지정한 시장 · 군수 또는 구청장(이하 '관리청'이라 한다)의 허가(이하 '소하천 점용 · 사용 허가'라 한다)를 받아야 한다.
> 1. 유수(流水)의 점용
> 2. 토지의 점용
> 3. 토석 · 모래 · 자갈, 그 밖의 소하천 산출물의 채취
> 4. 인공구조물의 신축 · 개축 또는 변경
>
> ② 관리청은 소하천에 대하여 제1항 제1호에 따른 허가를 한 때에는 그 내용을 A부장관에게 통보하여야 한다.
> 제00조(원상회복 의무) ① 소하천 점용 · 사용 허가를 받은 자는 그 허가가 실효(失效)되거나 점용 또는 사용을 폐지한 경우에는 그 소하천을 원상으로 회복시켜야 한다.
> ② 관리청은 필요한 경우 제1항의 원상회복 의무를 면제할 수 있고, 이때 그 인공구조물이나 그 밖의 물건은 해당 지방자치단체에 무상(無償)으로 귀속된다.
> 제00조(점용료 등의 징수) ① 관리청은 소하천 점용 · 사용 허가를 받은 자로부터 유수 및 토지의 점용료, 토석 · 모래 · 자갈 등 소하천 산출물의 채취료(이하 '점용료 등'이라 한다)를 징수할 수 있다.
> ② 관리청은 소하천 점용 · 사용 허가를 받지 아니하고 소하천을 점용하거나 사용한 자로부터 변상금을 징수할 수 있다.
> ③ 소하천 점용 · 사용 허가를 받으려는 자는 수수료를 내야 한다.
> ④ 관리청은 소하천 점용 · 사용 허가를 하는 경우로서 다음 각 호의 어느 하나에 해당하는 경우에는 점용료 등 또는 수수료를 감면할 수 있다. 이 경우 점용료 등의 감면 비율은 대통령령으로 정하고, 수수료의 감면 비율은 해당 지방자치단체의 조례로 정한다.
> 1. 공공용 사업, 그 밖의 공익 목적 비영리사업인 경우
> 2. 재해나 그 밖의 특별한 사정으로 본래의 점용 목적을 달성할 수 없는 경우

① 관리청은 소하천에서의 토석 채취를 허가한 경우, 그 내용을 A부장관에게 통보하여야 한다.
② 관리청이 소하천에서의 인공구조물 신축 허가를 받은 자에게 원상회복 의무를 면제한 경우, 해당 인공구조물은 그 허가를 받은 자에게 귀속된다.
③ 소하천 점용 · 사용 허가에 따른 점용료 등과 수수료의 각 감면 비율은 해당 지방자치단체의 조례로 정한다.
④ 소하천 점용 · 사용 허가를 하는 경우에 재해로 인하여 본래의 점용 목적을 달성할 수 없는 때에는 관리청은 점용료 등을 감면할 수 있다.
⑤ 공공용 사업을 위해 소하천 점용 · 사용 허가를 받지 않고 소하천을 점용한 경우, 관리청은 변상금을 감면할 수 있다.

문 3. 다음 글을 근거로 판단할 때 옳은 것은?

제00조(정의) 이 법에서 사용하는 용어의 뜻은 다음과 같다.
1. "인공우주물체"란 우주공간에서 사용하는 것을 목적으로 설계·제작된 물체(우주발사체, 인공위성, 우주선 및 그 구성품을 포함한다)를 말한다.
2. "우주발사체"란 자체 추진기관에 의하여 인공위성이나 우주선 등을 우주공간에 진입시키는 인공우주물체를 말한다.

제00조(인공우주물체의 국내 등록) ① 인공우주물체(우주발사체는 제외한다. 이하 같다)를 발사하려는 경우, 다음 각 호의 구분에 따라 발사 예정일부터 180일 전까지 과학기술정보통신부장관에게 예비등록을 하여야 한다.
1. 대한민국 국민이 국내외에서 발사하려는 경우
2. 대한민국 국민이 아닌 자가 대한민국 영역 또는 대한민국의 관할권이 미치는 지역·구조물에서 발사하려는 경우
3. 대한민국 국민이 아닌 자가 대한민국 정부 또는 국민이 소유하고 있는 우주발사체를 이용하여 국외에서 발사하려는 경우

② 제1항에 따라 인공우주물체를 예비등록하려는 자는 다음 각 호의 사항이 포함된 발사계획서를 첨부하여야 한다.
1. 인공우주물체의 사용 목적에 관한 사항
2. 인공우주물체의 소유권자 또는 이용권자에 관한 사항
3. 인공우주물체의 기본적 궤도에 관한 사항
4. 우주사고 발생 시의 손해배상책임 이행에 관한 사항

③ 제1항에 따라 인공우주물체를 예비등록한 자는 그 인공우주물체가 위성궤도에 진입한 날부터 90일 이내에 과학기술정보통신부장관에게 인공우주물체를 등록하여야 한다. 다만 국제 협약에 따라 발사국 정부와 합의하여 외국에 등록한 인공우주물체에 대하여는 그러하지 아니하다.

① 대한민국 국민이 우주발사체를 발사하려는 경우, 과학기술정보통신부장관에게 그 발사체를 예비등록하여야 한다.
② 대한민국 국민이 아닌 자가 대한민국 정부 소유의 우주발사체를 이용하여 국내에서 인공위성을 발사하려는 경우, 그 위성을 예비등록할 필요가 없다.
③ 우주선을 발사하려는 자는 그 사용 목적에 관한 사항이 포함된 발사계획서를 첨부하여 발사 예정일부터 9개월 전까지 예비등록하여야 한다.
④ 국제 협약에 따라 발사국 정부와 합의하여 외국에 등록한 인공위성의 경우, 위성궤도에 진입한 날부터 90일이 경과했더라도 과학기술정보통신부장관에게 그 위성을 등록하지 않아도 된다.
⑤ 인공위성을 예비등록한 자가 그 위성을 발사한 경우, 발사한 날부터 90일 이내에 과학기술정보통신부장관에게 인공위성을 등록하여야 한다.

문 4. 다음 글과 <상황>을 근거로 판단할 때 옳은 것은?

제○○조(신고) 식품판매업을 하려는 자는 영업소 소재지를 관할하는 시장·군수·구청장(이하 '시장 등'이라 한다)에게 신고해야 한다.

제□□조(준수사항) ① 식품판매업자는 다음 각 호의 사항을 지켜야 한다.
1. 소비기한이 경과된 식품을 판매의 목적으로 진열·보관하거나 이를 판매하지 말 것
2. 식중독 발생 시 보관 또는 사용 중인 식품은 역학조사가 완료될 때까지 폐기하지 않고 원상태로 보존하여야 하며, 식중독 원인규명을 위한 행위를 방해하지 말 것

② 관할 시장 등은 식품판매업자가 제1항을 위반한 경우에는 6개월 이내의 기간을 정하여 그 영업의 전부 또는 일부를 정지하거나 영업소 폐쇄를 명할 수 있다.

③ 관할 시장 등은 다음 각 호의 행위를 신고한 자에게는 포상금을 지급한다.
1. 제1항 제1호에 위반되는 행위: 7만 원
2. 제2항에 따른 영업정지 또는 영업소 폐쇄명령에 위반하여 영업을 계속하는 행위: 20만 원

제◇◇조(제품교환 등) 식품판매업자는 소비자에게 다음 각 호에 따른 조처를 이행해야 한다.
1. 소비자가 소비기한이 경과한 식품을 구입한 경우: 제품교환 또는 구입가 환급
2. 소비자가 제1호의 식품을 섭취함으로써 신체에 부작용이 발생한 경우: 치료비, 경비 및 일실소득 배상

제△△조(벌칙) 다음 각 호의 어느 하나에 해당하는 식품판매업자는 3년 이하의 징역 또는 3천만 원 이하의 벌금에 처한다.
1. 제□□조 제1항의 사항을 위반한 경우
2. 제□□조 제2항의 명령을 위반하여 영업을 계속한 경우

<상 황>

식품판매업자 甲은 A도 B군에 영업소를 두고 있다. 乙은 甲의 영업소에 진열되어 있는 C식품을 구입하였는데, 집에서 확인해 보니 구매 당시 이미 소비기한이 지나 있었고 이 사실을 친구 丙에게 알려 주었다.

① A도지사는 소비기한이 경과된 식품을 판매한 甲에 대해 1개월의 영업정지 명령을 내릴 수 있다.
② 甲에 대한 영업정지 또는 영업소 폐쇄명령 여부에 관계없이 甲은 3년 이하의 징역에 처해질 수 있다.
③ 乙이 C식품에 대해 제품교환을 요구하는 경우, 甲은 乙에게 제품교환과 함께 구입가 환급을 해 주어야 한다.
④ 丙이 甲의 소비기한 경과 식품 판매 사실을 신고한 경우, 乙과 丙은 각각 7만 원의 포상금을 지급받는다.
⑤ 乙이 C식품의 일부를 먹고 식중독에 걸렸는데 먹다 남은 C식품을 丙이 폐기함으로써 식중독 원인규명이 방해된 경우, 丙은 500만 원의 벌금에 처해질 수 있다.

문 5. 다음 글과 <상황>을 근거로 판단할 때, <보기>에서 A가 가맹금을 반환해야 하는 것만을 모두 고르면?

제○○조(정보공개서의 제공의무) 가맹본부는 가맹희망자에게 정보공개서를 제공하지 아니하였거나 제공한 날부터 14일이 지나지 아니한 경우에는 다음 각 호의 행위를 하여서는 아니 된다.
1. 가맹희망자로부터 가맹금을 수령하는 행위
2. 가맹희망자와 가맹계약을 체결하는 행위

제□□조(허위·과장된 정보제공의 금지) 가맹본부는 가맹희망자나 가맹점사업자에게 정보를 제공함에 있어서 다음 각 호의 행위를 하여서는 아니 된다.
1. 사실과 다르게 정보를 제공하거나 사실을 부풀려 정보를 제공하는 행위
2. 계약의 체결·유지에 중대한 영향을 미치는 사실을 은폐하거나 축소하는 방법으로 정보를 제공하는 행위

제△△조(가맹금의 반환) 가맹본부는 다음 각 호의 어느 하나에 해당하는 경우에는 가맹희망자나 가맹점사업자가 서면으로 요구하면 가맹금을 반환하여야 한다.
1. 가맹본부가 제○○조를 위반한 경우로서 가맹희망자 또는 가맹점사업자가 가맹계약 체결 전 또는 가맹계약의 체결일부터 4개월 이내에 가맹금의 반환을 요구하는 경우
2. 가맹본부가 제□□조를 위반한 경우로서 가맹희망자가 가맹계약 체결 전에 가맹금의 반환을 요구하는 경우
3. 가맹본부가 정당한 사유 없이 가맹사업을 일방적으로 중단한 경우로서 가맹희망자 또는 가맹점사업자가 가맹사업의 중단일부터 4개월 이내에 가맹금의 반환을 요구하는 경우

<상 황>

甲, 乙, 丙은 가맹본부 A에게 지급했던 가맹금의 반환을 2023. 2. 27. 서면으로 A에게 요구하였다.

<보 기>

ㄱ. 2023. 1. 18. A가 甲에게 정보공개서를 제공하고, 2023. 1. 30. 가맹계약을 체결한 경우
ㄴ. 2022. 9. 27. 가맹계약을 체결한 乙이 건강상의 이유로 2023. 1. 3. 가맹점사업을 일방적으로 중단한 경우
ㄷ. 2023. 3. 7. 가맹계약을 체결할 예정인 가맹희망자 丙에게 A가 2023. 2. 10. 제공하였던 정보공개서상 정보의 내용이 사실과 다른 경우

① ㄱ
② ㄷ
③ ㄱ, ㄴ
④ ㄱ, ㄷ
⑤ ㄴ, ㄷ

문 6. 다음 글과 <상황>을 근거로 판단할 때 옳은 것은?

교부금은 중앙정부가 지방정부에 제공하는 재정지원의 한 종류이다. 중앙정부가 지방정부에 일정 금액의 교부금을 지급하면 이는 지방정부의 예산이 그만큼 증가한 것과 같은 결과를 가져온다. 따라서 교부금 지급이 해당 지역의 공공서비스 공급에 미치는 영향은 지방정부의 자체예산이 교부금과 동일한 금액만큼 증가한 경우의 영향과 같을 것으로 예상된다.

그런데 지방재정에 관한 실증연구 결과를 보면 이러한 예상은 잘 들어맞지 않는다. 현실에서는 교부금 형태로 발생한 추가적 재원 중 공공서비스의 추가적 공급에 사용되는 비중이 지방정부의 자체예산 증가분 중 공공서비스의 추가적 공급에 사용되는 비중보다 높다. 자체예산을 공공서비스와 기타사업에 항상 절반씩 투입하는 甲국 A시에서는 자체예산 증가분의 경우, 그 50 %를 공공서비스의 추가적 공급에 투입하고 나머지는 기타사업에 투입한다. 그런데 중앙정부로부터 교부금을 받은 경우에는 그중 80 %를 공공서비스의 추가적 공급에 투입하고 나머지를 기타사업에 투입한다.

<상 황>

甲국 A시의 올해 예산은 100억 원이었으며, 모두 자체예산이었다. 중앙정부는 내년에 20억 원의 교부금을 A시에 지급하기로 하였다. A시의 내년도 자체예산은 올해와 마찬가지로 100억 원이다.

① A시가 내년에 기타사업에 지출하는 총 금액은 60억 원일 것이다.
② A시는 내년에 기타사업에 지출하는 총 금액을 올해보다 4억 원 증가시킬 것이다.
③ A시는 내년에 공공서비스 공급에 지출하는 총 금액을 올해와 동일하게 유지할 것이다.
④ A시는 내년에 공공서비스 공급에 지출하는 총 금액을 올해보다 50 % 증가시킬 것이다.
⑤ A시는 내년에 공공서비스 공급에 지출하는 총 금액을 올해보다 10억 원 증가시킬 것이다.

문 7. 다음 글을 근거로 판단할 때, A팀이 1박스 분량의 용지를 사용하는 데 걸리는 일수는?

> □□부처의 A팀은 甲 ~ 丁 총 4명으로 구성되어 있고, 甲 ~ 丁 각각은 매일 일정한 양의 용지를 사용한다. 개인의 용지 사용량과 관련하여 甲 ~ 丁은 다음과 같이 진술하였다.
>
> 甲: 나는 용지 1박스를 사용하는 데 20일 걸려.
> 乙: 나는 용지 1박스를 사용하는 데 甲의 4배의 시간이 걸려.
> 丙: 나도 乙과 같아.
> 丁: 丙이 용지 $\frac{1}{2}$박스를 사용하는 동안, 나는 1박스를 사용해.

① 5
② 8
③ 9
④ 10
⑤ 12

문 8. 다음 글을 근거로 판단할 때, ㉠에 해당하는 수는?

> 甲: <자기를 위한 인생>을 찍은 소다르 감독 작고 소식 들었어?
> 乙: 응. 그 작품이 소다르 감독이 세 번째로 찍은 영화였지? 1962년 작품이었나?
> 甲: 그렇지. 그해 마지막으로 찍은 작품이기도 하고. 1960년에 <내 멋대로 하자>로 데뷔하고 <남자는 남자다> 다음에 찍은 영화니까. 정작 우리나라에서 개봉은 늦어졌지만.
> 乙: 우리나라에선 1983년에 찍은 <미남 갱 카르멘>이 주목받아서 그해 처음 개봉된 다음, 데뷔작부터 찍은 순서대로 개봉됐던 거지?
> 甲: 전부 순서대로 개봉된 것은 아냐. 1963년 작품 중 2편은 우리나라에서 10편 넘는 작품이 개봉된 이후에야 극장에서 상영되었지.
> 乙: 아, 그랬지. 1963년에는 총 3편, 그다음 해에는 총 2편을 찍었으니까….
> 甲: 응. 그리고 1965년에 첫 번째로 찍은 영화가 <베타빌>이야.
> 乙: 그럼 <베타빌>은 소다르 감독 작품 중 우리나라에서 개봉된 순서로 [㉠] 번째구나.

① 6
② 7
③ 8
④ 9
⑤ 10

문 9. 다음 글과 <상황>을 근거로 판단할 때, <방식 1>과 <방식 2>에 따른 결승점을 옳게 짝지은 것은?

> 신설된 어느 스포츠 종목은 두 팀이 대결하는 경기로, 1점씩 득점하며 경기 종료 시 더 많은 득점을 한 팀이 승리한다. 이 종목의 '결승점'을 정의하는 방식으로 다음 두 가지가 있다.
>
> <방식 1>
>
> 상대 팀의 점수보다 1점 많아지는 득점을 한 후, 경기 종료 시까지 동점이나 역전을 허용하지 않고 승리할 때, 그 득점을 결승점으로 정의한다.
>
> <방식 2>
>
> 승리한 팀의 득점 중 자기 팀의 점수가 상대 팀의 최종 점수보다 1점 많아질 때의 득점을 결승점으로 정의한다.

<상 황>

> 두 팀 A, B가 맞붙어 다음과 같은 순서로 득점을 하고 경기가 종료되었다. (A, B는 득점한 팀을 나타낸다)
>
> A – A – B – B – B – A – B – A – A – A – B

	방식 1	방식 2
①	A의 세 번째 득점	A의 두 번째 득점
②	A의 다섯 번째 득점	A의 다섯 번째 득점
③	A의 다섯 번째 득점	A의 여섯 번째 득점
④	A의 여섯 번째 득점	A의 다섯 번째 득점
⑤	A의 여섯 번째 득점	A의 여섯 번째 득점

문 10. 다음 글을 근거로 판단할 때, 주사위에서 나오지 않는 수는?

> 자연수 1 ~ 6 중 어느 하나는 전혀 나오지 않고, 나머지는 모두 동일한 확률로 나오는 주사위가 있다. 이 주사위를 3번 던졌을 때 3번 모두 같은 홀수가 나올 확률은 1.6 %이다. 또한 이 주사위를 10번 던지면 그중 소수(素數)가 나오는 횟수는 평균적으로 6번이다.

① 1
② 2
③ 3
④ 4
⑤ 6

문 11. 다음 글을 근거로 판단할 때, A와 B가 선택하지 않을 결혼식 날짜는?

> A와 B는 다음 달에 결혼식을 하려고 한다. 두 사람은 결혼식에 5명의 친구들(甲 ~ 戊)을 초대할 예정이며, 그 친구들이 가장 많이 올 수 있도록 결혼식 날짜를 선택하려고 한다.
>
> 甲 ~ 戊의 다음 달 일정은 아래와 같으며, 일정이 있는 날짜에는 결혼식에 갈 수 없고 그 외의 날짜에는 결혼식에 갈 수 있다.
>
> ○ 甲은 매주 월요일부터 금요일까지는 휴일에 상관없이 회사에 간다.
> ○ 乙은 매주 화, 목, 토요일에는 세미나가 있다.
> ○ 丙은 1일부터 14일까지 여행을 간다.
> ○ 丁은 매주 일요일에는 등산을 한다.
> ○ 戊는 3의 배수 또는 3, 6, 9가 포함되는 날짜에는 부모님 간병을 한다.
>
> <다음 달 달력>

일	월	화	수	목	금	토
					1	2
3	4	5	6	7	8	9
10	11	12	13	14	15	16
17	18	19	20	21	22	23
24	25	26	27	28	29	30
31						

① 다음 달 9일
② 다음 달 17일
③ 다음 달 20일
④ 다음 달 22일
⑤ 다음 달 25일

문 12. 다음 글을 근거로 판단할 때 옳은 것은?

> ○ →는 자연수의 맨 앞 숫자를 맨 뒤로 보내라는 기호이다. (예: → 4321 = 3214)
> ○ ←는 자연수의 맨 뒤 숫자를 맨 앞으로 보내라는 기호이다. (예: ← 4321 = 1432)
> ○ → 또는 ←를 적용하여 0이 맨 앞 숫자가 되면 그 0을 제거한다.
> ○ 기호가 연속된 경우에는 숫자에 가까운 기호부터 차례대로 적용한다. (예: → ← 4321 = → 1432 = 4321)

① → 43의 결과는 홀수이다.
② 두 자리 자연수에 → ←를 적용하면 원래 수와 같다.
③ 세 자리 자연수에 → → →를 적용하면 원래 수와 같다.
④ 두 자리 자연수에 → ←를 적용한 결과와 ← →를 적용한 결과는 다르다.
⑤ 두 자리 자연수 A가 있을 때 (→ A) + A의 결과는 11의 배수이다.

문 13. 다음 글과 <A부처 스크랩 후보>를 근거로 판단할 때, 스크랩의 앞에서부터 5번째에 배치되는 기사 제목은?

> ○ A부처는 당일 조간신문 및 전일 석간신문 기사(사설과 논평 포함)를 선별하여 스크랩하고 있다.
> ○ 다음 조건들을 '조건 1'부터 순서대로 적용하여 기사를 선별·배치한다. 조건을 적용할 때 먼저 적용한 조건을 위배할 수 없다.
> 조건 1: 제목에 '정책'이라는 단어가 포함된 기사는 다른 기사보다 앞에 배치(단, '△△정책'이 제목에 포함된 기사는 스크랩에서 제외)
> 조건 2: 사설과 논평은 일반기사보다 뒤에 배치
> 조건 3: 제목에 '규제'나 '혁신'이라는 단어가 포함된 기사는 다른 기사보다 앞에 배치
> 조건 4: 조간신문 기사는 석간신문 기사보다 앞에 배치

<A부처 스크랩 후보>

구분	종류	기사 제목
조간	논평	규제 샌드박스, 적극 확대되어야
석간	사설	★★정책 추진결과, "양호"
조간	논평	플랫폼경제의 명암
석간	일반기사	△△정책 추진계획 발표
석간	일반기사	□□산업 혁신 성장 포럼 성황리 개최
석간	사설	◎◎생태계는 진화 중
석간	사설	네거티브 규제, 현실성 고려해야
조간	논평	◇◇정책 도입의 효과, 어디까지?
조간	일반기사	▼▼수요 증가로 기업들 화색
조간	일반기사	정부 혁신 중간평가 성적표 공개

① 규제 샌드박스, 적극 확대되어야
② △△정책 추진계획 발표
③ □□산업 혁신 성장 포럼 성황리 개최
④ ◎◎생태계는 진화 중
⑤ ▼▼수요 증가로 기업들 화색

문 14. 다음 글과 <상황>을 근거로 판단할 때, <보기>에서 옳은 것만을 모두 고르면?

> △△대륙의 국가들은 외교 조약을 체결한다. 외교 조약은 두 나라 사이에서만 직접 체결된다. 이때 그 두 나라는 '직접 조약' 관계에 있다고 한다.
> 한편 어떤 두 나라가 직접 조약 관계에 있지는 않지만, 그 두 나라와 공통으로 직접 조약 관계인 나라가 3개 이상인 경우 '친밀' 관계, 2개인 경우 '우호' 관계, 1개 이하인 경우 '중립' 관계라 한다.

<상 황>

> ○ △△대륙의 국가는 A ~ E국으로 총 5개국이다.
> ○ A국과 직접 조약 관계인 어떤 나라도 D국과 직접 조약 관계에 있지 않다.
> ○ A국과 B국은 친밀 관계이다.

<보 기>

> ㄱ. D국과 E국은 우호 관계이다.
> ㄴ. A국과 D국은 직접 조약 관계이다.
> ㄷ. 중립 관계인 두 나라가 있다.

① ㄱ
② ㄷ
③ ㄱ, ㄴ
④ ㄴ, ㄷ
⑤ ㄱ, ㄴ, ㄷ

문 15. 다음 글을 근거로 판단할 때, 정책자문단을 구성하는 경우의 수는?

○ A부서는 다음 조건에 따라 정책자문단을 구성하는 중이다.
- 정책자문단은 8명의 정책자문위원으로 구성하며, 그중 여성이 2명 이상이어야 한다.
- 정책자문위원은 학계, 예술계, 법조계, 언론계 4개 분야의 전문가 중 위촉한다.
- 각 분야의 전문가를 1명 이상 위촉해야 하며, 같은 분야의 전문가를 4명 이상 위촉해서는 안 된다.

○ 정책자문위원 위촉 현황은 다음과 같다.

분야				성별	
학계	예술계	법조계	언론계	남성	여성
2	3	0	1	5	1

○ 다음 전문가(甲 ~ 戊) 중 정책자문위원을 추가로 위촉하여 정책자문단 구성을 완료하려 한다.

전문가	분야	성별
甲	예술계	남성
乙	법조계	남성
丙	법조계	여성
丁	학계	여성
戊	언론계	남성

① 1
② 2
③ 3
④ 4
⑤ 5

문 16. 다음 글과 <상황>을 근거로 판단할 때, A가 방문할 매장을 모두 고르면?

A는 친구 5명(甲 ~ 戊)에게 줄 크리스마스 선물을 사려고 한다. 크리스마스 선물을 고르는 조건은 다음과 같다.

○ 예산은 20만 원이며, 모두 사용한다.
○ 매장은 2곳만 방문한다.
○ 모두에게 서로 다른 선물을 사준다. 단, 甲과 乙에게는 똑같은 선물을 사준다.
○ 丙에게는 건강식품을 선물한다.

<상 황>

다음은 A가 방문할 수 있는 매장과 선물 품목 등에 관한 정보이다.

매장	판매품 종류	선물 품목	가격
홍삼전문점	건강식품	홍삼 절편	4만 원
		홍삼액	5만 원
녹차전문점	음료 용품	녹차 티백	3만 원
		다도 세트	4만 원
인테리어 가게	인테리어 소품	램프	5만 원
		액자 세트	6만 원
문구점	필기구	만년필	4만 원

① 홍삼전문점, 녹차전문점
② 홍삼전문점, 인테리어 가게
③ 홍삼전문점, 문구점
④ 녹차전문점, 인테리어 가게
⑤ 녹차전문점, 문구점

문 17. 다음 글과 <상황>을 근거로 판단할 때, □□연구지원센터가 지급할 연구비 총액은?

□□연구지원센터는 최대 3개의 연구팀을 선정하여 연구비를 지급하고자 한다. 선정 및 연구비 지급 기준은 아래와 같다.

○ 평가 항목은 연구실적 건수, 피인용 횟수, 연구계획서 평가결과, 특허출원 건수이며, 항목별 점수는 다음과 같다.
- 연구실적 건수: 1건당 15점
- 피인용 횟수: 5회마다 1점
- 연구계획서 평가결과: '우수' 25점, '보통' 20점, '미흡' 15점
- 특허출원 건수: 1건당 3점

○ 합계 점수 상위 3개 팀을 고르되, 합계 점수가 80점 미만인 팀은 3위 안에 들더라도 선정에서 제외한다.

○ 선정된 연구팀에게 지급할 연구비는 다음과 같다.
- 1위: 10억 원, 2위: 7억 원, 3위: 4억 원
- 단, 선정된 연구팀 가운데 연구계획서 평가에서 '우수'를 받은 연구팀은 1억 원을 증액 지급하고, 특허출원이 3건 미만인 연구팀은 1억 원을 감액 지급한다.

<상 황>

다음은 연구팀 A ~ E에 대한 평가 자료이다.

구분	연구실적 건수	피인용 횟수	연구계획서 평가결과	특허출원 건수
A	2	45	보통	3
B	3	62	우수	4
C	2	88	미흡	5
D	4	37	보통	2
E	1	165	우수	2

① 17억 원
② 18억 원
③ 19억 원
④ 21억 원
⑤ 22억 원

문 18. 다음 글을 근거로 판단할 때, 甲사무관이 선택할 경로는?

○ 甲사무관은 차를 운전하여 A부처에서 B연구소로 출장을 가려고 한다.
○ 甲사무관은 회의 시작 시각까지 회의 장소에 도착하려고 한다.
○ 출발 시각은 오전 11시이며, 회의 시작 시각은 당일 오후 1시 30분이다.
○ 甲사무관은 A부처에서 B연구소 주차장까지 갈 경로를 다음 5가지 중에서 선택하려고 한다.

경로	주행 거리	소요시간	통행요금	피로도
최적경로	128 km	1시간 34분	2,600원	4
최소시간경로	127 km	1시간 6분	7,200원	2
최단거리경로	116 km	2시간 6분	0원	2
무료도로경로	132 km	1시간 31분	0원	5
초보자경로	129 km	1시간 40분	4,600원	1

※ 피로도 수치가 작을수록 피로가 덜한 것을 의미함.

○ 甲사무관은 통행요금이 5,000원을 넘으면 해당 경로를 이용하지 않으며, 통행요금이 5,000원을 넘지 않으면 피로가 가장 덜한 경로를 선택한다.
○ 甲사무관은 B연구소 주차장에 도착한 후, 도보 10분 거리의 음식점으로 걸어가 점심식사(30분 소요)를 마치고 다시 주차장까지 걸어온 뒤, 주차장에서 5분 걸려 회의 장소에 도착할 예정이다.

① 최적경로
② 최소시간경로
③ 최단거리경로
④ 무료도로경로
⑤ 초보자경로

[19 ~ 20] 다음 글을 읽고 물음에 답하시오.

석유사업의 시작은 1859년으로 거슬러 올라간다. 甲국 ○○계곡에서 석유시추 현장책임자인 A가 오랜 노력 끝에 석유시추에 성공하였고, 그날부터 A는 매일 30배럴씩 석유를 퍼 올렸다.

A의 성공을 계기로 석유에 대한 관심이 급증했다. 석유시추에 성공한 이후 1860년 말에는 70여 개의 유정이 석유를 뿜어냈고 정제시설도 15개나 들어섰다. ○○계곡의 연간 산유량은 1859년의 2천 배럴에서 10년 만에 250배가 되었다. 그러나 생산량이 늘어나면서 가격은 하락하였다. 급기야 석유가격은 A가 최초로 시추한 날의 평균가격에서 96 %나 떨어져 배럴당 1.2달러에 판매되기도 하였다. 이러한 생산과잉을 해결하기 위해 수출이 시작되었다. 1880년에는 甲국의 수출량이 국내 소비량의 150 %가 되었으며, 甲국에서 그해 생산된 석유의 총 가액은 3,500만 달러였다.

석유사업 확대는 연구 및 수요 증가와 밀접한 관련이 있다. 원유에서는 액화석유가스(LPG), 휘발유(가솔린), 등유, 경유(디젤), 중유 등을 생산할 수 있다. 하지만 1859년에는 등유만을 생산하였고, 부산물은 용도가 없어 내다 버렸다. 그런데 등화용으로 사용되던 등유 소비가 한계에 달하면서 새로운 시장을 개척하기 위해 부산물의 용도를 연구하기 시작하였다. 그 결과 휘발유가 석탄을 대신해서 증기기관의 동력으로 사용될 수 있음을 알게 되었다. 1886년 휘발유 자동차가 생산되면서 휘발유의 가치는 치솟았다. 1908년 자동차의 대량생산을 계기로 휘발유 사용이 극적으로 증가하였고, 1911년에는 휘발유 소비가 처음으로 등유를 앞질렀다.

1893년에는 디젤엔진의 특허가 등록되었고, 1910년경 동력장치로 발명된 디젤엔진이 선박에 처음으로 사용되었다. 경유(디젤)가 자동차 연료로 처음 사용된 것은 1927년에 소형 연료분사장치가 발명되면서부터이다. 한편 1912년에는 원유에서 끓는점에 따라 휘발유, 등유, 경유, 중유를 차례로 생산하는 최초의 현대식 정유공장이 세워졌으며, 액화석유가스 생산 기술이 처음으로 개발되었다.

문 19. 윗글을 근거로 판단할 때 옳은 것은?

① 1890년이 되어서야 휘발유는 동력 기계를 움직이는 연료로 사용되었다.
② 1907년에는 휘발유보다 등유의 소비량이 더 많았을 것이다.
③ 1925년에 경유가 자동차 연료로 사용되기 시작했을 것이다.
④ 최초의 석유시추는 휘발유와 경유를 생산하기 위한 것이었다.
⑤ 1910년에는 액화석유가스가 자동차 연료로 사용되기 시작했을 것이다.

문 20. 윗글을 근거로 판단할 때, <보기>에서 옳은 것만을 모두 고르면?

<보 기>

ㄱ. A가 시추 첫날 생산한 석유가 그날 평균가격으로 모두 팔렸다면 판매액은 총 900달러이다.
ㄴ. 1869년 ○○계곡의 월 평균 산유량은 2만 배럴이다.
ㄷ. 비축 및 수입된 석유가 없다고 가정할 때, 1880년 甲국의 국내 석유 소비량을 금액으로 환산하면 총 2,100만 달러이다.

① ㄱ
② ㄷ
③ ㄱ, ㄴ
④ ㄱ, ㄷ
⑤ ㄴ, ㄷ

문 21. 다음 글을 근거로 판단할 때 옳은 것은?

제00조(간행물 정가 표시 및 판매) ① 출판사가 판매를 목적으로 간행물(전자출판물을 포함한다. 이하 같다)을 발행할 때에는 소비자에게 판매하는 가격(이하 '정가'라 한다)을 정하여 해당 간행물의 표지에 표시하여야 한다.
② 제1항에도 불구하고 전자출판물의 경우에는 출판사가 정가를 서지정보에 명기하고, 전자출판물을 판매하는 자는 출판사가 서지정보에 명기한 정가를 구매자가 식별할 수 있도록 판매사이트에 표시하여야 한다.
③ 간행물을 판매하는 자는 이를 정가대로 판매하여야 한다.
④ 제3항에도 불구하고 간행물을 판매하는 자는 독서 진흥을 위하여 정가의 15퍼센트 이내에서 가격할인과 경제상의 이익을 자유롭게 조합하여 판매할 수 있다. 이 경우 가격할인은 정가의 10퍼센트 이내로 하여야 한다.
⑤ 다음 각 호의 어느 하나에 해당하는 간행물에 대하여는 제3항 및 제4항에 따른 제한을 적용하지 아니한다.
1. 사회복지시설에 판매하는 간행물
2. 저작권자에게 판매하는 간행물
⑥ 제4항에서 "경제상의 이익"이란 간행물의 거래에 부수하여 소비자에게 제공되는 다음 각 호의 어느 하나에 해당하는 것을 말한다.
1. 물품
2. 할인권
3. 상품권

① 출판사가 사회복지시설에 판매할 목적으로 간행물을 발행할 때에는 정가를 표시할 필요가 없다.
② 전자출판물을 판매하는 자는 서지정보에 정가가 명기되어 있다면, 판매사이트에는 할인된 가격만 표시해도 된다.
③ 간행물을 판매하는 자는 저작권자에게 간행물을 정가의 20퍼센트 할인한 가격으로 판매할 수 없다.
④ 간행물을 판매하는 자가 간행물을 할인하여 판매할 경우, 가격할인은 정가의 15퍼센트로 한다.
⑤ 간행물을 판매하는 자는 독서 진흥을 위하여 정가 20,000원인 간행물을 19,000원에 판매하고 이에 부수하여 2,000원 상당의 물품을 제공할 수 있다.

문 22. 다음 글을 근거로 판단할 때 옳은 것은?

제00조(정의) 이 법에서 사용하는 용어의 뜻은 다음과 같다.
1. "건강검사"란 신체의 발달상황 및 능력, 정신건강 상태, 생활습관, 질병의 유무 등에 대하여 조사하거나 검사하는 것을 말한다.
2. "학교"란 유치원, 초·중·고등학교, 대학·산업대학·교육대학·전문대학 및 각종학교를 말한다.
3. "관할청"이란 다음 각 목의 구분에 따른 지도·감독기관을 말한다.
가. 국립 유치원, 국립 초·중·고등학교: 교육부장관
나. 공·사립 유치원, 공·사립 초·중·고등학교: 교육감
다. 대학·산업대학·교육대학·전문대학 및 각종학교: 교육부장관

제00조(건강검사 등) ① 학교의 장은 학생과 교직원에 대하여 건강검사를 실시하여야 한다.
② 학교의 장은 천재지변 등 부득이한 사유가 있는 경우 관할청의 승인을 받아 건강검사를 연기하거나 건강검사의 전부 또는 일부를 생략할 수 있다.
③ 학교의 장은 정신건강 상태 검사를 실시할 때 필요한 경우에는 학부모의 동의 없이 실시할 수 있다. 이 경우 학교의 장은 그 실시 후 지체 없이 해당 학부모에게 검사 사실을 통보하여야 한다.

제00조(등교 중지) ① 감염병으로 인해 주의 이상의 위기경보가 발령되는 경우, 교육부장관은 질병관리청장과 협의하여 등교 중지가 필요하다고 인정되는 학생 또는 교직원에 대하여 등교를 중지시킬 것을 학교의 장에게 명할 수 있다. 이 경우 해당 학교의 관할청을 경유하여야 한다.
② 제1항에 따른 명을 받은 학교의 장은 해당 학생 또는 교직원에 대하여 지체 없이 등교를 중지시켜야 한다.

① 건강검사와 관련하여 국·공립 중학교의 관할청은 교육부장관이다.
② 학생의 정신건강 상태 검사를 실시하는 경우, 학교의 장은 필요한 때에는 학부모의 동의 없이 이를 실시할 수 있다.
③ 교육부장관이 사립대학 교직원의 등교 중지를 명하는 경우, 관할 교육감을 경유하여야 한다.
④ 학교의 장은 천재지변이 발생한 경우, 건강검사를 다음 학년도로 연기하거나 생략하여야 한다.
⑤ 감염병으로 인해 주의 이상의 위기경보가 발령되는 경우, 질병관리청장은 학교의 장에게 학생 또는 교직원에 대한 등교 중지를 명할 수 있다.

문 23. 다음 글을 근거로 판단할 때 옳지 않은 것은?

> 제00조(지방전문경력관직위 지정) 지방자치단체의 장(교육감을 포함한다. 이하 같다)은 해당 기관의 공무원 직위 중 순환보직이 곤란하거나 장기 재직 등이 필요한 특수 업무 분야의 직위를 지방전문경력관직위로 지정할 수 있다.
> 제00조(직위군 구분) ① 지방전문경력관직위의 군(이하 '직위군'이라 한다)은 직무의 특성·난이도 및 직무에 요구되는 숙련도 등에 따라 가군, 나군 및 다군으로 구분한다.
> ② 지방자치단체의 장이 지방전문경력관직위를 지정할 때에는 해당 지방전문경력관직위를 제1항의 직위군 중 어느 하나에 배정하여야 한다.
> 제00조(시험실시기관) 지방전문경력관의 임용시험은 특별시·광역시·특별자치시·도·특별자치도(이하 '시·도'라 한다) 단위로 해당 시·도 인사위원회에서 실시한다.
> 제00조(임용시험 공고) 시·도 인사위원회는 다음 각 호의 어느 하나에 해당하는 경우에는 지방전문경력관 임용시험 공고를 하지 아니할 수 있다.
> 1. 임용시험에 따른 비용이 지나치게 많이 들거나 그 밖에 이에 준하는 특별한 사유가 있는 경우
> 2. 외국인, 북한이탈주민을 임용하는 경우로서 불가피한 사유가 있는 경우
>
> 제00조(임용시험의 방법) 임용권자는 지방전문경력관을 임용할 때에는 응시요건을 갖추었는지 등을 서면으로 심사하고, 해당 직무 수행에 필요한 지식·능력 및 적격성 등을 필기시험, 실기시험, 면접시험을 통하여 검정(檢定)하여야 한다. 다만 필기시험 또는 실기시험은 시·도 인사위원회가 필요하다고 인정하는 경우에만 실시한다.
> 제00조(시보임용) 지방전문경력관 가군을 신규임용할 때에는 1년간 시보(試補)로 임용하고, 지방전문경력관 나군 및 지방전문경력관 다군은 각각 6개월간 시보로 임용한다.

① 甲도지사가 지방전문경력관직위를 지정할 때에는 가군, 나군, 다군 중 어느 하나에 배정해야 한다.
② 乙교육감은 해당 기관 내 장기 재직이 필요한 특수 업무 분야의 직위를 지방전문경력관직위로 지정할 수 있다.
③ 丙이 지방전문경력관으로 신규임용될 경우, 시보임용 기간은 해당 직위군에 따라 다를 수 있다.
④ 임용시험을 실시하는 경우, 그 실시에 비용이 지나치게 많이 든다면 임용권자는 면접시험을 통한 검정 없이 지방전문경력관을 임용할 수 있다.
⑤ 외국인을 지방전문경력관으로 임용하는 경우, 불가피한 사유가 있는 때에는 임용시험 공고를 하지 아니할 수 있다.

문 24. 다음 글과 <상황>을 근거로 판단할 때 옳은 것은?

> 제00조(입주민대표회의 구성) ① 입주민대표회는 공동주택의 각 동별로 선출된 입주민대표자(이하 '동대표자'라 한다)들로 구성된다.
> ② 동대표자는 동대표자 선출공고에서 정한 각종 서류 제출 마감일(이하 '서류 제출 마감일'이라 한다)을 기준으로 해당 동에 주민등록을 마친 후 계속하여 6개월 이상 거주하고 있는 입주민 중에서 선출한다.
> ③ 서류 제출 마감일을 기준으로 다음 각 호의 어느 하나에 해당하는 사람은 동대표자가 될 수 없고, 이에 해당하면 그 자격을 상실한다.
> 1. 미성년자, 피성년후견인 또는 피한정후견인
> 2. 파산자
> 3. 금고형 또는 징역형의 실형 선고가 확정되고 그 집행이 끝나거나 집행이 면제된 날부터 2년이 지나지 아니한 사람
> 4. 금고형 또는 징역형의 집행유예 선고가 확정되고 그 유예기간 중에 있는 사람
>
> ④ 동대표자가 임기 중에 제2항에 따른 자격요건을 충족하지 않게 된 경우나 제3항 각 호에 따른 결격사유에 해당하게 된 경우에는 당연히 퇴임한다.

<상 황>

> K공동주택은 A, B, C, D동으로 구성되어 있고, 甲은 A동, 乙은 B동, 丙은 C동, 丁은 D동의 입주민이다.

① K공동주택의 입주민대표회는 A, B, C, D동의 동별 구분 없이 선출된 입주민대표자들로 구성된다.
② 서류 제출 마감일이 2023. 3. 2.이고 선출일이 2023. 3. 31.인 A동대표자 선출에서, 2023. 3. 20.에 성년이 되는 甲은 A동대표자가 될 수 있다.
③ 서류 제출 마감일이 2023. 1. 2.인 B동대표자의 선출에서, B동에 2022. 7. 29. 주민등록을 마쳤고 계속 거주하여 온 乙은 B동대표자로 선출될 자격이 있다.
④ 징역 2년의 실형 선고를 받고 2020. 1. 1.에 그 집행이 종료된 丙이 C동대표자 선출을 위한 서류 제출 마감일인 2023. 1. 2. 현재 파산자인 경우, C동대표자로 선출될 수 있다.
⑤ 임기가 2023. 12. 31.까지인 D동대표자 丁에 대하여 2023. 3. 7.에 징역 6개월 집행유예 1년의 선고가 확정된다면, 丁은 D동대표자의 직에서 당연히 퇴임한다.

문 25. 다음 글과 <상황>을 근거로 판단할 때 옳은 것은?

□ 특허무효심판
가. 특허청에 등록된 특허를 무효로 하기 위해서는 이해관계인 또는 특허청 심사관이 특허권자를 상대로 특허심판원에 특허무효심판을 제기해야 한다.
나. 특허심판원은 특허가 무효라고 판단하면 인용심결을, 특허가 유효라고 판단하면 기각심결을 선고하여 심판을 종료한다. 특허의 유·무효에 관한 심결이 잘못되었음을 주장하여 심결에 대해 불복하는 자는 심결의 등본을 송달받은 날부터 30일 이내에 특허법원에 심결취소의 소를 제기해야 한다.
□ 심결취소의 소
가. 특허법원은 특허의 유·무효에 관한 특허심판원의 심결에 잘못이 없다고 인정한 경우에는 기각판결을, 잘못이 있다고 인정한 경우에는 인용판결을 선고하여 소송을 종료한다. 예컨대 특허심판원의 인용심결에 대해 특허법원 역시 특허가 무효라고 판단하여 심결에 잘못이 없다고 인정하면 기각판결을 한다. 특허법원의 판결이 잘못되었음을 주장하여 판결에 대해 불복하는 자는 판결의 등본을 송달받은 날부터 2주 이내에 대법원에 상고해야 한다.
나. 대법원은 특허법원의 판결에 잘못이 없다고 인정한 경우에는 기각판결을, 잘못이 있다고 인정한 경우에는 인용판결을 선고하여 상고심을 종료한다. 이 판결에 대해서는 불복할 수 없다.

<상 황>

특허청에 등록된 甲의 특허에 대해서 이해관계인 乙이 특허무효심판을 제기하였다.

① 특허심판원은 甲의 특허가 무효라고 판단한 경우, 기각심결을 선고하여 심판을 종료한다.
② 특허심판원의 인용심결이 선고된 경우, 乙은 심결의 등본을 송달받은 날부터 30일 이내에 특허법원에 심결취소의 소를 제기해야 한다.
③ 특허심판원의 인용심결에 대한 심결취소의 소에서 특허법원이 甲의 특허가 유효하다고 판단한 경우, 인용판결을 선고해야 한다.
④ 특허심판원의 기각심결에 대한 심결취소의 소에서 특허법원이 기각판결을 선고하고 이에 대한 상고심에서 기각판결이 선고된 경우, 대법원은 甲의 특허가 무효라고 판단한 것이다.
⑤ 특허심판원의 기각심결에 대한 심결취소의 소에서 특허법원이 기각판결을 선고하고 이에 대한 상고심에서 기각판결이 선고된 경우, 乙은 상고심 판결의 등본을 송달받은 날부터 2주 이내에 불복할 수 있다.

문 26. 다음 글과 <상황>을 근거로 판단할 때, 甲이 ○○약국에 지불해야 할 약값의 총액은?

甲은 병원에서 받은 처방에 따라 ○○약국에서 약을 구매하려 한다. 甲이 처방받은 약은 기침약, 콧물약, 항생제, 위장약 총 4가지이며 각 약의 형태와 복용방법은 다음과 같다.

종류	형태	복용방법
기침약	알약	1일 3정 복용(매 아침, 점심, 저녁 식사 후)
콧물약	캡슐	1일 1정 복용(매 점심 식사 후)
항생제	알약	1일 2정 복용(매 아침, 저녁 식사 후)
위장약	캡슐	항생제 1정 복용 시 1정씩 함께 복용

○○약국의 약 종류와 가격은 다음과 같다.

종류	1정당 가격(원)	비고
기침약	300	같은 종류의 약을 10정 이상 구매 시, 해당 약 구매액의 10% 할인 (단, 캡슐 형태의 약에 한정)
콧물약	200	
항생제	500	
위장약	700	

<상 황>

甲은 병원에서 다음과 같이 처방을 받았다.

○ 기침약 3일치
○ 콧물약, 항생제 각 7일치
○ 위장약

① 19,220원
② 19,920원
③ 20,200원
④ 20,320원
⑤ 20,900원

문 27. 다음 글을 근거로 판단할 때 옳지 않은 것은?

> 승화는 100원 단위로 가격이 책정되어 있는 아이스크림을 5개 샀다. 5개 아이스크림 가운데 1개의 가격은 다른 4개의 아이스크림 가격을 합한 것과 같았다. 승화가 산 아이스크림 중 두 번째로 비싼 아이스크림 가격은 1,500원이었고, 이는 승화가 산 어떤 한 아이스크림 가격의 3배였다. 승화가 산 5개 아이스크림 가격의 합은 5,000원이었다.

① 승화는 500원짜리 아이스크림을 샀다.
② 승화는 400원짜리 아이스크림을 샀을 수도 있다.
③ 승화는 가격이 같은 아이스크림을 2개 샀을 수도 있다.
④ 승화가 산 아이스크림 가운데 가장 비싼 아이스크림의 가격은 2,500원이었다.
⑤ 승화가 산 가장 비싼 아이스크림의 가격은 승화가 산 가장 싼 아이스크림 가격의 20배를 넘었을 수도 있다.

문 28. 다음 글을 근거로 판단할 때, <보기>에서 옳은 것만을 모두 고르면?

> 나이는 현재 연도에서 출생 연도를 뺀 '연 나이'와, 태어난 날을 0살로 하여 매해 생일에 한 살씩 더하는 '만 나이'로 구분된다. 연 나이와 만 나이에 따라 甲 ~ 丁이 각각 존댓말 사용 여부를 결정하는 방식은 다음과 같다.
>
> 甲: 만 나이 기준으로 자신보다 나이가 많으면 존댓말을 쓰고, 그렇지 않으면 존댓말을 쓰지 않는다.
> 乙: 연 나이 기준으로 자신보다 두 살 이상 많으면 존댓말을 쓰고, 그렇지 않으면 존댓말을 쓰지 않는다.
> 丙: 연 나이 기준으로 자신보다 두 살 이상 많거나 만 나이 기준으로 한 살 이상 많으면 존댓말을 쓰고, 그렇지 않으면 존댓말을 쓰지 않는다.
> 丁: 연 나이, 만 나이 모두 자신과 같으면 존댓말을 쓰지 않고, 그렇지 않으면 존댓말을 쓴다.
>
> 甲은 1995년 10월 21일에, 乙은 1994년 7월 19일에, 丙은 1994년 7월 6일에, 丁은 1994년 11월 22일에 태어났다.

<보 기>

ㄱ. 甲은 乙에게 항상 존댓말을 쓴다.
ㄴ. 乙과 丙은 서로에게 존댓말을 쓰지 않는다.
ㄷ. 2022년 9월 26일에 丁은 甲에게 존댓말을 쓰지 않는다.
ㄹ. 乙은 丁에게 존댓말을 쓰지 않지만, 丁은 乙에게 존댓말을 쓰는 경우가 있다.

① ㄱ, ㄴ
② ㄴ, ㄷ
③ ㄷ, ㄹ
④ ㄱ, ㄴ, ㄹ
⑤ ㄱ, ㄷ, ㄹ

문 29. 다음 글과 <상황>을 근거로 판단할 때, 甲이 얻을 수 있는 득점 총합의 최댓값과 최솟값을 옳게 짝지은 것은?

> 두 선수가 겨루는 어느 스포츠 종목의 경기 규칙은 다음과 같다.
>
> ○ 한 경기는 최대 3세트까지 진행되며, 한 선수가 두 세트를 이기면 그 선수가 승자가 되고 경기가 종료된다.
> ○ 1 ~ 2세트는 15점을 먼저 득점하는 선수가 이기며, 3세트는 10점을 먼저 득점하는 선수가 이긴다.
> ○ 단, 1 ~ 2세트는 점수가 14 : 14가 되면 점수가 먼저 2점 앞서거나 20점에 먼저 도달하는 선수가 이기며, 3세트는 점수가 9 : 9가 되면 점수가 먼저 2점 앞서거나 15점에 먼저 도달하는 선수가 이긴다.
> ○ 경기 결과(세트 스코어)에 따른 승자와 패자의 승점은 다음과 같다.

경기 결과 (세트 스코어)	승점	
	경기 승자	경기 패자
2 : 0	3	0
2 : 1	2	1

<상 황>

> 甲은 두 경기를 하여 승점 4점을 얻었다.

	최댓값	최솟값
①	93	45
②	93	50
③	108	45
④	108	50
⑤	111	52

문 30. 다음 글을 근거로 판단할 때, 3월 3일의 '일 지수'를 옳게 계산한 것은?

> 甲, 乙, 丙은 함께 밭을 일구었다. 이들은 하루 동안 한 일의 양을 산정하기 위해 다음과 같은 '일 지수'를 만들었다.
>
> 일 지수 = [甲이 한 일의 양] × [乙이 한 일의 양] × [丙이 한 일의 양]
>
> 甲은 3월 3일의 일 지수를 계산할 때, 자신이 실제로 한 일의 양의 $\frac{1}{5}$을 늘려서 계산했다. 甲은 계산된 일 지수가 잘못된 것을 깨닫고, 앞에서 계산했던 방식에서 乙이 한 일의 양의 $\frac{1}{5}$을 줄이고 그 외는 동일하게 계산했다. 甲이 이렇게 계산한 이유는 자신이 실제로 한 일과 乙이 실제로 한 일의 양이 같았기 때문이다. 하지만 이렇게 계산한 일 지수는 옳게 계산한 일 지수보다 3이 작았다.

① 66
② 69
③ 72
④ 75
⑤ 84

문 31. 다음 글을 근거로 판단할 때, COW와 EA를 곱한 결과로 가능하지 않은 수는?

甲은 수를 영문자로 표현하는 새로운 방법을 고안하였다. 그 방법은 숫자 0 ~ 9를 다음 표와 같이 영문자로 표현하는 것이다. 예를 들어 301은 FBC 또는 FAE 등으로 표현된다.

숫자	영문자
0	A 또는 B
1	C 또는 E
2	D 또는 I
3	F 또는 O
4	G 또는 U
5	H 또는 W
6	J 또는 Y
7	AI 또는 K
8	EA 또는 M
9	N 또는 OW

① 120
② 152
③ 190
④ 1080
⑤ 1350

문 32. 다음 글을 근거로 판단할 때, 2022년 A시 인구수의 천의 자리 숫자는?

A시는 2022년까지 매년 인구수를 발표해왔다. 2010년 이후 이 도시의 인구는 매년 600명 이내에서 지속적으로 증가만 해왔다.

그런데 A시의 2019년 인구수는 2,739,372로 독특한 형태를 보이고 있다. 천의 자리 숫자(한가운데 숫자)를 중심으로 하여, 나머지 숫자들이 마치 데칼코마니처럼 대칭으로 놓여 있다. 즉, 2739372는 9를 중심으로 2, 7, 3이 각각 좌우 대칭으로 자리잡고 있는 모습이다. 3년 뒤인 2022년 인구수도 마찬가지 형태이다.

① 0
② 1
③ 2
④ 3
⑤ 4

문 33. 다음 글을 근거로 판단할 때, 추가 질문으로 가능한 것은?

○ 甲 ~ 戊 5명은 총 18개의 구슬을 서로 다른 개수로 나누어 가지며, 모두 한 개 이상의 구슬을 가지고 있다.
○ 각각 몇 개의 구슬을 가지고 있는지 알아내기 위해 질문을 했고, 이에 대한 甲 ~ 戊의 답변은 다음과 같았다.

질문	답변				
	甲	乙	丙	丁	戊
가지고 있는 구슬의 개수가 짝수입니까?	아니요	예	예	아니요	예
5명이 각자 가진 구슬 개수의 산술평균보다 많이 가지고 있습니까?	아니요	아니요	예	예	예

○ 1회의 추가 질문으로 甲 ~ 戊가 각각 가진 구슬의 개수를 모두 정확히 알아내고자 한다.

① 가지고 있는 구슬의 개수가 4 이상입니까?
② 가지고 있는 구슬의 개수가 8 이하입니까?
③ 가지고 있는 구슬의 개수가 10의 약수입니까?
④ 가지고 있는 구슬의 개수가 12의 약수입니까?
⑤ 가지고 있는 구슬의 개수가 3의 배수입니까?

문 34. 다음 글을 근거로 판단할 때, 다음 주에 戊가 A와 함께 먹을 음식의 종류는?

甲 ~ 戊는 다음 주 월 ~ 금요일 중 각자 다른 요일에 A와 저녁을 먹으려 한다. A는 다양한 음식을 즐기기 위해서 한식, 중식, 일식, 양식, 퓨전음식을 한 번씩 먹는다. 甲은 A와 다음 주 월요일 저녁에 중식을 먹기로 약속을 잡았다. 乙은 출장 때문에 다음 주 목요일과 금요일에만 약속을 잡을 수 있고, 丙은 일식과 양식만 먹는다. 丁은 월요일과 화요일에는 금식하며, 수요일에는 한식을, 목요일에는 일식을, 금요일에는 다른 종류의 음식을 먹는다. 한편 한식 음식점은 화요일과 목요일에는 영업하지 않으며, 퓨전음식점은 수요일에만 영업한다.

① 한식
② 중식
③ 일식
④ 양식
⑤ 퓨전음식

문 35. 다음 글을 근거로 판단할 때, <보기>에서 옳은 것만을 모두 고르면?

○ △△강좌의 교수는 수강생을 3개의 팀으로 편성하려고 한다.
○ 모든 수강생들에 대한 정보는 다음 표와 같다. 빈칸은 현재 알 수 없는 정보이지만, 해당 정보가 무엇이더라도 '팀 편성 규칙'에 위배되지 않도록 팀을 편성해야 한다.

구분	수강생	학년	성별	학과
팀장	A	3		수학과
	B	2	남성	통계학과
	C		여성	화학과
팀원	甲	4	남성	경영학과
	乙	4	여성	영문학과
	丙	3	남성	국문학과
	丁	3	여성	경영학과
	戊	2	여성	물리학과
	己	2	여성	기계공학과

○ 팀 편성 규칙은 다음과 같다.
- 각 팀은 팀장 1명과 팀원 2명으로 구성한다.
- 4학년 학생 2명을 한 팀에 편성할 수 없다.
- 동일 학과 학생을 한 팀에 편성할 수 없다.
- 물리학과 학생과 화학과 학생은 한 팀에 편성한다.
- 각 팀은 특정 성(性)의 수강생만으로 편성할 수 없다.
- 丙과 丁은 한 팀에 편성할 수 없다.

<보 기>

ㄱ. 乙과 丁은 한 팀에 편성한다.
ㄴ. 경영학과 학생과 기계공학과 학생은 한 팀에 편성할 수 없다.
ㄷ. 己는 A의 팀에 편성한다.

① ㄱ
② ㄴ
③ ㄱ, ㄷ
④ ㄴ, ㄷ
⑤ ㄱ, ㄴ, ㄷ

문 36. 다음 글과 <상황>을 근거로 판단할 때, △△대회 개최지로 선정될 곳은?

甲위원회는 △△대회를 개최하기 위해 후보지 5곳(A ~ E)에 대하여 다음과 같은 세 단계의 절차를 거쳐 최종 점수가 높은 상위 2곳을 개최지로 선정하기로 하였다.

○ 1단계: 인프라, 안전성, 홍보효과 항목에 대해 점수를 부여한다.
○ 2단계: 안전성 점수에는 2배의 가중치를, 홍보효과 점수에는 1.5배의 가중치를 부여한 후, 각 항목별 점수를 합산한다.
○ 3단계: △△대회를 2회 이상 개최한 적이 있는 곳에 대해서는 합산 점수에서 10점을 감점한다.

<상 황>

○ 1단계에서 부여된 각 평가 항목의 점수는 다음과 같다.

구분	A	B	C	D	E
인프라	13	12	18	23	12
안전성	18	20	17	14	19
홍보효과	16	17	13	20	19

○ △△대회를 2회 이상 개최한 적이 있는 곳은 C, D이다.

① A, B
② A, C
③ A, E
④ B, D
⑤ B, E

문 37. 다음 글을 근거로 판단할 때, <보기>에서 옳은 것만을 모두 고르면?

○ 건축물 점검기관은 점검대상 건축물의 연면적에 따라 다음과 같이 책임자와 점검자를 각각 따로 두어야 한다.

인력 \ 연면적	3천 m^2 미만	3천 m^2 이상 1만 m^2 미만	1만 m^2 이상
책임자(명)	1	1	1
점검자(명)	2	3	4

※ 연면적: 한 건축물의 각층 바닥면적의 합계

○ 책임자와 점검자는 다음의 교육을 받아야 한다.
1. 교육의 종류 및 시간
가. 기본교육: 7시간(단, 책임자는 35시간)
나. 보수교육: 7시간
2. 교육 이수 주기
가. 기본교육: 매년 이수
나. 보수교육: 3년마다 이수

<보 기>

ㄱ. 연면적 2천 m^2인 건축물을 점검하는 점검기관의 책임자와 점검자가 이수해야 할 연간 교육시간의 총합은 49시간 이상이다.
ㄴ. 책임자 1명, 점검자 3명으로 구성된 점검기관은 각층 바닥면적이 5천 m^2인 2층 건축물을 점검할 수 있다.
ㄷ. 연면적 2만 m^2인 건축물을 점검하는 점검기관의 책임자와 점검자는 총 35시간의 보수교육을 매년 이수해야 한다.

① ㄱ
② ㄴ
③ ㄱ, ㄷ
④ ㄴ, ㄷ
⑤ ㄱ, ㄴ, ㄷ

문 38. 다음 글과 <상황>을 근거로 판단할 때, 가원이가 A무인세탁소 사업자로부터 받을 총액은?

A무인세탁소의 사업자가 사업장 내 기기의 관리상 주의를 소홀히 하여 세탁물이 훼손된 경우, 아래와 같은 배상 및 환급 기준을 적용한다.

○ 훼손된 세탁물에 대한 배상액은 '훼손된 세탁물의 구입가격 × 배상비율'로 산정한다. 배상비율은 물품의 내구연한과 사용일수에 따라 다르며 아래 <배상비율표>에 따른다.
○ 물품의 사용일수는 사용개시일에 상관없이 구입일부터 세탁일까지의 일수이다.
○ 사업자는 훼손된 세탁물에 대한 배상과는 별도로 고객이 지불한 이용요금 전액을 환급한다.

<배상비율표>

내구연한	배상비율			
	80 %	60 %	40 %	20 %
1년	0 ~ 44일	45 ~ 134일	135 ~ 269일	270일 ~
2년	0 ~ 88일	89 ~ 268일	269 ~ 538일	539일 ~
3년	0 ~ 133일	134 ~ 403일	404 ~ 808일	809일 ~

<상 황>

가원이는 2022. 12. 20. A무인세탁소에서 셔츠, 조끼, 치마를 한꺼번에 세탁하였다. 그런데 사업자의 세탁기 관리 소홀로 인하여 세탁물 모두가 훼손되었다.

A무인세탁소의 이용요금은 세탁 1회당 8,000원이며, 가원이의 세탁물 정보는 다음과 같다.

구분	내구연한	구입일	사용개시일	구입가격
셔츠	1년	2022. 10. 10.	2022. 11. 15.	4만 원
조끼	3년	2021. 1. 20.	2022. 1. 22.	6만 원
치마	2년	2022. 12. 1.	2022. 12. 10.	7만 원

① 124,000원
② 112,000원
③ 104,000원
④ 96,000원
⑤ 88,000원

[39 ~ 40] 다음 글을 읽고 물음에 답하시오.

다음은 ○○국가의 민원인 질의에 대한 챗봇의 답변내용 중 일부이다.

Q: 산지전용은 무엇이며 허가권자는 누구인가요?

A: 산지전용이란 산지를 본래의 용도(조림(造林), 입목의 벌채 등) 외로 사용하기 위해 그 형질을 변경하는 것을 말합니다. 산지전용을 하려는 사람은 산지의 종류 및 면적 등의 구분에 따라 허가권자의 허가를 받아야 합니다. 허가권자는 보전산지인지 그렇지 않은 산지인지에 따라 다릅니다. 보전산지는 산림청장이 임업생산과 공익을 위해 지정하는 산지로서 산림청장 소관입니다. 보전산지에는 산림자원의 조성 등 임업생산 기능의 증진을 위해 지정하는 임업용산지와 재해방지, 국민보건휴양 증진 등 공익 기능을 위하여 지정하는 공익용산지가 있습니다. 산지전용 허가권자는 다음과 같습니다.

○ 산지면적 200만 m^2 이상(보전산지의 경우 100만 m^2 이상): 산림청장
○ 산지면적 50만 m^2 이상 200만 m^2 미만(보전산지의 경우 3만 m^2 이상 100만 m^2 미만)
- 산림청장 소관인 국유림의 산지인 경우: 산림청장
- 산림청장 소관이 아닌 국유림, 공유림 또는 사유림의 산지인 경우: 시・도지사
○ 산지면적 50만 m^2 미만(보전산지의 경우 3만 m^2 미만): 시장・군수・구청장

Q: 산지전용 허가를 받기 위해서는 어떤 서류를 제출해야 하나요?

A: 산지전용허가신청서와 사업계획서, 도면을 제출하여야 합니다. 도면으로는 지적도와 임야도를 제출하는데, 이것은 지도나 지형도와는 개념이 다릅니다. 지적도와 임야도를 보면 해당 필지의 모양, 주변 필지와의 경계를 알 수 있습니다. 물론 지도와 마찬가지로 지적도와 임야도에도 축척을 사용합니다. 1/1,200의 대축척 도면은 좁은 지역을 상세하게 표시하고, 1/6,000의 소축척 도면은 넓은 지역을 간략하게 표시합니다. 지적도는 1/1,200 축척을 사용하고, 임야도는 1/6,000 축척을 사용합니다. 임야는 다른 지목의 토지보다 넓어서 1/1,200 축척의 도면에 전체 면적을 담기 어렵기 때문입니다.

Q: 산지면적을 표시할 때 여러 단위를 쓰지 않나요?

A: 토지의 면적은 미터법(m^2)으로 표기하는 것이 원칙이나, 일상에서 '평'으로 표기하기도 합니다. 1평은 3.3 m^2입니다. 그런데 산지는 면적이 넓어 편리하게 'ha(헥타르)'나 '정보(町步)'로 표기하기도 합니다. 1 ha는 가로와 세로가 각각 100 m인 정사각형의 면적을 말하며 1정보는 3,000평입니다.

문 39. 윗글을 근거로 판단할 때, <보기>에서 옳은 것만을 모두 고르면?

<보 기>

ㄱ. 임야도의 경우 넓은 지역의 전체 면적을 담기 위해 대축척을 사용한다.
ㄴ. 보전산지의 지정권자는 면적에 관계없이 산림청장이다.
ㄷ. 산지전용 허가를 받기 위해서는 지도와 지형도를 제출하여야 한다.
ㄹ. 산림청장 소관이 아닌 사유림의 소유자가 그 산지에서 입목의 벌채를 하려는 경우 산지전용 허가를 받아야 한다.

① ㄱ
② ㄴ
③ ㄱ, ㄷ
④ ㄴ, ㄹ
⑤ ㄷ, ㄹ

문 40. 윗글과 <상황>을 근거로 판단할 때, X임야와 Y임야의 산지전용 허가권자를 옳게 짝지은 것은?

<상 황>

개발업자 甲은 X임야와 Y임야에 대한 산지전용 허가를 받고자 한다. X임야는 산림청장이 국민보건휴양 증진을 위해 보전산지로 지정한 국유림으로서 산지면적이 100정보이며, Y임야는 甲의 소유로서 산지면적이 50 ha이다.

	X임야	Y임야
①	시・도지사	시장・군수・구청장
②	산림청장	산림청장
③	산림청장	시・도지사
④	시・도지사	시・도지사
⑤	산림청장	시장・군수・구청장

2026년도 5급 PSAT 대비

메가피셋

5급 공채
외교관후보자
지역인재 7급

5개년 기출문제집

헌법 + 언어논리 + 자료해석 + 상황판단

Ⅳ. 2022년도

· 헌　　　법
· 언어논리영역
· 자료해석영역
· 상황판단영역

문 1. 정당제도에 대한 설명으로 옳지 않은 것은? (다툼이 있는 경우 판례에 의함)

① 정당의 자유는 국민이 개인적으로 갖는 기본권일 뿐만 아니라, 단체로서의 정당이 가지는 기본권이기도 하다.

② 「공직선거법」상 법원의 판결에 의하여 선거일 현재 선거권이 정지된 18세 국민이라도 「정당법」에 따른 정당의 발기인은 될 수 있다.

③ 정당설립의 자유는 개인이 정당 일반 또는 특정 정당에 가입하지 아니할 자유, 가입했던 정당으로부터 탈퇴할 자유 등 소극적 자유도 포함한다.

④ 정당이 최근 4년간 임기만료에 의한 국회의원선거 또는 임기만료에 의한 지방자치단체의 장선거나 시·도의회의원선거에 참여하지 아니한 때에는 당해 선거관리위원회는 그 등록을 취소한다.

문 2. 대한민국 헌정사에 대한 설명으로 옳은 것은?

① 1960년 제3차 개정헌법은 대법원장과 대법관의 선거제를 처음 채택하였다.

② 1972년 제7차 개정헌법은 중앙선거관리위원회를 헌법기관으로 처음 도입하였다.

③ 1980년 제8차 개정헌법은 인간의 존엄과 가치를 최초로 규정하였다.

④ 1987년 제9차 개정헌법은 국가의 적정임금보장을 최초로 규정하였다.

문 3. 공무원제도에 대한 설명으로 옳지 않은 것은? (다툼이 있는 경우 판례에 의함)

① '공무원이 선거운동의 기획에 참여하거나 그 기획의 실시에 관여하는 행위'를 금지하는 「공직선거법」 조항은 '공무원의 지위를 이용하지 아니한 행위'에까지 적용하는 한 헌법에 위반한다.

② 정당의 공직선거 후보자 선출은 자발적 조직 내부의 의사결정에 지나지 아니하므로, 정당의 내부경선에 참여할 권리는 헌법이 보장하는 공무담임권의 내용에 포함된다고 보기 어렵다.

③ 선거에서의 중립의무가 부과되어야 하는 모든 공무원은 구체적으로 '자유선거원칙'과 '선거에서의 정당의 기회균등'을 위협할 수 있는 모든 공무원을 의미하므로, 여기에는 대통령, 국무총리, 국무위원, 도지사, 시장, 군수, 구청장 등 지방자치단체의 장은 물론 국회의원과 지방의회의원도 포함된다.

④ 공적 관심의 정도가 약한 4급 이상의 공무원들까지 대상으로 삼아 모든 질병명을 아무런 예외 없이 공개토록 한 것은 입법목적 실현에 치중한 나머지 사생활 보호의 헌법적 요청을 현저히 무시한 것으로 해당 공무원들의 사생활의 비밀과 자유를 침해하는 것이다.

문 4. 직업의 자유에 대한 설명으로 옳은 것은? (다툼이 있는 경우 판례에 의함)

① '거짓이나 그 밖의 부정한 수단으로 운전면허를 받은 행위'에 대한 불이익 처분으로 '부정 취득한 해당 운전면허와 함께 해당 운전자가 보유하고 있는 나머지 운전면허'도 필요적으로 취소하도록 규정한 「도로교통법」 조항은 일반적 행동의 자유 또는 직업의 자유를 침해하지 않는다.

② 소송사건의 대리인인 변호사가 수형자를 접견하고자 하는 경우 소송계속 사실을 소명할 수 있는 자료를 제출하도록 규정하고 있는 「형의 집행 및 수용자의 처우에 관한 법률 시행규칙」 중 '수형자 접견'에 관한 부분은 변호사의 직업수행의 자유를 침해하지 않는다.

③ 「학원의 설립·운영 및 과외교습에 관한 법률」에 따라 설립된 학원 및 「체육시설의 설치·이용에 관한 법률」에 따라 설립된 체육시설에서 어린이통학버스를 운영함에 있어서 어린이 등과 함께 보호자를 의무적으로 동승하여 운행하도록 하는 「도로교통법」 조항은 학원 및 체육시설 운영자의 직업수행의 자유를 침해한다.

④ "약사 또는 한약사가 아니면 약국을 개설할 수 없다."고 규정한 「약사법」 조항은 법인을 구성하여 약국을 개설·운영하려고 하는 약사들 및 이들로 구성된 법인의 직업선택(직업 수행)의 자유와 결사의 자유를 침해한다.

문 5. 근로의 권리에 대한 설명으로 옳은 것은? (다툼이 있는 경우 판례에 의함)

① 고용 허가를 받아 국내에 입국한 외국인근로자의 출국만기보험금을 출국 후 14일 이내에 지급하도록 한 「외국인근로자의 고용 등에 관한 법률」 조항 중 '피보험자등이 출국한 때부터 14일 이내' 부분은 해당 외국인근로자의 근로의 권리를 침해한다.

② 근로의 권리는 사회적 기본권으로서, 고용증진을 위한 사회적·경제적 정책을 요구할 수 있는 권리뿐만 아니라, 국가에 대하여 직접 일자리(직장)를 청구하거나 일자리에 갈음하는 생계비의 지급청구권을 의미한다.

③ 해고예고제도의 적용제외사유 중 하나로 일용근로자로서 3개월을 계속 근무하지 아니한 자를 규정하고 있는 「근로기준법」 조항은 해당 일용근로자의 근로의 권리를 침해한다.

④ 사용자로 하여금 2년을 초과하여 기간제근로자를 사용할 수 없도록 한 「기간제 및 단시간근로자 보호 등에 관한 법률」 조항은 해당 기간제근로자의 계약의 자유를 침해하지 않는다.

문 6. 평등권에 대한 설명으로 옳은 것은? (다툼이 있는 경우 판례에 의함)

① 초・중등학교 교원에 대하여는 정당가입을 금지하면서 대학교원에게는 허용하는 것은 기초적인 지식전달, 연구기능 등 직무의 본질이 서로 다른 점을 고려한 합리적 차별이므로 평등원칙에 반하지 아니한다.

② 국민참여재판 배심원의 자격을 만 20세 이상으로 정한 것은 「민법」상 성년연령이 만 19세로 개정된 점이나 선거권 연령이 만 18세로 개정된 점을 고려해 볼 때, 만 19세 및 만 18세의 국민을 합리적인 이유 없이 차별취급하는 것이다.

③ 형벌체계에 있어서 법정형의 균형은 한치의 오차도 없이 반드시 실현되어야 하는 헌법상 절대원칙이므로, 특정한 범죄에 대한 형벌이 그 자체로서의 책임과 형벌의 비례원칙에 위반되지 않더라도 보호법익과 죄질이 유사한 범죄에 대한 형벌과 비교할 때 형벌체계상의 균형을 상실할 우려가 있는 경우에는 평등원칙에 반한다고 할 수 있다.

④ 근로자의 날을 법정유급휴일로 할 것인지에 있어서 공무원과 일반근로자를 다르게 취급할 이유가 없으므로 근로자의 날을 공무원의 법정유급휴일로 정하지 않은 것은 공무원과 일반 근로자를 자의적으로 차별하는 것에 해당하여 평등권을 침해한다.

문 7. 자기결정권에 대한 설명으로 옳지 않은 것은? (다툼이 있는 경우 판례에 의함)

① 「형법」상 자기낙태죄 조항은 입법목적을 달성하기 위하여 필요한 최소한의 정도를 넘어 임신한 여성의 자기결정권을 제한하고 있어 침해의 최소성을 갖추지 못하였고, 태아의 생명 보호라는 공익에 대하여만 일방적이고 절대적인 우위를 부여함으로써 법익균형성의 원칙도 위반하였으므로 과잉금지 원칙을 위반하여 임신한 여성의 자기결정권을 침해한다.

② 「성폭력범죄의 처벌 등에 관한 특례법」상 정신적인 장애로 항거불능 또는 항거곤란 상태에 있음을 이용하여 사람을 간음한 사람을 무기징역 또는 7년 이상의 징역에 처하도록 규정한 것은 정신적 장애인의 성적 자기결정권을 침해한다.

③ 전동킥보드의 최고속도를 25 km/h 이내로 제한하는 것은 소비자가 그보다 빠른 제품을 구매하지 못하여 겪는 자기결정권 및 일반적 행동자유권의 제약에 비하여, 소비자의 생명・신체에 대한 위해 및 도로교통상의 위험을 방지하고 향후 자전거도로 통행이 가능해질 경우를 대비하여 소비자의 편의를 도모한다는 공익이 중대하므로 과잉금지원칙에 위반되지 않는다.

④ 본인이 해부용 시체로 제공되는 것에 대해 반대하는 의사 표시를 명시적으로 표시할 수 있는 절차도 마련하지 않고 본인의 의사와는 무관하게 인수자가 없는 시체를 해부용으로 제공될 수 있도록 규정하고 있는 「시체 해부 및 보존에 관한 법률」 조항은 사실상 연고가 없는 청구인의 시체 처분에 대한 자기결정권을 침해한다.

문 8. 집회의 자유에 대한 설명으로 옳지 않은 것은? (다툼이 있는 경우 판례에 의함)

① 「집회 및 시위에 관한 법률」상의 '시위'는 반드시 '일반인이 자유로이 통행할 수 있는 장소'에서 이루어져야 한다거나 '행진' 등 장소 이동을 동반해야만 성립하는 것은 아니다.

② 집회의 자유는 민주국가에서 사회・정치현상에 대한 불만과 비판을 공개적으로 표출케 함으로써 정치적 불만이 있는 자를 사회에 통합하고 정치적 안정에 기여하는 기능을 하는 중요한 수단이기 때문에, 평화적 수단을 이용한 의견의 표명뿐만 아니라 폭력을 사용한 의견의 강요 역시 헌법적으로 보호된다.

③ 집회는 특별한 상징적 의미나 집회와 특별한 연관성을 갖는 장소에서 이루어져야 의견표명이 효과적으로 이루어질 수 있으므로 집회 장소를 선택할 자유는 집회의 자유의 실질적 부분을 형성한다.

④ 「집회 및 시위에 관한 법률」상 미신고 옥외집회 또는 시위를 해산명령 대상으로 하면서 별도의 해산 요건을 정하고 있지 않더라도, 그 옥외집회 또는 시위로 인하여 타인의 법익이나 공공의 안녕질서에 대한 직접적인 위험이 명백하게 초래된 경우에 한하여 해산을 명할 수 있다.

문 9. 사생활의 비밀과 자유에 대한 설명으로 옳지 않은 것은? (다툼이 있는 경우 판례에 의함)

① 사생활의 비밀은 국가가 사생활영역을 들여다보는 것에 대한 보호를 제공하는 기본권이며, 사생활의 자유는 국가가 사생활의 자유로운 형성을 방해하거나 금지하는 것에 대한 보호를 의미한다.

② 인터넷회선 감청은 타인과의 관계를 전제로 하는 개인의 사적 영역을 보호하려는 헌법 제18조의 통신의 비밀과 자유 외에 헌법 제17조 사생활의 비밀과 자유도 제한한다.

③ 공직자의 자질・도덕성・청렴성에 관한 사실이 개인적인 사생활에 관한 것이라면, 순수한 사생활의 영역에 있다고 보아야 할 것이므로 공적인 관심 사안에 해당할 수 없다.

④ 자동차를 도로에서 운전하는 중에 좌석안전띠를 착용할 것인가 여부의 생활관계가 개인의 전체적 인격과 생존에 관계되는 '사생활의 기본조건'이라거나 자기결정의 핵심적 영역 또는 인격적 핵심과 관련된다고 보기 어려워, 운전할 때 운전자가 좌석안전띠를 착용할 의무는 운전자의 사생활의 비밀과 자유를 침해하는 것이라 할 수 없다.

문 10. 사회적 기본권에 대한 설명으로 옳지 않은 것은? (다툼이 있는 경우 판례에 의함)

① 「국민기초생활 보장법 시행령」상 '대학원에 재학 중인 사람'과 '부모에게 버림받아 부모를 알 수 없는 사람'을 조건 부과 유예의 대상자에 포함시키지 않았다는 사정만으로 국가가 인간다운 생활을 보장하기 위한 조치를 취함에 있어서 실현해야 할 객관적 내용의 최소한도 보장에 이르지 못하였다거나 헌법상 용인될 수 있는 재량의 범위를 명백히 일탈하였다고는 보기 어렵다.

② 지뢰피해자 및 그 유족에 대한 위로금 산정 시 사망 또는 상이를 입을 당시의 월평균임금을 기준으로 하고, 그 기준으로 산정한 위로금이 2천만 원에 이르지 아니할 경우 2천만 원을 초과하지 아니하는 범위에서 조정 · 지급할 수 있도록 한 「지뢰피해자 지원에 관한 특별법」 조항은 인간다운 생활을 할 권리를 침해한다고 볼 수 없다.

③ 구「공무원연금법」상 유족급여수급권이 헌법상 보장되는 재산권에 포함되기 때문에 대통령령이 정하는 정도의 장애 상태에 있지 아니한 19세 이상의 자녀를 유족의 범위에서 제외한 것은 유족급여수급권의 본질적 내용을 침해하여 입법형성권의 범위를 벗어난 것이다.

④ 산재피해 근로자에게 인정되는 산재보험수급권은 입법재량권의 행사에 의하여 제정된 「산업재해보상보험법」에 의하여 비로소 구체화되는 '법률상의 권리'이며, 개인에게 국가에 대한 사회보장 · 사회복지 또는 재해예방 등과 관련된 적극적 급부청구권이 인정되는 것은 아니다.

문 11. 기본권 제한 및 한계에 대한 설명으로 옳지 않은 것은? (다툼이 있는 경우 판례에 의함)

① 금치처분을 받은 수형자에 대하여 집필의 목적과 내용 등을 묻지 아니하고 일체의 집필행위를 금지하는 것은 입법목적 달성을 위한 필요최소한의 제한이라는 한계를 벗어난 것으로서 과잉금지의 원칙에 위반된다.

② 방송사업자가 구「방송법」상 심의규정을 위반한 경우 방송 통신위원회로 하여금 전문성과 독립성을 갖춘 방송통신심의 위원회의 심의를 거쳐 '시청자에 대한 사과'를 명할 수 있도록 규정한 것은 침해의 최소성원칙에 위배되지 않는다.

③ 정부에 대한 반대 견해나 비판에 대하여 합리적인 홍보와 설득으로 대처하는 것이 아니라 비판적 견해를 가졌다는 이유만으로 국가의 지원에서 일방적으로 배제함으로써 정치적 표현의 자유를 제재하는 공권력의 행사는 헌법의 근본원리인 국민주권주의와 자유민주적 기본질서에 반하는 것으로 그 목적의 정당성을 인정할 수 없다.

④ 육군3사관학교 사관생도는 군 장교를 배출하기 위하여 국가가 모든 재정을 부담하는 특수교육기관인 육군3사관학교의 구성원이므로 그 존립 목적을 달성하기 위하여 필요한 한도 내에서 일반 국민보다 상대적으로 기본권이 더 제한될 수 있으나, 그러한 경우에도 법률유보원칙, 과잉금지원칙 등 기본권 제한의 헌법상 원칙들을 지켜야 한다.

문 12. 행정입법에 대한 설명으로 옳지 않은 것은? (다툼이 있는 경우 판례에 의함)

① 법령의 규정이 특정 행정기관에게 법령 내용의 구체적 사항을 정할 수 있는 권한을 부여하면서 권한행사의 절차나 방법을 특정하지 아니한 경우에는 수임 행정기관은 행정규칙이나 규정 형식으로 법령 내용이 될 사항을 구체적으로 정할 수 있다.

② 헌법 제75조는 위임입법의 근거를 마련함과 동시에, 위임은 구체적으로 범위를 정하여 하도록 하여 그 한계를 제시하며 행정부에 입법을 위임하는 수권법률의 명확성 원칙에 관한 것으로서, 법률의 명확성 원칙이 행정입법에 관하여 구체화된 특별규정이라고 할 수 있다.

③ 행정규칙이 행정기관에 법령의 구체적 내용을 보충할 권한을 부여한 법령 규정의 효력에 근거하여 예외적으로 대외적 구속력이 인정되는 경우에도 행정규칙이나 규정의 '내용'이 상위법령의 위임범위를 벗어난 경우뿐만 아니라 상위법령의 위임규정에서 특정하여 정한 권한 행사의 '절차'나 '방식'에 위배되는 경우에는 대외적 구속력을 가지는 법규명령으로서 효력이 인정될 수 없다.

④ 행정규칙은 법규명령과 같은 엄격한 제정 및 개정절차를 필요로 하지 아니하므로, 기본권을 제한하는 내용의 입법을 위임할 때에는 법규명령에 위임하는 것이 원칙이고, 고시와 같은 형식으로 입법위임을 할 때에는 법령이 전문적 · 기술적 사항이나 경미한 사항으로서 업무의 성질상 위임이 불가피한 사항에 한정되나, 이때 법률의 위임은 반드시 구체적 · 개별적으로 한정된 사항에 대해 행하여져야 하는 것은 아니다.

문 13. 국무총리 및 국무위원에 대한 설명으로 옳은 것은?

① 국무위원이 그 직무집행에 있어서 헌법이나 법률을 위배한 때에는 국회는 탄핵의 소추를 의결할 수 있다.

② 국무총리가 대통령에게 국무위원의 해임을 건의하는 경우 국회의 동의를 얻어야 한다.

③ 국무위원은 소관사무에 관하여 대통령령이나 총리령의 위임 또는 직권으로 부령을 발할 수 있다.

④ 국무위원은 행정각부의 장 중에서 국무총리의 제청으로 대통령이 임명한다.

문 14. 대통령의 권한에 대한 설명으로 옳은 것은?

① 대통령이 국회의 임시회의 집회를 요구할 때에는 기간과 집회 요구의 이유를 명시하여야 한다.

② 대통령은 법률이 정하는 바에 의하여 사면·감형 또는 복권을 명할 수 있고, 특별사면의 경우 이를 명하려면 국회의 동의를 얻어야 한다.

③ 계엄을 선포할 때에는 대통령은 지체없이 국회에 보고하고 승인을 얻어야 한다.

④ 국회의 요구가 있을 때에는 대통령은 출석·답변하여야 하며, 대통령이 출석요구를 받은 때에는 국무총리 또는 국무위원으로 하여금 출석·답변하게 할 수 있다.

문 15. 감사원에 대한 설명으로 옳은 것은? (다툼이 있는 경우 판례에 의함)

① 감사원장 및 감사위원은 국회의 동의를 얻어 대통령이 임명한다.

② 감사원이 지방자치단체의 자치사무에 대하여 합목적성 감사까지 한다면 지방자치제도의 본질적 내용을 침해하는 것이다.

③ 감사원은 원장을 포함한 5인 이상 11인 이하의 감사위원으로 구성한다.

④ 감사원장은 중임할 수 없으나, 감사위원은 1차에 한하여 중임할 수 있다.

문 16. 문화국가원리에 대한 설명으로 옳지 않은 것은? (다툼이 있는 경우 판례에 의함)

① 우리 헌법상 문화국가원리는 견해와 사상의 다양성을 그 본질로 하며, 이를 실현하는 국가의 문화정책은 불편부당의 원칙에 따라야 하는바, 모든 국민은 정치적 견해 등에 관계없이 문화표현과 활동에서 차별을 받지 않아야 한다.

② 국가의 문화육성의 대상에는 원칙적으로 모든 사람에게 문화창조의 기회를 부여한다는 의미에서 모든 문화가 포함되므로 엘리트문화뿐만 아니라 서민문화, 대중문화도 그 가치를 인정하고 정책적인 배려의 대상으로 하여야 한다.

③ 헌법은 문화국가를 실현하기 위하여 보장되어야 할 정신적 기본권으로 양심과 사상의 자유, 종교의 자유, 언론·출판의 자유, 학문과 예술의 자유 등을 규정하고 있는바, 이들 기본권은 견해와 사상의 다양성을 그 본질로 하는 문화국가원리의 불가결의 조건이라고 할 것이다.

④ 오늘날 문화국가에서의 문화정책은 문화가 생겨날 수 있는 문화풍토를 조성하는 것이 아니라 문화 그 자체에 초점을 두어야 한다.

문 17. 국회의 권한에 대한 설명으로 옳은 것만을 모두 고른 것은?

ㄱ. 새로운 회계연도가 개시될 때까지 예산안이 의결되지 못한 때에는 정부는 국회에서 예산안이 의결될 때까지 헌법이나 법률에 의하여 설치된 기관 또는 시설의 유지·운영을 위한 경비를 전년도 예산에 준하여 집행할 수 있다.

ㄴ. 예비비는 총액으로 국회의 의결을 얻어야 하며, 예비비의 지출은 차기 국회의 승인을 얻어야 한다.

ㄷ. 국채를 모집하거나 예산외에 국가의 부담이 될 계약을 체결하려 할 때에는 정부는 미리 국회의 의결을 얻어야 한다.

ㄹ. 국회는 선전포고, 국군의 외국에의 파견 또는 외국군대의 대한민국 영역 안에서의 주류에 대한 동의권을 가진다.

① ㄱ, ㄴ

② ㄱ, ㄷ, ㄹ

③ ㄴ, ㄷ, ㄹ

④ ㄱ, ㄴ, ㄷ, ㄹ

문 18. 국회의 조직 및 운영에 대한 설명으로 옳지 않은 것은? (다툼이 있는 경우 판례에 의함)

① 국회의원 총선거 후 처음 선출된 의장과 부의장의 임기는 그 선출된 날부터 개시하여 의원의 임기 개시 후 2년이 되는 날까지로 한다.

② 헌법 제50조제1항의 의사공개원칙은 모든 국회의 회의를 항상 공개하여야 하는 것은 아니나 이를 공개하지 아니할 경우에는 헌법에서 정하고 있는 일정한 요건을 갖추어야 함을 의미하는 것이며, 헌법 제50조제1항 단서가 정하고 있는 회의의 비공개를 위한 절차나 사유는 그 문언이 매우 구체적이므로 예외적인 비공개 사유는 문언에 따라 엄격하게 해석되어야 한다.

③ 의장이 심신상실 등 부득이한 사유로 의사표시를 할 수 없게 되어 직무대리자를 지정할 수 없을 때에는 임시의장을 선출하여 의장의 직무를 대행하게 한다.

④ 국회에 제출된 법률안 기타의 의안은 회기 중에 의결되지 못한 이유로 폐기되지 아니하나, 국회의원의 임기가 만료된 때에는 그러하지 아니하다.

문 19. 국회의원에 대한 설명으로 옳은 것만을 모두 고른 것은? (다툼이 있는 경우 판례에 의함)

ㄱ. 국회의원이 당선 전부터 영리업무에 종사하였다면 당선인으로 결정된 날부터 1년 이내에 그 영리업무를 휴업한 후 이를 지체없이 의장에게 서면으로 신고하여야 한다.
ㄴ. 국회의원은 그 지위를 남용하여 국가·공공단체 또는 기업체와의 계약이나 그 처분에 의하여 재산상의 권리·이익 또는 직위를 취득하거나 타인을 위하여 그 취득을 알선할 수 없다.
ㄷ. 국회의원이 회기 전에 체포 또는 구금된 때에는 현행 범인이 아닌 한 국회의 요구가 있으면 회기중 석방된다.
ㄹ. 국회의원의 원내활동을 기본적으로 각자에 맡기는 자유위임은 의회내에서의 정치의사형성에 정당의 협력을 배척하는 것이 아니나, 의원이 정당과 교섭단체의 지시에 기속되는 것을 배제하는 근거가 된다.

① ㄱ, ㄷ
② ㄱ, ㄹ
③ ㄴ, ㄷ
④ ㄴ, ㄹ

문 20. 국회의 회의 및 의사운영에 대한 설명으로 옳지 않은 것은?

① 정기회의 회기는 100일을, 임시회의 회기는 30일을 초과할 수 없으며, 임시회는 대통령 또는 국회재적의원 4분의 1 이상의 요구에 의하여 집회된다.
② 본회의는 재적의원 5분의 1 이상의 출석으로 개의하고, 의사는 헌법이나 「국회법」에 특별한 규정이 없으면 재적의원 과반수의 출석과 출석의원 과반수의 찬성으로 의결한다.
③ 국회가 행정각부의 장을 탄핵소추하기 위해서는 국회재적의원 3분의 1 이상의 발의가 있어야 하며 그 의결은 국회재적의원 과반수의 찬성이 있어야 한다.
④ 의장은 임시회의 집회 요구가 있는 경우 집회기일 2일 전에 공고하며, 이 경우 둘 이상의 집회 요구가 있을 때에는 그 요구서가 먼저 제출된 것을 공고한다.

문 21. 헌법재판에 대한 설명으로 옳지 않은 것은? (다툼이 있는 경우 판례에 의함)

① 유예기간을 두고 있는 법령의 경우, 헌법소원심판 청구기간의 기산점은 그 법령의 시행일이 아니라 유예기간 경과일이다.
② 헌법소원제도는 개인의 주관적인 권리구제뿐만 아니라 헌법 질서를 보장하는 기능도 있으므로 주관적 권리보호이익은 소멸하였다고 하더라도, 그러한 침해행위가 앞으로도 반복될 위험이 있거나 당해 분쟁의 해결이 헌법질서의 수호·유지를 위하여 긴요한 사항이어서 헌법적으로 그 해명이 중대한 의미를 지니는 경우에는 심판청구의 이익을 인정할 수 있다.
③ 헌법재판소에서 법률의 위헌결정, 탄핵의 결정, 권한쟁의에 관한 인용결정 또는 헌법소원에 관한 인용결정을 할 때에는 재판관 6인 이상의 찬성이 있어야 한다.
④ 공권력의 불행사로 인한 기본권침해는 그 불행사가 계속되는 한 기본권침해의 부작위가 계속된다 할 것이므로, 공권력의 불행사에 대한 헌법소원심판은 그 불행사가 계속되는 한 기간의 제약없이 적법하게 청구할 수 있다.

문 22. 권한쟁의심판에 대한 설명으로 옳지 않은 것은? (다툼이 있는 경우 판례에 의함)

① 지방자치단체가 기관위임사무를 처리할 권한이 침해되었다고 주장하면서 권한쟁의심판을 청구하는 것은 부적법하다.
② 권한쟁의심판을 청구하려면 청구인과 피청구인 상호간에 헌법 또는 법률에 의하여 부여받은 권한의 존부 또는 범위에 관하여 다툼이 있어야 하고, 피청구인의 처분 또는 부작위가 헌법 또는 법률에 의하여 부여받은 청구인의 권한을 침해하였거나 침해할 현저한 위험이 있는 경우이어야 한다.
③ 국민 개인이 대법원장을 상대로 제기한 국가기관 간의 권한 쟁의심판에서 '국민'인 청구인은 그 자체로는 헌법에 의하여 설치되고 헌법과 법률에 의하여 독자적인 권한을 부여받은 기관이라고 할 수 없으므로, '국민'인 청구인은 권한쟁의심판의 당사자가 되는 '국가기관'이 아니다.
④ 지방자치단체의 의결기관인 지방의회와 지방자치단체의 집행기관인 지방자치단체장 간의 내부적 분쟁도 「헌법재판소법」에 의하여 헌법재판소가 관장하는 지방자치단체 상호간의 권한 쟁의심판에 해당한다고 볼 수 있다.

문 23. 법관에 대한 설명으로 옳은 것은?

① 법관으로서 퇴직 후 3년이 지나지 아니한 사람은 대통령비서실의 직위에 임용될 수 없다.
② 대법관회의는 대법관 전원의 3분의 2 이상의 출석과 출석인원 과반수의 찬성으로 의결한다.
③ 법관은 탄핵 또는 벌금 이상의 형의 선고에 의하지 아니하고는 파면되지 아니하며, 징계처분에 의하지 아니하고는 정직・감봉 기타 불리한 처분을 받지 아니한다.
④ 법관이 중대한 신체상 또는 정신상의 장해로 직무를 수행할 수 없을 때에는, 대법관인 경우에는 법원행정처장의 제청으로 대법원장이 퇴직을 명할 수 있고, 판사인 경우에는 인사위원회의 심의를 거쳐 판사가 소속된 법원의 법원장이 퇴직을 명할 수 있다.

문 24. 선거관리에 대한 설명으로 옳지 않은 것은? (다툼이 있는 경우 판례에 의함)

① 정당의 후보자 추천에 관한 단순한 지지・반대의 의견개진 및 의사표시라 하더라도 「공직선거법」상 선거운동에 해당한다.
② 선거일전 180일부터 선거일까지 인터넷상 선거와 관련한 정치적 표현 및 선거운동을 금지하고 처벌하는 것은 후보자 간 경제력 차이에 따른 불균형 및 흑색선전을 통한 부당한 경쟁을 막고, 선거의 평온과 공정을 해하는 결과를 방지한다는 입법목적 달성을 위하여 적합한 수단이라고 할 수 없다.
③ 선거공영제의 내용은 우리의 선거문화와 풍토, 정치문화 및 국가의 재정상황과 국민의 법감정 등 여러 가지 요소를 종합적으로 고려하여 입법자가 정책적으로 결정할 사항으로서 넓은 입법형성권이 인정되는 영역이라고 할 것이다.
④ 중앙선거관리위원회는 법령의 범위 안에서 선거관리・국민투표 관리 또는 정당사무에 관한 규칙을 제정할 수 있으며, 법률에 저촉되지 아니하는 범위 안에서 내부규율에 관한 규칙을 제정할 수 있다.

문 25. 조례에 대한 설명으로 옳지 않은 것은? (다툼이 있는 경우 판례에 의함)

① 지방자치단체는 법령의 범위에서 그 사무에 관하여 조례를 제정할 수 있다. 다만, 주민의 권리 제한 또는 의무 부과에 관한 사항이나 벌칙을 정할 때에는 법률의 위임이 있어야 한다.
② 조례는 특별한 규정이 없으면 공포한 날부터 20일이 지나면 효력을 발생한다.
③ 지방자치단체는 그 고유사무인 자치사무와 법령에 따라 지방자치단체에 속하는 사무에 관하여 법령에 위반되지 않는 범위 안에서 스스로 조례를 제정할 수 있지만, 국가사무인 기관위임사무에 관하여는 개별 법령에서 일정한 사항을 조례로 정하도록 위임하고 있더라도 조례를 제정할 수 없다.
④ 지방자치단체는 헌법상 자치입법권이 인정되고, 법령의 범위 안에서 그 권한에 속하는 모든 사무에 관하여 조례를 제정할 수 있다는 점과 조례는 선거를 통하여 선출된 그 지역의 지방의원으로 구성된 주민의 대표기관인 지방의회에서 제정되므로 지역적인 민주적 정당성까지 갖고 있다는 점을 고려하면, 조례에 위임할 사항은 헌법 제75조 소정의 행정입법에 위임할 사항보다 더 포괄적이어도 헌법에 반하지 않는다.

문 1. 다음 글에서 알 수 있는 것은?

조선의 군역제는 양인 모두가 군역을 담당하는 양인개병제였다. 그러나 양인 중 양반이 관료 혹은 예비 관료라는 이유로 군역에서 빠져나가고 상민 또한 군역 부담을 회피하는 풍조가 일었다.

군역 문제가 심각해지자 이에 대한 여러 대책이 제기되었다. 크게 보면 균등한 군역 부과를 실현하려는 대변통(大變通)과 상민의 군역 부담을 줄임으로써 폐단을 완화하려는 소변통(小變通)으로 나눌 수 있다. 전자의 예로는 호포론(戶布論) · 구포론(口布論) · 결포론(結布論)이 있고, 후자로는 감필론(減疋論)과 감필결포론이 있다. 호포론은 신분에 관계없이 식구 수에 따라 가호를 몇 등급으로 나누고 그 등급에 따라 군포를 부과하자는 주장이었다. 이는 신분에 관계없이 부과한다는 점에서 파격적인 것이었으나, 가호의 등급을 적용한다 하더라도 가호마다 부담이 균등할 수 없다는 문제가 있었다. 구포론은 귀천을 막론하고 16세 이상의 모든 남녀에게 군포를 거두자는 주장이었다. 결포론은 토지를 소유한 자에게만 토지 소유 면적에 따라 차등 있게 군포를 거두자는 것이었다. 결포론은 경제 능력에 따라 군포를 징수하여 조세 징수의 합리성을 기할 수 있음은 물론 공평한 조세 부담의 이상에 가장 가까운 방안이었다.

그러나 대변통의 실시는 양반의 특권을 폐지하는 것이었으므로 양반층이 강력히 저항하였다. 이에 상민이 내는 군포를 줄여 주어 그들의 고통을 완화시켜 주자는 감필론이 대안으로 떠올랐다. 그런데 감필론의 경우 국가의 군포 수입이 줄어들게 되어 막대한 재정 결손이 수반되므로, 이에 대한 대책이 마련되어야 하였다. 이에 상민이 부담해야 하는 군포를 2필에서 1필로 감축하고 그 재정 결손에 대해서만 양반에게서 군포를 거두자는 감필결포론이 제기되었다. 양반들도 이에 대해 일정 정도 긍정적이었으므로, 1751년 감필결포론을 제도화하여 균역법을 시행하였다. 그러나 균역법은 양반층을 군역 대상자로 온전하게 포괄한 것이 아니었다. 양반이 지게 된 부담은 상민과 동등한 군역 대상자로서가 아니라 민생의 개선에 책임을 져야 할 지배층으로서 재정 결손을 보충하기 위한 양보에 불과한 것이었다. 결국 균역법은 불균등한 군역 부담에서 야기된 폐단을 근본적으로 해결하는 개혁이 될 수 없었다.

① 구포론보다 결포론을 시행하는 것이 양인의 군포 부담이 더 컸다.
② 양반들은 호포론이나 구포론에 비해 감필결포론에 우호적인 입장을 보였다.
③ 균역법은 균등 과세의 원칙 아래 군포에 대한 양반의 면세 특권을 폐지하였다.
④ 결포론은 공평한 조세 부담의 이상에, 호포론은 균등한 군역 부과의 이상에 가장 충실한 개혁안이었다.
⑤ 구포론은 16세 이상의 양인 남녀를 군포 부과 대상으로 규정한 반면, 호포론은 모든 연령의 사람에게서 군포를 거두자고 주장하였다.

문 2. 다음 글에서 알 수 있는 것은?

조선 후기에 백성의 작은 살림집을 짓는 목재 정도는 민간 목재 상인인 목상에게 사서 쓰면 되었지만, 궁궐이나 성곽 건설처럼 대규모 관영 공사에 사용되는 재료는 그럴 수가 없었다. 목상은 대개 수요가 많은 작은 목재만 취급했기 때문이다. 관영 공사에 필요한 재료는 임시건설 본부격인 도감에서 직접 구하거나 나라에 물자를 납품하는 공인으로부터 공급받았다. 공인은 전인과 도고 상인으로 나누어지는데, 선혜청에서 물건 값을 선불로 지급하고 납품받는 방식인 원공은 전인이, 호조에서 후불로 지급하는 방식인 별무는 도고 상인이 담당했다. 원공은 시가보다 물건 값을 많이 받을 수 있었지만 1768년에 폐지되었다. 이후 목재를 비롯한 건축 재료 납품은 도고 상인이 전담하였다. 도고 상인은 시가보다 낮은 비용을 받으면서 과중한 세금을 감내했는데, 그 이유는 벌목권을 얻기 위해서였다. 그러나 운송 기술 발달과 민간 상업 발전에 따라 공인의 경쟁력은 점점 약화됐고, 19세기부터는 주로 민간 목재 상인이 관영 공사의 목재를 공급했다.

산지의 목재는 수로를 통해 배로 운송되었다. 수로 운송을 맡았던 배는 시기별로 달랐다. 17세기에는 세곡을 운송하는 조세선이 주로 쓰이고 군선이 동원되기도 했다. 그러나 18세기에는 조세선보다는 군선과 개인이 소유한 사선의 비중이 커졌다. 군선은 조세선보다 크고 튼튼했기 때문에 자주 동원되었다. 그럼에도 조세선에 의한 건축 재료 운송이 완전히 사라지지 않은 것은, 원거리 운항 기술이 축적되어 있었고 항해술이 노련하여 군선보다는 사고 위험이 덜했기 때문이다. 이에 원거리 운송은 조세선이 담당했다.

17세기까지 건축 재료의 하역과 각 창고까지의 운송은 백성들의 부역 노동으로 해결하였지만, 1707년에 마계를 창설하여 이를 전담시켰다. 한편 관영 공사에 필요한 건축 재료를 구하고 운송하는 책임은 영역부장에게 있었는데, 1789년에 패장이 설치되어 이를 대신하였다. 영역부장은 도감의 최하위 관리직으로 작업소별로 몇 명씩 배정되어 실무를 맡았다. 영역부장 위의 도청은 재료의 반입 및 공사장의 검수 등 행정 전반을 진두지휘했다. 하지만 지방의 관영 공사에 필요한 재료 구입은 지방 감영 소속의 군수나 만호가 담당했다.

① 선혜청에 목재를 납품하는 것보다 도감에 납품하는 것이 보다 큰 수익을 올릴 수 있었다.
② 19세기부터 관영 공사의 목재 공급과 운송을 주로 목상이 담당하면서 영역부장이 폐지되었다.
③ 만호가 지방 관영 공사에 사용하기 위해 구입한 목재는 도청의 책임하에 마계가 창고까지 운송하였다.
④ 건축 재료 값을 관청에서 선불로 지급하고 납품받는 방식이 폐지된 해의 원거리 운송은 조세선이 담당하였다.
⑤ 17세기에 이루어진 관영 공사에서 도감의 영역부장은 전인으로부터 목재를 구입하여 운송할 책임이 있었다.

문 3. 다음 글에서 알 수 있는 것은?

'수치심'과 '죄책감'의 유발 원인과 상황들을 살펴보면, 두 감정은 그것들을 발생시키는 내용이나 상황에 있어서 그다지 차이가 나지 않는다. 발달심리학자 루이스에 따르면, 이 두 감정은 '자의식적이며 자기 평가적인 2차 감정'이며, 내면화된 규범에 비추어 부정적으로 평가받는 일을 했거나 그러한 상황에 처한 것을 공통의 조건으로 삼는다. 두 감정이 다른 종류의 감정들과 경계를 이루며 함께 묶일 수 있는 이유이다.

그러나 이 두 가지 감정은 어떤 측면에서는 확연히 구분된다. 먼저, 두 감정의 가장 근본적인 차이는 부정적 자기 평가에 직면한 상황에서 부정의 범위가 어디까지인지, 그리고 이 상황을 어떻게 심리적으로 처리하는지 등에서 극명하게 드러난다. 수치심은 부정적인 자신을 향해, 죄책감은 자신이 한 부정적인 행위를 향해 심리적 공격의 방향을 맞춘다. 그러다 보니 자아의 입장에서 볼 때 수치심은 자아에 대한 전반적인 공격이 되어 충격도 크고 거기에서 벗어나기도 어렵다. 이에 반해 죄책감은 자신이 한 그 행위에 초점이 맞춰져 자아에 대한 전반적인 문제가 아닌 행위와 관련된 자아의 부분적인 문제가 되므로 타격도 제한적이고 해결 방안을 찾는 것도 상대적으로 용이하다.

위와 같은 두 감정의 서로 다른 자기 평가 방식은 자아의 사후(事後) 감정 상태 및 행동 방식에도 상당히 다른 양상을 낳게 한다. 죄책감은 부정적 평가의 원인이 된 특정한 잘못이나 실수 등을 숨기지 않고 교정, 보상, 원상 복구하는 데에 집중하며, 다른 사람에게 자신의 잘못을 상담하기도 하는 등 적극적인 방식을 통해 부정된 자아를 수정하고 재구성한다. 반면 자신의 정체성과 존재 가치가 부정적으로 노출되어서 감당하기 어려울 정도의 심적 부담을 느끼는 수치심의 주체는 강한 심리적 불안 상태에 놓이게 된다. 그러므로 자신에 대한 부정적 평가를 만회하기보다 은폐나 회피를 목적으로 하는 심리적 방어기제를 동원하여 자신에 대한 스스로의 부정이 더 이상 진행되는 것을 차단하기도 한다.

① 수치심을 느끼는 사람과 죄책감을 느끼는 사람 중 잘못을 감추려는 사람은 드러내는 사람보다 자기 평가에서 부정하는 범위가 넓다.

② 자아가 직면한 부정적 상황에서 자의식적이고 자기 평가적인 감정들이 작동시키는 심리적 방어기제는 동일하다.

③ 부정적 상황을 평가하는 자아는 심리적 불안 상태에서 벗어나기 위해 행위자와 행위를 분리한다.

④ 수치심은 부정적 상황에서 심리적 충격을 크게 받는 성향의 사람이 느끼기 쉬운 감정이다.

⑤ 죄책감은 수치심과 달리 외부의 규범에 반하는 부정적인 일을 했을 때도 발생한다.

문 4. 다음 글에서 알 수 없는 것은?

봉수란 낮에는 연기를, 밤에는 불빛을 이용하여 변경의 상황에 대한 정보를 중앙에 알렸던 우리나라의 옛 통신 수단이다. 아궁이 5개로 이루어졌으며 각각의 아궁이에 불을 지핌으로써 연기나 불빛을 만들어 먼 곳까지 신호를 보낸다. 봉수는 이렇게 송신 지점에서 정보를 물리적인 형태로 변환시켜 보내고, 수신 지점에서는 송신측에서 보낸 정보를 정해진 규약에 따라 복원해내는 통신 방식이다. 이러한 방식은 현대 디지털 통신과 유사한 점이 많다.

정보를 송신하기 위해서는 먼저 보내려고 하는 정보를 송수신자가 합의한 일정한 규칙에 의거하여 부호로 변환시켜야 하는데, 이를 부호화 과정이라 한다. 디지털 통신에서는 정보를 불연속적인 신호 체계를 통해 보내기 때문에, 부호화는 표본화 및 이산화 두 단계의 과정을 통해 이루어진다. 여기에서 표본화는 정보에서 주요한 대목만을 추려내어 불연속적인 것으로 바꾸는 과정이다. 이산화란 표본화 과정을 거친 정보를 이진수 또는 자연수 등 불연속적 신호 체계에 대응시키는 과정이다. 이렇게 부호화된 정보는 또다시 전송 매체의 성질에 맞는 형태로 바꾸는 과정이 필요하며, 이를 변조라 한다.

봉수의 송신 체계도 이와 비슷한 과정을 거친다. 먼저 전달하고자 하는 정보를 위급한 정도에 따라 '아무 일도 없음', '적이 출현했음', '적이 국경에 다가오고 있음', '국경을 넘었음', '피아간에 전투가 벌어지고 있음'으로 표본화한다. 표본화 과정을 거친 5개의 정보는 위급한 순서에 따라 가장 덜 위급한 것부터 1, 2, 3, 4, 5의 수에 대응시켜 이산화한다. 그리고 봉수의 신호는 불빛이나 연기의 형태로 전송되므로 이산화된 수만큼 불을 지피는 것으로 변조한다.

봉수의 신호 체계에서는 표본화된 정보를 아궁이에 불을 지핀 숫자에 대응하는 자연수로 이산화했지만, 이산화하는 방법이 이것만 있는 것은 아니다. 현대 디지털 통신 체계와 같이 이진부호 체계를 도입하여 각각의 아궁이에 불을 지핀 경우를 1로, 지피지 않은 경우를 0으로 하여 이산화한다면 봉수에서도 원리상 5가지 이상의 정보를 전송할 수 있다.

① 봉수의 신호 전송 체계에서 아궁이에 불을 지피는 것은 변조 과정이다.

② 이산화 방법을 달리하면 봉수는 최대 10가지 정보를 전송할 수 있다.

③ 봉수 신호의 부호화 규칙을 알지 못한다면 수신자는 올바른 정보를 복원할 수 없다.

④ 봉수대에서 변조된 신호의 형태는 낮과 밤이 다르다.

⑤ 봉수를 이용한 신호 전송에서, 연기가 두 곳에서 피어오른 봉수 신호는 '적이 출현했음'을 나타낸다.

문 5. 다음 글의 핵심 논지로 가장 적절한 것은?

> 지식에 대한 상대주의자들은 한 문화에서 유래한 어떤 사고방식이 있을 때, 다른 문화가 그 사고방식을 수용하게 만들 만큼 논리적으로 위력적인 증거나 논증은 있을 수 없다고 주장한다. 왜냐하면 문화마다 사고방식의 수용 가능성에 대한 서로 다른 기준을 가지고 있기 때문이다. 이를 바탕으로 그들은 서로 다른 문화권의 과학자들이 이론적 합의에 합리적으로 이를 수 없다고 주장한다. 이러한 주장은 한 문화의 기준과 그 문화에서 수용되는 사고방식이 함께 진화하여 분리 불가능한 하나의 덩어리를 형성한다고 믿기 때문에 나타난다.
>
> 예를 들어 문화적 차이가 큰 A와 B의 두 과학자 그룹이 있다고 하자. 그리고 A그룹은 수학적으로 엄밀하고 놀라운 예측에 성공하는 이론만을 수용하고, B그룹은 실제적 문제에 즉시 응용 가능한 이론만을 수용한다고 하자. 그렇다면 각 그룹은 어떤 이론을 만들 때, 자신들의 기준을 만족할 수 있는 이론만을 만들 것이다. 그 결과 A그룹에서 만든 이론은 엄밀하고 놀라운 예측을 제공하겠지만, 응용 가능성의 기준에서 보면 B그룹에서 만든 이론보다 못할 것이다. 즉 A그룹이 만든 이론은 A그룹만이 수용할 것이고, B그룹이 만든 이론은 B그룹만이 수용할 것이다. 이처럼 문화마다 다른 기준은 자신의 문화에서 만들어진 이론만 수용하도록 만들 것이다. 이것이 상대주의자의 주장이다.
>
> 그러나 한 사람이 특정 문화나 세계관의 기준을 채택한다고 해서 그 사람이 반드시 그 문화나 세계관의 특정 사상이나 이론을 고집하는 것은 아니다. 다음과 같은 상상을 해 보자. A그룹이 어떤 이론을 만들었는데, 그 이론이 고도로 엄밀하고 놀라운 예측에 성공함과 동시에 즉각적으로 응용할 수 있는 것이라 하자. 그렇다면 A그룹뿐 아니라 B그룹도 그 이론을 받아들일 것이다. 실제로 데카르트주의자들은 뉴턴 물리학이 데카르트 물리학보다 데카르트적인 기준을 잘 만족했기 때문에 결국 뉴턴 물리학을 받아들였다.

① 과학 이론 중에는 다양한 문화의 평가 기준을 만족하는 것이 있다.
② 과학의 발전 과정에서 이론 선택은 문화의 상대적인 기준에 따라 이루어진다.
③ 과학자들은 당대의 다른 이론보다 탁월한 이론에 대해서는 자기 문화의 기준으로 평가하지 않는다.
④ 과학의 발전 과정에서 엄밀한 예측 가능성과 실용성을 판단하는 기준이 항상 고정된 것은 아니다.
⑤ 문화마다 다른 평가 기준을 따르더라도 자기 문화에서 형성된 과학 이론만을 수용하는 것은 아니다.

문 6. 다음 글의 ㉠~㉤에 들어갈 말로 적절하지 않은 것은?

> 한국어 특수조사 중 '은/는'은 그 의미를 추출하기가 가장 어려운 종류에 속한다. 특히 주어 자리에 쓰였을 때 주격조사 '이/가'와 그 용법이 어떻게 다른지를 가려내는 일은 만만치 않다. 일단, 주어 자리가 아닐 때 '은/는'의 의미는 비교적 선명하게 드러난다. 예컨대 "이 꽃이 그늘에서는 잘 자란다."는 이 꽃이 그늘이 아닌 곳에서는 잘 자라지 않는다는 전제를 깔고 있음을 나타낸다. [㉠]가 그 예이다.
>
> 주어 자리에 쓰이는 '은/는' 역시 대조의 의미를 나타내기도 한다. [㉡]에서 주어 자리에 쓰인 것들은 의미상 대조된다. 그러나 이러한 경우를 제외하고서 주어 자리의 '은/는'이 그 의미가 항상 잘 파악되는 것은 아니다. 앞의 예에서처럼 대조되는 두 항을 한 문장에서 말한다면 상대적으로 쉽게 파악되지만, 그렇지 않은 경우에는 말하지 않은 나머지 한쪽에 무엇이 함축되어 있는지가 주어 이외의 자리에서만큼 쉽게 떠오르지 않기 때문이다.
>
> 주격조사 '이/가'는 특수조사가 아니기 때문에 어떤 특별한 의미를 대표할 필요가 없다. 다른 것은 전혀 고려하지 않고 단지 바람 부는 현상을 말할 때 [㉢]라고 해서는 안 되는 것이다. '은/는'의 경우 특별한 의미를 지니는데, 그 의미는 궁극적으로 '대조'와 관련되어 있겠지만 그것으로 모두 설명되지는 않는다. 그래서 관점을 달리하여 '알려진 정보'의 관점에서 설명하기도 하는데, 새로 등장하는 대상이 아니라 이미 알려진 대상일 경우에 '은/는'을 쓴다는 것이다. 이렇게 볼 때 [㉣]는 어색하다.
>
> '은/는'과 주격조사의 차이를 초점에서 찾기도 한다. 발화의 상황에서 이미 알려진 정보는 초점의 대상이 아닐테니, '은/는'의 경우 서술어 쪽에 초점이 놓인다는 것이다. "소나무는 상록수이다."라고 하면 "여러분이 아는 소나무로 말할 것 같으면"의 뜻으로 하는 말이므로 소나무는 이미 초점의 대상에서 벗어나 있고 '상록수이다'에 초점이 놓인다. [㉤]에서는 서술어 대신 '영미'에 초점이 놓이며 "여러 아이 중에서"의 뜻이 함축되어 있다.

① ㉠: "그 작가는 원고를 만년필로는 쓰지 않는다."
② ㉡: "소나무는 상록수이고, 낙엽송은 그렇지 않다."
③ ㉢: "바람은 분다."
④ ㉣: "그 사람이 결국 시험에 합격하였다."
⑤ ㉤: "영미는 노래를 잘 한다."

문 7. 다음 글의 ㉠과 ㉡에 들어갈 말로 적절한 것은?

우리말의 어휘는 그 기원에 따라 가장 아래에 고유어가 있고, 그 위를 한자어가 덮고 있으며, 맨 위에는 한자어 이외의 외래어가 얹혀 있다. 토박이말이라고도 하는 고유어는 말 그대로 바깥에서 들어온 말이 아닌 한국어 고유의 말이다. 하늘·아들·나라 따위의 낱말들이 그 예이다. 고유어는 기초 어휘에 속하는 말들이 많고, 한자어나 외래어에 견주어 정서적 호소력이 크다. 그러나 낱말의 기원이 분명하지 않은 경우가 많아 그 범위를 엄밀하게 확정하기 힘들다는 문제도 있다. 그래서 현실적으로 고유어는 한자어와 외래어를 뺀 나머지 어휘 전체를 범위로 삼는다.

이렇게 느슨하게 정의된 고유어에는 많은 차용어들이 포함된다. 예컨대 보라매의 '보라'는 몽골어에서, '스라소니'는 여진어에서 차용한 것이다. 이보다 더 흔한 것은 한자어에서 차용한 낱말들이다. [㉠]. 벼락·서랍·썰매 같은 낱말들은 지금은 고유어가 맞지만 처음부터 고유어는 아니었고, 벽력(霹靂)·설합(舌盒)·설마(雪馬) 같은 한자어를 사용하다 형태가 변한 것들이다. 이런 유형의 낱말 가운데는 괴이하고 흉악하기 짝이 없다는 '괴악(怪惡)하다'에서 온 '고약하다'처럼 그 형태뿐 아니라 의미가 달라진 것들도 있다.

한국어 어휘의 두 번째 층인 한자어는 한자로 표기될 수 있다는 점에서 고유어와 구분된다. [㉡]. 한자어에는 신체(身體)·처자(妻子)처럼 중국에서 차용한 말들 이외에, 철학(哲學)·분자(分子)처럼 일본에서 만들어져 수입된 한자어도 있고, 또 어중간(於中間)·양반(兩班)처럼 우리나라에서 만들어진 한자어도 포함된다.

① ㉠: 본디 한자어였던 것이 고유어의 발음과 유사해서 고유어로 바뀐 것이다
　㉡: 한자어가 한자로 표기된다고 해서 모두 중국에서 유래된 것은 아니다
② ㉠: 본디 한자어였던 것이 고유어의 발음과 유사해서 고유어로 바뀐 것이다
　㉡: 언어 간 차용 이후 우리말에 동화된 정도는 낱말의 기원이 어디인지에 따라 다르다
③ ㉠: 본디 한자어였던 것이 형태가 바뀌어 한자 표기를 할 수 없게 된 것이다
　㉡: 한자어가 한자로 표기된다고 해서 모두 중국에서 유래된 것은 아니다
④ ㉠: 본디 한자어였던 것이 형태가 바뀌어 한자 표기를 할 수 없게 된 것이다
　㉡: 언어 간 차용 이후 우리말에 동화된 정도는 낱말의 기원이 어디인지에 따라 다르다
⑤ ㉠: 본디 한자어였던 것이 기존의 고유어를 밀어내고 고유어의 지위를 차지한 것이다
　㉡: 한자어가 한자로 표기된다고 해서 모두 중국에서 유래된 것은 아니다

문 8. 다음 글에서 추론할 수 있는 것만을 <보기>에서 모두 고르면?

기계식 한글 타자기를 구현하는 것이 어려운 이유는 크게 두 가지이다.

첫째, 영문 타자기는 한 알파벳을 찍을 때마다 종이가 한 칸씩 움직인다. 그러나 한글은 자음과 모음을 조합하여 초성, 중성, 종성을 한 음절로 모아쓰는 문자이므로 타자기가 하나의 자음 또는 모음을 찍을 때마다 종이가 한 칸씩 움직인다면 받침을 제자리에 찍을 수 없다. 따라서 한글 타자기는 영문 타자기처럼 하나의 자음이나 모음을 찍을 때마다 종이가 움직이는 '움직글쇠'로만 구성되어서는 안 되며, 글쇠 중 일부는 자음 또는 모음이 찍혀도 종이가 움직이지 않는 '안움직글쇠'여야 한다.

둘째, 모아쓰는 과정에서 낱글자들의 모양이 조금씩 바뀌는 문제이다. 'ㄱ'이 초성으로 쓰일 때, 종성으로 쓰일 때는 물론, 어떤 모음과 어울려 쓰는지, 받침이 있는지 없는지에 따라 다른 모양을 갖는다. 중성에서 쓰이는 모음도 두 가지 이상의 다른 모양을 갖는다. 이러한 모양을 다 구현하는 타자기를 만들려면 적어도 300여 개의 글쇠가 필요하다.

이런 문제로 인해 한글 타자기는 적절한 글쇠의 수를 결정할 필요가 있었다. 다섯벌식 타자기의 경우, 'ㅗ'나 'ㅜ'처럼 가로로 긴 모음과 어울려 쓰는 초성 자음 한 벌, 나머지 모음('ㅣ'나 'ㅏ'처럼 세로로 긴 모음과 이 모음이 들어간 이중모음)과 어울려 쓰는 초성 자음 한 벌, 받침이 있을 때 쓰는 모음 한 벌, 받침이 없을 때 쓰는 모음 한 벌, 종성 자음 한 벌이 있다.

네벌식의 경우, 세로로 긴 모음과 어울려 쓰는 초성 자음 한 벌, 세로로 긴 모음이 들어간 이중모음과 어울려 쓰는 초성 자음 한 벌, 모음 한 벌이 있다. 가로로 긴 모음과 어울려 쓰는 초성 자음 한 벌은 다섯벌식 타자기와 같은 글쇠를 사용한다. 종성 자음은 가로로 긴 모음과 어울려 쓰는 초성 자음 글쇠를 기계적인 방법을 통해 글쇠가 찍히는 위치를 조정하는 방식으로 활용한다.

<보 기>

ㄱ. 한글 타자기의 받침이 있는 글자의 모음에 대한 글쇠는 움직글쇠이다.
ㄴ. 다섯벌식 한글 타자기에서 '밤'이라는 글자의 'ㅏ'를 쓰기 위해 사용하는 글쇠와 '나'라는 글자의 'ㅏ'를 쓰기 위해 사용하는 글쇠는 다르다.
ㄷ. 다섯벌식 한글 타자기에서 '꿈'이라는 글자의 'ㅁ'을 쓰기 위해 사용하는 글쇠와 '목'이라는 글자의 'ㅁ'을 쓰기 위해 사용하는 글쇠는 다르지만, 네벌식 한글 타자기에서는 같다.

① ㄱ
② ㄴ
③ ㄱ, ㄷ
④ ㄴ, ㄷ
⑤ ㄱ, ㄴ, ㄷ

문 9. 다음 글의 ㉠을 이끌어내기 위하여 추가해야 할 전제로 가장 적절한 것은?

> 사진작가 슬레이터는 '나루토'라는 이름의 원숭이에게 카메라를 빼앗긴 일이 있었는데 다시 찾은 그의 카메라에는 나루토의 모습이 찍힌 사진이 저장되어 있었다. 슬레이터는 나루토가 찍은 사진을 자신의 책을 통해 소개하였는데, 이 사진이 인터넷에 무단으로 돌아다니면서 나루토의 사진이 저작권의 대상이 되느냐가 논란이 되었다.
>
> 논란의 초점은 나루토의 사진이 과연 '셀카'인가 하는 것이었다. 셀카는 자신의 모습을 담으려는 의도로 스스로 찍은 사진이며, 그렇기에 셀카는 저작권의 대상이 된다는 것이 통념이다. 나루토가 찍은 사진이 셀카가 아니라면 저작권의 대상이 되지 않을 것이다. 나루토가 찍은 사진이 셀카로 인정받으려면, 그가 카메라를 사용하여 그 자신의 사진을 찍었을 뿐 아니라 찍을 때 자기 모습을 찍으려는 의도가 있어야 하고 그 의도를 실현할 능력이 있어야 한다. 슬레이터는 나루토가 이런 의미의 셀카를 찍었다고 주장한다. 하지만 이는 인간의 행위를 원숭이에 투사하는 바람에 빚어진 오해다. 자아가 없는 나루토가 한 일은 단지 카메라를 조작하는 인간의 행위를 흉내 낸 것뿐이기 때문이다. 따라서 ㉠ <u>나루토의 사진은 저작권의 대상이 될 수 없다</u>. 나루토는 그저 카메라를 특별히 잘 다루는 원숭이였을 뿐이다.

① 자아를 가지지 않으면서 인간의 행위를 흉내 낼 수는 없다.
② 자기 모습을 찍으려는 의도가 있다는 것은 자아를 가졌다는 것이다.
③ 자기 모습을 찍으려는 의도를 실현할 능력이 있는 경우에만 자아를 가진다.
④ 자기 모습을 찍으려는 의도가 있다는 것은 그 사진에 대한 저작권이 있다는 것이다.
⑤ 자기 모습을 찍으려는 의도를 실현할 능력이 없으면서 인간의 행위를 흉내 낼 수는 없다.

문 10. 다음 대화의 ㉠과 ㉡에 들어갈 말을 적절하게 나열한 것은?

> 갑: 당뇨 환자에게 처방할 약품 A~G를 어떤 방식으로 사용해야 할지 고민하고 있는데, 정말 난감한 상황이야. A를 사용하지 않으면 C를 사용해야 하고, B를 사용하지 않으면 D를 사용해야 해서 말이야.
> 을: 그게 걱정이 되는 이유는 뭐야?
> 갑: 결국 C나 D 중 적어도 하나를 사용할 수밖에 없게 되잖아. 그런데 지난달부터 C와 D가 금지 약물로 지정되어서 C나 D를 사용할 수 없게 되었어.
> 을: 그렇게 걱정하는 걸 보니, 너는 [㉠]고 생각하고 있구나? 그렇다면 걱정할 필요 없어.
> 병: 실은 나도 그것 때문에 걱정인데. 어째서 걱정할 필요가 없어?
> 을: E와 F를 모두 사용하지 않을 경우에는 A와 B를 모두 사용해야 하거든.
> 병: 그래? 그럼 너는 E도 F도 모두 사용하지 않게 될 것이라고 생각하는구나?
> 을: 맞아.
> 병: 네 말이 모두 참이라면 정말 금지 약물을 걱정할 필요가 없겠네.
> 갑: 아니야. 을이 잘못 알고 있는 게 있어. F는 필수적으로 사용해야 하거든.
> 을: 그래도 걱정할 필요는 없어. 왜냐하면, [㉡]고 하거든.
> 갑: 그래? 그럼 걱정할 필요가 없겠네. G를 사용할 필요는 없으니까.

① ㉠: A와 B 중 적어도 하나는 사용해야 한다
  ㉡: A와 B를 모두 사용할 경우 F는 사용해야 한다
② ㉠: A와 B 중 적어도 하나는 사용하지 않아야 한다
  ㉡: A와 B를 모두 사용할 경우 F는 사용해야 한다
③ ㉠: A와 B 중 적어도 하나는 사용하지 않아야 한다
  ㉡: A와 B를 모두 사용할 경우 G를 사용하지 않아야 한다
④ ㉠: A와 B 중 적어도 하나는 사용해야 한다
  ㉡: F를 사용하고 G를 사용하지 않을 경우, A와 B를 모두 사용해야 한다
⑤ ㉠: A와 B 중 적어도 하나는 사용하지 않아야 한다
  ㉡: F를 사용하고 G를 사용하지 않을 경우, A와 B를 모두 사용해야 한다

문 11. 다음 글의 내용이 참일 때 반드시 참인 것만을 <보기>에서 모두 고르면?

> 행복대학교 학생은 매 학기 성적, 봉사, 외국어, 윤리, 체험이라는 다섯 영역에 관해 평가 받는다. 이 중 두 영역은 동창회 장학금과 재단 장학금 수혜자를 선정할 때 고려하는 영역이기도 하다. 그 두 영역 중에서 어느 쪽이든 한 영역의 기준만 충족하면 동창회 장학금을 받고, 두 영역의 기준을 모두 충족하면 재단 장학금을 받는다. 그 외의 경우에는 둘 중 어느 것도 받지 못한다. 단, 두 장학금을 동시에 받을 수는 없다.
>
> 이 학교 학생 갑, 을, 병에 관하여 다음과 같은 사실이 알려져 있다.
>
> ○ 갑은 봉사 영역과 외국어 영역 기준을 충족하지 못하고 성적 영역 기준은 충족했는데, 동창회 장학금 수혜자가 아니다.
> ○ 을은 성적 영역 기준을 충족하지 못하고 나머지 네 영역 기준은 충족했는데, 재단 장학금 수혜자가 아니다.
> ○ 병은 성적 영역과 윤리 영역 기준을 충족했는데, 동창회 장학금 수혜자이다.

<보 기>

ㄱ. 성적 영역 기준만 충족한 행복대학교 학생은 동창회 장학금 수혜자가 된다.
ㄴ. 체험 영역 기준을 충족하지 못한 행복대학교 학생은 재단 장학금 수혜자가 되지 못한다.
ㄷ. 봉사 영역과 외국어 영역 기준만 충족한 행복대학교 학생은 동창회 장학금과 재단 장학금 중 어느 쪽 수혜자도 되지 못한다.

① ㄱ
② ㄴ
③ ㄱ, ㄷ
④ ㄴ, ㄷ
⑤ ㄱ, ㄴ, ㄷ

문 12. 다음 글의 내용이 참일 때 반드시 참인 것은?

> 수습 사무관 갑, 을, 병, 정을 A, B, C, D 네 도시 중 필요한 도시에 배치해 연수 프로그램을 시행하였다. 이와 관련해 다음과 같은 사실이 알려져 있다.
>
> ○ 세 명 이상의 수습 사무관이 배치되는 도시는 없다.
> ○ 두 도시 이상에 배치되는 수습 사무관은 아무도 없다.
> ○ 갑이 A시에 배치되면, 을은 C시에 배치되지 않는다.
> ○ 갑은 B시에 배치되지 않는다.
> ○ 을과 병은 같은 시에 배치된다.
> ○ 병이 B시에 배치되면, 갑은 D시에 배치되지 않는다.
> ○ D시에는 한 명이 배치된다.

① 갑이 C시에 배치되면, 병은 A시에 배치된다.
② 을이 B시에 배치되지 않으면, 정은 D시에 배치된다.
③ 병이 C시에 배치되면, 갑은 D시에 배치되지 않는다.
④ 정이 D시에 배치되면, 갑은 A시에 배치된다.
⑤ 정이 D시에 배치되지 않으면, 을은 B시에 배치되지 않는다.

문 13. 다음 글의 <논증>에 대한 분석으로 적절한 것만을 <보기>에서 모두 고르면?

철학자 A에 따르면, "오늘 비가 온다."와 같이 참, 거짓을 판단할 수 있는 문장만 의미가 있다. A는 이러한 문장과 달리 신의 존재에 대한 문장은 진위를 판단할 수 없고 따라서 무의미하다고 말한다. 하지만 그는 자신이 무신론자도 불가지론자도 아니라고 한다. 다음은 이와 관련된 A의 논증이다.

<논 증>

무신론자에 따르면 ㉠"신이 존재하지 않는다."가 참이다. 불가지론자는 신의 존재 여부를 알 수 없다고 말한다. 무신론자의 견해는 신의 존재를 주장하는 문장이 무의미하다는 것과 양립할 수 없다. ㉡"신이 존재한다."가 무의미하다면, "신이 존재하지 않는다."도 마찬가지로 무의미하다. 그 이유는 ㉢의미가 있는 문장이어야만 그 문장의 부정문도 의미가 있다는 것이 성립하기 때문이다. 따라서 "신이 존재한다."가 무의미하다면, "신이 존재하지 않는다."가 참이라는 무신론자의 주장은 받아들일 수 없다. 한편 불가지론자는 ㉣"신이 존재한다."가 참인지 거짓인지 알 수 없다고 주장한다. 이 주장은 "신이 존재한다."가 의미가 있다는 것을 전제하고 있다. 그러므로 불가지론자의 주장도 "신이 존재한다."가 무의미하다는 것과 양립할 수 없다.

<보 기>

ㄱ. ㉡과 ㉢으로부터 "신이 존재하지 않는다."가 무의미하다는 것이 도출된다.
ㄴ. ㉡의 부정으로부터 ㉠과 ㉣ 중 적어도 하나가 도출된다.
ㄷ. "의미가 없는 문장은 참인지 거짓인지 알 수 없다."라는 전제가 추가되면 ㉡으로부터 ㉣이 도출된다.

① ㄴ
② ㄷ
③ ㄱ, ㄴ
④ ㄱ, ㄷ
⑤ ㄱ, ㄴ, ㄷ

문 14. 다음 글의 실험 결과를 가장 잘 설명하는 것은?

최근 A 지역은 과도한 사냥으로 대형 포유류가 감소하였다. 이러한 대형 포유류의 감소는 식물과 동물 간의 상호작용 감소로 이어져 식물 생태계에 부정적인 영향을 줄 수 있다는 주장이 제기되었다. 식물 생태계 유지에 중요한 상호작용 중 하나는 식물 이외의 생물에 의한 씨앗 포식이다. 여기서 '포식'은 동물이 씨앗을 먹는 행위뿐만 아니라 곤충과 같이 작은 동물이 일부를 갉아먹는 행위, 진균류 등에 의한 감염까지 포함한다. 포식된 씨앗은 외피의 일부가 손상되는 효과 등으로 인해 발아할 가능성이 높아진다. 이렇게 씨앗 포식은 발아율을 결정하는 주된 원인이므로 발아율은 씨앗 포식의 정도를 알려주는 지표이다.

한 과학자는 대형 포유류, 소형 포유류, 곤충, 진균류 등 총 네 종류의 씨앗 포식자가 서식하는 A 지역에서 같은 종류의 씨앗을 1~6 그룹으로 나눈 뒤 일정한 넓이를 가진, 서로 인접한 6개의 구역에 뿌렸다. 이때 1 그룹은 아무 울타리도 하지 않은 구역에 뿌려 모든 생물이 접근 가능하도록 하였다. 2그룹은 성긴 울타리만 친 구역에 뿌려 대형 포유류의 접근이 불가능하도록 하였다. 3~6 그룹은 소형 포유류와 대형 포유류의 접근이 불가능하도록 촘촘한 울타리를 친 구역에 뿌리되, 4와 6 그룹에는 살충제 처리를 하여 곤충이 접근하지 못하게 하였으며, 5와 6 그룹에는 항진균제 처리를 하여 진균류의 접근을 차단하였다. 살충제와 항진균제는 씨앗 발아에 영향을 미치지 않는 것만을 사용하였다. 일정 시간 후에 각 그룹에 대해 조사하였다. 포유류에 의한 씨앗 포식량은 1 그룹과 2 그룹에서 각각 전체 씨앗 포식량의 25%와 7%였고, 발아율은 1~5 그룹 사이에서 차이가 없었으며 6 그룹에서는 다른 그룹에 비해 현저히 낮았다.

① 한 종류의 씨앗 포식자가 사라지면 남은 씨앗 포식자의 씨앗 포식량이 증가하여 전체 씨앗 포식량은 변화하지 않는다.
② 한 종류의 씨앗 포식자가 사라지더라도 남은 씨앗 포식자의 씨앗 포식량은 변화하지 않는다.
③ 씨앗 포식자 중 포유류가 사라지면 남은 씨앗 포식자의 씨앗 포식량이 변화한다.
④ 씨앗 포식자의 종류가 늘어나면 기존 포식자의 씨앗 포식량이 변화한다.
⑤ 포식자의 유무와 관계없이 씨앗 발아율은 변화하지 않는다.

문 15. 다음 글의 ㉠에 대한 평가로 적절한 것만을 <보기>에서 모두 고르면?

지식 귀속 문제는 한 사람이 특정 지식을 가졌는지를 다른 사람이 판단하는 것과 관련된 문제이다. 이와 관련해 두 가지 입장이 있다. 입장 X는 평가자가 평가 대상자(이하 대상자)에게 지식을 귀속시킬지 여부를 판단하는 데 있어서, 대상자와 관련된 이해관계가 중요할수록 평가자는 대상자에게 더 엄격한 기준을 적용한다는 것이다. 입장 Y는 평가자의 대상자에 대한 지식 귀속 여부 판단은 대상자의 이해관계와 무관하다는 것이다. 이 두 입장과 관련해 ㉠ X가 Y보다 대상자에 대한 평가자의 지식 귀속 판단을 더 잘 설명한다는 가설을 검증하기 위해 다음 두 사례를 이용한 실험이 진행되었다.

사례 1: 희수는 한자를 병용해야 하는 글쓰기 과제를 마무리했다. 담당교수는 잘못된 한자 표기를 싫어한다. 희수는 이번 과제에서 꼭 90점 이상을 받아야 할 동기가 없지만, 틀린 한자 표기가 하나도 없기를 바란다. 희수는 한자사전을 사용해서 과제를 꼼꼼히 검토할 예정이다.

사례 2: 서현도 같은 과목의 같은 과제를 마무리했다. 서현은 이 과제에서 90점 이상을 받아야만 A 학점을 받을 수 있고, A 학점을 받지 못하면 장학금을 받지 못해 학교를 계속 다닐 수 없게 된다. 서현도 한자사전을 사용해서 과제를 꼼꼼히 검토할 예정이다.

이 실험에서 귀속되는 지식은 "내 과제에는 한자 표기에 오류가 없다."이다. 이 사례를 제시한 뒤 평가자에게 희수와 서현이 몇 번이나 과제를 검토해야 이들에게 이 지식을 귀속시킬지 물었다. 평가자가 추정한 희수의 검토 횟수와 서현의 검토 횟수를 각각 m과 n이라고 하자.

<보 기>

ㄱ. m이 n보다 훨씬 더 작다면 ㉠이 강화된다.
ㄴ. 평가자의 이해관계가 중요할수록 m이 커지면 ㉠이 강화된다.
ㄷ. 서현이 이 과목에서 받을 학점과 상관없이 장학금을 받게 된다고 사례 2의 내용을 변경하더라도, 평가자가 응답한 n에 변화가 없다면 ㉠이 약화된다.

① ㄱ
② ㄴ
③ ㄱ, ㄷ
④ ㄴ, ㄷ
⑤ ㄱ, ㄴ, ㄷ

문 16. 다음 글의 A~C에 대한 분석으로 적절한 것만을 <보기>에서 모두 고르면?

응보주의에 따르면, 정의에 합치하는 형벌은 평등의 원리에 기초해야 한다. 응보주의의 전통적인 입장인 A는 범죄와 동일한 유형의 행위로 처벌해야 정의롭다고 주장한다. 이 입장은 '눈에는 눈으로'라는 경구로도 널리 알려져 있다. 그러나 이 입장은 동일한 유형의 행위로 처벌할 수 없는 범죄들이 존재하기 때문에 현실적으로 적용할 수 없다는 비판을 받는다.

A의 기본적 관점을 수용하면서도 이러한 비판에 대응하기 위한 입장 B는, 범죄가 발생시킨 고통의 양과 정확히 동일한 고통의 양을 부과하는 형벌로도 정의를 달성할 수 있다고 주장한다. 예를 들어 방화범은 동일한 유형의 행위로 처벌할 수 없지만, 방화로 발생한 고통의 총량과 동일한 고통의 양을 부과하는 형벌로 처벌하는 것으로 정의를 달성할 수 있다. 그러나 B는 고문과 같은 극악무도한 범죄의 경우 동일한 유형의 행위로 처벌하지 않으면 범죄가 유발한 고통의 양에 상응하는 처벌을 할 수 없다는 비판을 받는다.

이런 문제점을 극복하기 위해 나온 입장 C는 형벌이 범죄가 초래한 고통의 양에 의존할 필요는 없다고 본다. 범죄의 엄중함에 비례하는 무거운 형벌로 처벌하는 것만으로도 충분하다는 것이다. 즉 한 사회의 모든 형벌을 무거운 것에서 가벼운 것 순으로 나열하고 범죄의 경중을 따져 배열된 순서대로 적용하여 처벌하면 정의가 달성될 수 있다.

<보 기>

ㄱ. 범죄와 정확히 동일한 유형의 행위로 처벌하는 것이 정의롭다는 것에 대해서 A는 동의하지만 B는 동의하지 않는다.
ㄴ. 범죄가 야기한 고통의 양과 형벌이 부과하는 고통의 양을 측정하기 어렵다면, B는 약화되고 C는 약화되지 않는다.
ㄷ. 살인이 가장 큰 고통을 유발하고 죽음 이외에는 같은 양의 고통을 유발할 수 없다면, A, B, C는 모두 사형제를 받아들여야 한다.

① ㄱ
② ㄴ
③ ㄱ, ㄷ
④ ㄴ, ㄷ
⑤ ㄱ, ㄴ, ㄷ

문 17. 다음 글의 갑~병에 대한 평가로 적절한 것만을 <보기>에서 모두 고르면?

에스키모는 노쇠한 부모를 벌판에 유기하는 관습을 가지고 있었다. 반면에 로마인은 노쇠한 부모를 정성을 다해 모셨다. 도덕 상대주의는 이와 같은 인류학적 사실에 근거하고 있다. 도덕 상대주의에 따르면, 사회마다 다른 도덕적 관습을 가지며 옳고 그름에 대한 신념 체계는 사회마다 상이하다. 또한 다양한 도덕적 관습과 신념 체계 중 어떤 것이 옳은지 판별할 수 있는 객관적인 기준은 없다.

다음은 도덕 상대주의에 대한 비판들이다.

갑: 에스키모와 로마인의 관습상 차이는 서로 다른 도덕원리에서 기인한 것처럼 보일 수 있다. 그러나 하나의 도덕원리가 각기 다른 상황에 적용되면서 서로 다른 관습을 초래한 것일 수 있다. 부모와 자식 간의 애정에 근거한 동일한 도덕원리가 에스키모와 로마인에게서 다른 관습을 초래할 수 있다.

을: 도덕 상대주의가 맞다면, 다른 사회의 관습과 신념 체계를 평가할 수 있는 객관적 기준은 존재하지 않는다. 그래서 다른 사회의 관습과 신념 체계에 대한 평가는 불가능하며 이에 대해 '침묵'해야 한다. 이런 침묵의 의무는 어떤 사회를 막론하고 모든 사회의 구성원에게 절대적인 구속력을 갖는다. 결국 도덕 상대주의는 도덕 절대주의의 이념을 수용해야 하는 역설에 빠지게 된다.

병: 도덕 상대주의는 시간적 차원에도 적용된다. 따라서 도덕 상대주의를 받아들이면 사회 관습이나 신념 체계의 진보를 말할 수 없게 된다. 과거의 것과 달라졌을 뿐이지 더 낫거나 못하다고 말할 수 없기 때문이다. 그러나 사회 관습이나 신념 체계가 진보했다고 말할 수 있는 사례가 존재한다. 예를 들어 과거와는 달리 노예제를 받아들이는 도덕적 관습이나 신념 체계를 가진 사회는 없다.

<보 기>

ㄱ. "두 사회의 관습이 같다면 그 사회들의 도덕원리가 같다."라는 것이 사실이면 갑의 주장은 약화된다.
ㄴ. 우월한 도덕 체계와 열등한 도덕 체계를 객관적으로 구분할 수 있다면 을의 주장은 약화되지 않는다.
ㄷ. 현재의 관습과 신념 체계가 과거의 것보다 퇴보한 사회가 있다면 병의 주장은 약화된다.

① ㄱ
② ㄴ
③ ㄱ, ㄷ
④ ㄴ, ㄷ
⑤ ㄱ, ㄴ, ㄷ

문 18. 다음 글의 ㉠~㉢에 대한 평가로 적절한 것만을 <보기>에서 모두 고르면?

오줌을 생산하는 포유류 신장의 능력은 신장의 수질에 있는 헨리 고리와 관련 있다. 헨리 고리의 오줌 농축 방식을 탐구한 과학자들은 헨리 고리의 길이가 길수록 더 농축된 오줌을 생산한다는 ㉠ 가설을 세웠다. 동물은 몸의 크기가 클수록 체중이 무겁고 신장의 크기가 더 커서 헨리 고리가 더 길다. 그래서 코끼리와 같이 큰 포유류는 뾰족뒤쥐와 같은 작은 포유류에 비해 훨씬 더 농축된 오줌을 생산할 수 있어야 한다는 것이다. 그렇지만 지구에서 가장 건조한 환경에 사는 일부 포유류는 몸집이 매우 작은데도 몸집이 큰 포유류보다 더 농축된 오줌을 생산한다.

이런 문제점을 해결하기 위해, 과학자들은 몸의 크기와 비교한 헨리 고리의 상대적인 길이가 길수록 오줌의 농도가 높다는 ㉡ 가설을 제시하였다. 헨리 고리의 길이와 수질의 두께는 비례하므로 과학자들은 크기가 다른 포유류로부터 얻은 자료를 비교하기 위해 새로운 측정값으로 수질의 두께를 몸의 크기로 나눈 값을 '상대적인 수질의 두께(RMT)'로 제시하였다.

추가 연구를 통해 여러 종들에서 헨리 고리는 유형 A와 유형 B 두 종류로 구성되어 있고, 유형 A가 유형 B보다 오줌 농축 능력이 뛰어나다는 것이 밝혀졌다. 이러한 연구 결과를 토대로 과학자들은 헨리 고리 중 유형 B가 차지하는 비중이 작을수록 더 농축된 오줌을 만들어낸다는 ㉢ 가설을 제시했다.

과학자들은 다른 환경에 사는 다양한 크기의 동물들에 대해 측정을 수행했다. 오줌은 농축될수록 어는점이 더 낮아진다. 과학자들은 측정 대상 동물의 체중(W), RMT, 헨리 고리 중 유형 B가 차지하는 비중(R), 오줌의 어는점(FP)을 각각 측정하였고 다음은 그 결과의 일부이다.

종	W(kg)	RMT	R(%)	FP(℃)
돼지	120	1.6	97	−2
개	20	4.3	0	−4.85
캥거루쥐	0.3	8.5	73	−10.4

<보 기>

ㄱ. 돼지와 개의 측정 결과는 ㉠을 약화한다.
ㄴ. 개와 캥거루쥐의 측정 결과는 ㉡을 약화하지 않는다.
ㄷ. 돼지와 캥거루쥐의 측정 결과는 ㉢을 약화한다.

① ㄱ
② ㄷ
③ ㄱ, ㄴ
④ ㄴ, ㄷ
⑤ ㄱ, ㄴ, ㄷ

※ 다음 글을 읽고 물음에 답하시오. [문 19. ~ 문 20.]

㉠ 역관계 원리(IRP)란 임의의 진술 P가 참일 확률과 P가 전달하는 정보량 사이의 역관계에 관한 것이다. IRP에 따르면 정보란 예측 불가능성과 관계가 있다. 동전 던지기에서 동전의 앞면이 나올 가능성이 더 커지게 조작할수록 '그 동전의 앞면이 나올 것이다.'라는 진술 H의 정보량은 적어진다. 그렇게 가능성이 점점 커진 끝에 만약 그 동전을 어떻게 던져도 무조건 앞면만 나오게 될 정도까지 조작을 가한다면 결국 동전 던지기와 관련하여 예측 불가능성이 완전히 사라지게 되는 것이고, 그럴 때 진술 H의 정보량은 0이 된다. 하지만 이런 원리는 두 가지 문제에 직면한다.

IRP에 따르면 P가 참일 확률이 더 커질수록 정보의 양은 더 줄어든다. 만약 누군가가 '언젠가는 코로나 바이러스가 퇴치될 것'이라고 말한다면, '코로나 바이러스가 한 달 내에 퇴치될 것'이라고 말하는 것보다 정보량이 적다. 왜냐하면, 후자의 메시지가 더 많은 상황을 배제하기 때문이다. 이제 P가 항상 참인 진술이라고 해 보자. 이 경우 P가 참일 확률은 가장 높은 100%가 된다. 그리고 IRP에 따르면 P가 항상 참인 진술이라면 그것의 정보량은 0이다. 만약 누군가에게 '코로나 바이러스가 미래에 퇴치된다면, 코로나 바이러스는 미래에 퇴치될 것이다.'라고 들었다면, 어떤 상황도 배제하지 않는 진술을 들은 것이다.

여기서 논리학에서 중요시되는 '논리적 타당성' 개념을 고려해 보자. 전제 X_1, X_2, …, X_n으로부터 결론 Y로의 추론이 논리적으로 타당하다는 것은 전제들이 모두 참이면 결론도 반드시 참이라는 것이다. 이것을 달리 말하면 'X_1이고 X_2이고 …X_n이면, Y이다.'라는 조건문이 그 어떤 경우에도 항상 참이 되는 진술이라는 것이다. 항상 참인 진술의 정보량은 0이므로, 논리적으로 타당한 모든 추론이 제공하는 정보량은 0이라는 결론이 나오게 된다. 이는 우리의 직관에 들어맞지 않는다. 이것이 소위 '연역의 스캔들'이라고 불리는 문제이다.

또 다른 문제를 살펴보자. IRP에 따르면 P가 참일 확률이 낮을수록 P는 더 많은 정보량을 지닌다. 누군가에게 '코로나 바이러스가 호흡기 질환을 일으킨다.'라는 말을 듣는 것이 '코로나 바이러스가 소화기 질환을 일으키거나 호흡기 질환을 일으킨다.'라는 말을 듣는 것보다 정보량이 더 많다. 그 이유는 전자를 만족시키는 상황들이 후자보다 더 적기 때문이다. 그렇다면 우리가 P의 확률을 계속해서 떨어뜨린다고 해 보자. 그러면 우리는 P의 확률이 0%가 되는 단계에 도달할 것이다. 이것은 P가 항상 거짓인 진술이 되었다는 의미이다. 하지만 IRP에 따르면, 이때가 P가 최대의 정보량을 지니는 상황이다. 이처럼 또 다른 반직관적 결론에 도달하게 되는 문제를 소위 '바-힐렐-카르납 역설'이라고 부른다.

문 19. 위 글의 ㉠에 따른 판단으로 적절한 것은?

① P가 참일 확률이 Q가 참일 확률보다 크다면, Q가 제공하는 정보량은 P보다 더 많지만 예측 불가능성은 P가 Q보다 더 크다.
② 어떤 추론의 전제들이 모두 참이면서 결론이 거짓인 것이 불가능하다면, 그 추론은 최대의 정보량을 제공한다.
③ P가 배제하는 상황은 Q도 모두 배제한다면, Q의 정보량은 P의 정보량보다 적지 않다.
④ P의 정보량이 0보다 크기 위해서는 P의 예측 불가능성이 완전히 사라져야 한다.
⑤ 논리적으로 타당하지 않은 추론의 정보량은 0보다 클 수 없다.

문 20. 다음 <조건>을 받아들일 때, <사례>에 대해 적절하게 평가한 것만을 <보기>에서 모두 고르면?

<조 건>

IRP를 받아들이되, 임의의 진술이 0보다 큰 정보량을 갖기 위해서는 그것이 참일 수 있어야 한다.

<사 례>

저녁 식사에 손님들이 오기로 했으나 정확히 몇 명이 올지는 아직 모르는 상태에서 다음과 같은 진술들을 듣는다.

A: 적어도 손님 한 명이 오거나 아무도 오지 않을 것이다.
B: 적어도 손님 세 명이 올 것이다.
C: 손님이 두 명 이상 올 것이다.
D: 손님이 다섯 명 이하로 올 것이다.
E: 적어도 손님 한 명이 오고 또한 아무도 오지 않을 것이다.

<보 기>

ㄱ. 0보다 큰 정보량을 지닌 진술의 개수는 3이다.
ㄴ. 전제가 B이고 결론이 C인 추론과 "D이면 A이다."라는 조건문의 정보량은 다르다.
ㄷ. "C이고 D이다."라는 진술의 정보량은 E의 정보량과 같다.

① ㄱ
② ㄴ
③ ㄱ, ㄷ
④ ㄴ, ㄷ
⑤ ㄱ, ㄴ, ㄷ

문 21. 다음 글에서 알 수 있는 것은?

> 일본은 청일전쟁으로 타이완을 차지한 뒤 러일전쟁을 통해 조선과 남만주 일부를 지배하는 대륙국가가 되었다. 일본은 언제부터 대륙 침략의 길을 지향했을까? 이 문제에 대한 한·중·일 3국의 견해는 다음과 같다.
>
> 종래 일본에서는 일본의 근대화와 대륙 침략은 불가분의 것이었다고 보았다. 다만 조선으로의 팽창 정책이 기본 노선이었지 중국은 팽창 대상이 아니라고 보았다. 언제부터 대륙으로의 팽창을 기본 방침으로 삼았는지에 대해서는 류큐 분도 교섭 이후와 임오군란 이후로 견해가 나뉘어 있다. 그러나 최근에 청일전쟁까지만 하더라도 일본은 제국주의 국가의 길 말고도 다른 선택지가 있었다는 견해가 대두되었다. 즉 일본의 근대화에서 팽창주의·침략주의는 필연이 아니었는데 청일전쟁이 전환점이 되었다는 것이다.
>
> 이에 대해 중국은, 일본의 대륙 침략 목표는 처음부터 한반도와 만주를 차지하는 것이었으며, 이 정책을 수립하기까지 일련의 과정을 거쳤다고 본다. 그에 따르면 메이지 정부는 1868년 천황의 이름으로 대외 확장 의지를 표명하고, 기도 다카요시의 정한론, 오가와 마타지의 청국정벌책안 등에서 대륙 침략의 대상을 명확히 했다. 1890년에는 내각 총리대신이 일본의 주권선은 일본 영토, 이익선은 일본과 긴밀한 관계를 갖는 구역인 조선이라고 규정하고, 곧이어 조선, 만주, 러시아 연해주를 영유해야 한다고 했다. 이러한 대륙 침략 방침이 제국의회와 내각의 인가를 얻어 일본의 침략 정책으로 이어졌으며, 청일전쟁, 러일전쟁, 한국병합, 만주사변, 중일전쟁에 이르는 과정은 모두 이 방침을 지속적이고 철저하게 실행에 옮긴 결과라는 것이다.
>
> 한편 한국은 일본의 대륙 침략에 있어 정한론에 주목하고 있다. 메이지 정부가 수차례에 걸쳐 조선에 보낸 국서에는 전통적인 교린 관계에서 볼 수 없던 '천황', '황실' 따위의 용어가 있었고, 조선은 규범에 어긋난다며 접수하지 않았다. 정한론은 이를 빌미로 널리 확산되고 주창되었는데, 이에는 자국의 내란을 방지하기 위해 조선과 전쟁을 벌이고 이를 통해 대외 팽창을 꾀하겠다는 메이지 정부의 의도가 담긴 것이라고 한국은 보았다. 1875년 운요호의 강화도 침공은 이를 구체적으로 실행에 옮긴 것이며, 이후로도 일본의 대한국 정책은 이전과 마찬가지로 한결같이 대륙 침략의 방침하에 수행되었다고 한국은 파악하고 있다.

① 한국과 중국은 일본의 대륙 침략이 메이지 정부 이래로 일관된 방침이었다고 본다.

② 최근 일본은 일본이 조선을 침략하지 않았어도 근대화된 대륙국가가 될 수 있었다고 본다.

③ 한국은 조선이 일본과의 전통적 교린 관계를 고수하자 일본 내에서 정한론이 발생했다고 본다.

④ 중국은 일본이 주권선으로 규정한 지역이 정한론에서 이미 침략 대상으로 설정되었다고 본다.

⑤ 기존 일본은 일본이 추진한 조선으로의 팽창 정책이 임오군란 이후 기본 노선으로 결정되었다고 본다.

문 22. 다음 글에서 추론할 수 있는 것은?

> 영조 3년 6월 2일, 좌부승지 신택이 왕에게 주청하기를, "국경을 지키며 감시하는 파수는 무엇보다 중요한 일입니다. 그런데 압록강 중류에 위치한 강계(江界) 경내에서 국경 파수꾼들이 근무하는 파수보는 백여 곳이나 됩니다. 그곳의 파수는 평안도 지역에 거주하는 백성 중에서 군역을 져야 하는 사람들이 순번을 돌아가며 담당하는데, 파수는 5월부터 9월까지만 하고 겨울 추위가 오기 전에 철수합니다. 파수꾼이 복무하는 달은 다섯 달에 불과하지만, 그 기간 동안 식량도 제공되지 않고, 호랑이의 습격을 받기도 합니다. 그런 까닭에 파수보에 나가는 것을 마치 죽을 곳에 가는 것처럼 꺼리는 사람이 많습니다. 그나마 백성들이 파수를 나갈 때 위안으로 삼는 것은 선왕 때부터 산삼을 캘 수 있도록 허락했다는 사실 하나입니다. 선왕께서는 파수보에 배치된 파수꾼 중 파졸 2명과 지휘자인 파장만 파수보에 남고, 나머지는 부근의 산지에서 산삼을 캘 수 있도록 허락했습니다. 그 후 파졸들은 캐낸 산삼 중 일부는 세금으로 내고, 남은 것을 팔아 파수보에 있는 동안 사용할 식량이나 의복을 마련했습니다. 그런데 평안병사로 임명된 김수는 그런 사정도 모른 채 올해 3월 부임하자마자 파수보에 배치된 어떤 사람도 보를 떠나서는 안 되며 모든 인원은 보에서 소임을 다하라고 명령하고, 그 명령을 어긴 사람을 처벌했습니다. 이런 조치가 취해지니 민심이 동요하고, 몰래 파수보를 벗어나 사라지는 파졸까지 생겨나고 있습니다. 이는 아주 난처한 일이니, 제 소견으로는 규정에 정해진 파수보 정원 9명 중 파장을 제외한 파졸 8명은 절반씩 나누어 한 무리는 파수보를 지키게 하고, 나머지 한 무리는 산삼을 캐게 하되 저녁에는 반드시 파수보로 돌아와 다음날 교대로 근무할 수 있도록 하는 것이 좋을 듯합니다."라고 하였다.
>
> 이 말을 듣고 왕이 말하기를, "평안병사가 올 초에 내린 조치를 몇 달 지나지 않아 거두어들이도록 하는 것은 참 난감한 일이다. 하지만 좌부승지가 이렇게 간곡하게 말하니 거절할 수 없겠다."라고 하고 비변사에 명령하여 좌부승지의 의견대로 즉시 시행하게 조치하였다. 이후 강계 파수보에 관한 제반 사항은 영조 대에 그대로 유지되었다.

① 영조 4년 한 해 동안 파졸 1인이 파수보에 있는 시간은 영조 2년보다 2배로 늘었을 것이다.

② 강계의 파수보에 배치된 파졸은 평안도 지역의 군역 대상자 중에서 평안병사가 선발하였을 것이다.

③ 영조 4년 한 해 동안 강계 지역에서 채취된 산삼의 수량은 2년 전에 비해 절반으로 줄었을 것이다.

④ 김수의 부임 이전에 강계에 배치된 파졸들의 최대 사망 원인은 굶주림과 호랑이에 의한 피해였을 것이다.

⑤ 영조 3년 5월에 비해 다음 해 5월 강계의 파수보에서 파수 근무해야 하는 1일 인원수가 줄어들었을 것이다.

문 23. 다음 글에서 알 수 없는 것은?

21세기 들어 서울을 비롯한 아시아의 도시들은 이전 세기와는 또 다른 변화를 겪고 있다. 인문·예술 분야의 종사자들이 한 장소에 터를 잡거나 장소를 오가면서 종전과 다른 새로운 미학과 감정을 부여하여 그 장소들의 전반적 성격을 변화시키고 있기 때문이다. 이들은 오래된 기존의 장소를 재생시키거나 새로운 장소로 만들어 냈다. 개발로부터 소외되었던 장소의 오래된 건물이나 좁은 골목길 등을 재발견하고 새로운 감각, 서사, 감정을 끌어냈다. 그런데 얼마 지나지 않아 이 새로운 변화를 만들어 낸 사람들이 원주민들과 함께 이곳에서 쫓겨나 다른 곳으로 옮겨가는 현상이 나타났다. 이를 함축적으로 지칭하는 용어가 '젠트리피케이션'이다. 이는 흔히 '도심의 노동계급 거주 지역이나 비어 있던 지역이 중간계급의 거주 및 상업 지역으로 변환되는 것'을 의미한다.

서양 도시의 젠트리피케이션에서 기존 도시 공간이 중간계급의 주택가와 편의 시설로 전환되는 과정은 구역별로 점진적으로 진행된다. 반면 아시아 도시의 젠트리피케이션은 다소 다른 양상을 띤다. 기존 도시 공간이 대량의 방문객을 동반하는, 소비와 여가를 위한 인기 장소를 갖춘 상권으로 급격하게 전환되는 형태이다. 임대료가 상대적으로 싸지만 독특한 매력을 갖춘 문화·예술 관련 장소가 많던 곳에 점차 최신 유행의 카페, 레스토랑 등이 들어선다. 주택가의 상권 전환과 더불어 기존 상권의 성격 전환이 일어나는 것이다.

이런 상업적 전치(轉置)의 부정적 양상은 부동산 중개업자의 기획, 임대업주의 횡포, 프랜차이즈 업체의 진출로 정점을 찍는다. 부동산 가격과 임대료의 상승으로 그곳에서 거주하거나 사업을 하던 문화·예술인과 원주민들이 다른 곳으로 밀려난다. 임대료를 감당하지 못하거나 재계약을 거부당하기도 하고 건물이 철거되어 재건축되기도 한다. 이런 상업적 전치는 다양한 모습으로 나타나지만 과정이 자발적이지 않다는 점은 공통된다. 창의적 발상으로 만들어지고 운영되면서 그저 상업적이라고만 부르기 힘들었던 곳들이 체계적 전략을 가진 최신의 전문적 비즈니스 공간으로 대체된다. 그리고 이곳에서 밀려날까봐 불안한 사람들이 불만, 좌절, 분노 등이 집약된 감정에 사로잡힌다.

① 21세기 들어 서양의 도시에서는 중간계급이 도심 지역으로 이주하는 현상이 활발하게 나타났다.
② 상업적 전치 과정에서 원주민의 비자발적인 이주가 초래될 뿐 아니라 원주민의 감정적 동요가 발생한다.
③ 서양 도시의 젠트리피케이션에 비해 아시아의 도시에서 발생한 젠트리피케이션은 상권 개발에 집중되는 경향을 띤다.
④ 한국의 젠트리피케이션으로 인한 도시 변화의 속도는 서양의 젠트리피케이션으로 일어난 도시 변화의 속도보다 빠르다.
⑤ 21세기의 한국에서 일어난 기존 장소의 재생이나 재창조와 같은 도시 변화는 인문·예술 분야 종사자가 촉발하고 이끌었다.

문 24. 다음 글에서 알 수 있는 것은?

'가짜 뉴스'란 허위의 사실을 고의적으로 유포하기 위해 언론 보도의 형식을 차용해 작성한 정보이다. 사람들이 가짜 뉴스의 수용 여부를 정할 때 그 뉴스가 자신의 신념에 얼마나 부합하는지가 영향을 미친다. 이는 자신의 신념을 보호하기 위해 그것에 부합하는 정보는 긍정적으로 평가하되, 부합하지 않는 정보는 부정적으로 평가하는 편향적인 정보 처리의 결과이다. 특히, 자신의 신념과 부합하지 않는 가짜 뉴스의 경우 그것이 언론 보도의 외피를 두르고 있어서 인지부조화를 발생시키는데, 이로 인해 해당 뉴스를 부정적으로 평가함으로써 인지부조화를 해소하려는 경향이 있다.

이러한 편향적 사고는 가짜 뉴스가 가짜임을 밝힌 팩트체크의 효과에도 영향을 미친다. 자신의 신념이 가짜 뉴스와 부합할 때와 부합하지 않을 때 팩트체크 효과의 양상은 다르게 나타난다. 우선, 자신의 신념에 부합하지 않는 가짜 뉴스에 대해서는 원래부터 해당 뉴스가 가짜일 것이라는 생각을 가졌을 것이므로 가짜임을 판명하는 팩트체크의 결과를 접하더라도 인지부조화로 인한 내적 갈등의 발생 여지가 크지 않다. 오히려 팩트체크 전에 채 해소되지 않았던 인지부조화가 팩트체크를 통해 해소된다. 따라서 체계적인 정보 처리 대신 피상적인 정보 처리가 주로 이루어지게 된다. 이 경우 팩트체크에서 활용한 정보의 품질이 얼마나 우수한가보다는 정보의 출처가 얼마나 신뢰할 만하다고 생각하는지가 팩트체크의 효과에 더 영향을 미친다.

반면, 자신의 신념에 부합하는 가짜 뉴스의 경우에는 그 뉴스가 가짜라는 팩트체크의 결과를 접하게 되면 자신의 신념과 팩트체크의 결과가 다른 데에서 심각한 인지부조화가 발생하게 되어 오히려 팩트체크의 진실성을 의심하게 된다. 또한 인지부조화에 따른 내적 갈등을 해소하기 위한 의도적 노력의 일환으로 어떻게든 팩트체크의 결과를 부정할 수 있는 근거를 찾아내기 위해 체계적이고 논리적인 정보 처리를 시도하게 된다. 그 결과 자신의 신념이 가짜 뉴스와 부합하지 않을 때와는 달리, 이 경우에는 팩트체크 자체가 얼마나 우수한 품질의 정보를 확보하고 있는지가 팩트체크의 효과에 더 큰 영향을 미친다.

① 가짜 뉴스로 인해 인지부조화가 발생한 사람이 그 뉴스에 대한 팩트체크 결과를 판단하려 할 경우는 팩트체크에서 활용한 정보 출처의 신뢰도에 주로 관심을 둔다.
② 사람들은 자신의 신념에 부합하지 않는 가짜 뉴스가 가짜라는 팩트체크 결과를 접하게 되면 주로 정보의 품질에 의존하여 인지부조화를 해소하려 한다.
③ 가짜 뉴스가 자신의 신념에 부합하는 사람이 그렇지 않은 사람보다 팩트체크에서 활용한 정보의 출처를 더 중시한다.
④ 가짜 뉴스로 인해 인지부조화가 발생한 경우 그 뉴스에 대한 팩트체크의 결과에 의해서도 인지부조화가 발생한다.
⑤ 정보 출처의 신뢰도보다 정보의 품질이 팩트체크의 효과에 더 영향을 미친다.

IV 2022년도 헌법 언어논리 자료해석 상황판단

문 25. 다음 글의 ㉠~㉤을 문맥에 맞게 수정한 것으로 가장 적절한 것은?

> 가상의 물질 X에 대한 두 가설을 생각해 보자. 첫 번째는 'X는 1,000°C 미만에서 붉은빛을 내며, 1,000°C 이상에서는 푸른빛을 낸다.'라는 가설이다. 두 번째는 'X는 1,000°C 미만에서 붉은빛을 내며, 1,000°C 이상에서는 푸른빛을 내지 않는다.'라는 가설이다. ㉠ 이 두 가설은 동시에 참일 수는 없지만 동시에 거짓일 수는 있다. 이제 'X가 700°C에서 붉은빛을 낸다.'라는 사실이 관찰되었다고 하자. 이는 X에 대한 두 가설의 예측과 일치한다. 따라서 이 관찰 결과는 두 가설 모두에 긍정적인 증거라고 할 수 있다. 이렇듯 하나의 관찰 결과가 서로 양립불가능한 가설 모두에 긍정적인 증거가 될 수 있는데, 증거관계의 이러한 특징을 '증거관계 제1성질'이라고 하자.
>
> 한편, 위의 첫 번째 가설은 'X는 1,000°C 미만에서 붉은빛을 내거나 푸른빛을 내지 않는다.'라는 가설을 함축한다. 첫 번째 가설이 참일 때 이 가설 역시 참일 수밖에 없기 때문이다. 'X가 700°C에서 붉은빛을 낸다.'라는 관찰 결과는 첫 번째 가설의 긍정적 증거이므로 이 가설에 대해서도 긍정적인 증거가 된다. 이런 점에서 '어떤 관찰 결과가 가설의 긍정적인 증거라면, 그 관찰 결과는 ㉡ 해당 가설이 함축하고 있는 다른 가설에도 긍정적인 증거이다.'라는 진술은 충분히 받아들일 수 있는 것으로 보인다. 이를 '증거관계 제2성질'이라고 하자.
>
> 마지막으로 우리는 '어떤 관찰 결과가 가설의 긍정적인 증거라면, 그 관찰 결과는 그 가설이 거짓이라는 것에 대한 부정적인 증거이다.'라는 진술도 받아들일 수 있다. 위에서 언급한 관찰 결과는 'X는 1,000°C 미만에서 붉은빛을 낸다.' 라는 것의 긍정적인 증거이다. 그렇다면 그 관찰 결과가 '㉢ X는 1,000°C 미만의 어떤 온도에서는 붉은빛을 내지 않는다.'의 부정적인 증거인 것은 분명하다. 이런 특징을 '증거관계 제3성질'이라고 하자.
>
> 이 증거관계의 세 가지 성질은 설득력이 있어 보인다. 하지만 이 성질들은 서로 충돌한다. 예를 들어, 가설 H1과 H2가 양립불가능하며, 관찰 결과 O가 가설 H1의 긍정적 증거라고 가정하자. 그렇다면 ㉣ H2가 거짓이라는 것은 H1을 함축하기 때문에, 증거관계 제2성질에 의해서 O는 H2가 거짓이라는 것에 대한 긍정적 증거가 된다. 그리고 증거관계 제3성질에 의해서 ㉤ O는 H2가 거짓이 아니라는 것에 대한 부정적 증거일 수밖에 없게 된다. 이러한 결과는 증거관계 제1성질이 제3성질과 충돌한다는 것을 보여준다. 이렇게 볼 때 위에서 언급한 증거관계의 세 성질이 동시에 성립할 수 없다고 결론 내려야 한다.

① ㉠을 "이 두 가설은 동시에 참일 수 없으며 동시에 거짓일 수도 없다"로 바꾼다.

② ㉡을 "해당 가설을 함축하고 있는 다른 가설에도 긍정적인"으로 바꾼다.

③ ㉢을 "X는 1,000 °C 이상에서도 붉은빛을 낸다"로 바꾼다.

④ ㉣을 "H1은 H2가 거짓이라는 것을 함축"으로 바꾼다.

⑤ ㉤을 "O는 H2가 거짓이 아니라는 것에 대한 긍정적 증거일 수밖에 없게 된다"로 바꾼다.

문 26. 다음 글의 빈칸에 들어갈 내용으로 가장 적절한 것은?

> 어떤 수를 나누어떨어지게 하는 수를 약수라고 한다. 예를 들어 20의 약수는 1, 2, 4, 5, 10, 20이다. 소수는 자연수 중에서 1과 자신 이외의 수로는 나누어떨어지지 않는 수를 말한다. 이때 1은 소수가 아니라고 본다. 수학자들은 '1을 제외한 모든 자연수가 소수이거나 소수를 약수로 가진다.'라는 것을 증명했다. 더 나아가 수학자들은 '소수는 무한히 많다.'라는 명제를 증명하고 싶어 했다. 그런데 소수를 일일이 꼽아보는 과정을 통해서는 원하는 증명을 얻을 수 없다. 대신 수학자들은 논증을 통해 이 명제를 증명했는데, 이는 '임의의 소수 N에 대해서 N보다 큰 소수가 존재한다.'라는 것을 보임으로써 이루어진다.
>
> 우선 1부터 자연수 N 사이의 모든 자연수를 곱한 수, $1 \times 2 \times 3 \times \cdots \times N$, 즉 N!을 생각해 보자. 이 수는 N까지의 모든 자연수로 나누어떨어진다. 그렇다면 N!에 1을 더한 수, (N!+1)은 어떤가? 이 수는 2로 나누어도 1이 남고, 3으로 나누어도 1이 남고, N으로 나누어도 1이 남는다. 따라서 (N!+1)은 2에서 N까지의 어떤 소수로도 나누어떨어지지 않는다. 그렇다면 [　　　　　　]. (N!+1)이 소수일 경우에는 (N!+1)은 N보다 크므로 N보다 큰 소수가 존재한다. (N!+1)이 그보다 작은 소수로 나누어떨어지는 경우에도, 그 소수는 N보다 클 수밖에 없다. 따라서 이런 경우에도 N보다 큰 소수가 존재한다. 이는 임의의 자연수에 대해서 참이므로, N이 소수인 경우에도 참이다. 즉 임의의 소수 N에 대해서, N보다 큰 소수가 존재한다는 것을 알 수 있다.

① (N!+1)은 소수이다

② (N!+1)은 소수이거나, N보다 작은 소수를 약수로 갖는다

③ (N!+1)은 소수이거나, N보다 크고 (N!+1)보다 작은 소수를 약수로 갖는다

④ (N!+1)은, N보다 크고 (N!+1)보다 작은 소수를 약수로 갖는다

⑤ (N!+1)은 소수가 아니고, N보다 크고 (N!+1)보다 작은 소수를 약수로 갖는다

문 27. 다음 글의 ㉠~㉣에 들어갈 말을 적절하게 나열한 것은?

"미래에 받기로 되어 있는 100만 원을 앞당겨 현재에 받는다면 얼마 이상이어야 수용할까?" 만일 누군가 미래 100만 원의 가치가 현재 100만 원의 가치보다 작다고 평가하면, 현재에 받아야 되는 금액은 100만 원보다 적어도 된다. 이때 현재가치는 미래가치를 할인하여 계산된다. 반대로 미래 100만 원이 현재 100만 원보다 가치가 크다고 판단하면 현재에 받는 금액은 100만 원보다 많아야 하고, 현재가치는 미래가치를 할증하여 계산된다.

이와 같이 현재가치를 계산하기 위한 미래가치의 할인 혹은 할증의 개념은 시간선호와 밀접하게 관련되어 있다. 시간선호는 선호하는 시점에 따라 현재선호가 될 수도 있고 미래선호가 될 수도 있다. 만일 누군가가 미래보다 현재를 선호한다면 그는 현재선호 성향을 가진 사람이고, 이들은 현재가치를 계산할 때 미래가치를 할인한다. 반대로 현재보다 미래를 선호한다면 미래선호 성향이라고 하고, 이 경우 현재가치를 계산할 때 미래가치를 할증한다.

그러나 시간 자체에 대한 선호 여부와 상관없이 가치를 할인하거나 할증할 수도 있다. 예컨대 현재보다 미래를 선호하는 성향을 가졌음에도 예상치 못한 사고가 발생하여 큰돈이 필요하다면 미래가치의 [㉠]을 선택할 수밖에 없다. 요컨대 현재선호는 할인의 [㉡]이 아닌 것이다.

이제 누군가가 1년 뒤의 100만 원과 현재의 90만 원을 동일하게 평가한다고 가정해 보자. 이와 같은 선택의 결과만 보았을 때는 그 사람은 할인을 하고 있는 것이 분명하지만, 이 선택의 결과가 현재선호 때문이라고 확언할 수는 없다. 그 사람이 1년 뒤의 물가가 변동할 것으로 예상한다면, 물가와 반대 방향으로 움직이는 화폐가치의 변동이 그 사람의 의사결정에 영향을 미칠 수도 있다. 물가가 큰 폭으로 [㉢] 것으로 예상하면서도 1년 뒤보다 낮은 수준의 현재 금액을 1년 뒤와 동일하게 평가한다면, 이는 현재선호 때문일 가능성이 크다. 반면 그 사람이 물가가 크게 [㉣] 것으로 확신하여 1년 뒤보다 낮은 수준의 현재 금액을 1년 뒤와 동일하게 평가한다면, 현재선호 때문일 가능성은 위의 상황보다 상대적으로 작아진다.

	㉠	㉡	㉢	㉣
①	할인	필요조건	내릴	오를
②	할인	필요조건	오를	내릴
③	할인	충분조건	내릴	오를
④	할증	필요조건	내릴	오를
⑤	할증	충분조건	오를	내릴

문 28. 다음 글에 비추어 볼 때, <사례>에 대해 추론한 것으로 적절한 것만을 <보기>에서 모두 고르면?

우리는 여러 대상들에 대하여 다른 선호를 가지고 있다. 그러면 이 선호를 어떻게 비교할 수 있을까? 예를 들어 생각해보자. 갑은 한식, 중식, 일식, 양식 각각에 대한 선호도를 정량화할 수는 없지만, 그 좋아하는 정도는 한식이 제일 크고 일식이 제일 작다는 것은 분명히 알고 있다. 그러면 실제로 한식과 일식을 좋아하는 정도와 상관없이, 이를 각각 1과 0으로 둔다. 그리고 다음의 두 가지 대안을 놓고 선택하게 하면, 한식·일식에 비추어 다른 음식을 좋아하는 순위도 알 수 있다.

A: 무조건 중식을 먹는다.
B: 한식을 먹을 확률이 0.7, 일식을 먹을 확률이 0.3인 추첨을 한다.

B를 선택할 때 갑이 느끼는 만족의 기댓값은 0.7이다. 따라서 갑이 A와 B 가운데 어떤 선택이라도 상관없다고 생각한다면, 그가 중식을 좋아하는 정도는 0.7이 된다. 한편, 갑이 둘 중 B를 선택한다면 그가 중식을 좋아하는 정도는 0.7보다 작고, A를 선택한다면 그 정도는 0.7보다 크다.

이와 같은 방식을 다른 음식에도 적용하면, 모든 음식의 선호를 비교할 수 있다. 우리가 어떤 음식을 얼마나 좋아하는지 비록 그 절대적 정도를 알 수는 없어도, 다른 음식을 통하여 선호의 순위를 따져볼 수는 있는 것이다.

<사 례>

을이 한식, 중식, 일식, 양식 중 좋아하는 정도는 양식이 제일 크고 중식이 제일 작다. 을은 C와 D 중 D를 선택하고, E와 F 중 어떤 대안을 선택해도 상관하지 않는다.

C: 무조건 한식을 먹는다.
D: 양식을 먹을 확률이 0.8, 중식을 먹을 확률이 0.2인 추첨을 한다.
E: 무조건 일식을 먹는다.
F: 양식을 먹을 확률이 0.3, 중식을 먹을 확률이 0.7인 추첨을 한다.

<보 기>

ㄱ. 을은 일식보다 한식을 더 좋아할 것이다.
ㄴ. 을은 E보다 "양식을 먹을 확률이 0.5, 중식을 먹을 확률이 0.5인 추첨을 한다."라는 대안을 선택할 것이다.
ㄷ. 을의 음식 선호도가 중식이 제일 높고 양식이 제일 낮은 것으로 바뀌고 각 대안에 대한 선택 결과는 <사례>와 동일하다면, 을은 한식보다 일식을 더 좋아할 것이다.

① ㄱ
② ㄴ
③ ㄱ, ㄷ
④ ㄴ, ㄷ
⑤ ㄱ, ㄴ, ㄷ

문 29. 다음 대화에 대한 분석으로 적절한 것만을 <보기>에서 모두 고르면?

A: 용기라는 덕목에 대해서 생각해 봅시다. 당신은 용기 있는 사람이라면 누구나 대담하다고 생각하나요?
B: 그럼요. 그런 사람은 많은 사람이 두려워하는 일들을 대담하게 수행하지요.
A: 높은 전봇대에 올라가 고압 전류를 다루는 전기 기사나 맹수를 길들이는 조련사는 모두 대담한 사람들이 맞겠죠?
B: 그럼요. 당연하지요.
A: 그럼 그들이 그렇게 대담할 수 있는 이유가 뭘까요?
B: 그것은 전기 기사는 전기에 대해서, 조련사는 맹수에 대해서 풍부한 지식을 지닌 지혜로운 사람들이기 때문이라고 생각합니다. 지혜로운 사람들이란 누구나 자연스럽게 대담해지지요.
A: 저도 동의합니다. 그런데 혹시 어떤 일에 완전히 무지해서 지혜라고는 전혀 없으면서도 대담하다는 것은 인정할 수밖에 없는 사람을 본 적이 있으십니까?
B: 물론이죠. 있고 말고요.
A: 그럼 그런 사람도 용기가 있다고 해야 할까요?
B: 글쎄요. 그랬다간 용기가 아주 추한 것이 되겠지요. 그런 자라면 용기 있는 사람이 아니라 정신 나간 사람입니다.
A: 그렇다면 [㉠]라고 추론할 수 있겠군요.

<보 기>

ㄱ. "용기 있는 사람은 누구나 지혜롭다."라는 진술은 ㉠에 들어가기에 적절하다.
ㄴ. B의 견해에 따르면, 지혜롭기는 하지만 용기가 없는 사람은 있을 수 없다.
ㄷ. 만약 B가 마지막 진술만 번복하여 '대담한 사람은 모두 용기가 있다.'라고 인정한다면, 세종대왕이 지혜로운 사람이라는 추가 정보를 통해 그가 용기 있는 사람이라고 추론할 수 있다.

① ㄱ
② ㄴ
③ ㄱ, ㄷ
④ ㄴ, ㄷ
⑤ ㄱ, ㄴ, ㄷ

문 30. 다음 글의 내용이 참일 때 반드시 거짓인 것은?

갑, 을, 병 세 사람이 A, B, C, D, E, F, G, H의 총 8권의 고서를 나누어 소장하고 있다. 이와 관련해 다음과 같은 사실이 알려져 있다.

○ 갑이 가장 많은 고서를 소장하고 있으며, 그 다음은 을이며, 병은 가장 적은 수의 고서를 소장하고 있다.
○ A, B, C, D, E는 서양서이며, F, G, H는 동양서이다.
○ B를 소장한 이는 D도 소장하고 있으나 C는 소장하고 있지 않다.
○ E를 소장한 이는 F도 소장하고 있으나 그 외 다른 동양서를 소장하고 있지는 않다.
○ G를 소장한 이는 서양서를 소장하고 있지 않다.
○ H는 갑이 소장하고 있다.

① 갑은 A와 D를 소장하고 있다.
② 을은 3권의 책을 소장하고 있다.
③ 병은 G를 소장하고 있다.
④ C를 소장한 이는 E도 소장하고 있다.
⑤ D를 소장한 이는 F도 소장하고 있다.

문 31. 다음 글의 내용이 참일 때 반드시 참인 것은?

프랜차이즈 회사 갑은 올해 우수매장을 선정했는데 선정 과정에 본사 경영진이 개입했다는 주장이 있지만 이는 아직 불분명하다. 본사 경영진이 우수매장 선정에 개입했다면, A 매장이 선정되었을 것이다. 한편 B 매장이 선정되었다면, 우수매장 선정에 본사 경영진이 개입했다는 주장이 거짓임이 밝혀진 셈이다. 최종 선정된 우수매장 후보는 A와 B 매장 둘뿐이며 이 중 한 군데만이 선정될 상황이었다. 만약 A 매장이 우수매장으로 선정되었다면, 갑의 매장 대부분이 본사 직영점이라는 주장이 거짓임이 밝혀졌을 것이다. 또한, B 매장이 우수매장으로 선정되었다면, 갑의 매장은 모두 방역 클린 매장이라는 주장과 모두 친환경 매장이라는 주장이 둘 다 거짓인 것은 아니다. 10년째 영업 중인 갑의 B 매장은 방역 클린 매장이지만 친환경 매장은 아니다.

① 갑의 올해 우수매장 선정에 본사 경영진의 개입이 없었다면, A 매장이 선정되었을 것이다.
② 갑의 매장 대부분이 본사 직영점이라면, 갑의 매장은 모두 방역 클린 매장이다.
③ 갑의 매장 중에는 본사 직영점도 아니고 친환경 매장도 아닌 곳이 있다.
④ 우수매장으로 선정된 곳은 방역 클린 매장이자 친환경 매장이다.
⑤ 갑의 매장 중 방역 클린 매장이 아닌 곳도 있다.

문 32. 다음 글에 대한 분석으로 적절한 것만을 <보기>에서 모두 고르면?

㉠ 힘센 국가나 조직이 지구의 기상을 마음대로 조작하고 있다는 음모론은 수십 년 전부터 사람들의 입에 오르내려 왔다. 이에 따르면 수십 년 전부터 강대국들은 군사적 목적으로 기류의 흐름을 조종하고 폭풍우를 임의로 만들어내고, 적국에 한파나 폭염을 불러일으키는 등의 날씨를 조작하는 환경전(環境戰)을 펼쳐 왔다. 이들 중 특히 C 단체에 따르면 ㉡ 산업 현장 등에서 배출하는 과다한 온실 기체 때문에 지구온난화 현상이 일어나는 것이 아니다. 이들은 ㉢ 강대국 정부가 군사적 목적에서 행하는 비밀스러운 기상조작 활동 때문에 지구온난화 현상이 일어난다고 주장한다.

C 단체가 이렇게 주장하는 근거는 무엇인가? 이와 관련하여 이들은 ㉣ 기상조작 기술을 군사적 혹은 상업적으로 이용 및 수출하는 것을 금지하는 국제 통상 조항이 있다는 사실에 주목한다. 바로 이것이 ㉤ 기상조작 기술을 실제로 군사적 혹은 상업적으로 이용하고 있다는 증거라는 것이다. 그리고 C 단체는 재해 예방을 위한 인공강우 활용 사례들이 보여주는 것처럼 기상조작 기술은 이미 실용화된 기술이라는 점도 지적한다. 이 때문에 이들은 ㉥ 기상조작 기술이 손쉽게 군사적으로 전용될 수 있다고 여긴다. 이에 더해 ㉦ 강대국 정부들은 자국의 기업들이 지구온난화의 책임으로 납부하는 거액의 세금을 환영한다는 사실 역시 정부가 실제로 기상조작 행위를 수행하고 있음을 보여준다고 C 단체는 말한다.

그러나 지구온난화 현상이 일으키는 국가적 비용은 음모론자들이 말하는 환경전을 통해 얻을 수 있는 재정상의 이익을 압도한다. 그렇기에 정부가 그런 비용을 치르면서까지 기상조작을 수행할 이유가 없다. 따라서 기상조작 음모론은 터무니없다.

<보 기>

ㄱ. ㉠에 동의해도 ㉡에 동의할 필요는 없다.
ㄴ. ㉤, ㉥, ㉦에 모두 동의한다면 ㉢에 동의해야 한다.
ㄷ. 무언가가 실제로 행해지고 있을 때만 그것을 금지하는 규정이 존재한다고 전제하면 ㉣로부터 ㉤이 도출된다.

① ㄱ
② ㄴ
③ ㄱ, ㄷ
④ ㄴ, ㄷ
⑤ ㄱ, ㄴ, ㄷ

문 33. 다음 글에 비추어 볼 때, <실험>에 대한 판단으로 적절한 것만을 <보기>에서 모두 고르면?

> 벼농사를 짓던 농부들은 어떤 어린 벼가 정상 벼에 비해 지나치게 빠르게 생장하여 낟알을 형성하기도 전에 죽는 것을 목격하였다. 과학자들은 이 질병이 특이 곰팡이 A의 감염으로 유발됨을 밝혀내었다. 과학자들은 이 곰팡이를 배양한 배양액을 여과한 후 충분히 끓여 배양액 속에 있던 곰팡이를 모두 제거하였다. 이렇게 멸균된 배양액이 여전히 어린 벼의 빠른 생장을 유도한다는 사실로부터 과학자들은 곰팡이가 만든 물질 B에 의해 식물의 생장이 촉진된다는 것을 밝혀내었는데, 이후에는 정상 식물에서도 물질 B가 발견되었다.
>
> 물질 B가 식물 생장에 영향을 미치는 유일한 경로가 과학자들의 추가 연구를 통해 밝혀졌다. 정상 식물에서 단백질 P는 식물의 생장을 촉진하는 물질의 유전자 발현을 일으킨다. 세포 내 단백질 Q는 단백질 P에 결합해 단백질 P의 생장 촉진 기능을 억제한다. 한편 물질 B가 세포 외부에서 내부로 들어오게 되면 물질 B는 복합체 M을 형성한다. 그리고 이 복합체 M은 P－Q 결합체에 작용하여 단백질 Q를 단백질 P에서 분리시킨다. 그러면 단백질 P는 단백질 Q와의 결합으로 억제되었던 원래 기능, 즉 식물의 생장을 촉진하는 물질의 유전자 발현을 일으키는 기능을 회복한다.

<실 험>

○ 실험1: 식물 C_1은 돌연변이 때문에 키가 정상보다 크게 자라는 식물인데, 물질 B를 주입해도 생장에는 특별한 변화가 없었다.
○ 실험2: 식물 C_2는 돌연변이 때문에 키가 정상보다 작게 자라는 식물인데, 물질 B를 주입해도 생장에는 특별한 변화가 없었다.

<보 기>

ㄱ. 식물 C_1에서 물질 B가 세포 외부에서 세포 내부로 들어갈 수 없게 되었다는 것은 C_1의 돌연변이 현상과 실험1의 결과를 모두 설명할 수 있다.
ㄴ. 식물 C_1에서 단백질 P에 대한 단백질 Q의 작용이 일어나지 않게 되었다는 것은 C_1의 돌연변이 현상과 실험1의 결과를 모두 설명할 수 있다.
ㄷ. 식물 C_2에서 P－Q 결합체에 대한 복합체 M의 작용이 일어나지 않게 되었다는 것은 C_2의 돌연변이 현상과 실험2의 결과를 모두 설명할 수 있다.

① ㄱ
② ㄴ
③ ㄱ, ㄷ
④ ㄴ, ㄷ
⑤ ㄱ, ㄴ, ㄷ

문 34. 다음 글의 A와 B에 대한 분석으로 적절한 것만을 <보기>에서 모두 고르면?

> 기체에 고전역학의 운동방정식을 직접 적용해야 하는지에 대하여 물리학자 A와 B는 다음과 같은 의견을 제시했다.
>
> A: 기체 상태 변화를 예측하기 위해서 고전역학을 직접 적용할 필요가 없다. 작은 부피의 기체에도 엄청나게 많은 수의 분자가 포함되어 있고, 이들은 복잡하게 운동하므로 개별 분자의 운동을 예측하기 위해서는 방대한 양의 고전역학의 운동방정식을 풀어야 한다. 반면, 기체 상태 변화를 예측하는 데 쓰이는 거시적 지표인 온도, 압력, 밀도 등의 물리량은 평균적 분자운동에 관한 것이기 때문에, 그것들을 얻기 위해 각 분자의 운동을 분석할 필요가 없다. 개별 분자의 운동을 정확히 알지 못하더라도 분자의 집단적인 운동은 통계적 방법만으로 분석할 수 있다.
>
> B: 모든 개별 분자의 운동 상태를 결정하는 것은 어렵지만 필요하다. 기체와 관련된 대부분의 현상에서, 개별 분자가 아닌 분자 집단에 대한 분석을 통해 평균속도를 포함한 기체 상태 변화에 대한 정보를 알아낼 수 있다는 사실에는 동의한다. 하지만 통계적 방법을 적용하기 어려운 상황에서는 기체 상태 변화를 정확히 예측할 수 없는 경우가 있다는 것에 주목해야 한다. 이때에는 분자와 분자의 충돌이나 각 분자의 운동에 대한 개별 방정식을 푸는 것이 필요하다. 외부에서 주어지는 힘 등의 조건을 이용하여 운동방정식을 계산하면 어떤 경우라도 개별 분자들의 위치와 속도를 포함하여 기체에 대한 완전한 정보를 얻을 수 있으므로, 이런 상황을 설명하는 데에도 아무 문제가 없다. 이런 정보들을 종합하면 모든 기체 상태 변화와 관련된 거시적 지표의 변화를 예측할 수 있다.

<보 기>

ㄱ. A는 개별 기체 분자의 운동을 완전히 예측하는 것이 불가능하다는 것에 동의한다.
ㄴ. B는 개별 기체 분자의 운동과 관련된 값을 계산하는 것보다는 이들의 집단적 운동을 탐구하는 것이 더 다양한 기체 상태 변화를 예측할 수 있다는 것에 동의한다.
ㄷ. 기체 분자 집단의 운동을 통계적 방법으로 분석하는 것으로는 기체 상태 변화 예측이 불가능한 경우가 있다는 것에 A는 동의하지 않지만, B는 동의한다.

① ㄴ
② ㄷ
③ ㄱ, ㄴ
④ ㄱ, ㄷ
⑤ ㄱ, ㄴ, ㄷ

문 35. 다음 논쟁에 대한 분석으로 적절한 것만을 <보기>에서 모두 고르면?

갑: 신의 존재는 확신할 수 없지만, 신을 믿는 선택을 하지 않는 것은 비합리적이다. 신을 믿는 선택을 한다고 해 보자. 신이 존재한다면 사후에 무한한 행복을 얻게 될 것이고, 신이 존재하지 않는다면 생전에 얻은 행복이 전부이며 그 양은 유한할 것이다. 신이 존재할 확률은 적어도 0보다는 클 것이다. 그렇다면 신을 믿는 선택을 통해 얻게 될 행복의 기댓값은 무한대가 될 것이다. 이제 신을 믿지 않는 선택을 한다고 해 보자. 그러면 행복은 생전에 얻은 것이 전부일 것이며 그 값은 유한하므로 신을 믿지 않는 선택을 통해 얻게 될 행복의 기댓값은 유한하다. 우리는 기댓값이 최대가 아닌 선택을 하는 것은 비합리적이라는 일반 원칙을 받아들인다. 따라서 신을 믿는 선택을 하지 않는 것은 비합리적이다.

을: 그 일반 원칙은 나도 받아들인다. 하지만 신을 믿는 선택을 하지 않는 것이 늘 비합리적인 것은 아니다. 동전을 던져 앞면이 나오면 신의 존재를 믿고, 뒷면이 나오면 믿지 않는 식으로 신의 존재에 관한 믿음 여부를 결정한다고 해 보자. 이때 앞면이 나오면, 신을 믿게 되고 행복의 기댓값은 무한대가 될 것이다. 뒷면이 나오면, 신을 믿지 않게 될 것이고 행복의 기댓값은 유한할 것이다. 앞면이 나올 확률은 1/2이므로 1/2의 확률로 무한한 기댓값을 얻게 된다. 무한한 기댓값을 얻을 확률이 0보다 높기만 하면 결과적으로 신의 존재에 대한 믿음을 동전 던지기로 결정하는 선택의 최종 기댓값 역시 무한대가 된다. 그렇다면 동전 던지기로 신을 믿을지 안 믿을지 결정하는 것이 비합리적이라고 말할 수 없다.

<보 기>

ㄱ. 갑과 을은 합리적인 사람은 최대의 기댓값을 가지는 선택을 할 것이라는 점에 동의한다.
ㄴ. 갑은 신을 믿는 선택을 하지 않는 것이 비합리적이라는 것에 동의하지만 을은 그렇지 않다.
ㄷ. 을의 논증에 따르면, 당첨 확률이 매우 낮지만 0보다는 큰 로또 복권에 당첨되면 신을 믿고, 그렇지 않으면 신을 믿지 않기로 하는 것은 신을 믿는 선택만큼 합리적이다.

① ㄱ
② ㄷ
③ ㄱ, ㄴ
④ ㄴ, ㄷ
⑤ ㄱ, ㄴ, ㄷ

문 36. 다음 글의 ㉠을 약화하는 것만을 <보기>에서 모두 고르면?

고대 아테네에서는 공적 기관에서 일할 공직자를 추첨으로 선발하였다. 이는 오늘날의 민주정과 구분되는 아테네 민주정의 핵심 특징이다. 아테네가 추첨으로 공직자를 뽑은 이유는 그들의 자유와 평등 개념에서 찾을 수 있다.

아테네 민주정의 고유한 정의 개념은 공직을 포함한 사회적 재화들이 모든 자유 시민에게 고루 배분되어야 한다는 것이다. 이러한 점에서 평등은 시민들이 통치 업무에서 동등한 몫을 갖는다는 의미로서 원칙상 공직을 맡을 기회가 균등할 때 실현가능하다. 바로 추첨이 이러한 평등을 보장해 주는 것이다. 자유의 측면에서도 추첨의 의미를 조명할 수 있다. 아테네에서 자유란 한 개인이 정치체제의 근본 원칙을 수립하는 통치 주체가 되는 것이다. 추첨 제도 덕분에 아테네의 모든 시민은 자유를 누리고 있었다고 볼 수 있다. 공적 업무의 교대 원칙과 결합한 추첨 제도를 시행함으로써 아테네 시민은 누구나 일생에 적어도 한 번은 공직을 맡게 될 것이었기 때문이다.

또한 아리스토텔레스가 말한 것처럼, '통치하고 통치받는 일을 번갈아 하는 것'은 민주정의 기본 원칙 가운데 하나이고, 그렇게 통치와 복종을 번갈아 하는 것이 민주 시민의 덕성이기도 했다. 명령에 복종하던 시민이 명령을 내리는 통치자가 되면 자신의 결정과 명령에 영향을 받게 될 시민의 입장을 더 잘 참작할 수 있을 것이다. 자신의 통치가 피지배자에게 어떤 영향을 미칠지 생생하게 예측할 수 있게 되면서 정의로운 결정을 위해 더욱 신중하게 숙고할 것이기 때문에, 시민들이 통치와 복종을 번갈아 한다는 것은 좋은 정부를 만드는 훌륭한 수단이 되는 것이다.

결국 ㉠ <u>이런 점들을 고려할 때, 추첨식 민주정은 자유와 평등의 이념과 공동체 호혜의 정신을 실천하는 데 적합한 제도였다고 평가할 수 있다.</u>

<보 기>

ㄱ. 추첨이 아닌 다른 제도를 통해서도 사실상 공직을 맡을 기회가 모든 시민에게 균등하게 배분될 수 있다.
ㄴ. 사람마다 능력과 적성이 다르며, 능력과 적성에 맞지 않는 일을 하는 사람은 그 일의 진정한 주체가 될 수 없다.
ㄷ. 도덕적 소양을 갖춘 사람이 아니라면, "내가 싫어하는 것은 남들에게 하지 말아야겠어!"라고 생각하기보다 "나도 당했으니 너도 당해봐!"라고 생각하는 경우가 더 흔하다.

① ㄱ
② ㄴ
③ ㄱ, ㄷ
④ ㄴ, ㄷ
⑤ ㄱ, ㄴ, ㄷ

IV 2022년도 언어논리

문 37. 다음 글의 A와 B에 대한 평가로 적절한 것만을 <보기>에서 모두 고르면?

> 다음은 적조의 발생을 설명하는 두 가설이다.
>
> A: 적조는 초여름 장마철에 하천으로부터 영양염류가 해양에 유입되어야만 발생한다. 육지의 영양염류는 비가 내리지 않는 기간에는 바다로 유입되지 않으나 장마에 의해 많은 비가 내리면서 바다로 유입된다. 이때는 바닷물이 따뜻하고 영양염류는 충분하지만 충분한 빛이 없어 식물성 플랑크톤의 성장이 활발하게 이루어지지 못한다. 그러다가 장마가 끝나거나 장마 중이라도 비가 멈추고 충분한 일사량이 며칠간 확보되면, 식물성 플랑크톤이 급속한 성장을 하여 적조가 발생하게 된다.
>
> B: 적조는 유기오염 물질이 해양에 누적되어야만 발생한다. 인간에 의해 만들어진 유기오염 물질이 지속적으로 바다로 흘러들면 가라앉아 해저에 퇴적된다. 온도가 낮은 겨울에는 미생물 활성이 제한되어 유기오염 물질의 무기화 과정이 활발하지 않다. 계절이 바뀌어 기온이 상승하고 일사량이 증가하면 퇴적층의 미생물 활성이 점차 높아지게 된다. 그러면 유기오염 물질에서 영양염류가 용출되어 퇴적층 위에 쌓인다. 본래 퇴적층은 수온약층에 의해 해수면과 격리된 상태이므로 해저의 영양염류가 해수면으로 이동할 수 없다. 하지만 해당 해역에 식물성 편모조류가 있다면 영양염류를 해수면으로 운반할 수 있다. 식물성 편모조류는 운동기관인 편모를 가지고 있어 하루에 수십 미터를 이동할 수 있다. 이 방식으로 영양염류가 따뜻한 해수면에 모이고, 이후 충분한 일사량이 며칠간 확보되면 식물성 플랑크톤이 크게 번성하여 적조가 발생한다.

<보 기>

ㄱ. 직전 여름에 비가 많이 내린 차가운 겨울 바다에서 적조가 발생하였다면 A와 B 모두 약화된다.
ㄴ. 유기오염 물질이 해저에 퇴적되지 않은 바다에서 적조가 발생하였다면 A와 B 모두 약화된다.
ㄷ. 식물성 편모조류가 서식하지 않고 며칠간 햇빛이 잘 든 바다에서 적조가 발생하였다면 A는 약화되지 않지만 B는 약화된다.

① ㄱ
② ㄴ
③ ㄱ, ㄷ
④ ㄴ, ㄷ
⑤ ㄱ, ㄴ, ㄷ

문 38. 다음 글의 ㉠과 ㉡에 대한 평가로 적절한 것만을 <보기>에서 모두 고르면?

> A국의 어업 규제는 일정 정도의 크기에 이르지 못한 개체는 잡을 수 없게 하고 있다. 이러한 규제는 ㉠ 큰 개체를 보호하면 그렇지 않은 경우보다 개체 수의 회복이 느리고, 작은 개체를 보호하면 그렇지 않은 경우보다 개체 수의 회복이 빠르다는 가설에 근거하고 있다. 이 가설을 받아들인다면 작은 개체를 많이 잡게 되면 개체 수의 회복이 어려울 것이다. 반면 큰 개체를 많이 잡게 되면, 그 후 작은 개체가 성장하고 번식하여 개체 수가 더 빨리 회복될 수 있을 것이다. 그러나, A국의 생태학자들은 크기를 이용한 이러한 규제가 인위적 선택에 의한 진화적 부작용을 유발할 수 있다는 우려를 나타내고 있다. 이들은 진화이론에 기반하여 도출한 ㉡ 정해진 크기에 해당하는 개체만 잡으면 세대가 지날수록 집단에서 그와 다른 크기의 개체의 비율이 점차 증가한다는 가설을 적용해야 한다고 주장한다. 이 가설을 바탕으로 생태학자들은 현재의 어업 규제와 같이 일정 크기 이상의 개체만 잡게 되면 결국 크기가 작은 개체만 남게 되어, 어족 자원의 질은 나빠질 것이라고 말한다.
>
> 이러한 쟁점과 관련하여 한 어류 생태학자는 연안에 서식하는 어류 X를 이용해 실험하였다. 그는 3개의 큰 물탱크를 준비하여 각 탱크에 1,000마리의 X를 넣고, 탱크 각각에 다음 처리를 하였다.
>
> 처리 1: 크기가 작은 순으로 900마리의 개체를 제거한다.
> 처리 2: 크기가 큰 순으로 900마리의 개체를 제거한다.
> 처리 3: 900마리의 개체를 무작위로 선택하여 제거한다.
>
> 이런 처리 이후, 각 탱크에서 개체 수가 회복되기까지 기다렸다. 그런 다음 같은 방식으로 각 탱크의 개체 중 90%를 제거하였다. 이런 식의 시도를 총 4번 반복하였다.

<보 기>

ㄱ. 탱크 속 개체 수가 회복되는 시간과 개체의 평균 크기를 비교했을 때, 처리 1을 한 탱크와 처리 3을 한 탱크 간의 유의미한 차이가 없었다면, ㉠은 강화되지만 ㉡은 약화된다.
ㄴ. 처리 2를 한 탱크 속 개체의 수가 처리 3을 한 탱크 속 개체의 수보다 빠르게 회복되었지만, 처리 2를 한 탱크 속 개체의 평균 크기는 처리 3을 한 탱크 속 개체의 평균 크기보다 작아졌다면, ㉠과 ㉡ 모두 강화된다.
ㄷ. 처리 3을 한 탱크 속 개체의 수가 처리 1을 한 탱크 속 개체의 수보다 빠르게 회복되었지만, 처리 3을 한 탱크 속 개체의 평균 크기는 처리 1을 한 탱크 속 개체의 평균 크기보다 커졌다면, ㉠은 강화되지만 ㉡은 약화된다.

① ㄱ
② ㄴ
③ ㄱ, ㄷ
④ ㄴ, ㄷ
⑤ ㄱ, ㄴ, ㄷ

※ 다음 글을 읽고 물음에 답하시오. [문 39.~문 40.]

갑은 ㉠ 환원 개념을 통해 과학 이론들의 통일과 진보를 설명할 수 있다고 제안한다. 그에 따르면, 이론 S1이 이론 S2로 환원된다는 것은 S1을 구성하는 모든 법칙을 S2를 구성하는 법칙들로 설명할 수 있다는 것이다. 여기서 설명 가능성이란 환원되는 이론 S1의 법칙들이 환원하는 이론 S2의 법칙들로부터 연역적으로 도출될 수 있어야 한다는 도출 가능성을 의미한다.

연역적 도출로서의 환원은 과학 이론들의 통일에 대해 설득력 있는 그림을 제공한다. 통일 과학을 구성하는 다양한 과학 분야들은 층위를 달리하는 계층 질서를 형성하게 되고, 이 계층 질서의 위쪽에 있는 상부 과학은 기저 역할을 하는 하부 과학으로 환원된다. 즉, (가) 과학의 법칙들로부터 (나) 과학의 법칙들이 연역적으로 도출되는 것이다. 연역적 도출이라는 관계를 부분과 전체의 관계로 이해하면, 전체에서 부분이 도출되어야 하므로 (다) 과학은 (라) 과학의 부분이 된다. 또한 이런 그림을 시차를 두고 등장한 과학 이론들에 적용함으로써 과학의 진보를 설명할 수도 있다. 역사 속의 선행 이론과 후행 이론 사이에 연역적 도출로서의 환원 관계가 성립함으로써 과학 변동의 형태가 선행 이론이 후행 이론에 포함되는 관계를 드러낼 때, 그것을 과학의 진보라 부를 수 있다는 것이다.

환원되는 이론 S1과 환원하는 이론 S2 사이에 일부 공유되지 않는 이론적 어휘가 있어서 온전한 포함관계가 성립할 수 없어 보이는 경우도 이런 환원 개념을 적용할 수 있을까? 갑은 그런 경우에는 (마)에서는 사용하지 않지만 (바)에서는 사용하는 용어를 연결해 주는 소위 '교량 원리'를 도입하면 된다고 주장한다. 예를 들어, 고전역학을 양자역학으로 환원할 때, 양자역학에서 사용하지 않는 고전역학 용어인 '입자'를 양자역학에서 사용하는 '양자 파동함수'라는 용어로 바꾸어주는 가교 역할로서 '입자란 양자 파동함수가 뭉쳐 있는 상태이다.'라는 교량 원리를 도입하면 된다는 것이다.

하지만 을은 ㉡ 위와 같은 환원 개념으로는 과학의 통일과 진보를 온전히 설명할 수 없다고 비판한다. 그에 따르면, 갑처럼 어떤 이론을 다른 이론으로 환원한다고 할 때 후자의 법칙으로부터 전자의 법칙을 연역적으로 도출해 낸 결과물이 전자의 법칙과 같아 보이지만, 실은 결코 같을 수가 없다. 연역적 도출은 단지 형식 논리에 따른 계산의 결과물일 뿐이기 때문이다. 예를 들어, 뉴턴 역학의 법칙에서 갈릴레오의 자유 낙하 운동 법칙이 연역적으로 도출된다고 하더라도 그 둘이 같은 것은 아니다. 갈릴레오의 자유 낙하 운동 법칙에서는 가속도가 일정하다고 간주하지만, 뉴턴 역학의 법칙으로부터 도출되는 자유 낙하 운동 법칙에서는 낙하 과정에서 가속도가 미세하나마 꾸준히 변화하는 것으로 간주하기 때문이다. 두 법칙에 따른 계산 결과의 차이가 측정하기 어려울 정도로 미세하다 할지라도 두 법칙의 개념적 내용은 엄연히 다른 것이다.

을에 따르면, 교량 원리에도 마찬가지 문제가 있다. '입자란 양자 파동함수가 뭉쳐 있는 상태이다.'와 같은 모범적인 교량 원리가 제시되더라도, 고전역학의 입자 개념과 양자 파동함수가 뭉쳐 있는 상태로 정의되는 입자 개념이 결코 동일시될 수 없다는 것이다. 심지어 두 이론이 공유하는 용어들도 저마다 그 의미가 다를 수 있다. 예를 들어, 고전역학과 상대성이론은 '질량'이라는 용어를 공유하지만, 질량은 고전역학에서는 각 물체가 지닌 고유한 상수인 반면, 상대성이론에서는 물체의 운동에 따라 바뀌는 변수이기 때문이다.

문 39. 위 글의 (가)~(바)에 들어갈 말을 적절하게 나열한 것은?

	(가)	(나)	(다)	(라)	(마)	(바)
①	하부	상부	상부	하부	S1	S2
②	하부	상부	하부	상부	S1	S2
③	상부	하부	하부	상부	S1	S2
④	하부	상부	상부	하부	S2	S1
⑤	상부	하부	하부	상부	S2	S1

문 40. 위 글의 ㉠과 ㉡에 대한 평가로 적절한 것만을 <보기>에서 모두 고르면?

<보 기>

ㄱ. 두 이론 사이에 연역적 도출을 통한 환원 관계가 성립했다는 판단은 그 두 이론이 공유하는 용어들의 개념적 내용이 같다는 것을 함축한다는 주장이 받아들여지면, ㉠은 강화되고 ㉡은 약화된다.

ㄴ. 뉴턴 역학에는 중세 운동 이론에 등장하는 '임페투스'라는 용어를 연결할 수 있는 원리가 존재하지 않음에도 불구하고 후행 이론인 뉴턴 역학을 선행 이론인 중세 운동 이론으로부터의 과학적 진보로 평가한다는 주장이 받아들여지면, ㉠은 약화되고 ㉡은 강화된다.

ㄷ. 원래는 별개의 영역을 다루는 것으로 알려져 있던 두 이론이 나중에 교량 원리를 이용한 제3의 이론으로부터 둘 다 연역적으로 도출됨으로써 그 세 이론 사이에 포함관계를 형성하게 된 역사적 사례가 다수 존재한다는 주장이 받아들여지면, ㉠은 강화되고 ㉡은 약화된다.

① ㄱ
② ㄷ
③ ㄱ, ㄴ
④ ㄴ, ㄷ
⑤ ㄱ, ㄴ, ㄷ

| 2022년도 자료해석영역 |

국가공무원 5급 공채 · 외교관후보자 선발 제1차시험 및 지역인재 7급 선발 필기시험 (나)책형

문 1. 다음 <표>는 2020년 4분기(10~12월) 전국 아파트 입주 물량에 관한 자료이다. 제시된 <표> 이외에 <보고서>를 작성하기 위해 추가로 필요한 자료만을 <보기>에서 모두 고르면?

<표 1> 월별 아파트 입주 물량

(단위: 세대)

구분 \ 월	10월	11월	12월	합
전국	21,987	25,995	32,653	80,635
수도권	13,951	15,083	19,500	48,534
비수도권	8,036	10,912	13,153	32,101

<표 2> 규모 및 공급주체별 아파트 입주 물량

(단위: 세대)

구분	규모			공급주체	
	$60m^2$ 이하	$60m^2$ 초과 $85m^2$ 이하	$85m^2$ 초과	공공	민간
전국	34,153	42,528	3,954	23,438	57,197
수도권	21,446	24,727	2,361	15,443	33,091
비수도권	12,707	17,801	1,593	7,995	24,106

<보고서>

2020년 4분기(10~12월) 전국 아파트 입주 물량은 80,635세대로 집계되었다. 수도권은 48,534세대로 전년동기 및 2015~2019년 4분기 평균 대비 각각 37.5%, 1.7% 증가했고, 비수도권은 32,101세대로 전년동기 및 2015~2019년 4분기 평균 대비 각각 47.6%, 46.8% 감소하였다. 시도별로 살펴보면, 서울은 12,097세대로 전년동기 대비 7.9% 증가하였다. 그 외 인천·경기 36,437세대, 대전·세종·충남 8,015세대, 충북 3,835세대, 강원 646세대, 전북 0세대, 광주·전남·제주 5,333세대, 대구·경북 5,586세대, 부산·울산 5,345세대, 경남 3,341세대였다. 주택 규모별로는 $60m^2$ 이하 34,153세대, $60m^2$ 초과 $85m^2$ 이하 42,528세대, $85m^2$ 초과 3,954세대로, $85m^2$ 이하 중소형주택이 전체의 95.1%를 차지하여 중소형 주택의 입주 물량이 많았다. 공급주체별로는 민간 57,197세대, 공공 23,438세대로, 민간 입주 물량이 공공 입주 물량의 2배 이상이었다.

<보 기>

ㄱ. 2015~2019년 4분기 수도권 및 비수도권 아파트 입주 물량
ㄴ. 2015~2019년 공급주체별 연평균 아파트 입주 물량
ㄷ. 2019~2020년 4분기 시도별 아파트 입주 물량
ㄹ. 2019년 4분기 규모 및 공급주체별 아파트 입주 물량

① ㄱ, ㄴ
② ㄱ, ㄷ
③ ㄱ, ㄹ
④ ㄴ, ㄷ
⑤ ㄴ, ㄹ

문 2. 다음 <표>는 A~E지점을 연이어 주행한 '갑'~'병'자동차의 구간별 연료 소모량 및 평균 속력에 관한 자료이다. 이에 대한 <보기>의 설명 중 옳은 것만을 모두 고르면?

<표> '갑'~'병'자동차의 구간별 연료 소모량 및 평균 속력

(단위: km, L, km/h)

구간 \ 자동차(연료)		갑 (LPG)		을 (휘발유)		병 (경유)	
구간	거리	연료 소모량	평균 속력	연료 소모량	평균 속력	연료 소모량	평균 속력
A→B	100	7.0	100	5.0	100	3.5	110
B→C	50	4.0	90	3.0	100	2.0	90
C→D	70	5.0	100	4.0	90	3.0	100
D→E	20	2.0	100	1.5	110	1.5	100
전체	240	18.0	( )	13.5	( )	10.0	( )

※ 1) L당 연료비는 LPG 1,000원, 휘발유 1,700원, 경유 1,500원임.

2) $주행\ 연비(km/L) = \frac{주행\ 거리}{연료\ 소모량}$

<보 기>

ㄱ. 전체 구간 주행 시간은 '병'이 가장 길다.
ㄴ. 전체 구간 주행 연료비는 '을'이 가장 많고, '병'이 가장 적다.
ㄷ. 전체 구간 주행 연비는 '병'이 가장 높고, '갑'이 가장 낮다.
ㄹ. '갑'의 A→B 구간 주행 연비는 '을'의 B→C 구간 주행 연비보다 높다.

① ㄱ, ㄴ ② ㄱ, ㄷ
③ ㄴ, ㄷ ④ ㄷ, ㄹ
⑤ ㄴ, ㄷ, ㄹ

문 3. 다음 <표>는 A질환 환자의 성별 흡연 및 음주 여부에 관한 자료이다. 이에 대한 <보기>의 설명 중 옳은 것만을 모두 고르면?

<표> A질환 환자의 성별 흡연 및 음주 여부

(단위: 명, %)

음주 여부 \ 성별		남성		여성	
음주 여부	구분 \ 흡연 여부	흡연	비흡연	흡연	비흡연
음주	인원	600	( )	( )	( )
	비율	30	35	( )	20
비음주	인원	( )	( )	300	450
	비율	10	( )	( )	30

※ 비율(%)은 흡연 및 음주 여부에 따른 남(여)성 환자 수를 전체 남(여)성 환자 수로 나눈 값에 100을 곱한 것임. 예를 들어, 남성 환자 중 흡연과 음주를 모두 하는 비율은 30%임.

<보 기>

ㄱ. 흡연 비율은 남성 환자가 여성 환자보다 높다.
ㄴ. 비음주이면서 비흡연인 환자는 남성이 여성보다 많다.
ㄷ. 각 성별에서 음주 환자가 비음주 환자보다 많다.
ㄹ. 전체 환자 중 음주 환자 비중은 전체 환자 중 흡연 환자 비중보다 크다.

① ㄱ, ㄴ ② ㄱ, ㄷ
③ ㄴ, ㄹ ④ ㄷ, ㄹ
⑤ ㄴ, ㄷ, ㄹ

문 4. 다음 <표>는 '갑'국 국세청의 행정소송 현황에 관한 자료이다. 제시된 <표> 이외에 <보고서>를 작성하기 위해 추가로 필요한 자료만을 <보기>에서 모두 고르면?

<표 1> 2017~2020년 행정소송 현황

(단위: 건)

구분 \ 연도	처리대상건수		처리완료건수				처리미완료건수		
	전년 이월	당년 제기	취하	각하	국가 승소	국가 패소	행정 법원	고등 법원	대법원
2017	2,093	1,679	409	74	862	179	1,279	647	322
2018	2,248	1,881	485	53	799	208	1,536	713	335
2019	2,584	1,957	493	78	749	204	2,043	692	282
2020	3,017	2,026	788	225	786	237	1,939	793	275

※ 미완료율(%) = $\frac{\text{처리미완료건수}}{\text{처리대상건수}} \times 100$

<표 2> 2020년 세목별 행정소송 현황

(단위: 건)

구분 \ 세목	처리대상건수		처리완료건수				처리미완료건수		
	전년 이월	당년 제기	취하	각하	국가 승소	국가 패소	행정 법원	고등 법원	대법원
종합소득세	305	249	85	7	103	33	227	74	25
법인세	443	347	54	6	108	44	396	123	59
부가가치세	645	405	189	13	162	42	400	183	61
양도소득세	909	447	326	170	240	39	378	167	36
상속세	84	52	14	1	28	9	50	20	14
증여세	429	282	70	12	96	49	272	157	55
기타	202	244	50	16	49	21	216	69	25

<표 3> 2020년 소송가액별 행정소송 현황

(단위: 건)

구분 \ 소송가액	처리대상건수		처리완료건수				처리미완료건수		
	전년 이월	당년 제기	취하	각하	국가 승소	국가 패소	행정 법원	고등 법원	대법원
3억 원 미만	1,758	1,220	599	204	540	102	1,028	414	91
3억 원 이상 10억 원 미만	542	375	129	15	133	56	374	156	54
10억 원 이상	717	431	60	6	113	79	537	223	130

<보고서>

2017~2020년 '갑'국 국세청의 연도별 행정소송 현황을 살펴보면 전년 이월 처리대상건수와 당년 제기 처리대상 건수는 매년 증가하였다. 한편 2017~2019년 미완료율은 매년 증가하였으나, 2020년에는 미완료율이 전년 대비 감소하였다. 2017~2020년 처리대상건수 대비 국가승소 건수의 비율은 매년 감소하였는데, 특히 2017년에는 전년 대비 20%p 감소하여 가장 큰 폭으로 감소하였다. 2017~2020년 국가승소 건수 중 법인세 관련 행정소송 건수가 차지하는 비율 또한 매년 감소하였다.

2020년에 전년 이월 처리대상건수가 가장 많은 세목은 양도소득세였으며, 행정소송이 진행 중이어서 처리완료되지 못하고 2021년으로 이월된 행정소송 건수가 가장 많은 세목은 부가가치세였다.

2020년의 경우 소송가액 3억 원 미만인 국가승소 건수가 3억 원 이상인 국가승소 건수보다 많았다. 한편 2017~2020년 행정법원 소송 처리미완료건수 중 소송가액 10억 원 이상인 건수가 차지하는 비율은 2018년이 가장 높았으며 2020년이 가장 낮았다.

<보 기>

ㄱ. 2016년 행정소송 처리대상건수 및 국가승소 건수
ㄴ. 2021년 소송가액별 행정소송 처리대상건수
ㄷ. 2017~2019년 국가승소 건수 중 법인세 관련 행정소송 건수
ㄹ. 2017~2019년 소송가액이 10억 원 이상인 행정법원 소송 처리미완료건수

① ㄱ, ㄴ
② ㄱ, ㄷ
③ ㄴ, ㄹ
④ ㄱ, ㄷ, ㄹ
⑤ ㄴ, ㄷ, ㄹ

문 5. 다음 <표>는 '갑'도매시장에서 출하되는 4개 농산물의 수송 방법별 운송량에 관한 자료이다. 이에 대한 <보기>의 설명 중 옳은 것만을 모두 고르면?

<표> 4개 농산물의 수송 방법별 운송량

(단위: 톤)

농산물 \ 수송 방법	쌀	밀	콩	보리	합계
도로	10,600	16,500	400	2,900	30,400
철도	5,800	7,500	600	7,100	21,000
해운	1,600	3,000	4,000	2,000	10,600

※ '갑'도매시장 농산물 수송 방법은 도로, 철도, 해운으로만 구성됨.

<보 기>

ㄱ. 농산물별 해운 운송량이 각각 100톤씩 증가하면 4개 농산물 해운 운송량의 평균은 2,750톤이다.
ㄴ. 보리의 수송 방법별 운송량이 각각 50%씩 감소하고 콩의 수송 방법별 운송량이 각각 100%씩 증가하더라도, 4개 농산물 전체 운송량에는 변동이 없다.
ㄷ. 도로 운송량이 많은 농산물일수록 해당 농산물의 운송량 중 도로 운송량이 차지하는 비중이 더 크다.
ㄹ. 해운 운송량이 적은 농산물일수록 해당 농산물의 운송량 중 해운 운송량이 차지하는 비중이 더 작다.

① ㄱ, ㄷ
② ㄱ, ㄹ
③ ㄴ, ㄷ
④ ㄴ, ㄹ
⑤ ㄷ, ㄹ

문 6. 다음 <그림>은 2019~2021년 '갑'국의 건설, 농림수산식품, 소재 3개 산업의 기술도입액과 기술수출액 현황에 관한 자료이다. 이에 대한 설명으로 옳지 않은 것은?

<그림> 3개 산업의 기술도입액과 기술수출액 현황

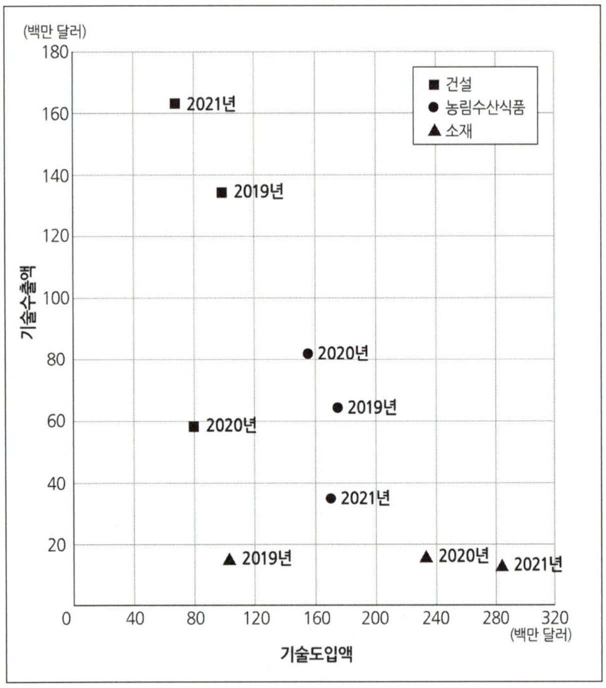

※ 1) 기술무역규모 = 기술수출액 + 기술도입액

2) 기술무역수지 = 기술수출액 − 기술도입액

3) 기술무역수지비 = $\frac{\text{기술수출액}}{\text{기술도입액}}$

① 2020년 3개 산업 중 기술무역수지가 가장 작은 산업은 건설 산업이다.

② 2021년 3개 산업 중 기술무역규모가 가장 큰 산업은 소재 산업이다.

③ 2019년 3개 산업의 전체 기술도입액은 3억 2천만 달러 이상이다.

④ 소재 산업에서 기술무역수지는 매년 감소한다.

⑤ 농림수산식품 산업에서 기술무역수지비가 가장 큰 해는 2020년이다.

문 7. 다음 <표>는 2018~2021년 '갑'국의 여름철 물놀이 사고 사망자에 관한 자료이다. 이를 바탕으로 작성한 <보고서>의 내용 중 옳지 않은 것은?

<표 1> 연령대별 여름철 물놀이 사고 사망자 수

(단위: 명)

연령대 / 연도	10세 미만	10대	20대	30대	40대	50대 이상
2018	2	6	4	4	4	4
2019	2	13	9	2	2	8
2020	2	9	7	2	4	13
2021	0	5	3	5	5	19

<표 2> 4대 주요 발생 장소 및 원인별 여름철 물놀이 사고 사망자 수

(단위: 명)

구분 / 연도	4대 주요 발생 장소				4대 주요 원인			
	하천	해수욕장	계곡	수영장	안전부주의	수영미숙	음주수영	급류
2018	16	3	2	2	6	13	3	2
2019	23	3	5	4	9	14	5	6
2020	19	3	1	12	8	14	3	8
2021	23	7	2	5	9	12	6	2

※ 여름철 물놀이 사고 사망자의 발생 장소와 원인은 각각 1가지로만 정함.

<보고서>

물놀이 사고는 여름철인 6~8월에 집중적으로 발생한다. 연도별 사고 현황을 살펴보면, ㉠ 여름철 물놀이 사고 사망자는 2019년에 전년 대비 50% 이상 증가하였고, 이후 매년 30명 이상이었다.

㉡ 여름철 물놀이 사고 사망자 중 4대 주요 원인에 의한 사망자가 차지하는 비율이 가장 높은 해는 2018년이다. 한편, ㉢ 여름철 물놀이 사고 사망자 중 수영미숙에 의한 사망자가 매년 30% 이상을 차지해 이에 대한 예방책이 필요한 것으로 판단된다. 또 2019년과 2020년은 급류사고로 인한 사망자가 다른 해에 비해 많았다.

사고 발생 장소를 살펴보면, ㉣ 2018년부터 2021년까지 매년 여름철 물놀이 사고 사망자의 60% 이상이 하천에서 발생한 사고로 사망하였다. 따라서 하천에서의 사고를 예방하기 위해 물놀이 안전수칙 홍보를 강화할 필요가 있다. 여름철 물놀이 사고 사망자 수를 연령대와 장소 및 원인에 따라 세부적으로 살펴보면, 2020년 50대 이상 사망자 중 수영장 외의 장소에서 사망한 사망자가 1명 이상이고, ㉤ 2021년 안전부주의 사망자 중 30대 이상 사망자가 1명 이상이다.

① ㄱ

② ㄴ

③ ㄷ

④ ㄹ

⑤ ㅁ

문 8. 다음 <표>는 2020년 A~D국의 어업 생산량에 관한 자료이다. <표>와 <조건>을 근거로 A~D에 해당하는 국가를 바르게 나열한 것은?

<표> 2020년 A~D국의 어업 생산량

(단위: 천 톤)

어업유형 / 국가	전체	해면어업	천해양식	원양어업	내수면어업
A	3,255	1,235	1,477	(　)	33
B	10,483	3,245	(　)	1,077	3,058
C	8,020	2,850	(　)	720	1,150
D	9,756	4,200	324	(　)	2,287

※ 1) 어업유형은 해면어업, 천해양식, 원양어업, 내수면어업으로만 구분됨.

2) 어업유형별 의존도 = $\frac{\text{해당 어업유형의 어업 생산량}}{\text{전체 어업 생산량}}$

<조 건>

○ 내수면어업 생산량이 원양어업 생산량보다 많은 국가는 '갑'과 '병'이다.

○ 해면어업 의존도는 '갑'~'정' 중 '정'이 두 번째로 높다.

○ '병'의 천해양식 생산량은 '을'의 원양어업 생산량의 1.1배 이상이다.

	A	B	C	D
①	을	갑	병	정
②	을	병	갑	정
③	병	을	정	갑
④	정	갑	병	을
⑤	정	병	갑	을

문 9. 다음 <그림>은 '갑'국 및 글로벌 e스포츠 산업 규모에 관한 자료이다. 이에 대한 <보고서>의 내용 중 옳지 않은 것은?

<그림 1> 2017~2021년 '갑'국 e스포츠 산업 규모

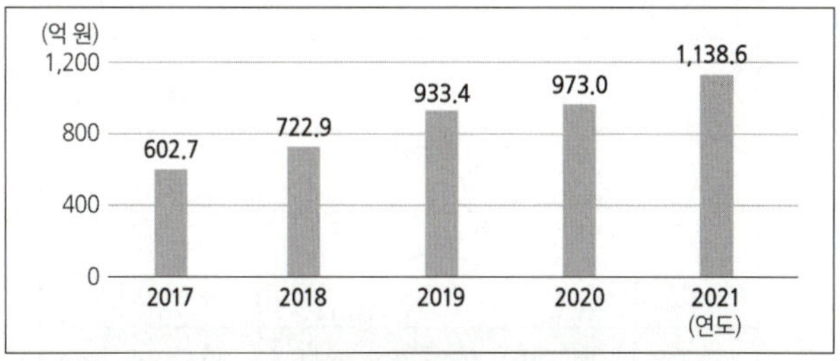

<그림 2> 2020년, 2021년 '갑'국 e스포츠 산업의 세부항목별 규모

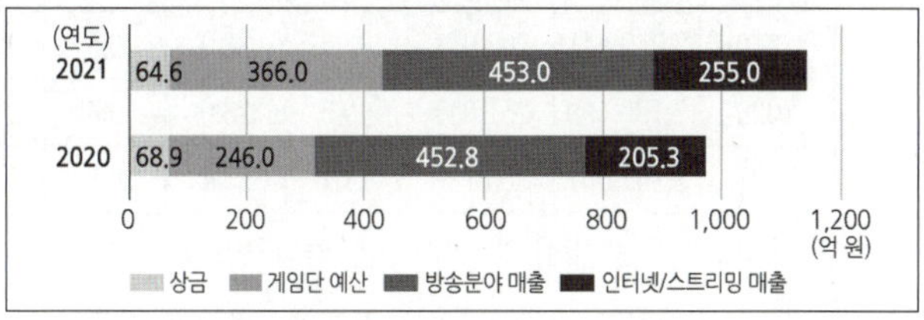

<그림 3> 2017~2021년 글로벌 e스포츠 산업 규모

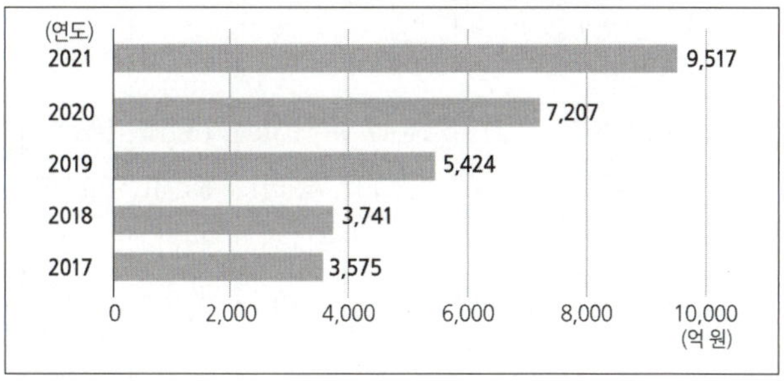

<보고서>

2021년 '갑'국 e스포츠 산업 규모는 1,138억 6,000만 원으로 집계되었다. ㉠ 이는 2020년 973억 원에서 15% 이상 성장한 것이다. 세부항목별로 살펴보면 ㉡ 방송분야 매출이 453억 원으로 전체의 35% 이상을 차지하여 가장 비중이 큰 것으로 나타났다. 이외에 게임단 예산은 366억 원, 인터넷/스트리밍 매출은 255억 원, 상금은 64억 6,000만 원이었다. 게임단 예산은 전년 대비 45% 이상 증가한 것이고, 인터넷/스트리밍 매출 또한 전년 대비 20% 이상 증가한 것이다. 하지만 방송분야 매출은 큰 차이가 없었으며, 상금은 전년 대비 5% 이상 감소한 것으로 나타났다.

한편 글로벌 e스포츠 산업 규모와 '갑'국 e스포츠 산업 규모의 성장세를 살펴보면, ㉢ 글로벌 e스포츠 산업 규모는 2019년부터 전년 대비 30% 이상 성장하였고, '갑'국 e스포츠 산업 규모도 매년 성장하였다. 그러나, ㉣ '갑'국 e스포츠 산업 규모가 2020년에는 전년 대비 5% 미만의 성장에 그쳐 글로벌 e스포츠 산업 규모에서 차지하는 비중이 15% 미만이 되었다. 이는 ㉤ 글로벌 e스포츠 산업 규모 대비 '갑'국 e스포츠 산업 규모의 비중이 2017년 이후 매년 감소한 것으로, '갑'국 e스포츠 산업 규모가 꾸준히 성장하고는 있으나 글로벌 e스포츠 산업 규모의 성장세에는 미치지 못하고 있기 때문이다.

① ㄱ
② ㄴ
③ ㄷ
④ ㄹ
⑤ ㅁ

문 10. 다음 <표>는 2017~2021년 '갑'국의 불법체류외국인 현황에 관한 자료이다. 이에 대한 설명으로 옳은 것은?

<표 1> 연도별 체류외국인 현황

(단위: 명, %)

구분 / 연도	체류외국인	불법체류외국인	체류유형별 구성비			
			단기체류외국인	등록외국인	외국국적동포 국내거소신고자	전체
2017	1,797,618	208,778	54.0	45.0	1.0	100.0
2018	1,899,519	214,168	59.8	39.7	0.5	100.0
2019	2,049,441	208,971	63.5	36.0	0.5	100.0
2020	2,180,498	251,041	66.6	33.0	0.4	100.0
2021	2,367,607	355,126	74.4	25.4	0.3	100.0

※ 체류외국인은 불법체류외국인과 합법체류외국인으로 구분됨.

<표 2> 체류자격별 불법체류외국인 현황

(단위: 명, %)

연도 / 체류자격	2017	2018	2019	2020	2021	구성비
사증면제	46,117	56,307	63,319	85,196	162,083	45.6
단기방문	45,746	47,373	46,041	56,331	67,157	18.9
비전문취업	52,760	49,272	45,567	46,618	47,373	13.3
관광통과	15,899	19,658	19,038	20,662	30,028	8.5
일반연수	4,816	4,425	4,687	7,209	12,613	3.6
기타	43,440	37,133	30,319	35,025	35,872	10.1
전체	208,778	214,168	208,971	251,041	355,126	100.0

※ 체류자격은 불법체류외국인의 입국 당시 체류자격을 의미함.

<표 3> 국적별 불법체류외국인 현황

(단위: 명, %)

연도 / 국적	2017	2018	2019	2020	2021	구성비
A	53,689	61,943	65,647	81,129	153,485	43.2
B	79,717	76,757	65,379	75,507	85,964	24.2
C	36,338	35,987	37,410	44,371	56,950	16.0
D	16,814	17,698	19,694	25,399	30,813	8.7
기타	22,220	21,783	20,841	24,635	27,914	7.9
전체	208,778	214,168	208,971	251,041	355,126	100.0

① 2020년 대비 2021년 불법체류외국인 증가인원 중에서 국적이 A인 불법체류외국인이 차지하는 비중은 60% 이상이다.
② 체류유형이 등록외국인인 불법체류외국인의 수는 매년 감소한다.
③ 불법체류외국인 수가 많은 상위 3개 체류자격을 그 수가 큰 것부터 순서대로 나열하면 사증면제, 단기방문, 비전문취업 순으로 매년 동일하다.
④ 체류외국인 대비 불법체류외국인 비중은 매년 증가한다.
⑤ 2021년 체류외국인은 전년 대비 10% 이상 증가하였다.

문 11. 다음 <표>는 2015~2021년 '갑'국 4개 대학의 변호사시험 응시자 및 합격자에 관한 자료이다. <표>와 <조건>에 근거하여 A~D에 해당하는 대학을 바르게 나열한 것은?

<표> 2015~2021년 대학별 변호사시험 응시자 및 합격자

(단위: 명)

대학	구분 \ 연도	2015	2016	2017	2018	2019	2020	2021
A	응시자	50	52	54	66	74	89	90
	합격자	50	51	46	51	49	55	48
B	응시자	58	81	94	98	94	89	97
	합격자	47	49	65	73	66	53	58
C	응시자	89	101	109	110	115	142	145
	합격자	79	83	94	88	75	86	80
D	응시자	95	124	152	162	169	210	212
	합격자	86	82	85	109	80	87	95

<조 건>

○ '우리대'와 '나라대'는 해당 대학의 응시자 수가 가장 많은 해에 합격률이 가장 낮다.
○ 2021년 '우리대'의 합격률은 55% 미만이다.
○ '푸른대'와 '강산대'는 해당 대학의 합격자 수가 가장 많은 해와 가장 적은 해의 합격자 수 차이가 각각 25명 이상이다.
○ '강산대'의 2015년 대비 2021년 합격률 감소폭은 40%p 이하이다.

※ 합격률(%) = $\frac{\text{합격자}}{\text{응시자}} \times 100$

	A	B	C	D
①	나라대	강산대	우리대	푸른대
②	나라대	푸른대	우리대	강산대
③	우리대	강산대	나라대	푸른대
④	우리대	푸른대	나라대	강산대
⑤	푸른대	나라대	강산대	우리대

문 12. 다음 <표>는 2019~2021년 '갑'국의 조세지출에 관한 자료이다. 이에 대한 <보기>의 설명 중 옳은 것만을 모두 고르면?

<표> 2019~2021년 항목별 조세지출 현황

(단위: 억 원, %)

항목 \ 연도, 구분	2019 금액	2019 비중	2020 금액	2020 비중	2021 금액	2021 비중
중소기업지원	24,176	6.09	26,557	6.34	31,050	6.55
연구개발	29,514	7.44	29,095	6.95	28,360	5.98
국제자본거래	24	0.01	5	0.00	4	0.00
투자촉진	16,496	4.16	17,558	4.19	10,002	2.11
고용지원	1,742	0.44	3,315	0.79	4,202	0.89
기업구조조정	921	0.23	1,439	0.34	1,581	0.33
지역균형발전	25,225	6.36	26,199	6.26	27,810	5.87
공익사업지원	5,006	1.26	6,063	1.45	6,152	1.30
저축지원	14,319	3.61	14,420	3.44	14,696	3.10
국민생활안정	125,727	31.69	134,631	32.16	142,585	30.07
근로·자녀장려	17,679	4.46	18,314	4.38	57,587	12.15
간접국세	94,455	23.81	97,158	23.21	104,071	21.95
외국인투자	2,121	0.53	1,973	0.47	2,064	0.44
국제도시육성	2,316	( )	2,149	0.51	2,255	( )
기업도시	75	0.02	54	0.01	56	0.01
농협구조개편	480	0.12	515	0.12	538	0.11
수협구조개편	44	0.01	1	0.00	0	0.00
기타	36,449	9.19	39,155	9.35	41,112	8.67
전체	396,769	100.00	418,601	100.00	474,125	100.00

<보 기>

ㄱ. 기타를 제외하고, 전년 대비 조세지출금액이 증가한 항목 수는 2020년이 2021년보다 많다.

ㄴ. 기타를 제외한 항목 중 조세지출금액 상위 3개 항목이 전체 조세지출에서 차지하는 비중의 합은 매년 60%를 초과한다.

ㄷ. 기타를 제외하고, 조세지출금액이 매년 증가한 항목은 10개이다.

ㄹ. 국제도시육성 항목의 비중은 매년 감소한다.

① ㄱ, ㄷ
② ㄱ, ㄹ
③ ㄴ, ㄷ
④ ㄷ, ㄹ
⑤ ㄴ, ㄷ, ㄹ

문 13. 다음 <표>는 '갑'국의 2017~2021년 소년 범죄와 성인 범죄 현황에 관한 자료이다. 이에 대한 <보기>의 설명 중 옳은 것만을 모두 고르면?

<표> 소년 범죄와 성인 범죄 현황

(단위: 명, %)

연도 \ 구분	소년 범죄 범죄자수	소년 범죄 범죄율	소년 범죄 발생지수	성인 범죄 범죄자수	성인 범죄 범죄율	성인 범죄 발생지수	소년 범죄자 비율
2017	63,145	1,172	100.0	953,064	2,245	100.0	6.2
2018	56,962	1,132	96.6	904,872	2,160	96.2	5.9
2019	61,162	1,246	106.3	920,760	2,112	94.1	( )
2020	58,255	1,249	( )	878,991	2,060	( )	6.2
2021	54,205	1,201	102.5	878,917	2,044	91.0	5.8

※ 1) 범죄는 소년 범죄와 성인 범죄로만 구분함.

2) 소년(성인) 범죄율은 소년(성인) 인구 10만 명당 소년(성인) 범죄자수를 의미함.

3) 소년(성인) 범죄 발생지수는 2017년 소년(성인) 범죄율을 100.0으로 할 때, 해당 연도 소년(성인) 범죄율의 상대적인 값임.

4) 소년 범죄자 비율(%) = $\left(\frac{\text{소년 범죄자수}}{\text{소년 범죄자수+성인 범죄자 수}} \right) \times 100$

<보 기>

ㄱ. 2017년 대비 2021년 소년 인구는 증가하고 소년 범죄자수는 감소하였다.

ㄴ. 소년 범죄율이 2017년 대비 6.0% 이상 증가한 연도의 소년 범죄자 비율은 6.0% 이상이다.

ㄷ. 소년 범죄 발생지수와 성인 범죄 발생지수 모두 2021년이 2020년보다 작다.

ㄹ. 소년 범죄 발생지수가 전년 대비 증가한 연도에는 소년 범죄자수도 전년 대비 증가하였다.

① ㄱ, ㄴ
② ㄱ, ㄷ
③ ㄴ, ㄷ
④ ㄴ, ㄹ
⑤ ㄷ, ㄹ

문 14. 다음 <표>는 A~D마을로 구성된 '갑'지역의 가구수에 관한 자료이다. <표>를 이용하여 작성한 그래프로 옳은 것은?

<표 1> 마을별 1인 가구 현황

(단위: 가구, %)

연도 \ 마을	A	B	C	D
2018	90(18.0)	130(26.0)	200(40.0)	80(16.0)
2019	220(36.7)	60(10.0)	130(21.7)	190(31.7)
2020	305(43.6)	240(34.3)	80(11.4)	75(10.7)
2021	120(15.0)	205(25.6)	160(20.0)	315(39.4)

※ ( )안 수치는 연도별 '갑'지역 1인 가구수 중 해당 마을 1인 가구수의 비중임.

<표 2> 마을별 총가구수

(단위: 가구)

마을	A	B	C	D
총가구수	600	550	500	500

※ A~D마을별 총가구수는 매년 변동 없음.

① 연도별 '갑'지역 1인 가구수

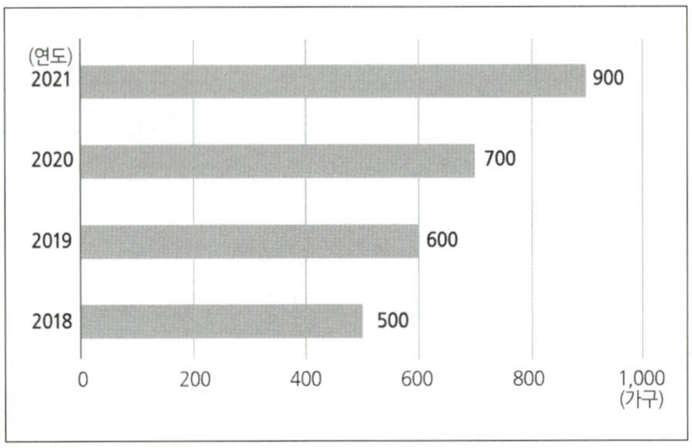

② 2021년 '갑'지역 2인 이상 가구의 마을별 구성비

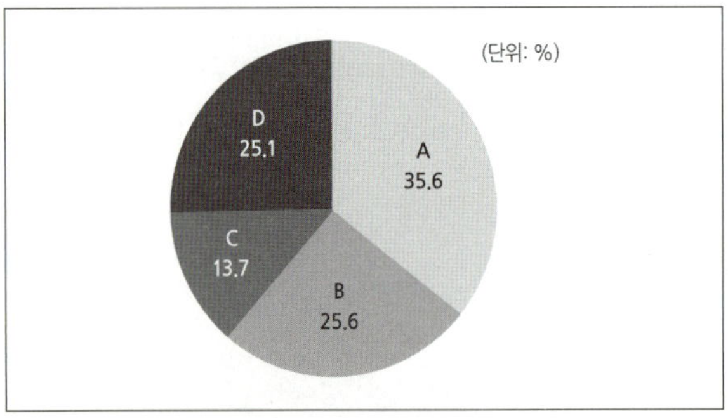

③ 연도별 A마을의 총가구수 대비 1인 가구수 비중

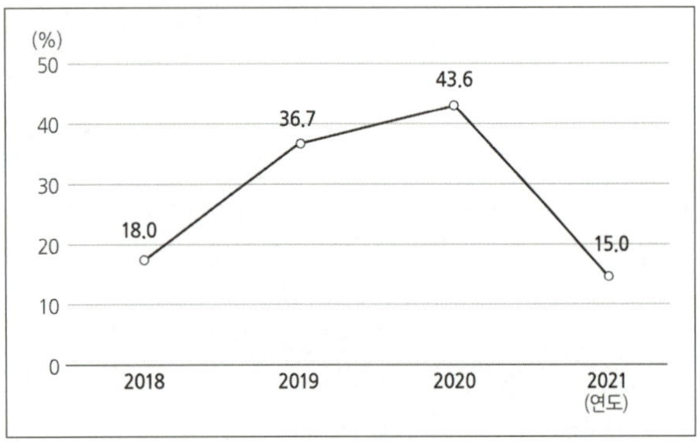

④ 연도별 B, C마을의 2인 이상 가구수와 1인 가구수 차이

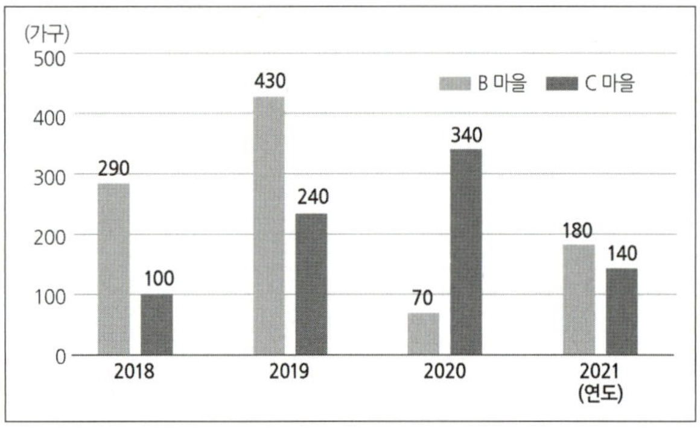

⑤ 연도별 D마을의 전년 대비 1인 가구수 증가율

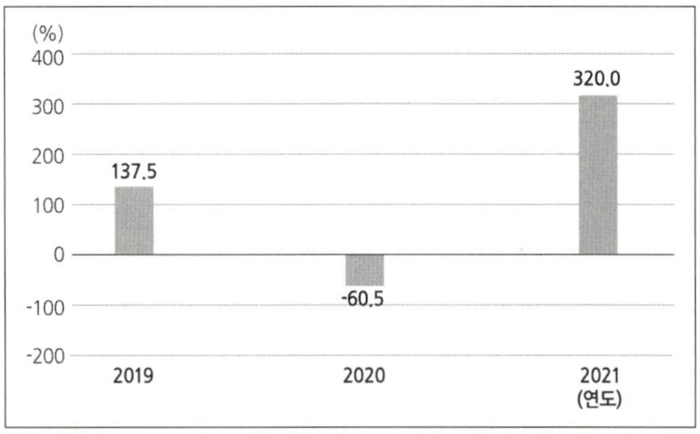

문 15. 다음 <표>는 2020년과 2021년 A~E국의 선행시간별 태풍예보 거리오차에 관한 자료이고, <보고서>는 '갑'국의 태풍예보 거리오차를 분석한 자료이다. 이를 근거로 판단할 때, A~E 중 '갑'국에 해당하는 국가는?

<표> 2020년과 2021년 A~E국의 선행시간별 태풍예보 거리오차

(단위: km)

선행시간	48시간		36시간		24시간		12시간	
국가 \ 연도	2020	2021	2020	2021	2020	2021	2020	2021
A	121	119	95	90	74	66	58	51
B	151	112	122	88	82	66	77	58
C	128	132	106	103	78	78	59	60
D	122	253	134	180	113	124	74	81
E	111	170	88	100	70	89	55	53

<보고서>

태풍예보 정확도 개선을 위해 지난 2년간의 '갑'국 태풍예보 거리오차를 분석하였다. 이때 선행시간 48시간부터 12시간까지 12시간 간격으로 예측한 태풍에 대해 거리오차를 계산하였고, 그 결과 다음과 같은 사실을 확인하였다.

첫째, 2020년과 2021년 모두 선행시간이 12시간씩 감소할수록 거리오차도 감소하였다. 둘째, 2021년의 거리 오차는 선행시간이 36시간, 24시간, 12시간일 때 각각 100km 이하였다. 셋째, 선행시간별 거리오차는 모두 2020년보다 2021년이 작았다. 마지막으로 2020년과 2021년 모두 선행시간이 12시간씩 감소하더라도 거리오차 감소폭은 30km 미만이었다.

① A
② B
③ C
④ D
⑤ E

문 16. 다음 <그림>과 <표>는 2016~2020년 '갑'국 대체육 분야의 정부 R&D 지원 규모에 관한 자료이다. 이에 대한 설명으로 옳은 것은?

<그림> 대체육 분야별 정부 R&D 지원 규모

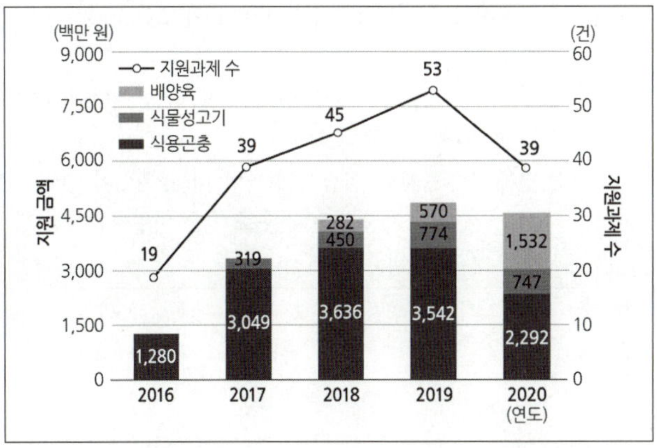

<표> 대체육 분야 연구유형별 정부 R&D 지원 금액

(단위: 백만 원)

분야	연구유형 \ 연도	2016	2017	2018	2019	2020
배양육	기초연구	-	-	-	8	972
	응용연구	-	-	67	( )	0
	개발연구	-	-	215	383	( )
	기타	-	-	-	40	0
식물성 고기	기초연구	-	-	-	-	100
	응용연구	-	78	130	221	70
	개발연구	-	241	320	553	577
	기타	-	-	-	-	-
식용 곤충	기초연구	( )	75	( )	209	385
	응용연구	250	1,304	1,306	1,339	89
	개발연구	836	1,523	1,864	1,915	( )
	기타	127	147	127	79	37
전체		1,280	3,368	4,368	4,886	4,571

※ 1) 대체육 분야는 배양육, 식물성고기, 식용곤충으로만 구분됨.
2) '-'는 지원이 시작되지 않았음을 나타내며, 식용곤충 분야는 2016년부터 지원이 시작되었음.

① 지원과제당 지원 금액은 2019년이 2017년보다 적다.
② 배양육 분야 지원 금액에서 응용연구 지원 금액이 차지하는 비중은 2018년이 2019년보다 크다.
③ 대체육 전체 지원 금액에서 식물성고기 분야 지원 금액이 차지하는 비중은 2017년이 2018년보다 크다.
④ 식용곤충 분야 기초연구 지원 금액은 2018년이 2016년의 5배 이상이다.
⑤ 모든 분야에서 개발연구 지원 금액은 지원이 시작된 이후 매년 증가하였다.

문 17. 다음 <표>는 2020년 기준 글로벌 전기차 시장 점유율 상위 10개 업체의 2015~2020년 전기차 판매량에 관한 자료이다. 이에 대한 <보고서>의 설명 중 옳은 것만을 모두 고르면?

<표> 2020년 기준 글로벌 전기차 시장 점유율 상위 10개 업체의 전기차 판매량 및 시장 점유율

(단위: 대, %)

업체 \ 연도	2015	2016	2017	2018	2019	2020
T사	43,840 (15.9)	63,479 (14.4)	81,161 (10.8)	227,066 (17.4)	304,353 (19.8)	458,385 (22.1)
G사	2,850 (1.0)	3,718 (0.8)	39,454 (5.2)	56,294 (4.3)	87,936 (5.7)	218,626 (10.6)
V사	5,190 (1.9)	12,748 (2.9)	18,424 (2.5)	24,093 (1.8)	69,427 (4.5)	212,959 (10.3)
R사	60,129 (21.8)	78,048 (17.7)	85,308 (11.3)	140,441 (10.8)	143,780 (9.4)	184,278 (8.9)
H사	1,364 (0.5)	6,460 (1.5)	26,841 (3.6)	53,138 (4.1)	98,737 (6.4)	146,153 (7.1)
B사	9,623 (3.5)	46,909 (10.6)	42,715 (5.7)	103,263 (7.9)	147,185 (9.6)	130,970 (6.3)
S사	412 (0.1)	1,495 (0.3)	10,490 (1.4)	34,105 (2.6)	52,547 (3.4)	68,924 (3.3)
P사	1,543 (0.6)	5,054 (1.1)	4,640 (0.6)	8,553 (0.7)	6,855 (0.4)	67,446 (3.3)
A사	-	-	-	15 (0.0)	40,272 (2.6)	60,135 (2.9)
W사	-	-	-	5,245 (0.4)	38,865 (2.5)	56,261 (2.7)

※ 괄호 안의 수치는 글로벌 전기차 시장에서 해당 업체의 판매량 기준 점유율임.

<보고서>

2020년 글로벌 전기차 시장에서 판매량 기준 업체별 순위는 T사, G사, V사, R사, H사 순이었다. ㉠ H사의 2020년 전기차 판매량은 2016년 대비 20배 이상이었으며, 시장 점유율은 7.1%였다. ㉡ H사의 전기차 판매량 순위는 2015년 7위에서 2016년 5위로 상승하였으며, 2019년에는 4위로 오른 후 2020년에 다시 5위를 기록하였다. T사는 2020년 약 45만 8천 대로 가장 많은 전기차를 판매한 업체였다. ㉢ T사의 전기차 판매량이 2016년 이후 전년 대비 가장 많이 증가한 해에는 시장 점유율도 전년 대비 가장 많이 증가하였다. 한편, G사는 2020년 약 21만 9천 대의 전기차를 판매하였는데, 이 중 81.4%인 약 17만 8천 대가 중국에서 판매되었다. V사는 2020년 다양한 모델을 출시하여 시장 점유율을 확대하였는데, ㉣ V사의 2020년 전기차 판매량은 전년 대비 14만 대 이상 증가하여 전기차 판매량 상위 10개 업체 중 판매량 증가율이 가장 높았다.

① ㄱ
② ㄱ, ㄴ
③ ㄱ, ㄹ
④ ㄴ, ㄷ
⑤ ㄴ, ㄷ, ㄹ

※ 다음 <표>는 2021년 '갑'기관에서 출제한 1차, 2차 면접 문제의 문항별 점수 및 반영률과 면접에 참여한 지원자 A~F의 면접 점수 및 결과를 나타낸 자료이다. 다음 물음에 답하시오. [문 18.~문 19.]

<표 1> '갑'기관의 면접 문항별 점수 및 반영률

구분 / 차수	평가 항목	문항 번호	문항 점수	기본 점수	명목 반영률	실질 반영률
1차	교양	1	20	10	(　)	0.17
		2	30	10	0.25	(　)
	전문성	3	30	20	(　)	(　)
		4	40	20	(　)	(　)
	합계		120	60	1.00	1.00
2차	창의성	1	20	10	0.22	(　)
	도전성	2	20	10	0.22	(　)
	인성	3	50	20	0.56	0.60
	합계		90	40	1.00	1.00

※ 1) 문항의 명목 반영률 = $\frac{\text{문항점수}}{\text{해당차수 문항점수의 합계}}$

2) 문항의 실질 반영률 = $\frac{\text{문항점수} - \text{기본점수}}{\text{해당차수 문항별(문항점수} - \text{기본점수)의 합계}}$

<표 2> 지원자 A~F의 면접 점수 및 결과

차수	1차					2차				종합 점수	결과
평가항목	교양		전문성		합계	창의성	도전성	인성	합계		
지원자 \ 문항번호	1	2	3	4		1	2	3			
A	18	26	30	38	112	20	18	46	84	(　)	(　)
B	20	28	28	38	114	18	20	46	84	93.0	합격
C	18	28	26	38	110	20	20	46	86	(　)	(　)
D	20	28	30	40	118	20	18	44	82	(　)	불합격
E	18	30	30	40	118	18	18	50	86	95.6	(　)
F	18	28	28	40	114	20	20	48	88	(　)	(　)

※ 1) 종합점수 = 1차 합계 점수 × 0.3 + 2차 합계 점수 × 0.7

2) 합격정원까지 종합점수가 높은 지원자부터 순서대로 합격시킴.

3) 지원자는 A ~ F뿐임.

문 18. 위 <표>에 근거하여 결과가 합격인 지원자를 종합점수가 높은 지원자부터 순서대로 모두 나열하면?

① E, F, B
② E, F, B, C
③ F, E, C, B
④ E, F, C, B, A
⑤ F, E, B, C, A

문 19. 위 <표>에 근거한 <보기>의 설명 중 옳은 것만을 모두 고르면?

<보 기>

ㄱ. 각 문항에서 명목 반영률이 높을수록 실질 반영률도 높다.
ㄴ. 1차 면접에서 문항별 실질 반영률의 합은 '교양'이 '전문성'보다 크다.
ㄷ. D가 1차 면접 2번 문항에서 1점을 더 받았다면, D의 결과는 합격이다.
ㄹ. 명목 반영률보다 실질 반영률이 더 높은 2차 면접 문항에서 지원자 중 가장 낮은 점수를 받은 지원자는 2차 합계 점수도 가장 낮다.

① ㄱ
② ㄹ
③ ㄱ, ㄹ
④ ㄴ, ㄷ
⑤ ㄷ, ㄹ

문 20. 다음 <표>는 2021년 12월 31일 기준 '갑'국 응급의료기관의 응급실 현황에 관한 자료이다. 이에 대한 설명으로 옳은 것은?

<표> 응급의료기관 유형별 응급실 현황

(단위: 개, 명)

구분 / 유형	응급의료기관 수	내원 환자 수	응급실 병상 수	응급실 전담 전문의 수	응급실 전담 간호사 수
전체	399	7,664,679	7,087	1,417	7,240
권역응급의료센터	35	1,540,393	1,268	318	1,695
지역응급의료센터	125	3,455,117	3,279	720	3,233
기초응급의료센터	239	2,669,169	2,540	379	2,312

※ 내원 환자 수는 2021년에 응급의료기관 응급실에 내원한 전체 환자 수임.

① 응급실 전담 전문의 1인당 응급실 전담 간호사 수가 가장 많은 응급의료기관 유형은 기초응급의료센터이다.
② 전체 응급의료기관당 응급실 전담 전문의 수는 4명 이상이다.
③ 내원 환자 수가 가장 많은 응급의료기관 유형과 응급의료기관당 응급실 전담 간호사 수가 가장 많은 유형은 동일하다.
④ 응급실 전담 전문의 1인당 내원 환자 수가 가장 적은 응급 의료기관 유형은 권역응급의료센터이다.
⑤ 응급실 병상당 내원 환자 수는 모든 응급의료기관 유형에서 각각 1,200명 이하이다.

문 21. 다음 <표>는 2016~2020년 '갑'국의 장기 기증 및 이식 현황에 관한 자료이다. 이에 대한 <보기>의 설명 중 옳은 것만을 모두 고르면?

<표> 연도별 장기 기증 및 이식 현황

(단위: 명, 건)

구분 \ 연도	2016	2017	2018	2019	2020
기증 희망자	926,009	1,036,916	1,140,808	1,315,132	1,438,665
뇌사 기증자	268	368	409	416	446
이식 대기자	18,189	21,861	22,695	26,036	24,607
이식 건수	3,133	3,797	3,990	3,814	3,901
뇌사자장기이식	1,108	1,548	1,751	1,741	1,818
생체이식	1,780	1,997	2,045	1,921	1,952
사후각막이식	245	252	194	152	131

<보 기>

ㄱ. 2017년 이후 뇌사 기증자 수의 전년 대비 증가율은 기증 희망자 수의 전년 대비 증가율보다 매년 높다.
ㄴ. 뇌사 기증자 1인당 뇌사자장기이식 건수는 매년 4건 이상이다.
ㄷ. 이식 대기자 수와 이식 건수는 연도별 증감 방향이 같다.
ㄹ. 이식 건수 중 생체이식 건수가 차지하는 비중은 매년 감소한다.

① ㄱ
② ㄱ, ㄴ
③ ㄴ, ㄹ
④ ㄷ, ㄹ
⑤ ㄴ, ㄷ, ㄹ

문 22. 다음 <표>는 '갑'국을 방문한 외국인 관광객을 관광객 국적에 따라 대륙별, 국가별로 정리한 자료이다. 이에 대한 <보기>의 설명 중 옳은 것만을 모두 고르면?

<표 1> '갑'국 방문 외국인 관광객의 대륙별 현황

(단위: 명)

대륙 \ 연도	2010	2015	2020
아시아	6,749,222	10,799,355	1,918,037
북미	813,860	974,153	271,487
유럽	645,753	806,438	214,911
대양주	146,089	168,064	30,454
아프리카	33,756	46,525	14,374
기타	408,978	439,116	69,855
전체	8,797,658	13,233,651	2,519,118

<표 2> '갑'국 방문 외국인 관광객의 주요 국가별 현황

(단위: 명)

국가 \ 연도	2010	2015	2020
일본	3,023,009	1,837,782	430,742
중국	1,875,157	5,984,170	686,430
미국	652,889	767,613	220,417

<보 기>

ㄱ. 2010년 대비 2015년 외국인 관광객 증가율은 '아프리카'가 '대양주'의 2배 이상이다.
ㄴ. 2015년 '일본'과 '중국' 관광객의 합은 같은 해 '아시아' 관광객의 75% 이상이다.
ㄷ. 2015년 대비 2020년 외국인 관광객 감소폭은 '북미'가 '유럽'보다 크다.
ㄹ. 2020년 전체 외국인 관광객 중 '미국' 관광객이 차지하는 비중은 8% 미만이다.

① ㄱ, ㄴ
② ㄱ, ㄷ
③ ㄱ, ㄹ
④ ㄴ, ㄷ
⑤ ㄴ, ㄹ

문 23. 다음 <표>는 5개 구간(A~E)의 교통수단별 소요시간 및 비용에 관한 자료이다. 이에 대한 설명으로 옳은 것은?

<표> 교통수단별 소요시간 및 비용

(단위: 분, 원)

구간	구분 \ 교통수단	고속열차	일반열차	고속버스	일반버스
A	소요시간	160	290	270	316
	비용	53,300	40,700	32,800	27,300
B	소요시간	181	302	245	329
	비용	48,600	39,300	29,300	26,500
C	소요시간	179	247	210	264
	비용	36,900	32,800	25,000	22,000
D	소요시간	199	287	240	300
	비용	41,600	37,800	29,200	25,400
E	소요시간	213	283	250	301
	비용	42,800	39,300	29,500	26,400

① C구간에서 비용이 35,000원 이하인 교통수단 중 소요시간당 비용이 가장 큰 교통수단은 고속버스이다.

② 고속열차와 일반버스 간 소요시간 차이가 가장 작은 구간과 고속열차와 일반버스 간 비용 차이가 가장 작은 구간은 동일하다.

③ 고속열차 이용 시 소요시간당 비용은 D구간이 E구간보다 작다.

④ 고속버스가 일반열차보다 소요시간과 비용이 모두 작은 구간은 4개이다.

⑤ A구간에서 교통수단 간 소요시간 차이가 클수록 비용 차이도 크다.

문 24. 다음 <표>는 A~D지역의 면적, 동 수 및 인구 현황에 관한 자료이다. <표>와 <조건>을 근거로 A~D에 해당하는 지역을 바르게 나열한 것은?

<표> A~D지역의 면적, 동 수 및 인구 현황

(단위: km^2, %, 개, 명)

지역 \ 구분	면적	구성비				동 수		행정동 평균 인구
		주거	상업	공업	녹지	행정동	법정동	
A	24.5	35.0	20.0	10.0	35.0	16	30	9,175
B	15.0	65.0	35.0	0.0	0.0	19	19	7,550
C	27.0	40.0	2.0	3.0	55.0	14	13	16,302
D	21.5	30.0	3.0	45.0	22.0	11	12	14,230

※ 1) 각 지역은 용도에 따라 주거, 상업, 공업, 녹지로만 구성됨.
2) 지역을 동으로 구분하는 방법에는 행정동 기준과 법정동 기준이 있음. 예를 들어, A지역의 동 수는 행정동 기준으로 16개이지만 법정동 기준으로 30개임.

<조 건>

○ 인구가 15만 명 미만인 지역은 '행복'과 '건강'이다.
○ 주거 면적당 인구가 가장 많은 지역은 '사랑'이다.
○ 행정동 평균 인구보다 법정동 평균 인구가 많은 지역은 '우정'이다.
○ 법정동 평균 인구는 '우정' 지역이 '행복' 지역의 3배 이상이다.

	A	B	C	D
①	건강	행복	사랑	우정
②	건강	행복	우정	사랑
③	사랑	행복	건강	우정
④	행복	건강	사랑	우정
⑤	행복	건강	우정	사랑

문 25. 다음 <표>는 '갑'국의 재난사고 발생 및 피해 현황에 관한 자료이다. 이를 이용하여 작성한 것으로 옳지 않은 것은?

<표 1> 재난사고 발생 현황

(단위: 건, 명)

유형	구분 \ 연도	2017	2018	2019	2020	2021
전체	발생건수	14,879	24,454	17,662	15,313	12,413
	피해인원	9,819	13,189	14,959	16,109	16,637
화재	발생건수	1,527	1,296	1,552	1,408	1,594
	피해인원	138	46	148	111	178
붕괴	발생건수	2	8	2	6	14
	피해인원	4	6	2	4	14
폭발	발생건수	6	2	2	5	3
	피해인원	3	1	3	1	6
도로교통사고	발생건수	12,805	23,115	13,960	12,098	9,581
	피해인원	9,536	13,097	14,394	14,560	15,419
기타	발생건수	539	33	2,146	1,796	1,221
	피해인원	138	39	412	1,433	1,020

※ '피해인원'은 재난사고로 인해 인적피해 또는 재산피해를 본 인원임.

<표 2> 재난사고 피해 현황

(단위: 명, 백만 원)

연도 \ 구분	인적피해		재산피해액
	사망	부상	
2017	234	8,352	14,629
2018	224	10,873	20,165
2019	222	12,435	52,654
2020	215	14,547	20,012
2021	292	14,637	40,981

※ 인적피해는 사망과 부상으로만 구분됨.

① 연도별 전체 재난사고 인적피해 중 부상 비율

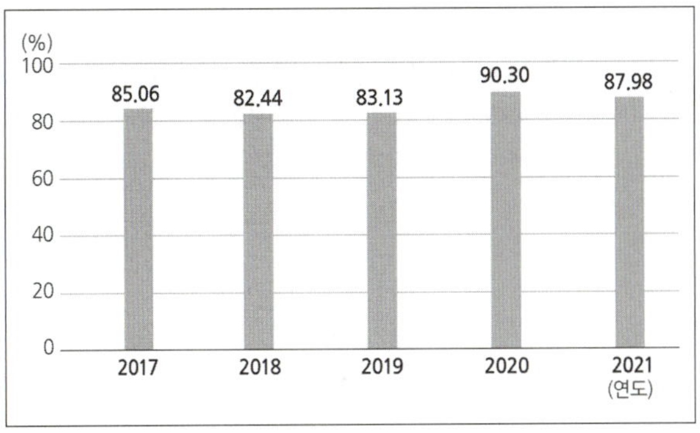

② 연도별 전체 재난사고 발생건수 및 피해인원

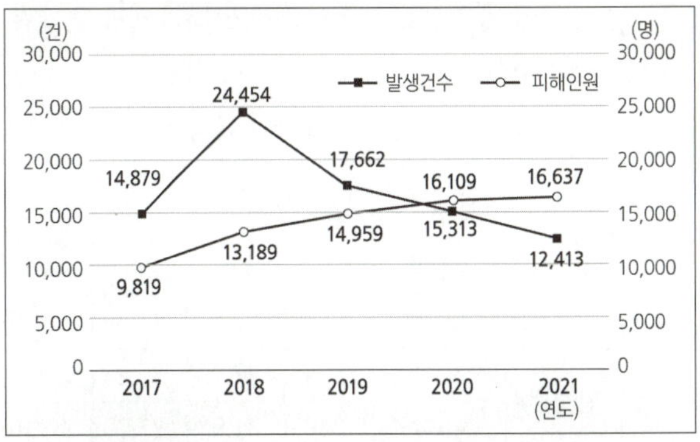

③ 연도별 전체 재난사고 발생건수 중 도로교통사고 발생건수 비중

(단위: %)

연도	2017	2018	2019	2020	2021
비중	86.06	94.52	79.04	79.00	77.19

④ 연도별 전체 재난사고 발생건수당 재산피해액

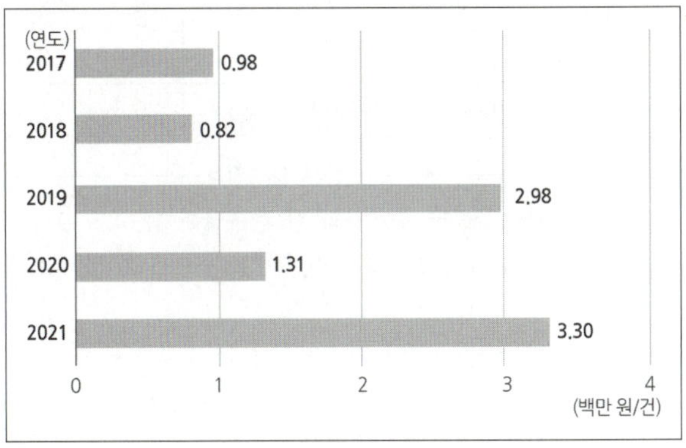

⑤ 연도별 화재 및 도로교통사고 발생건수당 피해인원

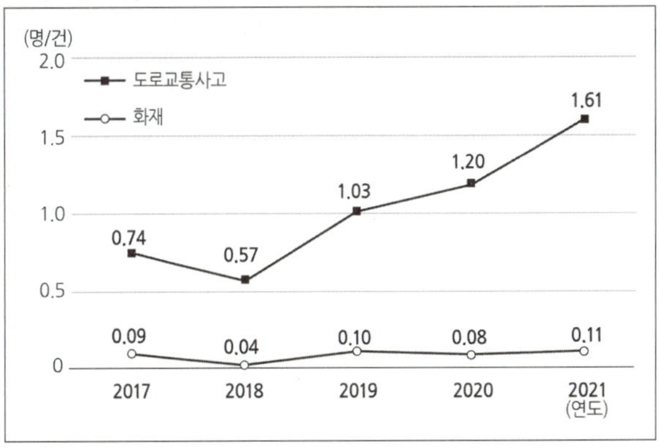

문 26. 다음 <표>는 2021년 A시 자녀장려금 수급자의 특성별 수급횟수를 조사한 자료이다. 이에 대한 <보기>의 설명 중 옳은 것만을 모두 고르면?

<표> 자녀장려금 수급자 특성별 수급횟수 비중

(단위: 명, %)

수급자 특성		수급자 수	수급횟수			
대분류	소분류		1회	2회	3회	4회 이상
연령대	20대 이하	8	37.5	25.0	0.0	37.5
	30대	583	37.2	30.2	19.0	13.6
	40대	347	34.9	27.7	23.9	13.5
	50대 이상	62	29.0	30.6	35.5	4.8
자녀수	1명	466	42.3	28.1	19.7	9.9
	2명	459	31.2	31.8	22.2	14.8
	3명	66	27.3	22.7	27.3	22.7
	4명 이상	9	11.1	11.1	44.4	33.3
주택보유 여부	무주택	732	35.0	29.5	22.0	13.5
	유주택	268	38.4	28.7	20.5	12.3
전체		1,000	35.9	29.3	21.6	13.2

<보 기>

ㄱ. 자녀장려금 수급자의 전체 수급횟수는 2,000회 이상이다.

ㄴ. 자녀장려금을 1회 수령한 수급자 수는 30대가 40대의 1.5배 이상이다.

ㄷ. 자녀수가 2명인 수급자의 자녀장려금 전체 수급횟수는 자녀수가 1명인 수급자의 자녀장려금 전체 수급횟수보다 많다.

ㄹ. 자녀장려금을 2회 이상 수령한 수급자 수는 무주택 수급자가 유주택 수급자의 2.5배 이상이다.

① ㄱ

② ㄷ, ㄹ

③ ㄱ, ㄴ, ㄷ

④ ㄱ, ㄴ, ㄹ

⑤ ㄴ, ㄷ, ㄹ

문 27. 다음 <표>는 2020년 11월 '갑'국의 도로종류 및 기상상태별 교통사고 현황에 관한 자료이다. 이에 대한 설명으로 옳은 것은?

<표> 2020년 11월 도로종류 및 기상상태별 교통사고 현황

(단위: 건, 명)

도로종류	구분 / 기상상태	발생건수	사망자수	부상자수
일반국도	맑음	1,442	32	2,297
	흐림	55	3	115
	비	83	6	134
	안개	24	3	38
	눈	29	0	51
지방도	맑음	1,257	26	1,919
	흐림	56	5	110
	비	73	2	104
	안개	14	1	18
	눈	10	0	20
고속국도	맑음	320	10	792
	흐림	14	1	23
	비	15	1	29
	안개	4	2	12
	눈	4	0	8

※ 1) 기상상태는 교통사고 발생시점을 기준으로 맑음, 흐림, 비, 안개, 눈 중 1가지로만 분류함.

2) 사상자수 = 사망자수 + 부상자수

① 각 도로종류에서 교통사고 발생건수 대비 사망자수 비율은 기상상태가 '안개'일 때 가장 높다.

② 각 도로종류에서 부상자수 대비 사망자수 비율은 기상상태가 '안개'일 때가 '맑음'일 때의 3배 이상이다.

③ 각 도로종류에서 기상상태가 '비'일 때와 '눈'일 때의 교통사고 발생건수 합은 해당 도로종류의 전체 교통사고 발생건수의 10% 이상이다.

④ 교통사고 발생건수당 사상자수가 2명을 초과하는 기상상태는 일반국도 1가지, 지방도 1가지, 고속국도 3가지이다.

⑤ 기상상태가 '흐림'일 때 교통사고 발생건수 대비 부상자수 비율은 일반국도가 지방도보다 낮다.

문 28. 다음 <표>는 '갑'국의 6~9월 무역지수 및 교역조건지수에 관한 자료이다. 이에 대한 <보기>의 설명 중 옳은 것만을 모두 고르면?

<표 1> 무역지수

구분 / 월	수출		수입	
	수출금액지수	수출물량지수	수입금액지수	수입물량지수
6	110.06	113.73	120.56	114.54
7	103.54	106.28	111.33	102.78
8	104.32	108.95	116.99	110.74
9	105.82	110.60	107.56	103.19

※ $\text{수출(입)물가지수} = \frac{\text{수출(입)금액지수}}{\text{수출(입)물량지수}} \times 100$

<표 2> 교역조건지수

구분 / 월	순상품교역조건지수	소득교역조건지수
6	91.94	( )
7	( )	95.59
8	( )	98.75
9	91.79	( )

※ 1) $\text{순상품교역조건지수} = \frac{\text{수출물가지수}}{\text{수입물가지수}} \times 100$

2) $\text{소득교역조건지수} = \frac{\text{수출물가지수} \times \text{수출물량지수}}{\text{수입물가지수}} \times 100$

<보 기>

ㄱ. 수출금액지수와 수출물량지수는 매월 상승한다.
ㄴ. 수출물가지수는 매월 90 이상이다.
ㄷ. 순상품교역조건지수는 매월 100 이하이다.
ㄹ. 소득교역조건지수는 9월이 6월보다 낮다.

① ㄱ, ㄴ
② ㄴ, ㄷ
③ ㄴ, ㄹ
④ ㄱ, ㄷ, ㄹ
⑤ ㄴ, ㄷ, ㄹ

문 29. 다음 <방법>은 2021년 '갑'국의 건물 기준시가 산정방법이고, <표>는 건물 A~E의 기준시가를 산정하기 위한 자료이다. 이에 근거하여 A~E 중 2021년 기준시가가 두 번째로 높은 건물을 고르면?

<방 법>

○ 기준시가 = 구조지수 × 용도지수 × 경과연수별잔가율 × 건물면적(m^2) × 100,000(원/m^2)

○ 구조지수

구조	지수
경량철골조	0.67
철골콘크리트조	1.00
통나무조	1.30

○ 용도지수

용도	대상건물	지수
주거용	단독주택	1.00
	아파트	1.10
상업용 및 업무용	여객자동차터미널	1.20
	청소년수련관	1.25
	관광호텔	1.50
	무도장	1.50

○ 경과연수별잔가율 = 1 − 연상각률 × (2021 − 신축연도)

용도	주거용	상업용 및 업무용
연상각률	0.04	0.05

※ 경과연수별잔가율 계산 결과가 0.1 미만일 경우에는 경과연수별잔가율을 0.1로 정함.

<표> 건물 A~E의 구조, 대상건물, 신축연도 및 건물면적

구분 / 건물	구조	대상건물	신축연도	건물면적(m^2)
A	철골콘크리트조	아파트	2016	125
B	경량철골조	여객자동차터미널	1991	500
C	철골콘크리트조	청소년수련관	2017	375
D	통나무조	관광호텔	2001	250
E	통나무조	무도장	2002	200

① A
② B
③ C
④ D
⑤ E

문 30. 다음 <표>는 2017년 기준 농림어업 생산액 상위 20개국의 GDP 및 농림어업 생산액에 관한 자료이다. 이에 대한 설명으로 옳지 않은 것은?

<표> 2017년 기준 농림어업 생산액 상위 20개국의 GDP 및 농림어업 생산액 현황

(단위: 십억 달러, %)

국가 \ 연도/구분	2017 GDP	2017 농림어업 생산액	2017 GDP 대비 비율	2012 GDP	2012 농림어업 생산액	2012 GDP 대비 비율
중국	12,237	( )	7.9	8,560	806	9.4
인도	2,600	( )	15.5	1,827	307	16.8
미국	( )	198	1.0	16,155	194	1.2
인도네시아	1,015	133	13.1	917	122	13.3
브라질	2,055	93	( )	2,465	102	( )
나이지리아	375	78	20.8	459	100	21.8
파키스탄	304	69	( )	224	53	( )
러시아	1,577	63	4.0	2,210	70	3.2
일본	4,872	52	1.1	6,230	70	1.1
터키	851	51	6.0	873	67	7.7
이란	454	43	9.5	598	45	7.5
태국	455	39	8.6	397	45	11.3
멕시코	1,150	39	3.4	1,201	38	3.2
프랑스	2,582	38	1.5	2,683	43	1.6
이탈리아	1,934	37	1.9	2,072	40	1.9
호주	1,323	36	2.7	1,543	34	2.2
수단	117	35	29.9	68	22	32.4
아르헨티나	637	35	5.5	545	31	5.7
베트남	223	34	15.2	155	29	18.7
스페인	1,311	33	2.5	1,336	30	2.2
전세계	80,737	3,351	4.2	74,993	3,061	4.1

① 2017년 농림어업 생산액 상위 5개국 중, 농림어업 생산액의 GDP 대비 비율이 전세계보다 낮은 국가는 미국뿐이다.
② 2017년 농림어업 생산액 상위 3개국의 GDP 합은 전세계 GDP의 50% 이상이다.
③ 2017년 농림어업 생산액 상위 20개국 중, 2012년 대비 2017년 농림어업 생산액의 GDP 대비 비율이 증가한 국가는 모두 2012년 대비 2017년 GDP가 감소하였다.
④ 2017년 농림어업 생산액은 중국이 인도의 2배 이상이다.
⑤ 파키스탄은 농림어업 생산액의 GDP 대비 비율이 2012년 대비 2017년에 감소하였다.

문 31. 다음 <보고서>는 '갑'국 아동 및 청소년의 성별 스마트폰 과의존위험군에 관한 자료이고, <표>는 A~E국의 스마트폰 과의존위험군 비율에 관한 자료이다. <보고서>의 내용을 근거로 판단할 때, A~E 중 '갑'국에 해당하는 국가는?

<보고서>

'갑'국은 전체 아동과 청소년 중 스마트폰 과의존위험군 비율을 조사하여 스마트폰 과의존위험군을 위험의 정도에 따라 고위험군과 잠재위험군으로 구분했다. '갑'국의 아동은 남자가 여자보다 고위험군과 잠재위험군 비율이 모두 높았으나, 청소년은 반대로 여자가 남자보다 모든 위험군에서 비율이 높았다.

다음으로, 남자와 여자 모두 아동에 비해 청소년의 과의존위험군 비율이 높았다. 아동의 경우 남자와 여자 각각 과의존위험군 비율이 20%에서 25% 사이이지만, 청소년의 경우 남자와 여자의 과의존위험군 비율은 각각 25%를 초과했다.

아동과 청소년 간 과의존위험군 비율 차이는 남자보다 여자가 컸지만, 여자의 해당 비율 차이는 10%p 이하였다. 잠재위험군 비율에서 아동과 청소년 간 차이는 남자가 5%p 이하였으나, 여자는 7%p 이상이었다.

<표> A~E국 아동 및 청소년의 성별 스마트폰 과의존위험군 비율 현황

(단위: %)

구분	성별	위험군 \ 국가	A	B	C	D	E
아동	남자	고위험	2.1	2.3	2.2	2.6	2.2
		잠재위험	20.1	20.0	20.2	21.3	21.2
	여자	고위험	2.0	2.2	1.8	2.0	2.4
		잠재위험	18.1	19.8	17.5	19.9	18.8
청소년	남자	고위험	3.1	3.3	3.2	3.6	3.2
		잠재위험	24.7	25.3	24.8	25.5	25.1
	여자	고위험	4.1	3.9	3.8	4.0	3.5
		잠재위험	28.2	28.1	25.2	27.4	27.7

① A
② B
③ C
④ D
⑤ E

문 32. 다음 <그림>과 <표>는 2021년 '갑'국 생물 갈치와 냉동 갈치의 유통구조 및 물량 현황에 관한 자료이다. 이에 대한 <보기>의 설명 중 옳은 것만을 모두 고르면?

<그림 1> 생물 갈치의 유통구조 및 물량비율

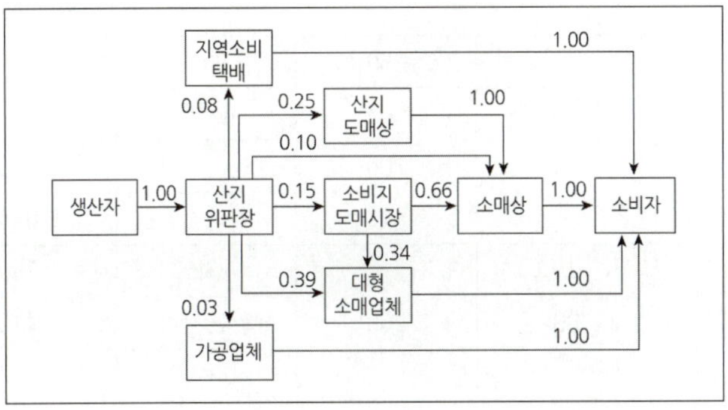

<그림 2> 냉동 갈치의 유통구조 및 물량비율

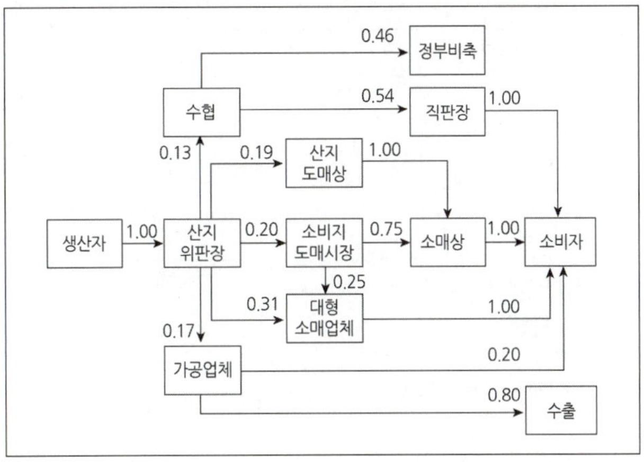

※ 유통구조 내 수치는 물량비율 (= 다음 유통경로에 전달되는 유통물량 / 해당 유통경로에 투입되는 유통물량)을 의미함. 예를 들어, 가 →(0.20) 나는 해당 유통경로 '가'에 100톤의 유통물량이 투입되면 이 중 20톤(= 100톤 × 0.20)의 유통물량이 다음 유통경로 '나'에 전달되어 투입됨을 의미함.

<표> 생산자가 공급한 생물 갈치와 냉동 갈치의 물량

(단위: 톤)

구분	생물 갈치	냉동 갈치
물량	42,100	7,843

<보 기>

ㄱ. '생산자'가 공급한 냉동 갈치 물량의 85% 이상이 유통구조를 거쳐 '소비자'에게 전달되었다.

ㄴ. '소매상'을 통해 유통된 물량은 생물 갈치가 냉동 갈치의 6배 이상이다.

ㄷ. '대형소매업체'를 통해 유통된 생물 갈치와 냉동 갈치 물량의 합은 20,000톤 미만이다.

ㄹ. 2022년 냉동 갈치 '수출' 물량이 2021년보다 60% 증가한다면, 2022년 냉동 갈치 '수출' 물량은 2021년 '소비지 도매시장'을 통해 유통된 냉동 갈치 물량보다 많다.

① ㄱ, ㄴ
② ㄱ, ㄷ
③ ㄴ, ㄹ
④ ㄷ, ㄹ
⑤ ㄴ, ㄷ, ㄹ

문 33. 다음 <표>는 총 100회 개최된 사내 탁구대회에 매회 모두 참가한 사원 A, B, C의 라운드별 승률에 관한 자료이다. <표>와 <탁구대회 운영방식>에 근거한 <보기>의 설명 중 옳은 것만을 모두 고르면?

<표> 사원 A, B, C의 사내 탁구대회 라운드별 승률

(단위: %)

사원 \ 라운드	16강	8강	4강	결승
A	80.0	100.0	( )	( )
B	100.0	90.0	( )	( )
C	96.0	87.5	( )	( )

<탁구대회 운영방식>

○ 매회 사내 탁구대회는 16강, 8강, 4강, 결승 순으로 라운드가 치러지고, 라운드별 경기 승자만 다음 라운드에 진출하며, 결승 라운드 승자가 우승한다.
○ 매회 16명이 대회에 참가하고, 각 라운드에서 참가자는 한 경기만 치른다.
○ 모든 경기는 참가자 1 : 1 방식으로 진행되며 무승부는 없다.

<보 기>

ㄱ. 사원 A, B, C 중 4강에 많이 진출한 사원부터 순서대로 나열하면 B, A, C 순이다.

ㄴ. A가 8번 우승했다면, A의 결승 라운드 승률 최솟값은 10%이다.

ㄷ. 16강에서 A와 B 간 또는 B와 C 간 경기가 있었던 대회 수는 24회 이하이다.

ㄹ. 사원 A, B, C가 모두 4강에 진출한 대회 수는 50회 이상이다.

① ㄱ, ㄷ
② ㄴ, ㄷ
③ ㄴ, ㄹ
④ ㄱ, ㄴ, ㄷ
⑤ ㄴ, ㄷ, ㄹ

문 34. 다음 <그림>은 '갑'국의 급수 사용량과 사용료에 관한 자료이다. 이에 대한 <보기>의 설명 중 옳은 것만을 모두 고르면?

<그림 1> 2016~2021년 연간 급수 사용량

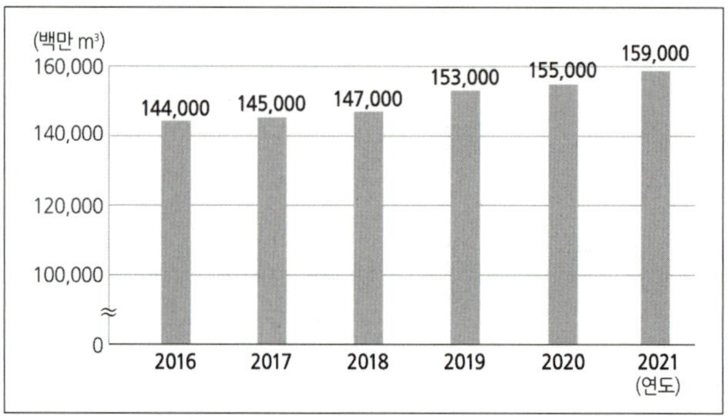

<그림 2> 2021년 용도별 급수 사용량과 사용료

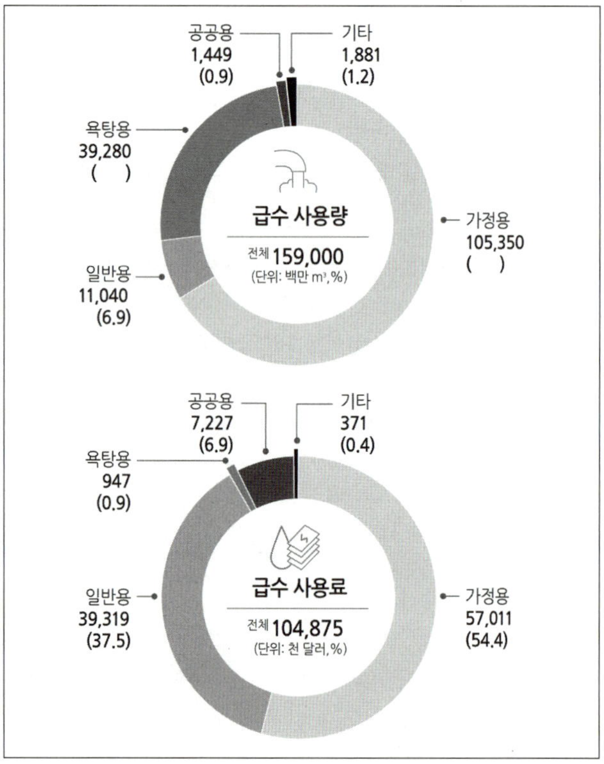

※ 1) 괄호 안의 수치는 전체에서 해당 용도가 차지하는 비중임.

2) 용도별 급수단가(달러/m³) = $\frac{\text{용도별 급수 사용료}}{\text{용도별 급수 사용량}}$

<보 기>

ㄱ. 2018년 이후 급수 사용량의 전년 대비 증가율은 매년 감소한다.

ㄴ. 2021년 급수 사용량의 60% 이상이 가정용이다.

ㄷ. 2016년 용도별 급수 사용량의 구성비와 용도별 급수단가가 2021년과 동일하다면, 2016년 전체 급수 사용료는 1억 달러 이상이다.

ㄹ. 2021년 공공용 급수단가는 가정용 급수단가의 9배 이상이다.

① ㄱ, ㄷ
② ㄴ, ㄷ
③ ㄴ, ㄹ
④ ㄱ, ㄷ, ㄹ
⑤ ㄴ, ㄷ, ㄹ

문 35. 다음 <표>는 A지역 아파트 분양 청약 및 경쟁률에 관한 자료이다. <표>와 <청약 및 추첨 방식>을 근거로 판단할 때, (가)에 해당하는 값은?

<표 1> A지역 아파트 분양 청약 결과

(단위: 세대, 명)

택형	공급세대수	청약자 주소지	청약자수
84	100	A지역	600
		인근지역	420
		기타지역	5,020
99	200	A지역	800
		인근지역	440
		기타지역	4,840

<표 2> A지역 아파트 추첨 단계별 경쟁률

(단위: 세대)

택형	공급세대수	청약자 주소지	청약자수
84	100	1단계	30
		2단계	(가)
		3단계	100
99	200	1단계	(나)
		2단계	30
		3단계	50

※ (해당 단계) 경쟁률 = $\frac{\text{(해당 단계) 추첨 대상 청약자수}}{\text{(해당 단계) 당첨자수}}$

<청약 및 추첨 방식>

○ 청약자는 한 개의 택형에만 청약이 가능함.
○ 청약자 주소지에 의해 'A지역', '인근지역', '기타지역'으로 접수됨.
○ 84택형과 99택형의 추첨 방식은 동일함.
○ 다음 단계에 따라 택형별 당첨자를 뽑음.
- (1단계) 'A지역' 청약자 중 해당 택형 공급세대수의 (다) %를 뽑은 후,
- (2단계) 1단계에서 당첨되지 않은 'A지역' 청약자와 '인근지역' 청약자 중 해당 택형 공급세대수의 (라) %를 뽑고,
- (3단계) 마지막으로 1~2단계에서 당첨되지 않은 청약자와 '기타지역' 청약자 중 해당 택형의 남은 공급세대수만큼 당첨자를 뽑음.

① 20
② 50
③ 60
④ 75
⑤ 80

문 36. 다음 <표>는 '갑'국 국민 4,000명을 대상으로 공동인증서 비밀번호 변경주기를 조사한 자료이다. 이에 대한 <보기>의 설명 중 옳은 것만을 모두 고르면?

<표> 공동인증서 비밀번호 변경주기 조사 결과

(단위: 명, %)

구분		대상자 수	변경하였음					변경하지 않았음
				1년 초과	6개월 초과 1년 이하	3개월 초과 6개월 이하	3개월 이하	
전체		4,000	70.0	30.9	21.7	10.5	6.9	29.7
성별	남성	2,059	70.5	28.0	23.2	11.7	7.6	29.1
	여성	1,941	69.5	34.0	20.1	9.2	6.2	30.3
연령대	15~19세	367	55.0	22.9	12.5	12.0	7.6	45.0
	20대	702	67.7	32.5	17.0	9.5	8.7	32.3
	30대	788	74.7	33.8	20.4	11.9	8.6	24.5
	40대	922	71.0	29.5	25.1	10.1	6.4	28.5
	50대 이상	1,221	72.0	31.6	25.5	10.0	4.9	27.8
직업	전문직	691	70.3	28.7	23.7	11.4	6.5	29.2
	사무직	1,321	72.7	30.8	23.1	11.6	7.3	26.7
	판매직	374	74.3	32.4	22.2	11.5	8.3	25.4
	기능직	242	73.1	29.8	25.6	9.1	8.7	26.9
	농림어업직	22	81.8	13.6	31.8	18.2	18.2	18.2
	학생	611	58.9	27.5	12.8	11.0	7.7	41.1
	전업주부	506	73.5	36.4	24.5	7.5	5.1	26.5
	기타	233	63.5	35.6	19.3	6.0	2.6	36.1

※ 항목별로 중복응답은 없으며, 전체 대상자 중 무응답자는 12명임.

<보 기>

ㄱ. 변경주기가 1년 이하인 응답자수는 남성이 여성보다 많다.

ㄴ. 전체 무응답자 중 '사무직' 남성은 2명 이상이다.

ㄷ. 20대 응답자 중 변경주기가 6개월 이하인 비율은 40대 응답자 중 변경주기가 6개월 이하인 비율보다 높다.

ㄹ. 비밀번호를 변경한 응답자 중 변경주기가 1년 초과인 응답자수는 '학생'이 '전업주부'보다 많다.

① ㄱ, ㄷ

② ㄱ, ㄹ

③ ㄴ, ㄹ

④ ㄱ, ㄴ, ㄷ

⑤ ㄴ, ㄷ, ㄹ

문 37. 다음 <표>는 '갑'국 소프트웨어 A~C의 개발에 관한 자료이다. <표>와 <개발비 및 생산성지수 산정 방식>에 근거한 <보기>의 설명 중 옳은 것만을 모두 고르면?

<표 1> 소프트웨어 A~C의 기능유형별 기능 개수

(단위: 개)

기능 유형 / 소프트웨어	내부논리 파일	외부연계 파일	외부입력	외부출력	외부조회
A	10	5	5	10	4
B	15	4	6	7	3
C	3	2	4	6	5

<표 2> 기능유형별 가중치

기능유형	내부논리 파일	외부연계 파일	외부입력	외부출력	외부조회
가중치	7	5	4	5	3

<표 3> 소프트웨어 A~C의 보정계수, 이윤 및 공수

구분 / 소프트웨어	보정계수				이윤 (%)	공수
	규모계수	언어계수	품질 및 특성계수	애플리케이션 유형계수		
A	0.8	2.0	0.2	2.0	20	20
B	1.0	1.0	1.2	3.0	10	30
C	0.8	2.0	1.2	1.0	20	10

※ 공수는 1인의 개발자가 1개월 동안 일하는 노력의 양(man-month)을 의미함.

<개발비 및 생산성지수 산정 방식>

○ 개발비 = 개발원가 + 개발원가 × 이윤

○ 개발원가 = 기준원가 × 보정계수

○ 기준원가 = 기능점수 × 50만 원

○ 보정계수 = 규모계수 × 언어계수 × 품질 및 특성계수 × 애플리케이션유형계수

○ 기능점수는 각 기능유형별 기능 개수에 해당 기능유형별 가중치를 곱한 값의 합으로 계산됨.

○ 생산성지수 = $\frac{\text{기능점수}}{\text{공수}}$

<보 기>

ㄱ. 기능점수는 B가 가장 높고 C가 가장 낮다.

ㄴ. 기준원가가 가장 낮은 소프트웨어와 개발비가 가장 적은 소프트웨어는 동일하다.

ㄷ. 개발원가와 기준원가의 차이는 B가 C의 5배 이상이다.

ㄹ. 기능점수가 가장 높은 소프트웨어가 생산성지수도 가장 크다.

① ㄱ, ㄴ

② ㄱ, ㄷ

③ ㄱ, ㄹ

④ ㄴ, ㄷ

⑤ ㄴ, ㄹ

※ 다음 <표>는 A~J팀으로만 구성된 '갑'야구리그에 관한 자료이다. 다음 물음에 답하시오. [문 38.~문 39.]

<표 1> A~J팀의 8월 15일 기준 순위 및 기록

순위	팀	전체 경기수	승수	패수	무승부 수	승률(%)	승차	최근 연속 승패 기록	최근 10경기 기록
1	A	99	61	37	1	62.24	0.0	3패	4승 6패
2	B	91	55	34	2	61.80	1.5	1패	6승 4패
3	C	98	54	43	1	55.67	6.5	1패	4승 6패
4	D	100	49	51	0	49.00	( )	1승	4승 6패
5	E	99	48	50	1	48.98	13.0	1패	8승 2패
6	F	97	46	51	0	47.42	14.5	1승	3승 7패
7	G	97	43	51	3	45.74	16.0	1승	6승 4패
8	H	96	43	52	1	45.26	16.5	3승	7승 3패
9	I	96	41	54	1	43.16	18.5	2승	4승 6패
10	J	95	38	55	2	40.86	20.5	2패	4승 6패

※ 1) 일자별 팀 순위 및 기록은 해당일 경기를 포함한 모든 경기결과를 반영한 값이며, 팀 순위는 승률이 높은 순서로 정함.
2) 각 팀은 최근 10일 동안 매일 한 경기씩 참여하였고, 매 경기는 시작 당일에 종료됨.
3) $\text{승률(\%)} = \frac{\text{승수}}{\text{승수} + \text{패수}} \times 100$
4) $\text{승차} = \frac{(\text{1위 팀 승수} - \text{해당 팀 승수}) - (\text{1위 팀 패수} - \text{해당 팀 패수})}{2}$

<표 2> A~J팀의 8월 16일 기준 최근 연속 승패 기록

팀	A	B	C	D	E	F	G	H	I	J
최근 연속 승패 기록	4패	1승	2패	2승	1승	2승	1패	4승	1패	3패

문 38. 위 <표>를 근거로 판단한 내용으로 옳지 않은 것은?

① 8월 15일 기준 D팀의 승차는 13.0이다.
② 8월 5일 기준 승차 대비 8월 15일 기준 승차가 가장 많이 증가한 팀은 F이다.
③ 8월 12일 경기에서 A팀이 승리하였다.
④ 8월 13일 기준 E팀과 I팀의 승차 합은 35.0이다.
⑤ 8월 15일 기준 최근 연속 승수가 가장 많은 팀과 최근 10경기 승률이 가장 높은 팀은 다르다.

문 39. 위 <표>에 대한 <보기>의 설명 중 옳은 것만을 모두 고르면?

<보 기>

ㄱ. 8월 15일과 8월 16일 경기의 승패 결과가 동일한 팀은 5개이다.
ㄴ. 8월 16일 기준 7위 팀은 H이다.
ㄷ. 8월 16일 기준 승차가 음수인 팀이 있다.
ㄹ. 8월 16일 기준 4위 팀 승차와 5위 팀 승차는 동일하다.

① ㄱ, ㄹ
② ㄴ, ㄷ
③ ㄴ, ㄹ
④ ㄱ, ㄴ, ㄷ
⑤ ㄴ, ㄷ, ㄹ

문 40. 다음 <표>는 2018~2020년 프랜차이즈 기업 A~E의 가맹점 현황에 관한 자료이다. 이에 대한 <보기>의 설명 중 옳은 것만을 모두 고르면?

<표 1> 2018~2020년 기업 A~E의 가맹점 신규개점 현황

(단위: 개, %)

기업 \ 구분·연도	신규개점 수			신규개점률	
	2018	2019	2020	2019	2020
A	249	390	357	31.1	22.3
B	101	89	75	9.5	7.8
C	157	110	50	12.6	5.7
D	93	233	204	35.7	24.5
E	131	149	129	27.3	19.3

※ $\text{해당 연도 신규개점률(\%)} = \frac{\text{해당 연도 신규개점 수}}{\text{전년도 가맹점 수} + \text{해당 연도 신규개점 수}} \times 100$

<표 2> 2018~2020년 기업 A~E의 가맹점 폐점 수 현황

(단위: 개)

기업 \ 연도	2018	2019	2020
A	11	12	21
B	27	53	140
C	24	39	70
D	55	25	64
E	4	8	33

※ 해당 연도 가맹점 수 = 전년도 가맹점 수 + 해당 연도 신규개점 수 − 해당 연도 폐점 수

<보 기>

ㄱ. 2018년 C의 가맹점 수는 800개 이상이다.
ㄴ. 2019년에 비해 2020년 가맹점 수가 감소한 기업은 B와 C이다.
ㄷ. 2020년 가맹점 수는 E가 가장 적고, A가 가장 많다.
ㄹ. 2018년 폐점 수 대비 신규개점 수의 비율은 D가 가장 낮고, A가 가장 높다.

① ㄱ, ㄴ
② ㄱ, ㄷ
③ ㄴ, ㄷ
④ ㄴ, ㄹ
⑤ ㄷ, ㄹ

문 1. 다음 글을 근거로 판단할 때 옳은 것은?

제00조 ① 자신의 생명 또는 신체상의 위험을 무릅쓰고 급박한 위해에 처한 다른 사람의 생명·신체 또는 재산을 구하기 위한 구조행위로서 다음 각 호의 어느 하나의 경우에 대해서는 이 법을 적용한다. 다만 자신의 행위로 인하여 위해에 처한 사람에 대하여 구조행위를 하다가 사망하거나 부상을 입은 행위는 제외한다.

1. 범죄행위를 제지하거나 그 범인을 체포하다가 사망하거나 부상을 입은 경우
2. 운송수단의 사고로 위해에 처한 다른 사람의 생명·신체 또는 재산을 구하다가 사망하거나 부상을 입은 경우
3. 천재지변, 수난(水難), 화재 등으로 위해에 처한 다른 사람의 생명·신체 또는 재산을 구하다가 사망하거나 부상을 입은 경우
4. 물놀이 등을 하다가 위해에 처한 다른 사람의 생명 또는 신체를 구하다가 사망하거나 부상을 입은 경우

② 의사자(義死者)란 직무 외의 행위로서 구조행위를 하다가 사망하여 □□부장관이 의사자로 인정한 사람을 말한다.

③ 의상자(義傷者)란 직무 외의 행위로서 구조행위를 하다가 신체상의 부상을 입어 □□부장관이 의상자로 인정한 사람을 말한다.

제00조 ① 국가는 의사자·의상자가 보여준 살신성인의 숭고한 희생정신과 용기가 항구적으로 존중될 수 있도록 서훈(敍勳)을 수여하는 등 필요한 조치를 할 수 있다.

② 국가와 지방자치단체는 의사자를 추모하고 숭고한 뜻을 기리기 위한 동상 및 비석 등의 기념물을 설치하는 기념 사업을 수행할 수 있다.

③ 국가는 다음 각 호의 기준에 따라 의상자 및 의사자 유족에게 보상금을 지급한다.

1. 의상자의 경우에는 그 본인에게 지급한다.
2. 의사자의 경우에는 그 배우자, 자녀, 부모, 조부모, 형제자매의 순으로 지급한다. 이 경우 같은 순위의 유족이 2인 이상인 때에는 보상금을 같은 금액으로 나누어 지급한다.

※ 서훈: 공적의 등급에 따라 훈장을 내림.

① 의사자 甲에게 배우자와 자녀가 있는 경우, 보상금은 전액 배우자에게 지급된다.
② 지방자치단체는 의상자 乙에게 서훈을 수여하거나 동상을 설치하는 기념사업을 수행할 수 있다.
③ 소방관 丙이 화재 현장에 출동하여 화재를 진압하던 중 부상을 입은 경우, 丙은 의상자로 인정될 수 있다.
④ 물놀이를 하던 丁이 물에 빠진 애완동물을 구조하던 중 부상을 입은 경우, 丁은 의상자로 인정될 수 있다.
⑤ 운전자 戊가 자신이 일으킨 교통사고의 피해자를 구조하던 중 다른 차량에 치여 부상당한 경우, 戊는 의상자로 인정될 수 있다.

문 2. 다음 글을 근거로 판단할 때 옳은 것은?

제00조 ① 본인 또는 배우자, 직계혈족(이하 '본인 등'이라 한다)은 가족관계등록부의 기록사항에 관하여 발급할 수 있는 증명서(가족관계증명서, 기본증명서, 혼인관계증명서, 입양관계증명서, 친양자입양관계증명서 등)의 교부를 청구할 수 있고, 본인 등의 대리인이 청구하는 경우에는 본인 등의 위임을 받아야 한다. 다만 다음 각 호의 어느 하나에 해당하는 경우에는 본인 등이 아닌 경우에도 교부를 신청할 수 있다.

1. 국가 또는 지방자치단체가 직무상 필요에 따라 문서로 신청하는 경우
2. 소송·민사집행의 각 절차에서 필요한 경우
3. 다른 법령에서 본인 등에 관한 증명서를 제출하도록 요구하는 경우

② 제1항에도 불구하고 친양자입양관계증명서는 다음 각 호의 어느 하나에 해당하는 경우에 한하여 교부를 청구할 수 있다.

1. 친양자가 성년이 되어 신청하는 경우
2. 법원의 사실조회촉탁이 있거나 수사기관이 수사상 필요에 따라 문서로 신청하는 경우

③ 제1항 및 제2항에 따라 증명서의 교부를 청구하는 사람은 수수료를 납부하여야 하며, 증명서의 송부를 신청하는 경우에는 우송료를 따로 납부하여야 한다.

④ 본인 또는 배우자, 부모, 자녀는 가족관계등록부의 기록 사항 전부 또는 일부에 대하여 전자적 방법에 의한 열람을 청구할 수 있다. 다만 친양자입양관계증명서의 기록사항에 대하여는 친양자가 성년이 된 이후에만 청구할 수 있다.

① A의 직계혈족인 B가 A의 기본증명서 교부를 청구할 때에는 A의 위임을 받아야 한다.
② 본인의 입양관계증명서 교부를 청구한 C는 수수료와 우송료를 일괄 납부하여야 한다.
③ 지방자치단체는 직무상 필요에 따라 구두로 지역주민 D의 가족관계증명서 교부를 신청할 수 있다.
④ E의 자녀 F는 E의 혼인관계증명서의 기록사항에 대해 전자적 방법에 의한 열람을 청구할 수 있다.
⑤ 미성년자 G는 본인의 친양자입양관계증명서의 기록사항에 대해 전자적 방법에 의한 열람을 청구할 수 있다.

문 3. 다음 글과 <상황>을 근거로 판단할 때 옳은 것은?

제○○조 ① 소비자는 물품 등의 사용으로 인한 피해의 구제를 한국소비자원에 신청할 수 있다.
② 국가 · 지방자치단체 또는 소비자단체는 소비자로부터 피해구제의 신청을 받은 때에는 한국소비자원에 그 처리를 의뢰할 수 있다.
③ 사업자는 소비자로부터 피해구제의 신청을 받은 때에는 다음 각 호의 어느 하나에 해당하는 경우에 한하여 한국 소비자원에 그 처리를 의뢰할 수 있다.
1. 소비자로부터 피해구제의 신청을 받은 날부터 30일이 경과하여도 합의에 이르지 못하는 경우
2. 한국소비자원에 피해구제의 처리를 의뢰하기로 소비자와 합의한 경우

제□□조 ① 한국소비자원장은 피해구제신청사건을 처리함에 있어서 당사자 또는 관계인이 법령을 위반한 것으로 판단 되는 때에는 관계 기관에 이를 통보하고 적절한 조치를 의뢰하여야 한다. 다만 다음 각 호의 경우에는 그러하지 아니하다.
1. 피해구제신청사건의 당사자가 피해보상에 관한 합의를 하고 법령위반행위를 시정한 경우
2. 관계 기관에서 위법사실을 이미 인지 · 조사하고 있는 경우
② 한국소비자원장은 피해구제신청의 당사자에 대하여 피해보상에 관한 합의를 권고할 수 있다.

제△△조 한국소비자원장은 제○○조의 규정에 따라 피해 구제의 신청을 받은 날부터 30일 이내에 제□□조 제2항의 규정에 따른 합의가 이루어지지 아니하는 때에는 지체 없이 소비자분쟁조정위원회에 분쟁조정을 신청하여야 한다.

제◇◇조 한국소비자원의 피해구제 처리절차 중에 법원에 소를 제기한 당사자는 그 사실을 한국소비자원에 통보하여야 한다.

<상 황>

소비자 甲은 사업자 乙이 생산한 물품을 사용하다가 피해를 입었다. 이에 甲은 乙에게 피해구제를 신청하였다.

① 乙이 신청을 받은 날부터 30일이 지나도록 甲과 합의에 이르지 못한 경우, 乙은 한국소비자원에 그 처리를 의뢰할 수 있다.
② 甲과 乙이 한국소비자원에 피해구제의 처리를 의뢰하기로 합의한 경우, 乙은 30일 이내에 소비자분쟁조정위원회에 분쟁조정을 신청하여야 한다.
③ 한국소비자원이 甲의 피해구제 처리절차를 진행하는 중에는 甲은 해당 사건에 대해 법원에 소를 제기할 수 없다.
④ 한국소비자원장이 권고한 피해보상에 관한 합의가 甲과 乙 사이에 이루어지지 않은 경우, 한국소비자원장은 30일 이내에 소비자분쟁조정위원회에 분쟁조정을 신청하여야 한다.
⑤ 한국소비자원장은 피해구제신청사건을 처리함에 있어서 乙이 법령을 위반한 것으로 판단되면, 관계 기관에서 위법사실을 이미 인지 · 조사하고 있는 경우라도 관계 기관에 이를 통보하고 적절한 조치를 의뢰하여야 한다.

문 4. 다음 글과 <상황>을 근거로 판단할 때 옳은 것은?

제00조 ① 박물관에는 임원으로서 관장 1명, 상임이사 1명, 비상임이사 5명 이내, 감사 1명을 둔다.
② 감사는 비상임으로 한다.
③ 관장은 정관으로 정하는 바에 따라 □□부장관이 임면하고, 상임이사와 비상임이사 및 감사의 임면은 정관으로 정하는 바에 따른다.

제00조 ① 관장의 임기는 3년으로 하며, 1년 단위로 연임할 수 있다.
② 이사와 감사의 임기는 2년으로 하며, 1년 단위로 연임할 수 있다.
③ 임원의 사임 등으로 인하여 선임되는 임원의 임기는 새로 시작된다.
④ 관장은 박물관을 대표하고 그 업무를 총괄하며, 소속 직원을 지휘 · 감독한다.
⑤ 관장이 부득이한 사유로 직무를 수행할 수 없을 때에는 상임이사가 그 직무를 대행하고, 상임이사도 직무를 수행할 수 없을 때에는 정관으로 정하는 임원이 그 직무를 대행한다.

제00조 ① 박물관의 중요 사항을 심의 · 의결하기 위하여 박물관에 이사회를 둔다.
② 이사회는 의장을 포함한 이사로 구성하고 관장이 의장이 된다.
③ 이사회는 재적이사 과반수의 출석으로 개의하고, 재적 이사 과반수의 찬성으로 의결한다.
④ 감사는 직무와 관련하여 필요한 경우 이사회에 출석하여 발언할 수 있다.

제00조 ① 박물관의 임직원이나 임직원으로 재직하였던 사람은 그 직무상 알게 된 비밀을 누설하거나 도용하여서는 아니 된다.
② 제1항을 위반하여 직무상 알게 된 비밀을 누설하거나 도용한 사람은 2년 이하의 징역 또는 2천만 원 이하의 벌금에 처한다.

<상 황>

○○박물관에는 임원으로 이사인 관장 A, 상임이사 B, 비상임이사 C, D, E, F와 감사 G가 있다.

① A가 2년간 재직하다가 퇴직한 경우, 새로 임명된 관장의 임기는 1년이다.
② 이사회에 A, B, C, D, E가 출석한 경우, 그 중 2명이 반대하면 안건은 부결된다.
③ A가 부득이한 사유로 직무를 수행할 수 없을 때에는 G가 소속 직원을 지휘 · 감독한다.
④ B가 직무상 알게 된 비밀을 누설한 경우, 1년의 징역과 500만 원의 벌금에 처해질 수 있다.
⑤ ○○박물관 정관에 "관장은 이사, 감사를 임면한다."라고 규정되어 있는 경우, A는 G의 임기가 만료되면 H를 상임감사로 임명할 수 있다.

문 5. 다음 글과 <상황>을 근거로 판단할 때 옳은 것은?

19세 이상 주민(이하 '주민'이라 한다)은 지방자치단체에 조례의 제정·개정 및 폐지를 청구할 수 있다. 시·도와 인구 50만 이상 대도시에서는 주민 총수의 100분의 1 이상, 시·군 및 자치구에서는 주민 총수의 50분의 1 이상의 연서로 해당 지방자치단체의 장에게 조례를 제정하거나 개정 또는 폐지할 것을 청구할 수 있다. 이때 청구인 대표자는 조례의 제정안·개정안 및 폐지안(이하 '주민청구조례안'이라 한다)을 작성하여 제출해야 한다. 지방자치단체의 장은 청구를 받은 날부터 5일 이내에 그 내용을 공표하여야 하며, 공표한 날을 포함하여 10일간 청구인명부나 그 사본을 공개된 장소에서 누구나 열람할 수 있도록 해야 한다. 청구인명부의 서명에 관하여 이의가 있는 주민은 열람기간 동안 해당 지방자치단체의 장에게 이의를 신청할 수 있다. 지방자치단체의 장은 이의신청을 받으면 열람기간이 끝난 날의 다음 날부터 14일 이내에 그에 대해 심사·결정하고 그 결과를 당사자에게 알려야 한다.

지방자치단체의 장은 이의신청이 없는 경우 또는 이의 신청에 대해 그 결정이 끝난 경우 청구를 수리하고, 요건을 갖추지 못하였다면 청구를 각하한다. 지방자치단체의 장은 청구를 수리한 날을 포함하여 60일 이내에 주민청구조례안을 지방의회에 부의하여야 하며, 그 결과를 청구인 대표자에게 알려야 한다.

지방의회는 재적의원 3분의 1 이상의 출석으로 개의한다. 의결 사항은 재적의원 과반수의 출석과 출석의원 과반수의 찬성으로 의결한다.

<상 황>

○ □□도 A시의 인구는 30만 명이며, 19세 이상 주민은 총 20만 명이다.
○ A시 주민 甲은 청구인 대표자로 2022. 1. 3. ○○조례에 대한 개정을 청구했고, 이에 A시 시장 B는 같은 해 1. 5. 이를 공표하였다.
○ A시 의회 재적의원은 12명이다.

① A시에서 주민이 조례 개정을 청구하기 위해서는 최소 6,000명 이상의 연서가 필요하다.
② A시 주민이 甲의 조례 개정 청구인명부의 서명에 대해 이의를 신청할 수 있는 기간은 2022. 1. 14.까지이다.
③ A시 주민 乙이 2022. 1. 6. 청구인명부의 서명에 대해 이의를 신청했다면, B는 같은 해 1. 31.까지 그에 대한 심사·결정 결과를 당사자에게 통보해야 한다.
④ 甲의 조례 개정 청구가 2022. 2. 1. 수리되었다면, B는 같은 해 4. 2.까지 ○○조례 개정안을 A시 의회에 부의해야 한다.
⑤ A시 의회는 의원 3명의 참석으로 ○○조례 개정안에 대해 개의할 수 있다.

문 6. 다음 글을 근거로 판단할 때, <보기>에서 옳은 것만을 모두 고르면?

사람들은 관리자의 업무지시 능력이 뛰어난 작업장일수록 '업무실수 기록건수'가 적을 것이라고 생각한다. 이런 통념을 검증하기 위해 ○○공장의 8개 작업장을 대상으로 연구가 진행되었다. 각 작업장의 인력 구성과 업무량 등은 모두 동일했다. 업무실수 기록건수를 종속변수로 설정하고 6개월 동안 관련 자료를 꼼꼼히 조사하여 업무실수 기록건수 실태를 파악하였다. 또한 공장 구성원에 대한 설문조사와 인터뷰를 통해 관리자의 업무지시 능력, 근로자의 직무 만족도, 직장문화 등을 조사했다.

분석 결과 관리자의 업무지시 능력이 우수할수록, 근로자의 직무만족도가 높을수록 업무실수 기록건수가 많았다. 또한 근로자가 상급자의 실수 지적을 두려워하지 않고 자신의 실수를 인정하며 그것을 통해 학습하려는 직장문화에서는 업무실수 기록건수가 많았다. 반면 업무실수 기록건수가 적은 작업장에서는 근로자가 자신의 실수를 보고하면 상급자로부터 질타나 징계를 받을 것이라는 우려 때문에 가급적 실수를 감추었다.

<보 기>

ㄱ. 업무실수 기록건수가 많은 작업장에서는 실수를 통해 학습하려는 직장문화가 약할 것이다.
ㄴ. 업무실수 기록건수가 많다고 해서 근로자의 직무만족도가 낮은 것은 아닐 것이다.
ㄷ. 관리자의 업무지시 능력이 우수한 작업장일수록 업무 실수 기록건수가 적을 것이다.
ㄹ. 징계에 대한 우려가 약한 작업장보다 강한 작업장에서 업무실수 기록건수가 적을 것이다.

① ㄱ, ㄴ
② ㄱ, ㄷ
③ ㄴ, ㄷ
④ ㄴ, ㄹ
⑤ ㄷ, ㄹ

문 7. 다음 글과 <상황>을 근거로 판단할 때 옳은 것은?

한 지리학자는 임의의 국가에 분포하는 도시를 인구규모 순으로 배열할 때, 도시 순위와 인구규모 사이에 일정한 법칙이 존재한다는 것을 발견했다. 이를 도시의 순위규모 법칙이라고 부르며, 이에 따른 분포를 '순위규모분포'라고 한다. 순위규모분포가 나타나는 경우 인구규모 두 번째 도시의 인구는 인구규모가 가장 큰 도시인 수위도시 인구의 1/2이고, 세 번째 도시의 인구는 수위도시 인구의 1/3이 된다. 그 이하의 도시에도 동일한 규칙이 적용된다.

이와 달리 한 국가의 인구규모 1위 도시에 인구가 집중되는 양상이 나타나면 이를 '종주분포'라고 한다. 도시화가 전국적으로 진행되지 않은 나라에서는 인구규모 2위 이하의 도시에 비해 1위 도시의 인구규모가 훨씬 큰 종주분포 형태를 보인다. 이때 인구규모가 첫 번째인 도시를 종주 도시라고 부른다. 종주분포의 정도를 측정하는 척도로 종주도시지수가 사용된다. 종주도시지수는 '1위 도시의 인구 ÷ 2위 도시의 인구'로 나타낸다. 대체로 개발도상국의 경우 급속한 산업화로 종주도시로의 인구 집중이 현저하게 나타나기 때문에 종주도시지수가 높다.

<상 황>

○ 순위규모분포를 보이는 A국에서 인구규모 세 번째 도시의 인구는 200만 명이다.
○ 종주분포를 보이는 B국에서 인구규모 두 번째 도시의 인구는 200만 명이고 종주도시지수는 3.3이다.

① A국의 수위도시와 인구규모 두 번째 도시 간 인구의 차이는 300만 명이다.
② B국의 인구규모 세 번째 도시의 인구는 종주도시의 1/3이다.
③ B국의 종주도시 인구는 A국의 수위도시에 비해 40만 명 적다.
④ 인구규모 첫 번째 도시와 두 번째 도시의 인구 합은 A국이 B국보다 60만 명 더 많다.
⑤ A국과 B국의 인구규모 두 번째 도시 인구는 동일하다.

문 8. 다음 글을 근거로 판단할 때, 乙이 계산할 금액은?

甲~丁은 회전 초밥을 먹으러 갔다. 식사를 마친 후, 각자 먹은 접시는 각자 계산하기로 했다. 초밥의 접시당 가격은 다음과 같다.

<초밥의 접시당 가격>

(단위: 원)

빨간색 접시	1,500
파란색 접시	1,200
노란색 접시	2,000
검정색 접시	4,000

이들은 각각 3가지 색의 접시만 먹었으며, 각자 먹지 않은 접시의 색은 서로 달랐다. 이들이 먹은 접시 개수를 모두 세어 보니 빨간색 접시 7개, 파란색 접시 4개, 노란색 접시 8개, 검정색 접시 3개였다. 이들이 먹은 접시에 대한 정보는 다음과 같다.

○ 甲은 빨간색 접시 4개, 파란색 접시 1개, 노란색 접시 2개를 먹었다.
○ 丙은 乙보다 파란색 접시를 1개 더 먹었으며, 노란색 접시는 먹지 않았다.
○ 丁은 모두 6개의 접시를 먹었으며, 이 중 빨간색 접시는 2개였고 파란색 접시는 먹지 않았다.

① 7,200원
② 7,900원
③ 9,400원
④ 11,200원
⑤ 13,000원

문 9. 다음 글과 <상황>을 근거로 판단할 때, <보기>에서 옳은 것만을 모두 고르면?

甲: 수면무호흡증으로 고생하고 있는데 양압기를 사용하면 많이 개선된다고 들었어요. 건강보험 급여 적용을 받으면 양압기 대여료가 많이 저렴해진다던데 설명 좀 들을 수 있을까요?
乙: 급여 대상이 되려면 수면다원검사를 받으시고, 검사 결과 무호흡·저호흡 지수가 15 이상이면 돼요. 무호흡·저호흡 지수가 10 이상 15 미만이면 불면증·주간졸음·인지기능저하·기분장애 중 적어도 하나에 해당하면 돼요.
甲: 그러면 제가 부담하는 대여료는 얼마인가요?
乙: 일단 수면다원검사 결과 급여 대상에 해당하면 양압기 처방을 받으실 수 있어요. 양압기는 자동형과 수동형이 있는데 둘 중 하나를 선택해야 하고 중간에 바꿀 수는 없어요. 자동형의 기준금액은 하루에 3,000원이고 수동형은 하루에 2,000원이에요. 대여기간 중에는 사용 여부와 관계없이 대여료가 부과돼요. 처방일부터 최대 90일간 순응기간이 주어져요. 순응기간에는 기준금액 중 50%만 고객님이 부담하시면 되고, 나머지는 건강보험공단에서 저희 회사로 지급해요. 90일 기간 내에 연이은 30일 중 하루 4시간 이상 사용한 일수가 21일이 되면 그날로 순응기간이 종료돼요. 그러면 바로 그다음 날부터는 정식사용기간이 시작되어 기준금액의 20%만 고객님이 부담하시면 됩니다.

<상 황>

수면다원검사 결과 甲의 무호흡·저호흡 지수는 16이었다. 甲은 2021년 4월 1일 양압기 처방을 받고 그날 양압기를 대여받았다.

<보 기>

ㄱ. 甲은 불면증·주간졸음·인지기능저하·기분장애 증상이 없었더라도 양압기 처방을 받았을 것이다.
ㄴ. 甲이 2021년 4월 한 달 동안 부담한 양압기 대여료가 30,000원이라면, 甲은 수동형 양압기를 대여받았을 것이다.
ㄷ. 甲의 순응기간이 2021년 5월 21일에 종료되었다면, 甲은 해당 월에 양압기를 최소한 48시간 이상 사용하였을 것이다.
ㄹ. 甲이 자동형 양압기를 대여받았고 2021년 6월에 부담한 대여료가 36,000원이라면, 甲이 처방일부터 3개월간 부담한 총 대여료는 126,000원일 것이다.

① ㄱ, ㄷ
② ㄴ, ㄹ
③ ㄷ, ㄹ
④ ㄱ, ㄴ, ㄷ
⑤ ㄱ, ㄴ, ㄹ

문 10. 다음 글과 <상황>을 근거로 판단할 때, □□시가 A동물보호센터에 10월 지급할 경비의 총액은?

□□시는 관할구역 내 동물보호센터에 다음과 같은 기준으로 경비를 지급하고 있다.

○ 사료비

구분	무게	1일 사료 급여량	사료가격
개	10 kg 미만	300 g/마리	5,000원/kg
	10 kg 이상	600 g/마리	5,000원/kg
고양이	–	400 g/마리	5,000원/kg

○ 인건비
- 포획활동비(1일 1인당): 안전관리사 노임액(115,000원)
- 관리비(1일 1마리당): 안전관리사 노임액(115,000원)의 100분의 20

○ 주인이 유실동물을 찾아간 경우 동물보호센터가 주인에게 보호비를 징수한다. 보호비는 보호일수와 관계없이 1마리당 100,000원이다. 단, 3일 미만 보호 시 징수하지 않으며, 7일 이상 보호 시 50%를 가산한다.
○ □□시는 사료비와 인건비를 합한 금액에서 보호비를 공제한 금액을 다음 달에 경비로 지급한다.

<상 황>

○ □□시 소재 A동물보호센터가 9월 한 달간 관리한 동물의 일평균 마릿수는 다음과 같다.

개	10 kg 미만	10
	10 kg 이상	5
고양이	–	5

○ A동물보호센터는 9월 한 달간 1인을 8일 동안 포획활동에 투입하였다.
○ A동물보호센터에서 9월 한 달간 주인에게 반환된 유실동물의 마릿수는 다음과 같다.

보호일수	1일	2일	3일	4일	5일	6일	7일 이상
마릿수	2	3	1	1	2	0	2

① 1,462만 원
② 1,512만 원
③ 1,522만 원
④ 1,532만 원
⑤ 1,572만 원

IV
2022년도
상황판단

문 11. 다음 글과 <상황>을 근거로 판단할 때, A가 새로 읽기 시작한 350쪽의 책을 다 읽은 때는?

○ A는 특별한 일이 없는 경우 월~금요일까지 매일 시외버스를 타고 30분씩 각각 출근과 퇴근을 하며 밤 9시 이전에 집에 도착한다.
○ A는 대중교통을 이용할 때 책을 읽는다. 단, 시내버스에서는 책을 읽지 않고, 또 밤 9시가 넘으면 어떤 대중교통을 이용해도 책을 읽지 않는다.
○ A는 10분에 20쪽의 속도로 책을 읽는다. 다만 책의 1쪽부터 30쪽까지는 10분에 15쪽의 속도로 읽는다.

<상 황>

A는 이번 주 월~금요일까지 출퇴근을 했는데, 화요일에는 회사 앞에서 회식이 있어 밤 8시 30분에 시외버스를 타고 30분 후에 집 근처 정류장에 내려 퇴근했다. 수요일에는 오전 근무를 마치고 회의를 위해서 지하철로 20분 이동한 후 다시 시내버스를 30분 타고 회의 장소로 갔다. 회의가 끝난 직후 밤 9시 10분에 지하철을 40분 타고 퇴근했다. A는 200쪽까지 읽은 280쪽의 책을 월요일 아침 출근부터 이어서 읽었고, 그 책을 다 읽은 직후 곧바로 350쪽의 새로운 책을 읽기 시작했다.

① 수요일 회의 장소 이동 중
② 수요일 퇴근 중
③ 목요일 출근 중
④ 목요일 퇴근 중
⑤ 금요일 출근 중

문 12. 다음 글을 근거로 판단할 때, '사무관'을 옳게 암호화한 것은?

A암호화 방식은 단어를 <자모변환표>와 <난수표>를 이용하여 암호로 변환한다.

<자모변환표>

ㄱ	ㄲ	ㄴ	ㄷ	ㄸ	ㄹ	ㅁ	ㅂ	ㅃ	ㅅ	ㅆ	ㅇ	ㅈ	ㅉ	ㅊ	ㅋ	ㅌ	ㅍ	ㅎ	ㅏ
120	342	623	711	349	035	537	385	362	479	421	374	794	734	486	325	842	248	915	775
ㅐ	ㅑ	ㅒ	ㅓ	ㅔ	ㅕ	ㅖ	ㅗ	ㅘ	ㅙ	ㅚ	ㅛ	ㅜ	ㅝ	ㅞ	ㅟ	ㅠ	ㅡ	ㅢ	ㅣ
612	118	843	451	869	917	615	846	189	137	789	714	456	198	275	548	674	716	496	788

<난수표>

484496112135348641056095137458625153864418913…

○ 우선 암호화하고자 하는 단어의 자모를 초성(첫 자음자) - 중성(모음자) - 종성(받침) 순으로 나열하되, 종성이 없는 경우 초성 - 중성으로만 나열한다. 예를 들어 '행복'은 'ㅎㅐㅇㅂㅗㄱ'이 된다.
○ 그 다음 각각의 자모를 <자모변환표>에 따라 대응하는 세 개의 숫자로 변환한다. 예를 들어 '행복'은 '915612374385846120'으로 변환된다.
○ 변환된 숫자와 <난수표>의 숫자를 가장 앞의 숫자부터 순서대로 하나씩 대응시켜 암호 숫자로 바꾼다. 이때 암호 숫자는 그 암호 숫자와 변환된 숫자를 더했을 때 그 결과값의 일의 자리가 <난수표>의 대응 숫자와 일치하도록 하는 0~9까지의 숫자이다. 따라서 '행복'에 대한 암호문은 '579884848850502521'이다.

① 015721685634228562433
② 015721685789228562433
③ 905721575679228452433
④ 015721685789228805381472
⑤ 905721575679228795281472

문 13. 다음 글을 근거로 판단할 때, ㉠에 해당하는 것은?

> 甲: 혹시 담임 선생님 생신이 몇 월 며칠인지 기억나?
> 乙: 응, 기억하지. 근데 그건 왜?
> 甲: 내가 그날(월일)로 네 자리 일련번호를 설정했는데, 맨 앞 자리가 0이 아니었다는 것 말고는 도저히 기억이 나질 않아서 말이야.
> 乙: 그럼 내가 몇 가지 힌트를 줄게. 맞혀볼래?
> 甲: 좋아.
> 乙: 선생님 생신은 31일까지 있는 달에 있어.
> 甲: 고마워. 그다음 힌트는 뭐야?
> 乙: 선생님 생신의 일은 8의 배수야.
> 甲: 그래도 기억이 나질 않네. 힌트 하나만 더 줄 수 있어?
> 乙: 알았어. [㉠]
> 甲: 아! 이제 알았다. 고마워.

① 선생님 생신은 15일 이전이야.
② 선생님 생신의 일은 월의 배수야.
③ 선생님 생신의 일은 월보다 큰 수야.
④ 선생님 생신은 네 자리 모두 다른 수야.
⑤ 선생님 생신의 네 자리 수를 모두 더하면 9야.

문 14. 다음 글을 근거로 판단할 때, 다음 주 수요일과 목요일의 청소당번을 옳게 짝지은 것은?

> A~D는 다음 주 월요일부터 금요일까지 하루에 한 명씩 청소당번을 정하려고 한다. 청소당번을 정하는 규칙은 다음과 같다.
>
> ○ A~D는 최소 한 번씩 청소당번을 한다.
> ○ 시험 전날에는 청소당번을 하지 않는다.
> ○ 발표 수업이 있는 날에는 청소당번을 하지 않는다.
> ○ 한 사람이 이틀 연속으로는 청소당번을 하지 않는다.
>
> 다음은 청소당번을 정한 후 A~D가 나눈 대화이다.
>
> A: 나만 두 번이나 청소당번을 하잖아. 월요일부터 청소당번이라니!
> B: 미안. 내가 월요일에 발표 수업이 있어서 그날 너밖에 할 사람이 없었어.
> C: 나는 다음 주에 시험이 이틀 있는데, 발표 수업이 매번 시험 보는 날과 겹쳐서 청소할 수 있는 요일이 하루밖에 없었어.
> D: 그래도 금요일에 청소하고 가야 하는 나보다는 나을걸.

	수요일	목요일
①	A	B
②	A	C
③	B	A
④	C	A
⑤	C	B

IV 2022년도 상황판단

문 15. 다음 글과 <상황>을 근거로 판단할 때, <보기>에서 옳은 것만을 모두 고르면?

퍼스널컬러(personal color)란 개인의 머리카락, 눈동자, 피부색 등을 종합하여 본인에게 가장 어울리는 색상을 말한다. 퍼스널컬러는 크게 웜(warm)톤과 쿨(cool)톤으로 나눠지는데, 웜톤은 따스하고 부드러운 느낌의 색인 반면에 쿨톤은 차갑고 시원한 느낌의 색이다. 웜톤은 봄타입과 가을타입으로, 쿨톤은 여름타입과 겨울타입으로 세분화된다.

퍼스널컬러는 각 타입의 색상 천을 얼굴에 대봄으로써 찾을 수 있다. 가장 잘 어울리는 타입의 천을 얼굴에 댔을 때 얼굴빛이 화사해지고 이목구비가 또렷해 보인다. 이를 '형광등이 켜졌다'라고 표현한다.

<상 황>

네 명(甲~丁)이 퍼스널컬러를 알아보러 갔다. 각 타입(봄, 여름, 가을, 겨울)마다 색상 천은 밝은 색과 어두운 색이 있어서 총 8장이 있다. 하나의 색상 천을 네 명에게 동시에 대보고 형광등이 켜지는지 확인하였다. 얼굴에 대보는 색상 천의 순서는 다음과 같다.

1. 첫 번째에서 네 번째까지 밝은 색 천을 대보고 다섯 번째부터 여덟 번째까지 어두운 색 천을 대본다.
2. 웜톤 천과 쿨톤 천을 교대로 대보지만, 첫 번째로 대보는 천의 톤은 알 수 없다.

진단 결과, 甲, 乙, 丙, 丁은 서로 다른 타입의 퍼스널 컬러를 진단받았으며, 본인 타입의 천을 대보았을 때는 밝은 색과 어두운 색의 천 모두에서 형광등이 켜졌고, 그 외의 천을 대보았을 때는 형광등이 켜지지 않았다.

다음은 진단 후 네 명이 나눈 대화이다.

甲: 나는 가을타입이었어. 마지막 색상 천에서는 형광등이 켜지지 않았어.
乙: 나는 짝수 번째 천에서는 형광등이 켜진 적이 없어.
丙: 나는 乙이랑 타입은 다르지만 톤은 같아. 그리고 나한테 형광등이 켜진 색상 천 순서에 해당하는 숫자를 합해 보니까 6이야.
丁: 나는 밝은 색 천을 대보았을 때, 乙보다 먼저 형광등이 켜졌어.

<보 기>

ㄱ. 네 명의 타입을 모두 알 수 있다.
ㄴ. 丙은 첫 번째 색상 천에서 형광등이 켜졌다.
ㄷ. 색상 천을 대본 순서별로 형광등이 켜진 사람이 누구인지 알 수 있다.
ㄹ. 형광등이 켜진 색상 천 순서에 해당하는 숫자의 합은 丙을 제외한 세 명이 같다.

① ㄱ, ㄴ
② ㄱ, ㄷ
③ ㄴ, ㄹ
④ ㄱ, ㄷ, ㄹ
⑤ ㄴ, ㄷ, ㄹ

문 16. 다음 글과 <상황>을 근거로 판단할 때, 청년미래공제에 참여 가능한 기업을 모두 고르면?

<2022년 청년미래공제 참여기업 모집 공고문>

○ 목적
- 미취업 청년의 중소기업 유입을 촉진하고, 청년 근로자의 장기 근속과 자산 형성을 지원

○ 참여 자격
- 고용보험 피보험자 수 5인 이상 중소기업
- 고용보험 피보험자 수 1인 이상 5인 미만의 기업이라도 청년기업은 참여 가능

※ 청년기업: 14세 이상 39세 이하인 청년이 현재 대표이면서 사업을 개시한 날부터 7년이 지나지 않은 기업

○ 참여 제한
- 청년수당 가입유지율이 30% 미만인 기업은 참여 불가. 단, 청년수당 가입 인원이 2인 이하인 경우는 참여 가능

※ 청년수당 가입유지율(%) = $\frac{\text{청년수당 6개월 이상 가입 유지 인원(㉡)}}{\text{청년수당 가입 인원(㉠)}} \times 100$

<상 황>

2022년 현재 중소기업(A~E)에 관한 정보는 다음과 같다.

기업	고용보험 피보험자 수	대표자 나이	사업 개시 경과연수	(㉠)	(㉡)
A	45	39	8	25	7
B	30	40	8	25	23
C	4	40	6	2	2
D	2	39	6	2	0
E	2	38	8	2	2

① A, C
② A, D
③ B, D
④ B, E
⑤ C, E

문 17. 다음 글을 근거로 판단할 때, <보기>에서 옳은 것만을 모두 고르면?

국민은 A, B 두 집단으로 구분되며, 현행 정책과 개편안에 따라 각 집단에 속한 개인이 얻는 혜택은 다음과 같다.

집단	현행 정책	개편안
A	100	90
B	50	80

정부는 다음 (가), (나), (다) 중 하나를 판단기준으로 하여 정책을 채택하려고 한다.

(가) 국민 전체 혜택의 합이 더 큰 정책을 채택한다.
(나) 개인이 얻는 혜택이 적은 집단에 더 유리한 정책을 채택한다.
(다) A, B 두 집단 간 개인 혜택의 차이가 더 작은 정책을 채택한다.

<보 기>

ㄱ. (가)를 판단기준으로 할 경우, A인구가 B인구의 4배라면 현행 정책이 유지된다.
ㄴ. (가)를 판단기준으로 할 경우, B인구가 전체 인구의 30%라면 개편안이 채택된다.
ㄷ. (나)를 판단기준으로 할 경우, A와 B의 인구와 관계없이 개편안이 채택된다.
ㄹ. (다)를 판단기준으로 할 경우, A인구가 B인구의 5배라면 현행 정책이 유지된다.

① ㄱ, ㄴ
② ㄱ, ㄹ
③ ㄴ, ㄷ
④ ㄷ, ㄹ
⑤ ㄱ, ㄴ, ㄷ

문 18. 다음 글과 <상황>을 근거로 판단할 때, 2022년에 건강검진을 받을 직원이 가장 많은 검진항목은?

A기관은 직원들을 대상으로 건강검진 프로그램을 운영하고 있다. 직원들은 각 검진항목의 대상에 해당하는 경우 주기에 맞춰 반드시 검진을 받는다. 다만 검진주기가 2년인 검진항목은 최초 검진대상이 되는 해 또는 그다음 해에 검진을 받아야 한다. 예를 들어 2021년에 45세가 된 직원은 2021년 또는 2022년 중 한 번 심장 검진을 받고, 이후 2년마다 심장 검진을 받아야 한다.

<A기관 건강검진 프로그램>

검진항목	대상	주기
위	40세 이상	2년
대장	50세 이상	1년
심장	45세 이상	2년
자궁경부	30세 이상 45세 미만 여성	2년
간	40세 이상 간암 발생 고위험군	1년

<상 황>

A기관 직원 甲~戊의 2020년 건강검진 기록은 다음과 같다. 2020년 검진 이후 A기관 직원 현황과 간암 발생 고위험군 직원은 변동이 없다.

<2020년 A기관 직원 건강검진 기록>

이름	나이(세)	성별	검진항목
甲	28	여	없음
乙	45	남	위
丙	40	여	간
丁	48	남	심장
戊	54	여	대장

① 위
② 대장
③ 심장
④ 자궁경부
⑤ 간

※ 다음 글을 읽고 물음에 답하시오. [문 19.~문 20.]

'탄소중립'이란 인간 활동을 통한 온실가스 배출을 최대한 줄이고, 남은 온실가스는 산림 흡수 및 제거활동을 통해 실질적인 배출량을 0으로 만드는 것을 의미한다. 즉 배출되는 탄소량과 흡수·제거되는 탄소량을 동일하게 만든다는 개념으로, 이에 탄소중립을 '넷제로(Net-Zero)'라 부르기도 한다. 탄소중립에 동참하기로 한 A은행은 업무를 수행하면서 발생하는 이산화탄소 배출량을 줄이기 위해 2가지 사항에 주목하였다. 첫 번째는 항공 출장이고, 두 번째는 컴퓨터의 전력 낭비이다.

한 사람이 비행기로 출장 시 발생하는 이산화탄소 평균 배출량은 400 kg으로, 이는 같은 거리를 4명이 자동차 한 대로 출장 시 발생하는 이산화탄소 평균 배출량의 2배에 해당한다. 항공 출장으로 인하여 현재 A은행이 배출하는 연간 이산화탄소의 양은 A은행의 연간 전체 이산화탄소 배출량의 1/5에 달하는 수준이다.

항공 출장을 줄이기 위해서 A은행은 화상회의시스템을 도입하기로 하였다. 화상회의시스템을 활용할 경우에 한 사람의 이산화탄소 평균 배출량은 항공 출장의 1/10 수준에 불과하다. A은행에서는 매년 연인원 1,000명이 항공 출장을 가고 있는데, 항공 출장인원의 30%에게 항공 출장 대신 화상회의시스템을 활용하도록 할 계획이다.

한편 은행과 같이 정보 처리가 업무의 핵심인 업계에서는 컴퓨터 시스템의 전력 소비가 전체 전력 소비의 큰 비중을 차지한다. A은행은 컴퓨터의 전력 낭비 요소를 파악하기 위하여 컴퓨터 전력 사용 현황을 조사하였다. 그 결과 컴퓨터의 전력 소비량이 밤 시간대에 놀라울 정도로 많다는 것을 발견하게 되었다. 그 이유는 직원들이 자신의 컴퓨터를 끄지 않고 퇴근하여 많은 컴퓨터가 밤에 계속 켜져 있었기 때문이다.

이에 A은행은 전력차단프로젝트를 수행하기로 하였다. 22,000대의 컴퓨터에 전력관리 소프트웨어를 설치하여, 컴퓨터가 일정시간 사용되지 않으면 언제라도 컴퓨터와 모니터의 전원이 자동으로 꺼지도록 하는 것이다. 이 프로젝트를 통하여 A은행은 연간 35만kWh의 전력 소비를 절감할 수 있을 것으로 예상되며, 이는 652톤의 이산화탄소 배출에 해당하는 양이다.

문 19. 윗글을 근거로 판단할 때, <보기>에서 옳은 것만을 모두 고르면?

<보 기>

ㄱ. A은행이 전력차단프로젝트를 시행하더라도 주간에 전력 절감은 없을 것이다.
ㄴ. A은행의 전력차단프로젝트로 절감되는 컴퓨터 1대당 전력량은 연간 15 kWh 이상이다.
ㄷ. A은행이 화상회의시스템과 전력차단프로젝트를 도입하면 넷제로가 실현된다.
ㄹ. 1인당 이산화탄소 평균 배출량은 4명이 자동차 한 대로 출장을 가는 경우가 같은 거리를 1명이 비행기로 출장을 가는 경우의 1/8에 해당한다.

① ㄱ, ㄴ
② ㄱ, ㄷ
③ ㄴ, ㄹ
④ ㄱ, ㄷ, ㄹ
⑤ ㄴ, ㄷ, ㄹ

문 20. 윗글을 근거로 판단할 때, ㉠에 해당하는 것은?

A은행은 화상회의시스템과 전력차단프로젝트의 도입 효과를 검토해 보았다. 검토 결과 둘을 도입하면, A은행 이산화탄소 배출량은 도입 전에 비해 연간 (㉠)% 감소할 것으로 예상되었다.

① 30
② 32
③ 34
④ 36
⑤ 38

문 21. 다음 글과 <상황>을 근거로 판단할 때, A시장이 잘못 부과한 과태료 초과분의 합은?

> 제00조 ① ☆☆영업을 하려는 자는 시·도지사에게 기간 내에 일정한 사항을 신고하여야 한다.
> ② 신고의무자가 부실하게 신고한 경우에는 신고하지 아니한 것으로 본다.
> ③ 시·도지사는 신고의무자가 기간 내에 신고하지 아니한 경우, 일정한 기간(이하 '사실조사기간'이라 한다)을 정하여 그 사실을 조사하고, 신고의무자에게 사실대로 신고할 것을 촉구하여야 한다.
> ④ 시·도지사는 신고의무자가 기간 내에 신고하지 아니한 경우에는 다음 각 호의 기준에 따라 과태료를 부과한다. 단, 제3항의 촉구를 받은 신고의무자가 신고하지 아니한 경우에는 다음 각 호 기준 금액의 2배를 부과한다.
> 1. 신고기간이 지난 후 1개월 이내: 1만 원
> 2. 신고기간이 지난 후 1개월 초과 6개월 이내: 3만 원
> 3. 신고기간이 지난 후 6개월 초과: 5만 원
>
> 제00조 시·도지사는 과태료 처분대상자가 다음 각 호의 어느 하나에 해당하는 경우에는 과태료를 경감하여 부과한다. 단, 둘 이상에 해당하는 경우에는 그 중 높은 경감비율만을 한 차례 적용한다.
> 1. 사실조사기간 중 자진신고한 자: 2분의 1 경감
> 2. 「장애인복지법」상 장애인: 10분의 2 경감

<상 황>

A시장은 신고기간 내에 신고를 하지 않은 甲, 乙, 丙을 대상으로 사실조사를 실시하였고, 사실조사기간 중 자진신고를 한 丙을 제외한 모든 자에게 신고를 촉구하였다. 촉구를 받은 甲은 사실대로 신고하였지만 乙은 부실하게 신고하였다. 그 후 A시장은 甲, 乙, 丙에게 아래의 금액을 과태료로 부과하였다.

<과태료 부과현황>

대상자	신고기간 후 경과일수	특이사항	부과액
甲	200일	국가유공자	10만 원
乙	71일		6만 원
丙	9일	「장애인복지법」상 장애인	1만 5천 원

① 57,000원
② 60,000원
③ 72,000원
④ 85,000원
⑤ 90,000원

문 22. 다음 글과 <상황>을 근거로 판단할 때 옳은 것은?

> 제○○조 ① 사업주는 다음 각 호의 어느 하나에 해당하는 작업을 도급하여 자신의 사업장에서 수급인의 근로자가 그 작업을 하도록 해서는 아니 된다.
> 1. 도금작업
> 2. 수은, 납 또는 카드뮴을 가공·처리하는 작업
>
> ② 사업주는 제1항에도 불구하고 다음 각 호의 어느 하나에 해당하는 경우에는 제1항 각 호에 따른 작업을 도급하여 자신의 사업장에서 수급인의 근로자가 그 작업을 하도록 할 수 있다.
> 1. 일시적·간헐적으로 하는 작업을 도급하는 경우
> 2. 수급인이 보유한 기술이 전문적이고 해당 사업주의 사업 운영에 필수불가결한 경우로서 고용노동부장관의 승인을 받은 경우
>
> ③ 제2항 제2호에 따른 승인을 받은 작업을 도급받은 수급인은 그 작업을 하도급할 수 없다.
> 제□□조 도급인은 수급인의 근로자가 자신의 사업장에서 작업을 하는 경우, 자신의 근로자와 수급인의 근로자의 산업재해를 예방하기 위하여 필요한 안전조치 및 보건조치를 하여야 한다.
> 제△△조 고용노동부장관은 사업주가 다음 각 호의 어느 하나에 해당하는 경우에는 10억 원 이하의 과징금을 부과·징수할 수 있다.
> 1. 제○○조 제1항을 위반하여 도급한 경우
> 2. 제○○조 제2항 제2호를 위반하여 승인을 받지 아니하고 도급한 경우
> 3. 제○○조 제3항을 위반하여 재하도급한 경우
>
> 제◇◇조 제□□조를 위반한 자는 3년 이하의 징역 또는 3천만 원 이하의 벌금에 처한다.

※ 도급(都給): 공사 등을 타인(수급인)에게 맡기는 일

<상 황>

장신구 제조업체 甲(도급인)은 도금작업을 위해 도금 전문업체 乙(수급인)과 도급계약을 체결하였다.

① 도금작업이 일시적인 경우, 甲은 고용노동부장관의 승인 없이 乙의 근로자를 자신의 사업장에서 작업하도록 할 수 있다.
② 도금작업이 상시적인 경우, 甲이 乙의 근로자를 자신의 사업장에서 작업하도록 하였다면 3년 이하의 징역에 처한다.
③ 乙은 자신의 기술이 甲의 사업 운영에 필수불가결한 경우가 아니라면 그 작업을 하도급할 수 없다.
④ 乙의 근로자가 甲의 사업장에서 작업을 하는 경우, 안전조치 및 보건조치를 할 의무는 乙이 진다.
⑤ 甲이 자신의 사업장에서 작업을 하는 乙의 근로자에 대해 필요한 안전조치 및 보건조치를 하지 않을 경우, 고용노동부 장관은 3억 원의 과징금을 부과할 수 있다.

문 23. 다음 글과 <상황>을 근거로 판단할 때 옳은 것은?

> 민사소송에서 법원은 원고가 청구한 금액의 한도 내에서만 판결을 해야 하고, 그 상한을 넘는 금액을 인정하는 판결을 해서는 안 된다. 예컨대 임대인(원고)이 임차인(피고)을 상대로 밀린 월세를 이유로 2천 4백만 원의 지급을 청구하는 소를 제기하였다. 이 경우 법원은 심리 결과 임차인의 밀린 월세를 2천만 원으로 판단하면 2천만 원을 지급하라고 판결해야 하지만, 3천만 원으로 판단하더라도 3천만 원을 지급하라고 판결할 수는 없다. 다만 임대인이 소송 도중 청구금액을 3천만 원으로 변경하면 비로소 법원은 3천만 원을 지급하라고 판결할 수 있다.
>
> 그런데 교통사고 등으로 신체상 손해를 입은 경우, 피해자인 원고는 적극적 손해(치료비), 소극적 손해(일실수익), 위자료 등 3가지 손해항목으로 금액을 나누어 손해배상을 청구하는 것이 일반적이다. 예컨대 교통사고 피해자가 적극적 손해 3백만 원, 소극적 손해 4백만 원, 위자료 2백만 원으로 손해항목을 나누고 그 총액인 9백만 원의 지급을 청구하는 소를 제기하는 것이다. 이와 관련하여 손해배상 총액을 초과하지 않으면, 법원이 손해항목별 상한을 넘는 금액을 인정하는 판결을 할 수 있는지가 문제된다. 위 사례에서 법원이 심리 결과 적극적 손해 2백만 원, 소극적 손해 5백만 원, 위자료 2백만 원이 타당하다고 판단한 경우, 피고가 원고에게 합계 9백만 원의 손해배상을 지급하라고 판결할 수 있는지에 대해 3가지 견해가 있다. A견해는 각 손해항목별로 금액의 상한을 초과하는 판결을 할 수 없다고 한다. B견해는 손해배상 총액의 상한만 넘지 않으면 손해 항목별 상한 금액을 넘더라도 무방하다고 한다. C견해는 적극적 손해와 소극적 손해는 동일한 '재산상 손해'이지만 '위자료'는 정신적 고통에 대한 배상으로 그 성질이 다르다는 점을 중시하여, 적극적 손해와 소극적 손해를 합산한 '재산상 손해' 그리고 '위자료' 두 개의 손해항목으로 나누고 그 항목별 상한 금액을 넘지 않으면 된다고 한다.

※ 일실수익: 교통사고 등으로 사망하거나 신체상의 상해를 입은 사람이 장래 얻을 수 있는 수입액의 상실분

<상 황>

> 甲은 乙 소유의 주택에 화재를 일으켰다. 이로 인해 乙은 주택 소실에 따른 재산상 손해를 입었고 주택의 임차인 丙이 화상을 입었다. 이에 乙은 재산상 손해 6천만 원의 지급을 청구하는 소를, 丙은 치료비 1천만 원, 일실수익 1억 원, 위자료 5천만 원, 합계 1억 6천만 원의 지급을 청구하는 소를 甲을 상대로 각각 제기하였다.
>
> 법원은 심리 결과 乙의 재산상 손해는 5천만 원이고, 丙의 손해는 치료비 5백만 원, 일실수익 1억 2천만 원, 위자료 3천 5백만 원이 타당하다고 판단하였다.

① 법원은 甲이 乙에게 6천만 원을 지급하라고 판결해야 한다.
② 소송 도중 乙이 청구금액을 8천만 원으로 변경한 경우, 법원은 심리 결과 손해액을 5천만 원으로 판단하더라도 甲이 乙에게 8천만 원을 지급하라고 판결해야 한다.
③ A견해에 따르면, 법원은 甲이 丙에게 1억 6천만 원을 지급하라고 판결해야 한다.
④ B견해에 따르면, 법원은 甲이 丙에게 1억 4천만 원을 지급하라고 판결해야 한다.
⑤ C견해에 따르면, 법원은 甲이 丙에게 1억 4천 5백만 원을 지급하라고 판결해야 한다.

문 24. 다음 글을 근거로 판단할 때, 입찰공고 기간을 준수한 것은?

> 제00조 ① 입찰공고(이하 '공고'라 한다)는 입찰서 제출 마감일의 전일부터 기산(起算)하여 7일 전에 이를 행하여야 한다.
> ② 공사를 입찰하는 경우로서 현장설명을 실시하는 경우에는 현장설명일의 전일부터 기산하여 7일 전에 공고하여야 한다. 다만 입찰참가자격을 사전에 심사하려는 공사에 관한 입찰의 경우에는 현장설명일의 전일부터 기산하여 30일 전에 공고하여야 한다.
> ③ 공사를 입찰하는 경우로서 현장설명을 실시하지 아니하는 경우에는 입찰서 제출마감일의 전일부터 기산하여 다음 각 호에서 정한 기간 전에 공고하여야 한다.
> 1. 입찰가격이 10억 원 미만인 경우: 7일
> 2. 입찰가격이 10억 원 이상 50억 원 미만인 경우: 15일
> 3. 입찰가격이 50억 원 이상인 경우: 40일
>
> ④ 제1항부터 제3항까지의 규정에도 불구하고 다음 각 호의 어느 하나에 해당하는 경우에는 입찰서 제출마감일의 전일부터 기산하여 5일 전까지 공고할 수 있다.
> 1. 재공고입찰의 경우
> 2. 다른 국가사업과 연계되어 일정조정이 불가피한 경우
> 3. 긴급한 행사 또는 긴급한 재해예방 · 복구 등을 위하여 필요한 경우
>
> ⑤ 협상에 의해 계약을 체결하는 경우에는 제1항 및 제4항에도 불구하고 제안서 제출마감일의 전일부터 기산하여 40일 전에 공고하여야 한다. 다만 다음 각 호의 어느 하나에 해당하는 경우에는 제안서 제출마감일의 전일부터 기산하여 10일 전까지 공고할 수 있다.
> 1. 제4항 각 호의 어느 하나에 해당하는 경우
> 2. 입찰가격이 고시금액 미만인 경우

① A부서는 건물 청소 용역업체 교체를 위해 제출마감일을 2021. 4. 1.로 정하고 2021. 3. 26. 공고를 하였다.
② B부서는 입찰참가자격을 사전에 심사하고 현장설명을 실시하는 신청사 건설공사 입찰가격을 30억 원에 진행하고자, 현장설명일을 2021. 4. 1.로 정하고 2021. 3. 15. 공고를 하였다.
③ C부서는 협상에 의해 헬기도입에 관한 계약을 체결하려고 하였는데, 다른 국가사업과 연계되어 일정조정이 불가피하게 되자 제출마감일을 2021. 4. 1.로 정하고 2021. 3. 19. 공고를 하였다.
④ D부서는 협상에 의해 다른 국가사업과 관계없는 계약을 체결하고자, 제출마감일을 2021. 4. 1.로 정하고 2021. 3. 26. 공고를 하였다.
⑤ E부서는 현장설명 없이 5억 원에 주차장 공사를 입찰하고자 2021. 4. 1.을 제출마감일로 하여 공고하였으나, 입찰자가 1개 회사밖에 없어 제출마감일을 2021. 4. 9.로 다시 정하고 2021. 4. 5. 재공고하였다.

문 25. 다음 글을 근거로 판단할 때, <상황>의 ㉠~㉢을 옳게 짝지은 것은?

> 1957년 제정 저작권법은 저작물의 저작재산권을 저작자가 생존하는 동안과 사망한 후 30년간 존속하는 것으로 규정하고 있었다.
>
> 이후 1987년 개정 저작권법은 저작재산권을 저작자가 생존하는 동안과 사망 후 50년간 존속하도록 개정하여 저작재산권의 보호기간(이하 '보호기간'이라 한다)을 연장하였다. 다만 1987년 저작권법이 시행된 1987. 7. 1. 이전에 1957년 저작권법에 따른 보호기간이 이미 경과한 저작물은 더 이상 보호하지 않는 것으로 규정하였다.
>
> 또한 2011년 개정 저작권법은 보호기간을 저작자 생존 기간 동안과 사망 후 70년간으로 개정하였으며, 다만 2011년 저작권법이 시행된 2013. 7. 1. 이전에 1987년 저작권법에 따른 보호기간이 이미 경과한 저작물은 더 이상 보호하지 않는 것으로 규정하였다.
>
> 한편 보호기간을 산정할 때는 저작자가 사망한 다음 해의 1월 1일을 기산일(起算日)로 한다. 예컨대 '저작물 X'를 창작한 저작자 甲이 1957. 4. 1. 사망하였다면 저작물 X의 보호기간은 1958. 1. 1.부터 기산하여 1987년 저작권법에 의해 2007. 12. 31.까지 연장되지만, 2011년 저작권법에 따르면 보호기간이 이미 만료된 상태이다.

<상 황>

> '저작물 Y'를 창작한 저작자 乙은 1963. 1. 1. 사망하였다. 저작물 Y의 보호기간은 1957년 제정 저작권법에 따르면 (㉠)이고, 1987년 개정 저작권법에 따르면 (㉡)이며, 2011년 개정 저작권법에 따르면 (㉢)이다.

	㉠	㉡	㉢
①	1992. 1. 1.까지	2012. 1. 1.까지	이미 만료된 상태
②	1992. 12. 31.까지	2012. 12. 31.까지	이미 만료된 상태
③	1992. 12. 31.까지	2012. 12. 31.까지	2032. 12. 31.까지
④	1993. 12. 31.까지	2013. 12. 31.까지	이미 만료된 상태
⑤	1993. 12. 31.까지	2013. 12. 31.까지	2033. 12. 31.까지

문 26. 다음 글을 근거로 판단할 때, <보기>에서 옳은 것만을 모두 고르면?

> 석유에서 얻을 수 있는 연료를 대체하는 물질 중 하나는 식물성 기름이다. 식물성 기름의 지방산을 처리하면 자동차 연료로 쓸 수 있는 바이오디젤을 만들 수 있다. 바이오디젤은 석유에서 얻는 일반디젤에 비해 몇 가지 장점이 있다. 바이오디젤은 분진이나 일산화탄소, 불완전연소 유기물과 같은 오염 물질을 적게 배출한다. 또한 석유에서 얻는 연료와 달리 식물성 기름에는 황이 거의 들어 있지 않아 바이오디젤을 연소했을 때 이산화황이 거의 배출되지 않는다. 바이오디젤은 기존 디젤 엔진에서도 사용될 수 있고 석유 연료에 비해 쉽게 생분해되기 때문에 외부로 유출되더라도 환경에 미치는 영향이 작다.
>
> 물론 바이오디젤도 단점이 있다. 우선 바이오디젤은 일반디젤보다 생산원가가 훨씬 높다. 또한 바이오디젤은 생분해되기 때문에 장기간 저장이 어렵고, 질소산화물을 더 많이 배출한다. 그뿐 아니라 엔진에 접착성 찌꺼기가 남을 수 있고, 일반디젤보다 응고점이 높다. 이 때문에 바이오디젤을 일반디젤의 첨가물로 사용하고 있다. 바이오디젤과 일반디젤은 쉽게 혼합되며, 그 혼합물은 바이오디젤보다 응고점이 낮다. 바이오디젤은 영어 약자 BD로 나타내는데, BD20은 바이오디젤 20%와 일반디젤 80%의 혼합연료를 뜻한다.

<보 기>

ㄱ. 같은 양이라면 BD20의 생산원가가 일반디젤보다 낮을 것이다.
ㄴ. 석유에서 얻은 연료에는 황 성분이 포함되어 있을 것이다.
ㄷ. 같은 온도에서 바이오디젤이 액체일 때 일반디젤은 고체일 수 있다.
ㄹ. 바이오디젤만 연료로 사용하면 일반디젤만 사용했을 때와 비교해서 질소산화물 배출은 늘지만 이산화황 배출은 줄어들 것이다.

① ㄱ
② ㄴ, ㄷ
③ ㄴ, ㄹ
④ ㄷ, ㄹ
⑤ ㄱ, ㄴ, ㄷ

문 27. 다음 글을 근거로 판단할 때 옳은 것은?

> 커피에 함유된 카페인의 각성효과는 사람에 따라 다르다. 커피를 한 잔만 마셔도 각성효과가 큰 사람이 있고, 몇 잔을 연거푸 마셔도 거의 영향을 받지 않는 사람도 있다. 甲국 정부는 하루 카페인 섭취량으로 성인은 400 mg 이하, 임신부는 300 mg 이하, 어린이 · 청소년은 체중 1 kg당 2.5 mg 이하를 권고하고 있다.
>
> 카페인은 식물에서 추출한 알칼로이드 화학물질로 각성 효과, 기억력, 집중력을 일시적으로 향상시킨다. 카페인의 효과는 '아데노신'과 밀접한 관련이 있다. 사람의 몸에서 생성되는 화학물질인 아데노신은 뇌의 각성상태를 완화시켜 잠들게 하는 신경전달물질이다. 이 아데노신이 뇌 수용체와 결합하기 전에 카페인이 먼저 뇌 수용체와 결합하면 각성 효과가 나타나게 된다. 즉 커피 속의 카페인은 아데노신의 역할을 방해하는 셈이다.
>
> 몸에 들어온 카페인은 간에서 분해된다. 카페인의 분해가 잘 될수록 각성효과가 빨리 사라진다. 카페인이 간에서 분해되는 과정에는 카페인 분해 효소가 필요하다. 카페인 분해 효소의 효율이 유전적 · 환경적 요인에 따라 어떻게 달라지는지 확인하기 위해 조사를 진행하였다. 그 결과 흡연 또는 여성의 경구 피임약 복용 등도 카페인 분해 효율에 영향을 주지만 유전적 요인이 가장 큰 영향을 준다는 결론에 도달했다. 카페인 분해 효소의 효율을 결정하는 유전자는 15번 염색체에 있다. 이 유전자 염기서열 특정 부분의 변이가 A형인 사람을 '빠른 대사자', C형인 사람을 '느린 대사자'로 나누기도 한다. C형인 사람은 카페인 분해가 느려서 카페인이 일으키는 각성효과를 길게 받는다. "나는 낮에 커피 한 잔만 마셔도 밤에 잠이 안 와!"라고 말하는 사람은 느린 대사자일 가능성이 높다. 반면에 커피를 마셔도 잘 자는 사람은 빠른 대사자일 가능성이 높다.

① 甲국 정부가 권고하는 하루 카페인 섭취량 이하를 섭취하면 각성효과가 나타나지 않는다.
② 카페인은 각성효과를 돕는 아데노신 분비를 촉진시킨다.
③ 유전자 염기서열 특정 부분의 변이가 A형인 사람은 C형인 사람보다 카페인의 각성효과가 더 오래 유지된다.
④ 몸무게가 60 kg인 성인 남성에 대해 甲국 정부가 권고하는 하루 카페인 섭취량은 최대 150 mg이다.
⑤ 사람에 따라 커피의 각성효과가 달라지는 데 가장 큰 영향을 주는 것은 유전적 요인이다.

문 28. 다음 글을 근거로 판단할 때, <상황>의 ㉠과 ㉡을 옳게 짝지은 것은?

> 수액을 주입할 때 사용하는 단위 gtt는 방울이라는 뜻의 라틴어 gutta에서 유래한 것으로, 수액 용기에서 떨어지는 수액의 방울 수를 나타낸다. 일반적으로 20 gtt/ml가 '기준 규격'이며, 이는 용기에서 20방울이 떨어졌을 때 수액 1 ml가 주입되는 것을 말한다.

<상 황>

○ 기준규격에 따라 수액 360 ml를 2시간 동안 모두 주입하려면, 1초당 (㉠) gtt씩 주입하여야 한다.
○ 기준규격에 따라 3초당 1 gtt로 수액을 주입하면, 24시간 동안 최대 (㉡) ml를 주입할 수 있다.

	㉠	㉡
①	0.5	720
②	1	720
③	1	1,440
④	2	1,440
⑤	2	2,880

문 29. 다음 글을 근거로 판단할 때, 진로의 순위를 옳게 짝지은 것은?

○ 甲은 A, B, C 3가지 진로에 대해 비용편익분석(편익－비용)을 통하여 최종 결과값이 큰 순서대로 순위를 정하려고 한다.

○ 각 진로별 예상되는 편익은 다음과 같다.
- 편익＝근속연수×평균연봉
- 연금이 있는 경우 편익에 1.2를 곱한다.

구분	A	B	C
근속연수	25	35	30
평균연봉	1억 원	7천만 원	5천만 원
연금 여부	없음	없음	있음

○ 각 진로별 예상되는 비용은 다음과 같다.
- 비용 ＝ 준비연수×연간 준비비용×준비난이도 계수
- 준비난이도 계수는 상 2.0, 중 1.5, 하 1.0으로 한다.
- 연고지가 아닌 경우 비용에 2억 원을 더한다.

구분	A	B	C
준비연수	3	1	4
연간 준비비용	6천만 원	1천만 원	3천만 원
준비난이도	중	하	상
연고지 여부	연고지	비연고지	비연고지

○ 평판도가 1위인 경우, 비용편익분석 결과값에 2를 곱한다.

구분	A	B	C
평판도	2위	3위	1위

	1순위	2순위	3순위
①	A	B	C
②	B	A	C
③	B	C	A
④	C	A	B
⑤	C	B	A

문 30. 다음 글과 <상황>을 근거로 판단할 때, X의 범위는?

A국은 다음과 같은 원칙에 따라 소득에 대해 과세한다.

○ 근로소득자나 사업자 모두 원칙적으로 과세대상소득의 20%를 세금으로 납부한다.

○ 근로소득자의 과세대상소득은 근로소득이고, 사업자의 과세대상소득은 매출액에서 생산비용을 공제한 값이다.

○ 근로소득자의 경우 신용카드 지출금액의 5%는 과세대상 소득에서 공제한다. 예를 들어 원래 과세대상소득이 1천만 원인 사람이 10만 원을 신용카드로 지출하면 이 사람의 실제 과세대상소득은 5천 원 감소하여 999만 5천 원이 된다.

○ 사업자는 신용카드로 취득한 매출액의 1%를 수수료로 카드회사에 지불한다. 수수료는 생산비용에 포함되지 않는다.

○ 지역상권 활성화를 위해 2021년 한시적으로 지역상권 부흥상품권을 통한 거래는 사업자의 과세대상에서 제외하기로 했다.

<상 황>

2021년 A국의 근로소득자 甲은 가구를 제작·판매하는 사업자 乙로부터 100만 원에 판매되는 식탁을 신용카드로 구입하려고 하였다. 乙이 이 식탁을 제작하는 데 드는 생산 비용은 80만 원이다. 그런데 乙은 지역상권 부흥상품권으로 자신이 판매하는 가구를 구매하는 고객에게 (X)만 원을 할인하는 행사를 진행하였고, 甲은 이 사실을 알게 되었다. 이에 甲은 지역상권 부흥상품권으로 이 식탁을 구매하였으며, 결과적으로 신용카드로 거래하는 것보다 甲과 乙모두 금전적으로 이득을 보았다.

① 0 < X < 5
② 1 < X < 5
③ 1 < X < 6
④ 3 < X < 6
⑤ 3 < X < 10

문 31. 다음 글을 근거로 판단할 때, 5세트가 시작한 시점에 경기장에 남아 있는 관람객 수의 최댓값은?

> ○ 총 5세트의 배구경기에서 각 세트를 이길 때마다 세트 점수 1점을 획득하여 누적 세트 점수 3점을 먼저 획득하는 팀이 승리한다.
> ○ 경기 시작 전, 경기장에는 홈팀을 응원하는 관람객 5,000명과 원정팀을 응원하는 관람객 3,000명이 있었다.
> ○ 각 세트가 끝날 때마다 누적 세트 점수가 낮은 팀을 응원하는 관람객이 경기장을 나가는데, 홈팀은 1,000명, 원정팀은 500명이 나간다.
> ○ 경기장을 나간 관람객은 다시 들어오지 못하며, 경기 중간에 들어온 관람객은 없다.
> ○ 경기는 원정팀이 승리했으나 홈팀이 두 세트를 이기며 분전했다.

① 6,000명
② 6,500명
③ 7,000명
④ 7,500명
⑤ 8,000명

문 32. 다음 글을 근거로 판단할 때, <보기>에서 옳은 것만을 모두 고르면?

> 1에서 9까지 아홉 개의 숫자버튼이 있고, 단계별로 숫자 버튼을 한 번 누르면 <규칙>에 따라 값이 출력되는 장치가 있다.
>
> <규 칙>
>
> 1단계: 숫자버튼을 누르면 그 수가 그대로 출력된다.
> 2단계: '1단계 출력값'에 '2단계에서 누른 수에 11을 곱한값'을 더한 값이 출력된다.
> 3단계: '2단계 출력값'에 '3단계에서 누른 수에 111을 곱한값'을 더한 값이 출력된다. 다만 그 값이 1,000 이상인 경우 0이 출력된다.

<보 기>

> ㄱ. 100부터 999까지의 정수는 모두 출력 가능하다.
> ㄴ. 250이 출력되도록 숫자버튼을 누르는 방법은 한 가지이다.
> ㄷ. 100의 배수(0 제외)가 출력되었다면 처음 누른 숫자버튼은 반드시 1이다.

① ㄱ
② ㄴ
③ ㄱ, ㄴ
④ ㄱ, ㄷ
⑤ ㄴ, ㄷ

문 33. 다음 <대화>를 근거로 판단할 때 옳은 것은? (단, 토끼는 옹달샘이 아닌 다른 곳에서도 물을 마실 수 있다)

<대 화>

토끼 A: 우리 중 나를 포함해서 셋만 옹달샘에 다녀왔어.
토끼 B: D가 물을 마셨다면 나도 물을 마셨어.
토끼 C: 나는 계속 D만 졸졸 따라다녔어.
토끼 D: B가 옹달샘에 가지 않았다면, 나도 옹달샘에 가지 않았어.
토끼 E: 너희 중 둘은 물을 마셨지. 나를 포함해서 셋은 물을 한 모금도 마시지 않아서 목이 타.

① A와 D는 둘 다 물을 마셨다.
② C와 D는 둘 다 물을 마셨다.
③ E는 옹달샘에 다녀가지 않았다.
④ A가 물을 마시지 않았으면 B가 물을 마셨다.
⑤ 물을 마시지 않은 토끼는 모두 옹달샘에 다녀갔다.

문 34. 다음 글을 근거로 판단할 때, 사무소 B의 전화번호를 구성하는 6개 숫자를 모두 합한 값의 최댓값은?

사무소 A와 사무소 B 각각의 전화번호는 1부터 9까지의 숫자 중 6개로 구성되어 있다.

○ A와 B전화번호에서 공통된 숫자의 종류는 5를 포함하여 세 가지이다.
○ A전화번호는 세 가지의 홀수만으로 구성되어 있다.
○ A전화번호의 첫 번째와 마지막 숫자는 서로 다르며, 합이 10이다.
○ B전화번호를 구성하는 숫자 중 가장 큰 숫자는 세 번 나타난다.
○ B전화번호를 구성하는 숫자 중 두 번째로 작은 숫자는 짝수다.

① 33
② 35
③ 37
④ 39
⑤ 42

문 35. 다음 글을 근거로 판단할 때, <보기>에서 옳은 것만을 모두 고르면?

A마을에서는 다음과 같이 양의 이름을 짓는다.

○ '물', '불', '돌', '눈' 중 한 개 이상의 글자를 사용하여 이름을 짓는다.
○ 봄에 태어난 양의 이름에는 '물', 여름에 태어난 양의 이름에는 '불', 가을에 태어난 양의 이름에는 '돌', 겨울에 태어난 양의 이름에는 '눈'이 반드시 포함되어야 한다.
○ 수컷 양의 이름에는 '물', 암컷 양의 이름에는 '불'이 반드시 포함되어야 한다.
○ 같은 글자가 두 번 이상 사용되어서는 안 된다.

<보 기>

ㄱ. 겨울에 태어난 A마을 양이 암컷이라면, 그 양에게 붙일 수 있는 두 글자 이름은 두 가지이다.
ㄴ. A마을 양 '물불'은 여름에 태어났다면 수컷이고 봄에 태어났다면 암컷이다.
ㄷ. A마을 양의 이름은 모두 두 글자 이상 네 글자 이하이다.

① ㄱ
② ㄴ
③ ㄷ
④ ㄱ, ㄴ
⑤ ㄴ, ㄷ

문 36. 다음 글과 <상황>을 근거로 판단할 때, 일반하역사업 등록이 가능한 사업자만을 모두 고르면?

<일반하역사업의 최소 등록기준>

구분	1급지 (부산항, 인천항, 포항항, 광양항)	2급지 (여수항, 마산항, 동해 · 묵호항)	3급지 (1급지와 2급지를 제외한 항)
총시설 평가액	10억 원	5억 원	1억 원
자본금	3억 원	1억 원	5천만 원

○ 사업자의 시설 중 본인 소유 시설평가액 총액이 등록기준에서 정한 급지별 '총시설평가액'의 3분의 2 이상이어야 한다.
○ 사업자의 하역시설 평가액 총액은 해당 사업자의 시설 평가액 총액의 3분의 2 이상이어야 한다.
○ 3급지 항에 대해서는 자본금이 1억 원 이상이면 등록기준에서 정한 급지별 '총시설평가액'을 2분의 1로 완화한다.

<상 황>

○ 시설 A~F 중 하역시설은 A, B, C이다.
○ 사업자 甲~丁 현황은 다음과 같다.

사업자	항만	자본금	시설	시설 평가액	본인 소유여부
甲	부산항	2억 원	B	4억 원	○
			C	2억 원	○
			D	1억 원	×
			E	3억 원	×
乙	광양항	3억 원	C	8억 원	○
			E	1억 원	×
			F	2억 원	×
丙	동해 · 묵호항	4억 원	A	1억 원	○
			C	4억 원	○
			D	3억 원	×
丁	대산항	1억 원	A	6천만 원	○
			B	1천만 원	×
			C	1천만 원	×
			D	1천만 원	○

① 甲, 乙
② 甲, 丙
③ 乙, 丙
④ 乙, 丁
⑤ 丙, 丁

문 37. 다음 글과 <상황>을 근거로 판단할 때, 甲소방서에서 폐기대상을 제외하고 가장 먼저 교체대상이 될 장비는?

○ <소방장비 내용연수 기준>에 따라 소방장비 구비목록의 소방장비를 교체해야 한다. 사용연수가 내용연수 기준을 초과한 소방장비는 폐기하고, 초과하지 않은 소방장비는 내용연수가 적게 남은 것부터 교체해야 한다.

<소방장비 내용연수 기준>

구분		내용연수
소방자동차		10
소방용로봇		7
구조장비	산악용 들것	5
	구조용 안전벨트	3
방호복	특수방호복	5
	폭발물방호복	10

※ 내용연수: 소방장비의 내구성을 고려할 때, 최대 사용연수로 적절한 기준 연수

○ 내용연수 기준을 초과한 소방장비의 기한을 연장하여 사용할 필요가 있는 경우에는 다음 기준에 따라 1회에 한해 연장사용할 수 있으며, 이 경우 내용연수 기준을 초과하지 않은 것으로 본다.
- 소방자동차: 1년(단, 특수정비를 받은 경우에는 3년까지 가능)
- 그 밖의 소방장비: 1년

○ 위의 내용연수 기준과 연장 사용 기준에도 불구하고 다음 어느 하나에 해당하는 경우에는 내용연수 기준을 초과한 것으로 본다.
- 소방자동차의 운행거리가 12만 km를 초과한 경우
- 실사용량이 경제적 사용량을 초과한 경우

<상 황>

○ 甲소방서의 현재 소방장비 구비목록은 다음과 같다.

구분	사용연수	연장사용 여부	비고
소방자동차1	12	2년 연장	운행거리 15만 km 특수정비 받음
소방자동차2	9	없음	운행거리 8만 km 특수정비 불가
소방용로봇	4	없음	
구조용 안전벨트	5	1년 연장	경제적 사용량 1,000회 실사용량 500회
폭발물방호복	9	없음	경제적 사용량 500회 실사용량 600회

① 소방자동차1
② 소방자동차2
③ 소방용로봇
④ 구조용 안전벨트
⑤ 폭발물방호복

문 38. 다음 글을 근거로 판단할 때, 甲과 乙이 선택할 스포츠 종목은?

○ 甲과 乙은 함께 스포츠 데이트를 하려 한다. 이들이 고려하고 있는 종목은 등산, 스키, 암벽등반, 수영, 볼링이다.

○ 甲과 乙은 비용, 만족도, 위험도, 활동량을 기준으로 종목별 점수를 부여하고, 종목별로 두 사람의 점수를 더하여 합이 가장 높은 종목을 선택한다. 단, 동점일 때는 乙이 부여한 점수의 합이 가장 높은 종목을 선택한다.

○ 甲과 乙이 점수를 부여하는 방식은 다음과 같다.
- 甲과 乙은 비용이 적게 드는 종목부터, 만족도가 높은 종목부터 순서대로 5점에서 1점까지 1점씩 차이를 두고 부여한다.
- 甲은 위험도가 높은 종목부터, 활동량이 많은 종목부터 순서대로 5점에서 1점까지 1점씩 차이를 두고 부여하며, 乙은 그 반대로 점수를 부여한다.

구분	등산	스키	암벽등반	수영	볼링
비용(원)	8,000	60,000	32,000	20,000	18,000
만족도	30	80	100	20	70
위험도	40	100	80	50	60
활동량	50	100	70	90	30

① 등산
② 스키
③ 암벽등반
④ 수영
⑤ 볼링

※ 다음 글을 읽고 물음에 답하시오. [문 39.~문 40.]

하드디스크는 플래터와 헤드 등으로 구성되어 있다. '플래터'는 원반 모양이고 같은 크기의 플래터가 위아래로 여러 개 나란히 정렬되어 있다. 플래터의 양면은 각각 '표면'이라 불리는데, 데이터를 저장하기 위해 자기물질로 덮여 있다. '헤드'는 데이터를 표면에 저장하거나 저장된 데이터를 인식한다. 이를 위해 헤드는 회전하는 플래터의 중심부와 바깥 사이를 플래터 반지름선을 따라 일정한 속도로 이동한다.

플래터의 표면은 폭이 일정한 여러 개의 '트랙'이 동심원을 이룬다. 플래터마다 트랙 수는 같으며, 트랙은 여러 개의 '섹터'로 나누어진다. 이 구분은 하드디스크상의 위치를 나타내고 파일(데이터)을 디스크 공간에 할당하기 위해 사용된다. 예를 들어 어떤 특정한 데이터는 '표면 3, 트랙 5, 섹터 7'에 위치하게 된다. 이때 표면은 위에서부터 차례로 번호가 부여된다. 트랙은 바깥쪽에서 안쪽으로 순서대로 번호가 부여되며, 섹터는 반시계방향으로 번호가 부여된다.

섹터는 하드디스크의 최소 저장 단위로 하나의 섹터에는 파일을 1개만 저장한다. 한 섹터는 512바이트까지 저장할 수 있지만, 10바이트 파일을 저장해도 섹터 한 개를 전부 차지한다. 초기 하드디스크는 모든 트랙마다 동일한 섹터 수를 가졌지만, 현재의 하드디스크에는 바깥쪽 트랙에 좀 더 많은 섹터가 있다. 섹터의 크기가 클수록 섹터의 저장 공간이 커지기 때문에 크기를 똑같이 하여 섹터당 저장 공간을 일정하게 유지하고 있다.

플래터 표면 중심에서 거리가 같은 모든 트랙을 수직으로 묶어 하나의 '실린더'라 한다. 표면마다 하나씩 있는 여러 개의 헤드가 동시에 이동하는데, 헤드가 한 트랙(실린더)에서 다른 트랙(실린더)으로 움직이는 데는 시간이 걸린다. 따라서 동시에 호출되는 데이터를 동일한 실린더 안에 있게 하면, 헤드의 추가 이동이 필요 없어져서 탐색 시간을 단축시킬 수 있다. 하지만 이런 저장 방식이 항상 가능한 것은 아니며, 하드디스크의 여러 곳(트랙과 섹터)에 분산되어 파일이 저장되기도 한다.

데이터 탐색 속도는 플래터 바깥쪽에 있던 헤드가 데이터를 읽고 쓴 후 다시 플래터 바깥쪽에 정확히 정렬하는 데까지 걸리는 시간을 가리킨다. 하드디스크가 성능이 좋을수록 플래터는 빠른 속도로 회전하는데, 일반적으로 회전속도는 5,400 rpm(분당 5,400회전) 혹은 7,200 rpm이다. 플래터 위를 이동하는 헤드의 속도는 1번 트랙의 바깥쪽 끝과 마지막 트랙의 안쪽 끝 사이를 초당 몇 번 왕복하는지를 나타내며, Hz로 표현된다. 예를 들어 1 Hz는 1초에 헤드가 1번 왕복하는 것을 의미한다.

문 39. 윗글을 근거로 판단할 때 옳은 것은?

① 플래터가 5개라면 표면의 개수는 최대 5개이다.
② 플래터가 5개, 플래터당 트랙이 10개, 트랙당 섹터가 20개라면, 실린더의 개수는 10개이다.
③ 플래터 안의 모든 섹터의 크기가 같다면, 각 트랙의 섹터 수는 같다.
④ 10바이트 파일 10개 저장에 필요한 최소 섹터 수와 100바이트 파일 1개 저장에 필요한 최소 섹터 수는 같다.
⑤ 파일 크기가 트랙 1개의 저장용량보다 작다면, 해당 파일은 항상 하나의 트랙에 저장된다.

문 40. 윗글을 근거로 판단할 때, <상황>의 ㉠과 ㉡을 옳게 짝지은 것은?

<상 황>

A하드디스크는 표면 10개, 표면당 트랙 20개, 트랙당 섹터 20~50개로 이루어져 있다. 현재 헤드의 위치는 1번 트랙의 바깥쪽 끝이며 헤드 이동경로에 처음 위치한 섹터는 1번이다. 플래터의 회전속도는 7,200 rpm, 헤드의 이동속도는 5 Hz이다. 플래터 1회전에 걸리는 시간은 (㉠)초이고, 헤드가 트랙 하나를 이동하는 데 걸리는 시간은 평균 (㉡)초이다.

	㉠	㉡
①	$\frac{1}{12}$	$\frac{1}{10}$
②	$\frac{1}{12}$	$\frac{1}{100}$
③	$\frac{1}{120}$	$\frac{1}{100}$
④	$\frac{1}{120}$	$\frac{1}{200}$
⑤	$\frac{1}{720}$	$\frac{1}{200}$

2026년도 5급 PSAT 대비

메가피셋

5급 공채
외교관후보자
지역인재 7급

5개년 기출문제집

헌법+언어논리+자료해석+상황판단

Ⅴ. 2021년도

- 헌　　　법
- 언어논리영역
- 자료해석영역
- 상황판단영역

| 2021년도 헌법 |

국가공무원 5급 공채 · 외교관후보자 선발 제1차시험 및 지역인재 7급 선발 필기시험

(가)책형

문 1. 헌법전문(前文)에 대한 설명으로 옳지 않은 것은? (다툼이 있는 경우 판례에 의함)

① 우리 헌법은 전문에서 모든 사회적 폐습과 불의를 타파한다고 규정하고 있다.

② '헌법전문에 기재된 3.1정신'은 우리나라 헌법의 연혁적 · 이념적 기초로서 헌법이나 법률해석에서의 해석기준으로 작용한다고 할 수 있지만, 그에 기하여 곧바로 국민의 개별적 기본권성을 도출해낼 수는 없다.

③ 국가는 일제로부터 조국의 자주독립을 위하여 공헌한 독립유공자와 그 유족에 대하여 응분의 예우를 하여야 할 법률상의 의무를 지닐 뿐 헌법적 의무를 지닌다고 보기는 어렵다.

④ 일제강점기에 일본군위안부로 강제 동원되어 인간의 존엄과 가치가 말살된 상태에서 장기간 비극적인 삶을 영위하였던 피해자들의 훼손된 인간의 존엄과 가치를 회복시켜야 할 의무는 대한민국임시정부의 법통을 계승한 지금의 정부가 국민에 대하여 부담하는 가장 근본적인 보호의무에 속한다.

문 2. 형사보상청구권에 대한 설명으로 옳은 것은?

① 보상청구는 무죄재판을 한 법원의 상급법원에 대하여 하여야 한다.

② 보상을 청구하는 경우에는 국가배상을 청구할 수 없다.

③ 보상청구는 무죄재판이 확정된 사실을 안 날부터 3년, 무죄재판이 확정된 때부터 5년 이내에 하여야 한다.

④ 보상청구는 대리인을 통하여 할 수 없다.

문 3. 법인의 기본권 주체성에 대한 설명으로 옳지 않은 것은? (다툼이 있는 경우 판례에 의함)

① 본래 자연인에게 적용되는 기본권 규정이라도 성질상 법인이 누릴 수 있는 기본권은 당연히 법인에게도 적용하여야 한다.

② 법인도 법인의 목적과 사회적 기능에 비추어 볼 때 그 성질에 반하지 않는 범위 내에서 인격권의 한 내용인 사회적 신용이나 명예 등의 주체가 될 수 있다.

③ 국립서울대학교는 공권력 행사의 주체인 공법인으로서 기본권의 '수범자'이므로 기본권의 주체가 될 수는 없다.

④ 법인 아닌 사단 · 재단이라고 하더라도 대표자의 정함이 있고 독립된 사회적 조직체로서 활동하는 때에는 성질상 법인이 누릴 수 있는 기본권을 침해당하게 되면 법인 아닌 사단 · 재단의 이름으로 헌법소원심판을 청구할 수 있다.

문 4. 헌법상 금지되는 사전검열에 대한 설명으로 옳은 것만을 모두 고르면? (다툼이 있는 경우 판례에 의함)

ㄱ. 「영화진흥법」이 규정하고 있는 영상물등급위원회에 의한 등급분류보류제도는 등급분류보류의 횟수제한이 없어 실질적으로 영상물등급위원회의 허가를 받지 않는 한 영화를 통한 의사표현이 무한정 금지될 수 있으므로 검열에 해당한다.
ㄴ. 검열을 행정기관이 아닌 독립적인 위원회에서 행한다고 하더라도, 행정권이 주체가 되어 검열절차를 형성하고 검열기관의 구성에 지속적인 영향을 미칠 수 있는 경우라면 실질적으로 그 검열기관은 행정기관이라고 보아야 한다.
ㄷ. 민간심의기구가 심의를 담당하는 경우에도 행정권이 개입하여 그 사전심의에 자율성이 보장되지 않는다면 이 역시 행정기관의 사전검열에 해당하게 된다.
ㄹ. 헌법상 사전검열은 표현의 자유 보호대상이면 예외 없이 금지된다.

① ㄱ, ㄴ ② ㄱ, ㄷ, ㄹ
③ ㄴ, ㄷ, ㄹ ④ ㄱ, ㄴ, ㄷ, ㄹ

문 5. 신체의 자유에 대한 설명으로 옳지 않은 것은? (다툼이 있는 경우 판례에 의함)

① 검찰수사관이 정당한 사유없이 피의자신문에 참여한 변호인에게 피의자 후방에 앉으라고 요구한 행위는 변호인의 변호권을 침해하는 것이다.

② 외국에서 실제로 형의 집행을 받았음에도 불구하고 우리 형법에 의한 처벌 시 이를 전혀 고려하지 않더라도 과도한 제한이라고 할 수 없으므로 신체의 자유를 침해하지 아니한다.

③ 현행범인인 경우와 장기 3년 이상의 형에 해당하는 죄를 범하고 도피 또는 증거인멸의 염려가 있을 때에는 사후에 영장을 청구할 수 있다.

④ 헌법 제12조제4항 본문에 규정된 '구속'은 사법절차에서 이루어진 구속뿐 아니라, 행정절차에서 이루어진 구속까지 포함한다.

문 6. 기본권 보호의무에 대한 설명으로 옳지 않은 것은? (다툼이 있는 경우 판례에 의함)

① 국가의 기본권 보호의무는 기본권적 법익을 기본권 주체인 사인에 의한 위법한 침해 또는 침해의 위험으로부터 보호해야 하는 국가의 의무로서 주로 사인인 제3자에 의한 개인의 생명이나 신체의 훼손에서 문제된다.

② 국가가 기본권 보호의무를 어떻게 실현할 것인지는 입법자의 책임범위에 속하는 것으로서 보호의무 이행을 위한 행위의 형식에 관하여도 폭넓은 형성의 자유가 인정되고, 반드시 법령에 의하여야 하는 것은 아니다.

③ 「공직선거법」이 선거운동을 위해 확성장치를 사용할 수 있는 기간과 장소, 시간, 사용 개수 등을 규정하고 있는 이상, 확성장치의 소음 규제기준을 정하지 않았다고 하여 기본권 보호의무를 과소하게 이행하였다고 볼 수는 없다.

④ 국가가 국민의 법익을 보호하기 위하여 아무런 보호조치를 취하지 않았든지 아니면 취한 조치가 법익을 보호하기에 명백하게 부적합하거나 불충분한 경우에 한하여 국가의 보호의무의 위반을 확인할 수 있다.

문 7. 보건에 관한 권리에 대한 설명으로 옳지 않은 것은? (다툼이 있는 경우 판례에 의함)

① 모든 국민은 보건에 관하여 국가의 보호를 받는다.
② 국가는 국민의 건강을 소극적으로 침해하여서는 아니 될 의무를 부담하는 것에서 한 걸음 더 나아가 적극적으로 국민의 보건을 위한 정책을 수립하고 시행하여야 할 의무를 부담한다.
③ 헌법 제10조, 제36조제3항에 따라 국가는 국민의 생명·신체의 안전이 위협받거나 받게 될 우려가 있는 경우 국민의 생명·신체의 안전을 보호하기에 필요한 적절하고 효율적인 조치를 취하여 그 침해의 위험을 방지하고 이를 유지할 포괄적 의무를 진다.
④ 국민의 보건에 관한 권리는 국민이 자신의 건강을 유지하는 데 필요한 국가적 급부와 배려까지 요구할 수 있는 권리를 포함하는 것은 아니다.

문 8. 개인정보자기결정권에 대한 설명으로 옳지 않은 것은? (다툼이 있는 경우 판례에 의함)

① 헌법재판소는 수사를 위하여 필요한 경우 검사 또는 사법경찰관이 전기통신사업자에게 기지국을 이용하여 착·발신한 전화번호 등의 통신사실 확인자료의 제공을 요청할 수 있도록 하는 「통신비밀보호법」 제13조제1항이 과잉금지원칙에 위반되어 정보주체의 개인정보자기결정권을 침해한다고 판시하였다.
② '각급학교 교원의 교원단체 및 교원노조 가입현황 실명자료'를 인터넷을 통하여 일반 대중에게 공개하는 국회의원의 행위는 해당 교원들의 개인정보자기결정권을 침해한다.
③ 개인정보자기결정권은 자신에 관한 정보가 언제 누구에게 어느 범위까지 알려지고 또 이용되도록 할 것인지를 그 정보주체가 스스로 결정할 수 있는 권리로서, 헌법 제10조제1문에서 도출되는 일반적 인격권 및 헌법 제17조의 사생활의 비밀과 자유에 의하여 보장된다.
④ 수형인등이 재범하지 않고 상당 기간을 경과하는 경우에는 재범의 위험성이 그만큼 줄어든다고 할 것임에도 일률적으로 이들 대상자가 사망할 때까지 디엔에이신원확인정보를 보관하는 것은 과잉금지원칙에 위반하여 수형인등의 개인정보자기결정권을 침해한다.

문 9. 대통령에 대한 설명으로 옳지 않은 것은?

① 대통령은 필요하다고 인정할 때에는 국회의 동의를 얻어 외교·국방·통일 기타 국가안위에 관한 중요정책을 국민투표에 붙인다.
② 대통령이 재직 중 탄핵결정을 받아 퇴임한 경우 '필요한 기간의 경호 및 경비'를 제외하고는 「전직대통령 예우에 관한 법률」에 따른 전직대통령으로서의 예우를 하지 아니한다.
③ 대통령은 조약을 체결·비준하고, 외교사절을 신임·접수 또는 파견하며, 선전포고와 강화를 한다.
④ 대통령은 조국의 평화적 통일을 위한 성실한 의무를 지며, 이에 대해 취임에 즈음하여 선서한다.

문 10. 행정부에 대한 설명으로 옳지 않은 것은? (다툼이 있는 경우 판례에 의함)

① 감사원장은 국회의 동의를 얻어 대통령이 임명하고, 그 임기는 4년으로 하며, 1차에 한하여 중임할 수 있다.
② 「정부조직법」상 정부의 구성단위로서 그 권한에 속하는 사항을 집행하는 모든 중앙행정기관이 곧 헌법 제86조제2항 소정의 행정각부라고 할 것이다.
③ 국가안전보장에 관련되는 대외정책·군사정책과 국내정책의 수립에 관하여 국무회의의 심의에 앞서 대통령의 자문에 응하기 위하여 국가안전보장회의를 둔다.
④ 군인은 현역을 면한 후가 아니면 국무위원으로 임명될 수 없다.

문 11. 국무총리에 대한 설명으로 옳지 않은 것은?

① 국무총리는 국무회의의 부의장이 된다.
② 국무총리가 탄핵결정을 받은 때에는 공직으로부터 파면함에 그치지만, 이에 의하여 민사상이나 형사상의 책임이 면제되지는 아니한다.
③ 국무총리는 중앙행정기관의 장의 명령이나 처분이 위법 또는 부당하다고 인정될 경우에는 대통령의 승인을 받지 않고 이를 중지 또는 취소할 수 있다.
④ 국무총리는 국회의 동의를 얻어 대통령이 임명하며, 행정에 관하여 대통령의 명을 받아 행정각부를 통할한다.

문 12. 다음 사례에 대한 설명으로 옳지 않은 것은? (다툼이 있는 경우 판례에 의함)

> 甲은 간통하였다는 범죄사실로 기소되어 형사재판을 받던 중 담당법원에 2011. 8. 26. 구「형법」 제241조가 위헌이라며 위헌법률심판제청을 신청하였다. 헌법재판소가 위 법률조항에 대하여 1990. 9. 10., 1993. 3. 11., 2001. 10. 25. 세 차례에 걸쳐 합헌결정을 내린 바 있고, 담당법원은 합헌결정의 주요근거를 이유로 위 신청을 기각하였다. 이에 甲은 2014. 3. 13. 헌법재판소에 「헌법재판소법」 제68조제2항에 의한 헌법소원심판을 청구하였다.
>
> [심판대상조항]
> 구「형법」(1953. 9. 18. 법률 제293호로 제정되고, 2016. 1. 6. 법률 제13719호에 의하여 삭제되기 전의 것)
> 제241조(간통) ① 배우자 있는 자가 간통한 때에는 2년 이하의 징역에 처한다. 그와 상간한 자도 같다.
> ② 전항의 죄는 배우자의 고소가 있어야 논한다. 단 배우자가 간통을 종용 또는 유서한 때에는 고소할 수 없다.

① 위 사례에서 심판대상조항에 대하여 위헌결정을 선고하는 경우, 침해되는 甲의 기본권은 성적 자기결정권 및 사생활의 비밀과 자유이다.
② 위 사례에서 위헌결정이 선고되는 경우 결정 선고 이전에 심판대상조항에 의하여 유죄의 확정판결을 받은 사람들은 당연히 구제되는 것은 아니고 법원에 개별적으로 재심을 청구하여야 한다.
③ 위 사례에서 헌법재판관들의 의견이 위헌 3인, 헌법불합치 4인, 합헌 2인으로 나뉘는 경우 헌법재판소는 심판대상조항의 헌법불합치를 주문에서 선고하여야 한다.
④ 위 사례에서 심판대상조항에 대하여 위헌결정을 선고하는 경우, 이는 형벌조항에 대한 위헌결정이므로 예외적으로 심판대상조항은 제정된 때로 소급하여 효력을 상실하게 된다.

문 13. 국무회의에 대한 설명으로 옳지 않은 것은?
① 의장과 부의장이 모두 사고로 직무를 수행할 수 없는 경우에는 기획재정부장관이 겸임하는 부총리, 교육부장관이 겸임하는 부총리 및 「정부조직법」 제26조제1항에 규정된 순서에 따라 국무위원이 그 직무를 대행한다.
② 국무위원은 정무직으로 하며 의장에게 의안을 제출할 수 있으나, 국무회의의 소집을 요구할 수는 없다.
③ 국무회의는 대통령 · 국무총리와 15인 이상 30인 이하의 국무위원으로 구성한다.
④ 국정처리상황의 평가 · 분석은 국무회의의 심의를 거쳐야 한다.

문 14. 권한쟁의심판에 대한 설명으로 옳은 것은? (다툼이 있는 경우 판례에 의함)
① 「헌법재판소법」 제62조제1항제1호가 국가기관 상호간의 권한쟁의심판을 '국회, 정부, 법원 및 중앙선거관리위원회 상호간의 권한쟁의심판'이라고 규정하고 있으므로, 이들 기관 외에는 권한쟁의심판의 당사자가 될 수 없다.
② 정당은 공권력 행사 주체로서 국가기관의 지위를 가지므로 권한쟁의심판의 당사자가 될 수 있다.
③ 교섭단체가 갖는 권한은 원활한 국회 의사진행을 위하여 헌법이 인정하는 권한이므로, 교섭단체는 그 권한침해를 이유로 권한쟁의심판의 당사자가 될 수 있다.
④ 권한쟁의심판은 피청구인의 처분 또는 부작위가 헌법 또는 법률에 의하여 부여받은 청구인의 권한을 침해하였거나 침해할 현저한 위험이 있는 경우에만 청구할 수 있다.

문 15. 법원에 대한 설명으로 옳지 않은 것은?
① 재판의 심리와 판결은 국가의 안전보장 또는 안녕질서를 방해하거나 선량한 풍속을 해할 염려가 있을 때에는 법원의 결정으로 공개하지 아니할 수 있다.
② 법관이 중대한 심신상의 장해로 직무를 수행할 수 없을 때에는 법률이 정하는 바에 의하여 퇴직하게 할 수 있다.
③ 군사법원의 상고심은 대법원에서 관할한다.
④ 대법원장과 대법관이 아닌 법관은 대법관회의의 동의를 얻어 대법원장이 임명한다.

문 16. 선거관리위원회에 대한 설명으로 옳지 않은 것은?
① 중앙선거관리위원회 위원의 임기는 6년으로 하며, 법률이 정하는 바에 의하여 연임할 수 있다.
② 중앙선거관리위원회는 대통령이 임명하는 3인, 국회에서 선출하는 3인과 대법원장이 지명하는 3인의 위원으로 구성하며, 위원장은 위원 중에서 호선한다.
③ 중앙선거관리위원회 위원은 정당에 가입하거나 정치에 관여할 수 없다.
④ 선거에 관한 경비는 법률이 정하는 경우를 제외하고는 정당 또는 후보자에게 부담시킬 수 없다.

문 17. 국회의 안건의 신속처리에 대한 설명으로 옳은 것은?
① 신속처리안건에 대한 지정동의가 소관 위원회 위원장에게 제출된 경우 안건의 소관 위원회 위원장은 지체 없이 신속처리안건 지정동의를 기명투표로 표결한다.
② 소관 위원회는 원칙적으로 신속처리대상안건에 대한 심사를 그 지정일부터 90일 이내에 마쳐야 한다.
③ 법제사법위원회가 신속처리대상안건에 대하여 그 지정일부터 60일 이내에 심사를 마치지 아니하였을 때에는 그 기간이 끝난 다음 날에 법제사법위원회에서 심사를 마치고 바로 본회의에 부의된 것으로 본다.
④ 신속처리대상안건을 심사하는 안건조정위원회는 그 안건이 관련 규정에 따라 법제사법위원회에 회부되거나 바로 본회의에 부의된 것으로 보는 경우에는 안건조정위원회의 활동기한이 남았더라도 그 활동을 종료한다.

문 18. 국회에 대한 설명으로 옳지 않은 것은?
① 국회는 정부의 동의없이 정부가 제출한 지출예산 각항의 금액을 증가하거나 새 비목을 설치할 수 없다.
② 국회의원의 자격심사 청구, 예산안에 대한 수정동의는 각각 의원 50명 이상의 찬성이 있어야 한다.
③ 국회의원이 본회의에 부의된 안건에 대하여 '무제한토론'을 하려는 경우에는 재적의원 3분의 1 이상이 서명한 요구서를 의장에게 제출하여야 한다.
④ 국회의 경호업무는 의장의 지휘를 받아 수행하되, 경위는 회의장 건물 안에서, 경찰공무원은 회의장 건물 밖에서 경호한다.

문 19. 국회의 위원회에 대한 설명으로 옳은 것은?
① 정보위원회의 위원은 의장이 각 교섭단체 대표의원으로부터 해당 교섭단체 소속 의원 중에서 후보를 추천받아 부의장 및 각 교섭단체 대표의원과 협의하여 선임하거나 개선하며, 각 교섭단체 대표의원은 정보위원회의 위원이 된다.
② 예산결산특별위원회와 윤리특별위원회는 활동기한을 정해서 그 기한의 종료 시까지만 존속한다.
③ 정무위원회는 대통령비서실과 국무총리비서실의 소관사항을 관장한다.
④ 소위원회는 폐회 중에는 활동할 수 없으며, 법률안을 심사하는 소위원회는 매월 2회 이상 개회한다.

문 20. 국회의원선거에 대한 설명으로 옳지 않은 것은?
① 국회의원선거구획정위원회는 중앙선거관리위원회 위원장이 위촉하는 9명의 위원으로 구성하되, 위원장은 위원 중에서 호선한다.
② 국회는 국회의원지역구를 선거일 전 180일까지 확정하여야 한다.
③ 국회의원의 임기가 개시된 후에 실시하는 보궐선거에 의한 의원의 임기는 당선이 결정된 때부터 개시되며 전임자의 잔임기간으로 한다.
④ 선거일 현재 금고 이상의 형의 선고를 받고 그 형이 실효되지 아니한 자는 피선거권이 없다.

문 21. 탄핵심판에 대한 설명으로 옳은 것은?

① 탄핵의 대상이 되는 공직자는 대통령, 국무총리, 국무위원, 행정각부의 장, 헌법재판소 재판관, 법관, 중앙선거관리위원회 위원, 감사원장, 감사위원 기타 법률이 정한 공무원이다.

② 대통령에 대한 탄핵소추는 국회재적의원 3분의 1 이상의 발의와 국회재적의원 과반수의 찬성에 의한 의결로 이루어지고, 탄핵의 결정에는 헌법재판소 재판관 6인 이상의 찬성이 있어야 한다.

③ 탄핵심판이 있을 때까지 탄핵소추의 의결을 받은 자의 권한행사가 정지되는지 여부에 대하여 헌법상 명문으로 규정하고 있지 않다.

④ 탄핵심판은 고위공직자에 의한 헌법침해로부터 헌법을 보호하기 위한 헌법재판제도로서, 제5차 개정헌법에서 최초 도입된 이래로 존속되어 온 제도이다.

문 22. 사법권의 독립에 대한 설명으로 옳지 않은 것은? (다툼이 있는 경우 판례에 의함)

① 명령·규칙 또는 처분이 헌법이나 법률에 위반되는 여부가 재판의 전제가 된 경우에는 대법원은 이를 최종적으로 심사할 권한을 가진다.

② 국정감사 또는 국정조사는 계속 중인 재판에 관여할 목적으로 행사되어서는 아니된다.

③ 대법원장은 다른 국가기관으로부터 법관의 파견근무 요청을 받은 경우에 업무의 성질상 법관을 파견하는 것이 타당하다고 인정되면 해당 법관이 파견근무에 동의하지 않는 경우에도 이를 허가할 수 있다.

④ 형사재판에 있어서 사법권독립은 심판기관인 법원과 소추기관인 검찰청의 분리를 요구함과 동시에 법관이 실제 재판에 있어서 소송당사자인 검사와 피고인으로부터 부당한 간섭을 받지 않은 채 독립하여야 할 것을 요구한다.

문 23. 지방자치에 대한 설명으로 옳지 않은 것은? (다툼이 있는 경우 판례에 의함)

① 지방자치단체는 주민의 복리에 관한 사무를 처리하고 재산을 관리하며, 법령의 범위 안에서 자치에 관한 규정을 제정할 수 있다.

② 헌법 제117조와 제118조에 의하여 제도적으로 보장되는 지방자치는 지방자치의 본질적 내용인 핵심영역이 어떠한 경우라도 입법 기타 중앙정부의 침해로부터 보호되어야 한다는 것을 의미한다.

③ 주민투표권은 법률이 보장하는 권리일 뿐이지 헌법이 보장하는 기본권 또는 헌법상 제도적으로 보장되는 주관적 공권으로 볼 수 없다.

④ 지방자치단체의 자치권이 미치는 관할구역의 범위에는 육지만 포함되므로, 공유수면에 대해서는 지방자치단체의 자치권한이 존재하지 않는다.

문 24. 대의제도에 대한 설명으로 옳은 것은? (다툼이 있는 경우 판례에 의함)

① 국회의원이 계속 특정 상임위원회에서 활동하기를 원하고 있다면 그 위원회와 관련하여 위법하거나 부당한 행위를 한 사실이 인정되는 경우가 아닌 한 본인의 의사에 반하여 강제로 위원회에서 사임시킬 수는 없다.

② 국민의 국회의원 선거권은 국회의원을 보통·평등·직접·비밀선거에 의하여 국민의 대표자로 선출하는 권리에 그치는 것이기 때문에 유권자가 설정한 국회의석분포에 국회의원들을 기속시키는 것은 대의제도의 본질에 반하는 것이다.

③ 대의제를 보완하는 직접민주주의 요소로서 우리 헌법은 국민투표만을 규정하였을 뿐 우리 헌정사상 국민발안제나 국민소환제를 채택한 적은 없다.

④ 국민과 국회의원은 자유위임관계에 있는 것이 아니라 명령적 위임관계에 있다.

문 25. 경제조항에 대한 설명으로 옳지 않은 것은?

① 국가는 농지에 관하여 경자유전의 원칙이 달성될 수 있도록 노력하여야 하며, 농지의 소작제도는 금지된다.

② 국가는 건전한 소비행위를 계도하고 생산품의 품질향상을 촉구하기 위한 소비자보호운동을 법률이 정하는 바에 의하여 보장한다.

③ 국가는 지역간의 균형있는 발전을 위하여 지역경제를 육성할 의무를 지나, 중소기업을 보호·육성하여야 할 의무를 지지 아니한다.

④ 국가는 농수산물의 수급균형과 유통구조의 개선에 노력하여 가격안정을 도모함으로써 농·어민의 이익을 보호한다.

문 1. 다음 글의 내용과 부합하는 것은?

화원(畫員)이란 조선시대의 관청인 도화서 소속의 직업 화가를 말한다. 화원은 임금의 초상화인 어진과 공신초상, 의궤와 같은 궁중기록화, 궁중장식화, 각종 지도, 청화백자의 그림, 왕실 행사를 장식하는 단청 등 왕실 및 조정이 필요로 하는 모든 종류의 회화를 제작하고 여러 도화(圖畫) 작업을 담당하였다. 그림과 관련된 온갖 일을 한 화원들은 사실상 거의 막노동에 가까운 일을 했던 사람들이다.

고된 노역과 적은 녹봉에도 불구하고 이들은 왜 어려서부터 그림 공부를 하여 도화서에 들어가려고 한 것일까? 그림에 재능이 있는 사람이 화원이 되려고 한 이유는 생각보다 간단하다. 화원이 된다는 것은 국가가 인정한 20 ~ 30명의 최상급 화가 중 한 사람이 된다는 것을 의미한다. 비록 중인이지만 화원이 되면 종9품에서 종6품 사이의 벼슬을 받는 하급 관료가 되는 것이다. 따라서 화원이 된 사람은 국가가 인정한 최상급 화가라는 자격과 함께, 경제적으로는 별 도움이 되는 것은 아니지만 관료라는 지위를 갖게 된다.

실상 화원은 국가가 주는 녹봉으로 생활했던 사람들이 아니었다. 이들은 낮에는 국가를 위해 일했으나 퇴근 후에는 사적으로 주문을 받아 작품을 제작하였다. 화원들은 벌어들이는 돈의 대부분을 사적 주문에 의한 그림 제작을 통해 획득하였다. 국가 관료라는 지위와 최상급 화가라는 명예는 그림 시장에서 그들의 작품에 보다 높은 가치를 부여하였고, 녹봉에만 의지하는 다른 하급 관료보다 경제적으로 풍요롭게 만들었다. 반면 도화서에 들어가지 못한 일반 화가들은 경제적으로 곤궁하였다. 이들은 일정한 수입이 없었으며 그때그때 값싼 그림을 팔아 생활하였다. 따라서 화원과 비교해 볼 때 시정(市井)의 직업 화가들의 경제 여건은 늘 불안정하였다. 이런 이유로 화원 집안에서는 대대로 화원을 배출하려고 노력했고, 조선후기에는 몇몇 가문이 도화서 화원직을 거의 독점하게 되었다.

① 일반 직업 화가들은 화원 밑에서 막노동에 가까운 일을 담당하였으나 신분은 중인이었다.
② 화원은 국가 관료라는 지위를 가졌으나 경제적 여건은 일반 하급 관료에 비해 좋지 않은 편이었다.
③ 임금의 초상화를 그리는 도화서 소속 화가는 다른 화원에 비해 국가가 인정한 최상급 화가라는 자격을 부여받았다.
④ 도화서 소속 화가는 수입의 가장 많은 부분을 사적으로 주문된 그림을 제작하는 데서 얻었다.
⑤ 적은 녹봉에도 불구하고 화원이 되려는 경쟁이 치열했으므로 화원직의 세습은 힘들었다.

문 2. 다음 글의 내용과 부합하는 것은?

『승정원일기』는 조선시대 왕의 비서 기관인 승정원의 업무일지이다. 승정원에서 처리한 업무는 당시 최고의 국가 기밀이었으므로 『승정원일기』에는 중앙과 지방에서 수집된 주요한 정보와 긴급한 국정 사항이 생생하게 기록되었다. 『승정원일기』가 왕의 통치 기록으로서 주요한 자리를 차지할 수 있었던 것은 조선의 통치 구조와 관련이 있다. 조선은 모든 국가 조직이 왕을 중심으로 짜여 있는 중앙집권제 국가였다. 국가 조직은 크게 여섯 분야로 나뉘어져 이, 호, 예, 병, 형, 공의 육조가 이를 담당하였다. 승정원도 육조에 맞추어 육방으로 구성되었고, 육방에는 담당 승지가 한 명씩 배치되었다. 중앙과 지방의 모든 국정 업무는 육조를 통해 수합되었고, 육조는 이를 다시 승정원의 해당 방의 승지에게 보고하였다. 해당 승지는 이를 다시 왕에게 보고하였고, 왕의 명령이 내려지면 담당 승지가 받아 해당 부서에 전하였다.

승정원에 보고된 육조의 모든 공문서는 승정원의 주서가 받아서 기록하였는데, 상소문이나 탄원서 등의 문서도 마찬가지였다. 만약 사헌부, 사간원, 홍문관 등에서 특정 관료나 사안에 대해 비판하는 경우 주서가 그 내용을 기록하였으며, 왕과 신료가 만나 국정을 의논하거나 경연을 할 때 주서는 반드시 참석하여 그 대화 내용을 기록하였다. 즉 주서는 사관의 역할도 겸하였으며, 주서가 사관으로서 기록한 것을 사초라 하였다. 하루 일과가 끝나면 주서는 자신이 기록한 사초를 정리하여 이것을 승정원에서 처리한 공문서나 상소문과 함께 모두 모아 매일 『승정원일기』를 작성하였다. 한 달이 되면 이를 한 책으로 엮어 왕에게 보고하였고, 왕의 결재를 받은 다음 자신이 근무하는 승정원 건물에 보관하였다.

『승정원일기』는 오직 한 부만 작성되었으므로 궁궐의 화재로 원본 자체가 소실되기도 하였다. 임진왜란 전에 승정원은 경복궁 근정전 서남쪽에 위치하였는데, 왜란으로 경복궁이 불타면서 『승정원일기』도 함께 소실되었다. 이후에도 여러 차례 궁궐에 화재가 발생하였다. 영조 23년에는 창덕궁에 불이 나 『승정원일기』가 거의 타버렸으나 영조는 이를 복원하도록 하였다.

① 주서는 사초에 근거하여 육조의 국정 업무 자료를 선별해 수정한 뒤 책으로 엮어 왕에게 보고하였다.
② 형조에서 수집한 지방의 공문서는 승정원의 형방 승지를 통해 왕에게 보고되었다.
③ 왕이 사간원에 내리는 공문서는 사간원에 배치된 승지를 통해 전달되었다.
④ 사관의 역할을 겸하였던 주서와 승지는 함께 『승정원일기』를 작성하였다.
⑤ 경복궁에 보관되어 있던 『승정원일기』는 영조 대의 화재로 소실되었다.

문 3. 다음 글에서 알 수 있는 것은?

15 ~ 16세기에 이질은 사람들을 괴롭히는 가장 주요한 질병이 되었다. 조선은 15세기부터 냇둑을 만들어 범람원(汎濫原)을 개간하기 시작하였고, 『농사직설』을 편찬하여 적극적으로 벼농사를 보급하였다. 이질은 이처럼 벼농사를 중시하여 냇가를 개간한 조선이 감당하여야 하는 숙명이었다.

벼농사를 짓는 논은 밭 위에 물을 가두어 농사를 짓는 농업 시설이었다. 새로 생긴 논 주변의 구릉에는 마을들이 생겨났다. 하지만 사람들이 쏟아내는 오물이 도랑을 통해 논으로 흘러들었고, 사람의 눈에 보이지 않는 미생물 중 수인성(水因性) 병균이 번성하였다. 그중 위산을 잘 견디는 시겔라균은 사람의 몸에 들어오면 적은 양이라도 대장까지 곧바로 도달하였고, 어김없이 이질을 일으켰다.

이질은 15세기 초반 급증하기 시작하여 17세기 이후에는 크게 감소하였다. 이러한 변화의 원인은 생태환경의 측면에서 찾을 수 있다. 15 ~ 16세기 냇둑에 의한 농지 개간은 범람원을 논으로 바꾸었다. 장마나 강우에 의해 일시적으로 범람하여 발생하는 짧은 침수 기간을 제외하면 범람원은 나머지 대부분의 시간 동안 건조한 상태를 유지하는 벌판을 형성한다. 이곳은 홍수에 잘 견디는 나무로 구성된 숲이 발달하였던 곳이다. 한반도의 하천 변에 분포하는 넓은 범람원의 숲이 논으로 개발되면서 뜨거운 여름 동안 습지로 바뀌었고 건조한 환경에 적합한 미생물 생태계가 습한 환경에 적합한 새로운 미생물 생태계로 바뀌었다. 수인성 세균인 병원성 살모넬라균과 시겔라균은 이러한 습지의 생태계에서 번성하여 장티푸스와 이질의 발병률을 크게 높였다.

그런데 17세기 이후 농지 개간의 중심축이 범람원 개간에서 산간 지역 개발로 이동하였다. 이는 수인성 전염병 발생을 크게 줄이는 결과를 낳았다. 농법의 측면에서도 17세기 이후에는 남부지역의 벼농사에서 이모작과 이앙법이 확대되었고, 이는 마을에 인접한 논의 사용법을 변화시켰다. 특히 논에 물을 가둬두는 기간이 줄어서 이질 등 수인성 질병 발생의 감소를 가져왔다.

① 『농사직설』을 통한 벼농사 보급 이전의 조선에는 수인성 병균에 의한 질병이 발견되지 않았다.
② 15 ~ 16세기 조선의 하천에서 번성하던 시겔라균이 17세기 이후 감소하였다.
③ 17세기 이후 조선에서는 논의 미생물 생태계가 변화되어 이질 감소에 기여하였다.
④ 17세기 이후 조선에서 개간 대상 지역이 바뀌어 인구 밀집지역이 점차 하천 주변에서 산간 지역으로 바뀌었다.
⑤ 17세기 이후 조선 농법의 변화는 건조한 지역에도 농지를 개간할 수 있도록 하여 이질과 장티푸스 발병률을 낮추었다.

문 4. 다음 글에서 알 수 있는 것은?

통제되지 않는 자연재해와 지배자의 요구에 시달리면서 겨우 생계를 유지하는 전(前)자본주의 농업사회 농민들에게, 신고전주의 경제학에서 말하는 '이윤의 극대화'를 위한 계산의 여지는 거의 없다. 정상적인 농민이라면 큰 벌이는 되지만 모험적인 것을 시도하기보다는 자신과 자신의 가족들을 파멸시킬 수도 있는 실패를 피하려고 하기 마련이다. 이와 같은 악조건은 농민들에게 삶의 거의 모든 측면에서 안전 추구를 최우선으로 여기는 성향을 체득하도록 한다. 이러한 '안전 제일의 원칙'을 추구하기 위해, 농민들은 경험 축적을 바탕으로 하는 종자의 다양화, 경작지의 분산화, 재배 기술 개선 등 생계 안정성을 담보하는 기술적 장치를 필요로 한다. 또한 마을 내에서 이루어지는 다양한 유형의 호혜성, 피지배층이 지배층에 기대하는 관대함, 그리고 토지의 공동체적 소유 및 공동 노동 등 절박한 농민들에게 최소한의 생존을 보장하는 사회적 장치도 필요로 한다.

이런 측면에서 지주와 소작인 간의 소작제도 역시 흥미롭다. 소작인이 지주에게 납부하는 지대의 종류에는 수확량의 절반씩을 나누어 갖는 분익제와 일정액을 지대로 지불하는 정액제가 있다. 분익제에서는 수확이 없으면 소작료를 요구하지 않지만, 정액제에서는 벼 한 포기 자라지 않았어도 의무 수행을 요구한다. 생존을 위협할 정도의 흉년이 자주 있던 것이 아니라는 점을 감안하면, 정액제는 분익제에 비해 소작인의 이윤을 극대화할 수도 있는 방법이었지만 전자본주의 농업사회에서 보다 일반적인 방식은 분익제였다.

이러한 상황은 필리핀 정부가 벼 생산 분익농들을 정액 소작농으로 전환시키고자 시도한 루손 지역에서도 관찰되었다. 정부는 소작농들에게 분익제하에서 부담하던 평균 지대의 1/4에 해당하는 수치를 정액제 지대로 제시하였다. 새로운 체제에서 소작인은 대략적으로 이전 연평균 수입의 두 배, 새로운 종자를 채택할 경우는 그 이상의 수입을 실현할 수 있으리라는 기대를 가질 수 있었다. 그러나 새로운 체제가 제시하는 기대 수입에서의 상당한 이득에도 불구하고, 많은 농민들은 정액제 자체에 내포되어 있는 생계에 관련된 위험성 때문에 전환을 꺼렸다.

① 안전 제일의 원칙은 신고전주의 경제학에서 말하는 이윤 극대화를 위한 계산 논리에 부합한다.
② 전자본주의 농업사회 농민들은 모험적인 시도가 큰 벌이로 이어질 수 있다는 사실을 인식하지 못했다.
③ 안전 추구를 최우선으로 여기는 전자본주의 농업사회의 기술적 장치는, 사회적 장치들이 최소한의 생존을 보장하는 환경하에 발달했다.
④ 루손 지역의 농민들이 정액제로의 전환을 꺼렸던 것은 정액제를 택했을 때 생계에 관련된 위험성이 분익제를 택했을 때보다 작다고 느꼈기 때문이다.
⑤ 어느 농가의 수확량이 이전 연도보다 두 배로 늘었을 경우, 이전 연도 수확량의 절반을 내기로 계약하는 정액제를 택하는 것이 분익제를 택하는 것보다 이윤이 크다.

문 5. 다음 글의 내용과 부합하는 것은?

> '공공 미술'이란 공개된 장소에 설치되고 전시되는 작품으로서, 공중(公衆)을 위해 제작되고 공중에 의해 소유되는 미술품을 의미한다. 공공 미술의 역사는 세 가지 서로 다른 패러다임의 변천으로 설명할 수 있다. 첫 번째는 '공공장소 속의 미술' 패러다임으로, 1960년대 중반부터 1970년대 중반까지 대부분의 공공 미술이 그에 해당한다. 이것은 미술관이나 갤러리에서 볼 수 있었던 미술 작품을 공공장소에 설치하여 공중이 미술 작품을 접하기 쉽게 한 것이다. 두 번째는 '공공 공간으로서의 미술' 패러다임으로, 공공 미술 작품의 개별적인 미적 가치보다는 사용가치에 주목하고 공중이 공공 미술을 더 가깝게 느끼고 이해할 수 있도록 미술과 실용성 사이의 구분을 완화하려는 시도이다. 이에 따르면 미술 작품은 벤치나 테이블, 가로등, 맨홀 뚜껑을 대신하면서 공공장소에 완전히 동화된다. 세 번째인 '공공의 이익을 위한 미술' 패러다임은 사회적인 쟁점과 직접적 접점을 만들어냄으로써 사회 정의와 공동체의 통합을 추구하는 활동이다. 이것은 거리 미술, 게릴라극, 페이지 아트 등과 같은 비전통적 매체뿐만 아니라 회화, 조각을 포함하는 다양한 전통 매체를 망라한 행동주의적이며 공동체적인 활동이라고 할 수 있다.
>
> 첫 번째와 두 번째 패러다임은 둘 다 공적인 공간에서 시각적인 만족을 우선으로 한다는 점에서 하나의 틀로 묶을 수 있다. 공적인 공간에서 공중의 미적 향유를 위해서 세워진 조형물이나 쾌적하고 심미적인 도시를 만들기 위해 디자인적 요소를 접목한 공공 편의 시설물은 모두 공중에게 시각적인 만족을 제공하기 위해 제작된 활동이라는 의미에서 '공공장소를 미화하는 미술'이라 부를 수 있다. 세 번째 패러다임인 '공공의 이익을 위한 미술'은 사회 변화를 위한 공적 관심의 증대를 목표로 하고 있어서 공공 공간을 위한 미술이라기보다는 공공적 쟁점에 주목하는 미술이다. 이 미술은 해당 주제가 자신들의 삶에 중요한 쟁점이 되는 특정한 공중 일부에게 집중한다. 그런 점에서 이러한 미술 작업은 공중 모두에게 공공장소에 대한 보편적인 미적 만족을 제공하려는 활동과는 달리 '공적인 관심을 증진하는 미술'에 해당한다.

① 공공 공간으로서의 미술은 다양한 매체를 활용하여 사회 정의와 공동체 통합을 추구하는 활동이다.
② 공공장소를 미화하는 미술은 공공 미술 작품의 미적 가치보다 사용가치에 주목하는 시도를 포함한다.
③ 공적인 관심을 증진하는 미술은 공중이 공유하는 문화 공간을 심미적으로 디자인하여 미술과 실용성을 통합하려는 활동이다.
④ 공공장소 속의 미술은 사회 변화를 위한 공적 관심의 증대를 목표로 공중 모두에게 공공장소에 대한 보편적 미적 만족을 제공한다.
⑤ 공공의 이익을 위한 미술은 공간적 제약을 넘어서 공중이 미술을 접할 수 있도록 작품이 존재하는 장소를 미술관에서 공공장소로 확대하는 활동이다.

문 6. 다음 글에서 알 수 있는 것은?

> 요리의 좋은 맛을 내는 조리 과정에서는 수많은 분자를 만들어내는 화학반응이 일어난다. 많은 화학반응 중 가장 돋보이는 화학반응은 '마이야르 반응'이다. 마이야르 반응은 온도가 약 섭씨 140도에 도달할 때 일어나기 시작한다. 이 온도에서는 당 분자가 단백질을 이루는 요소들 중 하나인 아미노산과 반응한다. 음식에 들어 있는 당 분자들은 흔히 서로 결합하여 둘씩 짝을 이루거나 긴 사슬 구조를 만든다. 마찬가지로 단백질도 수백 개의 아미노산이 서로 연결된 긴 사슬로 이루어져 있다. 마이야르 반응은 그 긴 사슬 끝에 있는 당이 다른 사슬 끝에 있는 아미노산과 만나 반응하며 시작된다. 당과 아미노산이 만나 새로운 화학물질이 생겨나며, 반응한 화학물질은 자연스럽게 재정렬된다.
>
> 초기 반응에 관여한 아미노산과 당의 특성에 따라 다음에 일어날 일이 달라진다. 마이야르 반응에 관여할 수 있는 당은 적어도 6가지이며, 아미노산은 20가지가 넘는다. 따라서 어떠한 종류의 당과 아미노산이 반응에 참여하느냐에 따라 생성되는 화학물질의 종류는 천차만별이다. 또 주변의 산도와 온도, 수분의 양에 따라서도 반응이 달라지는데, 여러 조건에 따라 반응 속도뿐만 아니라 반응을 통해 생성되는 화학물질이 달라진다. 마이야르 반응을 통해 생성되는 분자 중 일부는 사람이 섭취했을 때 흥미로운 맛을 낸다. 예를 들면 포도당이 아미노산의 한 종류인 시스테인과 반응할 때 생성되는 아크릴피리딜은 크래커와 유사한 맛을 내고, 아미노산의 한 종류인 아르기닌과 반응할 때 생성되는 아세틸피롤린은 팝콘향을 낸다. 여기에 더해 갈색빛을 띠는 멜라노이딘 계열 분자들도 생성되는데, 이들은 음식이 갈색을 띠게 만든다. 마이야르 반응을 통해 여러 맛 분자들뿐 아니라, 발암물질의 하나인 아세틸아미드와 같은 분자들도 소량이나마 생성된다.

① 약 섭씨 140도에서 포도당과 단백질 사슬 끝에 있는 아미노산이 반응하면 팝콘향을 내는 물질을 생성할 수 있다.
② 마이야르 반응으로 생성되는 화학물질의 종류는 아미노산과 당의 종류보다는 주변 조건에 따라 결정된다.
③ 아크릴피리딜은 당 분자의 사슬 구조 끝에 있는 포도당과 아르기닌이 반응함으로써 생성된다.
④ 멜라노이딘 계열 분자는 요리의 색을 결정할 뿐, 암을 유발하는 데 관여하지 않는다.
⑤ 마이야르 반응 과정에서 생성되는 발암물질의 양은 반응 속도에 따라 결정된다.

문 7. 다음 글의 흐름에 맞지 않는 곳을 ㉠ ~ ㉤에서 찾아 수정할 때 가장 적절한 것은?

> 진화 과정에서 빛을 방출하는 일부 원생생물은 그렇지 않은 원생생물보다 어떤 점에서 생존에 더 유리했을까? 요각류라고 불리는 동물이 밤에 발광하는 원생생물인 와편모충을 먹는다는 사실은 이러한 의문을 풀어줄 실마리를 제공한다. 와편모충이 만든 빛은 요각류를 잡아먹는 어류를 유인할 수 있다. 이때 ㉠ 발광하는 와편모충을 잡아먹는 요각류가 발광하지 않는 와편모충만을 잡아먹는 요각류보다 그들의 포식자인 육식을 하는 어류에게 잡아먹힐 위험성이 더 높아질 것이다.
>
> 연구자들은 실험실의 커다란 수조 속에 요각류와 요각류의 포식자 중 하나인 가시고기를 같이 두어 이 가설을 검증하였다. 수조의 절반에는 발광하는 와편모충을 넣고 다른 절반에는 발광하지 않는 와편모충을 넣었다. 연구자들은 방을 어둡게 한 상태에서 요각류는 와편모충을, 그리고 가시고기는 요각류를 잡아먹게 하였다. 몇 시간 후 ㉡ 연구자들은 수조 속 살아남은 요각류의 수를 세었다.
>
> 그 결과는 예상과 같았다. 가시고기는 수조에서 ㉢ 빛을 내지 않는 와편모충이 있는 쪽보다 빛을 내는 와편모충이 있는 쪽에서 요각류를 더 적게 먹었다. 이러한 결과는 원생생물이 자신을 잡아먹는 동물에게 포식 위협을 증가시킴으로써 잡아먹히는 것을 회피할 수 있음을 시사한다. ㉣ 요각류에게는 빛을 내는 와편모충을 계속 잡는 것보다 도망치는 편이 더 이익이다. 이때 발광하는 와편모충은 요각류의 저녁 식사가 될 확률이 낮아지므로, 자연선택은 이들 와편모충에서 생물발광이 유지되도록 하였다.
>
> 만약 우리가 생물발광하는 원생생물이 자라고 있는 해변을 밤에 방문한다면 원생생물이 내는 불빛을 보게 될 것이다. 원생생물이 내는 빛은 ㉤ 포식자인 육식동물들에게 원생생물을 잡아먹는 동물이 근처에 있을 수 있다는 신호가 된다.

① ㉠을 "발광하지 않는 와편모충을 잡아먹는 요각류가 발광하는 와편모충만을 잡아먹는 요각류보다"로 고친다.
② ㉡을 "연구자들은 수조 속 살아남은 와편모충의 수를 세었다."로 고친다.
③ ㉢을 "빛을 내지 않는 와편모충이 있는 쪽보다 빛을 내는 와편모충이 있는 쪽에서 요각류를 더 많이 먹었다."로 고친다.
④ ㉣을 "요각류에게는 도망치는 것보다 빛을 내는 와편모충을 계속 잡는 편이 더 이익이다."로 고친다.
⑤ ㉤을 "포식자인 육식동물들에게 자신들의 먹이가 되는 원생생물이 많이 있음을 알려주는 신호가 된다."로 고친다.

문 8. 다음 글의 ㉠과 ㉡에 들어갈 내용을 적절하게 짝지은 것은?

> 우리는 전체 집단에서 특정 표본을 추출할 때 표본이 무작위로 선정되었을 것이라 기대하지만, 실제로 항상 그런 것은 아니다. 이 같은 표본 선정의 쏠림 현상, 즉 표본의 편향성은 종종 올바른 판단을 저해한다. 2차 세계대전 중 전투기의 보호 장비 개선을 위해 미국의 군 장성들과 수학자들 사이에서 이루어졌던 논의는 그 좋은 사례이다. 미군은 전투기가 격추되는 것을 막기 위해 전투기에 철갑을 둘렀다. 기체 전체에 철갑을 두르면 너무 무거워지기에 중요한 부분에만 둘러야 했다. 교전을 마치고 돌아온 전투기에는 많은 총알구멍이 있었지만, 기체 전체에 고르게 분포된 것은 아니었다. 총알구멍은 동체 쪽에 더 많았고 엔진 쪽에는 그다지 많지 않았다. 군 장성들은 철갑의 효율을 높일 수 있는 기회를 발견했다. [㉠] 생각이었다.
>
> 반면, 수학자들은 이와 같은 장성들의 생각에 반대하면서 다음과 같은 주장을 펼쳤다. 만일 피해가 전투기 전체에 골고루 분포된다면 분명히 엔진 덮개에도 총알구멍이 났을 텐데, 돌아온 전투기의 엔진 부분에는 총알구멍이 거의 없었다. 왜 이러한 현상이 발생한 것일까? 총알구멍이 엔진에 난 전투기는 대부분 격추되어 돌아오지 못한다. 엔진에 총알을 덜 맞은 전투기가 많이 돌아온 것은, 엔진에 총알을 맞으면 귀환하기 어렵기 때문이다. 병원 회복실을 가보면, 가슴에 총상을 입은 환자보다 다리에 총상을 입은 환자가 더 많다. 이것은 가슴에 총상을 입은 사람들이 회복하지 못했기 때문이다.
>
> 이 사례에서 군 장성들은 자신도 모르게 복귀한 전투기에 관한 어떤 가정을 하고 있었다. 그것은 기지로 복귀한 전투기가 [㉡] 것이었다. 군 장성들은 복귀한 전투기를 보호 장비 개선 연구를 위한 중요한 자료로 사용하고자 했다. 그러나 만약 잘못된 표본에 근거하여 정책을 결정한다면, 오히려 전투기의 생존율을 낮추는 결과를 초래할 수 있다.

① ㉠: 전투기에서 가장 중요한 엔진 쪽에만 철갑을 둘러도 충분한 보호 효과를 볼 수 있다는
　㉡: 출격한 전투기 일부에서 추출된 편향된 표본이라는
② ㉠: 전투기에서 총알을 많이 맞는 동체 쪽에 철갑을 집중해야 충분한 보호 효과를 볼 수 있다는
　㉡: 출격한 전투기 일부에서 추출된 편향된 표본이라는
③ ㉠: 전투기에서 가장 중요한 엔진 쪽에만 철갑을 둘러도 충분한 보호 효과를 볼 수 있다는
　㉡: 출격한 전투기 전체에서 무작위로 추출된 표본이라는
④ ㉠: 전투기에서 총알을 많이 맞는 동체 쪽에 철갑을 집중해야 충분한 보호 효과를 볼 수 있다는
　㉡: 출격한 전투기 전체에서 무작위로 추출된 표본이라는
⑤ ㉠: 전투기의 철갑 무게를 감당할 만큼 충분히 강력한 엔진을 달아야 한다는
　㉡: 출격한 전투기 전체에서 무작위로 추출된 표본이라는

문 9. 다음 글에서 추론할 수 없는 것은?

조직 구성원의 발언은 조직과 구성원 양측에 긍정적 효과를 가져올 수 있다. 구성원들은 발언을 함으로써 스스로 통제할 수 있다는 느낌을 가지게 되어 직무 스트레스가 줄고 조직에 대해 긍정적 태도를 가질 수 있다. 동시에 발언은 발언자의 조직 내 이미지를 실추시키거나 다양한 보복을 불러올 우려가 없지 않다. 한편 침묵은 조직의 발전 기회를 놓치게 하거나 조직을 위기에 처하게 할 수 있을 뿐만 아니라, 구성원 자신들에게도 부정적 영향을 미칠 수 있다. 침묵은 구성원들로 하여금 스스로를 가치 없는 존재로 느끼게 만들고, 관련 상황을 통제하지 못한다는 인식을 갖게 함으로써, 구성원들의 정신건강과 신체에 악영향을 미칠 수 있다. 구성원들은 조직에서 우려되는 이슈들을 인지하였을 때, 이를 발언으로 표출할지 아니면 침묵으로 표출하지 않을지 선택할 수 있는데, 해당 조직의 문화 아래에서 보복과 관련한 안전도와 변화 가능성에 대한 실효성 등을 고려하여 판단한다.

침묵의 유형들은 다음과 같다. 먼저, 묵종적 침묵은 조직의 부정적 이슈 등과 관련된 정보나 의견 등을 가지고 있지만 이를 알리거나 표출할 행동 유인이 없어 표출하지 않는 행위를 가리킨다. 이러한 침묵은 문제 있는 현실을 바꾸려는 의지를 상실한 체념의 의미를 내포하고 있어, 방관과 유사하다. 묵종적 침묵은 발언을 해도 소용이 없을 것이라는 조직에 대한 불신으로부터 나오는 행위이다.

방어적 침묵은 외부 위협으로부터 자신을 보호하거나 자신을 향한 보복을 당하지 않기 위해 조직과 관련된 부정적인 정보나 의견을 억누르는 적극적인 성격의 행위를 가리킨다. 기존에 가진 것을 지키기 위한 것뿐만 아니라, 침묵함으로써 추가적인 이익을 보고자 하는 것도 방어적 침묵의 행동 유인으로 포함하여 보기 때문에 자기보신적 행위라고 할 수 있다.

친사회적 침묵은 조직이나 다른 구성원의 이익을 보호하려는 목적에서 조직과 관련된 부정적 정보나 의견 등을 표출하지 않고 억제하는 행위로서, 다른 사람을 배려한 이타주의적인 침묵을 가리킨다. 이는 본인의 사회적 관계를 위한 경우에는 해당되지 않고, 철저하게 '나'를 배제한 판단 아래에서 이뤄지는 행위이다.

① 구성원들의 발언이 조직의 의사결정에 반영되는 정도가 커질수록, 조직의 묵종적 침묵은 감소할 것이다.
② 발언의 영향으로 자신의 안전이 걱정되어 침묵하는 경우는 방어적 침묵에 해당한다.
③ 발언의 실효성이 낮을 것으로 판단하여 침묵하는 경우는 묵종적 침묵에 해당한다.
④ 발언자에 대한 익명성을 보장하는 경우, 조직의 친사회적 침묵은 감소할 것이다.
⑤ 발언의 안전도와 실효성이 낮은 조직일수록 구성원의 건강은 악화될 수 있다.

문 10. 다음 글에 비추어 볼 때, <실험>에서 추론한 것으로 적절한 것만을 <보기>에서 모두 고르면?

A식물은 머리카락 모양의 털을 잎 표피에서 생산한다. 어떤 A식물은 털에서 당액을 분비하여 잎이 끈적하다. 반면 다른 A식물의 잎은 털의 모양은 비슷하지만 당액이 분비되지 않으므로 매끄럽다. 만약 자연에서 두 표현형이 같은 장점을 갖고 있다면 끈적한 A식물과 매끄러운 A식물은 1 : 1의 비율로 나타나야 한다. 하지만 A식물의 잎을 갉아먹는 B곤충이 있는 환경에서는 끈적한 식물과 매끄러운 식물이 1 : 1로 발견되는 반면, B곤충이 없는 환경에서는 끈적한 식물보다 매끄러운 식물이 더 많이 발견된다. 끈적한 식물은 종자 생산에 사용해야 할 광합성 산물의 일정량을 끈적한 당액의 분비에 소모한다. B곤충이 잎을 갉아먹으면 A식물의 광합성 산물의 생산량이 줄어든다. A식물이 만들어 내는 종자의 수는 광합성 산물의 양에 비례한다. 한 표현형이 다른 표현형보다 종자를 많이 생산하면 그 표현형을 가진 개체가 더 많이 나타난다.

<실 험>

B곤충으로부터 보호되는 환경에서 끈적한 A식물과 매끄러운 A식물을, 종자를 생산할 수 있을 만큼 성장시킨다. 그렇게 기른 두 종류의 A식물을 각각 절반씩 나누어, 절반은 B곤충의 침입을 허용하는 환경에, 나머지 절반은 B곤충을 차단하는 환경에 두었다. B곤충이 침입하는 조건에서 매끄러운 개체는 끈적한 개체보다 잎이 더 많이 갉아먹혔다. 매끄러운 개체와 끈적한 개체가 생산한 종자의 수 사이에 의미 있는 차이는 나타나지 않았다. 한편 B곤충이 없는 조건에서는 끈적한 개체가 매끄러운 개체보다 종자를 45% 더 적게 생산했다.

<보 기>

ㄱ. B곤충이 없는 환경에 비해 B곤충이 있는 환경에서, 매끄러운 식물의 종자 수가 감소한 정도는 끈적한 식물의 종자 수가 감소한 정도보다 컸다.
ㄴ. B곤충이 있는 환경에서 매끄러운 식물이 생산하는 광합성 산물은, B곤충이 없는 환경에서 매끄러운 식물이 생산하는 광합성 산물보다 양이 더 많았다.
ㄷ. B곤충이 있는 환경에서, 끈적한 식물이 매끄러운 식물보다 종자 생산에 소모한 광합성 산물의 양이 더 많았다.

① ㄱ
② ㄴ
③ ㄱ, ㄷ
④ ㄴ, ㄷ
⑤ ㄱ, ㄴ, ㄷ

문 11. 다음 글에서 추론할 수 있는 것만을 <보기>에서 모두 고르면?

물질을 구성하는 작은 입자들의 배열 상태는 어떻게 생겼을까? 이것은 '부피를 최소화시키려면 입자들을 어떻게 배열해야 하는가?'의 문제와 관련이 있다. 모든 입자들이 구형이라고 가정한다면 어떻게 쌓는다고 해도 사이에는 빈틈이 생긴다. 문제는 이 빈틈을 최소한으로 줄여서 쌓인 공이 차지하는 부피를 최소화시키는 것이다.

이 문제를 해결하기 위해 케플러는 여러 가지 다양한 배열 방식에 대하여 그 효율성을 계산하는 방식으로 연구를 진행하였다. 그가 제안했던 첫 번째 방법은 인접입방격자 방식이었다. 이것은 수평면(제1층) 상에서 하나의 공이 여섯 개의 공과 접하도록 깔아 놓은 후, 움푹 들어간 곳마다 공을 얹어 제1층과 평행한 면 상에 제2층을 쌓는 방식이다. 이 경우 제2층의 배열 상태는 제1층과 동일하지만 단지 전체적인 위치만 약간 이동하게 된다. 이러한 방식의 효율성은 74%이다.

다른 방법으로는 단순입방격자 방식이 있다. 이것은 공을 바둑판의 격자 모양대로 쌓아가는 방식으로, 이 배열에서는 수평면 상에서 하나의 공이 네 개의 공과 접하도록 배치된다. 그리고 제2층의 배열 상태를 제1층과 동일한 상태로 공의 중심이 같은 수직선 상에 놓이도록 배치한다. 이 방식의 효율성은 53%이다. 이 밖에 6각형격자 방식이 있는데, 이것은 각각의 층을 인접입방격자 방식에 따라 배열한 뒤에 층을 쌓을 때는 단순입방격자 방식으로 쌓는 것이다. 이 방식의 효율성은 60%이다.

이러한 규칙적인 배열 방식에 대한 검토를 통해, 케플러는 인접입방격자 방식이 알려진 규칙적인 배열 중 가장 효율이 높은 방식임을 주장했다.

<보 기>

ㄱ. 배열 방식 중에서 제1층만을 따지면 인접입방격자 방식의 효율성이 단순입방격자 방식보다 크다.
ㄴ. 단순입방격자 방식에서 하나의 공에 접하는 공은 최대 6개이다.
ㄷ. 어느 층을 비교하더라도 단순입방격자 방식이 6각형격자 방식보다 효율성이 크다.

① ㄱ
② ㄷ
③ ㄱ, ㄴ
④ ㄴ, ㄷ
⑤ ㄱ, ㄴ, ㄷ

문 12. 다음 글의 ㉠ ~ ㉤에 대한 판단으로 적절한 것은?

어떤 음성이나 부호가 무의미하다는 것은 '드룰'이나 '며문'과 같은 무의미한 음절들처럼 단순히 의미를 결여했다는 것으로 여겨진다. 그런데 철학자 A는 ㉠ 모든 의미 있는 용어는 그 용어가 지칭하는 대상이 존재한다고 여긴다. 그는 '비물질적 실체'와 같은 용어는 의미가 없다고 주장하는데, 그 이유는 오직 물질적 실체만이 존재하며 ㉡ '비물질적 실체'라는 용어가 지칭하는 대상이 존재하지 않는다는 것이다.

이에 철학자 B는 A의 입장이 터무니없다고 주장한다. ㉢ '비물질적 실체'라는 용어가 의미가 없다면, 우리는 비물질적 실체가 존재하는가에 대해 긍정도 부정도 할 수 없다. 그러나 ㉣ 우리는 그것이 존재하는가에 대해 긍정이나 부정을 할 수 있다. 실제로 ㉤ 우리의 어휘 중에는 의미를 지니고 그것이 지칭하는 대상이 존재하지 않는 용어들이 있다. 이 세상에 오직 물질적 실체만이 존재해서 비물질적 실체가 존재하지 않더라도 '비물질적 실체'라는 용어가 의미가 없다는 것은 지나친 주장이다.

① ㉠이 참이면, ㉤이 반드시 참이다.
② ㉠과 ㉢이 참이면, ㉤이 반드시 참이다.
③ ㉢과 ㉤이 참이면, ㉣이 반드시 거짓이다.
④ ㉠, ㉡, ㉢이 참이면, ㉣이 반드시 참이다.
⑤ ㉠, ㉢, ㉣이 참이면, ㉡이 반드시 거짓이다.

문 13. 다음 글의 내용이 참일 때, 반드시 참인 것만을 <보기>에서 모두 고르면?

도청에서는 올해 새로 온 수습사무관 7명 중 신청자를 대상으로 요가 교실을 운영할 계획이다. 규정상 신청자가 3명 이상일 때에만 요가 교실을 운영한다. 새로 온 수습사무관 A, B, C, D, E, F, G와 관련해 다음과 같은 사실이 알려져 있다.

○ F는 신청한다.
○ C가 신청하면 G가 신청한다.
○ D가 신청하면 F는 신청하지 않는다.
○ A나 C가 신청하면 E는 신청하지 않는다.
○ G나 B가 신청하면 A나 D 중 적어도 한 명이 신청한다.

<보 기>

ㄱ. 요가 교실 신청자는 최대 5명이다.
ㄴ. G와 B 중 적어도 한 명이 신청하는 경우에만 요가 교실이 운영된다.
ㄷ. A가 신청하지 않으면 F를 제외한 어떤 수습사무관도 신청하지 않는다.

① ㄱ
② ㄷ
③ ㄱ, ㄴ
④ ㄴ, ㄷ
⑤ ㄱ, ㄴ, ㄷ

문 14. 다음 글의 내용이 참일 때 반드시 참인 것은?

A, B, C, D는 출산을 위해 산부인과에 입원하였다. 그리고 이 네 명은 이번 주 월, 화, 수, 목요일에 각각 한 명의 아이를 낳았다. 이 아이들의 이름은 각각 갑, 을, 병, 정이다. 이 아이들과 그 어머니, 출생일에 관한 정보는 다음과 같다.

○ 정은 C의 아이다.
○ 정은 갑보다 나중에 태어났다.
○ 목요일에 태어난 아이는 을이거나 C의 아이다.
○ B의 아이는 을보다 하루 먼저 태어났다.
○ 월요일에 태어난 아이는 A의 아이다.

① 을, 병 중 적어도 한 아이는 수요일에 태어났다.
② 병은 을보다 하루 일찍 태어났다.
③ 정은 을보다 먼저 태어났다.
④ A는 갑의 어머니이다.
⑤ B의 아이는 화요일에 태어났다.

문 15. 다음 대화의 ㉠과 ㉡에 들어갈 내용을 적절하게 짝지은 것은?

> 갑: 현재 개발 중인 백신 후보 물질 모두를 A ~ D그룹을 대상으로 임상실험을 한 결과, A그룹에서 항체를 생성한 후보 물질은 모두 B그룹에서도 항체를 생성했습니다. 후보 물질 모두를 대상으로 한 또 다른 실험에서는, D그룹에서 항체를 생성하지 않은 후보 물질은 모두 C그룹에서 항체를 생성했습니다.
> 을: 흥미롭네요. 제가 다른 실험의 결과도 들었는데, C그룹에서 항체를 생성했지만 B그룹에서는 항체를 생성하지 않은 후보 물질도 있다고 합니다.
> 갑: 그렇군요. 아, 그리고 추가로 임상실험이 진행 중입니다. 실험 결과는 다음의 둘 중 하나로 나올 예정입니다. 한 가지 경우는 "[㉠]"는 결과입니다.
> 을: 지금까지 우리가 언급한 실험 결과가 모두 사실이라면, 그 경우에는 C그룹에서만 항체를 생성하는 후보 물질이 있다는 결론이 나오는군요.
> 갑: 그리고 다른 한 경우는 "[㉡]"는 결과입니다.
> 을: 그 경우에는, D그룹에서 항체를 생성하는 후보 물질이 있다는 결론이 나오는군요.

① ㉠: B그룹에서 항체를 생성한 후보 물질은 없다.
   ㉡: C그룹에서 항체를 생성한 후보 물질은 모두 A그룹에서 항체를 생성했다.
② ㉠: B그룹에서 항체를 생성한 후보 물질은 없다.
   ㉡: D그룹에서 항체를 생성한 후보 물질은 모두 C그룹에서 항체를 생성했다.
③ ㉠: D그룹에서 항체를 생성한 후보 물질은 모두 A그룹에서 항체를 생성했다.
   ㉡: B그룹과 C그룹에서 항체를 생성한 후보 물질이 있다.
④ ㉠: D그룹에서 항체를 생성한 후보 물질은 모두 A그룹에서 항체를 생성했다.
   ㉡: C그룹에서 항체를 생성하지 않은 후보 물질이 있다.
⑤ ㉠: D그룹에서 항체를 생성한 후보 물질은 모두 B그룹에서 항체를 생성했다.
   ㉡: C그룹에서 항체를 생성한 후보 물질은 모두 D그룹에서 항체를 생성하지 않았다.

문 16. 다음 논쟁에 대한 분석으로 가장 적절한 것은?

> 갑: 인과관계를 규정하는 방법은 확률을 이용하는 것이다. 사건 A가 사건 B의 원인이라는 말은 "A가 일어날 때 B가 일어날 확률이, A가 일어나지 않을 때 B가 일어날 확률보다 더 크다."로 규정되는 상관관계를 의미한다. 이 규정을 '확률 증가 원리'라 한다.
> 을: 확률 증가 원리가 인과관계를 어느 정도 설명하지만 충분한 규정은 아니다. 아이스크림 소비량이 증가할 때 일사병 환자가 늘어날 확률은 아이스크림 소비량이 증가하지 않을 때 일사병 환자가 늘어날 확률보다 크다. 하지만 아이스크림 소비량의 증가는 결코 일사병 환자 증가의 원인이 아니다. 그 둘은 그저 상관관계만 있을 뿐이다.
> 병: 그 문제는 해결할 수 있다. 날씨가 무더워졌다는 것은 아이스크림 소비량 증가와 일사병 환자 증가 모두의 공통 원인이다. 이 공통 원인 때문에 아이스크림 소비량 증가와 일사병 환자 증가 사이에 상관관계가 나타난 것이다. 상관관계만으로 인과관계를 추론할 수 없는 가장 중요한 이유는 바로 이러한 공통 원인의 존재 가능성 때문이다. 나는 공통 원인이 존재하지 않는다는 전제 아래에서는 인과관계를 확률 증가 원리로 규정할 수 있다고 본다.

① 갑과 병에 따르면, 인과관계가 성립하면 상관관계가 성립한다.
② 병에 따르면, 상관관계가 성립하면 인과관계가 성립한다.
③ 병에 따르면, 확률 증가 원리가 성립하면 언제나 인과관계가 성립한다.
④ 인과관계가 성립한다고 인정하는 사례는 갑보다 을이 더 많다.
⑤ 인과관계가 성립한다고 인정하는 사례는 갑보다 병이 더 많다.

문 17. 다음 글의 ㉠에 대한 평가로 가장 적절한 것은?

> 우리나라에서 주먹도끼가 처음 발견된 곳은 경기도 연천이다. 첫 발견 이후 대대적인 발굴조사를 통해 연천의 전곡리 유적이 세상에 그 존재를 드러내게 되었고 그렇게 발견된 주먹도끼는 단숨에 세계 학자들의 주목 대상이 되었다. 그동안 동아시아에서는 찍개만 발견되었을 뿐 전기 구석기의 대표적인 석기인 주먹도끼는 발견되지 않았기 때문이었다.
>
> 찍개는 초기 인류부터 사용했으며 세계 곳곳에서 발견되었다. 반면 프랑스의 아슐에서 처음 발견된 주먹도끼는 양쪽 면을 갈아 만든 거의 완벽에 가까운 좌우대칭 형태의 타원형 도구이다. 사냥감의 가죽을 벗겨 내고, 구멍을 뚫고, 빻거나 자르는 등 다양한 작업에 사용된 다용도 도구였다. 학계가 주먹도끼에 주목했던 것은 그것이 찍개에 비해 복잡한 가공작업을 거쳐 만든 것이므로 인류의 진화 과정을 풀 열쇠라고 보았기 때문이다. 주먹도끼를 만들기 위해서는 만들 대상을 결정하고 그에 따른 모양을 설계한 뒤, 적합한 재료를 선택해 제작하는 복잡한 과정을 거쳐야 했다. 이는 구석기인들의 지적 수준이 계획과 실행이 가능한 수준으로 도약했다는 것을 확인해 주는 부분이다. 아동 심리발달 단계에 따르면 12세 정도가 되면 형식적 조작기에 도달하게 되는데, 주먹도끼처럼 3차원적이며 대칭적인 물건을 만들 수 있으려면 이런 형식적 조작기 수준의 인지 능력, 즉 추상적 개념에 대하여 논리적·체계적·연역적으로 사고할 수 있을 정도의 인지 능력을 갖추어야 한다. 더 나아가 형식적 조작 능력을 갖추었을 때 비로소 언어적 지능이 발달하게 된다. 즉 주먹도끼를 제작할 수 있다는 것은 추상적 사고를 할 수 있으며 그런 추상적 개념을 언어로 표현하고 대화할 수 있다는 것을 의미한다.
>
> 전곡리에서 주먹도끼가 발견되었을 당시 학계는 ㉠ <u>모비우스 학설</u>이 지배하고 있었다. 이 학설은 주먹도끼가 발견되지 않은 인도 동부를 기준으로 모비우스 라인이라는 가상선을 긋고, 그 서쪽 지역인 유럽이나 아프리카는 주먹도끼 문화권으로, 그 동쪽인 동아시아는 찍개 문화권으로 구분하였다. 더불어 모비우스 라인 동쪽 지역은 서쪽 지역보다 인류의 지적·문화적 발전 속도가 뒤떨어졌다고 하였다.

① 주먹도끼를 만들어 사용한 인류가 찍개를 만들어 사용한 인류보다 두개골이 더 컸다는 것이 밝혀진다면 ㉠이 강화된다.
② 형식적 조작기 수준의 인지 능력을 가진 인류가 구석기 시대에 동아시아에서 유럽으로 이동했다는 것이 밝혀진다면 ㉠이 강화된다.
③ 계획과 실행을 할 수 있는 지적 수준의 인류가 거주했던 증거가 동아시아 전기 구석기 유적에서 발견되고 추상적 개념을 언어로 표현하며 소통했던 증거가 유럽의 전기 구석기 유적에서 발견된다면 ㉠이 강화된다.
④ 학술 연구를 통해 전곡리 유적이 전기 구석기 시대의 유적으로 확증된다면 ㉠이 약화된다.
⑤ 동아시아에서는 주로 열매를 빻기 위해 석기를 제작하였고 모비우스 라인 서쪽에서는 주로 짐승 가죽을 벗기기 위해 석기를 제작하였다는 것이 밝혀진다면 ㉠이 약화된다.

문 18. 다음 글의 <논증>을 강화하는 것만을 <보기>에서 모두 고르면?

> 우리에게는 어떤 행위를 해야만 하는지에 관한 도덕적 의무가 있는 것으로 보인다. 그럼, 어떤 믿음을 믿어야만 하는지에 관한 인식적 의무도 있을까? 이 물음을 해결하기 위해 먼저 도덕적 의무에 대해 생각해 보자. 우리가 어떤 행위 A에 대해 도덕적 의무를 갖는다면 우리는 A를 자신의 의지만으로 행할 수 있어야 한다. 물론 A는 행하기 힘든 것일 수도 있고, A를 행하지 않고 다른 행위를 했다고 비난받을 수도 있다. 그러나 우리에게 그 행위를 행할 능력이 아예 없다면 우리는 그 행위에 대해 의무를 갖지 않을 것이다. 인식적 의무의 경우도 마찬가지이다. 우리가 어떤 믿음에 대해 옳고 그름을 판단해야 하는 인식적 의무를 갖는다면 우리는 의지만으로 그 믿음을 가질 수도 있고 갖지 않을 수도 있어야 한다. 우리가 그 믿음을 갖는다면 인식적 의무를 다한 것이고, 갖지 않는다면 인식적 의무를 다하지 않은 것이다. 이런 생각에 기초해 우리에게 인식적 의무가 없다는 것을 다음과 같이 논증할 수 있다.
>
> <논 증>
>
> 전제 1: 만약 우리에게 인식적 의무가 있다면, 종종 우리는 자신의 의지만으로 어떤 믿음을 가질지 정할 수 있다.
> 전제 2: 대부분의 경우 우리는 자신의 의지만으로 결코 어떤 믿음을 가질지 정할 수 없다.
> 결 론: 우리에게 인식적 의무가 없다.

<보 기>

ㄱ. 인간에게 인식적 의무가 없다는 것과 어떤 경우에는 자신의 의지만으로 어떤 믿음을 가질지 정할 수 있다는 것은 양립할 수 없다. 가령 내 의지만으로 오늘 눈이 온다고 믿을 수 있다면, 그 믿음을 가져야 하는지 그렇게 하지 않아도 되는지를 나는 구분해야 한다.
ㄴ. 내 의지로는 믿고 싶지 않음에도 불구하고 믿을 수밖에 없는 경우들이 있다. 가령 나의 가장 친한 친구가 나의 차를 훔쳤다는 것을 증명하는 강력한 증거를 내가 확보했다고 하자. 이러한 상황에서 나는 나의 가장 친한 친구가 나의 차를 훔쳤다는 것을 믿고 싶지 않겠지만 결국 믿을 수밖에 없다. 왜냐하면 나에게는 그것을 증명하는 강력한 증거가 있기 때문이다.
ㄷ. 인간에게 인식적 의무가 있다는 것과 항상 우리가 자신의 의지만으로 어떤 믿음을 가질지 정할 수 있다는 것은 양립할 수 없다. 가령 오늘 나의 우울한 감정을 해소하기 위해 다음 주에 승진한다는 믿음을 가질 수 있다는 주장과 그러한 믿음에 대해 옳고 그름을 따져야 한다는 주장이 동시에 참일 수는 없다.

① ㄱ
② ㄴ
③ ㄱ, ㄴ
④ ㄱ, ㄷ
⑤ ㄴ, ㄷ

※ 다음 글을 읽고 물음에 답하시오. [문 19. ~ 문 20.]

행위의 도덕적 옳고 그름을 평가하는 대표적인 입장 중의 하나는 공리주의이다. 공리주의는 행위의 유용성을 평가하여 도덕적 옳고 그름을 판단하려는 입장이다. 이 중 양적으로 유용성을 고려하여 도덕적 옳고 그름을 판단하려 하는 여러 세부 입장들이 있다. X는 유용성을 판단함에 있어서 "[㉠]"라는 입장이다. 하지만 이러한 입장은 설득력이 없다. 왜냐하면 X의 입장을 받아들일 경우 도덕적으로 올바른 행위가 무엇인지 적절하게 판단할 수 없는 상황이 존재하기 때문이다. 예를 들어, 어떤 행위자가 선택할 수 있는 행위가 총 셋인데 그 행위 각각이 산출하는 사회 전체의 행복의 양과 고통의 양이 다음과 같다고 해 보자.

행위 선택지	행복의 양	고통의 양
A1	100	99
A2	90	10
A3	10	9

어떤 행위를 선택하는 것이 올바른 것일까? 사람들 대부분은 A2를 선택하는 것이 올바르다고 답한다. 그러나 X의 입장은 A2를 선택하는 것이 올바르다는 것을 보여주지 못한다. 왜냐하면 A2의 행복의 양은 A1의 행복의 양보다 적고, A2의 고통의 양은 A3의 고통의 양보다 많아서 A2는 X의 입장을 충족시켜 주는 행위가 아니기 때문이다. 그뿐만 아니라 X의 입장을 따를 경우 A1이나 A3도 도덕적으로 올바른 행위가 아니게 된다. 결국 세 선택지 중 어떤 것을 선택해도 도덕적으로 올바르지 않게 되는 셈이다.

반면 Y의 입장은 X의 입장이 처하게 되는 위와 같은 문제를 해결할 수 있는 방법으로 제시되었다. 이 입장에 따르면, 어떤 행위자가 행한 행위가 도덕적으로 올바른 것일 필요충분조건은 그 행위가 그 행위자가 선택할 수 있는 다른 모든 행위보다 큰 유용성을 갖는다는 것이며 여기서 유용성이란 행복의 양에서 고통의 양을 뺀 결과를 나타낸다. 세 행위 선택지 중 행복의 양에서 고통의 양을 뺀 결과값이 A2가 가장 크기 때문에, Y의 입장에 따르면 A2를 선택하는 것이 올바른 것이라고 결론지을 수 있다. 따라서 X의 입장보다 Y의 입장이 더 낫다고 할 수 있다.

문 19. 위 글의 ㉠에 들어갈 내용으로 가장 적절한 것은?

① 어떤 행위자가 행한 행위가 산출하는 행복의 양이 그 행위가 산출하는 고통의 양보다 항상 많다면, 그 행위는 도덕적으로 옳다.
② 어떤 행위자가 행한 행위가 그 행위자가 선택할 수 있는 다른 행위에 비해 많은 행복을 산출하거나 적은 고통을 산출한다면, 그 행위는 도덕적으로 옳다.
③ 어떤 행위자가 행한 행위가 도덕적으로 올바른 것일 필요충분조건은 그 행위가 산출하는 행복의 양이 그 행위가 산출하는 고통의 양보다 항상 많다는 것이다.
④ 어떤 행위자가 행한 행위가 도덕적으로 올바른 것일 필요충분조건은 그 행위가 그 행위자가 선택할 수 있는 다른 모든 행위에 비해 많은 행복을 산출하거나 적은 고통을 산출한다는 것이다.
⑤ 어떤 행위자가 행한 행위가 도덕적으로 올바른 것일 필요충분조건은 그 행위가 그 행위자가 선택할 수 있는 다른 모든 행위에 비해 많은 행복을 산출하고 동시에 적은 고통을 산출한다는 것이다.

문 20. 다음 갑 ~ 병 중 Y의 입장에 대한 반박으로 적절한 것만을 모두 고르면?

갑: 가능한 행위 선택지가 A1, A2, A3일 때 A1의 행복의 양이 90이고 고통의 양이 50, A2의 행복의 양이 50이고 고통의 양이 10, A3의 행복의 양이 70이고 고통의 양이 30인 상황을 고려해 보자. Y의 입장은 X의 입장과 비슷한 문제에 부딪힌다. 그 점에서 Y의 입장은 적절하지 않다.
을: 도덕적 행위, 즉 유용성이 가장 크다고 판단하여 한 행위를 나중에 되돌아보면 행위자는 언제나 미처 생각하지 못한 선택지가 가장 큰 유용성을 지닌다는 것을 깨닫는다. 이는 우리가 이미 선택한 행위는 올바르지 않다는 것을 함축하고 이를 통해 우리는 도덕적으로 올바른 행위를 한 번도 할 수 없다는 불합리한 결론에 도달하도록 한다. 불합리한 결론을 도출하는 입장은 잘못된 이론이기 때문에 Y의 입장은 적절하지 않다.
병: 행복의 양에서 고통의 양을 뺀 유용성이 음수로 나올 경우도 많다. 그러한 경우에는 Y의 입장에 근거해도 주어진 선택지 중 어떤 것이 도덕적으로 올바른 것인지 판단할 수 없다. 그 점에서 Y의 입장은 적절하지 않다.

① 갑
② 병
③ 갑, 을
④ 을, 병
⑤ 갑, 을, 병

문 21. 다음 글에서 알 수 있는 것은?

> 조선 왕조는 가난하고 굶주린 백성을 보살피기 위한 진휼 사업에 힘썼다. 진휼의 방법에는 무상으로 곡식을 지급하는 진제와 이자를 받고 유상으로 곡식을 대여해 주는 환곡이 있었다. 18세기 후반 잦은 흉년으로 백성들을 구제할 필요성이 높아지자, 조선 왕조는 이전보다 진제를 체계화하여 공진, 사진, 구급으로 구분해 실시하였다.
>
> 공진은 국가가 비축해 놓은 관곡을 지급하는 것으로서, 국가의 재정적 부담을 고려해 재해 피해가 극심한 지역에 한정하여 실시하였다. 사진은 관곡을 사용하지 않고 지방 수령이 직접 마련한 자비곡이나 부유한 백성으로부터 기부받은 곡식으로 실시하는 것이었다. 사진은 그 실시 여부를 수령이 재량으로 결정하되 공진과 같은 방식으로 지급하였다. 한편 구급은 당장 구제하지 않으면 생명을 보전하기 어려운 백성을 긴급 구제하는 것으로 수령의 자비곡으로 충당하였다.
>
> 진제의 실시에 있어 대상자 선정은 매우 중요한 문제였다. 이에 대상자를 선정함에 앞서 지역 실정을 잘 아는 향임이나 감고에게 백성들의 토지 소유 여부, 생활 수준 등을 조사하도록 했다. 조사를 하면서 본래 가계가 넉넉한 사람은 초실, 경작 규모나 경제 형편과 관계없이 금년에 이앙을 마친 사람은 작농, 농사 이외의 다른 직업으로 생계를 유지하는 사람은 자활, 지극히 가난한 사람은 빈궁, 구걸로 연명하는 사람은 구걸로 구별해 이 중 하나로 기록하였다. 빈궁이나 구걸로 기록되는 사람이라도 형제나 친척 중에 초실이 있으면 그들의 거주지와 인적사항을 함께 기록하였다.
>
> 이러한 사전 조사를 바탕으로 상·중·하 3등급으로 백성을 구분하여 대상자를 최종 선정하였다. 스스로 살아갈 수 있는 사람은 상, 환곡을 받아야 살아갈 수 있는 사람은 중, 구걸로도 끼니를 해결하지 못해 무상으로 지급되는 곡식 없이는 목숨 보전도 힘든 사람을 하로 구분하였다. 최종적으로 하로 분류된 사람들이 진제의 대상자가 되었으며, 그 안에서 다시 굶주림의 정도에 따라 지급 시기를 구분하여 곡식을 지급하였다. 지급되는 곡식의 양은, 장년 남자는 10일에 쌀 5되, 노인 남녀와 장년의 여자는 10일에 쌀 4되, 어린아이는 10일에 쌀 3되였다.

① 진제 대상자의 선정 과정에서 초실과 자활은 3등급 중에서 상으로 분류되었다.
② 지방 수령이 자신의 판단으로 진제를 실시하는 경우에는 관곡을 지급하지 않았다.
③ 조사하는 해에 이앙을 마친 농민이 지극히 가난한 소작농이면 빈궁으로 기록되었다.
④ 진제 대상자로 선정된 경우 굶주림의 정도가 심할수록 더 이른 시기에 더 많은 곡식을 지급받았다.
⑤ 자력으로 생계를 전혀 유지할 수 없는 사람이라도 친척 중에 초실이 있으면 진제 대상자에서 제외되었다.

문 22. 다음 글에서 알 수 있는 것은?

> 젊은이를 가리키는 말로 조선 시대에는 ‘소년’, ‘약년’, ‘자제’, ‘청년’ 등 다양한 표현이 사용되었다. 일반적으로 소년과 자제를 가장 흔히 사용하였으나, 약년이나 청년이라는 표현도 젊은이를 가리키는 말로 간혹 쓰였다. 약년은 스무 살 즈음을 칭하는 표현이다. 실제 사료에서도 20대를 약년이나 약관으로 칭한 사례가 많다. 1508년 우의정 이덕형은 상소문에서 자신이 약년에 벼슬길에 올랐다고 하였다. 그런데 이 약년은 훨씬 더 어린 나이에도 사용되었다. 1649년 세손의 교육 문제를 논한 기록에는 만 8세의 세손을 약년이라고 하였다.
>
> 조선 후기에는 젊은이를 일반적으로 소년이라고 하였다. 오늘날 소년은 청소년기 이전의 어린이를 지칭하는 말로 그 의미가 변하였지만, 전통 사회의 소년은 나이가 적은 자, 즉 젊은이를 의미하는 말이었다. 적어도 조선 후기 사회에서는 아이와 구분되는 젊은이를 소년이라고 부르는 것이 일반적이었다. 신분과 계층 그리고 시기에 따라 다르지만, 연령으로는 최대 15세까지 아이로 보았던 듯하다.
>
> 소년이 유년이나 장년과 구분되기는 하였지만, 상대적으로 젊은 사람을 뜻하는 경우도 많았다. 40대나 50대 사람이더라도 상대에 따라 젊은 사람으로 표현되기도 하였다. 소년이 장년, 노년과 구분되는 연령 중심의 지칭이었음에 비해, 자제는 부로(父老), 부형(父兄)으로 표현되는 연장자가 이끌고 가르쳐서 그 뒤를 이어가게 하는 ‘다음 세대’라는 의미로 사용되었다. 일반적으로 자제는 막연한 후손이라는 의미보다는 특정한 신분에 있는 각 가문의 젊은 세대라는 의미로 통하였다. 고려시대 공민왕이 젊은이를 뽑아 만들었다는 자제위도 단순히 잘생긴 젊은이가 아니라 명문가의 자제를 선발한 것이었다. 자제가 소년보다는 가문의 지체나 신분을 반영하는 지칭이었으므로, 교육과 인재 양성면에서 젊은이를 칭할 때는 거의 자제라고 표현하였다.
>
> 또한 소년이란 아직 성숙하지 못한 나이, 다소간 치기에서 벗어나지 못한 어린 또는 젊은 사람이라는 의미를 가지는 경우도 많았다. 연륜을 쌓은 노성(老成)함에 비해 나이가 적고 젊다는 것은 부박하고 상황의 판단이 아직 충분히 노련하지 못하다는 의미로 사용되었다. 마찬가지로 자제 역시 어른 세대에게 가르침을 받아야 하는 존재, 즉 아직 미숙한 존재로 인식되었다.
>
> 젊은 시절을 의미하는 말로 쓰인 청년은 그 자체가 찬미의 대상이 되기보다는 대체로 노년과 짝을 이루어 늙은이가 과거를 회상하는 표현으로 사용되는 경우가 많았다.

① 소년으로 불리는 대상 중 자제로 불리지 않는 경우가 있었다.
② 젊은이를 지시하는 말 중 청년이 가장 부정적으로 쓰였다.
③ 약년은 충분히 노련하지 못한 어른을 지칭하기도 하였다.
④ 약년은 소년과 자제의 의미를 포괄하여 사용되었다.
⑤ 명문가의 후손을 높여 부를 때 자제라고 하였다.

문 23. 다음 글에서 알 수 있는 것은?

주식회사의 이사는 주주총회에서 선임된다. 1주 1의결권 원칙이 적용되는 주주총회에서 주주는 본인이 보유하고 있는 주식 비율에 따라 의결권을 갖는다. 예를 들어 5%의 주식을 가진 주주는 전체 의결권 중에서 5%의 의결권을 갖는다.

주주총회에서 이사를 선임할 때에는 각 이사 후보자별 의결이 별도로 이루어진다. 예를 들어 2인의 이사를 선임하는 주주총회에서 3인의 이사 후보가 있다면, 각 후보를 이사로 선임하는 세 건의 안건을 올려 각각 의결한다. 즉, 총 세 번의 의결 후 찬성 수를 가장 많이 얻은 2인을 이사로 선임하는 것이다. 이를 단순투표제라 한다. 단순투표제에서 발행주식 총수의 50%를 초과하는 지분을 가진 주주는 모든 이사를 자신이 원하는 사람으로 선임할 수 있게 되고, 그럴 경우 50% 미만을 보유하고 있는 주주는 자신이 원하는 사람을 한 명도 이사로 선임하지 못하게 된다.

집중투표제는 이러한 문제를 해결하기 위해 고안된 방안이다. 이는 복수의 이사를 한 건의 의결로 선임하는 방법으로 단순투표제와 달리 행사할 수 있는 의결권이 각 후보별로 제한되지 않는다. 예를 들어 회사의 발행주식이 100주이고 선임할 이사는 5인, 후보는 8인이라고 가정해 보자. 집중투표제를 시행한다면 25주를 가진 주주는 선임할 이사가 5인이기 때문에 총 125개의 의결권을 가지며 75주를 가진 지배주주는 총 375개의 의결권을 가진다. 각 주주는 자신의 의결권을 자신이 원하는 후보에게 집중하여 배분할 수 있다. 125개의 의결권을 가진 주주는 자신이 원하는 이사 후보 1인에게 125표를 집중 투표하여 이사로 선임될 가능성을 높일 수 있다. 최종적으로 5인의 이사는 찬성 수를 많이 얻은 순서에 따라 선임된다.

주주가 집중투표를 청구하기 위해서는 주식회사의 정관에 집중투표를 배제하는 규정이 없어야 한다. 이러한 방식을 옵트아웃 방식이라고 한다. 정관에서 명문으로 규정해야 제도를 시행할 수 있는 옵트인 방식과는 반대되는 것이다. 하지만 현재 우리나라 전체 상장회사의 90% 이상은 집중투표를 배제하는 정관을 가지고 있어 집중투표제의 활용이 미미한 상황이다.

① 한 안건에 대해 단순투표제와 집중투표제 모두 1주당 의결권의 수는 그 의결로 선임할 이사의 수와 동일하다.
② 집중투표제에서 대주주는 한 건의 의결로 선임될 이사의 수가 가능한 한 많아지기를 원할 것이다.
③ 집중투표제로 이사를 선임하는 경우 소액주주는 본인이 원하는 최소 1인의 이사를 선임할 수 있다.
④ 정관에 집중투표제에 관한 규정이 없다면 주주는 이사를 선임할 때 집중투표를 청구할 수 없다.
⑤ 단순투표제에서는 전체 의결권의 과반수를 얻어야만 이사로 선임된다.

문 24. 다음 글에서 알 수 있는 것은?

국제노동기구(ILO)의 노동기준에 관한 협약들은 그 중요성과 특성을 기준으로 하여 핵심협약, 거버넌스협약, 일반협약으로 나뉜다.

핵심협약은 1998년의 '노동에 있어서 기본적 원칙들과 권리에 관한 선언'에서 열거한 4개 원칙인 결사·자유원칙, 강제노동 금지원칙, 아동노동 금지원칙, 차별 금지원칙과 관련된 협약들을 말한다. ILO는 각국이 비준한 핵심협약 이행 현황에 대한 감시·감독 체계를 갖추고 있으며, 핵심협약을 비준하지 않고 있는 회원국에게는 미비준 이유와 비준 전망에 관한 연례 보고서 제출 의무를 부과하고 있다.

거버넌스협약은 노동정책 결정과 노동기준 집행 등 거버넌스와 관련된 협약으로 2008년의 '공정한 세계화를 위한 사회적 정의에 관한 선언'에서 열거한 근로감독 협약, 고용정책 협약, 노사정 협의 협약 등이 있다. ILO는 미비준한 거버넌스협약에 대해 회원국에 별도의 보고 의무를 부과하지 않는 대신, 회원국들과 외교적 협의를 통해 거버넌스협약 비준 확대에 노력하고 있다.

일반협약은 핵심협약과 거버넌스협약을 제외한 ILO의 노동기준에 관한 모든 협약을 가리키는데, 일반협약은 핵심협약과 거버넌스협약의 세부 주제별 기준들을 구체적으로 규정한다. 예를 들어 핵심협약에서 차별 금지원칙을 선언하거나 그 대강을 규정하면 일반협약에서는 각 산업별, 직역별에서의 근로시간 관련 구체적 차별 금지 및 그 예외를 규정하는 방식이다. 다만 일반협약은 ILO 내 다른 협약에 대해 우선 적용되지 않는다는 특성을 지닌다.

우리나라는 1991년 12월 ILO에 가입한 이후 순차적으로 ILO 노동기준에 관한 협약들을 비준하고 있다. 최근까지 아동노동 금지원칙 및 차별 금지원칙 관련 협약을 비준하였고 2021년 2월에는 결사·자유원칙 관련 협약에 대한 비준 절차가 진행 중이다. 거버넌스협약은 근로감독 협약을 제외하고는 모두 비준되었고, 비준된 핵심협약과 관련된 일반협약은 대부분 비준되었다.

① 우리나라는 고용정책 협약 및 그 세부 주제에 관한 일반협약을 모두 비준하였다.
② 우리나라는 매년 ILO에 강제노동 금지원칙에 관한 협약의 미비준 이유와 비준 전망에 대하여 보고서를 제출하여야 한다.
③ 우리나라에서 2021년 2월에 비준 절차가 진행 중인 협약은 공정한 세계화를 위한 사회적 정의에 관한 선언에 열거되어 있다.
④ ILO의 2008년 선언문에 포함된 근로감독 협약은 ILO의 다른 협약에 대해 우선 적용되지 않는다.
⑤ ILO는 노사정 협의 협약을 비준하지 않은 국가들에 대해 미비준 이유와 비준 전망에 대한 연례 보고서를 제출하도록 요구한다.

문 25. 다음 글에서 알 수 없는 것은?

> 의사는 치료를 시작하기 전에 환자의 동의를 얻어야 한다. 다른 말로 환자의 동의 없이 환자의 복지에 영향을 끼치는 처방을 하는 것은 의사에게 허용되지 않는다. 그런데 단순히 동의를 얻는 것만으로는 충분하지 않다. 환자가 결정하기에 충분한 정보, 즉 치료에 따르는 위험과 다른 치료법에 관한 정보가 제공되어야 한다. 치료를 허락한 환자의 결정은 무지로 인한 것이어서는 안 된다. 동의의 의무는 의사가 환자를 기만해서는 안 된다는 기만 금지 의무의 연장선에 있다. 둘 다, 자신에게 영향을 끼칠 치료에 관해 스스로가 결정할 기회를 환자에게 제공해야 한다는 자율성 존중 원리에 기반을 두고 있다.
>
> 그러나 수 세기 동안, 심지어 20세기 초까지도 의사가 때로는 환자를 속여도 된다고 여겼다. 환자의 복지에 해가 될 수 있는 것을 행하면 안 된다는 악행 금지의 원리에 근거해서, 환자에게 진실을 말하는 것이 환자의 복지에 해가 될 수 있다는 생각으로 기만이 정당화되었다. 오늘날에는 더 이상 이러한 생각을 받아들이지 않는다. 실제로 '의사와 환자 상호교류 규제법'은 의사의 기만 사례를 금지하고 있다. 오늘날 사람들은 환자가 진실 때문에 자신의 자율성이 침해되거나 해를 입게 될 것이라고는 생각하지 않는다. 따라서 사람들은 진실 말하기에 관한 한, 악행 금지의 원리가 자율성 존중 원리와 서로 충돌하지 않는다고 생각한다.
>
> 그런데 자율성 존중 원리를 지키기 위해서는 단순히 기만을 삼가는 것만으로는 부족하다. 예컨대 의사가 환자를 실제로 속이지는 않지만 환자가 특정 결정을 하도록 유도하기 위해 관련 정보 제공을 보류하거나 직접적 관련성이 작은 정보를 필요 이상으로 제공하는 경우를 상상할 수 있다. 이처럼 의사가 정보 제공을 조종하는 것은 환자의 자율성을 존중하지 않는 것이다. 한편 의사가 관련된 정보를 환자에게 모두 밝히면 환자는 조종된 결정이 아닌 자신의 결정을 하게 될 것이고, 환자의 자율성은 존중될 것이다.

① 환자의 동의는 치료를 하기 위한 필요조건 중 하나이다.
② 악행 금지의 원리가 환자의 자율성을 침해한 때가 있었다.
③ 기만 금지 의무와 동의의 의무는 동일한 원리에 기반을 둔다.
④ 의사가 환자에게 제공하는 정보의 양이 많을수록 환자의 자율성은 더 존중된다.
⑤ 의사가 복지를 위해 환자를 기만하는 행위는 오늘날에는 윤리적으로 정당화되지 않는다.

문 26. 다음 글의 ㉠과 ㉡에 들어갈 내용을 <보기>에서 골라 적절하게 짝지은 것은?

> 경제가 어려울수록 사람들은 경제적 재화가 똑같이 분배되는 사회를 소망한다. 하지만 이러한 단순 평등 사회가 달성된다고 하더라도 그 상태는 유지될 수 없다. 처음에 경제적 재화를 똑같이 분배받는다고 하더라도 사람들은 자신의 선택에 따라 재화를 자유롭게 사용할 것이고, 그렇게 되면 시간이 지남에 따라 결국 다시 불평등한 사회가 될 것이기 때문이다. 이러한 불평등을 반복적으로 제거하면 다시 단순 평등 사회로 되돌아갈 수 있을지도 모른다. 하지만 그것은 오직 국가의 개입과 통제가 있어야만 가능한 일이다. 문제는 누구도 개인의 자유를 억압하는 사회를 원치 않는데, 국가의 개입과 통제가 필연적으로 개인의 자유를 억압한다는 것이다. 따라서 단순 평등 사회는 [㉠].
>
> 그렇다면 우리는 어떤 의미의 평등 사회를 지향해야 할까? 어떤 사람들이 비싼 물건을 살 능력이 있고 어떤 사람들은 그렇지 못하다는 경제적 불평등은 부정할 수 없는 현실이다. 하지만 우리는 경제적 재화 이외에도 자유, 사회적 지위, 정치권력 등의 다양한 사회적 가치들을 유용하다고 인정한다. 그래서 더욱 심각한 문제는 경제적 재화와 같은 하나의 사회적 가치가 불평등하게 분배되는 것이 정당한 이유 없이 다른 사회적 가치의 분배 문제에서까지 불평등을 유발할 수 있다는 것이다. 이런 결과를 초래하는 것은 바람직하지 않다. 재산이 많다고 정당한 이유 없이 정치권력을 소유하게 되거나, 정치권력을 가졌다고 정당한 이유 없이 높은 사회적 지위를 갖게 되는 것이 그런 예이다. 따라서 평등한 사회를 달성하기 위해서는 [㉡].

<보 기>

ㄱ. 개인의 자유를 억압하지 않는다면 지속 가능한 것이다
ㄴ. 지속 가능하지도 않고 개인의 자유를 희생하면서까지 원하는 것이 아니다
ㄷ. 모든 사회적 가치 각각을 공정하게 분배하는 것이 중요하다
ㄹ. 하나의 사회적 가치에 대한 불평등이 다른 영역에서의 불평등으로 이어지는 것을 막는 것이 중요하다
ㅁ. 다양한 사회적 가치를 공정하게 분배하는 방법의 출발점으로 하나의 사회적 가치를 공정하게 분배하는 것부터 시작해야 한다

	㉠	㉡
①	ㄱ	ㄹ
②	ㄱ	ㅁ
③	ㄴ	ㄷ
④	ㄴ	ㄹ
⑤	ㄴ	ㅁ

문 27. 다음 글에서 추론할 수 있는 것은?

> 푄 현상은 바람이 높은 산을 넘을 때 고온 건조하게 변하는 것을 가리킨다. 공기가 상승하게 되면 기압이 낮아져 공기가 팽창하는 단열팽창 현상 때문에 공기 온도가 내려간다. 공기가 상승할 때 고도에 따른 온도 하강률을 기온감률이라 한다. 공기는 수증기를 포함하고 있는데, 공기가 최대한 가질 수 있는 수증기량은 온도가 내려갈수록 줄어들고, 공기의 수증기가 포화상태에 이르는 온도인 이슬점 온도보다 더 낮은 온도에서는 수증기가 응결하여 구름이 생성되거나 비가 내리게 된다. 공기의 수증기가 포화상태일 경우에는 습윤 기온감률이 적용되고, 불포화상태일 경우에는 건조 기온감률이 적용되는데, 건조 기온감률은 습윤 기온감률에 비해 고도 차이에 따라 온도가 더 크게 변한다. 이러한 기온감률의 차이 때문에 푄 현상이 발생하는 것이다.
>
> 가령, 높은 산이 있는 지역의 해수면 고도에서부터 어떤 공기 덩어리가 이 산을 넘는다고 할 때, 이 공기의 온도는 건조 기온감률에 따라 내려가다가 공기가 일정 높이까지 상승하여 온도가 이슬점 온도에 도달한 후에는 공기 내 수증기가 포화하면 습윤 기온감률에 따라 온도가 내려간다. 공기의 상승 과정에서 공기 속 수증기는 구름을 형성하거나 비를 내리며 소모되고, 이는 산 정상에 이를 때까지 계속된다. 이 공기가 산을 넘어 건너편 사면을 타고 하강할 때는 공기가 건조하기 때문에 건조 기온감률에 따라 온도가 올라가게 된다. 따라서 산을 넘은 공기가 다시 해수면 고도에 도달하면 산을 넘기 전보다 더 뜨겁고 건조해진다. 이 건조한 공기가 푄 현상의 결과물이다.
>
> 우리나라에도 대표적인 푄 현상으로 높새바람이 있다. 이는 강원도 영동지방에 부는 북동풍과 같은 동풍류의 바람에 의해 푄 현상이 일어나 영서지방에 고온 건조한 바람이 부는 것을 의미한다. 늦은 봄에서 초여름에 한랭 다습한 오호츠크해 고기압에서 불어오는 북동풍이 태백산맥을 넘을 때 푄 현상을 일으키게 된다. 이 높새바람의 고온 건조한 성질은 영서지방의 농작물에 피해를 주기도 하고 산불을 일으키기도 한다.

① 공기가 상승하여 공기의 온도가 이슬점 온도에 도달한 이후부터는 공기가 상승할수록 공기 내 수증기량은 줄어든다.
② 공기가 상승할 때 공기의 온도가 이슬점 온도에 도달하는 고도는 공기 내 수증기량과 상관없이 일정하다.
③ 높새바람을 따라 이동한 공기 덩어리가 지닌 수증기량은 이동하기 전보다 증가한다.
④ 공기 내 수증기량이 증가하면 습윤 기온감률이 적용되기 시작하는 고도가 높아진다.
⑤ 동일 고도에서 공기의 온도는 공기가 상승할 때가 하강할 때보다 높다.

문 28. 다음 글에서 추론할 수 있는 것만을 <보기>에서 모두 고르면?

> 모든 구조물은 두 가지 종류의 하중을 지탱해야 한다. 정적 하중은 구조물 자체에 작용하는 중력과 함께 구조물에 늘 작용하는 모든 추가적인 힘을 말한다. 동적 하중은 교통, 바람, 지진 등 구조물에 일시적으로 작용하거나 순간순간 변하는 다양한 힘을 일컫는다. 예를 들어 댐은 평상시 가두어진 물의 압력에 의한 정적 하중을 주로 지탱하지만, 홍수가 나면 급류에 의한 동적 하중을 추가로 지탱해야 한다.
>
> 일시적으로 가해진 하중은 진동의 원인이다. 스프링을 예로 들어보자. 추가 매달린 스프링을 살짝 당기면 진동하는데, 이때 스프링 내부에서 변형에 저항하기 위해 생기는 저항력인 응력이 작용한다. 만약 스프링이 감당할 수 없을 만큼 세게 당기면 스프링은 다시 진동하지만 원래 상태로 돌아올 수 없게 된다. 구조물의 경우도 마찬가지로, 일시적으로 가한 동적 하중이 예상하지 못한 정도로 크게 작용하면 구조물에 매우 큰 진동이 발생하여 구조물이 응력의 한계를 벗어나 약해진 상태로 변형된다. 이때 구조물이 변형에 저항하는 한계를 '응력한계'라 한다.
>
> 구조물의 안전성을 확보하기 위해서는 한 가지 문제가 더 있다. 구조물의 공명 현상을 고려해야 하는 것이다. 공명 현상은 진동주기가 같은 진동끼리 에너지를 주고받는 현상이다. 하나의 구조물은 여러 개의 진동주기를 지니는데, 이는 구조물의 기하학적 구조, 구성 재료의 특성 등에 의해 결정된다. 따라서 같은 크기의 동적 하중이 작용하는 경우에도 공명 현상 발생 여부에 따라 구조물이 진동하는 정도가 달라진다.
>
> 지진이 일어나면 지진파가 생겨나고 지진파가 지표면에 도착하면 땅의 흔들림을 유발해 구조물에 동적 하중을 가하여 건물에 진동을 일으킨다. 이때 이 진동 자체만으로는 구조물에 별다른 영향을 미치지 못할 수 있다. 그러나 구조물의 진동주기와 지진파의 진동주기가 일치하면 공명 현상이 발생하여 지진파의 진동에너지가 구조물에 주입되어 구조물에 더 큰 진동을 유발하고 결국 변형을 발생시킬 수 있다. 지진 이외에 강한 바람도 공명 현상을 일으킬 수 있다. 건물 내진 설계나 내풍 설계 같은 것은 바로 이런 공명 현상으로 인한 피해를 막기 위한 예방 조치이다.

<보 기>

ㄱ. 구조물에 작용하는 일시적으로 가해지는 힘과 상시적으로 가해지는 힘은 모두 진동을 유발한다.
ㄴ. 지진이 일어났을 때, 구조물에 동적 하중이 가해지고 있으면 지진파가 공명 현상을 만들 수 없다.
ㄷ. 약한 지진파가 발생해도 구조물과 그 진동주기가 서로 일치하면 응력한계를 초과하는 진동을 유발할 수 있다.

① ㄱ
② ㄷ
③ ㄱ, ㄴ
④ ㄴ, ㄷ
⑤ ㄱ, ㄴ, ㄷ

문 29. 다음 글의 A와 B에 대한 분석으로 가장 적절한 것은?

> A는 근대화란 곧 산업화이고, 산업화는 농촌을 벗어난 농민들이 도시의 임금노동자가 되어가는 과정이라고 생각했다. 토지에 얽매이지 않으며 노동력 말고는 팔 것이 없는 이들을 '자유로운 노동자'라고 불렀다. 이들 중에서 한 사람의 임금으로 가족 전부를 부양할 수 있을 만큼의 급여를 확보한 특권적인 노동자가 나타난다. 이 노동자가 한 집안의 가장 혹은 '빵을 벌어오는 사람'이다. 이렇게 자신과 가족의 생활을 유지할 만큼 급여를 받는 피고용자를 정규직이라 불러왔다. 그 급여 수준이 어느 정도인지, 일주일에 몇 시간을 노동해야 하는지에 대해서는 역사적으로 각 사회의 '건강하고 문화적인' 생활수준과 노사협의를 통해서 결정된다. A는 산업화가 지속적으로 진전되면 세상의 모든 사람은 정규직 임금노동자가 된다고 예측했다.
>
> 이에 이의를 제기한 B는 산업화가 진전됨에 따라 노동자들이 크게 핵심부, 반주변부, 주변부로 나뉜다고 주장했다. 핵심부에 속하는 노동자들은 혼자 벌어 가정을 유지할 만큼의 급여를 확보하는 정규직 노동자들인데, 이들의 일자리는 사회적 희소재로서 앞으로는 늘어나지 않을 것으로 예측되었다. 그 대신에 반주변부에는 정규직보다 급여가 낮은 비정규직을 포함하는 일반 노동자들이, 그리고 시장 바깥의 주변부에는 실업자를 포함해서 반주변부보다 열악한 상황에 놓인 노동자들이 계속해서 남아돌게 될 것이라고 했다. 그의 예측은 적중했다.
>
> 산업화가 진전된 선진국에서는 고용의 파이가 더 이상 확대되지 않거나 축소되었다. 일반적으로 노조가 발달한 선진국에는 노동자에게 '선임자 특권'이라는 것이 있다. 이로 인해 이미 고용된 나이 많은 노동자를 해고하는 것이 어려워져 신규 채용을 회피하게 된다. 그 결과 국제적으로 정규직의 파이는 거의 모든 사회에서 축소되는 경향을 낳았다. 그러한 바탕 위에 노동시장에서 고용의 비정규직화는 지속적으로 강화되었으며 청년 실업률 또한 높아졌다.

① A는 정규직 노동자의 실질 급여 수준이 산업화가 진전됨에 따라 지속적으로 하락할 것으로 보았다.
② B는 산업화가 진전됨에 따라 기존의 주변부 노동자들과는 다른 새로운 형태의 주변부 노동자들이 계속해서 생성될 것이라고 보았다.
③ A와 B는 모두 선임자 특권이 청년 실업률을 높이는 데 기여한다고 보았다.
④ A와 B는 모두 산업화가 진전되면 궁극적으로 한 사회의 노동자들의 급여가 다양한 수준에서 결정된다고 보았다.
⑤ A는 정규직 노동자가, B는 핵심부 노동자가 한 사람의 노동자 급여로 가족을 부양할 수 있다고 보았다.

문 30. 다음 글에 대한 분석으로 가장 적절한 것은?

> 역사적으로 사회에서 여러 가지 종류의 불리함을 겪어온 인종, 계층, 민족과 같은 소수집단을 우대하는 정책은 공정성이라는 미국인들의 신성한 믿음에 도전을 제기한다. 예를 들어 이 정책의 옹호론자들은 대학 입학 심사에서 소수집단을 고려하는 것이 공정하다고 주장한다. 그러나 왜 그것을 공정하다고 말할 수 있는가에 대해서는 소수집단 우대 정책 옹호론자들 안에서도 A와 B라는 서로 다른 두 가지 견해가 있다.
>
> 이 중 A를 지지하는 이들은 소수집단 우대 정책을 과거의 잘못을 보상하고 바로잡는 행위로 본다. 소수집단 학생들을 불리한 처지로 몰아넣은 역사적 차별을 보상하는 의미에서 그들을 우대하는 것이 공정하다고 주장한다. 이 논리는 입학 허가를 중요한 혜택으로 보고, 과거의 차별을 보상하는 차원에서 그 혜택을 나누어 주려고 한다. A에 반대하는 이들은, 보상을 받는 사람이 꼭 원래의 피해자인 것은 아니며 보상하는 사람이 과거의 잘못에 대한 책임이 없는 사람인 경우가 많다고 지적한다. 소수집단 우대 정책의 수혜자 가운데 많은 수가 중산층 학생들이고 그들은 도시 빈민가의 흑인과 히스패닉 학생들이 겪는 고통을 경험하지 않았다.
>
> B는 다른 측면에 주목한다. 이러한 주장을 펴는 사람들은, 입학 허가가 수혜자에 대한 보상이 아니라 사회적으로 가치 있는 목적을 실현하기 위한 수단이라고 여긴다. 이들은 학교에 여러 인종, 계층, 민족이 섞여 있는 것이 출신 배경이 비슷한 학생들이 모여 있을 때보다 서로에게서 많은 것을 배울 수 있어 바람직하다고 말한다. 그리고 소수집단 학생들을 교육하여 이들이 주요 공직이나 전문직에서 리더십을 발휘하도록 한다면, 이것은 대학의 시민사회적 목적을 실현하고 공동선에 기여하는 일이라고 말한다. B에 반대하는 사람들은 그러한 목적이 아니라 그 방식에 대해서 문제를 제기한다. 이들은 학교의 다양성 증대라는 목적에는 동의한다. 그러나 그 목적 실현을 위해, 인종이나 계층과 같은 특정 배경을 갖추지 못했다는 이유로 학생의 입학을 불허하는 일은 공정하지 않다고 주장한다. 높은 성적과 뛰어난 가능성을 가진 학생이 부모가 부유하다는 이유로 입학을 허가받을 자격이 없다고 해서는 안 된다는 것이다.

① A의 지지자는 B의 지지자와는 다르게, 소수집단 학생들을 교육하여 국가에 봉사하도록 하는 일이야말로 대학이 시민사회를 위해 해야 할 일이라고 주장한다.
② B의 지지자는 A의 지지자와는 다르게, 대학 입학 심사에서 개인의 인종이나 민족과 같은 특성을 고려하는 일이 공정하지 않다고 주장한다.
③ A의 지지자는, 가난하게 자란 학생에게 대학 입학 가산점을 부여하는 일이 그 학생의 노력에 대한 보상이라는 점에서 공정하다고 주장한다.
④ A의 반대자는, 소수집단 우대 정책에 의해 보상을 해야 하는 사람들이 자신들이 피해를 준 정도에 비해 너무 가벼운 보상을 하게 된다고 비판한다.
⑤ B의 반대자는, 소수집단 우대 정책의 목적은 수긍하면서도 자신의 배경 때문에 역차별을 받는 학생이 나올 수 있다고 비판한다.

문 31. 다음 글에서 추론할 수 있는 것만을 <보기>에서 모두 고르면?

> 신경계는 우리 몸 안팎에서 일어나는 여러 자극을 전달하여 이에 대한 반응을 유발하는 기관계이며, 그 기본 구성단위는 뉴런이다. 신경계 중 소화와 호흡처럼 뇌의 직접적인 제어를 받지 않는 자율신경계는 교감신경과 부교감신경으로 구성되어 있다. 교감신경과 부교감신경은 눈의 홍채와 같은 다양한 표적기관의 기능을 조절한다.
>
> 교감신경과 부교감신경 모두 일렬로 배열된 절전뉴런과 절후뉴런으로 구성되어 있다. 이 두 뉴런이 서로 인접해 있는 곳이 신경절이며, 절전뉴런은 신경절의 앞쪽에, 절후뉴런은 신경절의 뒤쪽에 있다. 절후뉴런의 끝은 표적기관과 연결된다. 교감신경이 활성화되면 교감신경의 절전뉴런 끝에서 신호물질인 아세틸콜린이 분비된다. 분비된 아세틸콜린은 교감신경의 절후뉴런을 활성화시키고, 절전뉴런으로부터 받은 신호를 표적기관에 전달하게 한다. 부교감신경 역시 활성화되면 부교감신경의 절전뉴런 끝에서 아세틸콜린이 분비된다. 아세틸콜린은 부교감신경의 절후뉴런을 활성화시킨다. 교감신경의 절후뉴런 끝에서는 노르아드레날린이, 부교감신경의 절후뉴런 끝에서는 아세틸콜린이 표적기관의 기능을 조절하기 위해 분비된다.
>
> 눈에 있는 동공의 크기 조절은 자율신경계가 표적기관의 기능을 조절하는 좋은 사례이다. 동공은 수정체의 앞쪽에 위치해 있는 홍채의 가운데에 있는 구멍이다. 홍채는 동공의 직경을 조절함으로써 눈의 망막에 도달하는 빛의 양을 조절한다. 동공 크기 변화는 홍채에 있는 두 종류의 근육인 '돌림근'과 '부챗살근'의 수축에 의해 일어난다. 이 두 근육은 각각 근육층을 이루는데, 홍채의 안쪽에는 돌림근층이, 바깥쪽에는 부챗살근층이 있다. 어두운 곳에서 밝은 곳으로 이동하면 부교감신경이 활성화되고, 부교감신경의 절후뉴런 끝에 있는 표적기관인 홍채의 돌림근이 수축한다. 돌림근은 동공 둘레에 돌림 고리를 형성하고 있어서, 돌림근이 수축하면 두꺼워지면서 동공의 크기가 줄어든다. 반대로 밝은 곳에서 어두운 곳으로 이동하면 교감신경이 활성화되고, 교감신경의 절후뉴런 끝에 있는 표적기관인 홍채의 부챗살근이 수축한다. 부챗살근은 자전거 바퀴의 살처럼 배열되어 있어서 수축할 때 부챗살근의 길이가 짧아지고 동공의 직경이 커진다. 이렇게 변화된 동공의 크기는 빛의 양에 변화가 일어날 때까지 일정하게 유지된다.

<보 기>

ㄱ. 밝은 곳에서 어두운 곳으로 이동하면 교감신경의 절전뉴런 끝에서 아세틸콜린이 분비된다.
ㄴ. 어두운 곳에서 밝은 곳으로 이동하면 부교감신경의 절후뉴런 끝에서 아세틸콜린이 분비되고 돌림근이 두꺼워진다.
ㄷ. 노르아드레날린은 돌림근의 수축을 일으키는 반면 아세틸콜린은 부챗살근의 수축을 일으킨다.

① ㄴ
② ㄷ
③ ㄱ, ㄴ
④ ㄱ, ㄷ
⑤ ㄱ, ㄴ, ㄷ

문 32. 다음 글의 ㉠ ~ ㉢에 들어갈 내용을 <보기>에서 골라 적절하게 나열한 것은?

> 촛불의 연소와 동물의 호흡이 지속되기 위해서는 산소가 포함된 공기가 제공되어야 한다는 공통점이 있다. 즉 촛불의 연소는 공기 중 산소를 사용하며 이는 이산화탄소로 바뀐다. 동물의 호흡도 체내로 흡수된 공기 내 산소가 여러 대사 과정에 사용된 후 이산화탄소로 바뀌어 호흡기를 통해 공기 중으로 배출된다. 공기 내 산소가 줄어들어 이산화탄소가 일정 수준 이상이 되면 촛불은 꺼지고 동물은 호흡을 할 수 없어서 죽는다.
>
> 이런 사실을 근거로 A는 식물의 광합성과 산소 발생에 관한 세 가지 실험을 실시하였다. 또한 실험을 통제하여 산소 부족만이 촛불이 꺼지거나 쥐가 죽는 환경요인이 되도록 하였다. 그리하여 식물에서 광합성이 일어나기 위해서는 빛과 이산화탄소가 모두 필요하다는 것과 식물의 산소 생산에 빛이 필요하다는 결론을 얻었다.
>
> 실험 1: [㉠] 이로부터 식물이 산소를 생산한다는 것을 알 수 있었다.
>
> 실험 2: [㉡] 이로부터 식물이 산소를 생산하기 위해서는 빛이 필요하다는 것을 알 수 있었다.
>
> 실험 3: [㉢] 이로부터 식물에서 광합성이 일어나기 위해서는 빛과 이산화탄소가 모두 있어야 한다는 것을 알 수 있었다.

<보 기>

ㄱ. 빛이 있는 곳에서 밀폐된 유리 용기에 쥐와 식물을 넣어두면 일정 시간이 지나도 쥐는 죽지 않지만, 빛이 없는 곳에서 밀폐된 유리 용기에 쥐와 식물을 넣어두면 그 시간이 지나기 전에 쥐는 죽는다.
ㄴ. 밀폐된 용기에 촛불을 넣고 일정 시간이 지나면 촛불이 꺼지지만, 식물과 함께 촛불을 넣어두면 동일한 시간이 지나도 촛불은 꺼지지 않는다.
ㄷ. 빛이 없는 곳에 있는 식물에 이산화탄소를 공급하거나 빛이 있는 곳의 식물에 이산화탄소를 공급하지 않으면 광합성이 일어나지 않지만, 빛이 있는 곳의 식물에 이산화탄소를 공급하면 광합성이 일어난다.

	㉠	㉡	㉢
①	ㄱ	ㄴ	ㄷ
②	ㄴ	ㄱ	ㄷ
③	ㄴ	ㄷ	ㄱ
④	ㄷ	ㄱ	ㄴ
⑤	ㄷ	ㄴ	ㄱ

문 33. 다음 글의 ㉠과 ㉡에 들어갈 내용을 적절하게 짝지은 것은?

> 당신은 사람들로 붐비는 해변에서 즐거운 시간을 보내고 집으로 돌아가려 한다. 당신은 쓰레기를 집으로 가져갈지 아니면 해변에 버리고 갈지를 고민하고 있다. 이때 당신은 다음과 같은 네 경우를 생각할 수 있다.
>
> (가) 당신은 X를 하고, 다른 사람들은 모두 X를 한다.
> (나) 당신은 X를 하고, 다른 사람들은 모두 Y를 한다.
> (다) 당신은 Y를 하고, 다른 사람들은 모두 X를 한다.
> (라) 당신은 Y를 하고, 다른 사람들은 모두 Y를 한다.
>
> (가)로 인한 해변의 상태는 (다)로 인한 해변의 상태와 별반 다르지 않을 것이다. 마찬가지로 (나)의 결과는 (라)의 결과와 별반 다르지 않을 것이다. 이제 다음과 같은 물음을 던져 보자.
>
> (1) 다른 사람들이 X를 행할 경우, 당신은 X와 Y 중 어떤 것을 행하는 것을 선호하는가?
> (2) 다른 사람들이 Y를 행할 경우, 당신은 X와 Y 중 어떤 것을 행하는 것을 선호하는가?
>
> 아마도 당신은 물음 (1)에 [㉠], (2)에 Y라고 답할 것이다. 이러한 답변에는 쓰레기를 집으로 가지고 가는 번거로운 행동이 해변의 상태에 유의미한 변화를 가져오지 않는다면 그 번거로운 행동을 피하는 것을 선호하는 생각이 전제되어 있다. 또한 당신이 다른 조건이 모두 동등할 경우 해변이 버려진 쓰레기로 난장판이 되는 것보다 그렇게 되지 않는 것을 선호한다면, 당신은 (가) ~ (라) 중에서 [㉡]를 가장 선호하게 될 것이다.

	㉠	㉡
①	X	(나)
②	X	(다)
③	X	(라)
④	Y	(가)
⑤	Y	(다)

문 34. 다음 글의 내용이 참일 때, 반드시 참인 것만을 <보기>에서 모두 고르면?

> A아파트에는 이번 인구총조사 대상자들이 거주한다. A아파트 관리소장은 거주민 수지, 우진, 미영, 양미, 가은이 그 대상이 되었는지 궁금했다. 수지에게 수지를 포함한 다른 친구들의 상황을 물어보았는데 수지는 다음과 같이 답변하였다.
>
> ○ 나와 양미 그리고 가은 중 적어도 한 명은 대상이다.
> ○ 나와 양미가 모두 대상인 것은 아니다.
> ○ 미영이 대상이 아니거나 내가 대상이다.
> ○ 우진이 대상인 경우에만 양미 또한 대상이다.
> ○ 가은이 대상이면, 미영도 대상이다.

<보 기>

> ㄱ. 수지가 대상이 아니라면, 우진은 대상이다.
> ㄴ. 가은이 대상이면, 수지와 우진 그리고 미영이 대상이다.
> ㄷ. 양미가 대상인 경우, 5명 중 2명만이 대상이다.

① ㄱ
② ㄴ
③ ㄱ, ㄷ
④ ㄴ, ㄷ
⑤ ㄱ, ㄴ, ㄷ

문 35. 다음 글의 내용이 참일 때, 반드시 참인 것만을 <보기>에서 모두 고르면?

철학과에서는 학생들의 수강 실태를 파악하여 향후 학과 교과목 개편에 반영할 예정이다. 실태를 파악한 결과, <논리학>, <인식론>, <과학철학>, <언어철학>을 모두 수강한 학생은 없었다. <논리학>을 수강한 학생들은 모두 <인식론>도 수강하였다. 일부 학생들은 <인식론>과 <과학철학>을 둘 다 수강하였다. 그리고 <언어철학>을 수강하지 않은 학생들은 누구도 <과학철학>을 수강하지 않았다.

<보 기>

ㄱ. <논리학>을 수강하지 않은 학생이 있다.
ㄴ. <논리학>과 <과학철학>을 둘 다 수강한 학생은 없다.
ㄷ. <인식론>과 <언어철학>을 둘 다 수강한 학생이 있다.

① ㄱ
② ㄴ
③ ㄱ, ㄷ
④ ㄴ, ㄷ
⑤ ㄱ, ㄴ, ㄷ

문 36. 다음 글의 내용이 참일 때 반드시 참인 것은?

K 부처는 관리자 연수과정에 있는 연수생 중에 서류심사와 부처 면접을 통해 새로운 관리자를 선발하기로 하였다. 먼저 서류심사를 진행하여 서류심사 접수자 중 세 명만을 면접 대상자로 결정하고 나머지 접수자들은 탈락시킨다. 그리고 면접 대상자들을 상대로 면접을 진행하여, 두 명만 새로운 관리자로 선발한다. 서류심사 접수자는 갑, 을, 병, 정, 무 총 5명이다. 다음은 이들이 나눈 대화이다.

갑: 나는 면접 대상자로 결정되었고 병은 서류심사에서 탈락했어.
을: 나는 서류심사에서 탈락했지만 병은 면접 대상자로 결정되었어.
병: 무는 새로운 관리자로 선발되었어.
정: 나는 새로운 관리자로 선발되었고 면접에서 병과 무와 함께 있었어.
무: 나는 갑과 정이랑 함께 면접 대상자로 결정되었어.

대화 이후 서류심사 결과와 부처 면접 결과가 모두 공개되자, 이들 중 세 명의 진술은 참이고 나머지 두 명의 진술은 거짓인 것으로 밝혀졌다.

① 갑은 면접 대상자로 결정되었다.
② 을은 서류심사에서 탈락하였다.
③ 병은 면접 대상자로 결정되었다.
④ 정은 새로운 관리자로 선발되었다.
⑤ 무는 새로운 관리자로 선발되지 않았다.

문 37. 다음 글에 대한 분석으로 적절한 것만을 <보기>에서 모두 고르면?

"삼각형은 세 변을 갖고 있다."는 필연적으로 참인 진술로, 필연적 진리의 한 사례이다. 그런데 다음 논증을 살펴보자.

(1) 필연적 진리는 참이다.
(2) 참인 진술은 참일 가능성이 있는 진술이다.
(3) 참일 가능성이 있는 진술은 거짓일 가능성이 있는 진술이다.
따라서 (4) 필연적 진리는 거짓일 가능성이 있는 진술이다.

이 논증은 전제가 모두 참이라면 결론도 반드시 참이 된다. 하지만 최종 결론 (4)는 명백히 거짓이다. "삼각형은 세 변을 갖고 있다."는 거짓일 가능성이 없는 진술이기 때문이다. 그러므로 전제 가운데 적어도 하나는 거짓일 수밖에 없다.

어떤 전제가 문제일까? (1)은 참이다. (2)도 그럴듯해 보인다. 어떤 진술이 실제로 참이라면 그것은 참일 가능성이 있다. (3)도 맞는 말처럼 보인다. 예컨대 "올해 백두산에 많은 눈이 내렸다."는 진술을 생각해보자. 이 진술은 참일 가능성이 있다. 그러나 거짓일 수도 있다. 만약 이 진술이 거짓일 수 없는 진술이라면, 그것은 필연적으로 참인 진술이어야 한다. 그러나 올해 백두산에 많은 눈이 내렸다는 것은 필연적 진리가 아니다.

어떤 전제가 문제인지를 알아보기 위해 '참인 진술'과 '거짓인 진술'을 다음과 같이 좀 더 세분해 보기로 하자.

NT	필연적으로 참인 진술	"삼각형은 세 변을 갖고 있다."
CT	우연적으로 참인 진술	"부산은 항구도시이다."
CF	우연적으로 거짓인 진술	"청주는 광역시이다."
NF	필연적으로 거짓인 진술	"삼각형은 네 변을 갖고 있다."

'참일 가능성이 있는 진술'은 위의 네 종류 가운데 어떤 것을 말할까? 그것은 '참일 가능성이 있다'는 말이 무엇을 의미하느냐에 달려 있다. 그것이 ㉠ 필연적으로 거짓인 것은 아니라는 것을 의미한다면, 참일 가능성이 있는 진술에는 NT, CT, CF가 모두 포함된다. 한편 그것이 ㉡ 우연적으로 참이거나 우연적으로 거짓이라는 것을 의미한다면, 참일 가능성이 있는 진술에는 CT와 CF만 포함된다. 이처럼 위 논증에서 핵심 구절로 사용되는 '참일 가능성이 있다'가 서로 다른 두 가지로 해석될 수 있다는 것이 문제의 근원이다.

<보 기>

ㄱ. 참일 가능성이 있다는 말을 ㉠으로 이해하면 (2)는 참인 전제가 된다.
ㄴ. 참일 가능성이 있다는 말을 ㉡으로 이해하면 (3)은 참인 전제가 된다.
ㄷ. 참일 가능성이 있다는 말을 ㉠으로 이해하면 (3)은 거짓인 전제가 된다.

① ㄱ
② ㄷ
③ ㄱ, ㄴ
④ ㄴ, ㄷ
⑤ ㄱ, ㄴ, ㄷ

문 38. 다음 글의 ㉠ ~ ㉢에 대한 평가로 적절한 것만을 <보기>에서 모두 고르면?

개구리와 거북의 성(性)은 배아에 있는 성염색체에 따라 결정되는 것으로 알려져 있다. 여기서 중요한 작용을 하는 것이 아로마테이즈인데, 이는 개구리와 거북에서 성결정호르몬인 호르몬 A를 또 다른 성결정호르몬인 호르몬 B로 바꾸는 효소이다. 따라서 아로마테이즈 발현량이 많아지거나 활성이 커지면 호르몬 A에서 호르몬 B로의 전환이 더 많이 나타난다.

성 분화가 이루어지지 않은 배아의 초기 생식소(生殖巢)에서 아로마테이즈의 발현이 증가하면 생식소 내 호르몬 구성의 변화가 일어나 유전자 X의 발현이 억제되어, 초기 생식소가 난소로 분화된다. 또한 초기 생식소에서 만들어진 성결정호르몬이 혈액으로 분비되어 개구리와 거북의 배아는 암컷 성체로 발달한다. 이와 반대로 초기 생식소 내에서 아로마테이즈의 발현에 변화가 없으면 그 개구리와 거북의 배아는 수컷 성체로 발달한다. 성체의 생식소에서 만들어진 성결정호르몬은 혈액으로 분비되어 성적 특성을 유지하는 역할을 한다. 또한 성체 수컷과 성체 암컷 모두 아로마테이즈의 발현량이 많아질수록 혈중 호르몬 A의 양은 줄어들고 호르몬 B의 양은 늘어난다.

그런데 환경오염물질 α와 β가 성 결정에 영향을 줄 수 있다는 주장에 대한 연구가 진행되었다. 수컷이 될 성염색체를 가지고 있는 거북의 배아가 성체로 발달하는 동안, α에 노출되었을 때 난소와 암컷 생식기를 가지고 있는 암컷 거북이 되었다. 또한 거북 배아가 성체로 발달하는 동안 생식소 내에서 생성되는 호르몬 A의 양과 아로마테이즈의 발현량은 α에 노출되지 않은 거북 배아에 비해 별다른 차이가 없었다. α에 노출된 배아는 발달과정에서 성결정호르몬에 의한 효과인 암컷 생식기 발달의 정도가 매우 높았다. β에 노출된 염색체상 수컷 개구리 배아를 키우면 난소를 가지고 있는 암컷이 되었다. 심지어 성체 수컷 개구리를 β에 수십 일 동안 노출시키면, 이 개구리의 혈중 호르몬 A의 양은 노출되지 않은 암컷 개구리와 비슷했고 노출되지 않은 수컷 개구리보다 매우 적었다.

이 연구 결과로부터 다음 세 가지 가설을 얻었다. ㉠ α가 수컷 거북의 배아를, β가 수컷 개구리의 배아를 여성화한다. ㉡ β가 성체 수컷 개구리의 혈중 성결정호르몬에 변화를 준다. ㉢ 거북의 배아에서 성체로 발달하는 동안 α가 생성되는 호르몬 A의 양에 영향을 미치지 못한다.

<보 기>

ㄱ. α가 염색체상 수컷인 거북 배아의 미분화 생식소 내에서 유전자 X의 발현을 억제한 것을 보여주는 후속 연구 결과는 ㉠을 강화한다.
ㄴ. β가 성체 수컷 개구리에서 아로마테이즈의 발현량을 늘린 것을 보여주는 후속 연구 결과는 ㉡을 강화한다.
ㄷ. 염색체상 수컷인 거북 배아와 암컷인 거북 배아 모두 α에 노출되면, 노출되지 않은 거북 배아보다 호르몬 A가 만들어지는 양이 감소한다는 후속 연구 결과는 ㉢을 약화한다.

① ㄱ
② ㄷ
③ ㄱ, ㄴ
④ ㄴ, ㄷ
⑤ ㄱ, ㄴ, ㄷ

※ 다음 글을 읽고 물음에 답하시오. [문 39. ~ 문 40.]

90개의 구슬이 들어 있는 항아리가 있다. 이 항아리에는 붉은색 구슬이 30개 들어 있다. 나머지 구슬은 검은색이거나 노란색이지만, 그 이외에는 어떤 정확한 정보도 주어져 있지 않다. 내기1은 다음의 두 선택 중 하나를 택한 후 항아리에서 구슬을 하나 꺼내 그 결과에 따라서 상금을 준다.

선택1: 꺼낸 구슬이 붉은색이면 1만 원을 받고, 그 이외의 경우에는 아무것도 받지 못한다.
선택2: 꺼낸 구슬이 검은색이면 1만 원을 받고, 그 이외의 경우에는 아무것도 받지 못한다.

최악의 상황을 피하고자 한다면, 당신은 둘 중에서 선택1을 택해야 한다. 꺼낸 구슬이 붉은색일 확률은 1/3로 고정되어 있지만, 꺼낸 구슬이 검은색일 확률은 0일 수도 있고 그 경우 당신은 돈을 받지 못할 것이기 때문이다. 그럼 이번에는 다음의 내기2를 생각해보자.

선택3: 꺼낸 구슬이 붉은색이거나 노란색이면 1만 원을 받고, 그 이외의 경우에는 아무것도 받지 못한다.
선택4: 꺼낸 구슬이 검은색이거나 노란색이면 1만 원을 받고, 그 이외의 경우에는 아무것도 받지 못한다.

위에서와 마찬가지로 최악의 상황을 피하고자 한다면, 당신은 선택3이 아닌 선택4를 택해야 한다. 꺼낸 구슬이 붉은색이거나 노란색일 확률의 최솟값은 1/3이지만, 검은색이거나 노란색일 확률은 2/3로 고정되어 있기 때문이다.

최악의 상황을 피하는 결정은 합리적이다. 즉, 선택1과 선택4를 택하는 것은 합리적이다. 그런데 이 결정은 여러 선택지들 중에서 한 가지를 합리적으로 선택하기 위해서는 기댓값이 가장 큰 선택지를 선택해야 한다는 '기댓값 최대화 원리'를 위반한다. 기댓값은 모든 가능한 사건들에 대해, 각 사건이 일어날 확률과 그 사건이 일어났을 때 받게 되는 수익의 곱들을 모두 합한 값이다. 우리는 꺼낸 구슬이 붉은색일 확률은 1/3이라는 것을 알고 있지만 꺼낸 구슬이 검은색일 확률은 모르고 있다. 하지만 그 확률이 0과 2/3 사이에 있는 어떤 값이라는 것은 알고 있다. 그 값을 b라고 하자. 그렇다면 선택1의 기댓값은 1/3만 원, 선택2는 b만 원, 선택3은 1 − b만 원, 선택4는 2/3만 원이다.

당신은 선택1과 선택2 중에서 선택1을 택했다. 이 선택이 기댓값 최대화 원리에 따라 이루어진 것이라면, b는 1/3보다 작아야 한다. 한편, 당신은 선택3과 선택4 중에서 선택4를 택했다. 이 선택이 기댓값 최대화 원리에 따라 이루어진 것이라면, 1 − b는 2/3보다 작아야 한다. 즉 b는 1/3보다 커야 한다. 결국, 당신의 두 선택 중 하나는 기댓값 최대화 원리에 따른 선택이 아니다.

이처럼 <u>㉠ 항아리 문제는 정확한 정보가 주어지지 않은 상태에서 우리의 합리적 선택이 기댓값 최대화 원리와 충돌하는 경우가 있다는 것을 보여준다.</u>

문 39. 위 글에 대한 분석으로 적절한 것만을 <보기>에서 모두 고르면?

<보 기>

ㄱ. 항아리 문제에서 붉은색 구슬이 15개로 바뀐다고 하더라도 ㉠이라는 결론은 따라 나온다.
ㄴ. 항아리 문제에서 최악의 상황을 피하고자 내기1에서 선택1을, 내기2에서 선택4를 택한 것이 합리적인 결정이 아니라는 것을 받아들인다면, ㉠이라는 결론은 따라 나오지 않는다.
ㄷ. 꺼낸 구슬이 검은색일 확률이 얼마인가에 대한 정확한 정보가 주어지지 않은 경우에는 기댓값 사이의 크기를 비교할 수 없다는 것을 받아들인다면, ㉠이라는 결론은 따라 나오지 않는다.

① ㄱ
② ㄷ
③ ㄱ, ㄴ
④ ㄴ, ㄷ
⑤ ㄱ, ㄴ, ㄷ

문 40. 위 글을 토대로 할 때, 다음 <사례>에서 추론할 수 있는 것만을 <보기>에서 모두 고르면?

<사 례>

갑과 을이 선택1과 선택2 중에서 하나, 그리고 선택3과 선택4 중에서 하나를 고른다. 그 후, 항아리에서 각자 구슬을 한 번만 뽑아 자신이 뽑은 구슬의 색깔에 따라서 두 선택에 따른 상금을 받는다고 해 보자. 갑은 선택1과 선택3을 택했다. 을은 선택1과 선택4를 택했다.

<보 기>

ㄱ. 갑과 을이 같은 액수의 상금을 받았다면, 갑이 꺼낸 구슬은 노란색이었을 것이다.
ㄴ. 항아리에 검은색 구슬의 개수가 20개 미만이라면, 갑의 선택은 기댓값이 가장 큰 선택지이다.
ㄷ. 갑과 을이 아닌 사회자가 구슬을 한 번만 뽑아 그 구슬의 색깔에 따라서 갑과 을에게 상금을 주는 것으로 규칙을 바꾼다면, 갑이 을보다 더 많은 상금을 받을 확률과 그렇지 않을 확률은 같다.

① ㄱ
② ㄷ
③ ㄱ, ㄴ
④ ㄴ, ㄷ
⑤ ㄱ, ㄴ, ㄷ

문 1. 다음 <그림>과 <표>는 지역별 고령인구 및 고령인구 비율에 대한 자료이다. 이에 대한 <보기>의 설명 중 옳은 것만을 고르면?

<그림> 2019년 지역별 고령인구 및 고령인구 비율 현황

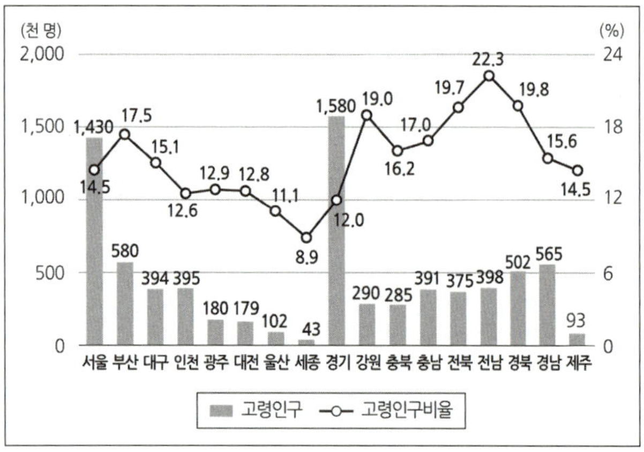

※ 고령인구 비율(%) = $\frac{\text{고령인구}}{\text{인구}} \times 100$

<표> 지역별 고령인구 및 고령인구 비율 전망

(단위: 천 명, %)

연도 / 지역 \ 구분	2025		2035		2045	
	고령인구	고령인구 비율	고령인구	고령인구 비율	고령인구	고령인구 비율
서울	1,862	19.9	2,540	28.4	2,980	35.3
부산	784	24.4	1,004	33.4	1,089	39.7
대구	494	21.1	691	31.2	784	38.4
인천	550	18.4	867	28.4	1,080	36.3
광주	261	18.0	377	27.3	452	35.2
대전	270	18.4	392	27.7	471	35.0
울산	193	17.3	302	28.2	352	35.6
세종	49	11.6	97	18.3	153	26.0
경기	2,379	17.0	3,792	26.2	4,783	33.8
강원	387	25.6	546	35.9	649	43.6
충북	357	21.6	529	31.4	646	39.1
충남	488	21.5	714	30.4	897	38.4
전북	441	25.2	587	34.7	683	42.5
전남	475	27.4	630	37.1	740	45.3
경북	673	25.7	922	36.1	1,064	43.9
경남	716	21.4	1,039	31.7	1,230	39.8
제주	132	18.5	208	26.9	275	34.9
전국	10,511	20.3	15,237	29.5	18,328	37.0

<보 기>

ㄱ. 2019년 고령인구 비율이 가장 낮은 지역은 2025년 대비 2045년 고령인구 증가율도 가장 낮다.

ㄴ. 2045년 고령인구 비율이 40% 이상인 지역은 4곳이다.

ㄷ. 2025년, 2035년, 2045년 고령인구 상위 세 개 지역은 모두 동일하다.

ㄹ. 2045년 충북 인구는 전남 인구보다 많다.

① ㄱ, ㄴ　　② ㄱ, ㄷ

③ ㄴ, ㄷ　　④ ㄴ, ㄹ

⑤ ㄷ, ㄹ

문 2. 다음 <표>는 2020년 '갑'국의 가구당 보험료 및 보험급여 현황에 대한 자료이다. <표>와 <보고서>를 근거로 A, B, D에 해당하는 질환을 바르게 나열한 것은?

<표> 2020년 가구당 보험료 및 보험급여 현황

(단위: 원)

구분 / 보험료 분위	보험료	전체질환 보험급여 (보험혜택 비율)	4대 질환별 보험급여 (보험혜택 비율)			
			A 질환	B 질환	C 질환	D 질환
전체	99,934	168,725 (1.7)	337,505 (3.4)	750,101 (7.5)	729,544 (7.3)	390,637 (3.9)
1분위	25,366	128,431 (5.1)	327,223 (12.9)	726,724 (28.6)	729,830 (28.8)	424,764 (16.7)
5분위	231,293	248,741 (1.1)	322,072 (1.4)	750,167 (3.2)	713,160 (3.1)	377,568 (1.6)

※ 1) 보험혜택 비율 = $\frac{\text{보험급여}}{\text{보험료}}$

2) 4대 질환은 뇌혈관, 심장, 암, 희귀 질환임.

<보고서>

2020년 전체 가구당 보험료는 10만 원 이하였지만 전체질환의 가구당 보험급여는 16만 원 이상으로 전체질환 보험혜택 비율은 1.7로 나타났다.

4대 질환 중 전체 보험혜택 비율이 가장 높은 질환은 심장 질환이었다. 뇌혈관, 심장, 암 질환의 1분위 보험혜택 비율은 각각 5분위의 10배에 미치지 못하였다. 또한, 뇌혈관, 심장, 희귀 질환의 1분위 가구당 보험급여는 각각 전체질환의 1분위 가구당 보험급여의 3배 이상이었다.

	A	B	D
①	뇌혈관	심장	희귀
②	뇌혈관	암	희귀
③	암	심장	희귀
④	암	희귀	심장
⑤	희귀	심장	암

문 3. 다음 <표>는 2013 ~ 2020년 '갑'국 재정지출에 대한 자료이다. 이에 대한 설명으로 옳지 않은 것은?

<표 1> 전체 재정지출

(단위: 백만 달러, %)

연도 \ 구분	금액	GDP 대비 비율
2013	487,215	34.9
2014	466,487	31.0
2015	504,426	32.4
2016	527,335	32.7
2017	522,381	31.8
2018	545,088	32.0
2019	589,175	32.3
2020	614,130	32.3

<표 2> 전체 재정지출 중 5대 분야 재정지출 비중

(단위: %)

분야 \ 연도	2013	2014	2015	2016	2017	2018	2019	2020
교육	15.5	15.8	15.4	15.9	16.3	16.3	16.2	16.1
보건	10.3	11.9	11.4	11.4	12.2	12.5	12.8	13.2
국방	7.5	7.7	7.6	7.5	7.8	7.8	7.7	7.6
안전	3.6	3.7	3.6	3.8	4.0	4.0	4.1	4.2
환경	3.1	2.5	2.4	2.4	2.4	2.5	2.4	2.4

① 2015 ~ 2020년 환경 분야 재정지출 금액은 매년 증가하였다.
② 2020년 교육 분야 재정지출 금액은 2013년 안전 분야 재정지출 금액의 4배 이상이다.
③ 2020년 GDP는 2013년 대비 30% 이상 증가하였다.
④ 2016년 이후 GDP 대비 보건 분야 재정지출 비율은 매년 증가하였다.
⑤ 5대 분야 재정지출 금액의 합은 매년 전체 재정지출 금액의 35% 이상이다.

문 4. 다음 <표>는 2020년 12월 '갑'공장 A ~ C 제품의 생산량과 불량품수에 대한 자료이다. 이에 대한 설명으로 옳지 않은 것은?

<표> A ~ C 제품의 생산량과 불량품수

(단위: 개)

구분 \ 제품	A	B	C	전체
생산량	2,000	3,000	5,000	10,000
불량품수	200	300	400	900

※ 1) 불량률(%) = $\frac{\text{불량품수}}{\text{생산량}} \times 100$

2) 수율(%) = $\frac{\text{생산량} - \text{불량품수}}{\text{생산량}} \times 100$

① 불량률이 가장 낮은 제품은 C이다.
② 제품별 생산량 변동은 없고 불량품수가 제품별로 100%씩 증가한다면 전체 수율은 82%이다.
③ 제품별 불량률 변동은 없고 생산량이 제품별로 100%씩 증가한다면 전체 수율은 기존과 동일하다.
④ 제품별 생산량 변동은 없고 불량품수가 제품별로 100개씩 증가한다면 전체 수율은 88%이다.
⑤ 제품별 불량률 변동은 없고 생산량이 제품별로 1,000개씩 증가한다면 전체 수율은 기존과 동일하다.

문 5. 다음 <표>는 '갑'국의 2019년과 2020년의 대학 교원 유형별 강의 담당학점 현황에 대한 자료이다. 이에 대한 <보기>의 설명 중 옳은 것만을 모두 고르면?

<표> 교원 유형별 강의 담당학점 현황

(단위: 학점, %)

구분 \ 교원 유형 \ 연도			2020년			2019년		
			전임 교원	비전임		전임 교원	비전임	
				교원	강사		교원	강사
전체 (196개교)		담당학점	479,876	239,394	152,898	476,551	225,955	121,265
		비율	66.7	33.3	21.3	67.8	32.2	17.3
설립주체	국공립 (40개교)	담당학점	108,237	62,934	47,504	107,793	59,980	42,824
		비율	63.2	36.8	27.8	64.2	35.8	25.5
	사립 (156개교)	담당학점	371,639	176,460	105,394	368,758	165,975	78,441
		비율	67.8	32.2	19.2	69.0	31.0	14.7
소재지	수도권 (73개교)	담당학점	173,383	106,403	64,019	171,439	101,864	50,696
		비율	62.0	38.0	22.9	62.7	37.3	18.5
	비수도권 (123개교)	담당학점	306,493	132,991	88,879	305,112	124,091	70,569
		비율	69.7	30.3	20.2	71.1	28.9	16.4

※ 비율(%) = $\frac{\text{교원 유형별 담당학점}}{\text{전임교원 담당학점} + \text{비전임교원 담당학점}} \times 100$

<보 기>

ㄱ. 2020년 전체 대학의 전임교원 담당학점 비율은 비전임교원 담당학점 비율의 2배 이상이다.
ㄴ. 2020년 전체 대학의 전임교원 담당학점은 전년 대비 1.1% 줄어들었다.
ㄷ. 사립대학의 경우, 비전임교원 담당학점 중 강사 담당학점 비중의 2019년과 2020년간 차이는 10%p 미만이다.
ㄹ. 2019년 대비 2020년에 증가한 비전임교원 담당학점은 비수도권 대학이 수도권 대학의 2배 미만이다.

① ㄱ, ㄴ
② ㄱ, ㄹ
③ ㄷ, ㄹ
④ ㄱ, ㄴ, ㄷ
⑤ ㄴ, ㄷ, ㄹ

문 6. 다음 <보고서>는 세계 전기차 현황과 전망에 대한 자료이다. <보고서>를 작성하기 위해 사용하지 않은 것은?

<보고서>

세계 각국이 내연기관차의 배기가스 배출을 규제하고, 친환경차 도입을 위한 각종 지원정책을 이어가면서 전기차 시장은 빠르게 성장하고 있다. '세계 전기차 전망' 보고서에 따르면, 전문가들은 2015년 1.2백만 대에 머물던 세계 전기차 누적 생산량이 2030년에는 2억 5천만 대를 넘어설 것으로 추정하고 있다. 전기차 보급에 대한 전망도 희망적이다. 2020년 5백만 대에 못 미치던 전 세계 전기차 연간 판매량이 2030년에는 2천만 대가 넘을 것으로 추정된다.

국내 역시 빠른 속도로 전기차 시장이 성장하고 있다. 정부의 친환경차보급로드맵에 따르면 2015년 산업수요 대비 비중이 0.2%였던 전기차는 2019년에는 2.4%까지 비중이 늘었고, 2025년에는 산업수요에서 차지하는 비중을 14.4%까지 끌어올린다는 목표를 가지고 있다.

전기차가 빠른 기간 내에 시장 규모를 키워나갈 수 있었던 것은 보조금 지원과 전기 충전 인프라 확충의 영향이 크다. 현재 전기차는 동급의 내연기관차에 비해 가격이 비싸지만, 보조금을 받아 구매하면 실구매가가 낮아진다. 우리나라에서 소비자는 2019년 3월 기준, 전기차 구매 시 지역별로 대당 최소 450만 원에서 최대 1,000만 원까지 구매 보조금을 받을 수 있다. 이는 전기차의 가격 경쟁력을 높이는 요인 중 하나다. 충전 인프라의 확충은 전기차 보급 확대의 핵심적인 요소로, 국내 전기 충전 인프라는 2019년 3월 기준 전국 주유소 대비 80% 수준으로 설치되어 있다.

① 세계 전기차 누적 생산량 현황과 전망

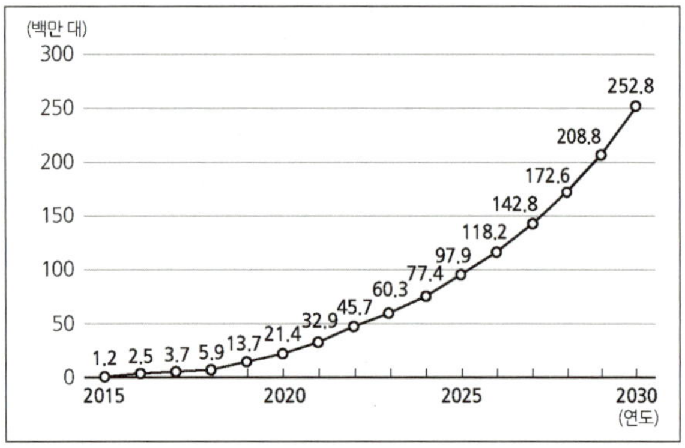

② 우리나라 지역별 전기차 공용 충전기 현황(2020년 3월)

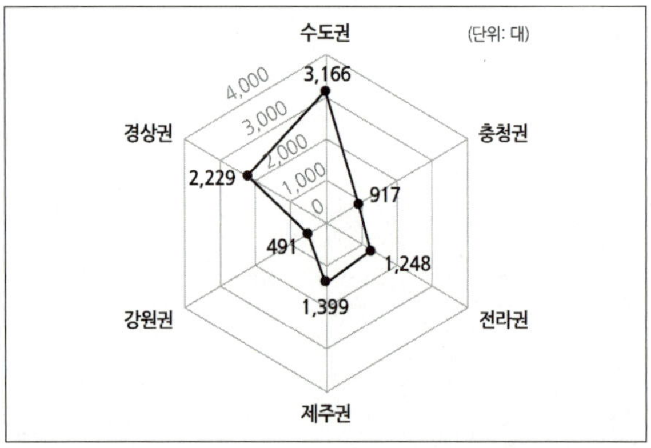

③ 우리나라 산업수요 대비 전기차 비중의 현황과 전망

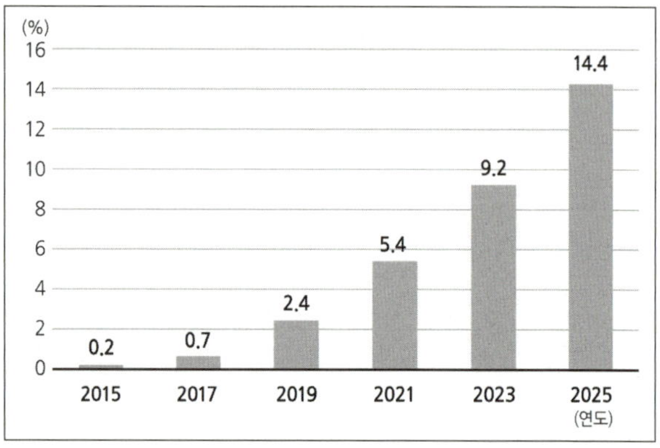

④ 세계 전기차 연간 판매량의 국가별 비중 현황과 전망

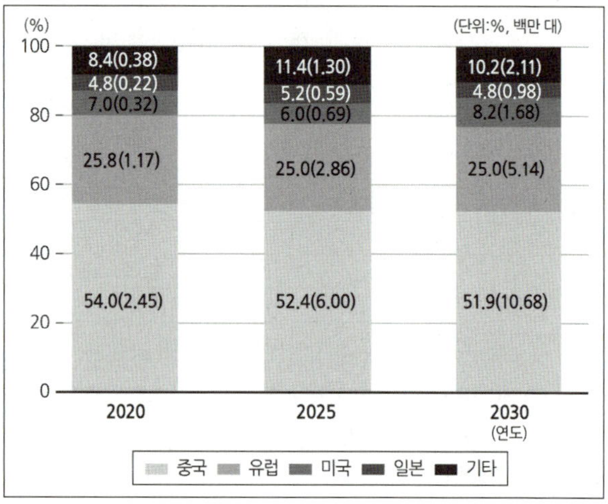

⑤ 우리나라 지역별 전기차 구매 보조금 현황(2019년 3월)

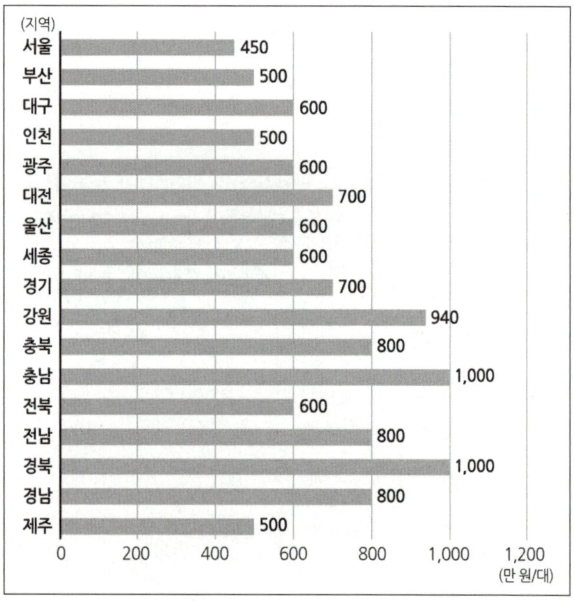

문 7. 다음 <표>는 '갑'국의 2021학년도 중등교사 임용시험 과목별 접수인원 및 경쟁률 현황에 대한 자료이다. 이에 대한 <보기>의 설명 중 옳은 것만을 고르면?

<표> 2021학년도 중등교사 임용시험 과목별 접수 현황

(단위: 명)

과목 \ 구분	모집정원	접수인원	경쟁률	2020학년도 경쟁률
국어	383	6,493	16.95	19.55
영어	(　)	4,235	15.92	19.10
중국어	31	819	26.42	23.98
도덕윤리	297	1,396	4.70	(　)
일반사회	230	1,557	6.77	7.06
지리	150	1,047	(　)	6.83
역사	229	3,268	14.27	15.22
수학	(　)	4,452	12.54	14.20
물리	133	(　)	7.46	7.10
화학	142	1,122	7.90	8.10
생물	159	1,535	(　)	11.14
지구과학	115	795	6.91	7.25
가정	141	1,048	7.43	8.03
기술	144	424	(　)	2.65
정보컴퓨터	145	(　)	6.26	5.88
음악	193	2,574	(　)	11.33
미술	209	1,998	9.56	10.62
체육	425	4,046	9.52	9.46

※ 경쟁률 = $\frac{\text{접수인원}}{\text{모집정원}}$

<보 기>

ㄱ. 2021학년도 경쟁률이 전년 대비 하락한 과목 수는 상승한 과목 수보다 많다.

ㄴ. 2021학년도 경쟁률 상위 3과목과 접수인원 상위 3과목은 일치한다.

ㄷ. 2021학년도 경쟁률이 5.0 미만인 과목의 모집정원은 각각 150명 이상이다.

ㄹ. 2021학년도 과목별 모집정원은 수학이 영어보다 많다.

① ㄱ, ㄴ
② ㄱ, ㄷ
③ ㄱ, ㄹ
④ ㄴ, ㄷ
⑤ ㄴ, ㄹ

문 8. 다음 <표>는 '조선왕조실록'과 '호구총수'에 따른 17세기 후반 현종에서 숙종 사이 5개 조사연도의 호구(戶口) 자료이다. 이에 대한 <보기>의 설명 중 옳은 것만을 모두 고르면?

<표> 17세기 후반 호구(戶口) 자료

(단위: 호, 명)

조사연도 \ 구분	조선왕조실록		호구총수	
	호(戶)	구(口)	호(戶)	구(口)
현종 10년	1,342,274	5,164,524	1,313,652	5,018,744
현종 13년	1,176,917	4,695,611	1,205,866	4,720,815
숙종 원년	1,234,512	4,703,505	1,250,298	4,725,704
숙종 19년	1,546,474	7,188,574	1,547,237	7,045,115
숙종 25년	1,293,083	5,772,300	1,333,330	5,774,739

<보 기>

ㄱ. '조선왕조실록', '호구총수'에 따른 호(戶)당 구(口)는 모든 조사연도마다 각각 3명 이상이다.

ㄴ. 현종 13년 이후, 직전 조사연도 대비 호(戶) 증가율이 가장 큰 조사연도는 '조선왕조실록'과 '호구총수'가 같다.

ㄷ. 숙종 원년 대비 숙종 19년 '조선왕조실록'에 따른 구(口) 증가율은 '호구총수'에 따른 구(口) 증가율보다 작다.

ㄹ. '조선왕조실록'과 '호구총수' 간 호(戶)의 차이가 가장 큰 조사연도는 구(口)의 차이도 가장 크다.

① ㄱ, ㄴ　② ㄱ, ㄹ
③ ㄴ, ㄷ　④ ㄱ, ㄷ, ㄹ
⑤ ㄴ, ㄷ, ㄹ

문 9. 다음 <표>는 작가 A의 SNS 팔로워 25,000명에 대한 자료이다. 이에 대한 설명으로 옳은 것은?

<표 1> 팔로워의 성별 및 연령대 비율

(단위: %)

성별 \ 연령대	24세 이하	25 ~ 34세	35 ~ 44세	45 ~ 54세	55 ~ 64세	65세 이상	합
여성	12.4	11.6	8.1	4.4	1.6	1.1	39.2
남성	19.6	17.4	9.9	7.6	5.4	0.9	60.8
계	32.0	29.0	18.0	12.0	7.0	2.0	100.0

<표 2> 팔로워의 거주지역별 수

(단위: 명)

거주지역	서울	부산	대구	인천	광주	대전	울산	기타	전체
팔로워	13,226	2,147	1,989	1,839	1,171	1,341	(　)	(　)	25,000

① 34세 이하 팔로워는 45세 이상 팔로워의 3배 이상이다.
② 서울에 거주하는 34세 이하 팔로워는 3,000명 이상이다.
③ 서울에 거주하는 팔로워는 다른 모든 지역에 거주하는 팔로워의 합보다 적다.
④ 팔로워 중 10% 이상이 기타 지역에 거주하면, 울산에 거주하는 팔로워는 750명 이하이다.
⑤ 기타 지역에 거주하는 팔로워 수는 변동이 없고 다른 지역에 거주하는 팔로워만 각각 100명씩 증가하면, 광주에 거주하는 팔로워는 전체 팔로워의 5% 이상이 된다.

문 10. 다음 <표>는 성인 A ~ F의 일일 영양소 섭취량에 관한 자료이다. <표>와 <조건>을 근거로 <에너지 섭취 권장기준>에 부합하는 남성과 여성을 바르게 나열한 것은?

<표> 성인 A ~ F의 일일 영양소 섭취량

(단위: g)

영양소 / 성인	탄수화물	단백질	지방
A	375	50	60
B	500	50	60
C	300	75	50
D	350	120	70
E	400	100	70
F	200	80	90

<조 건>

○ 에너지 섭취량은 탄수화물 1g당 4kcal, 단백질 1g당 4kcal, 지방 1g당 9kcal이다.
○ 에너지는 탄수화물, 단백질, 지방으로만 섭취하며, 섭취하는 과정에서 손실되는 에너지는 없다.
○ <에너지 섭취 권장기준>에 부합하는 남성과 여성은 1명씩 존재한다.

<에너지 섭취 권장기준>

○ 일일 총에너지 섭취량 중 55 ~ 65%를 탄수화물로, 7 ~ 20%를 단백질로, 15 ~ 30%를 지방으로 섭취한다.
○ 일일 에너지 섭취 권장량은 성인 남성이 2,600 ~ 2,800 kcal이며, 성인 여성이 1,900 ~ 2,100 kcal이다.

	남성	여성
①	A	F
②	B	C
③	B	F
④	E	C
⑤	E	F

문 11. 다음 <표>는 2024년 예상 매출액 상위 10개 제약사의 2018년, 2024년 매출액에 관한 자료이다. 이에 대한 <보기>의 설명 중 옳은 것만을 고르면?

<표> 2024년 매출액 상위 10개 제약사의 2018년, 2024년 매출액

(단위: 억 달러)

2024년 기준 매출액 순위	기업명	2024년	2018년	2018년 대비 2024년 매출액 순위변화
1	Pfizer	512	453	변화없음
2	Novartis	498	435	1단계 상승
3	Roche	467	446	1단계 하락
4	J&J	458	388	변화없음
5	Merck	425	374	변화없음
6	Sanofi	407	351	변화없음
7	GSK	387	306	5단계 상승
8	AbbVie	350	321	2단계 상승
9	Takeda	323	174	7단계 상승
10	AstraZeneca	322	207	4단계 상승
매출액 소계		4,149	3,455	
전체 제약사 총매출액		11,809	8,277	

※ 2024년 매출액은 예상 매출액임.

<보 기>

ㄱ. 2018년 매출액 상위 10개 제약사의 2018년 매출액 합은 3,700억 달러 이상이다.
ㄴ. 2024년 매출액 상위 10개 제약사 중, 2018년 대비 2024년 매출액이 가장 많이 증가한 기업은 Takeda이고 가장 적게 증가한 기업은 Roche이다.
ㄷ. 2024년 매출액 상위 10개 제약사의 매출액 합이 전체 제약사 총매출액에서 차지하는 비중은 2024년이 2018년보다 크다.
ㄹ. 2024년 매출액 상위 10개 제약사 중, 2018년 대비 2024년 매출액 증가율이 60% 이상인 기업은 2개이다.

① ㄱ, ㄴ
② ㄱ, ㄷ
③ ㄱ, ㄹ
④ ㄴ, ㄷ
⑤ ㄴ, ㄹ

문 12. 다음 <정보>와 <그림>은 '갑'국의 2010년과 2020년 구획별 토지이용유형 현황을 보여주는 자료이다. 이에 대한 설명으로 옳지 않은 것은?

<정 보>

○ '갑'국은 36개의 정사각형 구획으로 이루어져 있고, 각 구획의 토지면적은 동일함.

○ '갑'국 각 구획의 토지이용유형은 '도시', '산림', '농지', '수계', '나지'로만 구성됨.

<그림> 2010년, 2020년 구획별 토지이용유형 현황

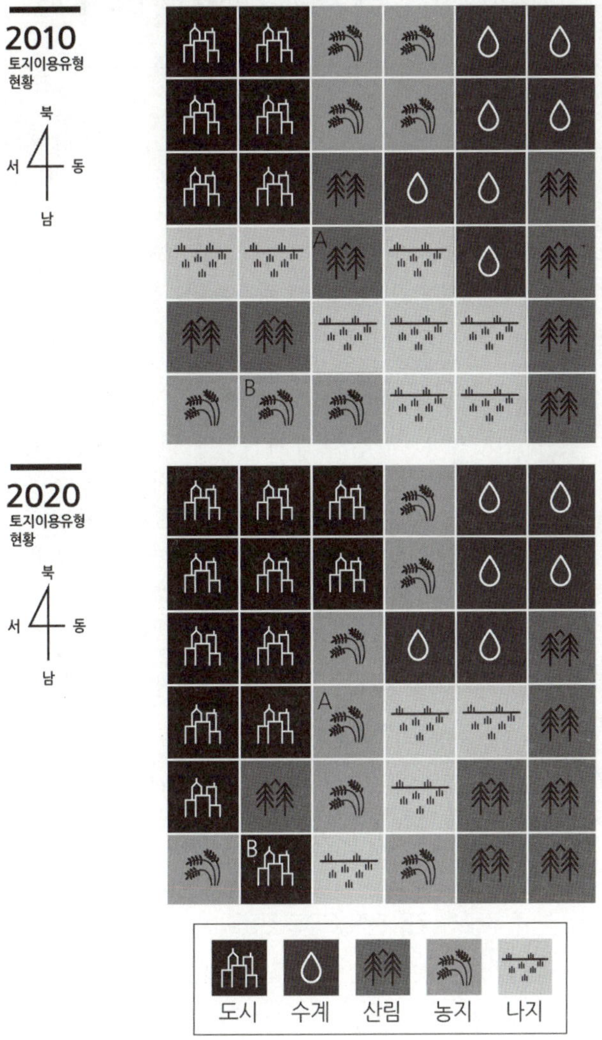

① 2010년 대비 2020년 토지이용유형별 토지면적 증감량은 가장 큰 유형이 두 번째로 큰 유형의 1.5배 이상이다.

② 2010년 '산림' 구획 중 2020년 '산림'이 아닌 구획의 토지면적은 2010년 '농지'가 아닌 구획 중 2020년 '농지'인 구획의 토지면적보다 작다.

③ 2010년 '농지' 구획의 개수는 2010년 '산림'이 아닌 구획 중 2020년 '산림'인 구획의 개수와 같다.

④ 2010년 전체 '나지' 구획 중 일부 구획은 2020년 '도시', '농지', '산림' 구획이 되었다.

⑤ 2021년 A 구획과 B 구획이 각각 '도시', '나지'이고 나머지 구획이 2020년의 토지이용유형과 동일하다면, 2020년과 2021년의 '도시' 구획의 토지면적은 동일하다.

문 13. 다음 <표>는 A, B 지역의 2020년 6 ~ 10월 돼지열병 발생 현황에 관한 자료이다. 이에 대한 설명으로 옳은 것은?

<표 1> A 지역의 돼지열병 발생 현황

(단위: 두, %, ‰)

구분 \ 월	6	7	8	9	10	전체
발병	( )	( )	1,600	2,400	3,000	( )
폐사	20	20	100	80	180	400
폐사율	10.0	2.5	6.3	3.3	6.0	( )
발병률	1.0	( )	( )	( )	15.0	( )

<표 2> B 지역의 돼지열병 발생 현황

(단위: 두, %, ‰)

구분 \ 월	6	7	8	9	10	전체
발병	600	800	2,400	1,400	600	5,800
폐사	( )	50	( )	20	40	( )
폐사율	5.0	6.3	2.5	1.4	6.7	( )
발병률	6.0	( )	( )	( )	6.0	( )

※ 1) (해당월) 폐사율(%) = $\frac{\text{(해당월) 폐사 두수}}{\text{(해당월) 발병 두수}} \times 100$

2) (해당월) 발병률(‰) = $\frac{\text{(해당월) 발병 두수}}{\text{사육 두수}} \times 1{,}000$

3) 사육 두수는 2020년 6월 두수임.

① 사육 두수는 B 지역이 A 지역보다 많다.

② 전체 폐사 두수는 A 지역이 B 지역의 3배 이상이다.

③ 전체 폐사율은 B 지역이 A 지역보다 높다.

④ B 지역의 폐사 두수가 가장 적은 월에 A 지역의 발병 두수는 전월 대비 40% 증가했다.

⑤ 전월 대비 11월 발병 두수가 A 지역은 100%, B 지역은 400% 증가하면, A, B 지역의 11월 발병률은 같다.

문 14. 다음 <표>는 2019년 아세안 3개국 7개 지역별 외국투자기업의 지출 항목별 단가 및 보조금 지급기준에 관한 자료이다. <표>와 <정보>에 근거하여 7개 지역에 진출한 우리나라 '갑'기업의 월간 순지출액이 가장 작은 지역과 가장 큰 지역을 바르게 나열한 것은?

<표 1> 지역별 외국투자기업의 지출 항목별 단가

(단위: 달러)

국가	지역 \ 항목	급여 (1인당 월지급액)	전력 사용료 (100kWh당 요금)	운송비 (1회당 운임)
인도네시아	자카르타	310	7	2,300
	바탐	240	7	3,500
베트남	하노이	220	19	3,400
	호치민	240	10	2,300
	다낭	200	19	4,000
필리핀	마닐라	230	12	2,300
	세부	220	21	3,500

<표 2> 국가별 외국투자기업의 지출 항목별 보조금 지급기준

국가 \ 항목	급여	전력 사용료	운송비
인도네시아	1인당 월 50달러	보조금 없음	1회당 50% 보조
베트남	1인당 월 30달러	100kWh당 5달러	보조금 없음
필리핀	보조금 없음	100kWh당 10달러	1회당 50% 보조

<정 보>

○ 지역별 외국투자기업의 월간 순지출액은 각 지역에서 월간 발생하는 총지출액에서 해당 국가의 월간 총보조금을 뺀 금액임.

○ 지출과 보조금 항목은 급여, 전력 사용료, 운송비로만 구성됨.

○ '갑'기업은 7개 지역에서 각각 10명의 직원에게 급여를 지급하고, 월간 전력 사용량은 각각 1만 kWh이며, 월간 4회 운송을 각각 시행함.

	가장 작은 지역	가장 큰 지역
①	마닐라	다낭
②	마닐라	하노이
③	자카르타	다낭
④	자카르타	세부
⑤	자카르타	하노이

문 15. 다음 <표>는 어느 학술지의 우수논문 선정대상 논문 Ⅰ ~ Ⅴ에 대한 심사자 '갑', '을', '병'의 선호순위를 나열한 것이다. <표>와 <규칙>에 근거한 <보기>의 설명 중 옳은 것만을 모두 고르면?

<표> 심사자별 논문 선호순위

심사자 \ 논문	Ⅰ	Ⅱ	Ⅲ	Ⅳ	Ⅴ
갑	1	2	3	4	5
을	1	4	2	5	3
병	5	3	1	4	2

※ 선호순위는 1 ~ 5의 숫자로 나타내며 숫자가 낮을수록 선호가 더 높음.

<규 칙>

○ 평가점수 산정방식

가. [(선호순위가 1인 심사자 수×2) + (선호순위가 2인 심사자 수×1)]의 값이 가장 큰 논문은 1점, 그 외의 논문은 2점의 평가점수를 부여한다.

나. 논문별 선호순위의 중앙값이 가장 작은 논문은 1점, 그 외의 논문은 2점의 평가점수를 부여한다.

다. 논문별 선호순위의 합이 가장 작은 논문은 1점, 그 외의 논문은 2점의 평가점수를 부여한다.

○ 우수논문 선정방식

A. 평가점수 산정방식 가, 나, 다 중 한 가지만을 활용하여 평가점수가 가장 낮은 논문을 우수논문으로 선정한다. 단, 각 산정방식이 활용될 확률은 동일하다.

B. 평가점수 산정방식 가, 나, 다에서 도출된 평가점수의 합이 가장 낮은 논문을 우수논문으로 선정한다.

C. 평가점수 산정방식 가, 나, 다에서 도출된 평가점수에 가중치를 각각 $\frac{1}{6}$, $\frac{1}{3}$, $\frac{1}{2}$을 적용한 점수의 합이 가장 낮은 논문을 우수논문으로 선정한다.

※ 1) 중앙값은 모든 관측치를 크기 순서로 나열하였을 때, 중앙에 오는 값을 의미함. 예를 들어, 선호순위가 2, 3, 4인 경우 3이 중앙값이며, 선호순위가 2, 2, 4인 경우 2가 중앙값임.

2) 점수의 합이 가장 낮은 논문이 2편 이상이면, 심사자 '병'의 선호가 더 높은 논문을 우수논문으로 선정함.

<보 기>

ㄱ. 선정방식 A에 따르면 우수논문으로 선정될 확률이 가장 높은 논문은 Ⅰ이다.

ㄴ. 선정방식 B에 따르면 우수논문은 Ⅱ이다.

ㄷ. 선정방식 C에 따르면 우수논문은 Ⅲ이다.

① ㄴ

② ㄱ, ㄴ

③ ㄱ, ㄷ

④ ㄴ, ㄷ

⑤ ㄱ, ㄴ, ㄷ

※ 다음 <설명>과 <표>는 2019년 12월 31일 기준 우리나라 행정구역 현황에 관한 자료이다. 다음 물음에 답하시오. [문 16. ~ 문 17.]

<설 명>

○ 광역지방자치단체는 특별시, 광역시, 특별자치시, 도, 특별자치도로 구분된다.
○ 기초지방자치단체는 시, 군, 구로 구분된다.
○ 특별시는 구를, 광역시는 구와 군을, 도는 시와 군을 하위 행정구역으로 둔다. 단, 도의 하위 행정구역인 시에는 하위 행정구역으로 구를 둘 수 있으나, 이 구는 기초지방자치단체에 해당하지 않는다.
○ 특별자치도는 하위 행정구역으로 시를 둘 수 있으나, 이 시는 기초지방자치단체에 해당하지 않는다.
○ 시와 구는 읍, 면, 동을, 군은 읍, 면을 하위 행정구역으로 둔다.

<표> 2019년 12월 31일 기준 우리나라 행정구역 현황

(단위: 개, km^2, 세대, 명)

행정구역	시	군	구	면적	세대수	공무원수	인구	여성
서울특별시	0	0	25	605.24	4,327,605	34,881	9,729,107	4,985,048
부산광역시	0	1	15	770.02	1,497,908	11,591	3,413,841	1,738,424
대구광역시	0	1	7	883.49	1,031,251	7,266	2,438,031	1,232,745
인천광역시	0	2	8	1,063.26	1,238,641	9,031	2,957,026	1,474,777
광주광역시	0	0	5	501.14	616,485	4,912	1,456,468	735,728
대전광역시	0	0	5	539.63	635,343	4,174	1,474,870	738,263
울산광역시	0	1	4	1,062.04	468,659	3,602	1,148,019	558,307
세종특별자치시	0	0	0	464.95	135,408	2,164	340,575	170,730
경기도	28	3	17	10,192.52	5,468,920	45,657	13,239,666	6,579,671
강원도	7	11	0	16,875.28	719,524	14,144	1,541,502	766,116
충청북도	3	8	4	7,406.81	722,123	10,748	1,600,007	789,623
충청남도	8	7	2	8,245.55	959,255	14,344	2,123,709	1,041,771
전라북도	6	8	2	8,069.13	816,191	13,901	1,818,917	914,807
전라남도	5	17	0	12,345.20	872,628	17,874	1,868,745	931,071
경상북도	10	13	2	19,033.34	1,227,548	21,619	2,665,836	1,323,799
경상남도	8	10	5	10,540.39	1,450,822	20,548	3,362,553	1,670,521
제주특별자치도	2	0	0	1,850.23	293,155	2,854	670,989	333,644
계	77	82	101	100,448.22	22,481,466	239,310	51,849,861	25,985,045

문 16. 위 <설명>과 <표>를 이용하여 2019년 12월 31일 기준으로 작성한 <보기>의 그래프 중 옳은 것만을 고르면?

<보 기>

ㄱ. 남부지역 4개 도의 군당 거주 여성인구 수

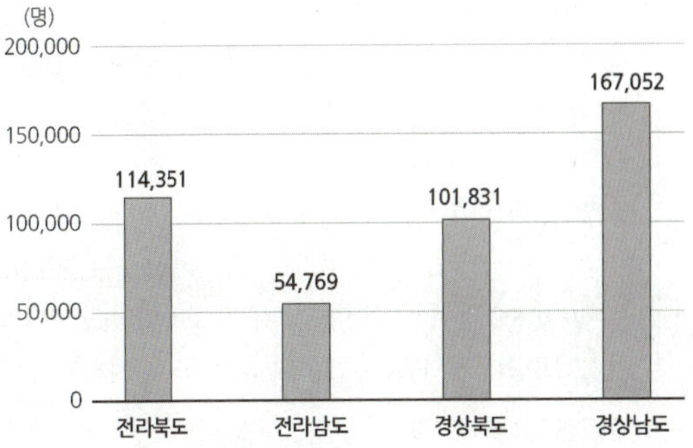

ㄴ. 도와 특별자치도의 세대당 면적

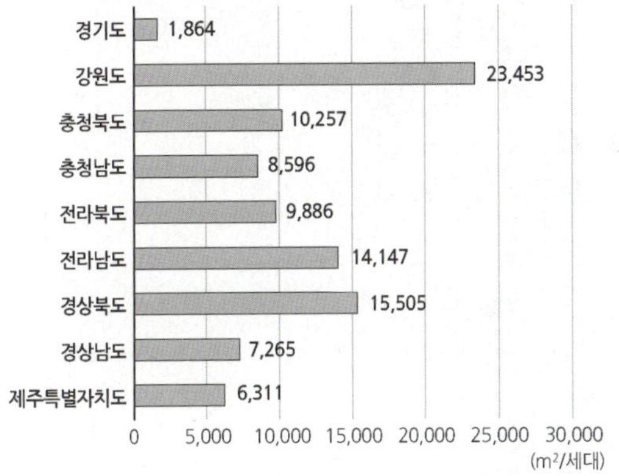

ㄷ. 서울특별시 공무원수 대비 6대 광역시 공무원수의 비율

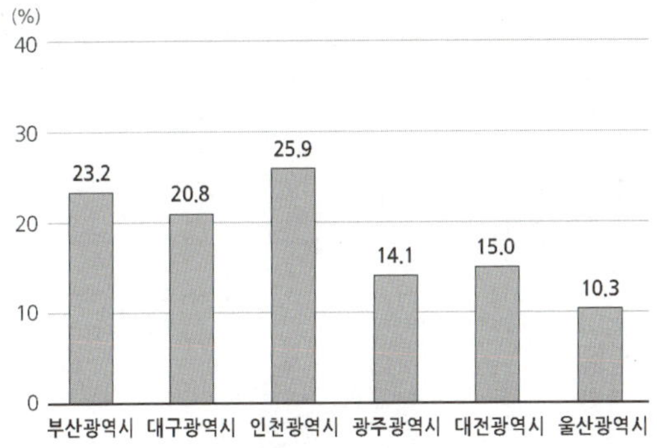

ㄹ. 전국 기초지방자치단체 구성 비율

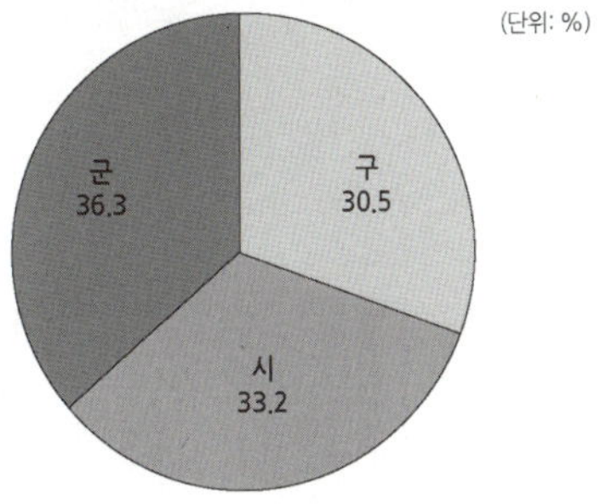

① ㄱ, ㄴ
② ㄱ, ㄷ
③ ㄱ, ㄹ
④ ㄴ, ㄷ
⑤ ㄴ, ㄹ

문 17. 위 <설명>, <표>와 다음 <우리나라 행정구역 변천사>를 이용하여 2012년 6월 30일 광역지방자치단체의 하위 행정구역인 시, 군, 구의 수를 바르게 나열한 것은?

<우리나라 행정구역 변천사>

○ 2012년 1월 1일 당진군이 당진시로 승격하였다.
○ 2012년 7월 1일 세종특별자치시가 출범하였다. 이로 인하여 충청남도 연기군이 폐지되어 세종특별자치시로 편입되었다.
○ 2013년 9월 23일 여주군이 여주시로 승격되었다.
○ 2014년 7월 1일 청원군은 청주시와의 통합으로 폐지되고, 청주시에 청원구, 서원구가 새로 설치되어 구가 4개가 되었다.
○ 2016년 7월 4일 부천시의 3개 구가 폐지되었다.

※ 2012년 1월 1일 이후 시, 군, 구의 설치, 승격, 폐지를 모두 포함함.

	시	군	구
①	74	86	100
②	74	88	100
③	76	85	102
④	76	86	102
⑤	78	83	100

문 18. 다음 <그림>은 2020년 A 대학 6개 계열의 학과별 남·여 졸업생 월평균소득, 취업률을 인문계열 기준으로 비교한 자료이다. 이에 대한 <보기>의 설명 중 옳은 것만을 고르면?

<그림> 계열별 월평균상대소득지수와 취업률지수

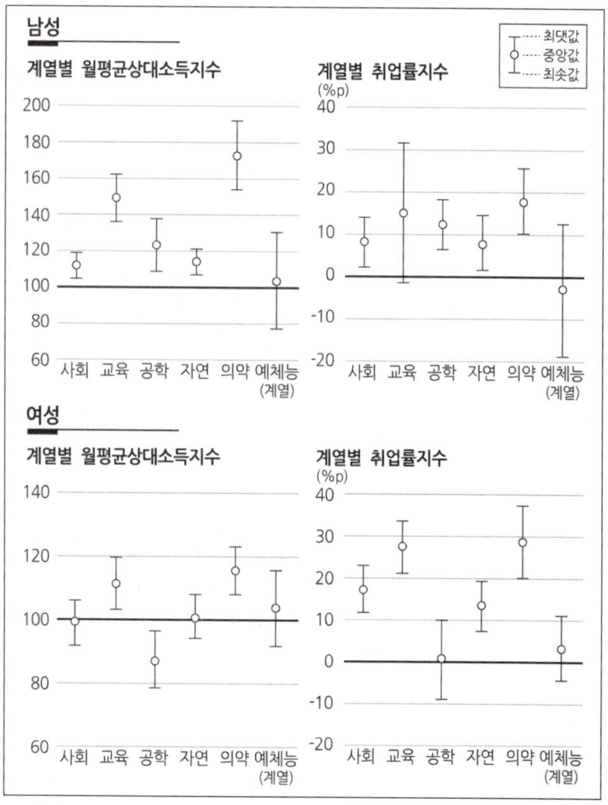

※ 1) 월평균상대소득지수는 학과 졸업생의 월평균소득 값을 인문계열의 월평균소득 기준(100)으로 환산한 값임.
2) 취업률지수(%p)는 학과의 취업률에서 인문계열 평균 취업률을 뺀 값임.
3) 계열별 월평균상대소득(취업률)지수는 해당계열 소속 각 학과의 월평균상대소득(취업률)지수 가운데 최댓값, 중앙값, 최솟값을 그래프로 표시함.

<보 기>

ㄱ. 인문계열을 제외하고 계열별 월평균상대소득지수의 최댓값이 네 번째로 큰 계열은 남성과 여성이 같다.
ㄴ. 교육계열 월평균상대소득지수의 최댓값과 최솟값의 차이는 여성이 남성보다 크다.
ㄷ. 취업률이 인문계열 평균 취업률과 차이가 가장 큰 학과가 소속된 계열은 남성과 여성이 다르다.
ㄹ. 취업률이 인문계열 평균 취업률보다 낮은 학과가 소속된 계열의 개수는 남성과 여성이 같다.

① ㄱ, ㄴ
② ㄱ, ㄷ
③ ㄴ, ㄷ
④ ㄴ, ㄹ
⑤ ㄷ, ㄹ

문 19. 다음 <표>는 2019년 금융소득 분위별 가구당 자산규모와 소득규모에 관한 자료이다. 제시된 <표> 이외에 <보고서>를 작성하기 위해 추가로 필요한 자료만을 <보기>에서 고르면?

<표 1> 금융소득 분위별 가구당 자산규모

(단위: 만 원)

자산 구분	가구 분류 \ 금융소득 분위	1분위	2분위	3분위	4분위	5분위
자산총액	전체	34,483	42,390	53,229	68,050	144,361
	노인	26,938	32,867	38,883	55,810	147,785
순자산액	전체	29,376	37,640	47,187	63,197	133,050
	노인	23,158	29,836	35,687	53,188	140,667
저축액	전체	6,095	8,662	11,849	18,936	48,639
	노인	2,875	4,802	6,084	11,855	48,311

<표 2> 금융소득 분위별 가구당 소득규모

(단위: 만 원)

소득 구분	가구 분류 \ 금융소득 분위	1분위	2분위	3분위	4분위	5분위
경상소득	전체	4,115	4,911	5,935	6,509	9,969
	노인	1,982	2,404	2,501	3,302	6,525
근로소득	전체	2,333	2,715	3,468	3,762	5,382
	노인	336	539	481	615	1,552
사업소득	전체	1,039	1,388	1,509	1,334	1,968
	노인	563	688	509	772	1,581

※ 금융소득 분위는 금융소득이 있는 가구의 금융소득을 1 ~ 5분위로 구분하며, 숫자가 클수록 금융소득 분위가 높음.

<보고서>

2019년 금융소득 분위별 가구당 자산규모를 살펴보면, 금융소득 5분위 가구를 제외할 경우 각 금융소득 분위에서 노인가구당 자산총액은 전체가구당 자산총액보다 낮았다. 가구당 자산총액과 순자산액은 전체가구와 노인가구 모두에서 금융소득 분위가 높아짐에 따라 각각 증가하였다. 금융자산 역시 금융소득과 함께 증가하였는데 특히 전체가구 중 금융소득 1분위 가구당 금융자산은 자산총액의 약 35% 수준으로 나타났다. 이는 자산총액에 비해 금융자산의 불평등 정도가 심한 것으로 볼 수 있다. 저축액의 경우 노인가구 중 금융소득 1분위 가구당 저축액은 2,875만 원이고, 2분위 가구당 저축액은 4,802만 원으로 나타났다. 이는 금융소득 분위별로 구한 가구당 금융소득과 유사한 비율로 증가한 것이다.

2019년 금융소득 분위별 가구당 소득규모를 살펴보면, 금융소득 5분위를 제외한 가구당 경상소득은 각 금융소득 분위에서 노인가구가 전체가구 대비 60% 이하로 나타났다. 이는 노인가구의 경우 근로활동의 비중이 감소하므로 자산총액과는 다르게 전체가구의 경상소득과 노인가구의 경상소득 차이가 크게 나타난 결과로 볼 수 있다. 근로소득의 경우는 노인가구에서 금융소득 2분위보다 3분위의 가구당 근로소득이 더 작은 것으로 나타나 금융소득 분위가 높아짐에 따라 증가 추세를 보여준 가구당 금융자산과는 다른 형태를 보여주었다.

<보 기>

ㄱ. 2019년 금융소득 없는 가구의 자산, 소득
ㄴ. 2019년 금융소득 분위별 가구당 금융자산
ㄷ. 2019년 경상소득 분위별 가구당 금융소득
ㄹ. 2019년 금융소득 분위별 가구당 금융소득

① ㄱ, ㄴ
② ㄱ, ㄷ
③ ㄴ, ㄷ
④ ㄴ, ㄹ
⑤ ㄷ, ㄹ

문 20. 다음 <표>는 2020년 1 ~ 4월 애니메이션을 등록한 회사의 애니메이션 등록 현황에 관한 자료이다. 이에 대한 <보기>의 설명 중 옳은 것만을 모두 고르면?

<표 1> 월별 애니메이션 등록 회사와 유형별 애니메이션 등록 현황

(단위: 개사, 편)

월	회사 \ 유형	국내단독	국내합작	해외합작	전체
1	13	6	6	2	14
2	6	4	0	2	6
3	(　)	6	4	1	11
4	7	3	5	0	8

※ 애니메이션 1편당 등록 회사는 1개사임.

<표 2> 1 ~ 4월 동안 2편 이상의 애니메이션을 등록한 회사의 월별 애니메이션 등록 현황

(단위: 편)

회사	유형 \ 월	1	2	3	4
아트팩토리	국내단독	0	1	1	0
꼬꼬지	국내단독	1	1	0	0
코닉스	국내단독	0	0	1	1
제이와이제이	국내합작	1	0	0	1
유이락	국내단독	2	0	3	1
한스튜디오	국내합작	1	0	1	2

<보 기>

ㄱ. 1 ~ 4월 동안 1편의 애니메이션만 등록한 회사는 20개사 이상이다.
ㄴ. 1월에 국내단독 유형인 애니메이션을 등록한 회사는 5개사이다.
ㄷ. 3월에 애니메이션을 등록한 회사는 9개사이다.

① ㄱ
② ㄴ
③ ㄱ, ㄴ
④ ㄴ, ㄷ
⑤ ㄱ, ㄴ, ㄷ

문 21. 다음 <그림>과 <표>는 한국의 방진용 마스크 수출·수입에 관한 자료이다. 이에 대한 <보고서>의 설명 중 옳은 것만을 고르면?

<그림> 한국의 방진용 마스크 수출액·수입액 변화

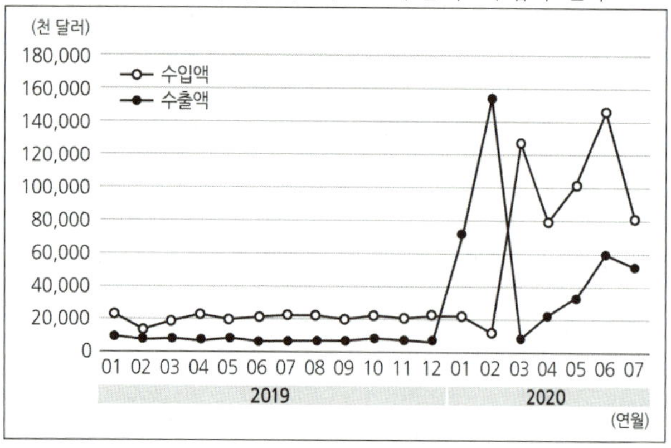

<표 1> 한국의 방진용 마스크 수출액 상위 5개국

(단위: 천 달러)

순위 ＼ 구분 ＼ 기간	2019년 1 ~ 7월		2020년 1 ~ 7월	
	국가	수출액	국가	수출액
1	일본	11,000	중국	90,000
2	베트남	5,000	미국	72,000
3	미국	4,900	일본	37,000
4	중국	4,500	홍콩	27,000
5	멕시코	3,000	아일랜드	17,000

<표 2> 한국의 방진용 마스크 수입액 상위 5개국

(단위: 천 달러)

순위 ＼ 구분 ＼ 기간	2019년 1 ~ 7월		2020년 1 ~ 7월	
	국가	수입액	국가	수입액
1	중국	93,000	중국	490,000
2	베트남	18,000	베트남	35,000
3	일본	4,900	미국	6,300
4	대만	2,850	일본	5,600
5	미국	2,810	싱가포르	4,600

<보고서>

한국의 방진용 마스크 수출·수입 변화를 살펴보면, 2019년 1월부터 2019년 12월까지는 한국의 월별 수출액이 수입액보다 작은 상황이었다. 코로나19의 확산으로 인해 방진용 마스크 수요가 늘어나면서 2020년 1월과 2월에는 한국의 수출액이 큰 폭으로 증가하였다. ㉠ 2020년 2월에는 수출액이 수입액의 7배 이상이 되었다. 한국 정부에서 방진용 마스크 공급을 조절하고 수출을 규제하기 시작한 2020년 3월 수출이 급감하였고, 이후 다시 상승세를 보이고 있다. 2020년 1 ~ 7월에는 코로나19가 전 세계적으로 확산하면서 국가별 수출액 변화가 나타났다. ㉡ 전년 동기간 대비 2020년 1 ~ 7월 한국에서 미국으로 수출한 방진용 마스크 수출액 증가율은 한국에서 중국으로 수출한 방진용 마스크 수출액 증가율보다 크다.

한국의 방진용 마스크 수입은 2020년 1, 2월까지도 큰 변화가 나타나지 않다가 한국의 코로나19 확산세가 두드러진 2020년 3월부터 급격한 변화가 나타났다. ㉢ 2019년 8월부터 2020년 7월까지의 월별 수입액 변화를 살펴보면, 방진용 마스크 수입액은 2020년 3월에 전월 대비 가장 높은 증가율을 보이고 있다. 2020년 1 ~ 7월 수입액 상위 5개 국가를 살펴보면, 중국으로부터의 방진용 마스크 수입액이 가장 많게 나타나고 있다. ㉣ 전년 동기간 대비 2020년 1 ~ 7월 한국이 베트남에서 수입한 방진용 마스크 수입액 증가율은 한국이 중국에서 수입한 방진용 마스크 수입액 증가율보다 크다.

① ㄱ, ㄴ
② ㄱ, ㄷ
③ ㄴ, ㄷ
④ ㄴ, ㄹ
⑤ ㄷ, ㄹ

문 22. 다음 <표>는 우리나라 7개 도시의 공원 현황을 나타낸 자료이다. <표>와 <조건>을 바탕으로 '가' ~ '라' 도시를 바르게 나열한 것은?

<표> 우리나라 7개 도시의 공원 현황

구분	개소	결정면적 (백만 m^2)	조성면적 (백만 m^2)	활용률 (%)	1인당 결정 면적(m^2)
전국	20,389	1,020.1	412.0	40.4	22.0
서울	2,106	143.4	86.4	60.3	14.1
(가)	960	69.7	29.0	41.6	25.1
(나)	586	19.6	8.7	44.2	13.4
부산	904	54.0	17.3	29.3	16.7
(다)	619	22.2	12.3	49.6	15.5
대구	755	24.6	11.2	45.2	9.8
(라)	546	35.9	11.9	33.2	31.4

<조 건>

○ 결정면적이 전국 결정면적의 3% 미만인 도시는 광주, 대전, 대구이다.
○ 활용률이 전국 활용률보다 낮은 도시는 부산과 울산이다.
○ 1인당 조성면적이 1인당 결정면적의 50% 이하인 도시는 부산, 대구, 광주, 인천, 울산이다.

	가	나	다	라
①	울산	광주	대전	인천
②	울산	대전	광주	인천
③	인천	광주	대전	울산
④	인천	대전	광주	울산
⑤	인천	울산	광주	대전

문 23. 다음 <그림>과 <표>는 2014 ~ 2018년 A ~ C국의 GDP 및 조세부담률을 나타낸 자료이다. 이에 대한 설명으로 옳지 않은 것은?

<그림> 연도별 A ~ C국 GDP

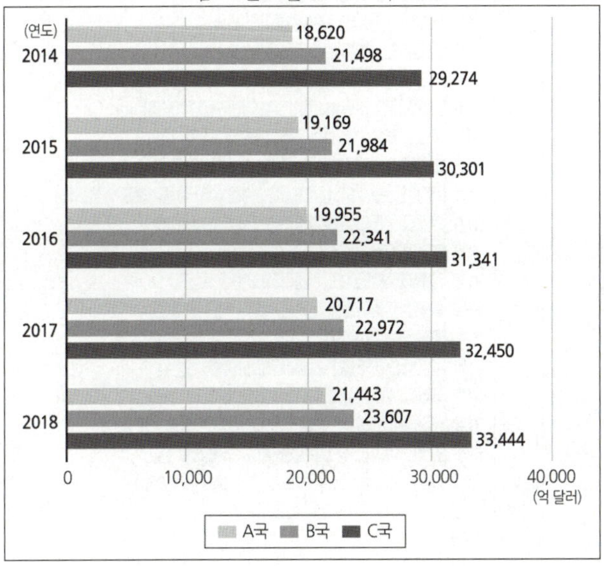

<표> 연도별 A ~ C국 조세부담률

(단위: %)

연도	구분 \ 국가	A	B	C
2014	국세	24.1	16.4	11.4
	지방세	1.6	5.9	11.3
2015	국세	24.4	15.1	11.3
	지방세	1.6	6.0	11.6
2016	국세	24.8	15.1	11.2
	지방세	1.6	6.1	12.1
2017	국세	25.0	15.9	11.1
	지방세	1.6	6.2	12.0
2018	국세	25.0	15.6	11.4
	지방세	1.6	6.2	12.5

※ 1) 조세부담률 = 국세부담률 + 지방세부담률

2) 국세(지방세)부담률(%) = $\frac{\text{국세(지방세) 납부액}}{\text{GDP}} \times 100$

① 2016년에는 전년 대비 GDP 성장률이 가장 높은 국가가 조세부담률도 가장 높다.
② B국은 GDP가 증가한 해에 조세부담률도 증가한다.
③ 2017년 지방세 납부액은 B국이 A국의 4배 이상이다.
④ 2018년 A국의 국세 납부액은 C국의 지방세 납부액보다 많다.
⑤ C국의 국세 납부액은 매년 증가한다.

문 24. 다음 <그림>은 A ~ E 학교의 장학금에 대한 자료이다. 이를 근거로 해당 학교의 전체 학생 중 장학금 수혜자 비율이 가장 큰 학교부터 순서대로 나열한 것은?

<그림> 학교별 장학금 신청률과 수혜율

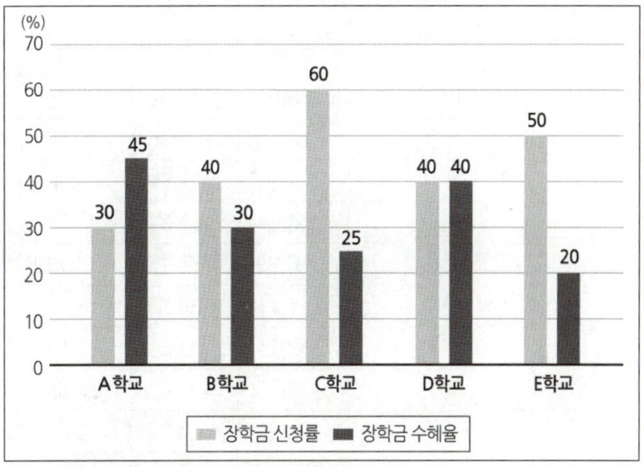

※ 1) 장학금 신청률(%) = $\frac{\text{장학금 신청자}}{\text{전체 학생}} \times 100$

2) 장학금 수혜율(%) = $\frac{\text{장학금 수혜자}}{\text{장학금 신청자}} \times 100$

① A, B, D, E, C ② A, D, B, C, E
③ C, E, B, D, A ④ D, C, A, B, E
⑤ E, D, C, A, B

문 25. 다음 <그림>은 4대 곡물 세계 수입 현황에 대한 자료이다. 이에 대한 설명으로 옳지 않은 것은?

<그림> 4대 곡물의 세계 총수입액 및 주요 수입국 현황

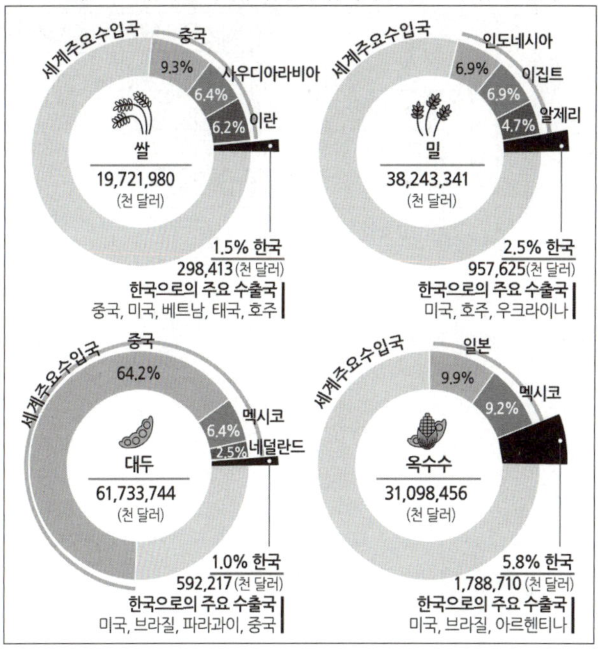

※ '세계 주요 수입국'은 세계 곡물 시장에서 한국보다 해당 곡물의 수입액이 큰 국가임.

① 한국의 밀 수입액은 쌀 수입액의 3배 이상이다.
② 중국이 수입한 4대 곡물 총수입액은 세계 밀 총수입액보다 크다.
③ 브라질은 4대 곡물 중 2개에서 '한국으로의 주요 수출국'이다.
④ 4대 곡물을 한국의 수입액이 큰 곡물부터 순서대로 나열하면 옥수수, 밀, 대두, 쌀 순이다.
⑤ 이란의 쌀 수입액은 알제리의 밀 수입액보다 크다.

문 26. 다음 <표>는 국내 건축물 내진율 현황에 관한 자료이다. <표>를 이용하여 작성한 <보기>의 그래프 중 옳은 것만을 모두 고르면?

<표> 국내 건축물 내진율 현황

(단위: 개, %)

구분			건축물			내진율
			전체	내진대상	내진확보	
계			6,986,913	1,439,547	475,335	33.0
지역	서울		628,947	290,864	79,100	27.2
	부산		377,147	101,795	26,282	25.8
	대구		253,662	81,311	22,123	27.2
	인천		215,996	81,156	23,129	28.5
	광주		141,711	36,763	14,757	40.1
	대전		133,118	44,118	15,183	34.4
	울산		132,950	38,225	15,690	41.0
	세종		32,294	4,648	2,361	50.8
	경기		1,099,179	321,227	116,805	36.4
	강원		390,412	45,700	13,412	29.3
	충북		372,318	50,598	18,414	36.4
	충남		507,242	57,920	22,863	39.5
	전북		436,382	47,870	18,506	38.7
	전남		624,155	43,540	14,061	32.3
	경북		786,058	84,391	29,124	34.5
	경남		696,400	89,522	36,565	40.8
	제주		158,942	19,899	6,960	35.0
용도	주택	소계	4,568,851	806,225	314,376	39.0
		단독주택	4,168,793	445,236	143,204	32.2
		공동주택	400,058	360,989	171,172	47.4
	주택이외	소계	2,418,062	633,322	160,959	25.4
		학교	46,324	31,638	7,336	23.2
		의료시설	6,260	5,079	2,575	50.7
		공공업무시설	42,077	15,003	2,663	17.7
		기타	2,323,401	581,602	148,385	25.5

※ 내진율(%) = $\frac{\text{내진확보 건축물}}{\text{내진대상 건축물}} \times 100$

<보 기>

ㄱ. 지역별 내진율

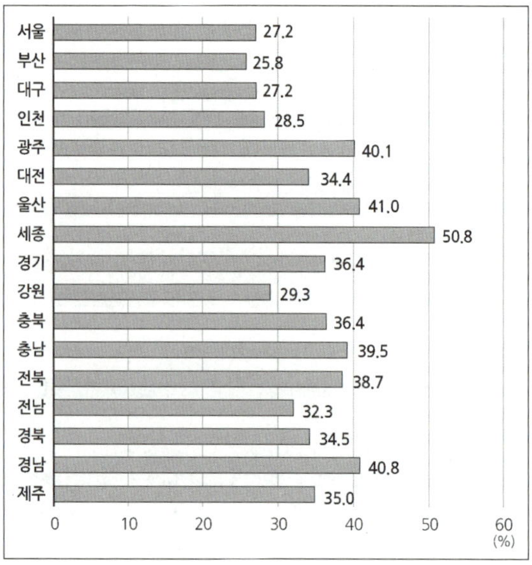

ㄴ. 용도별 내진대상 건축물 구성비

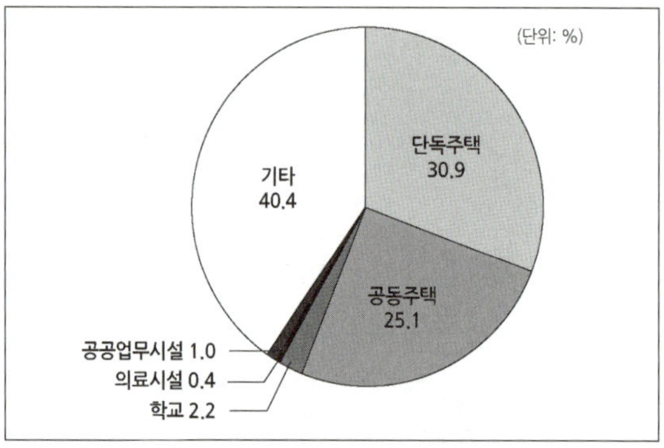

ㄷ. 주택 및 주택이외 건축물의 용도별 내진확보 건축물 구성비

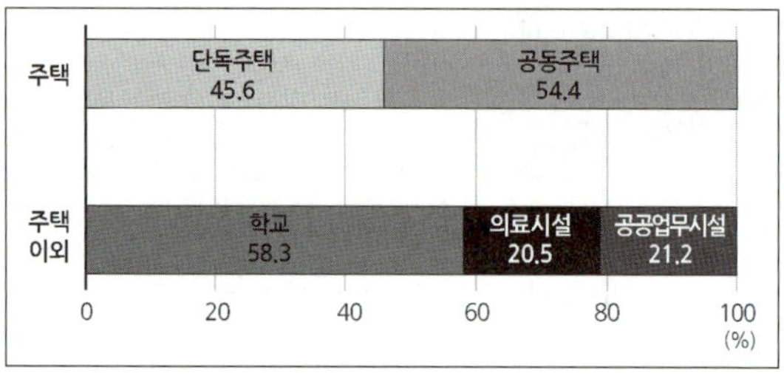

ㄹ. 주택이외 건축물 용도별 내진율

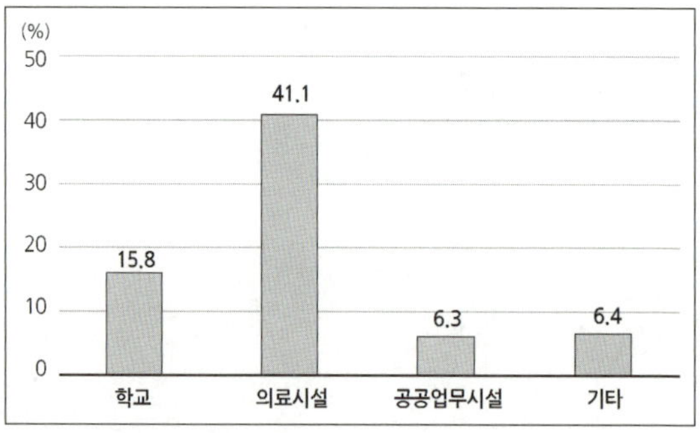

① ㄱ, ㄴ
② ㄱ, ㄷ
③ ㄴ, ㄷ
④ ㄴ, ㄹ
⑤ ㄱ, ㄴ, ㄷ

문 27. 다음 <표>는 12대 주요 산업별 총산업인력과 기술인력 현황에 관한 자료이다. 이에 대한 <보기>의 설명 중 옳은 것만을 고르면?

<표> 12대 주요 산업별 총산업인력과 기술인력 현황

(단위: 명, %)

부문	산업	총산업인력	기술인력 현원	기술인력 비중	기술인력 부족인원	기술인력 부족률
제조	기계	287,860	153,681	53.4	4,097	( )
	디스플레이	61,855	50,100	( )	256	( )
	반도체	178,734	92,873	( )	1,528	1.6
	바이오	94,364	31,572	33.5	1,061	( )
	섬유	131,485	36,197	( )	927	2.5
	자동차	325,461	118,524	( )	2,388	2.0
	전자	416,111	203,988	( )	5,362	2.6
	조선	107,347	60,301	56.2	651	( )
	철강	122,066	65,289	( )	1,250	1.9
	화학	341,750	126,006	36.9	4,349	3.3
서비스	소프트웨어	234,940	139,454	( )	6,205	( )
	IT 비즈니스	111,049	23,120	20.8	405	( )

※ 1) 기술인력 비중(%) = $\frac{\text{기술인력 현원}}{\text{총산업인력}} \times 100$

2) 기술인력 부족률(%)

$= \frac{\text{기술인력 부족인원}}{\text{기술인력 현원} + \text{기술인력 부족인원}} \times 100$

<보 기>

ㄱ. 디스플레이 산업의 기술인력 비중은 80% 미만이다.
ㄴ. 기술인력 비중이 50% 이상인 산업은 6개다.
ㄷ. 소프트웨어 산업의 기술인력 부족률은 5% 미만이다.
ㄹ. 기술인력 부족률이 두 번째로 낮은 산업은 반도체 산업이다.

① ㄱ, ㄴ ② ㄱ, ㄷ
③ ㄴ, ㄷ ④ ㄴ, ㄹ
⑤ ㄷ, ㄹ

문 28. 다음 <표>와 <그림>은 A국 게임시장에 관한 자료이다. 이에 대한 <보기>의 설명 중 옳은 것만을 고르면?

<표> 2017 ~ 2020년 A국의 플랫폼별 게임시장 규모

(단위: 억 원)

플랫폼 \ 연도	2017	2018	2019	2020
PC	149	165	173	( )
모바일	221	244	256	301
태블릿	56	63	66	58
콘솔	86	95	78	77
기타	51	55	40	28

<그림> 2020년 A국의 플랫폼별 게임시장 점유율

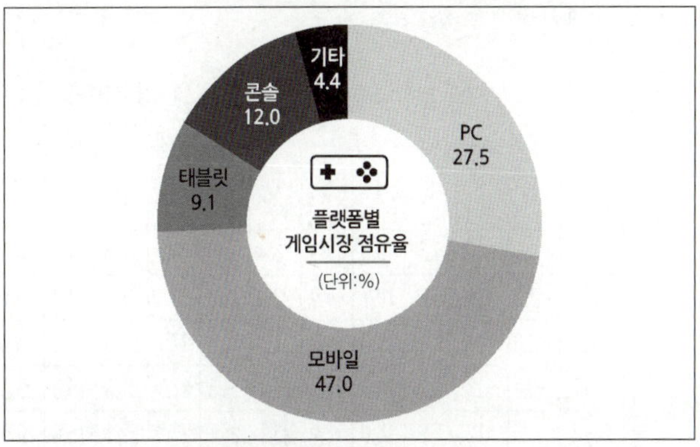

※ 플랫폼별 게임시장 점유율(%)

$= \frac{\text{A국 해당 플랫폼의 게임시장 규모}}{\text{A국 게임시장 전체 규모}} \times 100$

<보 기>

ㄱ. A국 게임시장 전체 규모는 매년 증가하였다.
ㄴ. 2020년 PC, 태블릿, 콘솔의 게임시장 규모의 합은 A국 게임시장 전체 규모의 50% 미만이다.
ㄷ. PC의 게임시장 점유율은 2020년이 2019년보다 높다.
ㄹ. 기타를 제외하고 2017년 대비 2018년 게임시장 규모 증가율이 가장 높은 플랫폼은 태블릿이다.

① ㄱ, ㄴ ② ㄱ, ㄹ
③ ㄴ, ㄷ ④ ㄴ, ㄹ
⑤ ㄷ, ㄹ

문 29. 다음 <표>는 2015 ~ 2019년 A국의 보유세 추이에 관한 자료이다. 이에 대한 <보기>의 설명 중 옳은 것만을 모두 고르면?

<표> A국의 보유세 추이

(단위: 십억 원)

구분 \ 연도	2015	2016	2017	2018	2019
보유세	5,030	6,838	9,196	9,856	8,722
재산세	2,588	3,123	3,755	4,411	4,423
도시계획세	1,352	1,602	1,883	2,183	2,259
공동시설세	446	516	543	588	591
종합부동산세	441	1,328	2,414	2,130	1,207
농어촌특별세	203	269	601	544	242

※ 보유세는 재산세, 도시계획세, 공동시설세, 종합부동산세, 농어촌특별세로만 구성됨.

<보 기>

ㄱ. '보유세'는 2017년이 2015년의 1.8배 이상이다.
ㄴ. '보유세' 중 재산세 비중은 2017년까지는 매년 감소하다가 2018년부터는 매년 증가하였다.
ㄷ. 농어촌특별세는 '보유세'에서 차지하는 비중이 매년 가장 작다.
ㄹ. 재산세 대비 종합부동산세 비는 가장 큰 연도가 가장 작은 연도의 4배 이상이다.

① ㄱ, ㄴ ② ㄱ, ㄷ
③ ㄷ, ㄹ ④ ㄱ, ㄴ, ㄹ
⑤ ㄴ, ㄷ, ㄹ

※ 다음 <표>는 2014 ~ 2019년 '갑'지역의 월별 기상자료이다. 다음 물음에 답하시오. [문 30. ~ 문 31.]

<표 1> 2014 ~ 2019년 월별 평균기온

(단위: °C)

연도 \ 월	1	2	3	4	5	6	7	8	9	10	11	12
2014	−4.5	1.4	4.3	9.5	17.2	23.4	25.8	26.5	21.8	14.5	6.5	−1.3
2015	−7.2	1.2	3.6	10.7	17.9	22.0	24.6	25.8	21.8	14.2	10.7	−0.9
2016	−2.8	−2.0	5.1	12.3	19.7	24.1	25.4	27.1	21.0	15.3	5.5	−4.1
2017	−3.4	−1.2	5.1	10.0	18.2	24.4	25.5	27.7	21.8	15.8	6.2	−0.2
2018	−0.7	1.9	7.9	14.0	18.9	23.1	26.1	25.2	22.1	15.6	9.0	−2.9
2019	−0.9	1.0	6.3	13.3	18.9	23.6	25.8	26.3	22.4	15.5	8.9	1.6

<표 2> 2014 ~ 2019년 월별 강수량

(단위: mm)

연도 \ 월	1	2	3	4	5	6	7	8	9	10	11	12	합계 (연강수량)
2014	6	55	83	63	124	128	239	599	672	26	11	16	2,022
2015	29	29	15	110	53	405	1,131	167	26	32	56	7	2,060
2016	9	1	47	157	8	92	449	465	212	99	68	41	1,648
2017	7	74	27	72	132	28	676	149	139	14	47	25	1,390
2018	22	16	7	31	63	98	208	173	88	52	42	18	818
2019	11	23	10	81	29	99	226	73	26	82	105	29	794

<표 3> 2014 ~ 2019년 월별 일조시간

(단위: 시간)

연도 \ 월	1	2	3	4	5	6	7	8	9	10	11	12	합계 (연일조시간)
2014	168	141	133	166	179	203	90	97	146	195	180	158	1,856
2015	219	167	240	202	180	171	80	94	180	215	130	196	2,074
2016	191	225	192	213	251	232	143	159	191	235	181	194	2,407
2017	168	187	256	213	238	224	101	218	191	250	188	184	2,418
2018	184	164	215	213	304	185	173	151	214	240	194	196	2,433
2019	193	180	271	216	290	258	176	207	262	240	109	178	2,580

문 30. 다음 <표 4>는 '갑'지역의 2020년 월별 기상 관측값의 전년 동월 대비 변화량을 나타낸 자료의 일부이다. 위 <표>와 아래 <표 4>를 근거로 <보기>의 설명 중 옳은 것만을 모두 고르면?

<표 4> 2020년 기상 관측값의 전년 동월 대비 변화량

(단위: °C, mm, 시간)

관측항목 \ 월	1	2	3	4	5	6	7	8	9	10
평균기온	−2.3	−0.8	+0.7	+0.8	+0.7	0.0	+0.4	+1.7	+0.7	
강수량	−10	+25	+31	−4	+132	−45	+132	−6	+7	
일조시간	+3	+15	−17	+4	−10	−28	−16	+29	−70	

<보 기>

ㄱ. 8월 평균기온은 2020년이 가장 높다.
ㄴ. 2020년 7월 강수량은 2014 ~ 2019년 동안의 7월 평균강수량보다 많다.
ㄷ. 연강수량은 2020년이 2019년보다 많다.
ㄹ. 여름(6 ~ 8월)의 일조시간은 2020년이 2019년보다 적으나 2018년보다는 많다.

① ㄱ, ㄴ
② ㄱ, ㄹ
③ ㄴ, ㄷ
④ ㄱ, ㄷ, ㄹ
⑤ ㄴ, ㄷ, ㄹ

문 31. 다음 <그림>은 2014 ~ 2019년 중 특정 연도의 '갑'지역 월별 일평균 일조시간과 누적 강수량에 대한 자료의 일부이다. 위 <표>와 아래 <그림>을 근거로 A, B에 해당하는 값을 바르게 나열한 것은?

<그림> 월별 일평균 일조시간과 누적 강수량

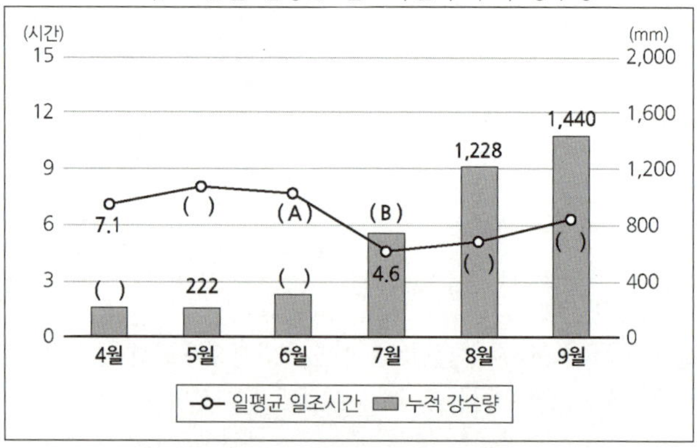

※ 1) 일평균 일조시간은 해당 월 일조시간을 해당 월 날짜 수로 나눈 값임.
2) 누적 강수량은 해당 연도 1월부터 해당 월까지의 강수량을 누적한 값임.

	A	B
①	7.5	763
②	7.5	779
③	7.5	794
④	7.7	763
⑤	7.7	779

문 32. 다음 <표>는 2020년 A 지역의 가구주 연령대별 및 종사상지위별 가구 구성비와 가구당 자산 보유액 현황에 관한 자료이다. 이를 이용하여 작성한 <보기>의 그래프 중 옳은 것만을 모두 고르면?

<표> 가구 구성비 및 가구당 자산 보유액

(단위: %, 만 원)

구분 \ 자산 유형		가구 구성비	전체	금융자산	실물자산		
					부동산	거주주택	기타
가구 전체		100.0	43,191	10,570	30,379	17,933	2,242
가구주 연령대	30세 미만	2.0	10,994	6,631	3,692	2,522	671
	30 ~ 39세	12.5	32,638	10,707	19,897	13,558	2,034
	40 ~ 49세	22.6	46,967	12,973	31,264	19,540	2,730
	50 ~ 59세	25.2	49,346	12,643	33,798	19,354	2,905
	60세 이상	37.7	42,025	7,912	32,454	18,288	1,659
가구주 종사상 지위	상용근로자	42.7	48,531	13,870	32,981	20,933	1,680
	임시·일용근로자	12.4	19,498	4,987	13,848	9,649	663
	자영업자	22.8	54,869	10,676	38,361	18,599	5,832
	기타(무직 등)	22.1	34,179	7,229	26,432	16,112	518

<보 기>

ㄱ. 가구주 연령대별 부동산 자산 중 거주주택 자산 비중

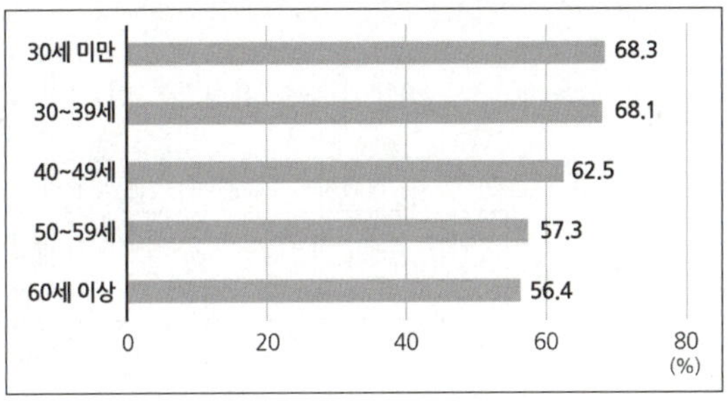

ㄴ. 상용근로자와 자영업자의 자산 유형별 자산 보유액 구성비 비교

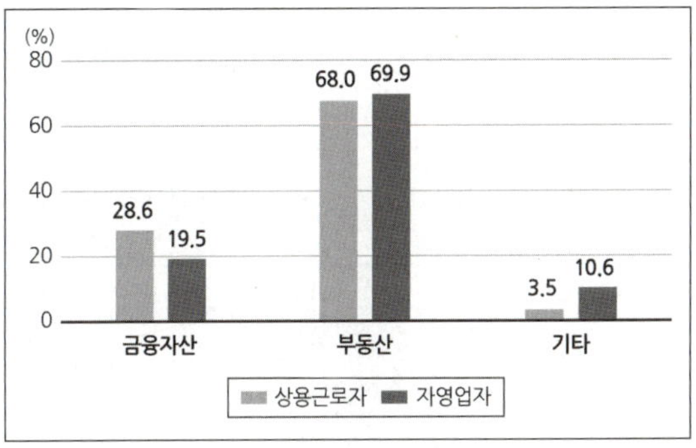

ㄷ. 전체 자산의 가구주 연령대별 구성비

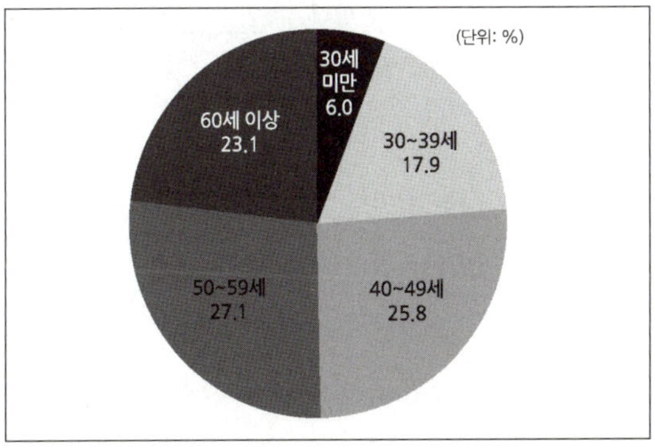

ㄹ. 가구주 종사상지위별 가구당 실물자산 규모

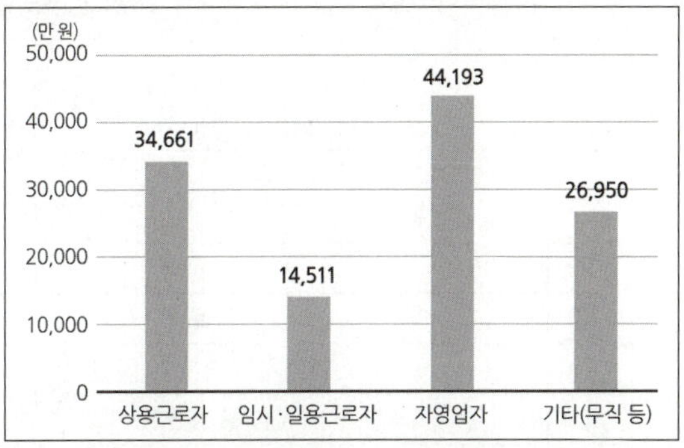

① ㄱ, ㄹ
② ㄴ, ㄷ
③ ㄴ, ㄹ
④ ㄷ, ㄹ
⑤ ㄱ, ㄴ, ㄹ

문 33. 다음 <표>는 2020년 '갑'시의 오염물질 배출원별 배출량에 대한 자료이다. 이에 대한 <보기>의 설명 중 옳은 것만을 모두 고르면?

<표> 2020년 오염물질 배출원별 배출량 현황

(단위: 톤, %)

배출원 \ 오염물질	PM_{10}		$PM_{2.5}$		CO		NO_x		SO_x		VOC	
구분	배출량	배출비중	배출량	배출비중	배출량	배출비중	배출량	배출비중	배출량	배출비중	배출량	배출비중
선박	1,925	61.5	1,771	64.0	2,126	5.8	24,994	45.9	17,923	61.6	689	1.6
화물차	330	10.6	304	11.0	2,828	7.7	7,427	13.6	3	0.0	645	1.5
건설장비	253	8.1	233	8.4	2,278	6.2	4,915	9.0	2	0.0	649	1.5
비산업	163	5.2	104	3.8	2,501	6.8	6,047	11.1	8,984	30.9	200	0.5
RV	134	4.3	123	4.5	1,694	4.6	1,292	2.4	1	0.0	138	0.3
계	2,805	( )	2,535	( )	11,427	( )	44,675	( )	26,913	( )	2,321	( )

※ 1) PM_{10} 기준 배출량 상위 5개 오염물질 배출원을 선정하고, 6개 오염물질 배출량을 조사함.

2) $배출비중(\%) = \frac{해당\ 배출원의\ 배출량}{전체\ 배출원의\ 배출량} \times 100$

<보 기>

ㄱ. 오염물질 CO, NO_x, SO_x, VOC 배출량 합은 '화물차'가 '건설장비'보다 많다.

ㄴ. $PM_{2.5}$ 기준 배출량 상위 5개 배출원의 $PM_{2.5}$ 배출비중 합은 90% 이상이다.

ㄷ. NO_x의 전체 배출원 중에서 '건설장비'는 네 번째로 큰 배출비중을 차지한다.

ㄹ. PM_{10}의 전체 배출량은 VOC의 전체 배출량보다 많다.

① ㄱ, ㄴ
② ㄱ, ㄷ
③ ㄴ, ㄹ
④ ㄱ, ㄴ, ㄷ
⑤ ㄴ, ㄷ, ㄹ

문 34. 다음 <표>는 '갑'국의 2020년 5월, 6월 음원차트 상위 15위 현황에 대한 자료이다. 이에 대한 <보기>의 설명 중 옳은 것만을 모두 고르면?

<표 1> 2020년 6월 음원차트 상위 15위 현황

순위	전월 대비 순위변동	음원	GA점수
1	–	( )	147,391
2	( )	알로에	134,098
3	( )	미워하게 될 줄 알았어	127,995
4	신곡	LESS & LESS	117,935
5	▽ [2]	매우 화났어	100,507
6	신곡	Uptown Baby	98,506
7	신곡	땅 Official Remix	91,674
8	( )	개와 고양이	80,927
9	▽ [2]	( )	77,789
10	△ [100]	나에게 넌, 너에게 난	74,732
11	△ [5]	Whale	73,333
12	▽ [2]	( )	68,435
13	△ [18]	No Memories	67,725
14	△ [3]	화려한 고백	67,374
15	▽ [10]	마무리	65,797

<표 2> 2020년 5월 음원차트 상위 15위 현황

순위	전월 대비 순위변동	음원	GA점수
1	신곡	세븐	203,934
2	▽ [1]	알로에	172,604
3	△ [83]	( )	135,959
4	신곡	개와 고양이	126,306
5	▽ [3]	마무리	93,295
6	△ [4]	럼더덤	90,637
7	△ [6]	좋은 사람 있으면 만나	88,775
8	▽ [5]	첫사랑	87,962
9	신곡	Sad	87,128
10	▽ [6]	흔들리는 풀잎 속에서	85,957
11	▽ [6]	아는 노래	78,320
12	–	Blue Moon	73,807
13	▽ [4]	METER	69,182
14	▽ [3]	OFF	68,592
15	신곡	미워하게 될 줄 알았어	66,487

※ 1) GA점수는 음원의 스트리밍, 다운로드, BGM 판매량에 가중치를 부여하여 집계한 것으로 GA점수가 높을수록 순위가 높음.
2) –: 변동없음, △[ ]: 상승 [상승폭], ▽[ ]: 하락 [하락폭], 신곡: 해당 월 발매 신곡

<보 기>

ㄱ. 2020년 4 ~ 6월 동안 매월 상위 15위에 포함된 음원은 모두 4곡이다.
ㄴ. 'Whale'의 2020년 6월 GA점수는 전월에 비해 6,000 이상 증가하였다.
ㄷ. 2020년 6월 음원차트 상위 15위 음원 중 6월 발매 신곡을 제외하고 전월 대비 순위 상승폭이 세 번째로 큰 음원의 GA점수는 전월 GA점수의 두 배 이상이다.
ㄹ. 2020년 6월 음원차트 상위 15위 음원 중 6월 발매 신곡을 제외하고 전월 대비 순위가 상승한 음원은 전월 대비 순위가 하락한 음원보다 많다.

① ㄱ, ㄴ　② ㄴ, ㄹ
③ ㄷ, ㄹ　④ ㄱ, ㄴ, ㄷ
⑤ ㄱ, ㄷ, ㄹ

문 35. 다음 <표>는 A시의 2016 ~ 2020년 버스 유형별 노선 수와 차량대수에 관한 자료이다. 이에 대한 <보고서>의 내용 중 옳은 것만을 고르면?

<표> 2016 ~ 2020년 버스 유형별 노선 수와 차량대수

(단위: 개, 대)

유형 / 구분 / 연도	간선버스		지선버스		광역버스		순환버스		심야버스	
	노선 수	차량 대수	노선 수	차량 대수	노선 수	차량 대수	노선 수	차량 대수	노선 수	차량 대수
2016	122	3,703	215	3,462	11	250	4	25	9	45
2017	121	3,690	214	3,473	11	250	4	25	8	47
2018	122	3,698	211	3,474	11	249	3	14	8	47
2019	122	3,687	207	3,403	10	247	3	14	9	70
2020	124	3,662	206	3,406	10	245	3	14	11	78

※ 버스 유형은 간선버스, 지선버스, 광역버스, 순환버스, 심야버스로만 구성됨.

<보고서>

㉠ 2017 ~ 2020년 A시 버스 총노선 수와 총차량대수는 각각 매년 감소하고 있으며, ㉡ 전년 대비 감소폭은 총노선 수와 총차량대수 모두 2019년이 가장 크다. 이는 A시 버스 이용객의 감소와 버스 노후화로 인한 감차가 이루어져 나타난 결과로 볼 수 있다. ㉢ 2019년 심야버스는 버스 유형 중 유일하게 전년에 비해 차량대수가 증가하였고 전년 대비 차량대수 증가율은 45%를 상회하였다. 이는 심야시간 버스 이용객의 증가로 인해 나타난 것으로 볼 수 있다. ㉣ 2016 ~ 2020년 동안 노선 수 대비 차량대수 비는 간선버스가 매년 가장 크다. 이는 간선버스가 차량운행거리가 길고 배차시간이 짧다는 특성이 반영된 것으로 볼 수 있다. 마지막으로 ㉤ 2016 ~ 2020년 동안 노선 수 대비 차량대수 비는 심야버스가 순환버스보다 매년 크다.

① ㄱ, ㄴ, ㄷ　② ㄱ, ㄹ, ㅁ
③ ㄴ, ㄷ, ㄹ　④ ㄴ, ㄷ, ㅁ
⑤ ㄷ, ㄹ, ㅁ

문 36. 다음 <그림>은 2020년 A기관의 조직 및 운영에 관한 자료이다. 이에 대한 <보기>의 설명 중 옳은 것만을 모두 고르면?

<그림> 2020년 A기관의 조직 및 운영 현황

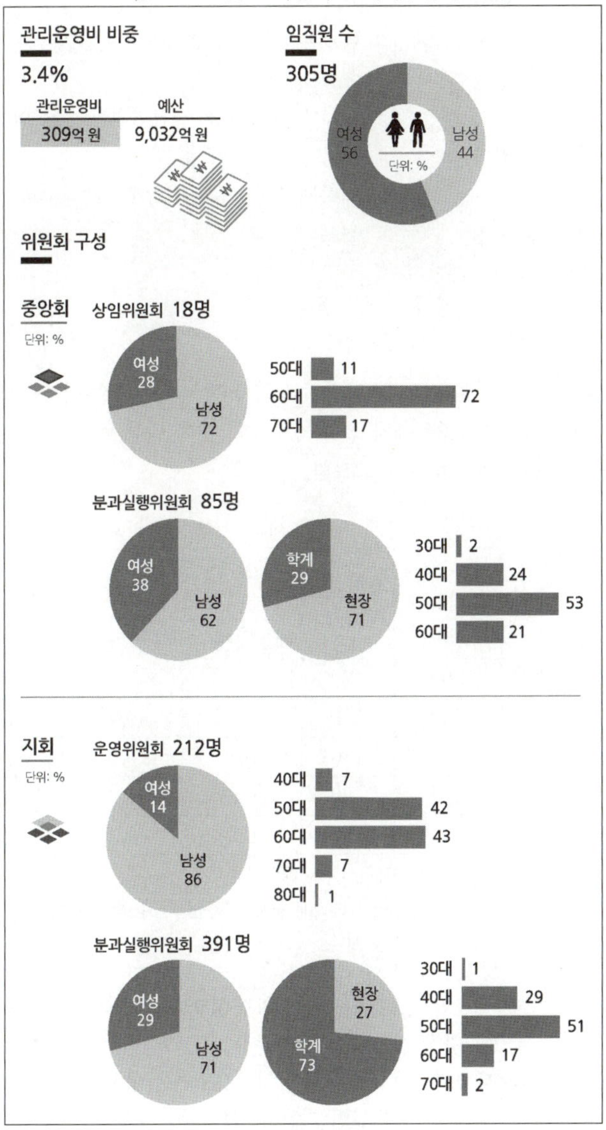

※ 중앙회는 상임위원회와 분과실행위원회로만 구성되고, 지회는 운영위원회와 분과실행위원회로만 구성됨.

<보 기>

ㄱ. 2020년 임직원당 관리운영비는 1억 원 이상이다.
ㄴ. 분과실행위원회의 현장 위원 수는 중앙회가 지회보다 많다.
ㄷ. 중앙회 상임위원회의 모든 여성 위원이 동시에 중앙회 분과실행위원회 위원이라면, 중앙회 여성 위원 수는 총 32명이다.
ㄹ. 지회 분과실행위원회의 50대 학계 위원은 80명 이상이다.

① ㄱ, ㄴ
② ㄱ, ㄹ
③ ㄴ, ㄷ
④ ㄴ, ㄹ
⑤ ㄱ, ㄷ, ㄹ

문 37. 다음 <표>는 2015 ~ 2019년 보호조치 아동의 발생원인 및 조치방법에 관한 자료이다. 이에 대한 <보기>의 설명 중 옳은 것만을 모두 고르면?

<표 1> 보호조치 아동의 발생원인별 현황

(단위: 명)

발생원인 \ 연도	2015	2016	2017	2018	2019
학대	2,866	3,139	2,778	2,726	2,865
비행	360	314	227	231	473
가정불화	930	855	847	623	464
유기	321	264	261	320	237
미아	26	11	12	18	8
전체	( )	( )	( )	( )	4,047

※ 보호조치 아동 한 명당 발생원인은 1개임.

<표 2> 보호조치 아동의 조치방법별 현황

(단위: 명)

조치방법 \ 연도	2015	2016	2017	2018	2019
시설보호	2,682	2,887	2,421	2,449	2,739
가정위탁	1,582	1,447	1,417	1,294	1,199
입양	239	243	285	174	104
기타	0	6	2	1	5
전체	( )	( )	( )	( )	4,047

※ 보호조치 아동 한 명당 조치방법은 1개임.

<보 기>

ㄱ. 매년 전체 보호조치 아동은 감소한다.
ㄴ. 매년 전체 보호조치 아동 중 발생원인이 '가정불화'인 보호조치 아동의 비중은 10% 이상이다.
ㄷ. 2019년 조치방법이 '시설보호'인 보호조치 아동 중 발생원인이 '학대'인 보호조치 아동의 비중은 50% 이상이다.
ㄹ. 2016년 이후 조치방법이 '가정위탁'인 보호조치 아동의 전년 대비 감소율은 매년 10% 이하이다.

① ㄱ, ㄴ
② ㄱ, ㄷ
③ ㄴ, ㄹ
④ ㄱ, ㄷ, ㄹ
⑤ ㄴ, ㄷ, ㄹ

문 38. 다음 <표>는 영재학생 역량에 대한 과학교사와 인문교사 두 집단의 인식에 대한 자료이다. 이에 대한 설명으로 옳은 것은?

<표 1> 영재학생 역량별 요구수준 및 현재수준

(단위: 점)

집단	과학교사			인문교사		
역량 \ 구분	요구수준	현재수준	부족수준	요구수준	현재수준	부족수준
문해력	4.30	3.30	1.00	4.50	3.26	1.24
수리적 소양	4.37	4.00	0.37	4.43	3.88	0.55
과학적 소양	4.52	4.03	0.49	4.63	4.00	0.63
ICT 소양	4.33	3.59	0.74	4.52	3.68	0.84
경제적 소양	3.85	2.84	1.01	4.01	2.87	1.14
문화적 소양	4.26	2.84	1.42	4.46	3.04	1.42
비판적 사고	4.71	3.53	1.18	4.73	3.70	1.03
창의성	4.64	3.43	1.21	4.84	3.67	1.17
의사소통능력	4.68	3.42	1.26	4.71	3.65	1.06
협업능력	( )	3.56	( )	4.72	3.66	1.06
호기심	4.64	3.50	1.14	4.64	3.63	1.01
주도성	4.39	3.46	0.93	4.47	3.43	1.04
끈기	4.48	3.30	1.18	4.60	3.35	1.25
적응력	4.31	3.34	0.97	4.41	3.43	0.98
리더십	4.24	3.34	0.90	4.34	3.49	0.85
사회인식	4.32	3.05	1.27	4.48	3.24	1.24

※ 1) 부족수준 = 요구수준 − 현재수준
2) 점수가 높을수록 해당 역량의 요구(현재, 부족)수준이 높음.

<표 2> 교사집단별 영재학생 역량 우선지수 순위

집단	과학교사		인문교사	
순위 \ 구분	역량	우선지수	역량	우선지수
1	문화적 소양	6.05	문화적 소양	6.33
2	( )	( )	( )	( )
3	( )	( )	창의성	5.66
4	비판적 사고	5.56	문해력	5.58
5	사회인식	5.49	사회인식	5.56
6	호기심	5.29	( )	( )
7	끈기	5.29	의사소통능력	4.99
8	협업능력	5.24	비판적 사고	4.87
9	문해력	4.30	호기심	4.69
10	적응력	4.18	주도성	4.65
11	주도성	4.08	경제적 소양	4.57
12	( )	( )	( )	( )
13	리더십	3.82	( )	( )
14	( )	( )	리더십	3.69
15	( )	( )	( )	( )
16	( )	( )	( )	( )

※ 우선지수 = 요구수준 × 부족수준

① ‘끈기’에 대한 우선지수는 과학교사 집단이 인문교사 집단보다 높다.
② 각 교사집단에서 우선지수가 가장 낮은 역량은 모두 ‘수리적 소양’이다.
③ 두 교사집단 간 부족수준의 차이가 가장 큰 역량은 ‘경제적 소양’이다.
④ 각 교사집단이 인식하는 요구수준 상위 5개에 속한 역량은 다르다.
⑤ 각 교사집단이 인식하는 요구수준 하위 3개에 속한 역량은 같다.

문 39. 다음 <표>는 S시 공공기관 의자 설치 사업에 참여한 ‘갑’ ~ ‘무’ 기업의 소요비용에 대한 자료이다. 이에 대한 <보기>의 설명 중 옳은 것만을 모두 고르면?

<표> 기업별 의자 설치 소요비용 산출근거

기업	의자 제작 비용 (천 원/개)	배송거리 (km)	배송차량당 배송비용 (천 원/km)		배송차량의 최대 배송량 (개/대)
			배송업체 A	배송업체 B	
갑	300	120	1.0	1.2	30
을	250	110	1.1	0.9	50
병	320	130	0.7	0.9	70
정	400	80	0.8	1.0	40
무	270	150	0.5	0.3	25

※ 1) 소요비용 = 제작비용 + 배송비용
2) ‘갑’ ~ ‘무’ 기업은 배송에 필요한 최소대수의 배송차량을 사용함.

<보 기>

ㄱ. 배송업체 A를 이용하여 의자 500개를 설치할 때, 소요비용이 가장 적은 기업은 ‘을’이다.
ㄴ. 배송업체 A를 이용하여 의자 300개를 설치할 때, 소요비용이 1억 원 미만인 기업이 있다.
ㄷ. 배송업체 B를 이용하여 의자 300개를 설치할 때, 소요비용이 가장 적은 기업은 ‘무’이다.
ㄹ. 배송업체 B를 이용하여 의자 590개를 설치할 때, 소요비용이 1억 5천만 원 미만인 기업이 있다.

① ㄱ, ㄴ
② ㄱ, ㄹ
③ ㄴ, ㄷ
④ ㄱ, ㄴ, ㄹ
⑤ ㄴ, ㄷ, ㄹ

문 40. 다음 <조건>, <그림>과 <표>는 2015 ~ 2019년 '갑'지역의 작물재배와 생산, 판매가격에 대한 자료이다. 이에 대한 설명으로 옳지 않은 것은?

<조 건>

○ '갑'지역의 전체 농민은 '가', '나', '다' 3명뿐이다.
○ 각 농민은 1,000m^2 규모의 경작지 2곳만을 가지고 있다.
○ 한 경작지에는 한 해에 하나의 작물만 재배한다.
○ 각 작물의 '경작지당 연간 최대 생산량'은 A는 100kg, B는 200kg, C는 100kg, D는 200kg, E는 50kg이다.
○ 생산된 작물은 해당 연도에 모두 판매된다.
○ 각 작물의 판매가격은 해당 연도의 '갑'지역 작물별 연간 총생산량에 따라 결정된다.

<그림> A ~ E 작물별 '갑'지역 연간 총생산량에 따른 판매가격

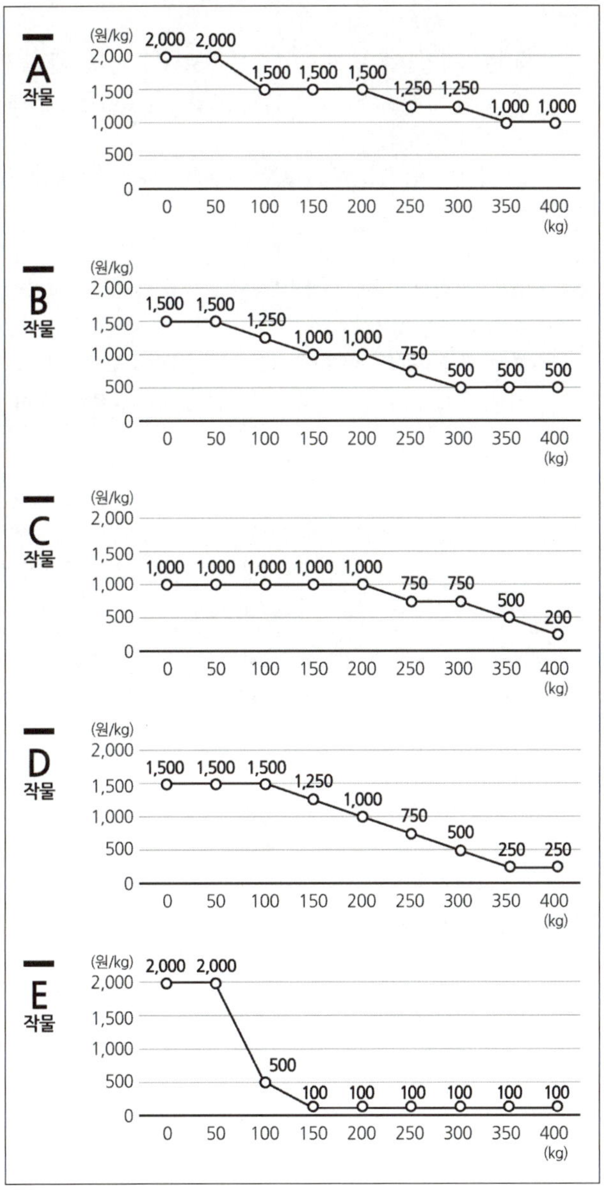

<표> 2015 ~ 2019년 경작지별 재배작물 종류 및 생산량

(단위: kg)

농민	연도 / 경작지	2015 작물	2015 생산량	2016 작물	2016 생산량	2017 작물	2017 생산량	2018 작물	2018 생산량	2019 작물	2019 생산량
가	경작지1	A	100	A	50	A	25	B	100	A	100
	경작지2	A	100	B	100	D	200	B	100	B	50
나	경작지3	B	100	B	50	C	100	C	50	D	200
	경작지4	C	100	A	100	D	200	E	50	E	50
다	경작지5	D	200	D	200	C	50	D	200	D	200
	경작지6	E	50	E	50	E	50	E	50	E	50

① 동일 경작지에서 동일 작물을 다년간 연속 재배하였을 때, 전년 대비 생산량 감소를 보인 작물은 A, B, C이다.
② 2016년 농민 '가'의 작물 총판매액은 225,000원이다.
③ E 작물은 동일 경작지에서 다년간 연속 재배해도 생산량이 감소하지 않았다.
④ 동일 경작지에서 A 작물을 3개년 연속 재배하고 B 작물을 재배한 후 다시 A 작물을 재배한 해에는 A 작물이 '경작지당 연간 최대 생산량'만큼 생산되었다.
⑤ 2016년과 2019년의 작물 판매가격 차이는 D 작물이 E 작물보다 작다.

문 1. 다음 글을 근거로 판단할 때 옳은 것은?

> 제00조 ① 특별시장 · 광역시장 · 특별자치시장 · 도지사 또는 특별자치도지사(이하 '시 · 도지사'라 한다)는 아이돌보미의 양성을 위하여 적합한 시설을 교육기관으로 지정 · 운영하여야 한다.
> ② 시 · 도지사는 교육기관이 다음 각 호의 어느 하나에 해당하는 경우 사업의 정지를 명하거나 그 지정을 취소할 수 있다. 다만 제1호에 해당하는 경우 지정을 취소하여야 한다.
> 1. 거짓이나 그 밖의 부정한 방법으로 교육기관으로 지정을 받은 경우
> 2. 교육과정을 1년 이상 운영하지 아니하는 경우
>
> ③ 제2항 제1호의 방법으로 교육기관 지정을 받은 자는 1년 이하의 징역 또는 1천만 원 이하의 벌금에 처한다.
> ④ 아이돌보미가 되려는 사람은 시 · 도지사가 지정 · 운영하는 교육기관에서 교육과정을 수료하여야 한다.
> ⑤ 아이돌보미가 되려는 사람은 여성가족부장관이 실시하는 적성 · 인성검사를 받아야 한다.
> 제00조 ① 아이돌보미는 다른 사람에게 자기의 성명을 사용하여 아이돌보미 업무를 수행하게 하거나 수료증을 대여하여서는 아니 된다.
> ② 아이돌보미가 아닌 사람은 아이돌보미 또는 이와 유사한 명칭을 사용할 수 없다.
> ③ 제1항, 제2항을 위반한 사람에게는 300만 원 이하의 과태료를 부과한다.
> 제00조 ① 여성가족부장관은 아이돌봄서비스의 질적 수준과 아이돌보미의 전문성 향상을 위하여 보수교육을 실시하여야 한다.
> ② 제1항에 따른 보수교육은 전문기관에 위탁하여 실시할 수 있다.

① 아이돌보미가 아닌 보육 관련 종사자도 아이돌보미 명칭을 사용할 수 있다.
② 시 · 도지사는 아이돌보미 양성을 위한 교육기관을 지정 · 운영하고 보수교육을 실시하여야 한다.
③ 아이돌보미가 되려는 사람은 시 · 도지사가 실시하는 적성 · 인성검사를 받아야 한다.
④ 서울특별시의 A기관이 부정한 방법을 통해 아이돌보미 양성을 위한 교육기관으로 지정을 받은 경우, 서울특별시장은 200만 원의 과태료를 부과할 수 있다.
⑤ 인천광역시의 B기관이 아이돌보미 양성을 위한 교육기관으로 지정된 후 교육과정을 1년간 운영하지 않은 경우, 인천광역시장은 그 지정을 취소할 수 있다.

문 2. 다음 글과 <상황>을 근거로 판단할 때 옳은 것은?

> 제00조 ① 문화재청장은 학술조사 또는 공공목적 등에 필요한 경우 다음 각 호의 지역을 발굴할 수 있다.
> 1. 고도(古都)지역
> 2. 수중문화재 분포지역
> 3. 폐사지(廢寺址) 등 역사적 가치가 높은 지역
>
> ② 문화재청장은 제1항에 따라 발굴할 경우 발굴의 목적, 방법, 착수 시기 및 소요 기간 등의 내용을 발굴 착수일 2주일 전까지 해당 지역의 소유자, 관리자 또는 점유자(이하 '소유자 등'이라 한다)에게 미리 알려 주어야 한다.
> ③ 제2항에 따른 통보를 받은 소유자 등은 그 발굴에 대하여 문화재청장에게 의견을 제출할 수 있으며, 발굴을 거부하거나 방해 또는 기피하여서는 아니 된다.
> ④ 문화재청장은 제1항의 발굴이 완료된 경우에는 완료된 날부터 30일 이내에 출토유물 현황 등 발굴의 결과를 소유자 등에게 알려 주어야 한다.
> ⑤ 국가는 제1항에 따른 발굴로 손실을 받은 자에게 그 손실을 보상하여야 한다.
> ⑥ 제5항에 따른 손실보상에 관하여는 문화재청장과 손실을 받은 자가 협의하여야 하며, 보상금에 대한 합의가 성립하지 않은 때에는 관할 토지수용위원회에 재결(裁決)을 신청할 수 있다.
> ⑦ 문화재청장은 제1항에 따른 발굴 현장에 발굴의 목적, 조사기관, 소요 기간 등의 내용을 알리는 안내판을 설치하여야 한다.

<상 황>

> 문화재청장 甲은 고도(古都)에 해당하는 A지역에 대한 학술조사를 위해 2021년 3월 15일부터 A지역의 발굴에 착수하고자 한다. 乙은 자기 소유의 A지역을 丙에게 임대하여 현재 임차인 丙이 이를 점유 · 사용하고 있다.

① 甲은 A지역 발굴의 목적, 방법, 착수 시기 및 소요 기간 등에 관한 내용을 丙에게 2021년 3월 29일까지 알려주어야 한다.
② A지역의 발굴에 대한 통보를 받은 丙은 甲에게 그 발굴에 대한 의견을 제출할 수 있다.
③ 乙은 발굴 현장에 발굴의 목적 등을 알리는 안내판을 설치하여야 한다.
④ A지역의 발굴로 인해 乙에게 손실이 예상되는 경우, 乙은 그 발굴을 거부할 수 있다.
⑤ A지역과 인접한 토지 소유자인 丁이 A지역의 발굴로 인해 손실을 받은 경우, 丁은 보상금에 대해 甲과 협의하지 않고 관할 토지수용위원회에 재결을 신청할 수 있다.

문 3. 다음 글을 근거로 판단할 때 옳은 것은?

> 제00조 ① 농림축산식품부장관은 채소류 등 저장성이 없는 농산물의 가격안정을 위하여 필요하다고 인정할 때에는 생산자 또는 생산자단체로부터 농산물가격안정기금으로 해당 농산물을 수매할 수 있다. 다만 가격안정을 위하여 특히 필요하다고 인정할 때에는 도매시장에서 해당 농산물을 수매할 수 있다.
> ② 제1항에 따라 수매한 농산물은 판매 또는 수출하거나 사회복지단체에 기증하는 등 필요한 처분을 할 수 있다.
> ③ 농림축산식품부장관은 제1항과 제2항에 따른 수매 및 처분에 관한 업무를 농업협동조합중앙회・산림조합중앙회(이하 '농림협중앙회'라 한다) 또는 한국농수산식품유통공사에 위탁할 수 있다.
> 제00조 ① 농림축산식품부장관은 농산물(쌀과 보리는 제외한다. 이하 이 조에서 같다)의 수급조절과 가격안정을 위하여 필요하다고 인정할 때에는 농산물가격안정기금으로 농산물을 비축하거나 농산물의 출하를 약정하는 생산자에게 그 대금의 일부를 미리 지급하여 출하를 조절할 수 있다.
> ② 제1항에 따른 비축용 농산물은 생산자 또는 생산자단체로부터 수매할 수 있다. 다만 가격안정을 위하여 특히 필요하다고 인정할 때에는 도매시장에서 수매하거나 수입할 수 있다.
> ③ 농림축산식품부장관은 제1항과 제2항에 따른 사업을 농림협중앙회 또는 한국농수산식품유통공사에 위탁할 수 있다.
> ④ 농림축산식품부장관은 제2항 단서에 따라 비축용 농산물을 수입하는 경우, 국제가격의 급격한 변동에 대비하여야 할 필요가 있다고 인정할 때에는 선물거래(先物去來)를 할 수 있다.

① 한국농수산식품유통공사는 가격안정을 위해 수매한 저장성이 없는 농산물을 외국에 수출할 수 없다.
② 채소류의 가격안정을 위해서 특히 필요하다고 인정되어 수매할 경우, 농림협중앙회는 소매시장에서 수매하여야 한다.
③ 농림협중앙회는 보리의 수급조절을 위하여 보리 생산자에게 대금의 일부를 미리 지급하여 출하를 조절할 수 있다.
④ 농림축산식품부장관은 개별 생산자로부터 비축용 농산물을 수매할 수 있다.
⑤ 농림축산식품부장관은 비축용 농산물 국제가격의 급격한 변동에 대비하여야 할 필요가 있다고 인정할 경우에도 선물거래를 할 수 없다.

문 4. 다음 글을 근거로 판단할 때 옳지 않은 것은?

> A협회는 매년 12월 열리는 정기총회에서 다음해 협회장을 선출한다. 협회장의 선출은 ① 입후보자가 1인인 경우에는 '찬반투표'로 이루어지고, ② 입후보자가 2인 이상인 경우에는 '선거'를 통해 이루어진다.
> '찬반투표'에 참여할 수 있는 회원의 자격은 투표일 현재까지 A협회의 정회원인 사람으로 한정한다. A협회의 정회원은 A협회의 준회원으로 만 1년 이상을 활동한 후 정회원 가입 신청을 하고 연회비를 납부한 자를 말한다. 기준에 따라 정회원 가입을 신청하고 연회비를 납부한 그 날부터 정회원 자격이 부여된다. 정회원은 정회원 자격을 획득한 다음해부터 매해 1월 30일까지 연회비를 납부하여야 그 자격이 유지된다. 기한 내에 연회비를 납부하지 않은 정회원은 그 자격이 유보되어 권리를 행사할 수 없고, 정회원 자격을 회복하기 위해서는 그 다음해 연회비 납부일까지 연회비의 3배를 납부하여야 한다. 2년 연속 연회비를 납부하지 않은 사람은 A협회의 회원 자격이 영구히 박탈된다.
> 한편 '선거'에 참여할 수 있는 회원의 자격은 선거일을 기준으로 정회원 자격을 얻은 후 만 1년을 경과한 정회원으로 한정한다. 연회비 미납부로 정회원 자격이 유보된 사람도 정회원 자격을 회복한 후 만 1년을 경과하여야 선거에 참여할 수 있다.

① 2019년 10월 A협회 정회원 자격을 얻은 甲은 '2020년 협회장' 선출을 위한 '선거'에 참여할 수 있었다.
② 2018년 10월 A협회 정회원 자격을 얻은 乙은 2019년 연회비 납부 여부와 관계없이 '2019년 협회장' 선출을 위한 '찬반투표'에 참여할 수 있었다.
③ 2017년 10월 A협회 정회원 자격을 얻은 丙이 연회비 미납부로 자격이 유보되었다가 2019년에 정회원 자격을 회복하였더라도 '2020년 협회장' 선출을 위한 '선거'에 참여할 수 없었다.
④ 2017년 10월 A협회 준회원 활동을 시작한 丁이 최소 요구 연한 경과 직후에 정회원 자격을 획득하였다면 '2019년 협회장' 선출을 위한 '찬반투표'에 참여할 수 있었다.
⑤ 2016년 10월 처음으로 A협회 정회원 자격을 얻은 戊가 2017년부터 연회비를 계속 납부하지 않았다면 협회장 선출을 위한 '선거'에 한 번도 참여할 수 없었다.

문 5. 다음 글과 <상황>을 근거로 판단할 때 옳은 것은?

공소제기는 법원에 특정한 형사사건의 심판을 청구하는 검사의 소송행위이다. 그러나 공소시효 기간이 만료(공소시효가 완성)된 범죄에 대하여는 검사가 공소를 제기할 수 없다. 공소시효는 범죄 후 일정 기간이 지나면 국가의 형벌소추권을 소멸시키는 제도이다. 따라서 공소시효가 완성된 범죄에 대한 검사의 공소제기는 위법하다.

공소시효는 범죄행위가 종료된 때를 기준으로 계산한다. 예컨대 감금죄의 경우 범죄행위의 종료는 감금된 날이 아니라 감금에서 벗어나는 날이 기준이므로 그날부터 공소시효를 계산한다. 또한 초일은 시간을 계산하지 않고 1일로 산정하며, 기간의 말일이 공휴일이거나 토요일이라도 기간에 산입한다. 연 또는 월 단위로 정한 기간은 연 또는 월 단위로 기간을 계산한다. 예컨대 절도행위가 2021년 1월 5일에 종료된 경우 절도죄의 공소시효는 7년이고 1월 5일을 1일로 계산하므로 2028년 1월 4일 24시에 공소시효가 완성된다.

한편 공소시효는 일정한 사유로 정지될 수 있다. 공소시효가 정지되었다가 그 사유가 없어지면 그날부터 나머지 공소시효 기간이 진행된다. 예컨대 범인이 형사처벌을 면할 목적으로 1년간 국외에 있다가 귀국하였다면 공소시효의 계산에서 1년을 제외한다. 다만 공범이 있는 경우 국외로 출국하지 않은 공범은 그 기간에도 공소시효가 정지되지 않는다.

또한 공소가 제기되면 그때부터 공소시효가 정지되고, 이는 공범의 경우에도 마찬가지이다. 따라서 공범 1인에 대하여 공소가 제기되면 그날부터 다른 공범의 공소시효도 정지되었다가 공범이 재판에서 유죄로 확정된 날부터 다른 공범에 대한 나머지 공소시효 기간이 진행된다. 그러나 공소가 먼저 제기된 사람이 범죄혐의 없음을 이유로 무죄판결을 받은 경우, 다른 공범에 대한 공소시효는 정지되지 않는다.

<상 황>

○ 甲은 2015년 5월 1일 피해자를 불법으로 감금하였는데, 피해자는 2016년 5월 2일에 구조되어 감금에서 풀려났다. 甲은 피해자를 감금 후 수사망이 좁혀오자 2개월간 국외로 도피하였다가 2016년 5월 1일에 귀국하였다.
○ 乙, 丙, 丁이 공동으로 행한 A죄의 범죄행위가 2015년 2월 1일 종료되었다. 그 후 乙은 국내에서 도피 중 2016년 1월 1일 공소제기 되어 2016년 6월 30일 범죄혐의 없음을 이유로 무죄 확정판결을 받았다. 한편 丙은 범죄행위 종료 후 형사처벌을 면할 목적으로 1년간 국외에서 도피 생활을 하다가 귀국한 뒤 2020년 1월 1일 공소가 제기되어 2020년 12월 31일 유죄 확정판결을 받았다. 丁은 범죄행위 종료 후 계속 국내에서 도피 중이다.

※ 감금죄의 공소시효는 7년, A죄의 공소시효는 5년임

① 甲에 대해 공소가 제기되기 전 정지된 공소시효 기간은 2개월이다.
② 2023년 5월 1일 甲에 대해 공소가 제기된다면 위법한 공소제기이다.
③ 丙에 대해 공소가 제기되기 전 정지된 공소시효 기간은 1년이다.
④ 丙의 국외 도피기간 중 丁의 공소시효는 정지된다.
⑤ 2022년 1월 31일 丁에 대해 공소가 제기된다면 적법한 공소제기이다.

문 6. 다음 글을 근거로 판단할 때, 甲이 수강할 과목만을 모두 고르면?

○ 甲이 소속된 기관에서는 상시학습 과목을 주기적으로 반복하여 수강하도록 하고 있다.
○ 甲은 2021년 1월 15일 하루 동안 상시학습 과목을 수강하여 '학습점수'를 최대화하고자 한다.
○ 甲이 하루에 수강할 수 있는 최대 시간은 8시간이다.
○ 2021년 1월 15일 기준, 권장 수강주기가 지난 상시학습 과목을 수강하는 경우 수강시간만큼 학습점수로 인정한다.
○ 2021년 1월 15일 기준, 권장 수강주기 이내에 상시학습 과목을 수강하는 경우 수강시간의 두 배를 학습점수로 인정한다.
○ 과목별 수강시간을 다 채운 경우에 한하여 학습점수를 인정한다.

<상시학습 과목 정보>

과목명	수강시간	권장 수강주기	甲의 직전 수강일자
통일교육	2	12개월	2020년 2월 20일
청렴교육	2	9개월	2020년 4월 11일
장애인식교육	3	6개월	2020년 6월 7일
보안교육	3	3개월	2020년 9월 3일
폭력예방교육	5	6개월	2020년 8월 20일

① 통일교육, 폭력예방교육
② 통일교육, 장애인식교육, 보안교육
③ 통일교육, 청렴교육, 보안교육
④ 청렴교육, 장애인식교육, 폭력예방교육
⑤ 보안교육, 폭력예방교육

문 7. 다음 글을 근거로 판단할 때, <보기>에서 옳은 것만을 모두 고르면?

맥동변광성(脈動變光星)은 팽창과 수축을 되풀이하면서 밝기가 변하는 별이다. 맥동변광성은 변광 주기가 길수록 실제 밝기가 더 밝다. 이를 '주기-광도 관계'라 한다.

세페이드 변광성은 보통 3일에서 50일 이내의 변광 주기를 갖는 맥동변광성이다. 지구에서 관찰되는 별의 밝기는 지구로부터의 거리에 따라 달라지기 때문에 실제 밝기는 측정하기 어려운데, 세페이드 변광성의 경우는 주기-광도 관계를 이용하여 실제 밝기를 알 수 있다.

별의 밝기는 등급으로 표시하기도 하는데, 지구에서 측정한 밝기인 겉보기등급과 실제 밝기를 나타낸 절대등급이 있다. 두 경우 모두 등급의 수치가 작을수록 밝은데, 그 수치가 1 줄어들 때마다 2.5배 밝아진다. 겉보기등급이 절대등급과 다른 까닭은 별의 밝기가 거리의 제곱에 반비례하기 때문이다. 한편 모든 별이 지구로부터 10파섹(1파섹 = 3.26광년)의 일정한 거리에 있다고 가정하고 지구에서 관찰된 밝기를 산출한 것을 절대등급이라고 한다. 어느 성단에서 세페이드 변광성이 발견되면 주기-광도 관계에 따라 별의 절대등급을 알 수 있으므로, 겉보기등급과의 차이를 보아 그 성단까지의 거리를 계산할 수 있다.

천문학자 W. 바데는 세페이드 변광성에 두 종류가 있으며, I형 세페이드 변광성이 동일한 변광 주기를 갖는 II형 세페이드 변광성보다 1.5등급만큼 더 밝다는 것을 밝혀냈다.

<보 기>

ㄱ. 변광 주기가 10일인 I형 세페이드 변광성은 변광 주기가 50일인 I형 세페이드 변광성보다 어둡다.
ㄴ. 변광 주기가 동일한 두 개의 II형 세페이드 변광성의 겉보기등급 간에 수치 차이가 1이라면, 지구로부터 두 별까지의 거리의 비는 2.5이다.
ㄷ. 실제 밝기를 기준으로 비교할 때, 변광 주기가 20일인 I형 세페이드 변광성은 같은 주기의 II형 세페이드 변광성보다 2.5배 이상 밝다.
ㄹ. 지구로부터 1파섹 떨어진 별의 밝기는 절대등급과 겉보기등급이 동일하다.

① ㄱ, ㄷ
② ㄱ, ㄹ
③ ㄴ, ㄷ
④ ㄴ, ㄹ
⑤ ㄱ, ㄴ, ㄷ

문 8. 다음 글을 근거로 판단할 때, ㉠과 ㉡을 옳게 짝지은 것은?

동물로봇공학에서는 다양한 형태의 동물 로봇을 개발한다. 로봇 연구자들이 가장 본뜨고 싶어 하는 곤충은 미국바퀴벌레이다. 이 바퀴벌레는 초당 150cm의 속력으로 달린다. 이는 1초에 몸길이의 50배가 되는 거리를 간다는 뜻이다. 신장이 180cm인 육상선수가 1초에 신장의 50배가 되는 거리를 가려면 시속 (㉠)km로 달려야 한다. 이 바퀴벌레의 걸음걸이를 관찰한 결과, 모양이 서로 다른 세 쌍의 다리를 달아주면 로봇의 보행 속력을 끌어올릴 수 있는 것으로 밝혀졌다.

한편 동물로봇공학에서는 수중 로봇에 대한 연구도 활발하다. 바닷가재나 칠성장어의 운동 능력을 본뜬 수중 로봇도 연구되고 있다. 미국에서 개발된 바닷가재 로봇은 높이 20cm, 길이 61cm, 무게 2.9kg으로, 물속의 기뢰제거에 사용될 계획이다. 2005년 10월에는 세계 최초의 물고기 로봇이 영국 런던의 수족관에 출현했다. 길이 (㉡)cm, 두께 12cm인 이 물고기 로봇은 미국바퀴벌레의 1/3 속력으로 헤엄칠 수 있다. 수중에서의 속력이라는 점을 감안하면 엄청난 수준이다. 이는 1분에 몸길이의 200배가 되는 거리를 간다는 뜻이다. 이 물고기 로봇은 해저탐사나 기름 유출의 탐지 등에 활용될 것으로 전망되었다.

	㉠	㉡
①	81	5
②	162	10
③	162	15
④	324	10
⑤	324	15

문 9. 다음 글을 근거로 판단할 때 옳지 않은 것은?

> 도시 O, A, B, C는 순서대로 동일 직선상에 배치되어 있으며 도시 간 거리는 각각 30km로 동일하다. ($\overline{OA}$: 30km, $\overline{AB}$: 30km, $\overline{BC}$: 30km)
>
> A, B, C가 비용을 분담하여 O에서부터 A와 B를 거쳐 C까지 연결하는 직선도로를 건설하려고 한다. A, B, C 주민은 O로의 이동을 위해서만 도로를 이용한다. 도로 1km당 건설비용은 동일하다. 비용 분담안으로 다음 세 가지 안이 논의되고 있다.
>
> ○ Ⅰ안: 각 도시가 균등하게 비용을 부담
> ○ Ⅱ안: 각 도시가 이용 구간의 길이에 비례하여 비용을 부담
> ○ Ⅲ안: 도로를 $\overline{OA}$, $\overline{AB}$, $\overline{BC}$로 나누어 해당 구간을 이용하는 도시가 해당 구간 건설비용을 균등하게 부담

① A에게는 Ⅲ안이 가장 부담 비용이 낮다.
② B의 부담 비용은 Ⅰ안과 Ⅱ안에서 같다.
③ Ⅱ안에서 A와 B의 부담 비용의 합은 C의 부담 비용과 같다.
④ Ⅰ안에 비해 부담 비용이 낮아지는 도시의 수는 Ⅱ안보다 Ⅲ안에서 더 많다.
⑤ C의 부담 비용은 Ⅲ안이 Ⅰ안의 2배 이상이다.

문 10. 다음 글을 근거로 판단할 때, 하나의 단어를 표현하는 가장 긴 코드의 길이는?

> 일반적으로 대화에는 약 18,000개의 단어가 사용된다. 항공우주연구소는 화성에 보낸 우주비행사와의 통신을 위해 아래의 <원칙>에 따라 단어를 코드로 바꾸어 교신하기로 하였다.
>
> <원 칙>
>
> ○ 하나의 코드는 하나의 단어만을 나타낸다.
> ○ 26개의 영어 알파벳 소문자를 사용하여 왼쪽에서부터 오른쪽으로 일렬로 나열한 코드를 만든다.
> ○ 코드 중 가장 긴 것의 길이를 최소화한다.
> ○ 18,000개의 단어를 표현할 수 있어야 한다.
>
> <단어-코드 변환의 예>

코드	단어	코드	단어
a	우주비행사	aa	지구
b	우주정거장	ab	외계인
⋮	⋮	⋮	⋮

※ 코드의 길이는 코드에 표시된 글자의 수를 뜻한다.

① 1
② 2
③ 3
④ 4
⑤ 5

문 11. 다음 글을 근거로 판단할 때 옳지 않은 것은?

○ 甲과 乙은 조선시대 왕의 계보를 외우는 놀이를 한다.
○ 甲과 乙은 번갈아가며 직전에 나온 왕의 다음 왕부터 순차적으로 외친다.
○ 한 번에 최소 1명, 최대 3명의 왕을 외칠 수 있다.
○ 甲이 제1대 왕 '태조'부터 외치면서 놀이가 시작되고, 누군가 마지막 왕인 '순종'을 외치면 놀이가 종료된다.
○ '조'로 끝나는 왕 2명 이상을 한 번에 외칠 수 없다.
○ 반정(反正)에 성공한 왕은 해당 반정으로 폐위(廢位)된 왕과 함께 외칠 수 없다.
- 중종 반정: 연산군 폐위
- 인조 반정: 광해군 폐위

<조선시대 왕의 계보>

1	태조	10	연산군	19	숙종
2	정종	11	중종	20	경종
3	태종	12	인종	21	영조
4	세종	13	명종	22	정조
5	문종	14	선조	23	순조
6	단종	15	광해군	24	헌종
7	세조	16	인조	25	철종
8	예종	17	효종	26	고종
9	성종	18	현종	27	순종

① 甲이 '명종'까지 외쳤다면, 甲은 '인조'를 외칠 수 없다.
② 甲과 乙이 각각 6번씩 외치는 것으로 놀이가 종료될 수 있다.
③ 甲이 '인종, 명종, 선조'를 외쳤다면, '연산군'은 甲이 외친 것이다.
④ 甲이 첫 차례에 3명의 왕을 외친다면, 甲은 자신의 다음 차례에 '세조'를 외칠 수 있다.
⑤ '순종'을 외치는 사람이 지는 게임이라면, 甲이 '영조'를 외쳤을 때 乙은 甲의 선택에 관계없이 승리할 수 있다.

문 12. 다음 글을 근거로 판단할 때, 18시에서 20시 사이에 보행신호가 점등된 횟수는?

○ A시는 차량통행은 많지만 사람의 통행은 적은 횡단보도에 보행자 자동인식시스템을 설치하였다.
○ 보행자 자동인식시스템이 횡단보도 앞에 도착한 보행자를 인식하면 1분 30초의 대기 후에 보행신호가 30초간 점등되며, 이후 차량통행을 보장하기 위해 2분간 보행신호는 점등되지 않는다. 점등 대기와 보행신호 점등, 차량통행 보장 시간 동안에는 보행자를 인식하지 않는다.

점등 대기	→	보행신호 점등	→	차량통행 보장
1분 30초		30초		2분

○ 보행신호가 점등되기 전까지 횡단보도 앞에 도착한 사람만 모두 건넌다.
○ 다음은 17시 50분부터 20시까지 횡단보도 앞에 도착한 사람의 수와 도착 시각을 정리한 것이다.

도착 시각	인원	도착 시각	인원
18 : 25 : 00	1	18 : 44 : 00	3
18 : 27 : 00	3	18 : 59 : 00	4
18 : 30 : 00	2	19 : 01 : 00	2
18 : 31 : 00	5	19 : 48 : 00	4
18 : 43 : 00	1	19 : 49 : 00	2

① 6
② 7
③ 8
④ 9
⑤ 10

문 13. 다음 글을 근거로 판단할 때, 가장 먼저 교체될 시계와 가장 나중에 교체될 시계를 옳게 짝지은 것은?

> 甲부서에는 1 ~ 12시 눈금표시가 된 5개의 벽걸이 시계(A ~ E)가 있다. 그런데 A는 시침과 분침이 모두 멈춰버려서 더 이상 작동하지 않는 상태다. B는 정확한 시계보다 하루에 1분씩 느려지는 시계다. C는 정확한 시계보다 하루에 1시간씩 느려지는 시계다. D는 정확한 시계보다 하루에 2시간씩 느려지는 시계다. E는 정확한 시계보다 하루에 5분씩 빨라지는 시계다.
>
> 甲부서는 5개의 시계를 순차적으로 교체하려고 한다. 앞으로 1년 동안 정확한 시계와 일치하는 횟수가 적을 시계부터 순서대로 교체한다.

※ B ~ E는 각각 일정한 속도로 작동한다.

	가장 먼저 교체될 시계	가장 나중에 교체될 시계
①	A	C
②	B	A
③	B	D
④	D	A
⑤	D	E

문 14. 다음 글을 근거로 판단할 때, <보기>에서 옳은 것만을 모두 고르면?

> 甲: 안녕? 나는 지난 주말 중 하루에 당일치기로 서울 여행을 다녀왔는데, 서울에는 눈이 예쁘게 내려서 너무 좋았어. 너희는 지난 주말에 어디 있었니?
>
> 乙: 나는 서울과 강릉을 하루에 모두 다녀왔는데, 두 곳 다 눈이 예쁘게 내리더라.
>
> 丙: 나는 부산과 강릉에 하루씩 있었는데 하늘에서 눈을 보지도 못했어.
>
> 丁: 나도 광주에 하루 있었는데, 해만 쨍쨍하고 눈은 안 왔어. 그날 뉴스를 보니까 부산에도 광주처럼 눈은 커녕 해가 쨍쨍하다고 했더라고.
>
> 甲: 응? 내가 서울에 있던 날 뉴스를 봤는데, 광주에도 눈이 내리고 있다고 했어.

※ 지난 주말(토요일과 일요일) 각 도시에 눈이 내린 날은 하루 종일 눈이 내렸고, 눈이 내리지 않은 날은 하루 종일 눈이 내리지 않았다.

<보 기>

ㄱ. 광주에는 지난 주말 중 하루만 눈이 내렸다.
ㄴ. 지난 주말 중 하루만 서울에 눈이 내렸다면 부산에도 지난 주말 중 하루만 눈이 내렸다.
ㄷ. 지난 주말 중 하루만 부산에 눈이 내렸다면 甲과 乙이 서울에 있었던 날은 다른 날이다.
ㄹ. 지난 주말 중 하루만 서울에 눈이 내렸다면 丙이 부산에 있었던 날과 丁이 광주에 있었던 날은 다른 날이다.

① ㄱ, ㄴ
② ㄱ, ㄷ
③ ㄴ, ㄹ
④ ㄱ, ㄷ, ㄹ
⑤ ㄴ, ㄷ, ㄹ

문 15. 다음 글과 <대화>를 근거로 판단할 때 옳지 않은 것은?

○ A부서의 소속 직원(甲 ~ 戊)은 법령집, 백서, 판례집, 민원 사례집을 각각 1권씩 보유하고 있었다.
○ A부서는 소속 직원에게 다음의 기준에 따라 새로 발행된 도서(법령집 3권, 백서 3권, 판례집 1권, 민원 사례집 2권)를 나누어 주었다.
  - 법령집: 보유하고 있던 법령집의 발행연도가 빠른 사람부터 1권씩 나누어 주었다.
  - 백서: 근속연수가 짧은 사람부터 1권씩 나누어 주었다.
  - 판례집: 보유하고 있던 판례집의 발행연도가 가장 빠른 사람에게 주었다.
  - 민원 사례집: 민원업무가 많은 사람부터 1권씩 나누어 주었다.

※ 甲 ~ 戊는 근속연수, 민원업무량에 차이가 있고, 보유하고 있던 법령집, 판례집은 모두 발행연도가 다르다.

<대 화>

甲: 나는 책을 1권만 받았어.
乙: 나는 4권의 책을 모두 받았어.
丙: 나는 법령집은 받았지만 판례집은 받지 못했어.
丁: 나는 책을 1권도 받지 못했어.
戊: 나는 丙이 받은 책은 모두 받았고, 丙이 받지 못한 책은 받지 못했어.

① 법령집을 받은 사람은 백서도 받았다.
② 甲은 丙보다 민원업무가 많다.
③ 甲은 戊보다 많은 도서를 받았다.
④ 丁은 乙보다 근속연수가 길다.
⑤ 乙이 보유하고 있던 법령집은 甲이 보유하고 있던 법령집보다 발행연도가 빠르다.

문 16. 다음 글을 근거로 판단할 때, A시 예산성과금을 가장 많이 받는 사람은?

<A시 예산성과금 공고문>

○ 제도의 취지
  - 예산의 집행방법과 제도 개선 등으로 예산을 절감하거나 수입을 증대시킨 경우 그 일부를 기여자에게 성과금(포상금)으로 지급함으로써 예산의 효율적 사용 장려
○ 지급요건 및 대상
  - 자발적 노력을 통한 제도 개선 등으로 예산을 절감하거나 세입원을 발굴하는 등 세입을 증대한 경우
  - 예산절감 및 수입증대 발생시기: 2020년 1월 1일 ~ 2020년 12월 31일
  - A시 공무원, A시 사무를 위임(위탁) 받아 수행하는 기관의 임직원
  - 예산낭비를 신고하거나, 지출절약이나 수입증대에 관한 제안을 제출하여 A시의 예산절감 및 수입증대에 기여한 국민
○ 지급기준
  - 1인당 지급액

구분	예산절감		수입증대
	주요사업비	경상적 경비	
지급액	절약액의 20%	절약액의 50%	증대액의 10%

  - 타 부서나 타 사업으로 확산 시 지급액의 30%를 가산하여 지급

① 사업물자 계약방법을 개선하여 2019년 12월 주요사업비 8천만 원을 절약한 A시 사무관 甲
② 제도 개선을 통해 2020년 5월 주요사업비 3천 5백만 원을 절약하여 개선된 제도가 A시청 전 부서에 확대 시행되는 데 기여한 A시 사무관 乙
③ A시 지역축제에 관한 제안을 제출하여 2020년 7월 8천만 원의 수입증대에 기여한 국민 丙
④ A시 위임사무를 수행하면서 제도 개선을 통해 2020년 8월 경상적 경비 1천 8백만 원을 절약한 B기관 이사 丁
⑤ A시장의 지시를 받아 사무용품 조달방법을 개선하여 2020년 9월 경상적 경비 1천만 원을 절약한 A시 사무관 戊

문 17. 다음 글과 <상황>을 근거로 판단할 때, 甲관할구역 소방서에 배치되어야 하는 소방자동차의 최소 대수는?

> <소방서에 두는 소방자동차 배치기준>
>
> 가. 소방사다리차
>
> 1) 관할구역에 층수가 11층 이상인 아파트가 20동 이상 있거나 11층 이상 건축물(아파트 제외)이 20개소 이상 있는 경우에는 고가사다리차를 1대 이상 배치한다.
>
> 2) 관할구역에 층수가 5층 이상인 아파트가 50동 이상 있거나 5층 이상 백화점, 복합상영관 등 대형 화재의 우려가 있는 건물이 있는 경우에는 굴절사다리차를 1대 이상 배치한다.
>
> 3) 고가사다리차 또는 굴절사다리차가 배치되어 있는 119안전센터와의 거리가 20km 이내인 경우에는 배치하지 않을 수 있다.
>
> 나. 화학차(내폭화학차 또는 고성능화학차): 위험물을 저장 · 취급하는 제조소 · 옥내저장소 · 옥외탱크저장소 · 옥외저장소 · 암반탱크저장소 및 일반취급소(이하 '제조소 등'이라 한다)의 수에 따라 화학차를 설치한다. 관할구역 내 제조소 등이 50개소 이상 500개소 미만인 경우는 1대를 배치한다. 500개소 이상인 경우는 2대를 배치하며, 1,000개소 이상인 경우는 다음 계산식에 따라 산출(소수점 이하 첫째자리에서 올림)된 수만큼 추가 배치한다.
>
> 화학차 대수 = (제조소 등의 수 − 1,000) ÷ 1,000
>
> 다. 지휘차 및 순찰차: 각각 1대 이상 배치한다.
>
> 라. 그 밖의 차량: 소방활동을 원활하게 추진하기 위하여 소방서장이 필요하다고 판단하는 경우 배연차, 조명차, 화재조사차, 중장비, 견인차, 진단차, 행정업무용 차량 등을 추가로 배치할 수 있다.

<상 황>

> 甲관할구역 내에는 소방서 한 곳이 설치되어 있으며, 이 소방서와 가장 가까운 119안전센터(乙관할구역)는 소방서로부터 25km 떨어져 있다. 甲관할구역 내에는 층수가 11층 이상인 아파트가 30동 있고, 3층 백화점 건물이 하나 있으며, 위험물을 저장 · 취급하는 제조소 등이 1,200개소 있다.

① 3
② 4
③ 5
④ 6
⑤ 7

문 18. 다음 글과 <상황>을 근거로 판단할 때, 甲이 보고할 내용으로 옳은 것은?

> 대규모 외환거래는 런던, 뉴욕, 도쿄, 프랑크푸르트, 싱가포르 같은 금융중심지에서 이루어진다. 최근 들어 세계 외환거래 규모는 급증하고 있다. 하루 평균 세계 외환거래액은 1989년에 6천억 달러 수준이었는데, 2019년에는 6조 6천억 달러로 크게 늘어났다.
>
> 은행 간 외환거래는 대부분 미국 달러를 통해 이루어진다. 달러는 이처럼 외환거래에서 중심적인 역할을 하기 때문에 기축통화라고 불린다. 기축통화는 서로 다른 통화를 사용하는 거래 참여자가 국제거래를 위해 널리 사용하는 통화이다. 1999년 도입된 유럽 유로는 달러와 동등하게 기축통화로 발전할 것으로 예상되었으나, 2020년 세계 외환거래액의 32%를 차지하는 데 그쳤다. 이는 4년 전보다는 2%p 높아진 것이지만 10년 전보다는 오히려 8%p 낮아진 수치이다.

<상 황>

> 2010년과 2016년의 하루 평균 세계 외환거래액은 각각 3조 9천억 달러와 5조 2천억 달러였다. ○○은행 국제자본이동분석팀장 甲은 2016년 유로로 이루어진 하루 평균 세계 외환거래액을 2010년과 비교(달러 기준)하여 보고하려 한다.

① 10억 달러 감소
② 10억 달러 증가
③ 100억 달러 감소
④ 100억 달러 증가
⑤ 변화 없음

※ 다음 글을 읽고 물음에 답하시오. [문 19. ~ 문 20.]

연령규범은 특정 연령의 사람이 어떤 일을 할 수 있거나 해야 한다는 사회적 기대와 믿음이다. 연령규범은 사회적 자원 분배나 사회문화적 특성, 인간발달의 생물학적 리듬이 복합적으로 작용하여 제도화된다. 그 결과 결혼할 나이, 자녀를 가질 나이, 은퇴할 나이 등 사회구성원이 동의하는 기대연령이 달라진다. 즉 졸업, 취업, 결혼 등에 대한 기대연령은 사회경제적 여건에 따라 달라지는 것이다.

연령규범이 특정 나이에 어떤 행동을 해야 하는지에 대한 기대를 담고 있기 때문에 나이에 따라 사회적으로 용인되는 행위도 달라진다. 이러한 기대는 법적 기준에 반영되기도 한다. 예를 들어 甲국의 청소년법은 만 19세 미만인 청소년의 건강을 고려하여 음주나 흡연을 제한한다. 그럼에도 불구하고 만 19세가 되는 해의 1월 1일부터는 술·담배 구입을 허용한다. 동법에 따르면 청소년은 만 19세 미만이지만, 만 19세에 도달하는 해의 1월 1일을 맞은 사람은 제외하기 때문이다. 이때 사용되는 나이 기준을 '연 나이'라고 한다. '연 나이'는 청소년법 등에서 공식적으로 사용하는 나이 계산법으로 현재 연도에서 태어난 연도를 뺀 값이 나이가 된다. 이와 달리 '만 나이'는 태어난 날을 기준으로 0살부터 시작하여 1년이 지나면 한 살을 더 먹는 것으로 계산한다.

한편 법률상 甲국의 성인기준은 만 19세 이상이지만, 만 18세 이상이면 군 입대, 운전면허 취득, 취업, 공무원 시험 응시가 가능하다. 청소년 관람불가 영화도 고등학생을 제외한 만 18세 이상이면 관람할 수 있다. 국회의원 피선거권은 만 20세 이상, 대통령 피선거권은 만 35세 이상이지만 투표권은 만 19세 이상에게 부여된다.

최근 甲국에서 노인 인구가 급증하면서 노인에 대한 연령규범이 변화하고 노인의 연령기준도 달라지고 있다. 甲국에서 노인 연령기준은 통상 만 65세 이상이지만, 만 65세 이상 국민의 과반수가 만 70세 이상을 노인으로 인식하고 있다.

하지만 甲국의 어떤 법에서도 몇 세부터 노인이라고 규정하는 연령기준이 일관되게 제시되지 않고 있다. 예를 들어 노인복리법은 노인에 대한 정의를 내리지 않고 만 65세 이상에게 교통수단 이용 시 무료나 할인 혜택을 주도록 규정하고 있다. 기초연금 수급, 장기요양보험 혜택, 노인 일자리 제공 등도 만 65세 이상이 대상이다. 한편 노후연금 수급연령은 만 62세부터이며, 노인복지관과 노인교실 이용, 주택연금 가입이나 노인주택 입주자격은 만 60세부터이다.

문 19. 윗글을 근거로 판단할 때 옳은 것은?

① 연령규범은 특정 나이에 어떤 일을 할 수 있는지에 대한 개인적 믿음을 말한다.
② 같은 연도 내에서는 만 나이와 연 나이가 항상 같다.
③ 甲국 법률에서 제시되는 노인 연령기준은 동일하다.
④ 결혼에 대한 기대연령은 생물학적 요인의 영향을 크게 받기 때문에 사회여건 변화가 영향을 미치기 어렵다.
⑤ 甲국의 연령규범에 따르면 만 19세인 사람은 운전면허 취득, 술 구매, 투표가 가능하다.

문 20. 윗글을 근거로 판단할 때, 5월생인 甲국 국민이 '연 나이' 62세가 된 날 이미 누리고 있거나 누릴 수 있게 되는 것만으로 옳은 것은?

① 국회의원 피선거권, 노인교실 이용, 장기요양보험 혜택
② 노후연금 수급, 기초연금 수급, 대통령 피선거권
③ 국회의원 피선거권, 기초연금 수급, 노인주택 입주자격
④ 노후연금 수급, 국회의원 피선거권, 노인복지관 이용
⑤ 노인교실 이용, 대통령 피선거권, 주택연금 가입

문 21. 다음 글과 <상황>을 근거로 판단할 때, <보기>에서 옳은 것만을 모두 고르면?

> 제00조 ① 급식은 유아의 교육을 위하여 설립·운영되는 국립·공립·사립 유치원을 대상으로 실시한다.
> ② 제1항에도 불구하고 원아수 50명 미만의 사립 유치원은 급식 대상에서 제외한다. 다만 교육감이 필요하다고 인정하는 경우 급식 대상에 포함시킬 수 있다.
> ③ 교육감은 제2항에 따라 급식 대상에서 제외되는 유치원의 명칭과 주소를 매년 1월말까지 공시하여야 한다.
> 제00조 ① 유치원에 두는 영양교사의 배치기준은 다음 각 호와 같다.
> 1. 급식을 실시할 유치원에는 영양교사 1명을 둔다.
> 2. 제1호에도 불구하고 같은 교육지원청의 관할구역에 있는 원아수 각 200명 미만인 유치원은 2개 이내의 유치원에 순회 또는 공동으로 영양교사를 둘 수 있다.
>
> ② 교육감은 급식을 위한 시설과 설비를 갖춘 유치원 중 원아수 100명 미만의 유치원에 대하여 영양관리, 식생활 지도 등의 업무를 지원하기 위하여 교육지원청에 전담직원을 둘 수 있다. 이 경우 교육지원청의 지원을 받는 유치원에는 영양교사를 둔 것으로 본다.

<상 황>

○ 현재 유치원 현황은 다음과 같다.

유치원	분류	원아수	관할 교육지원청
A	공립	223	甲
B	사립	152	乙
C	사립	123	乙
D	사립	74	丙
E	공립	46	丙

<보 기>

ㄱ. A유치원은 급식을 실시하기 위하여 영양교사 1명을 배치해야 한다.
ㄴ. B유치원과 C유치원은 공동으로 영양교사 1명을 배치할 수 있다.
ㄷ. 급식을 위한 시설과 설비를 갖춘 D유치원이 丙교육지원청의 전담직원을 통하여 영양관리, 식생활 지도 등의 업무를 지원받고 있다면, D유치원은 영양교사를 둔 것으로 본다.
ㄹ. E유치원은 급식 대상에서 제외되는 유치원으로 그 명칭과 주소가 매년 1월말까지 공시되어야 한다.

① ㄱ, ㄴ
② ㄱ, ㄹ
③ ㄷ, ㄹ
④ ㄱ, ㄴ, ㄷ
⑤ ㄴ, ㄷ, ㄹ

문 22. 다음 글을 근거로 판단할 때 옳은 것은?

> 제00조 ① 재산공개대상자 및 그 이해관계인이 보유하고 있는 주식의 직무관련성을 심사·결정하기 위하여 인사혁신처에 주식백지신탁 심사위원회(이하 '심사위원회'라 한다)를 둔다.
> ② 심사위원회는 위원장 1명을 포함한 9명의 위원으로 구성한다.
> ③ 심사위원회의 위원장 및 위원은 대통령이 임명하거나 위촉한다. 이 경우 위원 중 3명은 국회가, 3명은 대법원장이 추천하는 자를 각각 임명하거나 위촉한다.
> ④ 심사위원회의 위원은 다음 각 호의 어느 하나에 해당하는 자격을 갖추어야 한다.
> 1. 대학이나 공인된 연구기관에서 부교수 이상의 직에 5년 이상 근무하였을 것
> 2. 판사, 검사 또는 변호사로 5년 이상 근무하였을 것
> 3. 금융 관련 분야에 5년 이상 근무하였을 것
> 4. 3급 이상 공무원 또는 고위공무원단에 속하는 공무원으로 3년 이상 근무하였을 것
>
> ⑤ 위원장 및 위원의 임기는 2년으로 하되, 1차례만 연임할 수 있다. 다만 임기가 만료된 위원은 그 후임자가 임명되거나 위촉될 때까지 해당 직무를 수행한다.
> ⑥ 주식의 직무관련성은 주식 관련 정보에 관한 직접적·간접적인 접근 가능성, 영향력 행사 가능성 등을 기준으로 판단하여야 한다.

① 심사위원회의 위원장은 위원 중에서 호선한다.
② 심사위원회의 위원 중 3명은 국회가 위촉한다.
③ 심사위원회의 위원이 4년을 초과하여 직무를 수행하는 경우가 있다.
④ 주식 관련 정보에 관한 간접적인 접근 가능성은 주식의 직무관련성을 판단하는 기준이 될 수 없다.
⑤ 금융 관련 분야에 5년 이상 근무하였더라도 대학에서 부교수 이상의 직에 5년 이상 근무하지 않으면 심사위원회의 위원이 될 수 없다.

문 23. 다음 글을 근거로 판단할 때, <보기>에서 옳은 것만을 모두 고르면?

제00조 ① 여객자동차플랫폼운송사업(이하 '플랫폼운송사업'이라 한다)은 운송플랫폼과 자동차를 확보하고 다른 사람의 수요에 응하여 운송플랫폼을 통해 운송계약을 여객과 체결하여 유상으로 여객을 운송하는 사업을 말한다.
② 플랫폼운송사업을 경영하려는 자는 국토교통부장관의 허가를 받아야 한다.
③ 국토교통부장관은 제2항에 따라 플랫폼운송사업을 허가하는 경우, 30년 이내에서 기간을 한정하여 허가하거나 플랫폼운송사업의 질서를 확립하기 위하여 필요한 조건을 붙일 수 있다.
④ 플랫폼운송사업자는 매출액, 허가대수 또는 운행횟수를 고려하여 다음 각 호에 따른 여객자동차운송시장안정기여금(이하 '기여금'이라 한다)을 국토교통부장관에게 납부해야 한다.
1. 기여금은 월 단위로 산정하여 해당 월의 차차 월(다음다음 달) 말일까지 납부해야 한다.
2. 기여금은 매출액의 5%, 운행횟수당 800원, 허가대수당 40만 원 중 사업자가 어느 하나를 선택할 수 있다. 다만 허가대수가 총 300대 미만인 사업자는 아래 표와 같이 완화하여 적용한다.

허가대수 / 기여금 산정방식	200대 미만	200대 이상 300대 미만
매출액 대비 정률	1.25%	2.5%
운행횟수당 정액	200원	400원
허가대수당 정액	10만 원	20만 원

<보 기>

ㄱ. 국토교통부장관은 플랫폼운송사업을 하려는 甲에게 사업기간을 15년으로 하여 허가할 수 있다.
ㄴ. 플랫폼운송사업허가를 받아 2020년 12월 15일부터 사업을 시작한 乙은 첫 기여금을 2021년 1월 31일까지 납부하여야 한다.
ㄷ. 100대의 차량으로 플랫폼운송사업허가를 받은 丙이 1개월 동안 20,000회 운행하여 매출 3억 원을 올렸다면, 丙이 납부해야 할 해당 월의 기여금은 400만 원 미만이 될 수 있다.
ㄹ. 300대의 차량으로 플랫폼운송사업허가를 받은 丁은 매출액의 5%에 해당하는 금액 또는 허가대수당 800원 중에서 선택하여 기여금을 납부할 수 있다.

① ㄱ, ㄴ
② ㄱ, ㄷ
③ ㄱ, ㄹ
④ ㄴ, ㄷ
⑤ ㄷ, ㄹ

문 24. 다음 글을 근거로 판단할 때 옳은 것은?

상속에는 혈족상속과 배우자상속이 있다. 혈족상속인은 피상속인(사망자)과의 관계에 따라 피상속인의 직계비속(1순위), 피상속인의 직계존속(2순위), 피상속인의 형제자매(3순위), 피상속인의 4촌 이내 방계혈족(4순위) 순으로 상속인이 된다. 후순위 상속인은 선순위 상속인이 없는 경우에 상속재산을 상속할 수 있다. 같은 순위의 혈족상속인이 여럿인 경우, 그 법정상속분은 균분(均分)한다.

피상속인의 배우자는 언제나 상속인이 된다. 그 배우자의 법정상속분은 직계비속과 공동으로 상속하는 때에는 직계비속 상속분의 5할을 가산하고, 직계존속과 공동으로 상속하는 때에는 직계존속 상속분의 5할을 가산한다. 피상속인에게 배우자만 있고 직계비속도 직계존속도 없는 때에는 배우자가 단독으로 상속한다.

한편 개인은 자신의 재산을 증여하거나 유언(유증)으로 자유롭게 처분할 수 있다. 그런데 이러한 자유를 무제한 허용한다면 상속재산의 전부가 타인에게 넘어가 상속인의 생활기반이 붕괴될 우려가 있다. 그래서 법률은 일정한 범위의 상속인에게 유류분을 인정하고 있다. 유류분이란 법률상 상속인에게 귀속되는 것이 보장되는 상속재산에 대한 일정비율을 의미한다.

피상속인이 유류분을 침해하는 유증이나 증여를 하는 경우, 유류분 권리자는 자기가 침해당한 유류분에 대해 반환을 청구할 수 있다. 유류분 권리자는 피상속인의 직계비속, 배우자, 직계존속 및 형제자매이다. 유류분은 피상속인의 배우자 또는 직계비속의 경우 그 법정상속분의 2분의 1, 피상속인의 직계존속 또는 형제자매의 경우 그 법정상속분의 3분의 1이다.

유류분반환청구권의 행사는 반드시 소에 의한 방법으로 하여야 할 필요는 없고, 유증을 받은 자 또는 증여를 받은 자에 대한 의사표시로 하면 된다. 유류분반환청구권은 유류분 권리자가 상속의 개시(피상속인의 사망시)와 반환하여야 할 증여 또는 유증을 한 사실을 안 때부터 1년 내에 행사하지 않거나, 상속이 개시된 때부터 10년이 경과하면 시효에 의하여 소멸한다.

① 피상속인이 유언에 의해 재산을 모두 사회단체에 기부한 경우, 그의 자녀는 유류분 권리자가 될 수 없다.
② 피상속인의 자녀에게는 법정상속분 2분의 1의 유류분이 인정되며, 유류분 산정액은 피상속인의 배우자의 그것과 같다.
③ 피상속인의 부모는 피상속인의 자녀와 공동으로 상속재산을 상속할 수 있다.
④ 상속이 개시한 때부터 10년이 경과하였다면, 소에 의한 방법으로 유류분반환청구권을 행사해야 한다.
⑤ 피상속인에게 3촌인 방계혈족만 있는 경우, 그 방계혈족은 상속인이 될 수 있지만 유류분 권리자는 될 수 없다.

문 25. 다음 글을 근거로 판단할 때, <보기>에서 옳은 것만을 모두 고르면?

제00조 이 법에서 사용하는 용어의 뜻은 다음과 같다.
1. '임종과정에 있는 환자'란 담당의사와 해당 분야의 전문의 1명으로부터 임종과정에 있다는 의학적 판단을 받은 자를 말한다.
2. '연명의료계획서'란 말기환자 등의 의사에 따라 담당의사가 환자에 대한 연명의료중단결정 및 호스피스에 관한 사항을 계획하여 문서(전자문서를 포함한다)로 작성한 것을 말한다.
3. '사전연명의료의향서'란 19세 이상인 사람이 자신의 연명의료중단결정 및 호스피스에 관한 의사를 직접 문서(전자문서를 포함한다)로 작성한 것을 말한다.
4. '연명의료중단결정'이란 임종과정에 있는 환자에 대한 연명의료를 시행하지 아니하거나 중단하기로 하는 결정을 말한다.

제00조 ① 말기환자 등은 담당의사에게 연명의료계획서의 작성을 요청할 수 있다.
② 의료기관의 장은 작성된 연명의료계획서를 등록·보관하여야 한다.

제00조 ① 연명의료중단결정을 원하는 환자의 의사는 다음 각 호의 어느 하나의 방법으로 확인한다.
1. 의료기관에서 작성된 연명의료계획서가 있는 경우 이를 환자의 의사로 본다.
2. 담당의사가 사전연명의료의향서의 내용을 환자에게 확인하는 경우 이를 환자의 의사로 본다.

② 제1항에 해당하지 아니하여 환자의 의사를 확인할 수 없고 환자가 의사표현을 할 수 없는 의학적 상태인 경우 다음 각 호의 어느 하나에 해당할 때에는 해당 환자를 위한 연명의료중단결정이 있는 것으로 본다. 다만 담당의사 또는 해당 분야 전문의 1명이 환자가 연명의료중단결정을 원하지 아니하였다는 사실을 확인한 경우는 제외한다.
1. 미성년자인 환자의 법정대리인(친권자에 한정한다)이 연명의료중단결정의 의사표시를 하고 담당의사와 해당 분야 전문의 1명이 확인한 경우
2. 환자가족 중 다음 각 목에 해당하는 사람(19세 이상인 사람에 한정하며, 행방불명자 등 대통령령으로 정하는 사유에 해당하는 사람은 제외한다) 전원의 합의로 연명의료중단결정의 의사표시를 하고 담당의사와 해당 분야 전문의의 1명이 확인한 경우
   가. 배우자
   나. 1촌 이내의 직계 존속·비속

<보 기>

ㄱ. 17세 환자가 자신의 연명의료중단결정에 관한 전자문서를 직접 작성하였다면, 그 문서는 사전연명의료의향서에 해당된다.
ㄴ. 말기환자의 요청에 따라 담당의사가 의료기관에서 문서로 작성한 연명의료계획서가 등록·보관되어 있는 경우, 연명의료중단결정을 원하는 환자의 의사가 있는 것으로 본다.
ㄷ. 21세 환자가 의사를 표현할 수 없는 의학적 상태인 경우, 환자가 1년 전 작성해 둔 사전연명의료의향서가 있다면 담당의사의 확인이 없더라도 연명의료중단결정을 원하는 환자의 의사가 있는 것으로 본다.
ㄹ. 임종과정에 있는 환자에게 배우자, 자녀, 손자녀가 있는 경우, 그 환자에 대한 연명의료중단결정에는 이들 모두의 합의된 의사표시가 필요하다.

① ㄴ
② ㄹ
③ ㄱ, ㄴ
④ ㄴ, ㄷ
⑤ ㄷ, ㄹ

문 26. 다음 글을 근거로 판단할 때, '친구 단위'로 입장한 사람의 수와 '가족 단위'로 입장한 사람의 수를 옳게 짝지은 것은?

A놀이공원은 2명의 친구 단위 또는 4명의 가족 단위로만 입장이 가능하다. 발권기계는 2명의 친구 단위 또는 4명의 가족 단위당 1장의 표를 발권한다. 놀이공원의 입장객은 총 158명이며, 모두 50장의 표가 발권되었다.

	'친구 단위'로 입장한 사람의 수	'가족 단위'로 입장한 사람의 수
①	30	128
②	34	124
③	38	120
④	42	116
⑤	46	112

문 27. 다음 글과 <상황>을 근거로 판단할 때 옳은 것은?

질병의 확산을 예측하는 데 유용한 수치 중 하나로 '기초 감염재생산지수(R_0)'가 있다. 간단히 말해 이 수치는 질병에 대한 예방조치가 없을 때, 해당 질병에 감염된 사람 한 명이 비감염자 몇 명을 감염시킬 수 있는지를 나타낸다. 다만 이 수치는 질병의 전파 속도를 의미하지는 않는다. 예를 들어 R_0가 4라고 하면 예방조치가 없을 때, 한 사람의 감염자가 질병에서 회복하거나 질병으로 사망하기 전까지 그 질병을 평균적으로 4명의 비감염자에게 옮긴다는 뜻이다. 한편 또 하나의 질병 통계치인 치사율은 어떤 질병에 걸린 환자 중 그 질병으로 사망하는 환자의 비율을 나타내는 것으로 R_0의 크기와 반드시 비례하지는 않는다.

예방조치가 없을 때, R_0가 1보다 큰 질병은 전체 개체군으로 확산될 것이다. 이 수치는 때로 1보다 훨씬 클 수 있다. 스페인 독감은 3, 천연두는 6, 홍역은 무려 15였다. 전염성이 강한 질병 중 하나로 꼽히는 말라리아의 R_0는 100이 넘는다.

문제는 특정 전염병이 한 차례 어느 지역을 휩쓸고 지나간 후 관련 통계 자료를 수집·분석할 수 있는 시간이 더 흐르고 난 뒤에야, 그 질병의 R_0에 대해 믿을 만한 추정치가 나온다는 데 있다. 그렇기에 새로운 질병이 발생한 초기에는 얼마 되지 않는 자료를 바탕으로 추정을 할 수밖에 없다. R_0와 마찬가지로 치사율도 확산 초기 단계에서는 정확하게 알 수 없다.

<상 황>

다음 표는 甲국의 최근 20년간의 데이터를 토대로 A ~ F질병의 R_0를 추정한 것이다.

질병	A	B	C	D	E	F
R_0	100	15	6	3	2	0.5

① 예방조치가 없다면, 발병 시 가장 많은 사람이 사망하는 질병은 A일 것이다.
② 예방조치가 없다면, A ~ F질병 모두가 전 국민을 감염시킬 것이다.
③ 예방조치가 없다면, C질병이 전 국민을 감염시킬 때까지 걸리는 시간은 평균적으로 D질병의 절반일 것이다.
④ R_0와 달리 치사율은 전염병의 확산 초기 단계에서도 정확하게 알 수 있다.
⑤ 예방조치가 없다면, 감염자 1명당 감염시킬 수 있는 사람 수의 평균은 B질병이 D질병의 5배일 것이다.

문 28. 다음 글을 근거로 판단할 때, <보기>에서 옳은 것만을 모두 고르면?

○ 3개의 과일상자가 있다.
○ 하나의 상자에는 사과만 담겨 있고, 다른 하나의 상자에는 배만 담겨 있으며, 나머지 하나의 상자에는 사과와 배가 섞여 담겨 있다.
○ 각 상자에는 '사과 상자', '배 상자', '사과와 배 상자'라는 이름표가 붙어 있다.
○ 이름표대로 내용물(과일)이 들어 있는 상자는 없다.
○ 상자 중 하나에서 한 개의 과일을 꺼내어 확인할 수 있다.

<보 기>

ㄱ. '사과와 배 상자'에서 과일 하나를 꺼내어 확인한 결과 사과라면, '사과 상자'에는 배만 들어 있다.
ㄴ. '배 상자'에서 과일 하나를 꺼내어 확인한 결과 배라면, '사과 상자'에는 사과와 배가 들어 있다.
ㄷ. '사과 상자'에서 과일 하나를 꺼내어 확인한 결과 배라면, '배 상자'에는 사과만 들어 있다.

① ㄱ
② ㄴ
③ ㄱ, ㄷ
④ ㄴ, ㄷ
⑤ ㄱ, ㄴ, ㄷ

문 29. 다음 글을 근거로 판단할 때, 甲이 귀가했을 때의 정확한 시각은?

> 甲은 집에 있는 시계 X의 건전지가 방전되어 새 건전지로 갈아 끼웠다. 甲은 정확한 시각을 알 수 없어서 일단 X의 시각을 정오로 맞춘 직후 일정한 빠르기로 걸어 친구 乙의 집으로 갔다. 乙의 집에 당일 도착했을 때 乙의 집 시계 Y는 10시 30분을 가리키고 있었다. 甲은 乙과 1시간 동안 이야기를 나눈 후 집으로 출발했다. 집으로 돌아올 때는 갈 때와 같은 길을 2배의 빠르기로 걸었다. 집에 도착했을 때, X는 14시 정각을 가리키고 있었다. 단, Y는 정확한 시각보다 10분 느리게 설정되어 있다.

※ X와 Y는 시각이 부정확한 것 외에는 정상 작동하고 있다.

① 11시 40분
② 11시 50분
③ 12시 00분
④ 12시 10분
⑤ 12시 20분

문 30. 다음 글을 근거로 판단할 때, <보기>에서 옳은 것만을 모두 고르면?

> 아르키메데스는 대장장이가 만든 왕관이 순금인지 알아내기 위해 질량 1kg인 왕관을 물이 가득 찬 용기에 완전히 잠기도록 넣었을 때 넘친 물의 부피를 측정하였다.
>
> 이 왕관은 금, 은, 구리, 철 중 1개 이상의 금속으로 만들어졌고, 밀도는 각각 20, 10, 9, 8g/cm^{3}이다.
>
> 밀도와 질량, 부피 사이의 관계는 아래 식과 같다.
>
> $$\text{밀도}(g/cm^3) = \frac{\text{질량}(g)}{\text{부피}(cm^3)}$$

※ 각 금속의 밀도, 질량, 부피 변화나 금속 간의 반응은 없고, 둘 이상의 금속을 합해 만든 왕관의 질량(또는 부피)은 각 금속의 질량(또는 부피)의 합과 같다.

<보 기>

ㄱ. 대장장이가 왕관을 금으로만 만들었다면, 넘친 물의 부피는 50cm^{3}이다.
ㄴ. 넘친 물의 부피가 80cm^{3}이고 왕관이 금과 은으로만 만들어졌다면, 왕관에 포함된 은의 부피는 왕관에 포함된 금 부피의 3배이다.
ㄷ. 넘친 물의 부피가 80cm^{3}이고 왕관이 금과 구리로만 만들어졌다면, 왕관에 포함된 구리의 부피는 왕관에 포함된 금 부피의 3배 이상이다.
ㄹ. 넘친 물의 부피가 120cm^{3}보다 크다면, 왕관은 철을 포함하고 있다.

① ㄱ, ㄴ
② ㄴ, ㄷ
③ ㄷ, ㄹ
④ ㄱ, ㄴ, ㄹ
⑤ ㄱ, ㄷ, ㄹ

문 31. 다음 글을 근거로 판단할 때, ㉠과 ㉡을 옳게 짝지은 것은?

○ 甲회사는 재고를 3개의 창고 A, B, C에 나누어 관리하며, 2020년 1월 1일자 재고는 A창고 150개, B창고 100개, C창고 200개였다.
○ 2020년 상반기 입·출고기록은 다음 표와 같으며, 재고는 입고 및 출고에 의해서만 변화한다.

입고기록				출고기록			
일자 \ 창고	A	B	C	일자 \ 창고	A	B	C
3월 4일	50	80	0	2월 18일	30	20	10
4월 10일	0	25	10	3월 27일	10	30	60
5월 11일	30	0	0	4월 13일	20	0	15

○ 2020년 5월 25일 하나의 창고에 화재가 발생하여 그 창고 안에 있던 재고 전부가 불에 그을렸는데, 그 개수를 세어보니 150개였다.
○ 화재 직후인 2020년 5월 26일 甲회사의 재고 중 불에 그을리지 않은 것은 [㉠]개였다.
○ 甲회사는 2020년 6월 30일 상반기 장부를 정리하던 중 두 창고 [㉡]의 상반기 전체 출고기록이 맞바뀐 것을 뒤늦게 발견하였다.

	㉠	㉡
①	290	A와 B
②	290	A와 C
③	290	B와 C
④	300	A와 B
⑤	300	A와 C

문 32. 다음 글을 근거로 판단할 때, A물건 1개의 무게로 가능한 것은?

甲이 가진 전자식 체중계는 소수점 이하 첫째 자리에서 반올림하여 kg 단위의 자연수로 무게를 표시한다. 甲은 이 체중계를 아래와 같이 이용하여 A물건의 무게를 추정하고자 한다.

○ 甲이 체중계에 올라갔더니 66이 표시되었다.
○ 甲이 A물건을 2개 들고 체중계에 올라갔지만 66이 그대로 표시되었다.
○ 甲이 A물건을 3개 들고 체중계에 올라갔더니 67이 표시되었다.
○ 甲이 A물건을 4개 들고 체중계에 올라갔을 때에도 67이 표시되었다.
○ 甲이 A물건을 5개 들고 체중계에 올라갔더니 68이 표시되었다.

① 200g
② 300g
③ 400g
④ 500g
⑤ 600g

문 33. 다음 글을 근거로 판단할 때, 甲이 잃어버린 인물카드의 수는?

> 甲은 이름, 성별, 직업이 기재된 인물카드를 모으고 있다. 며칠 전 그중 몇 장을 잃어버렸다. 다음은 카드를 잃어버리기 전과 후의 상황이다.
>
> <잃어버리기 전>
>
> ○ 남성 인물카드를 여성 인물카드보다 2장 더 많이 가지고 있다.
> ○ 가지고 있는 인물카드의 직업은 총 5종류이며, 인물카드는 직업별로 최대 2장이다.
> ○ 가수 직업의 인물카드는 1장만 가지고 있다.
>
> <잃어버린 후>
>
> ○ 잃어버린 인물카드 중 2장은 직업이 소방관이다.
> ○ 가수 직업의 인물카드는 잃어버리지 않았다.
> ○ 인물카드는 총 5장 가지고 있으며, 직업은 4종류이다.

① 2장
② 3장
③ 4장
④ 5장
⑤ 6장

문 34. 다음 글과 <상황>을 근거로 판단할 때 옳은 것은?

> 甲은 상자를 운반하려고 한다. 甲은 상자를 1회 운반할 때마다 다음 규칙 중 하나를 선택하여 적용한다.
>
> ㉠ 남아 있는 상자 중 가장 무거운 것과 가장 가벼운 것의 총 무게가 17kg 이하이면 함께 운반한다. 가장 무거운 것과 가장 가벼운 것의 총 무게가 17kg 초과이면 가장 무거운 것만 운반한다.
> ㉡ 남아 있는 상자 중 총 무게가 17kg 이하인 상자 3개를 함께 운반한다.
> ㉢ 남아 있는 상자를 모두 운반한다. 단, 운반하려는 상자의 총 무게가 17kg 이하여야 한다.

<상 황>

> 甲이 운반하는 상자는 10개(A ~ J)이다. 상자는 A가 20 kg으로 가장 무겁고 알파벳순으로 2 kg씩 가벼워져 J가 가장 가볍다. 甲은 첫 번째로 A를, 두 번째로 [ⓐ] · I · J를 운반한다.

① D는 다른 상자와 같이 운반된다.
② 두 번째 운반 후에 ㉠은 적용되지 않는다.
③ ⓐ가 G라면 이후에 ㉢은 적용될 수 없다.
④ 두 번째 운반부터 상자를 모두 옮길 때까지 운반 횟수를 최소로 하려면 ⓐ가 H여서는 안 된다.
⑤ 상자를 모두 옮길 때까지 전체 운반 횟수를 최소로 하기 위해서는 두 번째 운반에 ㉠을 적용해야 한다.

문 35. 다음 글을 근거로 판단할 때, 甲과 乙이 가진 4장의 숫자 카드에 적힌 수의 합으로 가능한 것은?

> 1부터 9까지 서로 다른 자연수가 하나씩 적힌 9장의 숫자 카드 1세트가 있다. 甲과 乙은 여기에서 각각 2장씩 카드를 뽑았다. 카드를 뽑고 보니 甲이 가진 카드에 적힌 숫자의 합과 乙이 가진 카드에 적힌 숫자의 합이 같았다. 또한 甲이 첫 번째 뽑은 카드에 3을 곱한 값과 두 번째 뽑은 카드에 9를 곱한 값의 일의 자리 수가 서로 같았다. 乙도 같은 방식으로 곱하여 얻은 두 값의 일의 자리 수가 서로 같았다.

① 18
② 20
③ 22
④ 24
⑤ 26

문 36. 다음 글을 근거로 판단할 때, 규칙 위반에 해당하는 것은?

<드론 비행 안전 규칙>

드론을 비행하려면 다음 요건을 갖추어야 한다.

구 분		기체검사	비행승인	사업등록	구 분		장치신고	조종자격
이륙중량 25kg 초과	사업자	○	○	○	자체중량 12kg 초과	사업자	○	○
	비사업자	○	○	×		비사업자	○	×
이륙중량 25kg 이하	사업자	×	△	○	자체중량 12kg 이하	사업자	○	×
	비사업자	×	△	×		비사업자	×	×

※ ○: 필요, ×: 불필요
△: 공항 또는 비행장 중심 반경 5km 이내에서는 필요

① 비사업자인 甲은 이륙중량 20kg, 자체중량 10kg인 드론을 공항 중심으로부터 10km 떨어진 지역에서 비행승인 없이 비행하였다.
② 비사업자인 乙은 이륙중량 30kg, 자체중량 10kg인 드론을 기체검사, 비행승인을 받아 비행하였다.
③ 사업자인 丙은 이륙중량 25kg, 자체중량 12kg인 드론을 사업등록, 장치신고를 하고 비행승인 없이 비행장 중심으로부터 4km 떨어진 지역에서 비행하였다.
④ 사업자인 丁은 이륙중량 30kg, 자체중량 20kg인 드론을 기체검사, 사업등록, 장치신고, 조종자격을 갖추고 비행승인을 받아 비행하였다.
⑤ 사업자인 戊는 이륙중량 20kg, 자체중량 13kg인 드론을 사업등록, 장치신고, 조종자격을 갖추고 비행승인 없이 비행장 중심으로부터 20km 떨어진 지역에서 비행하였다.

문 37. 다음 글과 <대화>를 근거로 판단할 때, 인영이가 현장답사 대상으로 선정한 기업은?

○ 인영은 기업 현장답사 계획안을 작성해야 한다.
○ 현장답사할 기업을 먼저 선정해야 하는데, 기업 후보를 5개 받았으며 이 가운데에서 한 기업을 골라야 한다. 현장답사 후보 기업 관련 정보는 다음과 같다.

기업	업종	직원수	실내/실외 여부	근접역 유무 및 역과의 거리
A	제조	80명	실외	있음, 20km
B	서비스	500명	실내	있음, 10km
C	서비스	70명	실외	있음, 12km
D	서비스	100명	실내	없음
E	제조	200명	실내	있음, 8km

○ 인영은 서연에게 도움을 요청했고, 다음 <대화>를 바탕으로 현장답사 대상 기업을 선정하였다.

<대 화>

인영: 서연아, 예전에 기업 현장답사 계획한 적 있었지? 나도 이번에 계획안을 작성해야 하는데, 현장답사 기업을 선정할 때 어떤 업종이 좋을까?
서연: 응, 했었지. 얼마 전 있었던 현장답사 기업이 제조기업이었으니, 이번에는 서비스기업에 가는 것이 좋겠어.
인영: 그렇구나, 기업의 위치는 어떤 곳이 좋을까?
서연: 아무래도 일정이 바쁜 사람이 많을 테니 근접역과의 거리가 15km 이내면 좋겠어. 그리고 기업의 규모도 중요할 텐데, 관련한 조건은 없었어?
인영: 그러고 보니 이번에는 직원수가 100명 이하인 곳이어야 해. 그런데 근접역이 없으면 아예 답사 대상에서 제외되는 거야?
서연: 아니야. 근접역이 없을 때는 차량지원이 나오기 때문에 답사 대상으로 선정 가능해.
인영: 그렇구나, 또 고려해야 할 것은 없어?
서연: 답사 예정 날짜를 보니 비 예보가 있네. 그러면 실외는 안 되겠다.

① A
② B
③ C
④ D
⑤ E

문 38. 다음 글과 <상황>을 근거로 판단할 때, 수질 개선 설비 설치에 필요한 최소 비용은?

○ 용도에 따른 필요 수질은 다음과 같다.
 - 농업용수: 중금속이 제거되고 3급 이상인 담수
 - 공업용수: 중금속이 제거되고 2급 이상인 담수
 - 생활용수: 중금속이 제거되고 음용이 가능하며 1급인 담수
○ 수질 개선에 사용하는 설비의 용량과 설치 비용은 다음과 같다.

수질 개선 설비	기능	처리 용량 (대당)	설치 비용 (대당)
1차 정수기	5 ~ 4급수를 3급수로 정수	5톤	5천만 원
2차 정수기	3 ~ 2급수를 1급수로 정수	1톤	1억 6천만 원
3차 정수기	음용 가능 처리	1톤	5억 원
응집 침전기	중금속 성분 제거	3톤	5천만 원
해수담수화기	염분 제거	10톤	1억 원

 - 3차 정수기에는 2차 정수기의 기능이 포함되어 있다.
 - 모든 수질 개선 설비는 필요 용량 이상으로 설치되어야 한다. 예를 들어 18톤의 해수를 담수로 개선하기 위해 해수담수화기가 최소 2대 설치되어야 한다.
 - 수질 개선 전후 수량 변화는 없는 것으로 간주한다.

<상 황>

○○기관은 중금속이 포함된 4급에 해당하는 해수 3톤을 정수 처리하여 생활용수 3톤을 확보하려 한다. 이를 위해 필요한 설비를 갖추어 수질을 개선하여야 한다.

① 16억 원
② 16억 5천만 원
③ 17억 원
④ 18억 6천만 원
⑤ 21억 8천만 원

※ 다음 글을 읽고 물음에 답하시오. [문 39. ~ 문 40.]

농장동물복지는 인간 편의만 생각해 동물을 이용하는 것이 아니라 이들의 습성을 고려해 적절한 생활환경을 보장하는 것을 의미한다. 이는 세계농장동물복지위원회가 규정한 '동물의 5대 자유', 즉 활동의 부자유·배고픔·불편함·질병·두려움으로부터의 자유를 바탕으로 한다. 사실 농장동물복지는 사람에게도 중요한 문제이다. '공장식 축산'의 밀집사육에 따른 전염병 확산, 항생제 남용은 사람의 건강에도 직·간접적인 영향을 미치기 때문이다. 가축분뇨와 악취에 따른 환경오염 역시 무시할 수 없는 문제이다.

甲국은 2011년 동물보호법을 개정하면서 농장·도축장 등에 대한 '동물복지시설인증제'와 축산물에 대한 '동물복지축산물인증 마크' 두 가지 동물복지인증제도를 도입했다. 동물복지시설인증제는 정부가 정한 기준에 따라 동물을 기르는 농장이나 도축하는 시설에 동물복지시설인증을 부여하는 것이다. 더 나아가 동물복지축산물인증 마크는 사육 과정뿐만 아니라 운송·도축 과정까지 기준을 지킨 축산물에 인증 마크를 부여하는 것이다. 동물복지인증제도는 2012년 산란계(알을 낳는 닭)를 시작으로 2013년 돼지, 2014년 육계(식용육으로 기르는 닭), 2015년 육우·젖소·염소로 대상을 확대했다.

동물복지시설인증을 받은 농장은 먹이는 물론 먹는 물, 사육장 내 온도·조도·공기오염도까지 세밀하게 기준을 지켜야 한다. 이러한 기준을 잘 지키고 있는지 확인하기 위해 인증을 받은 농장에 대해 인증을 받은 다음해부터 매년 1회 사후관리를 위한 점검을 실시한다.

시설인증을 받은 농가가 늘고 있지만 여전히 미미한 수준이다. 2020년 현재 해당 인증을 받은 농장은 산란계 74곳, 육계 5곳, 돼지 9곳, 육우 2곳에 불과하다. 시설인증을 가장 많이 받은 산란계 농장도 전체 산란계 농장의 1.1%만 인증을 받았을 뿐이다.

몇몇 농가에서는 해당 제도의 기준에 대해 문제를 제기하기도 한다. 동물복지시설인증을 받으려면 밀집사육을 피하기 위해 가축 개체당 공간 기준을 충족해야 한다. 최소 사육규모 기준 역시 시설인증을 어렵게 하는 장애물 중 하나이다. 돼지농장이라면 어미돼지를 30마리 이상 키워야 시설인증을 신청할 수 있다. 예컨대 A농장은 가축 개체당 공간 기준과 최소 사육규모 기준을 동시에 충족하기 위하여 어미돼지 수를 20% 줄여서 시설인증을 받았다. 또한 닭의 최소 사육규모 기준은 4,000마리 이상이다. 따라서 사육 수를 늘릴 여력이 없는 소규모 농장에선 공장식 축산을 하지 않아도 인증 신청조차 못하는 것이다.

게다가 축산물을 판매할 때 동물복지축산물인증 마크를 붙이려면 도축도 동물복지시설인증을 받은 곳에서 해야 한다. 하지만 전국 70여개 도축장 가운데 동물복지시설인증을 받은 도축장은 2곳에 불과하다. 시설인증을 받은 농가에서 인증 도축장을 이용하고 싶어도 물리적 거리가 걸림돌이 되고 있다.

한편 소비자들의 동물복지인증제도에 대한 인지도 역시 높지 않다. 또한 동물복지축산물인증 마크가 붙은 닭고기, 돼지고기, 소고기 등은 가격이 높아서 소비자들이 많이 찾지 않는 것이 현실이다.

문 39. 윗글을 근거로 판단할 때 옳은 것은?

① 농장동물복지는 동물의 5대 자유를 보장하기 위한 것으로 사람의 삶과는 무관하다.
② 동물복지시설인증을 받으려는 농장은 도축 시설도 함께 갖추어야 한다.
③ A농장에서 사육하는 돼지는 동물복지축산물인증 마크를 부착한 축산물로 판매된다.
④ 甲국의 소비자 대부분은 동물복지축산물인증 마크가 붙은 축산물을 구매한다.
⑤ 공장식 축산을 하지 않더라도 동물복지시설인증을 받지 못하는 경우가 있다.

문 40. 윗글을 근거로 판단할 때, <보기>에서 옳은 것만을 모두 고르면?

<보 기>

ㄱ. 甲국에서 동물복지시설인증을 받은 돼지농장은 2020년 12월 31일까지 사후관리를 위한 점검을 최소 10회 받았다.
ㄴ. 2020년 甲국 전체 농장수가 100,000개라면, 동물복지시설인증을 받은 농장 비율은 0.1% 미만이다.
ㄷ. 2020년 甲국 전체 산란계 농장수는 6,000개 이상이다.
ㄹ. 동물복지시설인증을 받기 전, A농장에서 사육하던 어미돼지는 35마리 이하였다.

① ㄱ
② ㄴ, ㄷ
③ ㄴ, ㄹ
④ ㄱ, ㄷ, ㄹ
⑤ ㄴ, ㄷ, ㄹ

Quick Answers

빠른답

2025년도

■ 헌법 (가)책형

1	②	2	②	3	③	4	①	5	③	6	②	7	③	8	②	9	④	10	③	11	④	12	②	13	④	14	③	15	①
16	①	17	②	18	①	19	①	20	④	21	④	22	③	23	④	24	①	25	③										

■ 언어논리영역 (가)책형

1	④	2	③	3	⑤	4	⑤	5	⑤	6	⑤	7	②	8	①	9	⑤	10	①	11	③	12	④	13	④	14	①	15	①
16	④	17	③	18	②	19	①	20	②	21	②	22	⑤	23	④	24	⑤	25	②	26	④	27	①	28	③	29	⑤	30	③
31	③	32	①	33	③	34	⑤	35	②	36	④	37	③	38	③	39	①	40	②										

■ 자료해석영역 (가)책형

1	⑤	2	①	3	②	4	④	5	⑤	6	③	7	③	8	④	9	④	10	③	11	②	12	④	13	②	14	①	15	①
16	④	17	④	18	①	19	③	20	④	21	④	22	③	23	②	24	⑤	25	③	26	⑤	27	②	28	①	29	③	30	⑤
31	①	32	⑤	33	④	34	②	35	③	36	①	37	②	38	⑤	39	②	40	⑤										

■ 상황판단영역 (가)책형

1	⑤	2	②	3	②	4	⑤	5	⑤	6	②	7	②	8	⑤	9	③	10	④	11	①	12	③	13	③	14	④	15	①
16	④	17	③	18	②	19	②	20	③	21	③	22	⑤	23	①	24	①	25	⑤	26	②	27	①	28	④	29	④	30	①
31	④	32	④	33	③	34	⑤	35	③	36	①	37	③	38	①	39	①	40	④										

2024년도

■ 헌법 (나)책형

1	④	2	③	3	②	4	④	5	④	6	①	7	①	8	①	9	②	10	③	11	②	12	②	13	③	14	①	15	③
16	③	17	④	18	①	19	④	20	②	21	③	22	③	23	②	24	①	25	①										

■ 언어논리영역 (나)책형

1	⑤	2	①	3	⑤	4	④	5	①	6	④	7	③	8	⑤	9	①	10	②	11	④	12	⑤	13	②	14	⑤	15	②
16	⑤	17	④	18	③	19	④	20	③	21	④	22	③	23	④	24	②	25	②	26	①	27	③	28	②	29	②	30	②
31	④	32	③	33	③	34	④	35	①	36	③	37	⑤	38	①	39	⑤	40	①										

■ 자료해석영역 (나)책형

1	②	2	③	3	③	4	①	5	①	6	④	7	⑤	8	⑤	9	①	10	②	11	④	12	②	13	⑤	14	②	15	④
16	④	17	③	18	⑤	19	②	20	④	21	①	22	③	23	①	24	③	25	⑤	26	③	27	④	28	⑤	29	②	30	⑤
31	④	32	④	33	①	34	①	35	③	36	⑤	37	②	38	⑤	39	③	40	②										

■ 상황판단영역 (나)책형

1	①	2	⑤	3	⑤	4	⑤	5	③	6	④	7	②	8	④	9	④	10	④	11	③	12	①	13	⑤	14	③	15	①
16	③	17	①	18	④	19	②	20	③	21	③	22	①	23	⑤	24	⑤	25	①	26	④	27	②	28	④	29	②	30	③
31	②	32	③	33	④	34	③	35	①	36	②	37	⑤	38	②	39	⑤	40	②										

Quick Answers

빠른답

2023년도

■ 헌법 (가)책형

1	①	2	②	3	③	4	②	5	④	6	①	7	①	8	④	9	②	10	①	11	②	12	③	13	②	14	②	15	①
16	④	17	①	18	④	19	③	20	②	21	①	22	③	23	③	24	④	25	③										

■ 언어논리영역 (가)책형

1	①	2	②	3	⑤	4	③	5	②	6	①	7	③	8	④	9	④	10	④	11	③	12	①	13	④	14	⑤	15	④
16	④	17	①	18	④	19	①	20	⑤	21	⑤	22	③	23	⑤	24	①	25	②	26	④	27	②	28	②	29	①	30	④
31	②	32	③	33	②	34	⑤	35	②	36	③	37	⑤	38	③	39	③	40	⑤										

■ 자료해석영역 (가)책형

1	②	2	①	3	⑤	4	⑤	5	①	6	⑤	7	③	8	⑤	9	②	10	②	11	⑤	12	②	13	③	14	④	15	②
16	②	17	④	18	④	19	③	20	⑤	21	④	22	②	23	⑤	24	④	25	①	26	②	27	⑤	28	④	29	③	30	③
31	①	32	④	33	①	34	⑤	35	①	36	②	37	①	38	④	39	③	40	③										

■ 상황판단영역 (가)책형

1	⑤	2	④	3	④	4	②	5	④	6	②	7	④	8	③	9	③	10	①	11	①	12	⑤	13	⑤	14	③	15	④
16	①	17	①	18	①	19	②	20	①	21	⑤	22	②	23	④	24	⑤	25	③	26	②	27	③	28	④	29	③	30	④
31	①	32	①	33	⑤	34	⑤	35	③	36	⑤	37	①	38	②	39	②	40	③										

2022년도

■ 헌법 (나)책형

1	②	2	①	3	③	4	④	5	④	6	①	7	②	8	②	9	③	10	③	11	②	12	④	13	①	14	①	15	③
16	④	17	④	18	③	19	③	20	④	21	③	22	④	23	②	24	①	25	③										

■ 언어논리영역 (나)책형

1	②	2	④	3	①	4	②	5	⑤	6	⑤	7	③	8	④	9	②	10	⑤	11	⑤	12	⑤	13	④	14	①	15	③
16	②	17	②	18	③	19	③	20	①	21	①	22	⑤	23	①	24	①	25	④	26	③	27	①	28	④	29	③	30	⑤
31	②	32	③	33	④	34	②	35	⑤	36	④	37	③	38	④	39	④	40	③										

■ 자료해석영역 (나)책형

1	②	2	③	3	③	4	④	5	①	6	①	7	④	8	④	9	⑤	10	①	11	③	12	⑤	13	③	14	⑤	15	①
16	④	17	①	18	③	19	⑤	20	①	21	③	22	②	23	②	24	⑤	25	①	26	④	27	②	28	⑤	29	①	30	②
31	④	32	③	33	⑤	34	③	35	②	36	④	37	②	38	④	39	⑤	40	③										

■ 상황판단영역 (나)책형

1	①	2	④	3	①	4	②	5	②	6	④	7	①	8	④	9	④	10	③	11	④	12	②	13	②	14	④	15	⑤
16	③	17	⑤	18	②	19	③	20	⑤	21	②	22	①	23	⑤	24	③	25	⑤	26	③	27	⑤	28	③	29	⑤	30	②
31	③	32	⑤	33	④	34	③	35	①	36	④	37	②	38	①	39	②	40	④										

Quick Answers
빠른답

2021년도

■ 헌법 (가)책형

1	③	2	③	3	③	4	④	5	②	6	③	7	④	8	④	9	①	10	②	11	③	12	④	13	②	14	④	15	①
16	①	17	④	18	②	19	①	20	②	21	①	22	③	23	④	24	②	25	③										

■ 언어논리영역 (가)책형

1	④	2	②	3	③	4	⑤	5	②	6	①	7	③	8	④	9	④	10	①	11	③	12	⑤	13	③	14	①	15	④
16	①	17	④	18	②	19	⑤	20	③	21	②	22	①	23	①	24	②	25	④	26	④	27	①	28	②	29	⑤	30	⑤
31	③	32	②	33	⑤	34	③	35	⑤	36	②	37	⑤	38	⑤	39	⑤	40	③										

■ 자료해석영역 (가)책형

1	④	2	③	3	①	4	⑤	5	②	6	②	7	③	8	①	9	②	10	④	11	①	12	③	13	⑤	14	①	15	③
16	⑤	17	③	18	⑤	19	④	20	⑤	21	②	22	③	23	②	24	④	25	⑤	26	①	27	③	28	④	29	①	30	④
31	④	32	⑤	33	①	34	①	35	③	36	⑤	37	⑤	38	②	39	④	40	②										

■ 상황판단영역 (가)책형

1	⑤	2	②	3	④	4	①	5	③	6	①	7	①	8	⑤	9	⑤	10	③	11	①	12	②	13	②	14	④	15	③
16	②	17	④	18	⑤	19	⑤	20	⑤	21	④	22	③	23	②	24	⑤	25	①	26	④	27	⑤	28	①	29	③	30	④
31	⑤	32	③	33	②	34	④	35	④	36	③	37	④	38	③	39	⑤	40	②										